***ACCESO GRATIS** a la Lectura en la Nube*

Para visualizar el libro electrónico en la nube de lectura envíe junto a su nombre y apellidos una fotografía del código de barras situado en la contraportada del libro y otra del ticket de compra a la dirección:

ebooktirant@tirant.com

En un máximo de 72 horas laborales le enviaremos el código de acceso con sus instrucciones.

LA FALTA DE CONFORMIDAD COMO INCUMPLIMIENTO DEL VENDEDOR

Procedimiento de selección de originales, ver página web:
www.tirant.net/index.php/editorial/procedimiento-de-seleccion-de-originales

LA FALTA DE CONFORMIDAD COMO INCUMPLIMIENTO DEL VENDEDOR

GONZALO MUÑOZ RODRIGO

tirant lo blanch
Valencia, 2024

En caso de erratas y actualizaciones, la Editorial Tirant lo Blanch publicará la pertinente corrección en la página web www.tirant.com.

© TIRANT LO BLANCH
EDITA: TIRANT LO BLANCH
C/ Artes Gráficas, 14 - 46010 - Valencia
TELFS.: 96/361 00 48 - 50
FAX: 96/369 41 51
Email: tlb@tirant.com
www.tirant.com
Librería virtual: www.tirant.es
DEPÓSITO LEGAL: V-2812-2024
ISBN: 978-84-1071-109-9

Si tiene alguna queja o sugerencia, envíenos un mail a: *atencioncliente@tirant.com*. En caso de no ser atendida su sugerencia, por favor, lea en *www.tirant.net/index.php/empresa/politicas-de-empresa* nuestro procedimiento de quejas.

Responsabilidad Social Corporativa: http://www.tirant.net/Docs/RSCTirant.pdf

A mis padres

Índice

Abreviaturas

AC	Repertorio Aranzadi Civil
AG	Aktiengesellschaft (Sociedad Anónima)
AGCM	Autoritá Garante della Concorrenza e del Mercato (Autoridad Italiana de la Competencia)
AAVV	Autores Varios
ATS	Auto del Tribunal Supremo
BGB	Bürgerliches Gesetzbuch (Código Civil Alemán)
BOE	Boletín Oficial del Estado
B2B	Business to business (Transacción entre empresarios)
B2C	Business to consumer (Transacción de consumo)
CE	Constitución Española/Comisión Europea
CESL	Reglamento relativo a una normativa común de compraventa europea
CISG	Convención de Viena de Compraventa Internacional de Mercaderías
CC	Código Civil Español
CC. Cat.	Código Civil Catalán
C. Civ.	Código Civil Italiano
C. Com.	Código de Comercio
C. Cons.	Código de Consumo Italiano
C. Consom.	Código de Consumo Francés

CLOUT	Jurisprudencia relativa a los textos de la CNUDMI
CNUDMI	Comisión de las Naciones Unidas para el Derecho Mercantil Internacional
DCFR	Draft Common Frame of Reference (Borrador del Marco Común de Referencia)
DGCCRF	Direction générale de la concurrence de la consommation et de la represión des fraudes (Dirección General de Competencia, Consumo y Represión de Fraudes).
DOUE	Diario Oficial de la Unión Europea
DPCD	Directiva sobre prácticas comerciales desleales
ECLG	European Consumer Law Group
EM	Exposición de Motivos
EE.MM.	Estados Miembros de la Unión Europea
EE.UU.	Estados Unidos de América
FROB	Autoridad de Resolución Ejecutiva
GmbH	Gesellschaft mit beschränkter Haftung (Sociedad de Responsabilidad Limitada)
GU	Gazzetta Ufficiale della Repubblica Italiana
INI	Own–Initiative Procedure (Procedimiento por propia iniciativa de la Comisión Europea)
JORF	Journal Officiel de la République Française (Diario Oficial de la República Francesa)
JUR	Resoluciones no publicadas en productos Aranzadi
LCD	Ley de Competencia Desleal
LCGC	Ley de Condiciones Generales de la Contratación
LEC	Ley de Enjuiciamiento Civil

LGDCU Ley General de Defensa de Consumidores y Usuarios

LGVBC Ley de Garantía de Venta de Bienes de Consumo

LH Ley Hipotecaria

LOCM Ley de Ordenación del Comercio Minorista

ODS Objetivos de desarrollo sostenible

PC Precio de compra

PDirCL Propuesta de Directiva relativa a determinados aspectos de los contratos de compraventa en línea y otras ventas a distancia de bienes

PDirCOM Propuesta de Directiva relativa a determinados aspectos de los contratos de compraventa de bienes

PDirSCD Propuesta de Directiva relativa a determinados aspectos de los contratos de suministro de contenidos digitales

PE Parlamento Europeo

PECL Principles of European Contract Law (Principios del Derecho Contractual Europeo)

PIB Producto Interior Bruto

PICC Principles of International Commercial Contracts (Principios de los Contratos Comerciales Internacionales)

PMCC Propuesta de Modernización del Código Civil

PRE Precio reducido

PYME Pequeña y mediana empresa

RD Real Decreto

RDL Real Decreto Ley

RDLeg. Real Decreto Legislativo

RJ Repertorio Aranzadi de Jurisprudencia

SAP Sentencia de Audiencia Provincial

SJMer Sentencia de Juzgado de lo Mercantil

SJPI Sentencia de Juzgado de Primera Instancia

STC Sentencia del Tribunal Constitucional

STJCE Sentencia del Tribunal de Justicia de la Comunidad Europea

STJUE Sentencia del Tribunal de Justicia de la Unión Europea

STS Sentencia del Tribunal Supremo Español

STSJ Sentencia del Tribunal Superior de Justicia

TFUE Tratado de Funcionamiento de la Unión Europea

TJCE Tribunal de Justicia de la Comunidad Europea

TJUE Tribunal de Justicia de la Unión Europea

TOL Repertorio Tirant Online

TRLGDCU Texto Refundido de la Ley General de Defensa de Consumidores y Usuarios

TS Tribunal Supremo Español

TUE Tratado de la Unión Europea

UE Unión Europea

UNCITRAL Comisión de las Naciones Unidas para el Derecho Mercantil Internacional

UNIDROIT Instituto Internacional para la Unificación del Derecho Privado

VNC Valor del bien no conforme

VOE Valor del bien en el momento de entrega

Agradecimientos

En primer lugar, quisiera agradecer al que considero mi maestro, José Ramón De Verda y Beamonte, la oportunidad que me brindó allá por el 2017 cuando lo conocí siendo entonces él mi profesor de Derecho de Familia y Sucesiones. En aquellos momentos de mi vida no sabía muy bien que camino tomar, pero siempre me había apasionado el estudio y la docencia por lo que le sugerí seguir en la Universidad tras finalizar mis estudios de grado. Así, con todo el cariño y humanidad que le caracterizan, José Ramón me acogió y me incluyó en su grupo de investigación mientras seguía mi etapa de posgrado que culminó con la obtención de la beca FPU y, posteriormente, la beca del Real Colegio de España.

Durante mi etapa doctoral he conocido a muchas personas, de diferentes lugares y procedencias, y quisiera pensar que todas ellas han contribuido de alguna forma a que hoy esté escribiendo las presentes palabras. Pero para ser justos, la más rara de las virtudes, debo agradecer especialmente a mis compañeros de departamento y otros tantos colegas, que sin ser de mi casa han estado tan presentes como si lo fueran. E igualmente, a la propia Universidad de Valencia, la que ha sido mi hogar durante todos estos años.

Como no podría ser de otra forma, debo agradecer también la confianza depositada en mí por el Real Colegio de España, representado por su Rector el Exc. Sr. Juan José Gutiérrez Alonso, al concederme su beca para estudiar parte de mi doctorado en la ciudad de Bolonia. Asimismo, a los que han sido mis compañeros y, ahora también, compañeras en estos tiempos tan especiales, de los que he aprendido mucho y me han acompañado hasta este momento.

Para terminar, debo finalizar mis agradecimientos con aquellos incondicionales que siempre han estado a mi lado, ellos saben quiénes son, amigos y amigas que nunca han dudado de mí y siempre han estado ahí cuando los necesitaba. En especial, a Julio por sus sabios consejos. No me puedo olvidar de mis padres y mi familia, aquellos pilares de mi vida sin los cuales no hubiera llegado hasta aquí y a quiénes se lo debo todo.

Prólogo

La consecución de un Mercado Único funcional y armonizado ha sido unas de las preocupaciones prioritarias de la Unión Europea desde hace años. En el ámbito que nos ocupa, el derecho de consumo, esta circunstancia resulta bastante evidente, pues ya con la promulgación de la Directiva 1999/44/CE, la Unión Europea comenzó, al menos, por lo que se refiere a las garantías y servicios postventa, a ofrecer un cierto régimen armonizado en la compraventa de bienes corporales. De todos modos, el avance no era muy ambicioso, sino que, como suele establecer la Unión Europea, fue un primer paso en un objetivo mucho mayor. De hecho, la armonización que ofrecía la misma era de mínimos, por lo que, a la postre, la regulación existente en el territorio comunitario podría mostrar considerables diferencias, como así fue, y el estándar solo se constituía como una base mínima de la que podían partir los Estados Miembros.

Ante esta circunstancia, la Unión Europea consideró que, sí quería seguir avanzando hacia la armonización contractual real, el régimen que debía ofrecer en su siguiente paso debía ser de carácter pleno, con la finalidad de eliminar aquellos obstáculos que las divergencias regulatorias podrían haber causado en el mercado interior. Efectivamente, se había detectado que las ventas transfronterizas no acababan de despegar en el territorio comunitario a causa de la limitada armonización que había supuesto la Directiva 1999/44/CE. De todos modos, en realidad, la solución que inicialmente tomó la Unión, no fue directamente pasar a una armonización de máximos, como verdaderamente ha acabado sucediendo en la práctica, sino que pretendió apostar por un objetivo mucho más atrevido, la promulgación de un Reglamento de Compraventa Común

(CESL). Cabe destacar, que esta opción no tenía nada que ver con la línea que había seguido la Unión hasta el momento, en la medida que un Reglamento se constituye como una norma perfectamente aplicable a las relaciones contractuales. No es, en definitiva, un instrumento que sirva para adaptar las regulaciones de los Estados Miembros, como sí es una Directiva. No obstante, este periplo no tuvo un desenlace favorable, pues la Propuesta de Reglamento no se acabó traduciendo en una norma viva, seguramente por las interferencias que podría acabar provocando, siendo además un mecanismo facultativo al que podían acudir las partes.

Por ello, la Unión Europea consideró que lo más recomendable sería, al final, seguir con el método de promulgación de Directivas, si bien, esta vez, con Directivas de máximos, y como siempre, solamente referido a algunos aspectos de la compraventa de bienes, a diferencia del régimen alternativo que pretendió establecer el CESL. Así, surgieron la Propuesta de Directiva relativa a determinados aspectos de los contratos de compraventa en línea y otras ventas a distancia de bienes y la Propuesta de Directiva relativa a determinados aspectos de los contratos de suministro de contenidos digitales. Sin embargo, la Unión seguía sin acertar, ya que de forma un tanto incompresible separó la compraventa en línea de la compraventa presencial de bienes. Como es lógico, esta idea no se acabó por materializar y, en ese sentido, la Unión Europea realizó un cambio de rumbo significativo, por lo que, manteniendo la relativa a los contratos de suministro de contenidos digitales, promulgó finalmente una referida a determinados aspectos de los contratos de compraventa de bienes, así que descartó aquella Propuesta que solo se centraba en los contratos de compraventa celebrados en línea.

En consecuencia, las Propuestas resultantes sí que acabaron por convertirse en dos Directivas (Directiva 2019/770 y Directiva 2019/771), las llamadas Directivas gemelas o mellizas, que regularon dos clases de contratos respectivamente. La primera introdujo un nuevo contrato, como ya hemos adelantado antes, de suministro de contenidos y servicios digitales, mientras que la otra, más clásica, se limitó a regular la ya conocida compraventa de bienes corporales, ya fuera presencial o en línea, pero también ya fueran bienes corporales tradicionales o bienes corporales con elementos digitales. Como se puede ver, ambas Directivas se caracterizaron por contemplar el aspecto digital, algo fundamental en nuestro consumo diario, y que hasta el momento no había recibido un tratamiento tan completo, asimismo, forman parte de los objetivos de sostenibilidad que se ha marcado la Unión Europea desde la promulgación del Libro Verde, aunque en este aspecto sea mucho más tímido. De hecho, la incorporación de la durabilidad de los bienes como uno de los aspectos que deben presentar los bienes de consumo, queda ensombrecida desde el momento en que, por ejemplo, se amplían los supuestos en que es posible acudir a la resolución del contrato.

La tensión entre la conservación del contrato y la tutela del consumidor hasta sus últimas consecuencias puede poner en vilo la nueva preocupación por la sostenibilidad. Esto se debe a que es bastante obvio que la conservación del contrato favorece un consumo más responsable y que los bienes se mantengan más tiempo en el mercado. De todos modos, para ello también es necesaria una mayor protección del consumidor, de forma que los vínculos entre empresario y consumidores sean más duraderos y confiables. Una apuesta por plazos de responsabilidad más largos, de los que ya hacen gala las dos Directivas, y, en especial, en la transposición española, tanto de garantía, responsabilidad y presunción de preexistencia de defectos, puede constituirse en un acicate que anime a los vendedores a que ofrezcan bienes más seguros y duraderos. Sin embargo, esta circunstancia no parece que sea consciente del fenómeno de la obsolescencia programada.

La Unión Europea, al igual que el autor de este magnífico libro, se ha percatado de ello y ha decido tomar cartas en el asunto. En ese sentido, mientras se elaboraba la presente monografía, fue promulgada la Propuesta de Directiva por la que se establecen normas comunes para promover la reparación de bienes. Dicho impulso normativo muestra algunos esfuerzos por primar la conservación del contrato, pero centrado solamente en el remedio de la reparación. En realidad, a estos efectos, lo más característico es la introducción de una suerte de post-garantía, pues el establecimiento del remedio de reparación como preferente en relación con la sustitución, no supone una variación sustancial, ya que la sustitución también conserva el contrato. Entendemos que, simplemente, se pretende evitar un aumento de los residuos, por lo que se intentará que el bien permanezca cuanto más tiempo sea posible en el patrimonio del comprador.

Como hemos dicho, la medida que, en realidad, sí demuestra una mayor preocupación por la conservación del contrato es el reconocimiento del derecho a obtener la reparación del bien una vez terminada la garantía legal, aunque sea bajo precio, y atendidas ciertas circunstancias. A pesar de ello, la modificación, como suele suceder, es menor, y solo supone un incipiente avance en la consecución de un mercado más sostenible, habida cuenta de que, por el momento, solo se traduce en la exigencia de que el empresario ofrezca un presupuesto de reparación al comprador y, al mismo tiempo, solo hace recaer en el consumidor la tarea de ser más sostenible, dado que será él quien decida reparar el bien y no adquirir uno nuevo, del mismo modo que pensar que comprará productos más reparables pero, tal vez, menos atractivos.

Con estas ideas en mente, la presente monografía trata de situar al lector en el momento que nos encontramos, con un exhaustivo análisis de la regulación actual. Sin que por ello se olvide de mostrar, de un lado, el pasado que arrastra la legislación de consumo y, de otro, sus perspectivas de futuro, tomando en consideración las propuestas, tanto legislativas, como doctrinales que existen para su constante actualización, y, especialmente, incidiendo en sus debilidades, como es el problema de la obsolescencia programada. En ese sentido, pone sobre la mesa interesantes soluciones, tal y como la doctrina ya ha advertido. No obstante, el autor no solo se limita a ello, sino que se interroga sobre la adecuación misma de la Directiva como método para lograr los ambiciosos objetivos que pretende acometer la Unión Europea, y el propio encaje del régimen armonizado con la tarea pendiente del Derecho español de actualizar el vetusto sistema de obligaciones y contratos.

Para ello, el joven doctor, en primer lugar, realiza de forma muy solvente una fijación preliminar del ámbito de estudio, el cual se acota en dos fases. Primeramente, comienza con una exposición de los antecedentes legislativos, tanto comunitarios como nacionales, que se han producido hasta la fecha sobre la compraventa de bienes corporales de consumo. Después, centra aquellas relaciones jurídicas que se verían afectadas por la normativa analizada. Es de resaltar la conceptuación del consumidor que se lleva a cabo en la obra.

En segundo lugar, el autor lleva a cabo una completa delimitación del núcleo central de este particular régimen jurídico, que reinventa la manera de entender el incumplimiento contractual en el contrato de compraventa (que los bienes sean conformes al contrato). Para ello, confronta el concepto de conformidad comunitario, el cual ha sufrido una suerte de evolución desde su introducción, con el resto de regímenes que lo contemplan, especialmente, la Convención de Viena de Compraventa Internacional de Mercaderías (CISG), e incluso con aquellos que no, sin duda, el propio régimen contemplado en el Código Civil. Completada esta tarea, expone y analiza detenidamente todos los criterios que han sido incluidos en la normativa para determinar la conformidad de los bienes. Es llamativa la conformidad jurídica y conformidad digital de los bienes, tal y como el autor las denomina.

En tercer lugar, se estudia en profundidad la responsabilidad que la regulación traspuesta en el TRLGDCU anuda al incumplimiento del presupuesto básico, el deber de conformidad de los bienes con el contrato. Es muy destacable como el autor explica la conexión que existe entre la responsabilidad del vendedor con la garantía de conformidad que debe ofrecer el mismo sobre los bienes que comercializa, pues, en definitiva, se prescinde de cualquier consideración sobre la imputación de dicho incumplimiento. Simple y llanamente, el empresario garantiza la indemnidad del consumidor sobre la conformidad de los bienes que este último adquiere. Como no puede ser de otro modo, la obra continua con un detallado y riguroso análisis de los distintos remedios que tiene a su disposición el comprador de bienes disconformes. Para ello, el autor se sirve de una amplísima base doctrinal y jurisprudencial que enriquece enormemente el trabajo llevado a cabo, haciendo hincapié en los pronunciamientos más relevantes del TJUE sobre la materia. Resulta especialmente innovador como intenta sacar la regulación de las garantías y servicios postventa de su habitual solipsismo, en la medida que explora hasta límites insospechados el alcance que pueda tener este régimen, es muy interesante como critica la desconexión que existe con el eventual derecho a reclamar una indemnización de daños y perjuicios, lo que puede llegar a plantear interrogantes sobre cuestiones relacionadas con la misma, hasta el punto de si tendría virtualidad una operación de reemplazo en estas lides.

Por último, como se ha adelantado al principio, el autor no deja indiferente a nadie, pues termina la obra con un original capítulo que dedica a los nuevos horizontes en materia de derecho de consumo. En dicho apartado, considera conveniente hacer una exposición crítica de las diferentes propuestas normativas y doctrinales que existen en la actualidad a efectos de mejorar el derecho de consumo desde el prisma de la sostenibilidad. De hecho, presta especial atención a la reciente Directiva 2024/1799, pero también a las modernas tendencias que pretenden conectar el derecho de la competencia con el derecho de consumo, puesto que, acertadamente, el doctor lo considera un método idóneo para combatir el fenómeno de la obsolescencia programada. El capítulo finaliza con un reconocimiento a la labor de modernización del derecho de obligaciones emprendida tanto por Europa, en general, como España, en particular, concluyendo que un concepto unitario de incumplimiento contractual como, en cierta forma, es la conformidad de los bienes con el contrato es el camino a seguir. De hecho, sostiene que, en realidad, el método seguido por la Unión Europea de utilizar instrumentos normativos como las Directivas no es erróneo, en la medida que son los Estados Miembros, quiénes, tomando como referencia los estándares que se marcan desde las instituciones comunitarias, deben actualizar sus normativas.

En resumidas cuentas, "La falta de conformidad como incumplimiento del vendedor" es el título de la excelente obra elaborada por el ya profesor Gonzalo Muñoz Rodrigo, que tengo el placer y el honor de presentar. Creo firmemente que el libro suscitará un evidente interés, tanto en el ámbito académico, como en el campo del ejercicio práctico del Derecho, pues el autor ha podido unificar, hábilmente, en una materia compleja, las exigencias propias de la exposición científica con los aspectos prácticos de la regulación objeto de análisis.

La monografía con la que se encuentra el lector es el resultado de años de trabajo que el autor ha sabido combinar con la reciente obtención del título de Doctor en régimen de cotutela internacional por la Universidad de Valencia y la Universidad de Bolonia. No está de menos señalar que su tesis doctoral fue magníficamente defendida en el Real Colegio de España de Bolonia, ante un tribunal compuesto por los catedráticos: José Miguel Embid Irujo, María Dolores Cervilla Garzón, Alessandra Spangaro, Giovanni Iorio y Arianna Fusaro.

Asimismo, es justo destacar que la misma obtuvo la máxima calificación: Sobresaliente Cum Laude con mención internacional. Un mérito innegable que exigió a su autor, además de su paso por Bolonia, justificar una estancia en un centro investigador extranjero por un tiempo de tres meses, que el doctor llevó a cabo en la prestigiosa Universidad LUMSA (Sede Palermo). Igualmente, el autor tuvo que realizar parte de su investigación en lengua italiana, así como defender la misma en dicho idioma.

A título personal, como su director de tesis, no puedo más que decir que Gonzalo Muñoz Rodrigo es un joven brillante con un futuro prometedor. A sus pocos años, tiene un currículum dilatado, que le ha permitido concursar y vencer una plaza de Profesor Ayudante antes de la lectura de su tesis doctoral. Ya en 2017, siendo estudiante de Máster, fue becario de colaboración del departamento, bajo mi supervisión, dando pruebas de su magnífica capacidad de trabajo. También tuve la oportunidad de ver su talento cuando publicó su excelente TFG en 2018, titulado "El control de transparencia en las cláusulas suelo". Fue entonces cuando me manifestó su intención de dedicarse a la Universidad, como profesor e investigador, y, aunque intenté desanimarle, dado el camino arduo y difícil que supone esta vida, siempre se mantuvo firme en su decisión.

Después de terminar el Grado en Derecho, con Premio Extraordinario, y el Doble Máster en Abogacía y Derecho de la Empresa que cursó, comenzó su Doctorado en la Universidad de Valencia. Durante su etapa doctoral, el autor obtuvo tanto la beca del programa AICO de la Generalitat Valenciana como la beca FPU del Ministerio de Ciencia y Universidades, teniendo que renunciar a la primera por evidente incompatibilidad. Igualmente, le fue concedida la beca del Real Colegio de España en Bolonia, que le permitió poder realizar parte de sus estudios en la Universidad de Bolonia y, así, poder desarrollar la cotutela internacional que supuso ser doctor por ambas instituciones.

Por si no fuera poco, el autor de este libro ha impartido clases de Derecho de Familia y Persona en la Universidad de Valencia, ha presentado numerosas comunicaciones a Congresos

Internacionales y ha expuesto ponencias de diversas materias. Hasta la fecha, tiene más de veinte publicaciones en revistas y obras colectivas, ha coordinado varias publicaciones científicas e incluso ha tenido la ocasión de realizar una estancia docente en la Universidad de Cergy-Pontoise en el marco del Programa ERASMUS+. Dicho lo cual, me gustaría terminar con una frase atribuida a San Francisco de Asís: Comienza haciendo lo que es necesario, después lo que es posible y, de repente, estarás haciendo lo imposible.

José Ramón De Verda y Beamonte

En Valencia, abril de 2024

Introducción

La protección del consumidor o, desde una perspectiva general, la protección de la parte más débil ha sido una preocupación recurrente en el Derecho, que llega a trascender las compartimentaciones que realizan los estudiosos del mismo, pues no solo se puede encontrar en el Derecho Patrimonial, también en otros ámbitos como el Derecho del Trabajo. Incluso en el amplio Derecho Civil se puede ver que existe en otra de sus esferas, como el Derecho de Familia. Es el caso de la protección del cónyuge más débil.

De hecho, es posible encontrar reminiscencias de un cierto derecho tuitivo en el Derecho Romano. Podemos remontar sus orígenes en una serie de instrumentos de los que, en realidad, beben directamente los mecanismos actuales de protección del consumidor, como serían las acciones edilicias, las cuales surgieron por medio de los ediles curules para facilitar al comprador inexperto la reclamación contra los eventuales defectos que pudieran tener los ganados o esclavos adquiridos en mercados públicos, frente a comerciantes muy profesionalizados que seguramente tenían una posición de ventaja frente a los primeros.

No obstante, las bases teóricas del Derecho de Consumo actual se establecieron en EE.UU. Concretamente, tienen su origen en las tesis de Galbraith y Marcuse, allá por los años 50 del siglo pasado, que posteriormente se extendieron una década más tarde cuando algunos abogados se especializaron en litigios sobre productos defectuosos como Ralf Nader contra General Motors. Asimismo, quién destacó en aquella época por la defensa de los derechos de los consumidores y usuarios fue el propio Presidente de los Estados Unidos de América, John Fitzgerald Kennedy, pues en su famoso discurso "Special Message to the Congress on Protecting the Consumer Interest" vaticinó la protección de los consumidores que vendría después, con sus palabras "the rigth to safety, the right to be informed, the right to choose, the right to be heard".

En España, habría que esperar hasta la democracia para su inserción en la Constitución Española de 1978 (art. 51 CE), que sentaría los cimientos para su posterior desarrollo legislativo. Mientras algunos países han acabado incluyendo la protección del consumidor en normativas más generales, en nuestro país la opción ha sido, de un tiempo a esta parte, la legislación especial, la cual ha ido adoptando diferentes formas. Primero se publicó la Ley General de Defensa de Consumidores y Usuarios, pero que luego debió complementarse con otras normas como la Ley de Ordenación del Comercio Minorista, a la que se unió la promulgación de la Ley General de Venta de Bienes de Consumo, creando temporalmente una indeseable fragmentación jurídica. Finalmente, esto se resolvió con la promulgación del Texto Refundido de la Ley General de Defensa de Consumidores y Usuarios, que puso orden al pequeño caos que se creó cuando el Estado tuvo que trasponer la Directiva 1999/44/CE.

Pues bien, en el presente trabajo nos centraremos en un concreto ámbito de la protección al consumidor: la garantía que presta al consumidor el vendedor profesional de bienes de muebles de consumo. Todo ello a raíz de la promulgación de la Directiva 2019/771/UE que ha vuelto a generar un debate sobre la correcta trasposición de este tipo de Directivas y el propio encaje de la compraventa de consumo en el sistema de derecho contractual español. Justamente en este estudio trataremos de analizar las divergencias existentes entre la regulación común y la especial de consumo, para comprobar si, verdaderamente, dichas normativas cumplen adecuadamente su función, cuáles son sus debilidades, si las tienen, y, en ese sentido, cómo se podría mejorar para alcanzar algunos de los ambiciosos objetivos que ya adelantaba la Directiva sobre la agenda de la Unión Europea en este ámbito.

Ni hay que decir, que el sistema de cumplimiento en la compraventa civil codicial tiene dos modelos diversos en función de si nos encontramos ante una compraventa de cosa específica y una compraventa de cosa genérica. En el primero de los casos, *a priori*, las cualidades de la cosa entregada no forman parte del programa prestacional, por ese motivo, en el supuesto de que la cosa entregada adolezca de un defecto podrán ejercitarse los remedios propios del saneamiento por vicios ocultos. En cambio, cuando la cosa entregada sea distinta a la pactada en el contrato se hablará de incumplimiento contractual. Por el contrario, en la compraventa de cosa genérica, las cualidades previstas o presupuestas de los bienes sí forman parte del programa prestacional por lo que, si los géneros entregados no responden a dichas especificaciones, se podrá indicar que no se corresponden al *genus* pactado y, por tanto, habría incumplimiento contractual.

Esta distinción siempre ha provocado una serie de problemas prácticos, pues, en principio, ante defectos de la cosa en la compraventa de cosa específica se debía aplicar el régimen de saneamiento de vicios ocultos, mucho menos beneficioso para el comprador que el régimen de general de incumplimiento, lo cual había llevado a la práctica jurisprudencial a crear la llamada doctrina del *aliud pro alio;* consistente en considerar que, si la cosa entregada presentaba defectos que la volvían inútil para el fin a la que se destinaba, equivalía a entender que se había entregado una cosa distinta a la pactada y, en consecuencia, poder aplicar el régimen de incumplimiento contractual. Igualmente, la aplicación del régimen de saneamiento a las compraventas también planteaba un problema adicional, como es la propia caracterización del concepto de vicio, no necesariamente coincidente con el defecto que pudiese presentar el bien vendido.

Dicho esto, la recepción del régimen de la falta de conformidad propio de las compraventas de consumo en el ordenamiento jurídico español supuso una superación del régimen codificado vigente hasta el momento, en la medida que permite incluir cualquier desviación del acuerdo contractual, siendo irrelevante la naturaleza del bien vendido. Esto es, las cualidades pactadas o presupuestas por las partes integrarían el contenido contractual y, por consiguiente, el comprador podría exigírselas al vendedor. Si bien, como se verá, el régimen de la falta de conformidad plantea un abanico de remedios distintos al régimen general de incumplimiento contractual.

El cumplimiento del vendedor en la compraventa de bienes de consumo se caracteriza por descansar en la entrega del bien conforme a los parámetros contenidos en el régimen de garantías y servicios postventa propios de la legislación de protección del consumidor, por lo que, obviamente, el vendedor deberá entregar el bien, si bien su falta de entrega no entraría dentro de la definición de falta de conformidad, de modo que se seguiría rigiendo por las normas generales. Una vez entregado el bien, la obligación/garantía que asumiría el vendedor es que este sea conforme. La responsabilidad del vendedor en el cumplimiento de dicha garantía facultaría al consumidor, en caso de su inobservancia, a desplegar los remedios propios del régimen de garantías y servicios postventa. Este régimen está basado en una jerarquía de remedios, de modo que, en función de la caracterización de dicha falta de conformidad (por ejemplo, su gravedad) el comprador podrá acudir a uno u a otro.

A mayor abundamiento, la incorporación de la normativa sobre falta de conformidad implica un cambio de modelo sobre las normas de transmisión del riesgo en la compraventa, puesto que resulta incompatible con la regla *periculum est emptoris*. Es decir, el riesgo no se transmite en el momento de la celebración del contrato, dado que la cosa deberá ser conforme al momento de la entrega, así, con carácter general, cualquier deterioro presente en el momento de entrega correrá a cargo del vendedor. Por añadidura, el régimen propio de la compraventa de bienes de consumo, salvo alguna excepción, centraliza la responsabilidad en torno a la figura del vendedor, independientemente de que el origen de la misma se encuentre en un momento concreto de la cadena de transacciones que no necesariamente tenga que ver con el mismo.

Cabe destacar que, por una cuestión de delimitación del objeto de estudio, el presente trabajo solo se centrará en la obligación principal del vendedor en la compraventa de bienes de consumo, que no es otra que la entrega de los mismos conforme al contrato. En ese sentido, otros aspectos de la relación contracual tales como los deberes de información precontractual que asume el empresario respecto del consumidor en los contratos a distancia (compraventa online o fuera de establecimiento mercantil) no serán estudiados (incialmente regulados por la Directiva 2011/83/UE y recientemente modificados por la Directiva 2019/2161/UE).

En el primer capítulo se expondrá el camino que ha llevado al legislador europeo a promulgar la presente Directiva, como también se hará hincapié en el acervo que ha inspirado el resultado que ahora podemos observar. Se analizará cómo ha influido en el actual texto la Directiva 1999/44/CE que, en su momento, supuso un cambio paradigmático en la protección de los consumidores. Después, las razones por las que algunos intentos de armonizar el derecho de contratos europeo fracasaron. Especialmente, nos detendremos en el supuesto del CESL. Continuaremos con las Propuestas de Directiva que sentaron las bases de la regulación, poniendo enfásis en las diferencias que presentan con el texto definitivo. Asimismo, por cuestiones organizativas también se estudiará el ámbito de aplicación objetivo y subjetivo de la Directiva, con el objeto de precisar con exactitud cuáles son los contratos que quedan bajo su ámbito de aplicación. Por ello, primeramente, nos centraremos en la evolución que ha tenido el concepto de consumidor y usuario en la normativa de protección al consumidor, desde su conceptuación como destinatario final, hasta las más modernas de ajenidad a una actividad comercial o profesional. Posteriormente, como proceso lógico, se analizarán las formas contractuales que recaen bajo el ámbito de aplicación de la

Directiva, la cual gira en torno a los bienes muebles corporales, dejando de lado los bienes inmuebles y también los servicios, entre otros contratos.

En el segundo capítulo se va a estudiar pormenorizadamente aquello que constituye el incumplimiento del vendedor en la compraventa de bienes de consumo, siendo su eje central la falta de conformidad, puesto que, tal y como se configura el mismo en nuestro ordenamiento jurídico, es la "no conformidad" lo que desencadena la posibilidad de ejercitar el conjunto de remedios que nos otorga la normativa europea (traspuesta en España a través del Título IV sobre Garantías y servicios postventa, contenido en el Título II del TRLGDCU). Pero también, aquello que escapa de su órbita como es la falta de entrega. Especialmente, se va a llevar a cabo un análisis pormenorizado de la naturaleza de la falta de conformidad y de sus diferencias con las clásicas instituciones a las que nos tiene acostumbrados el derecho privado. Después, se concretará qué implica respecto del contrato la inclusión de los parámetros de conformidad, haciendo una diferenciación entre los criterios objetivos y subjetivos, estudiando cada criterio por separado. Por último, se hará mención a alguna de las novedades que incluye la Directiva respecto de la conformidad, a las que he calificado como conformidad jurídica y conformidad digital.

En el tercer capítulo nos centraremos en cómo se determina la responsabilidad del vendedor en la compraventa de bienes de consumo y los remedios disponibles al alcance del consumidor, en caso de que el empresario incumpla sus obligaciones de entregar un bien conforme. Primeramente, se llevará a término un estudio de las características de la responsabilidad del vendedor, la cual se puede extender a otros sujetos, como también de sus presupuestos y requisitos. En segundo lugar, se desarrollará el mecanismo de la garantía, su funcionamiento, plazos y condicionantes. Para, en tercer lugar, descender hasta las medidas que puede ejercitar el consumidor una vez que se hayan cumplido los presupuestos de la falta de conformidad. Este trabajo incluye un profuso análisis de los mismas, así como todos aquellos principios que deben regir la ejecución de las medidas primarias de saneamiento. Asimismo, se lleva a cabo un estudio de la estructura de los remedios subsidiarios, especialmente ante los cambios que se han introducido respecto de su procedencia, como también de la ampliación de supuestos en los que cabe acudir a la resolución del contrato. Dicho esto, se explicará por separado tanto esta como la reducción del precio, al objeto de determinar con precisión sus efectos. Por último, el capítulo destaca por incluir un apartado en el que se investiga la configuración de la indemnización de daños y perjuicios por falta de conformidad, ante la falta de regulación específica por parte del legislador de la Unión Europea.

En el cuarto capítulo, se pone de relieve la importancia de las propuestas en materia de sostenibilidad íntimamente relacionadas con el régimen de garantías y servicios postventa que afectan a su futuro. Por ello, se recogen varias de estas propuestas y se analiza su viabilidad, poniéndolas en relación con la dirección que está tomando la Unión Europea en este sentido. Como no puede ser de otra forma, se analiza la reciente Propuesta del "Right to Repair" que afecta a la Directiva 2019/771. Con todo ello, en este estudio se pone en duda la virtualidad del requisito de durabilidad en la conformidad de los bienes de consumo ante el fenómeno de la obsolescencia programada y se llegará a la conclusión de que el derecho de la competencia puede ser un aliado crucial en estas lides. Para finalizar, se aborda la necesidad de llevar a cabo una reforma del derecho de obligaciones y contratos desde un prisma similar a como se ha madurado el derecho de consumo, es decir, un concepto unitario de incumplimiento contractual. Para ello se hará un breve repaso sobre las diferentes propuestas que han ido surgiendo a lo largo del tiempo, como también se hará referencia a las reformas de acontecidas en algunos países de nuestro entorno, como puede ser Alemania.

Capítulo 1.
La gestación de la Directiva 2019/771, de 20 de mayo y sus aspectos generales

1. LOS ANTECEDENTES DE LA DIRECTIVA 2019/771, DE 20 DE MAYO

1.1. La Directiva 1999/44, sobre determinados aspectos de la venta y las garantías de los bienes de consumo

Antes que nada, conviene comenzar este estudio con una aproximación a las características generales de la Directiva 1999/44[1], la cual ha sido derogada por la Directiva 2019/771, tras muchos años de aplicación. Esta norma europea se configuró como una Directiva de mínimos y, por consiguiente, los Estados no podían otorgar un nivel de protección menor al comprador que el dispuesto en la misma. Eso sí, era perfectamente posible concederle mayores derechos, circunstancia que, como se verá, ha ocurrido en varios países.

Asimismo, otra de las principales características era el establecimiento de una jerarquización de remedios basados en el principio de subsidiariedad. De modo que, era preciso intentar, la reparación o la sustitución, antes de poder proceder a la

---

[1] Directiva 1999/44/CE del Parlamento Europeo y del Consejo, de 25 de mayo de 1999, sobre determinados aspectos de la venta y las garantías de los bienes de consumo.

reducción del precio o la resolución del contrato (reservada para los defectos que no fueran nimios, leves o, si se prefiere su terminología, de "escasa importancia").

También, era una Directiva de aplicación limitada, ya que dejaba fuera de su ámbito de aplicación muchos elementos del contrato, en ese sentido, la Directiva se centraba en la garantía de productos de consumo, pero no regulaba cuestiones tales como la celebración del contrato, validez, consecuencias de su terminación o indemnización de daños y perjuicios[2].

Para terminar, también era llamativa la incorporación de la acción de reducción del precio, clara heredera de la vetusta *quanti minoris* romana[3]. No obstante, es importante destacar que en los últimos años se ha desdibujado la originaria significación de la acción estimatoria, en la medida que la jurisprudencia ha convertido este remedio jurídico en una acción de resarcimiento limitada al pago del coste de las reparaciones necesarias para que la cosa vendida estuviera en un estado adecuado[4].

---

2 De hecho, en el caso de la indemnización de daños y perjuicios por incumplimiento contractual, el artículo 8.1 señalaba que quedaba sometida a la regulación de cada Estado y, desde nuestro punto de vista, su aplicación es perfectamente compatible con la misma.

3 En todo caso, como constata FERRANTE, A.: *La reducción del precio en la compraventa*, Thomson–Reuters Aranzadi, Cizur Menor, 1ª ed., 2012, pp. 127 y ss., en los textos de Derecho contractual europeo se asiste a una progresiva expansión de la acción de reducción del precio, por lo que no se ha producido la (por algunos prevista) "jubilación" de la misma. En efecto, la reducción del precio persiste, no sólo como remedio específico de la compraventa, sino que se incluye entre los remedios jurídicos generales en los principales textos jurídicos europeos de Derecho contractual. Así, art. 9:401 *Principles of European Contract Law* (en adelante, PECL) y art. III.–3:601 *Draft Common Frame of Reference* (en adelante, DCFR).

4 Especialmente, en la venta de viviendas o de automóviles defectuosos: puede verse, a este respecto SAP La Coruña, 29 septiembre

Expuestas sus características principales, de ellas se infiere que la importancia de la Directiva 1999/44 radicaba en la incorporación al acervo comunitario del principio de conformidad en los contratos de compraventa que, como se expondrá, tiene su origen más claro en la Convención de Viena de Compraventa Internacional de Mercaderías (en adelante, CISG). De todos modos, la opción del legislador español al enfrentarse a esta transposición fue, como poco, desconcertante, en la medida que abordó una reforma que se podría calificar como bifásica y que, en última instancia, creaba serias dudas sobre los diferentes regímenes[5] de garantía de bienes de consumo en el ordenamiento jurídico español.

2001 *(JUR 2001, 41595)*; SAP Gerona, 13 noviembre 2001 *(AC 2002, 549)* o SAP Vizcaya, 24 noviembre 2016 *(Tol 5938680)*.

5 Avilés García, J.: *Los contratos de compraventa de bienes de consumo. Problemas, propuestas y perspectivas de la venta y garantías en la Directiva 1999/44/CE y la Ley 23/2003*, Comares, Granada, 2006, pp. 18–20 pone de manifiesto el poco acierto del legislador español a la hora de abordar la reforma de la legislación de consumo por la promulgación de la Directiva 1999/44. De hecho, la solución del legislador español contrastaba sobremanera con la elección de otros países de nuestro entorno como puede ser Italia que directamente incorporó a su *Codice Civile* (en adelante, C.Civ.) una nueva rúbrica titulada como "de la venta de bienes de consumo" (sin derogar los artículos referidos al saneamiento por vicios ocultos o evicción) o como puede ser Francia, en la medida que, con pura lógica, decidieron incorporar las novedades contempladas en la misma en su correspondiente *Code de la consommation* (en adelante, C. Consom.). Camino que pudo elegir, pues ya había tomado la decisión de dotar de coherencia y armonía su legislación de consumo creando un volumen a*d hoc*. Esta reforma destacó, ya que introdujo el concepto de conformidad tanto para bienes muebles como para bienes inmuebles y se basó en el Anteproyecto auspiciado por el Informe que emitió el grupo de trabajo presidido por la Profesora Viney (sobre la transposición francesa, *vid.* Viney, G.: "Quel domaine assigner à la loi de transposition de la directive européenne sur la vente?", *La Semaine Juridique*, núm. 36, 4 septembre 2002, p, 158.

Esto es, tal y como se pronunció el Consejo de Estado al respecto, la reforma directa de los arts. 8 y 11 de la ya vigente Ley General de Defensa de Consumidores y Usuarios (en adelante, LGDCU) se antojaba inviable por "razones de fondo como metodológicas"[6]. En este sentido, el legislador español optó por reformar inicialmente el art. 12 Ley de Ordenación del Comercio Minorista (en adelante, LOCM) través de la Ley 47/2002 para simplemente señalar que: "El vendedor de los bienes responderá de la falta de conformidad de los mismos en el contrato de compraventa, en los términos definidos por la legislación vigente".[7]

De modo que los bienes vendidos por los comercios minoristas quedarían sujetos a la garantía que, en su caso, estableciera la legislación en materia de consumo. No obstante, en dicho momento aún no se había aprobado la correspondiente Ley de Garantía de Venta de Bienes de Consumo (en adelante,

---

6 Sinceramente, no se entiende el motivo por el cual el Consejo de Estado indicó en el Dictamen de 18 de julio de 2002 sobre Anteproyecto de Ley de Modificación de la Ley 26/1984, de 19 de julio, General para la Defensa de los Consumidores y Usuarios (https://www.boe.es/buscar/doc.php?id=CE-D-2002-1732, consultado septiembre 2023), estas aclaraciones, llegando a decir en su séptima consideración que el motivo era la necesidad de conciliar tanto el Código Civil, el Código de Comercio, la Ley de Ordenación del Comercio Minorista y la nueva Ley de Garantía de Venta de Bienes de Consumo. Como ejemplo, se ponía de relieve que, en especial, había que tener en cuenta cuestiones tales como el propio régimen de compraventa del Código Civil y la existencia de una doctrina consolidada sobre el *aliud pro alio*.

7 La Exposición de Motivos de la Ley 42/2002, de 19 de diciembre, fue clara cuando señaló en su párrafo 7º que la modificación del art. 12 LOCM se llevaba a cabo: "con el solo objeto de introducir la responsabilidad del vendedor en caso de que los bienes adquiridos no sean conformes al contrato, y de contemplar la garantía comercial en términos acordes con la regulación de la Directiva 1999/44/CE".

LGVBC) que verdaderamente sí incorporó de manera completa los criterios de conformidad en las ventas de bienes de consumo en su artículo 3, así como todo el régimen resultante, por lo que la aplicación de las garantías a los bienes de consumo se debía llevar a cabo de forma indirecta hasta la entrada en vigor de la LGVBC. Es decir, se debía entender que los bienes de consumo se tenían que someter a la garantía legal que contemplaba la Directiva 1999/44 a pesar de que aún no hubiera sido traspuesta al ordenamiento español[8].

No obstante, como ya he señalado, la solución dada por el legislador español fue muy dudosa en la medida que seguía perfectamente vigente el art. 11 LGDCU, el cual establecía la llamada garantía para "bienes de naturaleza duradera" (inicialmente contemplada por la Ley 26/1984, de 19 de julio). Esta circunstancia podía hacernos pensar que, en realidad, los bienes de consumo seguían sometidos a dicho régimen con un plazo de prescripción muy corto de solo seis meses, en contraste con el régimen mucho más beneficioso que ya introducía la Directiva 1999/44.

De hecho, la LGDCU debía seguir aplicándose para algunos contratos, pues el ámbito de aplicación de la Directiva 1999/44 no contemplaba ni los servicios ni tampoco los bienes inmuebles. De forma que, como señalaba la doctrina, la aplicación tanto de la LOCM como de la LGDCU debía ser paralela[9]. No fue hasta la promulgación de la Ley 23/2003 que aprobó la nueva LGVBC, cuando ya se pudo afirmar con mayor seguridad la efectividad del régimen de garantías comunitario en el ordenamiento jurídico español y, al menos, no tener que

---

8 Avilés García, J.: *Los contratos,* cit., pp. 42–43.

9 Beltrán Sánchez, E.: *Comentarios a la Ley de Ordenación del Comercio Minorista,* (dir. J. Piñar Mañas y E. Beltrán Sánchez), Marcial Pons, Madrid, 1997, p. 30.

depender de la aplicación indirecta de la LOCM para poder reclamar la responsabilidad del vendedor en este ámbito.

Sin embargo, el verdadero problema no se encontraba en que se hubiese producido un retraso poco entendible en la eficacia de la LGVBC, haciendo depender de la LOCM la aplicación del principio de conformidad en las ventas de consumo, que, en realidad, como la doctrina llegó a decir podía responder a un intento de sortear rápidamente el procedimiento de infracción que se abrió contra España por demorarse en la transposición de la Directiva 1999/44[10], sino a la laguna legal que se generó en torno a la garantía propia de los bienes de "naturaleza duradera".

La pregunta que se podía plantear fue si cuando se llevase a término la definitiva entrada en vigor del régimen contenido en la LGVBC y que, como hemos señalado antes, iba a ampliar el plazo de garantía de los bienes muebles corporales vendidos al consumo a dos años, se debía entender implícitamente derogado el régimen de garantía de los "bienes de naturaleza duradera"[11]. O, por el contrario, se trataba de dos garantías diferentes, conviviendo a partir de ese momento dos regímenes sobre prácticamente la misma clase de bienes, uno más similar al existente en el Código Civil por saneamiento por vicios ocultos y otro, en cambio, más novedoso basado en la idea de conformidad y con unos plazos muy superiores.

Con otras palabras, en la medida que no se había llevado a término una reforma global de la legislación de consumo con el objeto de armonizar toda la legislación al respecto, surgía la duda de si la promulgación de la LGVBC con la incorporación

---

10 AVILÉS GARCÍA, J.: *Los contratos,* cit., p. 79, nuestro país no cumplió el plazo de trasposición de la Directiva 1999/44, pues debía haberse realizado con anterioridad al 1 de enero de 2002.

11 AVILÉS GARCÍA, J.: *Los contratos,* cit., p. 34.

de las garantías de conformidad suponía de facto la derogación de la garantía de "bienes de naturaleza duradera", ya que nada se decía al respecto.

Ciertamente, se podría pensar que aplicándose sobre la misma clase de bienes así se debía considerar, pues qué motivo habría para seguir aplicando un régimen mucho más desfavorable para los bienes de consumo. Sin embargo, el desarrollo reglamentario en lo que se refiere a cuáles son los bienes de naturaleza duradera, provocaba que, al menos, por lo que se refiere a "inmuebles y servicios" se debía mantener vigente[12]. En este sentido, hasta que finalmente se promulgó el Real Decreto Legislativo 1/2007, de 16 de noviembre, por el que se aprueba el Texto Refundido de la Ley General para la Defensa de los Consumidores y Usuarios y otras leyes complementarias (en adelante, TRLGDCU), que, en definitiva, puso cierto orden, debían convivir los dos regímenes, tanto el moderno basado en la idea de conformidad y contenido en el LGVBC y el vetusto régimen que dispensaba el art. 11 LGDCU[13].

---

12 Los bienes de naturaleza duradera se incluían en el Real Decreto 287/1991, de 8 de marzo, sobre bienes de naturaleza duradera, que fue posteriormente modificado por el Real Decreto 1507/2000, de 1 de septiembre, que, por ejemplo, incluyó a los juegos y productos informáticos como bienes de naturaleza duradera.

13 Sobre este particular, véase Reyes López, Mª. J.: "La Ley 23/2003, de Garantía de los Bienes de Consumo: Planteamiento de presente y perspectivas de futuro", en AA.VV.: *Las garantías del consumidor ante el mercado de bienes de consumo* (coord. Mª. J. Reyes López), *Revista Aranzadi de Derecho Patrimonial*, 2005, pp. 201 y 208, quien señala "la coexistencia del régimen vigente en el Código Civil con el previsto en la Ley 23/2003, de garantías de los bienes de consumo y, en su caso, con el citado artículo de la LGDCU". Si bien, hay quien matiza a la anterior autora cuando ponía de manifiesto que, en verdad, el régimen del artículo 11 LGDCU era mucho más beneficioso para el consumidor en la medida que contemplaba también la compatibilidad de las acciones edilicias cuando, en cambio, el régimen de

Empero, tal y como indica la doctrina, si llevamos a cabo "una interpretación literal, sistemática y de la realidad social del tiempo en que nos encontramos (art. 3.1 CC), como de la previsión normativa del art. 1285 CC y del mismo principio *in dubio pro consumatore"*, desde el momento de entrada de en vigor de la LGVBC se debía considerar que el plazo de duración mínimo de las garantías de bienes de consumo no era de seis meses, aunque estuviésemos aplicando el art. 11 LGDCU, sino de dos años[14].

Dicho esto, puede ser interesante reseñar, aunque sea brevemente, cuáles eran las líneas generales de dicha garantía sobre bienes de consumo, que ya no está vigente y que contrastaba de forma particularmente especial con la de conformidad que, en definitiva, todos conocemos.

1.1.1. La llamada "garantía de consumo y mantenimiento"

Para comenzar, una de las apreciaciones que realiza la doctrina cuando se aproxima a esta garantía, especialmente por la

---

garantías introducido por la LGVBC es por definición incompatible con dichas acciones (*vid.*, a este respecto, AVILÉS GARCÍA, J.: *Los contratos,* cit., p. 47.). Pues, como sigue diciendo, esas afirmaciones deberían hacerse con las cautelas que en su momento puso de relieve CARRASCO PERERA, Á.: "Redundancia y ruido en las ventas de consumo", *AJA*, núm. 591, 2003, p. 2.

14 En este sentido, AVILÉS GARCÍA, J.: *Los contratos,* cit., p. 50, en el mismo sentido ÁLVAREZ MORENO, Mª. T.: "La garantía comercial", en AA.VV.: *Garantía en la venta de bienes de consumo* (coord. S. DÍAZ ALABART), Edisofer, Madrid, 2006, pp. 201–202. Asimismo, por lo que respecta al plazo de prescripción, a merced del art. 9.3 LGVBC tenemos que entender que se amplió a tres años desde la entrega del bien duradero, por lo que estaremos "ante una suerte de acción de saneamiento por 'vicios o defectos originarios' a la que se ha ampliado el plazo", vid. AVILÉS GARCÍA, J.: *Los contratos,* cit., p, 228.

convivencia que ha tenido con otra de las garantías, es denominarla como "garantía de consumo y de mantenimiento" con el objeto de diferenciarla claramente de la "garantía legal" y también de la "garantía comercial"[15]. Es importante marcar esta diferenciación para evitar confusiones, pues ni se corresponde con la garantía legal que introdujo la Directiva 1999/44/CE ni tampoco con la garantía comercial que puede ofrecer de forma extraordinaria, por ejemplo, un fabricante que dada la confianza con la que ofrece sus productos decide otorgar un mayor nivel de protección a sus potenciales compradores, lo cual se puede traducir en un mayor plazo de garantía.

Todo lo contrario, la "garantía de consumo y mantenimiento" presentaba una serie de notas que la diferenciaban claramente de las anteriores y era, precisamente, estas características las que provocaban que se le tuviera que conceder una autonomía propia respecto de las mismas. En primer lugar, se podía diferenciar sin problemas de la "garantía legal", en la medida que el obligado a proporcionarla no era el vendedor sino el productor o suministrador del bien. Esta elección del legislador tenía mucho sentido, habida cuenta de que, en definitiva, es el productor o suministrador del bien quién más control posee sobre los productos que introduce en el mercado y, no tanto el vendedor que, en muchas ocasiones, no coincide y, al final, no es más que un mero intermediario entre el consumidor y el productor del bien.[16]

---

15 Avilés García, J.: *Los contratos,* cit., p. 49, otros en cambio simplemente la denominaban "garantía de mantenimiento", véase a este respecto, Carrasco Perera, Á., Cordero Lobato, E., Martínez Espín, P.: "Transposición de la Directiva comunitaria sobre venta y garantías de los bienes de consumo", *Estudios sobre Consumo,* año XV, núm. 52, 2000, pp. 125 y ss.

16 La elección del legislador patrio en relación con la "garantía de consumo y mantenimiento" tiene mucho de razonable, puesto que, como se ha apuntado es, en definitiva, el productor o suministrador

En segundo lugar, la garantía de consumo y mantenimiento se caracterizaba por su carácter mixto[17]. Por un lado, se trataba de una garantía de origen legal y, en parte, de carácter imperativo. Por otro lado, existía un amplio margen de maniobra para el garante en lo que se refiere al establecimiento de la misma.

Dicho con otras palabras, si bien el productor estaba obligado a proporcionar este tipo de garantías a los bienes de carácter duradero y establecer una serie de parámetros (objeto sobre el que recayase la garantía, el garante, el titular de la garantía, los derechos del titular de la garantía, el plazo de duración de la garantía, etc.) quedaba a su propio arbitrio fijar exactamente cuál sería el plazo de duración de la misma. Esta circunstancia acabó provocando al mismo tiempo una serie de problemas adicionales como fijar con precisión qué sería un

---

del bien quién más control puede albergar sobre los bienes que introduce en el mercado. De hecho, la postura de la Unión Europea fijada inicialmente por la Directiva 1999/44/CE de configurar al vendedor como máximo responsable de la garantía de los bienes es cuanto menos, desde mi punto de vista, excesivo, pudiendo acudir en clave de responsabilidad subsidiaria solo en determinados supuestos al fabricante. Mucho más equilibrado, así como tuitivo para el consumidor hubiera sido fijar una responsabilidad solidaria, como efectivamente se había decantado la doctrina en numerosas ocasiones, por todos, BERCOVITZ RODRÍGUEZ–CANO, R.: "La Ley de Garantías en la Venta de Bienes de Consumo y la defensa del consumidor", Aranzadi Civil, núm. 10, diciembre 2003, p. 13. Si bien, es cierto que, en relación con la garantía legal, se podría alegar que vincular a alguien distinto del vendedor sería algo que vendría a contravenir el principio de relatividad contractual, pues con quién se contrata directamente es con el vendedor, no es menos cierto que quién ha podido ser responsable del defecto del bien es el que lo ha fabricado. Véanse, a este respecto, las apreciaciones de los Abogados del *European Consumer Law Group* (ECLG), "Compilation of National Reports", Consumer Policy Developments (2003–2004), (http://www.europeanconsumerlawgroup.org, última fecha de consulta, enero 2023).

17 AVILÉS GARCÍA, J.: *Los contratos,* cit., p. 60.

plazo razonable que pudiesen ofrecer los productores.[18] Sin embargo, con la reforma llevada a cabo por la Ley 47/2002, su Disposición Final 1ª, se estableció que: "no podrá ser inferior a seis meses a contar desde la fecha de recepción del bien de que se trate, salvo cuando la naturaleza del mismo lo impida y sin perjuicio de lo que, para bienes específicos, establezcan otras disposiciones legales o reglamentarias". De todos modos, sabemos que este inciso duró poco, en la medida que con la entrada en vigor de la Ley 23/2003, pasó ser de dos años, pues la Exposición de Motivos indicaba que dicho plazo se daba "en tanto no entre en vigor la norma que transponga al ordenamiento jurídico español la Directiva 1999/44/CE"[19].

---

18 La indeterminación con la que configura el plazo adecuado el art. 11, provocaba que tuviésemos que acudir a otros textos para poder orientarnos con cierta seguridad. Si bien es cierto que con la entrada en vigor de la LGVBC ya hemos señalado que este plazo pasa a fijarse con carácter general en dos años. Hasta ese momento no había una regulación específica aplicable a las ventas de bienes de consumo, por ese motivo, el único apoyo legislativo existente era el art. 12.2 LOCM que señalaba un plazo de seis meses "a contar desde la fecha de recepción del artículo que se trate, salvo cuando la naturaleza del mismo lo impidiera y sin perjuicio de las disposiciones legales o reglamentarias específicas para bienes o servicios concretos". Esto nos podía llevar a la conclusión de que sería razonable y no podría considerarse abusivo el establecimiento de un plazo por parte de los productores de seis meses o más. Eso sí, una garantía para bienes duraderos inferior a seis meses sí podría entenderse como abusiva para los consumidores. Sobre este extremo, véase, AVILÉS GARCÍA, J.: *Los contratos,* cit., p. 98 y ss. Este autor también indica que en bienes que tengan una "determinada complejidad técnica" el plazo mínimo de seis meses podría considerarse también abusivo, en la medida que la detección de sus errores podía llevar mucho más tiempo.

19 Cabe señalar que en ausencia de un plazo de prescripción de las acciones hasta la entrada en vigor de la Ley 23/2003, había que acudir a las normas generales para poder determinar el mismo. Por ese motivo, si bien el plazo de garantía de los defectos se circunscribía a seis con carácter general, como ya hemos señalado, por lo que respecta al

En relación con esta característica, la garantía de consumo y mantenimiento también se identificaba por "garantizar", en relación con los productos de naturaleza duradera, un adecuado servicio técnico, es decir, un servicio postventa y que hubieran repuestos durante un plazo determinado, pero con el mismo problema que planteaba el punto anterior y era fijar exactamente el plazo por el que se respondía. No obstante, la cuestión se podía suavizar, en cierta forma, desde el momento en que apoyándonos en el art. 12.3 LOCM también se obligaba al productor y, en este caso, al importador a garantizar un adecuado servicio técnico a los bienes duraderos. Si bien, en este caso, sí se señalaba un plazo de cinco años desde el momento en que el bien dejase de fabricarse[20]. Podemos entender que ambas normas se refieren a lo mismo y que la habilitación general que llevó a cabo la LOCM (aunque es más preciso que el art. 11.5 LGDCU) se concretó en la garantía que establecía el art. 11.5 LGDCU para los bienes de naturaleza duradera. De esta forma, se podría sostener que salvo que se indicase un plazo superior, los fabricantes, importadores y suministradores (en definitiva, quiénes introducían bienes en un mercado determinado) debían garantizar piezas de repuesto por el plazo de cinco años a los adquirentes de sus bienes.

De todos modos, los términos de los que hablaba el art. 11.5 LGDCU no estaban exentos de problemas, y, en efecto, la doctrina sostenía que no todos los bienes duraderos contemplados en el RD 1507/2000 podrían ser susceptibles de recibir un soporte durante tanto tiempo, sino solamente aquellos que tuvie-

---

plazo de prescripción debemos acudir al art. 1964 CC, el cual era de quince años, en atención a la redacción que tenía en dicho momento.

20 La garantía adicional postventa quedó determinada desde la aprobación de la LOCM el 15 de enero de 1996, puesto que su art. 12.3 manifestaba "un plazo mínimo de cinco años a contar desde la fecha en que el producto deje de fabricarse" (No modificado en ese aspecto por la Ley 47/2002).

ran una complejidad razonable[21]. Asimismo, faltaba precisión en muchos de los conceptos que introducía, como a qué se refiería exactamente el legislador con "adecuado" servicio técnico, como se podía verificar la "existencia de repuestos" o incluso como se podían determinar los "costes medios" de los que hablaba.

Otra de las notas que caracterizaba a esta "garantía de consumo y mantenimiento" era su formalización por escrito (art. 11.2 LGDCU) y que en ella se debían consignar todos los elementos clave para su perfecta identificación. Esto es, sobre qué bien recaía la garantía, el garante, el titular de la garantía, los derechos del titular de la garantía y el plazo de duración de la garantía. La obligación de redactar por escrito la garantía contrastaba sobremanera con la LGVBC, ya que dada su perfecta identificación legal no era necesario que el vendedor consignara por escrito la garantía, puesto que los bienes corporales de consumo eran susceptibles de recibir igualmente el tratamiento que reconocía dicha ley con la trasposición de la Directiva 1999/44/CE. Cosa distinta hubiera sido un supuesto de "garantía comercial", dado que en este caso el vendedor la otorga al comprador según el art. 11.2 LGVBC: "a petición del consumidor, la garantía deberá formalizarse, al menos, en castellano, por escrito o en cualquier otro soporte duradero y directamente disponible para el consumidor, que sea accesible a éste y acorde con la técnica de comunicación empleada".

Como señalaba autorizada doctrina, la "garantía de consumo y mantenimiento" se diferenciaba sustancialmente de la garantía legal introducida más tarde por la Directiva 1999/44/CE en relación a la ausencia de innovación desde un punto de vista conceptual. Dicho en otras palabras, la "garantía de consumo y mantenimiento" no modificaba ninguna institución ya existente en el Derecho Civil, pues, aunque hablaba de calidad de los bie-

---

21 Avilés García, J.: *Los contratos,* cit., p. 134.

nes, para nada configuraba un concepto similar al de conformidad de los bienes del que hacía gala la Directiva 1999/44/CE[22].

Para cerrar esta explicación mencionaría que esta garantía, en contraste con lo precisa que fue la Directiva 1999/44/CE al establecer de forma exhaustiva cuáles eran los requisitos que debían presentar los bienes para ser considerados conformes al contrato "adolecía de un excesivo carácter programático", puesto que fijaba una suerte de derechos para el consumidor, pero que en la práctica podían resultar un tanto inoperantes, especialmente por su falta de concreción legislativa y vaguedad de sus términos[23].

1.1.2. El saneamiento en la "garantía de consumo y mantenimiento"

Expuestas sus características principales es el momento de describir el régimen de saneamiento que introducía tal "garan-

---

22 *Vid.* BERCOVITZ RODRÍGUEZ–CANO, A. Y BERCOVITZ RODRÍGUEZ–CANO, R.: *Estudios jurídicos sobre protección de los consumidores*, Tecnos, Madrid, 1987, p. 67, quien indica que dicha garantía no tenía como objetivo modificar conceptos tales como error, incumplimiento o deterioro, por lo que debíamos acudir a los conceptos que ya manejaba la doctrina en ese sentido.

23 Así se pronuncia GARCÍA CANTERO, G.: "Comentario al artículo 11 LGDCU", en AA.VV.: *Comentarios a la Ley General para la Defensa de los Consumidores y Usuarios* (coords. A. BERCOVITZ RODRÍGUEZ–CANO y J. SALAS HERNÁNDEZ), Aranzadi, Cizur Menor (Navarra), 1992, p. 368, quien ya ponía de relieve la necesidad de instaurar un "concepto unitario de incumplimiento contractual", ante la dispersión de regímenes existentes en el contrato de compraventa. En lo tocante a la garantía del art. 11 LGDCU, es curiosa la amalgama de términos y derechos que introduce tales como "comprobación", "reclamación", "garantía" y, en última instancia, "renuncia o devolución del producto o servicio".

tía de consumo y mantenimiento". Esta garantía, a diferencia, del posterior régimen que introdujo la Directiva 1999/44/CE no utilizaba los mismos términos de los que sí se servía la Directiva 2019/771/UE. Como, por ejemplo, la rebaja del precio, sino que introducía otro régimen distinto que pivotaba especialmente sobre el remedio de reparación, estableciendo la sustitución y la restitución del bien con devolución del precio pagado como medidas subsidiarias[24].

En este sentido, la presencia de "vicios o defectos originarios" (se observa como el legislador mantiene términos ya existentes en la doctrina civilista y no está creando en ese momento ningún concepto similar a la conformidad con el contrato, propio de la Directiva 1999/44/CE), el consumidor tendría derecho a la reparación gratuita del bien junto con la indemnización de daños y perjuicios[25]. En el supuesto de que la reparación acabara siendo infructuosa, el consumidor podría op-

---

24 Art. 11.3 LGDCU: "Durante el período de vigencia de la garantía, el titular de la misma tendrá derecho como mínimo a:
a) La reparación totalmente gratuita de los vicios o defectos originarios y de los daños y perjuicios por ellos ocasionados.
b) En los supuestos en que la reparación efectuada no fuera satisfactoria y el objeto no revistiese las condiciones óptimas para cumplir el uso a que estuviese destinado, el titular de la garantía tendrá derecho a la sustitución del objeto adquirido por otro de idénticas características o a la devolución del precio pagado."

25 La doctrina se planteó en el pasado si dado que el texto legal solo contempla la indemnización de daños y perjuicios para el supuesto de la reparación, también sería exigible en el supuesto de que se optase por otro bien duradero o por la resolución del contrato. La respuesta parece que debe ser positiva, en la medida que, simplemente por aplicación de las normas generales del art. 1.101 y 1.124 CC, se puede llegar a esa conclusión, *vid.*, a este respecto, AVILÉS GARCÍA, J.: *Los contratos,* cit., p. 111.

tar por los remedios subsidiarios[26], ya fuese la sustitución del objeto por otro de idénticas características o la resolución del contrato con devolución del precio pagado[27].

1.1.3. La garantía legal en la Directiva 1999/44/CE

Totalmente distinta a la garantía de consumo y mantenimiento que hemos descrito en las páginas anteriores sería la garantía legal que introdujo la Directiva 1999/44/CE. Lo primero que cabe mencionar es que se encontraba basada en el principio de conformidad con el contrato, esto es, abandonaba los conceptos clásicos, como puede ser vicio, para referirse a una nueva realidad, que no presentaba las mismas limitaciones. La conformidad con el contrato se presentaba como un nuevo término. De hecho, algunos autores lo consideran un "supraconcepto" en el derecho de obligaciones y contratos por aglutinar en un solo elemento diferentes vicisitudes que pueden ocurrir en el transcurso contractual[28]. Como veremos,

---

26 La doctrina argumentaba que no se podría obligar al comprador a decantarse por ninguno de los dos remedios y que bastaba la elección del mismo para llevar a cabo uno y otro. En este sentido, AVILÉS GARCÍA, J.: *Los contratos,* cit., p. 117, dicho autor también manifestaba que serían consideradas como abusivas cualesquiera claúsulas que impusieran al comprador uno de los remedios.

27 Sobre los remedios subsidiarios cabe decir que en el supuesto de que el consumidor optase por la sustitución del bien el fabricante o suministrador deberá proporcionarle uno de "mismo modelo y serie", AVILÉS GARCÍA, J.: *Los contratos,* cit., p. 117, en el caso de optar por la resolución del contrato la cuestión varía en tanto en cuanto lo que se debe entregar es el precio pagado. No obstante, existía una importante contradicción en el art. 11 LGDCU, ya que mientras el art. 11.1 LGDCU hablaba de "restitución equitativa del precio de mercado", el art. 11.3.b) establecía que se debía entregar el "precio pagado".

28 Sobre estas ideas, VAQUER ALOY, A.: "El principio de conformidad: ¿supraconcepto en el Derecho de obligaciones?", *Anuario de Derecho*

desde el análisis de la Directiva 2019/771, el concepto de conformidad deja muy poco margen a problemas como el error el vicio, y rompe definitivamente con cuestiones tales como la necesaria diferenciación, que antaño había que hacer, entre incumplimiento, saneamiento por vicios ocultos o saneamiento por evicción.

De todos modos, es curioso como el propio Considerando 7 del Preámbulo de la Directiva 1999/44/CE razona de forma sorprendente que, en realidad, la Directiva 1999/44 se puede considerar una base común para las distintas tradiciones de los Estados Miembros. Desde mi punto de vista, tal argumentación es un tanto atrevida: la base común para los distintos Estados Miembros, es, en todo caso, el Derecho Romano, que sí que ha supuesto las raíces de la tradición Codificadora Europea, aunque desde el momento en que la Unión Europea se ha ido abriendo a nuevos horizontes territoriales, la afirmación que he realizado puede que sea cada día más lejana[29].

Civil, Vol. 64, núm. 1, 2011, pp. 5-40. La preocupación por renovar el derecho de obligaciones no es una cuestión reciente, en la medida que desde hace décadas ya se ha estudiado el concepto de conformidad como punto de partida del incumplimiento de las obligaciones, Zamir, E.: "Toward a General Concept of Conformity in the Performance of Contracts", *Lousiana Law Review,* 1991, pp. 1–91.

29 No cabe duda que la incorporación de nuevos países a la Unión Europea puede generar problemas de diversa índole y los primeros que pueden venir a la mente son de naturaleza geopolítica. No obstante, en muchas ocasiones nos olvidamos de los problemas de naturaleza jurídica, es decir, desde el momento en que se incorporan a la Unión Europea países que provienen de tradiciones culturales muy diversas a las nuestras, con orígenes más lejanos es evidente que la Unión tiene un reto mayúsculo a la hora de armonizar las diferentes legislaciones de los países que la conforman. Esto es, ¿cuál es el camino que se debe seguir?, que aquellos países que tienen un mayor peso en la misma impongan su forma de ver el derecho, o, por el contrario, se debe pretender engarzar las diferentes regulaciones

Al mismo tiempo, el legislador español tomó la vía fácil, que coincide con el camino que también ha tomado en la transposición de la Directiva más reciente. Esto es, en lugar de abordar una posible reforma del Código Civil o incluso de la legislación de obligaciones y contratos en general, se sirvieron de una Ley especial para incluir las novedades de la Directiva, lo cual, en definitiva, complica aún más, si cabe, la dispersión normativa en torno a la regulación de la compraventa. De hecho, el propio legislador habilitaba al Gobierno para refundir la normativa de consumo en un solo texto que, al menos, otorgara un poco más de armonía a la materia.

No es el momento aquí de explayarse excesivamente en la naturaleza de la falta de conformidad o qué ha supuesto, con carácter general, en el derecho de obligaciones y contratos, pues considero que el Capítulo II es el espacio más adecuado para ello. Solo cabe decir que la falta de conformidad llegó al derecho de consumo español a través de la garantía legal regulada en la Directiva 1999/44/CE traspuesta definitivamente por la Ley 23/2003, de 10 de julio, de Garantías en la Venta de Bienes de Consumo. No obstante, como es sabido y se analizará a lo largo de esta obra, los criterios de falta de conformidad no son una creación genuina de la Unión Europea, sino que

---

que se encuentran en todos los Estados. Parece que la segunda alterativa sea la más razonable, pero al mismo la más difícil de llevar a la práctica. Al final, lo que ha sucedido, por lo menos, en este ámbito, ha sido que se ha renovado el derecho de obligaciones y contratos desde otro prisma, el de innovar directamente tomando como paradigma el derecho internacional privado. Se puede ver como, por muy buenas intenciones que tenga la Unión cuando habla de armonización, aquello que ha hecho ha sido tomar como referencia el estándar internacional de la compraventa, de clara influencia anglosajona, que es ni más ni menos la Convención de Viena de Compraventa Internacional de Mercaderías y trasladarlo a la realidad de la compraventa de bienes de consumo.

toman como referencia un ejemplo legal ya existente y con probado éxito práctico, que son, ni más ni menos, los criterios de conformidad que contiene la Convención de Viena de Compraventa Internacional de Mercaderías (CISG)[30].

Lo primero que cabe destacar de la regulación de la Directiva 1999/44/CE es la fijación de su ámbito de aplicación sobre los bienes muebles corporales, algo que se ha mantenido en el futuro, como ámbito objetivo de aplicación de la normativa europea y que contrastaba con la legislación nacional hasta esa fecha. En este sentido, mientras que la LGDCU extendía su ámbito de aplicación normativo a servicios y bienes inmuebles, la LGVBC no siguió el mismo esquema y, por el contrario, apostó únicamente por el bien mueble corporal de consumo, lo que podía generar ciertos agravios en la práctica.[31]

---

30 La Directiva 1999/44/CE, en realidad, no hace más que introducir a nuestro ordenamiento jurídico los criterios de conformidad ya contenidos en la CISG y, especialmente, el legislador español lo hace de una forma especialmente poco creativa, en la medida que traslada prácticamente los criterios sin mucha imaginación, baste con leer el art. 35.3 CISG y compararlo con el art. 3 LGVBC: "Salvo que las partes hayan pactado otra cosa, las mercaderías no serán conformes al contrato a menos: a) Que sean aptas para los usos a los que ordinariamente se destinen mercaderías del mismo tipo; b) Que sean aptas para cualquier uso especial que expresa o tácitamente se haya hecho saber al vendedor en el momento de la celebración del contrato, salvo que de las circunstancias resulte que el comprador no confío, o no sea razonable que confiara, en la competencia y el juicio del vendedor; c) Que posean las cualidades de la muestra o modelo que el vendedor haya presentado al comprador; d) Que estén envasadas o embaladas en la forma habitual para tales mercaderías o, si no existe tal forma, de una forma adecuada para conservarlas y protegerlas."

31 El legislador era consciente de esta circunstancia y, de hecho, el Grupo Parlamentario Socialista propuso en la enmienda 35 a la LGVBC que su art. 2.2 estableciera "ser objeto de estos contratos las cosas, sean muebles o inmuebles, y los derechos" con el objeto de

Cabe matizar que el ámbito de aplicación de la LGVBC se extendía, no solo a compraventa de bienes corporales en sentido estricto, sino, también, a otros contratos afines, como la permuta o el suministro de bienes de consumo que hayan de producirse o fabricarse. Igualmente, cabe entender que la entrega de otros bienes junto con el bien adquirido (el caso de las muestras de regalo u otros bienes que se entregan gratuitamente para incentivar la compra de los mismos) está sometida a los mismos criterios de falta de conformidad que la venta de bienes de consumo en sentido estricto[32].

En segundo lugar, aquello que, por razones obvias, cobra más protagonismo es lo relativo a los criterios de falta de conformidad, los cuales, a pesar de la importancia que les queramos otorgar, no son más que criterios que vienen a afectar a la delimitación de la obligación de entrega, dónde la autonomía

"armonizar e integrar las distintas protecciones para evitar proteccionismos asimétricos del consumidor dependientes de la naturaleza del bien". Al final, dicha propuesta no cuajó en la práctica, pero el borrador del TRLGDCU, de 1 de marzo 2006, señaló que se debería regular una "garantía comercial de vivienda", obligatoria para el empresario o constructor de la misma y dicha garantía se circunscribirá en el plazo de seis meses, con el objeto de hacerla "compatible con cualquier otra responsabilidad contractual o extracontractual del vendedor y de los agentes que intervienen en la edificación".

32 DÍAZ ALABART, S.: "Dos cuestiones en torno a la protección del consumidor en la compraventa de productos de consumo: la garantía del producto sustituto y la del producto que se obsequia con la compra de otro", *Revista Doctrinal Aranzadi Civil-Mercantil*, núm. 11, 2008, p. 2376, considera que las muestras regalo o de obsequio también se encontrarían sometidas a dicha garantía de conformidad. En términos similares, para el caso de las promociones de compre un producto y llévese dos también lo extiende CORVO LÓPEZ, F. M.: "Estudio de derecho comparado sobre las garantías en la venta de bienes de consumo en España y Portugal a la luz de la Directiva (UE) 2019/771", *Cuadernos de Derecho Transnacional*, núm. 1, 2020, p. 125.

de la voluntad sigue presentando un papel clave.[33] Los criterios de conformidad se configuran como un mínimo que el empresario/vendedor debe cumplir respecto de sus consumidores/ clientes, y que otorga a esta materia un carácter imperativo. Sin embargo, aquello que prevalecerá sobre cualquier criterio de conformidad serán los pactos que libremente asuman las partes sobre las concretas características del bien[34].

Aunque se profundizará sobre esto más adelante, en la regulación de la Directiva 1999/44/CE ya se podía advertir que la falta de conformidad, a pesar de su vocación de aglutinar en un solo concepto diferentes términos que antes diferenciaba la doctrina civilista, no alcanzaba a suponer un concepto unitario de incumplimiento contractual, habida cuenta de que, por ejemplo, la falta de entrega seguía siendo un aspecto que se en-

---

33 Avilés García, J.: *Los contratos,* cit., p. 269.

34 Sobre los criterios de conformidad de la Directiva 1999/44/CE véase, Ortí Vallejo, A.: *Los defectos de la cosa en la compraventa civil y mercantil: El nuevo régimen jurídico de las faltas de conformidad según la Directiva 1999/44/CE,* Comares, Granada, 2002, p. 61. Como apunta autorizada doctrina, "la falta de conformidad dependerá en buena medida, aunque no exclusivamente, de la autonomía de la voluntad, que es la que viene a delimitar sustantivamente la obligación de entrega que pesa sobre el vendedor", Avilés García, J.: *Los contratos,* cit., p. 269. Sigue diciendo que la aplicación de los criterios de conformidad responde a un esquema cumulativo, todos tienen la posibilidad de aplicación, puede que alguno no se aplique, pero basta con que uno de ellos no se cumpla para que tenga lugar la falta de conformidad. De todos modos, eso no quita que exista un "proceso lógico" de aplicación de los mismos, pues siempre tendrán preferencia aquellos que respondan a una visión subjetiva como un concreto pacto que haya realizado el consumidor con el empresario, *vid.*, Avilés García, J.: *Los contratos,* cit., p. 271.

contraba fuera de su ámbito de aplicación, y, del mismo modo, todos aquellos defectos que no fueran de carácter material[35].

Por lo que respecta a los criterios de conformidad que introdujo la Directiva 1999/44/CE, la doctrina realiza una clasificación en tres grupos: según afecten a la identificación del bien, a su funcionalidad y a su eficacia[36].

---

35 Aunque esto ha cambiado, los vicios jurídicos (saneamiento por gravámenes ocultos o evicción) no se encontraban dentro del ámbito de aplicación de la Directiva 1999/44/CE por lo que su concurrencia, a *priori*, no implicaría una falta de conformidad. Así se pronunciaba, PEÑA LÓPEZ, F.: "La adquisición de bienes y productos por el consumidor", *Reclamaciones de consumo (Derecho de consumo desde la perspectiva del consumidor)* (coord. J.M. BUSTO LAGO), Thomson Reuters Aranzadi, Cizur Menor, 2005, pp. 341 y ss., quien manifestaba que "tanto los defectos jurídicos del bien (evicción y gravámenes ocultos), como aquellas condiciones de tiempo, lugar y como de ejecución que desvirtúen la entrega del bien o que ocasionen un retraso o demora en la misma entrega" estaban excluidos del ámbito de aplicación de la conformidad con el contrato. Por el contrario, con más precisión, AVILÉS GARCÍA, J.: *Los contratos,* cit., p. 269, señalaba que una cosa era que la regulación de la falta de conformidad de la LGVBC no incluyese, por ejemplo, los vicios jurídicos, pero otra muy distinta que no pudieran llegar a formar parte de la determinación de la misma a través de los pactos que hubieran podido estipular las partes contratantes.

36 Esta diferenciación es la que propone AVILÉS GARCÍA, J.: *Los contratos,* cit., p. 272. Tanto la Directiva 1999/44/CE como la LGVBC optaron por no establecer ningún tipo de diferenciación entre los criterios de conformidad, aunque era obvio que se referían a distintos aspectos de las características del bien. Es decir, nada tiene que ver el criterio referido a la descripción del vendedor con, por ejemplo, el uso especial requerido por el consumidor, circunstancia que se puede ver desde dos esferas bien diferentes. Por un lado, en lo relativo al criterio funcional (no es lo mismo, la descripción de las características que permiten identificar al bien, que la exigencia de una determinada función en el mismo), como también desde el punto de vista contractual, puesto que algunos de los criterios mencionados se refieren a pactos que han llevado a cabo las partes,

En cuanto a los criterios que se refieren a la identificación del bien tendríamos: "la descripción realizada por el vendedor" y "las cualidades que haya presentado el vendedor en forma de muestra o modelo" (art. 3.1 a) LGVBC). Sin entrar en grandes disquisiciones, pues no es objeto de este trabajo analizar el derecho anterior, se puede concluir que estos criterios se basan predominantemente en la autonomía de la voluntad, habida cuenta de que el vendedor presenta una descripción o un modelo al consumidor que este libremente acepta. Asimismo, como se verá, este criterio pivota en torno a la función atributiva de la muestra o modelo, en la medida que aquellas características que se enseñen podrán ser tenidas en cuenta por el consumidor a la hora de exigir al vendedor responsabilidad. Por el contrario, lo que el vendedor no afirme sobre sus bienes o que, directamente, no se pueda inferir no podrá ser tenido en cuenta.[37]

---

como es el relativo al uso especial requerido por el consumidor. En cambio, la nueva regulación proveniente de la Directiva 2019/771, sí ha optado por establecer una diferenciación entre, al menos, el aspecto contractual, como se estudiará en los capítulos sucesivos, marcando los criterios que se centran en los acuerdos que hayan llegado las partes (criterios subjetivos), y los criterios que no requieran de ningún pacto previo (criterios objetivos).

37 La doctrina ya reflexionó en el pasado sobre el entrecruzamiento que puede establecerse entre ambos criterios, es decir, en la práctica, cuando se acude a un establecimiento comercial, los bienes se presentan muchas veces de las dos formas. Se tiene, tanto la muestra, como la descripción que acompaña al bien. En ese sentido, se dice que lo que existe es una "conformidad específica" (pues a la propia muestra que "habla por sí sola" se le une la descripción específica y, digamos, aclaratoria que lleva a cabo del vendedor), por el contrario, si no disponemos de más que el modelo que nos enseña el vendedor, lo que habría es una "conformidad básica". Se pronunció en dichos términos, MARÍN LÓPEZ, M. J.: *Las garantías en la venta de bienes de consumo en la Unión Europea: La Directiva 1999/44/CE y su incorporación en los distintos Estados Miembros*, tomo I, Instituto Nacional de Consumo, 2004, p. 304.

En lo referente a los criterios relacionados con la funcionalidad de los bienes, aquello que existe es también una dualidad. De un lado, aquellos fines que propiamente se esperen de los bienes, teniendo en cuenta la naturaleza que presenten, y, de otro lado, aquellos que hayan sido sugeridos por el consumidor y aceptados por el vendedor. Los primeros se corresponderían con que "los bienes sean aptos para los usos a que ordinariamente se destinen los bienes del mismo tipo" (art. 3.1.b) LGVBC), circunstancia que obviamente hace referencia a aquello que razonablemente puede esperar el consumidor de los bienes que compra. En definitiva, a las expectativas que genera cuando adquiere un bien, en base, entendemos, en la buena fe de los contratos[38]. La doctrina ha considerado conveniente extraer del C.Civ. el parámetro de "normal idoneidad" de los bienes, a saber, un bien será idóneo para su uso cuando tenga las características suficientes para poder llevar a cabo su finalidad específica, en cambio será inidóneo cuando no tenga la aptitud para realizar la función que le corresponda a un bien del mismo tipo.[39]

---

38 Para interpretar que quería decir el legislador con esta terminología nos podemos basar en la jurisprudencia existente sobre la existencia de defectos que hagan a los bienes impropios para los usos a los cuales se destinan, para la cual no es necesaria que sea una inutilidad total, sino que basta con que la inutilidad sea parcial, esto es, que el uso habitual u ordinario de la cosa adquirida se vea parcialmente afectado (inutilidad parcial). A este respecto, clásicas sentencias como la SSTS 11 julio 1983, 10 septiembre 1996 y 3 marzo 2000. También relaciona las fundadas expectativas del consumidor con la buena fe en los contratos, FUENTESECA DEGENEFFE, C.: "La calidad, las prestaciones habituales, las esperanzas fundadas del consumidor y las declaraciones públicas: el art. 3.1 d) de la LGDVC", en AA.VV.: *Garantía en la venta de bienes de consumo* (coord. S. DÍAZ ALABART), Edisofer, 2006, p. 105.

39 A este respecto, DE LA IGLESIA MONJE, Mª. I.: *El principio de conformidad del contrato en la compraventa internacional de mercaderías*, Centro de Estudios Registrales, 2002, p. 117.

Por el contrario, el segundo de los criterios basado en la funcionalidad, se refiere a un eventual pacto que haya llevado a cabo el vendedor y el comprador, es decir, el comprador le propone al vendedor un determinado uso para sus bienes y este acepta voluntariamente. Imaginemos una chaqueta de abrigo que se vende como vestuario deportivo para un uso diario general; sin embargo, el consumidor quiere saber si también sería apta para esquiar en la nieve, dado que necesita que sea impermeable y corte el viento. Si el consumidor sugiere esta idea en la práctica y el vendedor la acepta, y posteriormente la chaqueta no cumple dicha función porque se empapa, tendríamos una falta de conformidad, no porque no se cumpliera la descripción o la muestra que ha presentado el empresario a los consumidores, ni tan siquiera porque la chaqueta no cumpla los usos a los que habitualmente está destinado un bien del mismo tipo, sino porque, el bien no cumple con el pacto al que habían llegado con anterioridad consumidor y empresario[40].

En cuanto a la eficacia, los últimos criterios se refieren a cuestiones tales como la calidad y prestaciones habituales que tengan bienes de la misma clase[41], haciendo especial hincapié en "las

---

40 Es interesante mencionar los problemas que podía generar en la práctica la aquiescencia del vendedor, por lo que concluye la doctrina, parece que baste con que haya una "admisión" por parte del vendedor independientemente de su forma. Peña López, F.: "La adquisición", cit., p. 395 y Ortí Vallejo, A.: *Los defectos,* cit., p. 280. De hecho, Avilés García, J.: *Los contratos,* cit., p. 281, pone de manifiesto que tendrá que ser el vendedor el que, ante la alegación del consumidor que un bien debía tener un determinado requisito, el primero no lo admitió. No obstante, me parece un tanto injusto llegar a esa clase de conclusiones, pues resulta muy complicado probar un hecho negativo, más razonable debiera ser exigir un medio de prueba, alguna constancia del uso requerido por el consumidor y no aceptado por el empresario.

41 En relación con los problemas de calidad de los productos, la doctrina advirtió la estrecha relación de los mismos con el incumplimiento

declaraciones públicas sobre las características concretas de los bienes hechas por el vendedor, el productor o su representante, en particular en la publicidad o en el etiquetado" (art. 3.1.d)).

Este criterio no deja de tener ciertas similitudes con el anterior, pues la calidad y sus prestaciones habituales mantienen una íntima relación con la funcionalidad del mismo. Así, de igual forma, encontramos como se vuelve a hacer referencia a la buena fe como criterio integrador los contratos, desde el momento en que las expectativas razonables del consumidor, entran en juego a la hora de fijar el contenido contractual, consumidor, que deberá ser (entendemos) el "tipo medio de consumidor", no el consumidor concreto que interviene en el contrato específico. Del mismo modo, al conectar el criterio de la buena fe con la publicidad, la doctrina consideró que nos encontrábamos ante un "criterio naturalmente expansivo de la buena fe", pues el vendedor no podría negarse a sufrir las consecuencias de la publicidad que se realiza de sus productos si también se beneficia de ella; y ello, ya la haya establecido el mismo, o, por el contrario, hayan sido otros actores del mercado, como el productor o su representante quién las hayan llevado a cabo.[42]

Por último, es interesante mencionar que la instalación se erigió en la Directiva 1999/44/CE como un criterio más de conformidad en los contratos, que, como sugirió la doctrina,

---

contractual por *aliud pro alio,* en este sentido FUENTESECA DEGENEFFE, C.: "La calidad", cit., p. 284. No obstante, también había voces que aseguraban que la propia configuración del incumplimiento a través de la falta de conformidad, ponía de manifiesto que la entrega de cosa distinta a la pactada (en sentido amplio) era un supuesto de falta de conformidad, AVILÉS GARCÍA, J.: *Los contratos,* cit., p. 285.

42 Sostiene estas consideraciones, AVILÉS GARCÍA, J.: *Los contratos,* cit., p. 283 y ss.

pasó a formar parte de la obligación de entrega[43]. Por lo que, si la instalación se incluyese en el contrato de compraventa de bienes, esta se incluiría entre las obligaciones del vendedor. En consecuencia, la "entrega no estará completa si no se realiza la instalación"[44]. La cuestión será establecer, cómo se se concreta si se ha producido una correcta instalación, así como determinar cuando la instalación ha sido incluida en el contrato de compraventa[45]. Cabe poner de manifiesto la importancia que

---

43 En este sentido, Avilés García, J.: *Los contratos,* cit., p. 301, habla de que, si la instalación forma parte del contrato de compraventa, este no estará cumplido y, en consecuencia, habrá lugar a una falta de conformidad si esta no se realiza o se realiza incorrectamente. Es evidente que, de producirse esta situación, la falta de conformidad no se deberá a un defecto que tenía el bien. No obstante, este autor, al igual que otros en la doctrina, afirma que, debido a que la adecuada entrega de la cosa estaba sujetada a su correcta instalación, se podía calificar el defecto como preexistente, pues de no tener lugar la instalación no se podía hablar de entrega de la cosa. En los mismos términos, Marco Molina, J.: "La garantía legal sobre bienes de consumo en la Directiva 1999/44/CE del Parlamento Europeo y del Consejo, de 25 de mayo 1999, sobre determinados aspectos de la venta y las garantías sobre bienes de consumo", *Revista Crítica de Derecho Inmobiliario,* núm. 674, 2002, p. 2317. *A sensu contrario,* De Cristofaro, G.: *Difetto di conformità al contratto e diritti del consumatore. L'ordinamento italiano e la direttiva 99/44/CE sulla vendita e le garanzie dei beni di consumo,* Cedam, 1ª ed., Padova, 2000, p. 137.

44 Avilés García, J.: *Los contratos,* cit., p. 301.

45 La doctrina tiene dicho que, en última instancia, le corresponderá al comprador probar estos extremos, y se podrá acudir tanto a los criterios de la buena fe, como de los usos y costumbres del sector de que se trate, para dilucidar si la instalación es correcta o incorrecta. Marín López, M. J.: *Las garantías,* cit., p. 132. En relación con esto, pueden surgir dudas sobre qué sucede cuando la instalación estaba incluida en el contrato de compraventa, pero finalmente no han sido llevadas a cabo por el vendedor. Imaginemos que la ha realizado el comprador bajo su cuenta y riesgo o ha encargado a alguien que la hiciera, en este caso podríamos concluir que se trata de una circuns-

las instrucciones que aporte el vendedor junto con el bien que debe ser instalado sean correctas. Puesto que, si estas no lo son y el consumidor ha llevado a cabo la instalación, ya estuviera incluida o no la obligación de instalar el bien, habrá lugar a falta de conformidad y, por tanto, incumplimiento[46].

Cómo se ha visto, la incorporación a nuestro ordenamiento jurídico de todo el régimen de responsabilidad del vendedor de conformidad con el contrato, supuso, en cierta medida, una alteración de los principios contractuales clásicos, como puede ser, el principio de la relatividad contractual, el principio de la justicia conmutativa y el principio de la conservación del contrato[47]. De hecho, no eran pocas las voces que ponían de manifiesto que, en verdad, dicha reforma se había quedado corta, ya que las compraventas entre particulares que, son gran parte de las ventas de segunda mano quedaban fuera del ámbito de la Ley, lo que, en definitiva, suponía un agravio comparativo sin sentido, teniendo en cuenta que no dejaban de recaer sobre la misma clase de bienes[48].

---

tancia que rompe el nexo causal y, en consecuencia, no hay responsabilidad del vendedor. Diferente sería el caso de que la instalación la haya llevado, por ejemplo, el servicio técnico de la marca, siendo un ente distinto al vendedor pero que se haya producido a su nombre, en cuyo caso entendemos no podría exonerarse de responsabilidad.

46 Es importante señalar que el carácter erróneo de las instrucciones no deriva solo de que estas contengan efectivamente un error, sino que bastaría con que fueran incompletas, incomprensibles, farragosas, etc. *Vid.*, en este sentido, CASTILLA BAREA, M: "La determinación", cit., p. 306.

47 VÉRGEZ SÁNCHEZ, M.: *La protección del consumidor en la Ley de Garantías en la venta de bienes de consumo,* Aranzadi, Pamplona, 2004, p. 16.

48 Ya en la Propuesta de Anteproyecto de Ley de Modificación del Código Civil en materia de compraventa de mayo de 2005 (Boletín de Información del Ministerio de Justicia de 1 de mayo de 2005, núm. 1988), en su Exposición de Motivos (pp. 2077 y 2088) se recoge la idea de que el principio de conformidad con el contrato se extienda

La LGVBC establecía una jerarquía de remedios que se ha mantenido hasta el momento a la hora de regular las ventas de consumo. Dicho sistema esta basado en la existencia de dos niveles de actuación. Por un lado, los remedios primarios (reparación y sustitución) que vendrían a ser lo mismo que una pretensión de cumplimiento exacto (reparación *in natura*). La única diferencia estribaría en que la reparación busca enmendar el bien defectuoso sin sustituirlo por uno equivalente, mientras que la sustitución sí vendría a alterar la entrega del bien original, proporcionando un bien alternativo al original defectuoso. Por otro lado, los remedios subsidiarios (reducción del precio y resolución del contrato), que de alguna forma conjugan en sí mismos tanto la conservación del contrato como la tutela sin complejos del interés del comprador/consumidor, habilitándolo a resolver el contrato si el bien adolecía de una falta de conformidad[49].

---

a toda compraventa, esto es, toda "cosa entregada deberá ser conforme con el contrato en cantidad, calidad y tipo y deberá estar embalada o envasada en la forma que resulte del contrato" (art. 1474 CC).

49 Sobre los remedios, uno de los más novedosos podría ser la sustitución propia de los bienes homogéneos, que son típicos en la compraventa de consumo, pero que resultaban mucho más desconocidos siguiendo la filosofía que inspiraba la compraventa clásica civil. Sin entrar en mayores consideraciones, la sustitución puede plantear algunos interrogantes importantes sobre su correcta ejecución, uno de ellos y que, al final, más estrecha relación puede tener con los bienes de consumo, es si deben ser entregados o no con su embalaje original. Ante la falta de concreción legislativa parece que la pregunta debe resolverse en sentido negativo, pues no se podría imponer esa obligación al vendedor, cosa distinta sería el supuesto de que el propio embalaje se convierta en parte esencial del bien, es decir, que no sea un accesorio como una caja para poder llevar un videojuego, en ese caso, parece que si se debería incluir el embalaje en la devolución. *Vid.*, en este sentido, Avilés García, J.: *Los contratos,* cit., p. 337.

No obstante, la citada jerarquía se veía matizada por la introducción del criterio de proporcionalidad de la medida. Esto es, se podía acudir a la reparación o sustición a elección del consumidor, salvo que alguna de las dos medidas fuera imposible o desproporcionada.[50]

Igualmente, la puesta en conformidad (reparación o sustitución) seguía una serie de reglas, esto es, debía tener lugar de forma gratuita y en un plazo razonable sin mayores inconvenientes para el consumidor. Estos términos, al igual que la imposibilidad y la desproporción, se erigían como conceptos jurídicos indeterminados y, por este motivo, debían ser interpretados a la luz de la Directiva. Sin entrar en grandes disquisiciones que se harán en el capítulo correspondiente, la gratuidad se ha entendido con carácter general como "que todo lo que sobrevenga o acontezca con posterioridad a la elección del saneamiento por el consumidor, tendrá carácter gratuito"[51]. Visto de ese modo, parece ser que tanto los costes de reparación como los costes de sustitución no se podrían imputar al consumidor. No obstante, esta gratuidad se podía extender

---

50 Como se estudiará, la interpretación de que es la imposibilidad y la desproporcionalidad ha traído algunos quebraderos de cabeza a la doctrina científica. Por resumir, la imposibilidad se entiende en clave objetiva, no es imposibilidad del vendedor en concreto, sino imposibilidad por la naturaleza de la falta de conformidad que tiene lugar. Es decir, la falta de conformidad no es reparable o no es posible sustituir el bien. Por lo que se refiere a la desproporción, se ha interpretado generalmente en el sentido de que la medida tenga unos costes razonablemente más elevados que la otra medida en cuestión. Asimismo, el criterio de la imposibilidad o desproporción, tal y como aparecía reflejado en la LGVBC, se debía determinar desde un punto de vista relativo, dicho en otras palabras, siempre en relación con la otra medida. Por lo que, si una de las medidas primarias era imposible, pero la otra desproporcionada debía pasarse necesariamente por la posible.

51 *Vid.*, AVILÉS GARCÍA, J.: *Los contratos,* cit., p. 343.

también a gastos de transporte o envío (art. 6.a) LGVBC), incluso a los costes de reemplazo o desinstalación.

Por lo que se refiere al plazo razonable, tampoco resultaba sencillo establecer una regla clara que nos pudiera guiar en este aspecto. Principalmente, por las circunstancias, tanto objetivas, como subjetivas, que pueden incidir en determinar el plazo razonable para el consumidor y para el vendedor. Más interrogantes podía generar la interpretación de "ausencia de inconvenientes", que, dada su indefinición, puede convertirse en un cajón de sastre donde incluir cualquier circunstancia que pudiera frustrar al consumidor[52].

Sobre los remedios subsidiarios, reducción del precio y resolución del contrato, cabe destacar que la segunda opción se supeditaba a que el defecto no fuera de escasa importancia y, aunque no lo dijera el texto legal, parece ser que sí era posible una interpretación *favor contractus* de resolución parcial del mismo. Claro está, dicha resolución solo podría tener lugar si el bien lo permitía por tener, por ejemplo, diferentes piezas en su composición.[53] En cuanto a la reducción del precio, esta debía ser proporcional, siguiendo los esquemas que en su día ya fijó el art. 50 CISG. Sin embargo, a diferencia de lo que permi-

---

52 Sobre la "ausencia de inconvenientes", el Libro Verde sobre las garantías de bienes de consumo ya establecía que el consumidor no debía soportar "más de una tentativa de reparación o una única sustitución del producto" (Documento COM (93) 509 final, p. 68). En ese sentido, podemos interpretar que la existencia de un intento frustrado de puesta en conformidad podía habilitar al consumidor a acudir a los remedios subsidiarios. Por el contrario, De Cristofaro, G.: *Difetto,* cit., p. 197, sostiene que no se puede llegar a dicha conclusión y, por tanto, siempre y cuando tengan lugar dentro de un plazo razonable se podría someter al consumidor a tener que pasar por varios intentos frustrados de reparación.

53 En este sentido, Avilés García, J.: *Los contratos,* cit., p. 376.

tía la Convención de Viena, esta se erigía en un remedio subsidiario sin que el comprador la pudiera exigir incialmente[54].

1.2. El fallido Reglamento relativo a una normativa común de compraventa europea

Asentada la nueva regulación sobre garantías y servicios postventa en toda la Unión Europea, el legislador europeo se dió cuenta que, si bien se podía considerar como legislación de éxito en todo su territorio, su carácter de mínimos propició que se creasen 27 derechos nacionales en toda la Unión Europea, pues cada Estado miembro podía otorgar más o menos protección a sus ciudadanos. Esta circunstancia no agradaba a la Comisión, porque a largo plazo podría convertirse en un obstáculo que ralentizase el desarrollo del Mercado Único. De hecho, difícilmente se podría hablar de Mercado Único si, en realidad, no había una disciplina uniforme en su totalidad.

Concretamente, se advirtió que muchas empresas no llevaban a cabo ventas transfronterizas, a pesar de tener capacidad para ello, habida cuenta de los costes que asumirían al tener que adaptarse a la legislación de cada Estado Miembro. Igualmente, los consumidores alegaban que, si bien estaban interesados en llevar a cabo ventas transfronterizas, se veían frustrados en la medida que los vendedores se negaban a contratar con ellos al residir en un tercer país.

Con el objetivo de superar este problema, la Unión Europea decidió impulsar las ventas transfronterizas en su territo-

---

54 CARRASCO PERERA, Á., CORDERO LOBATO, E. Y MARTÍNEZ ESPÍN, P.: "Trasposición de la Directiva comunitaria sobre venta y garantías de los bienes de consumo", *Estudios sobre consumo*, núm. 52, 2000, p. 128. De hecho, la mencionada doctrina propuso que así debía haber sido en la compraventa de bienes de consumo, pues no dejaba de ser un remedio favorable en la línea de la conservación del contrato.

rio, incluyendo una de las Propuestas que recogía en su famoso Libro Verde[55]. Concretamente, dictar un Reglamento que instaurase un instrumento facultativo de Derecho contractual europeo, que constituiría un "segundo régimen contractual" por el que podrían optar las partes al contratar. Y esto fue la Propuesta de Reglamento del Parlamento Europeo y del Consejo relativo a una normativa común de compraventa europea (CESL)[56], que nunca se llegó aprobar definitivamente[57].

---

55 Libro Verde de la Comisión sobre opciones para avanzar hacia un Derecho contractual europeo para consumidores y empresas (Bruselas, 1 julio 2010), que recogió lo siguiente: a) una simple publicación de los resultados del Grupo de expertos, que podría inspirar la redacción de los Derechos nacionales, o de las cláusulas contractuales; b) considerar los resultados como una "caja de herramientas" oficial para el legislador, que sirviera para redactar propuestas normativas o revisar medidas en vigor, dándole un respaldo oficial bien mediante un acto del Consejo, bien mediante un acuerdo interinstitucional entre Consejo, Comisión y Parlamento; c) dictar una Recomendación de la Comisión, animando a los Estados miembros bien a sustituir sus legislaciones contractuales con ese instrumento, bien a incorporarlo como régimen optativo para las partes contratantes; d) dictar un Reglamento de creación de un instrumento optativo de Derecho contractual europeo, que constituiría un "segundo régimen contractual" por el que podrían optar las partes al contratar; e) dictar una Directiva sobre Derecho contractual europeo, para armonizar las legislaciones nacionales con base en normas mínimas comunes; f) dictar un Reglamento que estableciera un Derecho contractual europeo, que sustituyera las legislaciones nacionales; y g) dictar un Reglamento de creación de un Código civil europeo.

56 COM/2011/0635 final – 2011/0284 (COD).

57 En diciembre de 2014 la Comisión Europea decició transformar el CESL en una propuesta para armonizar las reglas europeas relativas al comercio electrónico transfronterizo de contenidos digitales. Sobre esta cuestión, véase FONTANELLAS MORELL, J.M.: "La normativa común de compraventa europea, ¿punto final opunto y seguido?", *Anuario Español de Derecho Internacional Privado*, Tomo XIV-XV, 2014-2015, pp. 447-487.

Las características principales del CESL eran cuatro. En primer lugar, se trataba de una normativa aplicable a las compraventas transfronterizas, en consecuencia, los Estados Miembros seguirían con su propia normativa nacional para las ventas internas en contratos entre empresarios y consumidores y, por otro lado, existiría dentro de la normativa nacional este segundo derecho aplicable a las ventas realizadas fuera del territorio nacional. En segundo lugar, se trataba de una normativa facultativa, que las partes asumían voluntariamente. En tercer lugar, se ampliaba el ámbito de aplicación subjetivo respecto a las clásicas ventas de consumo, pues se permitía su extensión, no solo a transacciones entre consumidores y usuarios, sino también a transacciones entre empresas PYME y empresas no PYME[58]. En cuarto lugar, no se correspondía con un derecho extra (es decir, no es una normativa adicional que erija como derecho número 28 en la Unión Europea), sino se configuraba como un derecho de segundo grado dentro del ordenamiento nacional de cada Estado, que se podría aplicar si las partes así lo decidían.

Finalmente, en quinto lugar, se podía decir también que a diferencia de lo que había ocurrido con la legislación de consumo hasta la fecha, el CESL se configuraba como una opción legislativa mucho más ambiciosa que pretendía regular toda la vida del contrato de compraventa, por lo que su intención era que no hubiese que recurrir al derecho general para suplir ninguna deficiencia. De hecho, los 86 primeros artículos del mismo eran pura teoría general de obligaciones y contratos, y

58 A efectos del Reglamento: "Por PYME se entiende, a efectos del Reglamento, un comerciante que: a) emplea a menos de doscientas cincuenta personas; y b) tiene un volumen de negocios anual no superior a 50 millones de euros o un balance anual no superior a 43 millones de euros, o para las PYME que tengan su residencia habitual en un Estado miembro cuya moneda no sea el euro o en un tercer país, las cantidades equivalentes en la moneda de ese Estado miembro o ese tercer país" (art. 7.2 CESL).

podían convertirse en un verdadero germen de unificación del Derecho Europeo de contratos[59].

No obstante, el Reglamento no estaba exento de problemas. El primero de ellos se relacionaba directamente con su carácter opcional, lo que, en definitiva, se convirtió en el mayor escollo a su consolidación. Asimismo, para que el consumidor fuese consciente de que, si lo deseaba, podía someterse opcionalmente al régimen común compraventa europea, se le debía proporcionar una considerable información precontractual [60]. Sobre la garantía de prestar este consentimiento informado, algún autor propuso la creación de una casilla especial en las contrataciones en línea, el denominado "*blue button*".[61]

El segundo de los problemas era la aplicación uniforme del mismo, porque al ser un derecho postestativo que convivía con

---

59 Cabe destacar que, a diferencia de lo que había sucedido hasta la fecha con el régimen aplicable a la venta de consumo, el CESL apostaba por una supresión de la jerarquía de remedios, por lo que el comprador podía optar por la resolución del contrato, salvo que el defecto fuera insignificante. Esta circunstancia fue vista favorablemente por algún autor, BECH SERRAT, J.M.: "Reparar y sustituir las cosas en la compraventa: evolución y últimas tendencias", *Revista InDret*, núm. 1, 2010, p. 39

60 "Sólo será válido si el consentimiento del consumidor se expresa mediante una declaración explícita independiente de la declaración por la que se indica el acuerdo para celebrar un contrato (art. 8.2 CESL), después el art. 9 CESL dispone que "además de los deberes de información precontractual establecidos en la normativa común de compraventa europea, en las relaciones entre un comerciante y un consumidor, aquel deberá alertar a este, antes del acuerdo, acerca de la intención de aplicar dicha normativa, facilitándole de forma ostensible la ficha informativa del anexo II". De no cumplirse estos derechos de información precontractual el acuerdo de elección no sería válido.

61 La idea fue de SCHULTE-NÖLKE, H.: "EC Law on the Formation of Contract – from the Common Frame of Reference to the 'Blue Button'", *European Review of Contract Law*, núm. 3, 2007, pp. 348–349.

la normativa propia de cada Estado Miembro, podrían surgir interferencias entre las mismas a la hora de ser interpretadas por los tribunales de justicia.[62] Esto generaría un considerable celo por parte de la Comisión Europea, pues en la práctica podría convertirse en excesivamente dificultoso coordinar su interpretación uniforme en todo el territorio. Por ello, el propio Reglamento contemplaba la creación de una base de datos en la cual se comunicasen todas las resoluciones judiciales definitivas con acceso al público (art. 14 CESL).

En tercer lugar, es que, al ser un derecho dentro del propio ordenamiento jurídico de cada Estado, era presupuesto necesario la designación como aplicable del derecho del Estado en cuestión para que el acuerdo de elección fuera válido. Circunstancia que primera vista podría no resultar muy preocupante, en la práctica era un caldo de cultivo de considerables dificultades en las ventas transfronterizas, por ejemplo, casos en los cuales el vendedor no dirige su actuación al Estado Miembro del que es residente el consumidor que pretende adquirir el

---

62 El propio artículo 4 del Anexo I señalaba que: "1. La normativa común de compraventa europea se interpretará de forma autónoma y de acuerdo con sus objetivos y sus principios subyacentes. 2. Las cuestiones que tengan cabida en el ámbito de aplicación de la normativa común de compraventa europea, pero que no estén expresamente resueltas en ella, se resolverán ajustándose a sus objetivos, a sus principios subyacentes y a todas sus disposiciones, sin recurrir a la normativa nacional que sería aplicable en ausencia de un acuerdo para utilizar la normativa común de compraventa europea ni a ninguna otra normativa.". Pero no solo ello, si la Unión Europea pretendía ser verdaderamente eficaz en garantizar la correcta aplicación de la normativa, debía establecer un adecuado sistema de alarma y protección por lo que se refiere a las ventas transfronterizas, *vid.* ESTEBAN DE LA ROSA, F., Y OLARIU, O.: "La aplicación de la Normativa Común de Compraventa Europea (CESL) a los contratos de consumo: nuevos desafíos para el sistema de Derecho internacional privado europeo", *Revista InDret*, núm.1, enero 2013, p. 14.

bien (sucede especialmente en las compras que se realizan en Asia). Si no se puede demostrar que el vendedor dirige su actuación comercial al Estado Miembro en cuestión, no podría el consumidor hacer valer la legislación de consumo de su país de residencia de la que formaría parte el CESL. No se trataba de una norma de aplicación universal como sucede con otros reglamentos de la Unión Europea, que son aplicables directamente cuando en la ecuación aparece un tercer Estado[63].

El cuarto de los problemas era si se podía hacer un fraccionamiento del contrato, lo que se conoce como *depeçage*. Dicho en otras palabras, si era posible que parte de un contrato pudiera estar regido por el derecho de consumo del Estado Miembro y el resto del mismo estar sometido al derecho de la compraventa común. La respuesta debe ser negativa, según el art. 8.3 de la Propuesta de Reglamento "en las relaciones entre un comerciante y un consumidor no se podrá recurrir a la normativa común parcialmente, sino únicamente en su integridad". Esta decisión se explica en el propio apartado 24 del preámbulo de la Propuesta de Reglamento que indica que: "con el fin de evitar una aplicación selectiva [...], lo que podría alterar el equilibrio entre los derechos y las obligaciones de las partes y afectar negativamente al nivel de protección de los consumidores [...]".[64]

---

63 Esteban de la Rosa, F., y Olariu, O.: "La aplicación", cit., p. 20, ante esto la doctrina se ha planteado si hubiese sido factible que, ante la no designación del derecho de un país de la Unión Europea, se estableciera una regla especial mediante la cual tuviese lugar una determinación objetiva de la ley aplicable al contrato o, también una presunción de que cuando las partes designan como aplicable la normativa común también lo hacen al Derecho de un EE.MM.

64 Frente a esta negativa, la doctrina ha considerado si, en realidad, se podría aplicar la normativa común de compraventa en función del principio de autonomía material, habida cuenta de que el apartado 13 del preámbulo de Roma I establece que: "el presente Reglamento no impide a las partes incorporar por referencia a su contrato un De-

En quinto y último lugar, la Propuesta de Reglamento planteaba la posibilidad de caer en el llamado *social dumping*. Dado que la regulación existente hasta el momento en cada Estado Miembro en materia de compraventa de bienes de consumo era de carácter de mínimos, podía ser muy sencillo que, a la postre, la elección de la normativa común de compraventa implicase una pérdida de derechos, pues existía la posibilidad de que el país en cuestión hubiera otorgado más derechos a sus ciudadanos que los previstos en la normativa común de compraventa. Sin embargo, esta circunstancia era perfectamente posible, aunque el art. 6 del Reglamento Roma I nos diese una solución contraria[65].

Aunque no es propiamente un problema, una de las curiosidades del CESL era que extendía su ámbito de aplicación a más contratos a parte de la clásica compraventa de bienes muebles. De hecho, el propio artículo 5 era bastante revelador de lo que iba a suceder en un futuro en relación con los contratos abordados por la regulación de la Unión Europea, puesto que, junto con el contrato de compraventa, extiendía su ámbito de aplicación a otros contratos como son el de suministro de contenidos digitales y el contrato de prestación de servicios relacionados. Es de reseñar que no se regulaban los contratos

recho no estatal o un convenio internacional". No obstante, se afirma que por coherencia no se podría llegar a estar solución, en la medida que puede conllevar una aplicación parcial del sistema de protección establecido por el CESL, así como una aplicación del instrumento opcional en contradicción con las propias reglas de protección del consumidor que contiene, entre ellas el art. 8.3 de la propuesta de Reglamento que prohíbe el recurso parcial a la normativa común. *Vid.* ESTEBAN DE LA ROSA, F., Y OLARIU, O.: "La aplicación", cit., p. 26.

65 VALPUESTA GASTAMINZA, E.: "La Propuesta de normativa común de compraventa europea (CESL), un paso más hacia la unificación del derecho de contratos en la Unión Europea, lastrado por la protección al consumidor", *Cuadernos de Derecho Transnacional,* Vol. 5, núm. 1, marzo 2013, p. 207.

de servicios autónomamente considerados, como tampoco los contratos mixtos, a saber, contratos que implican un dar y un hacer con sustantividad propia. Simplemente, el contrato de prestación de servicios que se presta como accesorio al contrato de compraventa, es decir, lo que podría ser una instalación[66].

No sabemos si fueron todas estas dificultades las que impidieron que el Reglamento viese finalmente la luz, lo que si es cierto es que el legislador de la Unión Europea decidió no culminar la elaboración del mismo, siguiendo el camino de dictar Directivas, que, como se verá, por lo menos avanzaron hacia un modelo más intenso de Directivas de máximos. De todos modos, como ha señalado la doctrina: "Las Directivas respetan la autonomía de los Estados, pero a precio de no lograr una armonización real".[67]

1.3. De las Propuestas PDirCL y PDirSCD (2015) a la Propuesta PDirCOM (2017)

1.3.1. Crónica de una muerte anunciada, la PDirCL, relativa a determinados aspectos de la compraventa en línea y otras ventas a distancia de bienes

Para entender mejor la nueva regulación contenida en la Directiva 2019/771 es conveniente repasar brevemente la evolución que ha tenido desde que el 9 de diciembre de 2015 se presentaron dos Propuestas de Directiva del Parlamento y del

---

66 Sobre el ámbito de aplicación del CESL, Rodríguez Pineau, E.: "El ámbito de aplicación del Reglamento de Derecho Común Europeo de Ventas (CESL)", en AA.VV.: *Tratado de la Compraventa, Homenaje al Profesor Rodrigo Bercovitz* (coord. Á. Carrasco Perera), Thomson–Reuters Aranzadi, Cizur Menor, 1ªed., 2013, pp. 261–277 y Cervilla Garzón, M.D.: "A propósito del contrato de prestación de servicios en la Propuesta de Reglamento Europeo sobre la compraventa", *InDret*, núm. 3, 2015, p. 30.

67 Valpuesta Gastaminza, E.: "La Propuesta", cit., p. 205.

Consejo[68]. La primera se correspondía con la relativa a determinados aspectos de los contratos de compraventa en línea y otras ventas a distancia de bienes[69] (en adelante, PDirCL) y la segunda con la relativa a determinados aspectos de los contratos de suministro de contenidos digitales[70] (en adelante, PDirSCD).

Como ya hemos señalado antes, dichas propuestas seguían la línea marcada por la Unión Europea encaminada a la consecución del Mercado Único Digital. Buen reflejo de ello se encuentra en sus Exposiciones de Motivos, según las cuales pretendían: "Contri-

---

68 Sobre las mismas, CERVILLA GARZÓN, M.D.: "Obligaciones y remedios de las partes en los contratos de servicios relacionados", en AA.VV.: *El derecho común europeo de la compraventa y la modernización del derecho de contratos* (ed. A. VAQUER ALOY, E. BOSCH CAPDEVILA y M.P. SÁNCHEZ GONZÁLEZ), Atelier, Madrid, 2015, pp. 645–670; ARROYO AMAYUELAS, E.: "La propuesta de Directiva relativa a determinados aspectos de los contratos de compraventa en línea y otras ventas de bienes a distancia", *Revista InDret,* núm. 3, 2016, pp. 1–33; CÁMARA LAPUENTE, S.: "El régimen de la falta de conformidad en el contrato de suministro de contenidos digitales según la Propuesta de Directiva de 9.12.2015", *Revista InDret,* núm. 3, 2016, pp. 1–92; CASTILLO PARRILLA, J.A.: "El impulso normativo europeo en el marco de la estrategia para el mercado único digital en Europa y los principios de la contratación electrónica en España: Especial referencia al contrato para el suministro de contenidos digitales", en AA.VV.: *Contratación electrónica y protección de los consumidores –una visión panorámica* (coord. L.B. PÉREZ GALLARDO), Reus, Madrid, 2017, pp. 122–136; MILÀ RAFEL, R.: "Intercambios digitales en Europa: las Propuestas de Directiva sobre compraventa en línea y suministro de contenidos digitales", *Revista CESCO de Derecho de Consumo,* núm. 17, 2016, pp. 11–44.; SPINDLER, G.: "Contratos de suministro de contenidos digitales: ámbito de aplicación y visión general de la Propuesta de Directiva de 9.12–2015", *Revista InDret,* núm. 3, 2016, pp. 1–17; TORRUBIA CHALMETA, B.: "Mercado único digital y concepto de consumidor", *Revista de Internet, Derecho y Política,* núm. 22, 2016, pp. 19–29.

69 Bruselas 9.12.2015 COM (2015) 635 final, 2015/0288 (COD).

70 Bruselas 9.12.2015 COM (2015) 634 final, 2015/0287 (COD).

buir a un crecimiento más rápido de las oportunidades que brinda la creación de un verdadero Mercado Único Digital, en beneficio de los consumidores y las empresas. Al eliminar los principales obstáculos relacionados con el derecho contractual que entorpecen el comercio transfronterizo, la normativa presentada en las propuestas reducirá la incertidumbre a la que se enfrentan las empresas y los consumidores por la complejidad del marco jurídico y los costes en que incurren las empresas como consecuencia de las diferencias en materia de derecho contractual europeo".

Pues bien, la estrategia seguida por ellas de armonización plena (directivas de máximos) ha demostrado tener buen resultado a raíz de la aprobación tanto de la Directiva 2019/771, de 20 de mayo, relativa a determinados aspectos de los contratos de compraventa de bienes (objeto de esta monografía), como de la Directiva 2019/770, de 20 de mayo, relativa a determinados aspectos de los contratos de suministro de contenidos y servicios digitales, complementaria a la anterior[71]. Y decimos esto porque uno de los principales motivos por los que el Reglamento sobre Compraventa Comunitaria Común (CESL) fracasó fue que su regulación no era imperativa, sino meramente facultativa; es decir, en virtud de su art. 8 las partes debían pactar someterse a él, configurándose como un "segundo régimen de Derecho contractual dentro de los ordenamientos jurídicos de los distintos Estados miembros" (*vid.* Exposición de motivos).

De todos modos, la PDirCL presentaba un gran inconveniente, ya que fragmentaba, sin mucha justificación, la regula-

---

[71] No obstante, la técnica de armonización máxima ha sido objeto de críticas. A este respecto, Faure, M.: "Towards maximum harmonization of consumer contract law?!", *Maastrich Journal of European and Comparative Law,* Vol. 15, núm. 4, 2008, p. 433. También, veáse Micklitz, H. y Reich, N.: "Crónica de una muerte anunciada": The Comission proposal for a directive on consumer rights", *Common Market Review,* núm. 46, 2009, p. 471.

ción de la compraventa presencial de bienes y la compraventa de bienes en línea (la propuesta solo era aplicable a la compraventa de bienes en línea, dejando por consiguiente la regulación anterior a la compraventa presencial de bienes).

El legislador europeo era consciente de ello y justificó en la Exposición de Motivos ese sorprendente movimiento en la necesidad de "actuar rápidamente en relación con la compraventa en línea de bienes", reconociendo al mismo tiempo que "la armonización de la normativa sobre las ventas a distancia puede conllevar el riesgo de que haya normas relativas a las ventas a distancia que sean diferentes de las normas relativas a las ventas presenciales".

1.3.2. Se hace la luz, la PDirCOM, relativa a determinados aspectos de los contratos de compraventa de bienes

Finalmente, como era de esperar, el 31 de octubre de 2017 fue formulada la Propuesta de Directiva relativa a determinados aspectos de los contratos de compraventa de bienes (en adelante, PDirCOM), que se apartaba de la idea de la anterior Propuesta y optaba por un régimen común, tanto para la compraventa presencial como la realizada en línea. Por consiguiente, extendía la regulación de la PDirCL de 2015 a las ventas presenciales y proponía la derogación de la Directiva 1999/44, de 25 de mayo. El cambio de opinión se explicaba en la Exposición de la PDirCOM y venía a decir que: "A la luz de la rapidez de la evolución tecnológica y comercial debido a la digitalización. La Comisión, en su propuesta original, pretendía abordar urgentemente los principales obstáculos que dificultan el comercio transfronterizo: presentó, por consiguiente, como cuestión prioritaria, una propuesta que abordaba únicamente las ventas en línea y otras ventas a distancia de bienes". Pero, acabó considerando que: "Las diferencias entre legislaciones contractuales nacionales sobre consumo afectan también a las empresas y a los consumidores que realizan ventas presenciales transfronterizas y que los comerciantes que venden o consideran la venta transfronteriza presencial también se vean afectados por la incertidumbre y los costes resultantes de las diferencias entre las normativas contractuales nacionales, que, a su vez, suponen una reducción de las ventas transfronterizas, así como menos posibilidades de elección y precios menos competitivos para los consumidores".

Sentado lo anterior, el 20 de mayo de 2019 fue definitivamente aprobada la Directiva UE 2019/771 del Parlamento y del Consejo, de 20 de mayo de 2019 relativa a determinados aspectos de los contratos de compraventa de bienes, por la que se modificaban el Reglamento CE nº 2017/2394 y la Directiva 2009/22/CE y se derogaba la Directiva 1999/44/CE. La Directiva entró en vigor el 11 de junio de 2019, salvo su artículo 22 que sería aplicable a partir del 22 de enero de 2022. Y el plazo de transposición terminó el día 1 de julio de 2021, momento en el cual los Estados miembros debían haber llevado a cabo las medidas necesarias para cumplir con lo dispuesto en la Directiva. Eso sí, las medidas serán aplicables a partir del 1 de enero de 2022 y lo establecido en la Directiva no se aplicaría a contratos celebrados antes de dicha fecha[72].

España traspuso la Directiva a través del Real Decreto Ley 7/2021, de 27 de abril, de transposición de directivas de la Unión Europea en las materias de competencia, prevención del blanqueo de capitales, entidades de crédito, telecomunicaciones, medidas tributarias, prevención y reparación de daños medioambientales, desplazamiento de trabajadores en la prestación de servicios transnacionales y defensa de los consumidores. La trasposición siguió un esquema bastante previsible, teniendo en cuenta que la Directiva era de máximos, si bien España no ha aprovechado la ocasión para incluir algunas novedades interesantes que quedaban dentro del arbitrio de cada

---

[72] Considerando 66.

Estado. En definitiva, lo más destacable de la propia trasposición española es el aumento de los plazos, tanto de garantía, como de presunción de defectos e incluso de prescripción de las acciones, como se va a analizar en las siguientes páginas.

2. LAS DIRECTIVAS 2019/771 Y 770, DE 20 DE MAYO

2.1. Características principales

Antes que nada, conviene poner de relieve que la trasposición llevada a cabo por el RDL 7/2021, no solo ha incorporado la presente Directiva relativa a los bienes de consumo, sino que también ha traspuesto la Directiva 2019/770 relativa a los contenidos y servicios digitales. De hecho, se ha reformado todo el Título IV relativo a las garantías y servicios posventa para incluir en él, tanto las novedades introducidas por la Directiva que es objeto de este trabajo, como de la segunda. No obstante, solo vamos a hacer referencia aquellos cambios que tienen que ver con la venta de bienes, incluyendo en ellos los llamados ahora también "bienes con contenidos digitales".

A parte de la modificación completa del Título IV, es destacable también la redacción del art. 59 bis relativo a las definiciones en el cual se introducen novedosos conceptos como "compatibilidad", "interoperabilidad", "entorno digital", etc. Además, se reforma el art. 66 bis para adaptarlo a la nueva realidad de los contenidos y servicios digitales. Por último, aunque ya forma parte del Título IV, indicar que la Directiva ha modificado el art. 114 en profundidad y, por lo que respecta a los bienes de consumo, ya no será aplicable a los animales vivos y a los bienes de segunda mano adquiridos en subasta administrativa a la que los consumidores y usuarios puedan asistir personalmente.

La Directiva 2019/771 se enmarca dentro del objetivo fijado por la Comisión Europea de consolidar el llamado Mercado Único Digital eliminando los obstáculos para su pleno rendimiento[73]. Por ello, se parte de una Directiva de máximos a diferencia del modelo anterior de la Directiva 1999/44, que se configuraba como una Directiva de mínimos. De esta forma, los Estados miembros no podrán otorgar ni más ni menos derechos a los consumidores, instaurando a consecuencia una plena armonización de ellos en toda la Unión[74]. Esto se debe a que a la Comisión le preocupaban las diferencias regulatorias que habían ido surgiendo por los territorios comunitarios y, según sus conclusiones, tal situación provocaba una mayor inseguridad entre los consumidores (al desconocer los derechos que tenían en caso de compraventas transfronterizas), como

---

73 Un objetivo que nos puede parecer ambicioso, siempre y cuando consideremos que la idea de elaborar un Código Privado Europeo Común ha caído en saco roto, tras las Resoluciones del Parlamento Europeo de 26 de mayo de 1989, sobre esfuerzo para armonizar el Derecho privado de los Estados miembros (A2–157/89), y de 6 de mayo de 1994, sobre armonización de determinados sectores del Derecho privado de los Estados miembros (A3–0329/94) Así como que, los Principios de Derecho Europeo de los Contratos (PECL, en sus siglas inglesas), ni el Borrador del Marco Común de Referencia (DCFR, en sus siglas inglesas), hayan pasado, por el momento, de ser meras propuestas académicas. Sobre esta cuestión a FERRANTE, A.: *La reducción,* cit., pp. 108–113.

74 La elección del modelo de Directiva puede parecer un tanto desconcertante si se pretendía una verdadera armonización plena. Por todos es sabido que el instrumento genuino para acometer dicho objetivo de forma precisa es el Reglamento Comunitario. No obstante, parece ser que los Estados miembros no estaban muy ilusionados con dicha opción, pues de la Exposición de Motivos de las anteriores Propuestas de 9 de diciembre de 2015 (PDirCL y PDirSCD) se desprende que: "La elección de una Directiva deja libertad a los Estados miembros para adaptar la implementación a su legislación nacional. Un reglamento exigiría un régimen mucho más detallado y amplio que una Directiva para que sus efectos fuesen directamente aplicables. En consecuencia, la interferencia en las leyes nacionales aumentaría notablemente".

también a las empresas que incurrían en costes al tener que adaptarse a las distintas legislaciones[75].

Sin embargo, el resultado final es, a nuestro modo de ver, un tanto agridulce, pues si bien la flamante Directiva es de máximos y, en principio, persigue una armonización plena de la cuestión en toda la Unión Europea, su artículo 4 resulta cuanto menos incoherente: "Los Estados miembros no podrán mantener o introducir, en su Derecho nacional, disposiciones que se aparten de las establecidas en la presente Directiva en particular disposiciones más o menos estrictas para garantizar un diferente nivel de protección de los consumidores, salvo que se disponga de otro modo en la presente Directiva". En definitiva, dicha cláusula final rompe, en cierta forma, la armonización de la que hacían gala las Propuestas desde el año 2015[76]. Más aún, si algunos Estados miembros en el momento de su transposición deciden conceder mayores derechos a los consumidores. Así, los aspectos más destacados dónde la Directiva da margen a los países son: la fijación del plazo de garantía legal (art. 10), la extensión del plazo de presunción de falta de conformidad (art. 11) y la exigencia o no de comunicación

---

75 La Exposición de motivos de la PDirCOM observa como el sistema de mínimos establecido por la Directiva 1999/44 ha dado lugar a la existencia de diferentes normas nacionales imperativas que conceden a los consumidores mayores derechos de los que con carácter necesario exigía la mentada Directiva. Por tanto: "Al derogar la Directiva existente sobre ventas y garantías de los bienes de consumo y sustituirla por una Directiva de armonización plena con un ámbito de aplicación más amplio, que abarque tanto las ventas a distancia como las presenciales, se contribuirá a la creación de un marco jurídico coherente para apoyar el funcionamiento del mercado interior".

76 Basta comprobar como los artículos equivalentes tanto en la Propuesta de 2015 como en la de 2017, no hacían mención a esa posibilidad y simplemente se limitaban a constatar la armonización plena de la Directiva. Véanse, arts. 3 PDirCL y 3 PDirCOM.

previa de la falta de conformidad para hacer valer los derechos (art. 12), entre otros[77].

A pesar de ello, la Directiva también presenta algunas novedades que resultan tan laudables como interesantes, como la que podríamos llamar "conformidad digital de los bienes". En la medida que el art. 6 relativo a los requisitos subjetivos para la conformidad incluye en su letra d) el suministro de "actualizaciones según disponga el contrato de compraventa" y el punto 3 del artículo 7 relativo a los requisitos objetivos de conformidad señala que: "el vendedor velará porque se comuniquen y suministren al consumidor las actualizaciones, incluidas las relativas a la seguridad, que sean necesarias para mantener dichos bienes en conformidad".

Igualmente, en la Directiva, el Considerando 32 indica que la "durabilidad" debe ser un criterio más a tener en consideración cuando se evalúe la conformidad de los bienes, es decir, "para que los bienes sean conformes deben poseer la durabilidad que sea habitual en bienes del mismo tipo y que el consumidor pueda razonablemente esperar habida cuenta de la naturaleza de los bienes específicos (...). La evaluación debe tener en cuenta asimismo todas las demás circunstancias pertinentes, como el precio de los bienes y la intensidad o frecuencia del uso que el consumidor haga de estos". Incluso la Directiva pone de manifiesto que: "Garantizar una mayor du-

---

77 Sobre la posibilidad de dejar al arbitrio de los Estados Miembros la determinación de cuestiones de crucial importancia véase: De Cristofaro, G.: "Il recipimento della Direttiva 2019/771/UE nel diritto italiano. Le opzioni fondamentali del legislatore nazionale. I limiti 'soggettivi' ed 'oggettivi' posti all'amito di operatività della nuova disciplina", en AA.VV.: *La nuova disciplina della vendita mobiliare del codice del consumo* (a cura di G. De Cristofaro), Giapichelli, Torino, 2022, p. 13. Coincide, Izquierdo Grau, G.: *El nuevo régimen de la conformidad de los bienes. La directiva (UE) 2019/771 y su trasposición al ordenamiento jurídico español,* Tirant lo Blanch, 1ª ed., 2024, p. 34.

rabilidad de los bienes es importante para lograr patrones de consumo más sostenibles y una economía circular".

Por último, es digno de mención que el espíritu del fallido Reglamento de Compraventa común de 2011 (CESL) no haya caído en el olvido[78], pues el Considerando 21 pone de relieve que: "(...) Los Estados miembros también deben seguir teniendo la libertad de hacer extensiva la protección que la presente Directiva proporciona a los consumidores también a las personas físicas o jurídicas que no sean consumidores en el sentido de la presente Directiva, como organizaciones no gubernamentales, empresas emergentes y pymes."[79] No obstante, en la definitiva trasposición al ordenamiento español no se ha aprovechado la ocasión para extender el régimen.

---

78 La regulación que planteaba el CESL era mucho más completa, aunque limitado al comercio transfronterizo, tanto sobre compraventa de bienes, suministros de contenidos digitales y prestación de servicios relacionados (véase art. 1.1). DE VERDA Y BEAMONTE, J. R.: "Del saneamiento por vicios ocultos al deber de conformidad: Un examen de la cuestión en el derecho comunitario a la luz de las recientes propuestas de Directiva en materia de consumo", *Revista Crítica de Derecho Inmobiliario*, núm. 770, 2018, p. 2932.

79 La necesidad de extender la normativa de consumo, ya sea la relativa a las garantías en materia de compraventa como la relativa a las cláusulas abusivas, hacia otros horizontes como pueden ser las pequeñas empresas, ya se observó en MUÑOZ RODRIGO, G.: "El control de transparencia en las cláusulas suelo", *Revista Boliviana de Derecho*, núm. 25, 2018, p. 268.

2.2. Ámbito subjetivo

2.2.1. El consumidor o usuario

2.2.1.1. La evolución del concepto de consumidor

El concepto de consumidor y usuario no ha sido estático en el tiempo, sino que ha sufrido una evolución desde su incorporación al ordenamiento español a través de la Ley 26/1984, de 19 de julio, general para la defensa de los consumidores y usuarios (en adelante, LGDCU), hasta la actualidad. Dicho proceso ha venido impulsado principalmente por la incorporación de España a la Unión Europea en la medida que ha tenido que incluir todas las reformas que desde Bruselas han sido auspiciadas en la materia.

Originalmente, la definición de consumidor y usuario estaba contenida en el artículo 1 LGDCU[80] y venía impuesta por la necesidad de dotar de contenido jurídico claro al mandato constitucional que desde 1978 existía en España por la redacción del artículo 51 de la Constitución Española (en adelante, CE), que consagra la protección constitucional al consumidor afirmando: "que los poderes públicos garantizarán la defensa de los consumidores y usuarios, protegiendo, mediante procedimientos eficaces, la seguridad, la salud y los legítimos in-

---

80 "Art. 1.2: A los efectos de esta Ley, son consumidores o usuarios las personas físicas o jurídicas que adquieren, utilizan o disfrutan como destinatarios finales, bienes muebles o inmuebles, productos, servicios, actividades o funciones cualquiera que sea la naturaleza pública o privada, individual o colectiva de quienes los producen, facilitan, suministran o expiden.
Art. 1.3: No tendrán la consideración de consumidores o usuarios quienes, sin constituirse en destinatarios finales, adquieran, almacenen, utilicen o consuman bienes o servicios con el fin de integrarlos en procesos de producción, transformación, comercialización o prestación a terceros"

tereses económicos de los mismos. Asimismo, promoverán su información y educación, fomentarán sus organizaciones y las oirán en las cuestiones que puedan afectarles".

La doctrina ha querido ver en esta redacción una diferenciación entre "derechos fundamentales del consumidor y derechos instrumentales"[81] , en la medida que la "seguridad, salud y legítimos intereses económicos" serían los derechos fundamentales de los consumidores y, por el contrario, "la información, educación y participación en asociaciones u organizaciones" se corresponderían con los derechos instrumentales que sirven a los fines reseñados en primer lugar. No obstante, dicha apreciación carece de cualquier sustento legal o constitucional, pues no está dicho en ninguna parte que se traten de derechos que los consumidores puedan invocar directamente, o incluso que pueda llegar a atribuírseles la categoría de fundamentales. Nada más lejos de la realidad. El mandato constitucional contenido en el art. 51 forma parte de los principios rectores de la política social y económica y, en consecuencia, no son más que principios generales del derecho que deben informar la práctica judicial y la actuación de los poderes públicos; y, por ende, requieren de una concreción legislativa para poder servir directamente a la protección del consumidor.

Así, fuera de la definición legal concreta, se ha planteado por la doctrina si existe una definición científica o técnica que pueda englobar al consumidor y usuario. Esta duda ha surgido en las últimas décadas en relación con el desarrollo de la sociedad de consumo y la necesidad de otorgar protección al mismo, instaurando una nueva rama del Derecho, como es el Derecho de Consumo, que surge de la necesidad de regular las relaciones privadas entre particulares y empresarios para proteger a

---

81 *Vid.* LASARTE ÁLVAREZ, C.: *Manual sobre protección de consumidores y usuarios*, Dykinson, 11ª ed., Madrid, 2019, p. 67

los primeros de los posibles abusos que puedan ejercer los segundos por el evidente desequilibrio que existe en las mismas.

De hecho, la normativa de consumo no siempre es rígida a la hora de identificar al sujeto objeto de protección[82]. A veces se habla de *consumidores como aquellos que adquieren bienes* para consumo privado (idea que todos tenemos en mente), pero en ocasiones la protección se predica respecto de *ciudadanos en general que aspiran a tener una concreta calidad de vida* (por ejemplo, cuando hablamos de protección de la salud de los consumidores)[83].

Esto nos lleva a considerar la existencia de *consumidores jurídicos* y *consumidores materiales.* Los primeros se relacionarían con aquellos consumidores que son contratantes, es decir, los consumidores que, por ejemplo, adquieren un bien y, a causa de ello, pueden directamente ejercitar derechos que les concede la normativa de protección al consumidor (como puede ser el régimen de garantías y servicios postventa); mientras que los segundos, serían aquellos que no son los que "adquieren", pero si los que "utilizan o disfrutan del bien"[84]. Pues bien, el consumidor jurídico y el consumidor material no siempre tie-

---

82 En sentido crítico sobre la inconcreción de la figura del "consumidor" *vid.*, Adomeit, K. y Jiménez Horwitz, M.: "Aspectos críticos del derecho de los consumidores", en Ortí Vallejo, A. y Jiménez Horwitz, M.: *Estudios sobre el contrato de compraventa. Análisis de la transposición de la Directiva 2011/83/UE en los ordenamientos español y alemán* (coords. I. Sánchez Ruiz de Valdivia y A. Quesada Páez), Thomson Reuters Aranzadi, Cizur Menor, 2016, pp. 49 y ss.

83 *Vid.* a este respecto, Cámara Lapuente, S.: "Comentario al Art. 3", en AA.VV.: *Comentarios a las Normas de Protección de los Consumidores* (dir. S. Cámara Lapuente), Colex, Madrid, 2011, p. 112, Lasarte Álvarez, C.: *Manual,* cit., p. 61.

84 Gutiérrez de Cos, J.: *La protección del consumidor en la compraventa de bienes de consumo,* Publicaciones de la Universidad de León, 2018, p. 23, Lasarte Álvarez, C.: *Manual,* cit., pp. 65–66, Cámara Lapuente, S.: "Comentario", cit., pp. 112–113.

ne porque coincidir. Lo lógico es que así sea, puesto que una persona generalmente adquiere un bien para poder usarlo y disfrutarlo, pero no necesariamente tiene que ser así.

El ordenamiento jurídico, consciente de ello, otorga protección tanto a los primeros como a los segundos, aunque no coincidan las dos características en la misma persona. Hoy en día, desde la legislación, es fácil verlo con la responsabilidad civil existente para productos defectuosos. En ese sentido, si un bien causa daños a una persona, podrá ser tutelada por el ordenamiento jurídico, aunque dicha persona no lo hubiese adquirido. Desde la jurisprudencia, también observamos muchos ejemplos, puesto que se otorgó protección tanto al adquirente no usuario del bien o servicio[85], como también al mero usuario del bien o servicio no titular[86].

Asimismo, también se habla de dos tipos de protección del consumidor: de un lado, la protección directa que se materializa en la existencia de normas que otorgan derechos al consumidor de manera concreta; y, de otro lado, la protección indirecta, que encontraría virtualidad en la protección que recibe el consumidor cuando el legislador interviene en otros ámbitos, regulando cuestiones tales como la libertad de competencia, los precios, la ordenación del mercado, etc.

Igualmente, volviendo a la evolución legal que ha tenido la misma, la definición del consumidor y usuario se puede poner el acento en la diferente interacción que tiene el sujeto con

---

85 *Vid.* en este sentido la SAP Asturias, 21 febrero 2005 *(Tol 650500)* que concedió protección a los padres respecto de los cursos de idiomas que contrataron para con sus hijos.

86 *Vid.* en este sentido la SAP Barcelona, 21 diciembre 2006 *(Tol 1112309)* en el cual, respecto de un coche familiar titular del padre, pero siendo usuaria habitual del mismo la hija se le negaba protección por parte del taller respecto de las reparaciones por no ser la propietaria del mismo.

el mercado. Así es como inicialmente, desde nuestro nuestro ámbito interno, se ha definido al consumidor en la LGDCU. Esto es, si adquiría bienes para constituirse como destinatario final o, por el contrario, los adquiere, no para "consumirlos" (en un sentido estricto de la palabra, hacerlos desaparecer de la cadena de producción), sino para integrarlos en otros procesos de producción o revenderlos. Dando lugar a otra clasificación, será consumidor aquella persona que lo que quiere obtener del mercado es el "valor de uso de los bienes", ya que, en última instancia, pretende conseguir el uso y disfrute de los mismos sin intención de incorporarlos a una actividad económica. Por el contrario, será empresario aquella persona que lo que pretende obtener del mercado es el "valor de cambio de los bienes": incorporar el bien a su propio sistema u organización empresarial o profesional para conseguir un rédito económico, ya sea vendiéndolo otra vez o usándolo como medio de producción.

No obstante, la definición de consumidor puede venir dada por contraposición al sujeto que necesariamente debe existir para que el mismo pueda definirse como tal. Y es que la más reciente regulación de consumo no es ajena a la interesante relación de coexistencia simbiótica que existe entre el consumidor y el empresario, hasta el punto de que, justamente, desde la Unión Europea el camino iniciado en torno a la definición del consumidor no vino dado por el "criterio económico" (valor de uso o valor de cambio), sino por la ajenidad a la actividad comercial. En ese sentido, lo importante era definir qué se entiende por actividad empresarial o profesional.

Esto se puede ver ya desde la Directiva 1985/557 relativa a las ventas fuera de establecimiento, la 1993/13 relativa a cláusulas abusivas, la 1997/7 relativa a contratos a distancia y finalmente en la propia 1999/44 relativa a garantías en las ventas de consumo. Todas estas normas seguían un criterio diferente del que tradicionalmente el legislador español había sostenido, sería consumidor aquella persona que se constituye como destinario final.

La opción por una u otra idea no es baladí, pues se pueden alcanzar resultados muy diversos dependiendo de si el criterio escogido es considerar al consumidor el "último eslabón" de la cadena del proceso de producción o, por el contrario, aquella persona que no se coloca en la relación contractual concreta como un empresario, sino que actúa como un particular[87].

De todos modos, con la refundición de la legislación de consumo por el TRLGDCU a través del Real Decreto Legislativo 1/2007 el legislador español optó por una solución integradora que levantó las suspicacias de la doctrina, pues si bien introdujo el concepto comunitario de consumidor en el art. 3 TRLGDCU como persona "física o jurídica que actúa en un ámbito ajeno a una actividad empresarial o profesional", con la intención de aclarar y armonizar las diferentes normativas que acogía en su seno, compaginó dicha definición matizando en la Exposición de Motivos que el consumidor, como tal, ajeno a la actividad empresarial o profesional intervenía "con fines privados, contratando bienes y servicios como destinatario final, sin incor-

87 La explicación económica de la opción escogida por el legislador español en la LGDCU se puede encontrar en algunas sentencias. Por ejemplo, la SJMer Madrid, 26 julio 2005 *(Tol 951674)* concibe al consumidor como "el último eslabón de la cadena de producción, transformación o comercialización de un determinado proceso productivo", las SSAP A Coruña, 25 abril 2005 *(Tol 6087929)* y 23 marzo 2007 *(Tol 7502542)* colocan al consumidor como aquella persona que se encuentra "a modo de estación final en el *iter* económico del proceso productivo, en donde el curso de los bienes y servicios se agota, quedando excluidos de tal concepto los empresarios y profesionales que, aun adquiriendo e incluso consumiendo tales productos, lo hacen insertándolos en procesos de fabricación, distribución o prestación a terceros" y la SAP Granada, 16 febrero 2002 (*Tol 161223*) directamente señala que será consumidor cuando su acción "se proyecta sobre el valor en uso de la mercancía o servicio y no sobre el valor de cambio de los mismos".

porarlos, ni directa, ni indirectamente en procesos de producción, comercialización o prestación a terceros".

La discutible decisión del legislador español, por la evidente carencia de valor normativo directo de una Exposición de Motivos, como señala cierta doctrina, provocó la existencia de dos posibilidades: de un lado, partir de una "visión negativa", por lo que aquello que debía prevalecer era el concepto comunitario de consumidor; y, de otro lado, una "visión positiva", en la medida que no cabía desmerecer la aclaración del legislador español, la cual podía ser perfectamente conforme con la interpretación de las Directivas en cuestión[88].

Como es sabido, la inicial definición legal de consumidor según la LGDCU había siempre planteado una serie de problemas interpretativos, en la medida que, la noción de destinatarios finales del art. 1.2, aunque se conjugase con la exclusión del art. 1.3, podía dejar dentro de la protección ciertos consu-

---

88 Cámara Lapuente, S.: "Comentario", cit., pp. 116 y ss. expone los argumentos a favor de una u otra postura siendo él mismo partidario de la visión positiva o integradora. Especialmente, interesantes resultan los motivos de la visión negativa que, como es sabido, corresponde con la visión que ha acabado imponiéndose en la práctica. A este respecto, tanto Arnau Raventós, L.: "La noción del consumidor i la incorporació de les normes en materia de contractació amb consumidors al llibre sisé del Codi Civil de Catalunya", *Revista Catalana de Dret Privat*, núm. 9, 2008, pp. 20–22 como Arroyo Amayuelas, E.: "Hacia un derecho contractual más coherente: la sistematización del acervo contractual comunitario" en AA.VV.: *Derecho contractual europeo*, Bosch, Barcelona, 2009, pp. 223, ya decían que: 1) La idea de "destinario final" era única de España, 2) Se trata de un concepto que "no encaja en el Derecho comunitario", 3) No es muy efectivo pues permitía incluir en su protección ciertos consumos empresariales y, en cambio, dejaba fuera de su amparo relaciones claramente de consumo, 4) Y, finalmente, la noción de ajenidad a una actividad empresarial permitía abarcar más supuestos de los que en realidad toca el concepto de "destinatario final".

mos empresariales[89]. Imaginemos unos bienes que sean adquiridos por una sociedad, pero no para integrarlos en un proceso productivo, ni para revenderlos, ni para transformarlos, sino simplemente para ser indirectamente parte de la organización de la empresa (digamos un teléfono, una mesa, etc.). Igualmente, el hecho de que el consumidor sea un destinatario final de servicios o productos podía afectar seriamente a determinados tipos de clientes, cuando es evidente que su adquisición es una relación de consumo (el ejemplo más claro es el del comprador inversor, que adquiere no para utilizar el bien en última instancia, sino para obtener un determinado lucro y enriquecerse).

Obviamente, si se sigue la visión negativa que es la que ha prevalecido al final, en el momento en que una adquisición formara parte de una actividad empresarial, independientemente de la profundidad con la que se relacionase con la misma, la venta estaría excluida de la protección. No en cambio cuando quien actuara fuese un particular fuera de cualquier tipo de actividad empresarial o profesional, aunque pretendiese obtener algún rédito económico o simplemente no se conviertese en destinario final. En ese sentido, entraría dentro del ámbito de aplicación de protección de la norma, tanto el "inversor no profesional", ya fuese de valores mobiliarios o de bienes inmuebles, como el "intermediario no profesional" y el "cedente no profesional"[90].

---

89 Con carácter general la jurisprudencia había interpretado conjuntamente ambos apartados considerando que ello implicaba excluir de protección a "los adquirentes de bienes o servicios que los emplearan o integraran en un proceso empresarial, comercial o profesional, en lugar de ser meros destinatarios o usuarios finales de los mismos". *Vid.*, en este sentido, SAP Madrid, 22 enero 2000 *(Tol 245962)* y SAP Valencia, 10 octubre 2000 *(Tol 246871)*.

90 *Vid.*, a este respecto, CÁMARA LAPUENTE, S.: "Comentario", cit., p. 118.

No obstante, si se sigue la visión positiva y de alguna forma exigimos que el consumidor se erija en destinatario final estaríamos dejando fuera un sinfín de supuestos, dado que combinar el ser destinatario final sin reintroducir en el mercado y actuar fuera de un ámbito profesional parece ser un escenario mucho más exigente en la práctica. De hecho, en ocasiones la jurisprudencia ha pretendido realizar una interpretación integradora para denegar a ciertos consumidores la protección argumentando, que el destino del bien era como medio de producción y no como uso particular[91].

Pues bien, conforme con el concepto de consumidor otorgado, en su momento, por la promulgación del TRLGDCU (art. 3), la práctica jurisprudencial en supuestos que se podrían calificar de más dudosos consideró consumidor a los usuarios de servicios de gas[92], de autopistas[93], de correos[94], compradores de vareadoras para un uso particular[95], sindica-

---

91 Llama la atención la SAP Cuenca, 15 noviembre 2006 *(Tol 6261150)* que deniega protección a un adquirente de un taladro pues argumentaba que su destino era un taller de carpintería metálica. De todos modos, el elaborado discurso que realiza la presente sentencia es un tanto peculiar, pues si analizamos fríamente la situación hubiese sido suficiente alegar que el bien era adquirido en un ámbito no ajeno a la actividad profesional pues se compraba para tal fin. En definitiva, como ha sostenido la doctrina muchas veces la combinación de tales nociones nos lleva a "delimitar con criterios convergentes lo que es un consumidor en sentido estricto", "en la mayoría de los casos ambas formas de describir el propósito conducirán al mismo resultado", no obstante, como ya se ha señalado sí que es posible que la combinación de tales criterios de lugar a resultados diversos, como es el denominado "consumidor–inversor". Cámara Lapuente, S.: "Comentario", cit., p. 119.

92 STS 3 noviembre 2006 *(Tol 1042357).*

93 SAP Tarragona, 5 diciembre 1996 (*AC 1996, 2368*).

94 SAP Madrid, 27 mayo 2005 *(Tol 8099474)*

95 SAP Córdoba, 18 diciembre 2002 (*JUR 2003, 34445*)

tos[96], etc. Por contrario, no ha considerado consumidores a agricultores profesionales[97], promotores inmobiliarios y constructores[98], restaurantes[99], hoteles[100], empresas de prestación de servicios[101], empresas de decoración[102], taxistas[103], porteadores marítimos[104], distribuidores[105], etc.

Con la incorporación de la Directiva 2011/83/UE, de 25 de octubre de 2011, a través de la Ley 3/2014, de 27 de marzo, se zanjan definitivamente las vacilaciones que podían tener lugar en relación con la definitiva perfilación del concepto de consumidor, ya que se estableció sin ambages en el art. 3 TRLGDCU que tendrían la consideración de consumidores y usuarios: "las personas físicas que actúen con un propósito ajeno a su actividad comercial, empresarial, oficio o profesión. Son también consumidores a efectos de estas normas las personas jurídicas y las entidades sin personalidad jurídica que actúen sin ánimo de lucro en un ámbito ajeno a una actividad comercial o empresarial"[106].

96 SAP Teruel, 31 octubre 2002 *(Tol 264423)*.

97 SAP Almería, 12 mayo 2004 *(Tol 7666063)*.

98 SSTS 28 febrero 2002 *(Tol 155271)* y 29 diciembre 2003 *(Tol 340975)*.

99 STS 15 diciembre 2005 *(Tol 795315)*.

100 SAP Toledo, 16 marzo 2000 (*AC 2000, 959*); SAP León, 4 junio 2002 (*JUR 2002, 209832*); SAP Segovia, 18 diciembre 2002 *(JUR 2003, 82657);* SAP Málaga, 27 febrero 2003 *(JUR 2003, 135877)* y SAP Valencia, 20 enero 2009 *(Tol 1482980)*, entre otras.

101 STS 16 octubre 2000 *(Tol 72912)*.

102 SAP Madrid, 16 febrero 2004 (*Tol 491865*)

103 SAP Málaga, 17 febrero 2005 *(Tol 1194633)* y SAP La Coruña, 4 abril 2008 (*Tol* 7212283).

104 SAP Castellón, 6 mayo 2005 *(Tol 697174)* y STS 6 febrero 2003 *(Tol 253543)*.

105 SAP Murcia, 2 julio 2004 *(Tol 498504)*; SAP Tarragona, 15 julio 2004 *(Tol 492073)* y STS 31 octubre 2000 *(Tol 3418519)*.

106 Es interesante mencionar la SAP Madrid, 17 mayo 2013 *(Tol 3787864)*, que si bien consideró *a priori* que no era de aplicación el TRLGDCU

Como se puede ver, ya no hay ninguna referencia, ni en la Ley ni en su preámbulo, al destino final de los bienes, sino simplemente el "actuar" fuera de cualquier "propósito" comercial, empresarial, oficio o profesión. Esto es, lo relevante es la posición del contratante en el acto de que se trate, no tanto sus últimas intenciones con el bien en cuestión o su condición subjetiva como persona[107]. Puede plantearnos dudas si el le-

---

pues el MP4 se había adquirido para integrarlo en el proceso productivo de la empresa, advirtió que en las condiciones redactadas e impuestas por la entidad vendedora (contrato de adhesión) se había incluido todo el régimen de garantías de protección al consumidor, por lo que era perfectamente exigible, aunque el adquirente no tuviera la condición de consumidor.

107 La doctrina pone de relieve el término "acto de consumo" como la piedra angular sobre la que debe descansar la protección del consumidor. *Vid.* CÁMARA LAPUENTE, S.: "Comentario", cit., p. 133 y LASARTE ÁLVAREZ, C.: *Manual*, cit., p. 62. Es mucho más correcto desde un sentido técnico hablar de "actos de consumo" en lugar de "consumidores y usuarios", pues lo relevante es la posición que ocupa en ese acto en concreto la persona. Un empresario puede ser consumidor en muchos aspectos de su vida y no por ser propietario de una industria deja de serlo a ojos del ordenamiento jurídico. Como señala REYES LÓPEZ, M.J.: "De nuevo sobre el concepto de consumidor", en AA.VV.: *Estudios de Derecho Privado en Homenaje al Profesor Salvador Carrión Olmos* (dir. J.R. DE VERDA Y BEAMONTE, coords. A. CARRIÓN VIDAL y G. MUÑOZ RODRIGO), Tirant lo Blanch, 2022, p. 961, en relación con el concepto de consumidor que ha manejado la Unión Europea, "la línea evolutiva seguida en los pronunciamientos judiciales más recientes se ha guiado por seguir aplicando una interpretación menos restrictiva y más flexible de la cualidad de consumidor, que se ha alejado progresivamente del criterio subjetivista para poner el punto de inflexión en el carácter objetivo del acto que tiene lugar, como queda reiterado en los pronunciamientos más recientes". De hecho, el TJUE ya se puede observar cómo desde la STJCE 3 julio 1997, C–269/95, *Caso Menincasa/Dentalkit S.R.L., (Tol 4622849)* y otras como la STJUE 3 septiembre 2015, C-110/14, Caso *Ovidiu Horace/Volksbank Rumania S.A., (Tol 5408350)*

gislador ha querido hacer alguna matización relevante al diferenciar entre "ámbito" o "propósito", pero como se verá las resoluciones jurisprudenciales y, más aún, desde que el "destino final" se ha vuelto irrelevante, mantienen el mismo criterio de afectación ya sea directa o indirecta a la actividad comercial o empresarial de que se trate.

Para terminar, no se ha hecho referencia en ningún momento al papel que pueden tener las personas jurídicas como consumidores. Cabe destacar, que, pese a la tradicional reticencia de la Unión Europea a incluir a las personas jurídicas como consumidores en la regulación de las Directivas de consumo, desde la original LGDCU ya se incluyó a las mismas. El único requisito que debían cumplir era que se tratasen de destinatarios finales de los bienes y de los servicios. Dicho en otras palabras, tanto las personas físicas como las personas jurídicas debían ser perceptoras de los bienes para su consumo personal o doméstico y no incorporarlos a ningún proceso empresarial o productivo.

La disonancia de la legislación española con las bases comunitarias (hay que tener en cuenta que, al ser Directivas de mínimos, el hecho de que contemplasen solo la protección al consumidor no era óbice para que pudiera extenderse la misma a las personas jurídicas) planteaba una serie de interrogantes interesantes, pues había que delimitar qué tipo de personas jurídicas podrían beneficiarse de la protección que otorgaban las leyes de consumo, generalmente, se había equiparado a las personas jurídicas con las físicas, de modo que, eran consideradas consumidoras cuando adquirían bienes no para reintrodu-

---

se indica que "para determinar si una persona es un consumidor, concepto que debe interpretarse de forma restrictiva, hay que referirse a la posición de esta persona en un contrato determinado, en relación con la naturaleza y la finalidad de éste, y no a la situación subjetiva de dicha persona". Argumento que también podemos encontrar en la STS 3 junio 2016 *(Tol 5745035)*.

cirlos en el mercado y actuaban sin ánimo de lucro[108], dejando aparte alguna sentencia extraña que había llegado a otorgar protección a sociedades anónimas[109], cuando era obvio que la naturaleza de la adquirente era mercantil.

De todos modos, con la promulgación del TRLGDCU la falta de precisión sobre qué tipo de personas jurídicas quedaban bajo su amparo se acrecentaba, en la medida que simplemente se hacía referencia al actuar en un ámbito diferente al profesional, por lo que podía cuestionarse si era posible incluir o no la ausencia de ánimo de lucro como requisito para estar bajo la protección de dicha normativa. Si ya hemos expresado que había suficientes argumentos para no exigirlo respecto a los consumidores lo mismo se podría predicar también de las personas jurídicas, si bien, no es lo mismo la existencia de una persona física con ánimo de lucro (cuyo propósito será puntual, en el momento en que actúa con organización y habitualidad será considerada empresaria), que una persona jurídica con ánimo de lucro, la cual se acerca peligrosamente a la figura de la sociedad mercantil.

El debate quedó cerrado desde el momento en que, como ya se ha adelantado la Ley 3/2014, de 27 de marzo, que reformó el TRLGDCU, diferenció claramente la condición de consumidoras de las personas físicas y las personas jurídicas, mientras a las primeras solo les exigía que "actúen con un propósito ajeno a su actividad comercial, empresarial, oficio o profesión", a las personas jurídicas les adicionaba el requisito de actuar "sin ánimo de lucro", de forma que se subraya que solamente ciertas

---

108 En consecuencia, habían sido declaradas como consumidores las fundaciones, las asociaciones y más discutiblemente las cooperativas. Puesto que su naturaleza no era mercantil, actuaban con fines de no búsqueda de un beneficio. *Vid.* CÁMARA LAPUENTE, S.: "Comentario", cit., p. 132.

109 Como la SAP Asturias, 7 noviembre 2002 *(JUR 2003, 110722)* y la SAP Girona, 23 octubre 2006 *(JUR 2007, 183350).*

entidades como fundaciones y asociaciones cuando actúen sin ánimo de lucro podrán ser consideradas como consumidores.

2.2.1.2. El consumidor y usuario actual

La trasposición de la Directiva 2019/771 no ha cambiado en este punto el art. 3 TRLGDCU, que sigue sosteniendo la misma dicción sobre la definición de consumidores y usuarios. Como indica la doctrina, el legislador español sigue haciendo oídos sordos a las sugerencias de ampliar la protección del consumidor a otros entes, como puedan ser las pequeñas y medianas empresas[110]. De hecho, el propio Considerando 23 de la Directiva indica que "... los Estados miembros deben seguir teniendo la libertad de hacer extensiva la protección que la presente Directiva proporciona a los consumidores también a las personas físicas o jurídicas que no sean consumidores en el sentido de la presente Directiva, como organizaciones no gubernamentales, empresas emergentes y pymes".

La ventaja de que la consideración de consumidor y usuario no haya cambiado se traduce en la posibilidad de reconducir todo el acervo jurisprudencial y doctrinal existente para determinar quiénes son consumidores y usuarios a los efectos de la nueva regulación.

Antes de empezar, conviene hacer una aclaración práctica sobre si existe una diferencia sustancial entre las palabras con-

---

110 AVILÉS GARCÍA, J.: "La nueva conformidad contractual de los bienes con elementos digitales en las compraventas de consumo (hacia un mercado único digital europeo)", en AA.VV.: *Derecho y nuevas tecnologías* (coord. L.A. Fernández Villazón), Thomson–Reuters Aranzadi, 1ªed., Cizur Menor, 2020, p. 2293 y CASTILLA BAREA, M.: *La nueva regulación europea de la venta de bienes muebles a consumidores: Estudio de la Directiva (UE) 2019/771 y su trasposición por el Real Decreto–Ley 7/2021, de 27 de abril,* Thomson–Reuters Aranzadi, Cizur Menor, 1ªed, 2021, p. 67

sumidor y usuario o son sinónimos. Como indica la doctrina[111], parece que la única matización de importancia que cabría realizar estribaría en que son más bien "consumidores" los que adquieren bienes y más bien "usuarios" los que disfrutan de servicios, los cuales no son objeto del presente trabajo. Más allá de ello, no cabe entender que exista ninguna diferencia sustancial entre la noción de consumidor o usuario. A modo de crítica, lo único "malo" de tener que utilizar un binomio para referirse a prácticamente las mismas personas es lo reiterativo que resulta tanto a la hora de hablar de tales conceptos como de leerlo en la legislación. Como balance positivo, que comparto con cierta doctrina, es que el "prurito de la corrección lingüística por razones de género" afortunadamente no ha llegado a la normativa de consumo. Pues aún resultaría más reiterativo si cabe. En ese sentido, no se encuentra referencia a expresiones tales como "consumidores y consumidoras", "personas consumidoras", "usuarios y usuarias", "usuaries", etc.

Para comenzar el análisis, lo primero que nos debemos plantear es qué es un "ámbito" o "propósito" comercial, empresarial, oficio o profesión, ya que de la contraposición a dicho término hallaremos el campo de acción de la normativa de consumo.

Con carácter general, la jurisprudencia patria ha ido considerando diferentes "actos" que, por ser propios de un "ámbito" o "propósito" empresarial, no podían ser circunscritos a la protección de los consumidores. Sin ánimo de ser exhaustivo, en primer lugar, tenemos actos relativos a la organización empresarial, como puede ser contratar servicios financieros[112],

---

111 Cámara Lapuente, S.: "Comentario", cit., p. 129.

112 SAP Málaga, 23 abril 2002 *(Tol 1189060)* y SAP Guipúzcoa, 19 marzo 2007 *(Tol 1628601).*

concertar seguros[113] y garantizar préstamos hipotecarios[114]. En segundo lugar, adquisición de bienes que se van a incorporar a un proceso de producción[115], como puede ser todo tipo de maquinaria, pero también productos, no para transformar, sino para ser transformados[116]. En tercer lugar, todo tipo de bienes necesarios para llevar a cabo una actividad comercial[117]. Y, en cuarto lugar, contratación de servicios a terceros o bienes para llevar a cabo servicios[118].

Es de destacar que, según ha interpretado la jurisprudencia, la ajenidad a la esfera empresarial o profesional, es completamente indiferente al hecho de que la vinculación de los bienes adquiridos sea mayor o menor a la actividad que desarrolla el sujeto en cuestión. Me explico: como también ha expuesto la doctrina[119], el hecho de que "un farmacéutico contrate un sistema de alarma" no sería óbice para excluirlo de la protección de los consumidores en la medida que lo está integrando en su negocio, lo mismo cabría decir del préstamo hipotecario con el cual está sufragando el coste del local donde desarrolla su actividad. En esta línea, podemos traer a colación la SAP Tarragona, 15 julio 2004, que ya en su día puso de manifiesto sobre la adquisición de una máquina de limpieza la exclusión de la pro-

---

113 STS 6 febrero 2003 *(Tol 1188696).*

114 STS 26 noviembre 1996 *(Tol 1658561)* y 24 noviembre 2000 *(Tol 4924344).*

115 STS 16 octubre 2000 *(Tol 4924335),* SAP Alicante, 16 junio 2000 *(JUR 2000, 269528),* SAP Cuenca 15 noviembre 2006 *(Tol 6261150)* y STS 9 mayo 2008 *(Tol 1324484).*

116 SAP Córdoba, 20 marzo 2000 *(AC 2000, 910).*

117 SAP Valencia, 10 octubre 2000 *(Tol 246871),* SAP Madrid, 5 junio 2006 *(Tol 6286671),* SAP Coruña, 25 marzo 2008 *(Tol 1964395)* y SAP Toledo, 19 febrero 2008 *(AC 2008, 1919)*

118 STS 29 diciembre 2003 *(Tol 340975)*, SSAP Barcelona, 21 marzo 2002 *(JUR 2002, 162835)* y 9 mayo 2006 *(Tol 1007151).*

119 CÁMARA LAPUENTE, S.: "Comentario", cit., p. 138 y ss.

tección sobre consumidores "sin que sea óbice (como parece entender la parte), el hecho de que dicha actividad no consista principalmente en realizar labores de limpieza para terceros, pues el elemento identificador del artículo 1 de la Ley 26/1984 es el de la integración del bien en el proceso empresarial, lo que también comprende todo uso que, en definitiva, contribuye a que el comprador preste sus servicios a terceros en las condiciones adecuadas, en este caso, teniendo limpio su taller".

Asimismo, la doctrina opina que la mayor o menor competencia técnica del adquirente de los bienes es completamente irrelevante para poder definir al consumidor[120]. Como venimos argumentando lo importante es la posición concreta de

---

[120] Desde hace tiempo la doctrina ya lo había puesto de manifiesto, por ejemplo, Bercovitz Rodríguez–Cano, A.: "Comentarios al art. 1 LGDCU", en AA.VV.: *Comentarios a la Ley General para la Defensa de los consumidores y usuarios*, Civitas, Madrid, 1992, p. 33, Bercovitz Rodríguez–Cano, A.: "El concepto de consumidor, en AA.VV.: *Hacia un Código del Consumidor*, CGPJ, Madrid, 2006, p. 27, Badenas Carpio, J.M.: "Comentarios al art. 2 LCGC. Ámbito subjetivo", en AA.VV.: *Comentarios a la Ley de Condiciones Generales de la Contratación*, Aranzadi, Elcano, 2000, pp. 37–92, Botana García, G.: "Comentarios al art. 1 LGDCU", en AA.VV.: *Ley General para la Defensa de los Consumidores y Usuarios. Comentarios y jurisprudencia de la Ley veinte años después,* La Ley Madrid, 2005, p. 70, Lara González, R. y Echaide Izquierdo, J.M.: *Consumo y Derecho. Elementos jurídico privados de Derecho del Consumo,* ESIC, Madrid, 2006, p. 45. Sobre este aspecto, véase, por ejemplo, la STJUE 3 octubre 2019, C–208/18, *Caso Petruchová/ FIBO Group (Tol 7515375)* que, en relación con un contrato CDF que celebró un particular con una sociedad de corretaje para operar en el mercado FOREX, entiende que la condición de consumidor debe valorarse forma restrictiva en relación con la posición que la persona tiene en el contrato determinado, poniendo el acento en cuestiones tales como la naturaleza del contrato y su finalidad. Por lo que cuestiones tales como el valor de las operaciones que lleva a cabo, los riesgos que asume con ellas o incluso los conocimientos técnicos que pueda tener al respecto son irrelevantes.

la persona en el acto en cuestión. Por ese motivo, el hecho de que el empresario pueda adquirir bienes para su vida privada no va a afectar a su defensa, aunque se pueda sostener que es un conocido constructor y lo que adquiere son materiales para arreglar su residencia de verano o es un magnate del automovilismo y ha adquirido un vehículo para su familia. Del mismo modo, un jugador de póker online no va a dejar de estar protegido a pesar de que se dedique a ello de forma profesional o un desarrollador informático del programa que adquiere para editar las fotos de sus viajes[121].

Con esto cabe matizar una circunstancia muy interesante y es que, de la dicción de la ley no se infiere que el consumidor deba informar en ningún momento de su condición al empresario, por lo que parece que deberá ser este quien, en última instancia, deba demostrar que el acto llevado a cabo con la contraparte tenía que ver con el "propósito" empresarial, co-

---

[121] La STJUE 10 diciembre 2020, C–774/19, *Caso A.B. y B.B./Personal Exchange International Limited (Tol 8228420),* resuelve un asunto muy interesante en relación con un jugador profesional de póker, en este asunto se debatía la competencia judicial internacional de los tribunales eslovenos, lugar donde residía el jugador, para resolver una disputa que había surgido entre el mismo y una sociedad maltesa que se dedica al póker online. El jugador invocaba la competencia de los tribunales eslovenos dada su alegada condición de consumidor, por el contrario, la sociedad maltesa negaba la sumisión a ese fuero, pues ya se había suscrito en el contrato de adhesión la competencia a los tribunales malteses. Finalmente, el TJUE vino a subrayar que el jugador era una persona física que había suscrito una contrato con condiciones generales de la contratación con una sociedad mercantil que se dedicaba a ese sector y puesto que "no ha declarado oficialmente tal actividad ni ha ofrecido dicha actividad a terceros como servicio de pago, no pierde la condición de consumidor a efectos de esta disposición aunque dedique a ese juego un gran número de horas al día, posea amplios conocimientos y obtenga de dicho juego considerables ganancias".

mercial, profesional de esta para poder sortear la normativa de protección al consumidor. Así lo parece entender tanto doctrina como jurisprudencia[122], apoyándose, no solo en la idea de quien alega debe probar, sino en la *probatio diabolica* que supondría el hecho que el supuesto consumidor tuviera que probar un hecho negativo. Parece mucho más razonable que sea el empresario quien, para evitar la aplicación de la normativa de protección a los consumidores en la transacción en cuestión, deba probar que su contraparte estaba actuando en su ámbito profesional o empresarial.

Sobre la condición o no de consumidor siempre se ha planteado si el ánimo de lucro podía caracterizar o no al mismo. Con la literalidad actual de la ley no parece que haya ningún impedimento a ello, pues así lo ha ido entendiendo la doctrina a lo largo del tiempo, si bien, como es lógico, había ciertas dudas al inicio[123]. Sin perjuicio de lo anterior, cabe hacer una pre-

---

122 *Vid.* CÁMARA LAPUENTE, S.: "Comentario", cit., p. 147. En este sentido, *vid.* la SAP Córdoba, 18 febrero 2002 *(Tol 161267)* que consideró fundamental que el vendedor no probase la condición de empresario del adquirente para no rechazar la protección que le podía conceder el ordenamiento jurídico a este último. En sentido inverso, la SAP Cuenca, 15 noviembre 2006 *(Tol 6261150)*, sí que consideró acreditado por parte del vendedor el propósito comercial del adquirente.

123 Autorizada doctrina considera que con la noción actual comunitaria del consumidor no hay ningún impedimento para que el consumidor pueda operar con ánimo especulativo, *vid.* ARNAU RAVENTÓS, L.: "La noción", cit., pp. 42–43 y ARROYO AMAYUELAS, E.: "Hacia un Derecho", cit., pp. 222–223. La jurisprudencia de la Unión Europea a la hora de definir el concepto comunitario de consumidor no resulta especialmente clara si bien, no parece, con carácter general, que se oponga a la existencia de ánimo de lucro en los consumidores, pues la STJUE 25 enero 2018, C–498/16, *Caso Maximilian Schrems/Facebook Ireland Limited* (*Tol 6483457*) pone de manifiesto que el consumidor será aquel que en el contrato celebrado entre las partes no se advierta la existencia de un uso profesional, por lo que

cisió: en la actualidad, especialmente con el auge del mercado digital, la línea entre empresario y consumidor cada vez es más fina, resultando difícil en muchas ocasiones diferenciar ambas figuras, pues un día una persona es consumidora y al otro día es empresaria. El surgimiento de la figura del "prosumidor" explica este fenómeno, como aquella persona que puede tanto producir como consumir contenidos (bienes, entendemos también) a la vez[124]. Por tanto, en este nuevo escenario de eco-

---

fuera de ese supuesto deberá estar protegido (añade que será igualmente irrelevante cualquier tipo de conocimiento, información y especialización que pueda tener el consumidor en la materia). No obstante, la reciente STJUE 26 febrero 2020, C–630/19, *Caso PAGE International Lda/Autoridade Tributária e Aduaneria* (*Tol 7058708*), en línea un tanto similar a la STJUE 10 abril 2008, C–412/06, *Caso Annelore Hamilton/Volksbank Filder eG* (*Tol 1279301*), indica que para que una persona sea considerada consumidora es necesario que el vínculo que exista entre el mismo y una actividad profesional sea "imperceptible", pues si no es completamente evidente que el contrato se destina a fines privados no debe obtener protección. Ciertamente, la aclaración que lleva a cabo la presente sentencia, a mi modo de ver, debe ser puesta en relación con el concreto caso que enjuiciaba, en la medida que se trataba de un préstamo cuyo destino era la adecuación de un inmueble para su posterior destino como vivienda turística. Obviamente, en este caso había una considerable profesionalidad del actor que trascendía el mero ánimo de lucro, pues pretendía hacer de su vivienda un verdadero negocio lucrativo con el que pretendía obtener ganancias sostenidas en el tiempo. Sin embargo, fuera de estos casos, el hecho de que una persona realice una concreta operación con la que pretenda obtener un cierto rédito económico, no debería implicar que sea calificada de profesional, el clásico ejemplo de un particular que adquiera una vivienda no para vivir en ella sino para revenderla a un precio superior.

124 Sobre la figura del "prosumidor", ARRIBAS, A., ISLAS. O.: "El prosumidor en la economía colaborativa: nueva manera de participar en el mercado de consumo", *Palabra Clave*, Tomo XXIV, núm. 2, 2021. Dicho artículo realiza un examen un tanto laudatorio de las bondades de la economía colaborativa, pero ello no obsta a que con buen

nomía colaborativa, en el cual es posible que los intercambios entre particulares se potencien cada vez más, resulta capital poder establecer con certeza cuando una persona podrá ser calificada como consumidor o como empresario.

A priori, con las claves que hemos apuntado no parece una tarea extremadamente difícil, sin embargo, desde el momento en que admitimos la posibilidad de que el ánimo de lucro pueda caracterizar al consumidor las dudas nos pueden asaltar. ¿Un particular que venda en una plataforma online un bien que haya sido fabricado o restaurado por él mismo (labores de producción o transformación), puede ser calificado como empresario? Con carácter general, entendemos que la respuesta a esta pregunta ya ha sido resuelta por la doctrina, ya que, a la hora de analizar el ánimo de lucro por los estudiosos del derecho, se considera que el elemento clave es la "habitualidad"[125].

---

criterio también advierta de las debilidades de la misma. Si bien llega a decir que: "La evolución de la economía conduce a buscar nuevas maneras de entender el consumo, donde la tecnología ha ayudado a abaratar costes y minimizar el riesgo de inversión. Gracias a internet, se ha redescubierto el poder que tienen las comunidades de ciudadanos organizados que buscan satisfacer una necesidad, sin estar obligados a recurrir a un profesional. Además, estos han aprendido a racionalizar el consumo y a compartir el excedente para el beneficio del conjunto"; también confronta que: "La economía colaborativa no es la panacea para eliminar la desigualdad social. El renovado prosumismo por el que apuesta la economía colaborativa no responde a la urgente necesidad de atenuar la profunda desigualdad social. Por el contrario, la agudiza. El prosumidor, en realidad, es víctima de un inédito y complejo sistema de explotación.".

125 Cámara Lapuente, S.: "Comentario", cit., 134 considera que "el límite estará en los supuestos en que realice estas actividades con regularidad (comprar para inmediatamente revender inmuebles, acciones, etc.), pues de realizar varias de esas operaciones asiduamente en un período corto de tiempo podría considerarse que realiza una actividad empresarial o profesional". Coinciden en este sentido, Cámara Lapuente, S.: "Comentario", cit., p. 135 y Reyes

Cuando ocasional o eventualmente una persona venda un bien a un particular, por mucho ánimo de lucro que tenga o incluso pueda advertirse en el "acto" las notas de mercantilidad (haya cierta organización o producción detrás), no parece sensato que pueda considerarse que esa persona sea calificada como empresaria. Por el contrario, cuando de forma habitual, es decir, con una cierta concentración de actos en un tiempo relativamente breve, actúe en el mercado y pueda identificarse una actividad sostenida, sí que podría ser considerada empresaria con todo lo que ello conlleva[126]. Y, esto, aunque tenga un oficio, profesión o actividad separada. Opino que la exclusividad no debería ser para nada un criterio a tener en cuenta en este ámbito.

Para ir cerrando el círculo, toca detenernos en una cuestión que desde hace tiempo siempre ha hecho dudar al operador jurídico. Se trata de los contratos de doble finalidad, extremo que tampoco ha sido completamente resuelto en la actualidad. Como la experta doctrina expone, ante la situación de encontrarnos con un contrato de doble finalidad caben varias opciones[127]. La primera sería considerar que en el momento en el

---

LÓPEZ, M.J.: "De nuevo" cit., p. 959, cuando señala que: "la habitualidad es una de las características de la cualidad legal de empresario conforme establece el art. 1.1º C.Com."

126 La jurisprudencia del Tribunal Supremo es bastante clara a la hora de permitir el ánimo de lucro en los consumidores. Por ejemplo, la STS Pleno, 16 enero 2017 *(Tol 5935365)* consideró, si bien, no con la unanimidad de la Sala, que era consumidora una persona que mediante un contrato de adhesión a un club podía revender los derechos vacacionales que le otorgaba dicho contrato. Posteriormente, la STS 4 octubre 2019 *(Tol 7531326)*, en relación con un contrato de aprovechamiento por turnos de uso turístico, estableció que el ánimo de lucro en un acto en concreto no excluye de protección a los consumidores, por lo que el límite como venimos recalcando vendrá dado si esa voluntad de enriquecerse es constante en el tiempo y actúa con regularidad y organización.

127 CÁMARA LAPUENTE, S.: "Comentario", cit., p. 136.

se perciba un consumo en parte privado, el contratante podrá ser considerado como consumidor. La segunda consistiría en entender que el contratante mixto nunca podría ser considerado como consumidor. La tercera estribaría en sostener que lo relevante será aquel fin que predomine más en el contrato; en este sentido, cuando predomine un fin privado el contratante será calificado como consumidor; en cambio, cuando predomine un fin empresarial, el contratante será calificado como empresario. La cuarta, a diferencia de la anterior, plantearía un escenario más específico, es decir, que, solamente cuando el fin profesional fuera insignificante o marginal globalmente entendido el contrato, podríamos otorgar protección.

La jurisprudencia española ha sido muy vacilante y no siempre ha tratado el asunto *ratio decidendi*[128], sino que por tratarse muchas veces de un aspecto más incidental se ha pronunciado *obiter dicta*. Inicialmente, se ha seguido la argumentación que en su día ya estableció la STJCE 20 enero 2005, Caso Gruber, según la cual solo debe recibir protección el consumidor si el uso profesional es marginal o insignificante[129]. No obstante, todo eso queda un tanto en entredicho, pues la relativamente reciente STS 3 junio 2019 confirma el criterio de la también STS 5 abril 2017 que vino a decir que aquello que se debía analizar

---

[128] Lo trató la SAP Alicante, 18 diciembre 2008 *(Tol 7276781)*, que se decantó por considerar que si se podía colegir un uso en parte empresarial se debía denegar la condición de consumidor: "se trataría de un bien afecto a la actividad empresarial de la actora", "este destino empresarial o profesional es el que aprovecha la actora para obtener un beneficioso trato tributario" y "si para su adquisición el bien estaba afecto a la actividad empresarial, no cabe modificar después el destino del bien (particular) para conseguir la protección que dispensa la legislación especial de los consumidores".

[129] Cámara Lapuente, S.: "Comentario", cit., p. 146 y Reyes López, M.J.: "De nuevo" cit., 958.

era cuál de los propósitos predominaba en el contrato[130]. Por tanto, cuando predomine un aspecto comercial el contratante debe calificarse como empresario, por el contrario, cuando el propósito principal sea privado el contratante debe calificarse como consumidor[131]. Esta argumentación resulta un tanto distinta respecto a lo que hasta el momento había defendido la doctrina y jurisprudencia, pues no es que el fin sea primordialmente privado y el aspecto profesional sea muy escaso, "insignificante", por usar las palabras del TJUE, sino que, existiendo ambos, en cierta medida hay uno que prevalece sobre el otro[132].

---

130 SSTS 3 junio 2019 (*Tol 7271498*) y 5 abril 2017 (*Tol 6033775*). La sentencia enjuiciaba un asunto en el cual se había concertado un préstamo hipotecario para reconstruir unas fincas que el actor había recibido de su madre, con el objeto de posteriormente reconvertirlas en una explotación de alquileres de vivienda. Justamente, en este caso lo que se consideró era que el destino que primaba era el empresarial y por ello se denegó la protección de la legislación de los consumidores y usuarios.

131 EVANGELIO LLORCA, R.: "El concepto de consumidor en el acervo comunitario a la luz de la jurisprudencia del TJUE", *Actualidad Jurídica Iberoamericana,* núm. 20, 2024, pp. 893–894, entiende que en el fondo este es el criterio que sigue el Supremo para resolver el asunto, aunque lo reconozca en el pie de página. De hecho, la doctrina extranjera también coincide en que el uso predominante debería ser la guía que deberíamos seguir para resolver estos supuestos de doble finalidad, por lo que cuando el uso privado sea el primordial el sujeto deberá ser considerado consumidor, *vid.,* EBERS, M.: "Quién es consumidor?", *Anuario de Derecho Civil,* núm. 1, 2006, p. 237-238.

132 La STJCE 20 enero 2005, C-464/01, Caso *Johan Gruber/Way Ba AG (Tol 4625934)* no solo era interesante por aclarar qué hacer cuando nos encontramos con un contrato de doble finalidad, sino también por indicar, respecto de la prueba de la condición de consumidor del contratante, que deberá basarse en criterios objetivos, así el juzgador podrá comprobar si "la otra parte contratante podía ignorar legítimamente la finalidad privada de la operación debido a que, por su propio comportamiento respecto de su futuro contratante, el supuesto consumidor actuaba con fines profesionales. Así sucedería, por ejemplo,

Parece que los razonamientos anteriores puedan encajar con aquello que sugiere el Considerando 22 de la Directiva 2019/771 cuando indica que "los Estados miembros también deben seguir teniendo la libertad de determinar, en el caso de los contratos con doble objeto, en los que el contrato se celebra con un objeto en parte relacionado y en parte no relacionado con la actividad comercial de la persona, y en los que el objeto comercial es tan limitado que no predomina en el contexto general del contrato, si dicha persona debe ser considerada un consumidor y en qué condiciones".

Concretamente, el legislador patrio no ha hecho uso de dicha opción y no se ha preocupado por resolver la controversia, pero ante su omisión la jurisprudencia sí ha entrado a matizarla y podríamos concluir que aquello que determinará la calificación de empresario o de consumidor será la "prevalencia" del propósito en cuestión. Si el acto es prevalentemente personal y el aspecto comercial no predomina en el contexto general del contrato, estaremos ante una relación de consumo. De todos modos, esta concepción contrasta con la que sigue manteniendo el TJUE hasta la fecha, si bien cabe matizar que tanto la sentencia Gruber como la Schrems se refieren al Reglamento 44/2001, ahora 1215/2012[133].

---

cuando un particular realizara un pedido, sin ninguna otra especificación, de objetos que pueden efectivamente servir para el ejercicio de su profesión, utilizara para ello papel con el membrete profesional, solicitara el envío de los bienes a su dirección profesional o mencionara la posibilidad de recuperar el impuesto sobre el valor añadido". Estas consideraciones con importantes, porque en el supuesto de que un "verdadero consumidor" se sirviera de alguna de las estratagemas antes mencionadas para crear la ilusión de ser un empresario con la intención de obtener alguna ventaja económica, no podría posteriormente, en virtud del principio de buena fe, pretender la aplicación de la legislación de consumo a ese contrato en cuestión.

133 STJUE 25 enero 2018, C–498/16, *Caso Maximilian Schrems/Facebook Ireland Limited* (*Tol 6483457*). "[El contratante] podría ampararse en dichas disposiciones únicamente en el supuesto de que el vínculo de

Por último, no cabe más que decir que todas esas consideraciones, desde mi opinión, nos tienen que llevar a una posición en común en favor de un mejor funcionamiento del mercado y de una mayor protección de los ciudadanos de la Unión. Y es que, no existiendo una obligación de informar al vendedor de la condición de consumidor, siendo muchas veces complicado demostrar la prevalencia de un destino u otro de los bienes, confundiéndose cada vez más la figura de consumidor con la de productor en la nueva economía digital y, en definitiva, estar hasta permitido el ánimo de lucro en los consumidores, qué motivo de peso hay para negar la protección que dispensa la normativa de consumo a muchos actores del mercado (cómo serían autónomos o pequeñas empresas)[134].

Por todo ello, vuelvo otra vez a la petición de *lege ferenda* que ya manifesté con anterioridad. Esto es, no habiendo poder de negociación real, carece de sentido negar la protección al sujeto en cuestión, por lo que, en el momento en el que una de las partes está suscribiendo un contrato de adhesión que sigue la regla del "lo tomas o lo dejas" (*take it or leave it),* a mi modo de ver, no se debería negar, por ejemplo, la protección por cláusulas abusivas, aun cuando los suscribientes fuesen dos empresarios según las reglas actuales. Dicho esto, al menos, la falta de extensión del régimen de garantías y servicios postventa a autónomos y pequeñas empresas sigue siendo un error imperdonable del legislador patrio.

---

dicho contrato con la actividad profesional del interesado fuera tan tenue que pudiera considerarse marginal y, por tanto, sólo tuviera un papel insignificante en el contexto de la operación, considerada globlamente, respecto de la cual se hubiera celebrado el contrato".

134 Coincide LLAMAS POMBO, E.: "De la noción consumidor a la tutela del contratante débil", *Práctica de Derecho de Daños,* núm. 150, 2022, p. 13–14, en decir que aquello de debería importar es la asimetría contractual y no tanto el própósito de los bienes adquiridos.

2.2.2. El empresario/vendedor

Como se desprende del epígrafe anterior la definición de empresario se extrae de su contraposición a la de consumidor; por ende, será empresario quién actúe con un propósito comercial o profesional[135]. Sobre esto, cabe precisar que, a raíz de las últimas sentencias del TJUE en la materia, la regularidad o habitualidad de una determinada actividad, como criterios para hacer perder a una persona la condición de consumidor, no son tan relevantes, puesto que, parece mucho más determinante que "declare oficialmente la actividad y la ofrezca a terceros como servicio de pago"[136].

La principal novedad que la Directiva 2019/771 introduciría es que el concepto de empresario se extiende a las personas públicas, por tanto, la Administración podrá ser también destinataria de las presentes normas y que los administrados puedan reclamar su aplicación frente a ella. No obstante, como es lógico, esto sucederá solo cuando la Administración actúe fuera de la sujeción a las normas de Derecho Administrativo,

---

135 El actual art. 4 TRLGDCU dispone que: "A efectos de lo dispuesto en esta norma, se considera empresario a toda persona física o jurídica, ya sea privada o pública, que actúe directamente o a través de otra persona en su nombre o siguiendo sus instrucciones, con un propósito relacionado con su actividad comercial, empresarial, oficio o profesión."

136 *Vid.*, STJUE 10 diciembre 2020, C-774/19, C C–774/19, *Caso A.B. y B.B./Personal Exchange International Limited (Tol 8228420),* pero también STJUE 4 octubre 2018, C-105/17, Caso *Komisia za zashtita na potrebitelite/Evelina Kamenova (Tol 6816378).* Frente a la posición del Supremo que se centra más en la "habitualidad y organización" para calificar al profesional. Se refiere a esta particularidad, Evangelio Llorca, R.: "Los ricos también lloran… y pueden ser consumidores", en AA.VV.: *Estudios de Derecho Privado en Homenaje al Profesor Salvador Carrión Olmos* (dir. J.R. De Verda y Beamonte, coords. A. Carrión Vidal y G. Muñoz Rodrigo), Tirant Lo Blanch, 2022, p. 635 y ss.

cuando, por ejemplo, presta servicios públicos sometida a normas de derecho privado[137].

Por todo lo demás, no hay un gran cambio respecto al texto anterior, salvo por la aclaración que se hace respecto a los auxiliares de los que pueda servirse el empresario, si bien se trataba de algo que ya era evidente según nuestras normas generales de contratos[138]. Sobre esto cabe decir, que, según la jurisprudencia del TJUE, el particular que actúe a través de un intermediario sin informar debidamente al consumidor será considerado empresario y, por tanto, podrá exigírsele el régimen de garantías y servicios postventa[139].

Es de observar que el Considerando 23 de la Directiva 2019/771 abre la puerta a estimar que las plataformas digitales que albergan bienes o servicios sean consideradas empresarias

---

[137] Así lo entiende también la doctrina experta, CASTILLA BAREA, M.: *La nueva regulación,* cit., p. 69. De todos modos, si bien con anterioridad al texto actual no había referencia explícita a las Administraciones públicas como vendedores, la doctrina ya consideraba *a sensu contrario* que cuando no estuvieran sujetas a las normas de derecho público cabría igualmente la posibilidad de aplicar la normativa de protección al consumidor. *Vid.* LASARTE ÁLVAREZ, C.: *Manual,* cit., pp. 68–69.

[138] MARÍN LÓPEZ, M.J.: "Falta de conformidad del bien vendido y derechos del consumidor en la Directiva 2019/771/UE", *Diario La Ley,* núm. 9461, Sección Doctrina, 22 julio 2019, Wolters Kluwer, p. 3. De todas formas, hay quien opina que en verdad no ha habido ningún cambio respecto a la regulación anterior.

[139] La STJUE 9 noviembre 2016, C-149/15, *Caso Sabrina Wathelet/ Garage Bietheres & Fils SPR (Tol 5862690)* consideró a un particular "vendedor" a efectos de la normativa de consumo pues se había servido de un taller como intermediario para la venta de su vehículo sin que el comprador conociera tal circunstancia. Concretamente, se trataba de un vehículo de segunda mano que al poco tiempo de su venta tuvo una rotura de motor, la Sra. Wathelet entregó el vehículo al taller para que fuera reparado, pero este le señaló que la reparación no corría de su cuenta pues había actuado como intermediario.

a efectos de la misma, si los Estados Miembros deciden ampliar la protección. De todos modos, siempre serán calificadas como empresarias cuando actúen como "socio contractual directo" del consumidor. De todos modos, se trata de una obviedad, habida cuenta de que si forman parte del contrato es evidente que serán vendedoras.

Para establecer la responsabilidad subsidiaria de otros entes es preciso definir la figura del productor que contempla el TRLGDCU: "sin perjuicio de lo dispuesto en el artículo 138, a efectos de lo dispuesto en esta norma se considera productor al fabricante del bien o al prestador del servicio o su intermediario, o al importador del bien o servicio en el territorio de la Unión Europea, así como a cualquier persona que se presente como tal al indicar en el bien, ya sea en el envase, el envoltorio o cualquier otro elemento de protección o presentación, o servicio su nombre, marca u otro signo distintivo" (art. 5 TRLGDCU).

En su virtud, será productor el fabricante del bien de consumo, como el intermediario que se encarga de ponerlo a disposición del distribuidor final al consumidor (el *retailer* o vendedor en sentido estricto). Asimismo, lo podrá ser la empresa importadora de los bienes en territorio de la Unión Europea, como también cualquier otro empresario que aparezca como tal en el producto por poner su nombre, su marca o símbolo en el mismo.

2.3. Ámbito objetivo

Cerrado el ámbito subjetivo sobre la presente Directiva procede centrar el análisis sobre cuál es el ámbito de aplicación de la misma atendiendo no a las partes implicadas, sino al objeto del contrato. Antes que nada, es curioso señalar que, siguiendo la evolución que ha experimentado la tramitación de la norma, se dispone que dicha Directiva se aplicará "a todos los canales de venta, a fin de crear unas condiciones de competencia equitativas para todas las empresas que venden productos a los consumidores" (Considerando 9). Es decir, si recordamos la dicotomía que envolvía a las primeras propuestas, las cuales establecían un régimen separado entre ambas (una para las ventas a distancia y otra para las ventas presenciales), ahora se pretende un régimen unitario, de ahí esa fijación por señalar que se aplicará "a todos los canales de venta".

De todas formas, como señala autorizada doctrina, nada se dice sobre cuáles son los canales de venta o qué tipo de canales se entienden incluidos en su órbita[140]. Lo que sí se indica es que se aplicará a los contratos de compraventa entre un consumidor y un empresario (art. 3.1 Directiva). Como ya se ha puesto de manifiesto antes, la Directiva define qué debemos entender por consumidor y usuario, pero lo hace de una forma muy continuista a como ya lo hacía la Directiva 1999/44, del mismo modo tampoco resuelve por sí misma el problema de los contratos con doble finalidad, que siguen quedando bajo el arbitrio judicial. Sin embargo, la Directiva 2019/771 sí resulta novedosa a la hora de definir qué debemos entender por contrato de compraventa[141], ya que su artículo 2.1 reza lo siguiente: "todo contrato en virtud del cual el vendedor transmite o se compromete a transmitir la propiedad de los bienes a un consumidor, y el consumidor paga o se compromete a pagar su precio"[142].

---

140 CASTILLA BAREA, M.: *La nueva regulación*, cit., p. 51.

141 MARÍN LÓPEZ, M.J.: "Falta de conformidad", cit., p. 3.

142 Hasta el momento las Directivas de consumo no habían definido el contrato de compraventa como aquel por el cual el vendedor transmite la propiedad, o, al menos, se compromete a ello, lo que en definitiva se puede entender como una obligación adicional al vendedor. En la medida que, según las reglas contractuales básicas de derecho español, la obligación principal del contrato de compraventa es la entrega de la cosa a cambio de un precio, pero en ningún momento éste se obliga necesariamente a la transmisión de la propiedad, otra cosa es que tendencialmente el contrato de compraventa pueda alcanzar dicho fin. El Considerando 23 recalca dicha definición sobre el contrato

Dicho esto, y atendiendo lo que seguidamente añade el artículo 3 de la Directiva 2019/771, el ámbito objetivo de la misma queda circunscrito principalmente a tres categorías contractuales: los contratos puros de compraventa de bienes muebles tangibles, los contratos de obra mueble y los contratos de suministro de bienes muebles (cuestión que se matizará más adelante).

La elección de este ámbito objetivo por parte del legislador de la Unión Europea ha despertado las suspicacias de la doctrina[143], pues es claro que desconoce el cambio de paradigmas contractuales que surgen en la sociedad del siglo XXI dónde la adquisición pierde protagonismo, al verse desplazada en gran medida por el "leasing" (es decir, diferentes formas de arrendamiento de los bienes o suscripción de servicios), en el cual muchas veces el contratante nunca adquiere bienes, sino solo el derecho de usarlos durante un tiempo determinado y en ciertas condiciones[144].

---

de compraventa al señalar que: "La presente Directiva debe aplicarse a cualquier contrato en virtud del cual el vendedor transmite o se compromete a transmitir la propiedad de los bienes al consumidor".

143 Twigg–Flesner, C.: "Conformity of Goods and Digital Content/ Digital Services", en AA.VV.: *El derecho privado en el nuevo paradigma digital* (dirs. E. Arroyo Amayuelas, y S. Cámara Lapuente), Marcial Pons, 1ª ed., 2020, p. 55. Véase también, Izquierdo Grau, G.: *El nuevo régimen*, cit., p. 47, si bien este autor señala que, tal vez, sí que estaría dentro del ámbito de apliación objetivo un contrato de arrendamiento con opción de compra. Para ello se basa en la SAP Madrid, 28 noviembre 2006 *(Tol 6108906)* que consideró aplicable el régimen por faltas de conformidad a un vehículo que fue adquirido a través de un contrato de arrendamiento con opción de compra.

144 No obstante, Morais Carvalho, J.: "Introducción a las nuevas directivas sobre contratos de compraventa de bienes y contenidos o servicios digitales", en AA.VV.: *El derecho privado en el nuevo paradigma digital* (dirs. E. Arroyo Amayuelas y S. Cámara Lapuente), Marcial Pons, Madrid, 2020, p. 36. Apunta que los Estados miembros tenían plena libertad para poder extender la protección a los contratos de arrendamiento financiero.

Todo esto viene marcado por el fenómeno de la *sharing economy*, al que parece no prestar excesivo interés el legislador, si bien se puede ver su reconocimiento en algunas de las propuestas que se incluyen como la referencia a la "durabilidad de los bienes" o alguna mención a la sostenibilidad de los productos.

2.3.1. Contrato de compraventa de bienes muebles

El más fácil de analizar de los tres del grupo es el contrato de compraventa de bienes muebles, que obviamente responde al clásico esquema del contrato de compraventa[145], pero como ya hemos adelantado hay un matiz importante y es que el contrato de compraventa se define como aquel por el cual el vendedor transmite o se compromete a transmitir la propiedad de los bienes.

Esto se puede interpretar de dos formas: como que aquel contrato que no transmita la propiedad no estaría sometido a la Directiva, o como que el contrato de compraventa de bienes muebles de consumo evoluciona en una determinada dirección (tal y como se desarrollará en un apartado ulterior). Creemos que el entendimiento debe ir por el segundo de los caminos.

Reconocer lo primero sería un debate estéril, si bien es cierto que desde un punto de vista estricto el contrato de com-

---

[145] Aunque la estructura del contrato de compraventa es única, existen diferentes posibles calificaciones en nuestro ordenamiento jurídico. Circunstancia que se debe a la presencia de una dispersión regulatoria de la de la compraventa en el mismo. En ese sentido, en función de la calificación que se dé a la misma, esta se someterá a una normativa u otra, con importantes consecuencias prácticas, principalmente en lo que se refiere al saneamiento del objeto vendido. Sobre las distintas modalidades de compraventa BERCOVITZ RODRÍGUEZ–CANO, A.: "Venta civil, venta mercantil y venta al consumo", en AA.VV.: *Tratado de la Compraventa, Homenaje al Profesor Rodrigo Bercovitz* (coord. Á. CARRASCO PERERA), Thomson–Reuters Aranzadi, Cizur Menor, 1ªed., 2013, pp. 99–105.

praventa no conduce necesariamente a la transmisión de la propiedad, pues en España se sigue la teoría del título y el modo[146]. Las razones por las que una compraventa de bienes de consumo no condujera a la transmisión de la propiedad serían poco menos que estrafalarias. Nos encontraríamos en supuestos en los cuales el vendedor (no olvidemos, profesional que se dedica a esa actividad) nos ha vendido, por ejemplo, un bien robado o tal vez, que en el propio contrato de compraventa se reconociese expresamente que no se trasmite la propiedad. Algo ciertamente muy extraño, si bien no imposible, pero en este supuesto lo que habría que entender es que ha habido una falta de conformidad en contrato. Y es a mi entender cómo se debe interpretar la transmisión de la propiedad en los bienes de consumo.

Si la transmisión de la propiedad es algo que tendencialmente busca el contrato de compraventa (contrato de traslación del dominio por excelencia), podremos concluir que será aquello que "el consumidor razonablemente puede esperar" del mismo. De hecho, será la razón principal por la que compra y no acude a otra fórmula contractual como puede ser el arrendamiento, en el cual solo pretende obtener el uso.

---

[146] Ya desde sus antecedentes romanos el contrato de compraventa se configuraba como consensual, con la necesidad de una posterior entrega o *traditio* para transmitir la propiedad. Una lectura que se puede extraer fácilmente del reconocimiento jurisprudencial y doctrinal de la venta de cosa ajena, el pacto de reserva de dominio, así como de la falta de obligación de transmisión de la propiedad por parte del vendedor y la regulación de la doble venta. Esto contrasta con otros sistemas europeos como el italiano, en el cual el *Codice Civile* si establece entre las obligaciones del vendedor la transmisión de la propiedad (art. 1470). *Vid.* a este respecto Domínguez Martínez, P.: "La compraventa como modelo de los contratos traslativos", en AA.VV.: *Tratado de la Compraventa, Homenaje al Profesor Rodrigo Bercovitz* (coord. Á. Carrasco Perera), Thomson–Reuters Aranzadi, Cizur Menor, 1ªed., 2013, pp. 51–52.

Así, si el vendedor no transmite la propiedad podríamos entender que no ha cumplido el contrato y deberá "poner en conformidad", esto es sustituirlo por otro bien que, por ejemplo, no sea robado, o realizar un nuevo contrato que actualice los términos contractuales y "repare" al consumidor. Asimismo, siendo normalmente el contrato calificado como de consumo (b2c), un contrato realizado con claúsulas predispuestas que no han sido negociadas, deberá someterse al doble control de transparencia o de incorporación. Recordemos que los contratos que contienen condiciones generales de la contratación deben someterse al control de incorporación contenido en los arts. 5 y 7 de la Ley de Condiciones Generales de la Contratación[147] (LCGC), por lo que cualquier cláusula que regule dichos contratos deberá cumplir con los estándares que marca la ley, comprensibilidad, inteligibilidad, tamaño de los caracteres, etc. Igualmente, si es una cláusula relativa al objeto principal del contrato deberá superar el segundo control de transparencia, en la medida que permita al consumidor comprender la carga económica que asume con la misma[148], es decir, que no altera subrepticiamente la comprensión que había alcanzado el consumidor con el contrato.

Es cierto que es discutible que la transmisión de la propiedad sea parte principal del objeto del contrato de compraventa[149], porque por mucho que nos empeñemos (salvo en lo que

---

147 Ley 7/1998, de 13 de abril, sobre condiciones generales de contratación.

148 *Vid.*, SSTS 9 mayo 2013 *(Tol 3671048)*, 24 enero 2018 *(Tol 6492393)* o la más reciente 31 enero 2023 (*Tol 9389413*).

149 Desde siempre ha existido un sector doctrinal que ha defendido la tesis de que, en realidad, el Código Civil abandona el sistema romano de transmisión de la propiedad y que nuestro ordenamiento jurídico obliga al vendedor, no solo a la posesión legal y pacífica de la cosa vendida (art. 1474.1º CC), sino también a la propia transferencia del dominio. *Vid.*, GARCÍA CANTERO, G.: "Comentario a los artículos 1445 a 1541 del CC", en AA.VV.: *Comentarios al Código Ci-*

se refiere a conformidad) su esquema contractual sigue siendo entrega de la cosa a cambio del precio. Y mucho menos, aun incluyéndolo, podríamos entender que una claúsula por la que no se transmitiera la propiedad pudiera ser considerada como “sorprendente” en la misma medida que lo era la cláusula suelo, pues esta última no se comprendía correctamente y alteraba de forma subrepticia el funcionamiento del interés remuneratorio del préstamo. No obstante, las claúsulas predispuestas no solo deben superar el control de incorporación, sino también el de abusividad (art. 82 TRLGDCU). En este sentido, sí se podría defender que la cláusula por la que sin motivo el vendedor no transmite la propiedad en el marco de una transacción de consumo podría ser abusiva por falta de reciprocidad en el contrato (82.4.c)). De hecho, podría considerarse bastante clara una falta de observancia de las reglas de la buena fe (habida cuenta de que el consumidor razonablemente esperaría

---

vil y Compilaciones Forales, Tomo XIX, Edersa, Madrid, 1980, p. 169, quien cita entre los representantes más antiguos de dicha postura a: BONEL SÁNCHEZ, ROBLES POZO, SÁNCHEZ ROMÁN, BURÓN, FALCÓN Y VALVERDE. Después, a GAYOSO ARIAS, MORENO MOCHOLÍ, DE CASSO, PEIDRÓ PASTOR, SCAEVOLA–BONET, DE BUEN, etc. Sin embargo, otro sector de la doctrina concluye que la transmisión de la propiedad “no constituye un elemento esencial de la compraventa, ni es una obligación taxativa del vendedor”, *vid.* LLAMAS POMBO, E.: *La compraventa,* La Ley (Wolters Kluwer), 1ªed., 2014, p. 152. Son partidarios de la misma postura, GARRIDO RUBIO, T.: *Contrato de compraventa y transmisión de la propiedad,* Publicaciones del Real Colegio de España, 1993, ROCA SASTRE: “La venta de cosa ajena”, en *Estudios de Derecho Privado,* I, Aranzadi, Pamplona, 2009, pp. 377 y ss., quien señala que nuestra compraventa es meramente generadora de obligaciones; ALBALADEJO: “La obligación de transmitir la propiedad”, *RGLJ,* 1947, pp. 409 y ss., quien indica que pervive en España la compraventa romana, sin que obviamente existan los motivos que pudieron justificarla en Roma, y GARCÍA CANTERO, G.: “Comentario”, cit., pp. 170 y ss., quien a su vez cita a otros seguidores como son NAVARRO ARMANDI, DE DIEGO, BORRELL SOLER, SANTAMARÍA CASTÁN Y PUIG BRUTAU.

una transmisión de la propiedad), que causa un desequilibrio en las prestaciones que se derivan contrato. Seguramente el consumidor no habría pagado el precio que ha abonado si, en realidad, no adquiere la propiedad del bien.

Otra cosa sería que nos encontremos en una compraventa con reserva de dominio, pero en ese caso el consumidor estaría, en principio, perfectamente informado de las circunstancias que rodean al contrato. Y no se podría alegar que el consumidor pretendía adquirir la propiedad en el momento de entrega de la cosa, sino que su obtención se retrasará a un momento posterior, esto es, el completo abono del precio[150]. Generalmente, este tipo de condiciones tienen lugar en contratos de bienes que suponen un importante desembolso económico y vayan a permanecer mucho tiempo en el patrimonio del comprador, por ejemplo, un vehículo.

En otro orden de ideas, cabe destacar que la compraventa será exclusivamente de bienes muebles corporales, por lo que un automóvil, como se ha indicado antes, estaría incluido en su ámbito de aplicación, pero no, en cambio, un bien inmueble cuya compraventa siempre será civil (a efectos de aplicación de las garantías reguladas por la presente Directiva, sí sería de aplicación otro tipo de normativa de derecho de consumo

---

150 Sobre la reserva de dominio, ¿condición suspensiva o condición resolutoria?, véase, GALICIA AIZPURUA, G.: "La reserva de dominio y la resolución contractual", en AA.VV.: *Tratado de la Compraventa, Homenaje al Profesor Rodrigo Bercovitz* (coord. Á. CARRASCO PERERA), Thomson–Reuters Aranzadi, Cizur Menor, 1ªed., 2013, pp. 641–651, GARCÍA–RIPOLL MONTIJANO, M.: "Reserva de dominio en venta a plazos de bienes muebles", en AA.VV.: *Tratado de la Compraventa, Homenaje al Profesor Rodrigo Bercovitz* (coord. Á. CARRASCO PERERA), Thomson–Reuters Aranzadi, Cizur Menor, 1ªed., 2013, pp. 597–606, y RODRÍGUEZ ROSADO, B.: "La reserva de dominio: naturaleza y efectos sobre muebles e inmuebles", *Anuario de Derecho Civil*, Vol. 73, núm. 2, 2020, pp. 491-558.

como, por ejemplo, la regulación relativa a cláusulas abusivas a un contrato de compraventa de bien inmueble). Y, por lo que se refiere a bienes corporales, solo estarían incluidos el agua, el gas y la electricidad cuando se vendan almacenados o envasados (el suministro no estaría incluido, art. 2.5 Directiva), tampoco los contenidos o servicios digitales que, como ya es sabido, forman parte del ámbito de aplicación de la otra Directiva gemela 2019/770. Sobre los contratos excluidos se profundizará el apartado correspondiente.

2.3.2. Contrato de obra mueble

El contrato de obra mueble es el siguiente de los contratos que se encuentran bajo el ámbito de apliación de la Directiva 2019/771, de la dicción de su artículo 3.2 podemos extraer que se extenderán no solo a los contratos de compraventa en sentido estricto, sino también a los contratos para el suministro de "bienes que hayan de fabricarse o producirse". Esto es, un contrato de obra. Se sobreentiende que los bienes que hayan de fabricarse o producirse serán suministrados según las especificaciones del consumidor (que podrán ser más o menos amplias, dependiendo de si se establecen en función de unos parámetros más o menos limitados), aunque también es posible que dichos bienes ya vengan prefijados por el contratista y simplemente el comitente los encargue, pues debido a sus características no se fabrican previamente.

Uno de los aspectos que más controversia puede generar respecto de este tipo de contratos, y que es propio de ellos, es el relativo a los materiales que se utilizan para su fabricación. Obviamente, el contratista deberá ser diligente a la hora de buscar los materiales necesarios para la fabricación del producto, como también en el momento de trabajar con ellos, siendo un profesional (siempre lo será en una relación de consumo) se presupone su capacidad técnica; esto unido al requisito de conformidad que estudiará en el apartado correspondiente, hará que responda de los defectos que puedan surgir en el desarrollo de tales actividades. En otras palabras, si por una deficiente calidad de los materiales, el bien presenta unos estándares muy por debajo de lo que cabe razonablemente esperar de un bien del mismo tipo habrá falta de conformidad. Como también, si debido a la mala técnica utilizada, el bien sufre una rotura a los pocos meses de su adquisición, la cual no se deba al uso normal, sino al defectuoso ensamblaje del mismo.

Siguiendo con el tema que nos ocupa, ¿qué pasará cuando los materiales utilizados no los haya obtenido el contratista por su cuenta, sino que en parte o en su totalidad provengan del comitente? Posiblemente para obtener una rebaja en el precio o porque dada su rareza (imaginemos una piedra preciosa para elaborar una joya) sean difíciles de encontrar, incluso únicos. Claramente, si la supuesta piedra preciosa tiene un vicio oculto, no se podrá atribuir responsabilidad por falta de conformidad al joyero, tampoco si, por la calidad de los materiales, el bien se vuelve inservible al poco tiempo de su utilización. Hasta el momento la Directiva 1999/44 había resuelto esta cuestión exonerando de responsabilidad al vendedor, *vid.* art. 2.3 *in fine*. Sin embargo, inexplicablemente esta mención desaparece en el texto de la vigente Directiva 2019/771, y ha sido sustituida por otra más genérica y, en consecuencia, más amplia y flexible, pero también menos segura. Concretamente, me refiero a la previsión contenida en el artículo 13.7 que indica que: "Los Estados miembros podrán decidir si, y en qué medida, una contribución del consumidor a la falta de conformidad afecta a su derecho a exigir medidas correctoras."

Como ya he señalado, esta previsión no solo puede tener lugar en el ámbito de un contrato de obra, sino también puede extenderse a la compraventa de consumo en general, de forma que cualquier contribución por un mal uso o falta de diligencia del consumidor en el desarrollo del contrato podría afectar a la calificación o no de falta de conformidad al defecto en cuestión, o tener cualquier otra consecuencia. De todos modos, por lógica habría que incluir en este supuesto el suministro de materiales inadecuados por parte del comitente.

No obstante, el problema surge cuando paradójicamente el legislador español ha hecho caso omiso de dicha previsión que habilitaba a los Estados miembros a pronunciarse sobre la cuestión, y en relación a la cual podrían haber surgido interesantes consideraciones. Pero no acaba ahí, la trasposición ha cercenado el antiguo art. 116 TRLGDCU vigente hasta enero de 2022, en especial desapareciendo el apartado 3 que señalaba lo siguiente: "No habrá lugar a responsabilidad por faltas de conformidad que el consumidor y usuario conociera o no hubiera podido fundadamente ignorar en el momento de la celebración del contrato o que tengan su origen en materiales suministrados por el consumidor y usuario".

Por tanto, tal y como indica autorizada doctrina, en estos casos deberemos acudir a las normas generales de contratación, como son las reglas de compensación de culpas e indemnización de daños y perjuicios en el ámbito del incumplimiento contractual[151]. Que, de hecho, hay un reconocimiento si bien no del todo explícito en el art. 117.1 TRLGDCU vigente.

Dicho esto, y volviendo al caso que nos ocupa, ¿qué sucedería entonces con el supuesto de la joya? Si, por ejemplo, la supuesta piedra preciosa no lo es, ¿tendría responsabilidad por falta de conformidad el vendedor? Atendiendo al criterio de interpretación histórico, diríamos que no, pues tajantemente se decía que no habrá responsabilidad por faltas de conformidad "que tengan su origen en materiales suministrados por el consumidor y usuario". Sin embargo, desde el momento que ha desparecido cualquier directriz imperativa para analizar el supuesto concreto, también se podría argumentar que dada

---

151 Castilla Barea, M.: *La nueva regulación*, cit., p. 358

la condición de experto del comitente (profesional) e inexperiencia del contratista (consumidor), el primero debería advertir al segundo de la deficiente calidad de los materiales, pues para él esta dicha circunstancia puede ser evidente, pero para el otro no.[152] Habida cuenta de que, haber sabido este extremo, el consumidor tal vez no habría encargado la obra, ya que estaría abonando el precio por la elaboración de un bien que de entrada ya es disconforme o tiene un gran riesgo de ser disconforme en breve plazo.

2.3.3. Contrato de suministro de bienes muebles

La tercera categoría contractual es una que no se reconoce expresamente en la Directiva, pero que dadas las características de los contratos que estarían incluidos en su ámbito de aplicación tiene perfectamente encaje. Concretamente, estoy hablando del contrato de suministro de bienes muebles[153], ya tengan que fabricarse y producirse, o no, pues si bien no parece que la Directiva se refiera expresamente a él, nada impediría que esta figura se enmarcara en su ámbito de aplicación, justamente cuando es completamente atípica en nuestro Derecho[154].

---

152 Con argumentos un tanto diversos llega a la misma conclusión IZQUIERDO GRAU, G.: *El nuevo régimen*, cit., p. 54.

153 Sobre el contrato de suministro, *Vid.* CASTILLO PARRILLA, J.A.: *El contrato marco de suministro (Un contrato flexiseguro),* Universidad de Granada. Tesis doctorales, 2019; disponible en http://hdl.handle.net/10481/54754, concretamente, pp. 155 y ss.

154 En los mismos términos se pronuncia CASTILLA BAREA, M.: *La nueva regulación*, cit., p. 53. De hecho, también señala que tal como indica AVILÉS GARCÍA, J.: "Contratos con finalidad traslativa del dominio. Compraventas de bienes muebles tangibles de consumo", en AA.VV.: *Tratado de Contratos* (dir. R. BERCOVITZ RODRÍGUEZ–CANO), 3ª ed., Tomo I, Tirant lo Blanch, Valencia, pp. 2299, lo más normal es que el fin de la norma no fuese regular el contrato de suministro

La característica principal de este contrato y que lo diferenciaría de los otros, se encontraría en el suministro continuo de los bienes durante un período de tiempo establecido o indefinido. Esto es, un negocio jurídico de tracto sucesivo como es también el arrendamiento. Claramente, esto tendría una incidencia sustancial en los períodos de garantía y, por tanto, de exigencia de responsabilidad al empresario, dado que siempre estarían abiertos respecto de ciertos bienes, en tanto en cuanto el contrato no finalice. Dicho con otras palabras, en cada entrega de bienes, pensemos materiales para oficina, se abriría el plazo de garantía correspondiente durante el cual el vendedor respondería de los defectos originarios que puedan surgir, y a la siguiente entrega se volvería a abrir un nuevo plazo, pero solo respecto de los últimos bienes entregados.

2.3.4. ¿Contrato mixto de compraventa y prestación de servicios?

La inclusión de la instalación de los bienes por parte del vendedor o bajo su responsabilidad cuando así lo prevea el contrato dentro de la obligación de conformidad (art. 8 Directiva 2019/771), ha provocado que la doctrina se pregunte si existiría una cuarta categoría contractual tal y como las hemos clasificado en este apartado. Es decir, una especie de contrato mixto de compraventa y prestación de servicios, dónde la instalación sería la otra obligación que asumiría el vendedor (un contrato de prestación de servicios).

De todos modos, no encontramos rastro en la trasposición final de la misma ninguna referencia a esta especie de *tertium genus*, como tampoco habría motivo para definir el contrato compraventa más instalación como una categoría aparte con

---

en sentido estricto, sino más bien aquel contrato en el cual el empresario se compromete a fabricar el producto y luego suministrarlo, "contrato de obra ligado a un *facere*".

sustantividad propia, en la medida que se trata de una prestación accesoria, aunque la Directiva dejaba al arbitrio de los Estados Miembros la posibilidad de definir como compraventa o como otra categoría contractual a los contratos que presentasen esta tipología mixta (Considerando 17)[155]; lo único que se especifica es que sí será considerado globalmente como contrato de compraventa aquel contrato en que junto con la entrega del bien se contemple la instalación del mismo. *A contrario sensu,* cuando nos encontremos ante un contrato que mezcle una prestación de servicios y la entrega de un bien que no se pueda circunscribir al modelo de compraventa más instalación que sí contempla la Directiva, solamente se podrá aplicar la normativa contenida en la misma a la parte del contrato que se refiera a la compraventa. Es decir, para poder considerar la prestación de servicios dentro del ámbito de aplicación esta deberá tener necesariamente una relación de accesoriedad respecto del contrato principal de compraventa[156].

---

155 "[...] Cuando un contrato incluya elementos tanto de venta de bienes como de suministro de servicios, debe dejarse a la determinación del Derecho nacional si la totalidad del contrato puede clasificarse como contrato de compraventa según la definición de la presente Directiva."

156 La STJUE 7 septiembre 2017, C–247/16, *Caso Schottelius/ Seifert (Tol 6327610),* excluyó radicalmente del ámbito de aplicación de la Directiva 99/44 un contrato que había sido calificado como de servicios, puesto que consistía en la reestructuración de una piscina, pero también se encargaba fabricar los elementos necesarios para llevar a término el trabajo como eran las baldosas, la bomba de filtración, etc. Se argumentó que la mencionada Directiva solo contemplaba aquellos contratos que tuvieran una instalación aneja a la misma o, que al menos, la prestación del servicio fuera accesoria a la venta.

2.4. Contratos excluidos del ámbito de aplicación de la Directiva 2019/771

Expuesto lo anterior, señalaremos qué contratos se encontrarían fuera su ámbito de aplicación, aun cuando por responder al esquema de una compraventa podrían perfectamente estar incluidos en la misma.

En primer lugar, debemos hacer referencia al elemento diferenciador de la Directiva objeto de análisis con su coetánea, la Directiva 2019/770, y es la compraventa (suministro) de contenidos digitales, como también la suscripción de servicios digitales. Hecha esta aclaración, parece bastante claro que la suscripción de un servicio digital no podría entrar en el ámbito de aplicación de la Directiva, pues como dice la propia palabra es un contrato de prestación de servicios, no una compraventa. No obstante, sí que podría haber sido objeto de ella la compraventa (suministro) de contenidos digitales; de todos modos, ha sido decisión del legislador de la Unión Europea regular estos dos tipos de contratos conjuntamente en un solo cuerpo legal distinto del que se encarga de la compraventa de bienes de consumo tradicional, aunque, a fin de cuentas, el resultado no es muy diferente[157], ya que, por ejemplo, el legislador patrio ha optado por trasponer ambas directivas en una misma norma[158], habida cuenta de la similitud de su regulación, como se analizará en los siguientes capítulos.

En este sentido, las normas sobre garantías y servicios postventa de la compra de un bien mueble tangible serán las con-

157 La diferencia más significativa entre ambas regulaciones es el distinto plazo de garantía, pues en el caso de los contenidos o servicios digitales sigue siendo de dos años.

158 El TRLGDCU viene a ser el lugar donde confluyen todas las normas de consumo que provienen de la Unión Europea desde hace tiempo, por lo que no es ninguna sorpresa y era de esperar que así fuera.

tenidas por la Directiva 2019/771; en cambio, la adquisición de una aplicación en un dispositivo móvil, la descarga de un videojuego o una película, o la suscripción de un servicio de streaming como puede ser Netflix, HBO, Amazon Prime Video, etc.; se regulará por la Directiva 2019/770[159]. En el epígrafe relativo a la compra de bienes muebles ya se hizo la distinción entre muebles tangibles que estarían incluidos en la Directiva, señalando que el agua, el gas y la electricidad solo tendrían la consideración de bienes tangibles según la Directiva cuando se pusieran a la venta "en un volumen delimitado o en cantidades determinadas" (art. 2.5.a) Directiva 2019/771).

No obstante, en ocasiones esta distinción no es tan clara, ya que confluyen ambas dimensiones en un mismo bien. Véase, por ejemplo, un bien físico y tangible como puede ser un *smartphone*, pero que también contiene elementos digitales como todos sabemos. Un móvil de esas características no es capaz de funcionar sin el software adecuado, como es su correspondiente sistema operativo, aparte de contener algunas aplicaciones de fábrica para poder desempeñar sus funciones básicas correctamente. Pues bien, este tipo de bienes de consumo que, a su vez, contienen elementos digitales sin los cuales no podrían funcionar se encuentran enmarcados dentro del ámbito de aplicación de la Directiva 2019/771, a este respecto el art. 2.5.b)[160].

---

159 En términos similares MARÍN LÓPEZ, M.J.: "Falta de conformidad", cit., p. 3, señala que: "son contenidos o servicios digitales, entre otros, los programas informáticos, las aplicaciones, los archivos de video, audio o música, los juegos digitales, los libros electrónicos, los programas o servicios de intercambio de videos y audio, de alojamiento de archivos, el tratamiento de textos o los juegos que se ofrecen en el entorno de computación en nube y las redes sociales, etc.". Igualmente, CASTILLA BAREA, M.: *La nueva regulación*, cit., p. 61.

160 Este artículo ("todo objeto mueble tangible que incorpore contenidos o servicios digitales o esté interconectado con ellos de tal modo que la ausencia de dichos contenidos o servicios digitales impediría

Igualmente, como se ha matizado, la conformidad de estos productos no solo vendría ajustada por la incorporación del indicado sistema operativo (necesario para su correcto funcionamiento), sino también por una concreta/s aplicación/es que precisaran para la realización de determinadas funciones, especialmente, si dicha funcionalidad hubiera sido objeto de anuncio o el consumidor pudiera razonablemente esperar. Si cambiamos de ejemplo, podríamos imaginar una *smart tv* que aparte de incorporar su respectivo sistema operativo (*v.gr.* Android), también presente una aplicación de video para poder acceder a determinados servicios de suscripción como pueda ser Netflix. Además, el hecho de que dichos sistemas operativos o aplicaciones viniesen preinstalados sería irrelevante, lo importante es que el contrato incluyese su suministro, ya sea

---

que los bienes realizasen sus funciones (en lo sucesivo, "bienes con elementos digitales") hay que ponerlo en relación con el Considerando 14: "El término «bienes» tal como se emplea en la presente Directiva debe entenderse que incluye los «bienes con elementos digitales» y, por lo tanto, que se refiere también a cualquier contenido o servicio digital que se incorpore a dichos bienes o se interconecte con ellos de tal modo que la ausencia de dicho contenido o servicio digital impediría que los bienes cumpliesen sus funciones. Los contenidos digitales que se incorporan a un bien o se interconectan con él pueden consistir en cualesquiera datos que se produzcan y suministren en formato digital, como por ejemplo los sistemas operativos, las aplicaciones y cualquier otro programa informático. Los contenidos digitales pueden estar preinstalados en el momento de la celebración del contrato de compraventa o, cuando así lo estipule el contrato, instalarse posteriormente. Los servicios digitales interconectados con un bien pueden ser servicios que permiten la creación, el tratamiento, la consulta o el almacenamiento de datos en formato digital, o el acceso a ellos, como por ejemplo los programas informáticos como servicio que se ofrece en el entorno de computación en la nube, el suministro continuo de datos de tráfico en un sistema de navegación, o el suministro continuo de planes de entrenamiento adaptados individualmente como en el caso de un reloj de pulsera inteligente".

porque vinieran incorporados de fábrica o se le permitiese al consumidor su descarga de manera posterior.[161]

---

161 Sobre esta cuestión, *vid.* Considerando 15: "La presente Directiva debe aplicarse a los contratos de compraventa de bienes, incluidos los bienes con elementos digitales en los que la ausencia del contenido o servicio digital incorporado o interconectado impediría que los bienes cumpliesen su función y en los que el contenido o servicio digital se facilita con los bienes en virtud de un contrato de compraventa relativo a esos bienes. Si el suministro del contenido o servicio digital incorporado o interconectado forma o no parte del contrato de compraventa con el vendedor es algo que depende del contenido de dicho contrato. Lo anterior se aplica también a los contenidos o servicios digitales incorporados o interconectados cuyo suministro se requiere expresamente en el contrato. Debe comprender asimismo aquellos contratos de compraventa que puedan interpretarse de modo que comprendan el suministro de contenidos o servicios digitales específicos porque estos normalmente están incluidos en bienes del mismo tipo y el consumidor puede esperar razonablemente que lo estén dada la naturaleza de los bienes y teniendo en cuenta toda declaración pública realizada por el vendedor o por su cuenta, o por otras personas en fases previas de la cadena de transacciones, incluido el productor. Si, por ejemplo, la publicidad de un televisor inteligente indicase que incluye una aplicación de vídeo concreta, dicha aplicación formaría parte del contrato de compraventa. Lo anterior debe aplicarse con independencia de que el contenido o servicio digital esté preinstalado en el propio bien o tenga que descargarse posteriormente en otro dispositivo y tan solo esté interconectado con el bien. Por ejemplo, un teléfono inteligente podría presentarse con una aplicación normalizada preinstalada que se suministrase en virtud del contrato de compraventa, como una aplicación de alarma o una aplicación de cámara. Otro ejemplo podría ser un reloj de pulsera inteligente. En este caso, el propio reloj sería el bien con elementos digitales, que únicamente puede cumplir sus funciones con una aplicación que se suministra en virtud del contrato de compraventa, pero que el consumidor tiene que descargar en un teléfono inteligente: la aplicación sería entonces el elemento digital interconectado. Lo anterior debe aplicarse también si el contenido o servicio digital incorporado o interconectado

Como señala la doctrina, decidir cuando los elementos contratados están integrados o interconectados de forma que su funcionalidad dependa, de tales elementos "es una cuestión ligada a las circunstancias del caso concreto (así, a lo pactado, a lo razonablemente esperable, etc.)"[162]. Así como, qué debemos entender por interconexión o integración, pues no debemos olvidar que, en la Propuesta de 2015, Considerando 11, se hablaba de contenidos "que operan como un parte integrante [...] y como un accesorio de las funciones principales de los bienes". De todos modos, la elección final ha sido la de decantarse por la dependencia funcional y no por la vía tradicional de identificar que es principal o accesorio[163].

---

no es suministrado por el propio vendedor, sino por un tercero en virtud del contrato de compraventa. A fin de evitar la incertidumbre de vendedores y consumidores, en caso de que se dude de si el suministro de los contenidos o servicios digitales forma parte o no del contrato de compraventa, se deben aplicar las normas de la presente Directiva. Además, la determinación de una relación contractual bilateral entre el vendedor y el consumidor de la que forme parte el suministro del contenido o servicio digital incorporado o interconectado no debe verse afectada por el mero hecho de que el consumidor deba dar su aprobación a un acuerdo de licencia con un tercero para poder acceder al contenido o servicio digital."

162 Arnau Raventós, L.: "Remedios por falta de conformidad en contratos de compraventa y de suministro de elementos digitales con varias prestaciones", en AA.VV.: *El derecho privado en el nuevo paradigma digital* (dirs. Arroyo Amayuelas, E. y Cámara Lapuente, S.), Marcial Pons, Madrid, 2020, p. 83.

163 Antes de la promulgación de la nuevas Directivas, que, sí diferencian entre contenido digital o bien tangible, la descarga de un videojuego o una película seguía el régimen de una compraventa de consumo al no existir otra alternativa. Simplemente había algunas especialidades por sus características propias, como lo referente al derecho de desistimiento (esto es, aunque sea un bien comprado a distancia no se le aplicaría en el momento en que ya ha comenzado la ejecución del contenido). Igualmente, la compra de una carátula con el CD

Por tanto, la compra de un *smartphone* (ente físico) cuyo contrato incluyera el sistema operativo (ente digital) necesario para su funcionamiento (que generalmente viene ya preinstalado, aunque es común su necesaria actualización en el momento de encendido por el tiempo que habrá permanecido en el almacén), estararía sometido a la Directiva 2019/771, como también la aplicación de teléfono o cámara necesaria para poder realizar las funciones que el consumidor espera, pues no solo puede razonablemente esperarlas, sino que directamente en muchos casos estarán publicitadas (aún así, es difícil hoy en día diferenciar entre sistema operativo [iOS, Android, etc.] y las aplicaciones que estoy comentando, en la medida que existe una completa interconexión entre ambos planos, de forma que son inseparables y la instalación de dicho "software general" o "marco digital" ya incluye dentro tal aplicación, lo mismo sucede con el ejemplo de la *smart tv* que he puesto antes). Por el contrario, la descarga de una aplicación de redes sociales o un juego, no incluida en el contrato principal, a través de la tienda virtual del dispositivo (App Store, Google Play, etc.), sería un ejemplo de contrato sometido a la Directiva 2019/770.

¿Y qué sucede cuando lo que se adquiere es un bien tangible pero que simplemente es un soporte material para el contenido digital? Por ejemplo, una tarjeta de memoria con contenido multimedia (ya sea, una película, música o un videojuego). En

---

dentro era considerada una compraventa de un bien de consumo tradicional, si bien esto ha cambiado como se va a ver. Sobre la disrupción de este tipo de bienes, véase, DE FRANCESCHI, A.: "European Contract Law and The Digital Single Market. Current Issues and New Perspectives", en AA.VV.: *European Contract Law and the Digital Single Market* (ed. A. DE FRANCESCHI), Intersentia, Cambridge, 2016, p. 1–19 y SCHULZE, R. Y STAUDENMAYER, D.: "Digital revolution – Challenges for Contract Law", en AA.VV.: *Digital Revolution: Challenges for Contract Law in practice* (eds. R. SCHULZE Y D. STAUDENMAYER), Nomos – Hart, Baden-Baden – Oxford, 2016, p. 19 y ss.

ese caso, debemos confrontar el art. 2.5. b) con el art. 3.4.a) de la Directiva 2019/771, que señala expresamente que se encontraría extramuros de su campo aplicativo. Por lo que estos contratos serían objeto de regulación por la Directiva 2019/770.

La otra compraventa que estaría excluida en el art. 3.4.b) de la Directiva 2019/771 sería la resultante de un proceso de venta por autoridad judicial tras embargo u otro procedimiento. Curiosamente, se ha hecho mención a este tipo de bienes cuando, desde mi punto de vista, no haría falta, es evidente que el juez no es un empresario, ni es un profesional que se dedique a la venta de bienes, por mucho que pueda categorizársele como "vendedor" (si bien esto es discutible, pues el juez en realidad "fuerza" al verdadero propietario del bien a venderlo para obtener la liquidez que buscan sus acreedores), nunca cumpliría el requisito de persona que actúa "con un propósito relacionado con su actividad comercial, empresa, oficio o profesión". Al final, resulta bastante evidente que su encaje debería estar sobradamente identificado en una venta entre particulares y, en consecuencia, las normas a aplicar en el supuesto de que los bienes presenten defectos manifestados en un momento posterior a la venta serán las relativas al saneamiento por vicios ocultos del Código Civil, arts. 1484 y ss.

Para finalizar este apartado, haré referencia a las últimas excepciones de la Directiva 2019/771, que se caracterizan por ser de exclusión voluntaria para los Estados Miembros según su art. 3.5. Me estoy refiriendo a la venta de animales vivos y a la venta de bienes de segunda mano vendidos en subasta pública. Esto permite una curiosa opción a los legisladores nacionales, pues tendrían que tomar varias decisiones respecto de los bienes de segunda mano, esto es, en primer lugar, el art. 7.5, en relación con el Considerando 36[164], indica que los Estados Miem-

---

164 "Con el fin de garantizar la suficiente flexibilidad de las normas, por ejemplo, en relación con la compraventa de bienes de segunda mano, las partes deben tener la posibilidad de apartarse de los

bros pueden prever que los bienes de segunda mano puedan apartarse de los requisitos objetivos de conformidad, si las partes son conscientes de ello y deciden pactarlo. En segundo lugar, según la opción que se verá en el apartado correspondiente *ex* art. 10.6 Directiva 2019/771, los Estados Miembros pueden reducir el plazo de garantía de los bienes de segunda mano con una condición y es que, al menos, sea de un año. En realidad, lo que se permite es que las partes puedan llegar a acuerdos, de la misma forma que antes, por los cuales se reduzca el período de garantía en atención al carácter de usados de tales productos. Y, en tercer lugar, que, si tales bienes son vendidos en subasta pública, se pueda excluir la aplicación del régimen de garantías de la Directiva, por lo que, en su caso, sería de aplicación el saneamiento por vicios ocultos del Código Civil. Cabe destacar que sería solo la subasta pública de bienes de segunda mano, por lo que la subasta de bienes nuevos se salvaría del sistema optativo y, por consiguiente, se sometería imperativamente al régimen de garantías contenido en la Directiva.

El legislador español ha abrazado esta posibilidad que le ha otorgado la Unión Europea y admite afirmativamente las tres opciones descritas, con una pequeña salvedad. Así, las partes podrán apartarse de los requisitos objetivos de conformidad por lo que se refiere a bienes de segunda mano[165], como tam-

---

requisitos objetivos en materia de conformidad establecidos en la presente Directiva. Tal divergencia con dichos requisitos solo debe ser posible si el consumidor ha sido específicamente informado al respecto y lo acepta por separado de otras declaraciones o acuerdos y con un comportamiento activo e inequívoco."

165 En realidad, la posibilidad de poder apartarse de los requisitos objetivos de conformidad no es exclusiva de los bienes de segunda mano, aunque el Considerando 36 haga una especial mención por lo que se refiere a esta clase de bienes. De hecho, como se verá el fundamento de esta exclusión lo podemos encontrar en el texto definitivo de la trasposición, el art. 115.ter: "5. No habrá lugar a

bién reducir el plazo de garantía al mínimo inderogable de un año[166]. Igualmente, las ventas en subasta pública de bienes de segunda mano se encontrarían fuera del campo de aplicación de la Directiva, pero ojo, solo las referidas a subastas administrativas, por lo que las no administrativas sí estarían dentro del ámbito de aplicación. En cuanto a los animales vivos, también quedarían excluidos de su ámbito objetivo[167].

Sobre la trasposición definitiva llama la atención que, a diferencia del texto anterior, no se haga mención expresa a la exclusión de las ventas judiciales. De todos modos, parece bastante lógica su exclusión sin necesidad de su mención expresa como

---

responsabilidad por faltas de conformidad en el sentido de lo dispuesto en los apartados 1 o 2 cuando, en el momento de la celebración del contrato, el consumidor o usuario hubiese sido informado de manera específica de que una determinada característica de los bienes o de los contenidos o servicios digitales se apartaba de los requisitos objetivos de conformidad establecidos en los apartados 1 o 2 y el consumidor o usuario hubiese aceptado de forma expresa y por separado dicha divergencia.". Por tanto, este pacto es extensible a cualquier bien, ya sea de primera o de segunda mano.

166 El definitivo art. 120.1.II señala que: "En los bienes de segunda mano, el empresario y el consumidor o usuario podrán pactar un plazo menor al indicado en el párrafo anterior, que no podrá ser inferior a un año desde la entrega."

167 El art. 114.2 TRLGDCU dice expresamente que: "Lo previsto en este título no será de aplicación a: a) Los animales vivos. b) Los bienes de segunda mano adquiridos en subasta administrativa a la que los consumidores y usuarios puedan asistir personalmente. (...)". Este aspecto ha dividido a gran parte de los Estados Miembros. Mientras que España, Portugal, Austria, Lituania y Bulgaria han decidido excluir la venta de animales vivos de su ámbito de aplicación, otros como Italia sí han decidido incluirla. Dentro de los que han decidido incluirla también cabe hacer matizaciones, pues Francia los ha incluido, pero solo respecto a los animales domésticos y Dinamarca si bien ha incluido con carácter general la venta de animales vivos, ha decidido excluir expresamente la venta de caballos.

he indicado con anterioridad, pues por mucho que sea un empresario quien estuviera siendo "forzado" a vender sus bienes a un particular, la operación nunca entraría dentro de los esquemas que caracterizan una venta de consumo. Asimismo, si se trata de un error del legislador de trasposición, su omisión no afectaría a su aplicabilidad, habida cuenta de que las Directivas de la Unión Europea (más aún, siendo esta de máximos), podrán ser directamente aplicables si sus disposiciones son incondicionales y suficientemente claras y precisas, cuando el Estado miembro de la UE no haya transpuesto la directiva antes del plazo correspondiente o lo haya hecho incorrectamente[168]. Su fundamento encontraría base en el art. 5 del Tratado de la Unión Europea (en adelante, TUE) y el art. 288 del Tratado de Funcionamiento de la Unión Europea (en adelante, TFUE) que permite que un ciudadano de la Unión pueda alegar a su favor derechos que una directiva no traspuesta o traspuesta de forma incorrecta le otorga, no pudiendo el Estado Miembro negarse a concederle dicha protección[169].

---

168 El principio de efecto útil o directo de las Directivas fue instaurado por la STJCE 5 febrero 1963, C–26/62, *Caso Van Gend en Loos/Administratie der Belastingen,* la cual ya manifestaba que los ciudadanos de la Unión podían instar la aplicación de las directivas ante las instancias judiciales y administrativas de los países, para reclamar sus derechos frente al Estado (efecto vertical) como también frente a otros particulares (efecto horizontal). Más tarde, la STJUE 4 diciembre 1974, C–41/74, *Caso Van Duyn/Home Office,* igualmente reconoció la posibilidad de que las Directivas pudieran ser invocadas por los particulares para defender sus propios derechos, si por cualquier motivo los Estados Miembros no habían traspuesto a tiempo las Directivas. Lo que no podría darse es el efecto contrario, es decir, que un Estado exigiese el cumplimiento de determinadas obligaciones a sus ciudadanos derivadas de una Directiva cuando no había traspuesto adecuadamente la norma en cuestión.

169 MARTÍNEZ CABALLERO, J.: "Directivas comunitarias (efectos)", *Eunomía. Revista en Cultura de la Legalidad,* núm. 20, 2021, p. 339. Véase a este respecto, SSTJCE 5 abril 1979, C–148/79, *Procedimiento penal*

Capítulo 2.
El incumplimiento contractual en la venta de bienes de consumo

1. EL CUMPLIMIENTO CONTRACTUAL DESDE LA PERSPECTIVA DEL DEBER DE CONFORMIDAD

La doctrina ya se ha pronunciado sobre las similitudes que existen entre el concepto de cumplimiento contractual abstractamente considerado y la conformidad de los bienes con el contrato[170], pues cualquier patología entre lo efectivamente pactado y entre lo efectivamente recibido será un supuesto de incumplimiento contractual o falta de conformidad, siguiendo en teoría el mismo esquema de integridad e identidad, con la

---

contra Tullio Ratti, 19 enero 1982, C–8/81, *Caso Úrusla Becker/Finanzamt Münster-Innenstadt,* 26 febrero 1986, C–152/84, *Caso Marshall Southampton/South West Hampshire Area Health Authority,* 20 septiembre 1988, C–190/87, *Caso Kreises Borken/Handelsonderneming Moormann BV* y 26 septiembre 2000, C–134/99, *Caso IGI–Investimenos Imobiliários SA/Fazenda Pública (Tol 105556).*

170 En este sentido, CASTILLA BAREA, M.: *La nueva regulación,* cit., p. 84 y ss., SANZ VALENTÍN, L.A.: "La Directiva 1999/44/CE del Parlamento Europeo y del Consejo, sobre determinados aspectos de la venta y las garantías de los bienes de consumo", *Actualidad Civil,* núm. 35, 1999, cit., p. 1078, y DE VERDA Y BEAMONTE, J.R.: "La falta de armonía entre la tipificación del vicio redhibitorio y los remedios jurídicos con que cuenta el comprador de una cosa defectuosa", *Anuario de Derecho Civil,* Vol. 55, núm. 2, 2002, p. 476.

salvedad, que se analizará más adelante, de incluir (la conformidad) no solo lo expresamente pactado, sino también lo razonablemente esperable en relación con unos parámetros (si bien, esto se podría relacionar con el propio art. 1258 CC en la medida que los contratos no solo obligan a lo expresamente pactado, "sino también a todas las consecuencias que, según su naturaleza, sean conformes a la buena fe, el uso y a la ley"). Por todo ello, la conformidad de los bienes de consumo regulada en el TRLGDCU, a primera vista, puede no resultar especialmente relevante, ya que parece lógico pensar que en la tradición del Código Civil ya se preveía que el vendedor debía cumplir con la exacta observancia del programa prestacional, esto es, la identidad e integridad de los bienes pactados, así como el cumplimiento del aspecto temporal de la entrega si lo hubiere[171].

Sin embargo, si descendemos a la regulación del contrato de compraventa y concretamente nos detenemos en cuáles son las obligaciones que asume el vendedor para entender cumplido el mismo, esta concordancia no está tan clara[172]. Pues, como señala la cierta doctrina, "el problema consistiría en determinar el contenido exigible por el comprador que, a juzgar por lo dispuesto en el art. 1468.I CC, podía considerarse correspondiente con el

---

171 A este respecto, se ve bastante clara la referencia que ya hacía el Considerando 7 de la Directiva 1999/44/CE, cuando indicaba que "el principio de conformidad con el contrato puede considerarse como una base común a las diferentes tradiciones jurídicas nacionales". Entonces, la Directiva 2019/771 sería el siguiente paso hacia una conformidad, pero de completa armonización plena, pues si seguimos lo que indica el Considerando 25 de la nueva Directiva: "Con el fin de aportar claridad sobre lo que un consumidor puede esperar de los bienes y cuál sería la responsabilidad del vendedor en el supuesto de no entregar lo que se espera, resulta esencial armonizar plenamente las normas para determinar si los bienes son conformes".

172 Art. 1461 CC: "El vendedor está obligado a la entrega y saneamiento de la cosa objeto de la venta".

verdadero estado del bien en el momento de contratar y no con su estado aparente o con lo que se esperaba de la cosa"[173].

Dicho con otras palabras, no es lo mismo que se diga que "el vendedor deberá entregar la cosa vendida en el estado en que se hallaba al perfeccionarse el contrato" (art. 1468.I CC antes indicado), que se diga que "el vendedor está obligado a entregar al consumidor y usuario productos que sean conformes con el contrato respondiendo frente a él de cualquier falta de conformidad que exista en el momento de la entrega del producto" (art. 114 TRLGDCU).

Evidentemente, la referencia al estado de la cosa en el momento de perfeccionarse el contrato supone una serie de dificultades interpretativas sobre si verdaderamente la obligación de entrega se relaciona directamente con la exacta realidad de la cosa en el momento de la entrega o con el estado que la cosa aparentemente tenía en el momento de contratar.[174] Pero no solo ello, la propia configuración de las obligaciones del vendedor en el contrato de compraventa del Código Civil, plantea serias dudas en torno a qué se considera incumplimiento contractual y qué no, con las graves implicaciones que puede tener ello para el comprador.

No hace falta decir, los quebraderos de cabeza que el régimen de saneamiento por vicios ocultos ha llevado a los operadores jurídicos (art. 1484 y ss. CC), en la medida que, si seguimos estrictamente la dicción del Código Civil, esta se erige como un deber desligado del incumplimiento contractual, cuyo presupuesto necesario es la entrega de la cosa, con remedios propios y una naturaleza distinta basada en la idea de responsabilidad

---

173 Castilla Barea, M: *El nuevo régimen*, cit., p. 53.

174 Castilla Barea, M: *El nuevo régimen*, cit., p. 57.

objetiva, a diferencia de la presupuesta responsabilidad subjetiva que sigue el régimen de cumplimiento de las obligaciones[175].

---

[175] Los remedios propios de los vicios ocultos son las acciones estimatoria o *quanti minoris* y la redhibitoria, cuyo origen histórico se remonta a la Roma clásica. También llamadas acciones edilicias se crearon por los ediles curules (magistrados menores romanos) para proteger a quienes compraban ciertos bienes (esclavos y animales) en los mercados, lugares donde los vendedores tenían una situación dominante. Se trataba de acciones que tenían un marcado carácter protector de la parte contratante más débil, esto es, de la que adquiría de un vendedor profesional, quién, por dicha condición, quedaba obligado a responder de los vicios ocultos de las cosas que enajenaba, conociera aquéllos, o no. Esto se explica porque en la Antigua Roma regía el principio *caveat emptor*, por el cual el comprador debía proporcionarse la información necesaria para realizar la compra y tales acciones venían a excepcionar de algún modo su aplicación. Concretamente, su nacimiento se encuentra en el *edictum de iumentis vendutis y* el *edictum de mancipis vendutis*, sobre ellos véase IMPALLOMENI, G.: *L'editto degli edili curuli*, Cedam, Padova, 1955, pp. 5 y ss; DONADIO, N.: *La tutela del compratore tra actiones aediliciae e actio empti*, Giuffrè, Milano, 2004, pp. 37 y ss, y MANNA, L.: *Actio redhibitoria e responsabilitá per vizi della cosa nell'editto de macipis vendutis*, Giuffrè, Milano, 1994., p. 1. Así, los mencionados edictos obligaban al vendedor a garantizar que, por ejemplo, el esclavo comprado carecía de defectos que podrían reducir su valor o hacerlo inútil para la labor a la que fuera destinado. Es decir, en cierta forma los romanos ya garantizaban la conformidad de los bienes vendidos y los vendedores aseguraban al comprador a través de los *dicta* y *promissa* (a modo de una caución) que el esclavo carecía de *vitia animi* y *vitia corporis*. En caso de que los vicios se manifestasen y, por tanto, se incumpliere la *stipulatio* contraída, el comprador podría ejercitar la *actio empti* y exigir el resarcimiento de los daños y perjuicios. No obstante, el comprador siempre tenía a su disposición el ejercicio de la *actio redhibitoria* y *quanti minoris*, especialmente para aquellos casos en los cuales el vendedor no hubiera prestado la caución antes señalada. Mediante las cuales, a imagen y semejanza de la actualidad, podía resolver el contrato devolviéndose las recíprocas prestaciones (redhibitoria) o reducir proporcionalmente el precio de la misma forma

Ya se ha dicho por autorizada doctrina[176] la paradoja que puede implicar, en el supuesto de entrega de cosas específicas, el hecho de que se considere que se ha cumplido el contrato, aun cuando la cosa entregada manifieste defectos con posterioridad. Es decir, en el caso de que se haya pactado la entrega del bien X, en teoría se habrá cumplido el contrato si se entrega el mencionado bien X, siendo técnicamente irrelevante el hecho de que en la cosa preexistan vicios ocultos. De cumplirse dicha circunstancia, se desencadenaría el llamado saneamiento por vicios, separado del propio régimen de incumplimiento contractual. Sin embargo, esto queda en entredicho desde el momento en que la jurisprudencia, en un ejercicio de justi-

---

que el vicio reducía el valor del objeto (estimatoria). *Vid.* Ferrante, A.: *La reducción,* cit., p. 31 y 32, igualmente Llamas Pombo, E.: *La compraventa,* cit., p. 492, con cita a Puig Brutau, J.: *Fundamentos de Derecho Civil*, Tomo II, Vol. 2, Bosch, Barcelona, 1956, pp. 202 y ss. Posteriormente, según la tesis doctrinal dominante encabezada por Impallomeni, G.: *L'editto,* cit., pp. 264 y ss., en época justinianea la protección derivada de las acciones edilicias se acabó extendiendo a todo tipo de compraventas y no se limitaba a ganado y esclavos como aconteció en sus inicios.

176 Véase De Verda y Beamonte, J.R.: "Del saneamiento por vicios ocultos al deber de conformidad: un examen de la cuestión en el derecho comunitario a la luz de las recientes propuestas de Directiva en materia de consumo", *Revista Crítica de Derecho Inmobiliario,* núm. 770, 2018, pp. 2935 y ss., quién acertadamente precisa que "la obligación de saneamiento no delimita el objeto de la obligación de entrega". Por lo que, si el vendedor entrega el bien pactado con los defectos que preexistían cuando se perfeccionó el contrato habrá cumplido su obligación. Como señala el mencionado autor, esta tesis tiene prestigiosos defensores, *vid.* Bercovitz Rodríguez–Cano, R.: "La naturaleza de las acciones redhibitoria y estimatoria en la compraventa", *Anuario de Derecho Civil,* Vol. 22, núm. 4, 1969, pp. 777–838, Llácer Matacás, Mª. R.: *El saneamiento por vicios ocultos en el Código Civil: su naturaleza jurídica,* Bosch, Barcelona, 1992, pp. 157 y 158, y Morales Moreno, A.M.: "El alcance protector de las acciones edilicias", *Anuario de Derecho Civil,* Vol. 33, núm. 3, 1980, p. 665.

cia material ha desarrollado la teoría del *aliud pro alio*, según la cual la entrega de una cosa con defectos tan graves que la hagan inservible para el uso a que se la destina se equipararía a la entrega de cosa distinta de lo pactado (incumplimiento contractual). Por tanto, se introduce el criterio funcional del incumplimiento[177], con el objeto de poder beneficiarse de un plazo de prescripción de ahora 5 años (art. 1964.2 CC), en contraposición del nefasto plazo de caducidad de 6 meses que existe en el saneamiento por vicios ocultos (art. 1490 CC).

Por el contrario, con la idea de conformidad se disipan todos los problemas que hemos mostrado al respecto, ya que, si nos fijamos en la regulación correspondiente a los bienes de consumo, el sistema se centra en un parámetro objetivo sobre el ajuste de los bienes a lo pactado y una suerte de criterios de referencia que nos permiten verificar lo primero. En consecuencia, será evidente que el vendedor deberá entregar una cosa libre de vicios y si no lo hace incurrirá en incumplimiento contractual[178]. Asimismo, otras consideraciones que se siguen

---

[177] La jurisprudencia suele coincidir en la necesaria "inhabilidad de la cosa", pues la cosa entregada no es capaz de desempeñar el fin económico social a la que se la destina y, por ello, frustra el interés contractual del adquirente. *Vid.* SSTS 9 marzo 2005 *(Tol 603820)*, 20 noviembre 2008 *(Tol 1408458)* y 5 marzo 2018 *(Tol 6531090)*. Más recientemente, las SSTS 11 octubre 2022 (*Tol 9259540*) y 22 noviembre 2022 *(Tol 9305254)*, las cuales resolvieron unos asuntos relativos a unos terrenos sobre los que se pensaba construir, pero que finalmente no se pudo al no producirse el cambio en la planificación urbanística esperada, circunstancia que frustró el fin del negocio.

[178] Por todos, CASTILLA BAREA, M: *El nuevo régimen*, cit., p, 56, también TORRELLES TORREA, E.: "Comentario art. 114 TRLGDCU", en AA.VV.: *Comentarios a las Normas de Protección de los Consumidores* (dir. S. Cámara Lapuente), Colex, Madrid, 2011, p. 1059, y DE VERDA Y BEAMONTE, J.R.: "Del saneamiento", cit., p. 2942, cuando indica que: "el deber de entregar un bien exento de defectos materiales se integra ahora en el contenido mismo del contrato, por lo que la existen-

planteando en el régimen general del Código Civil resultarán irrelevantes o, al menos tendrán un margen muy reducido de virtualidad, tales como si el comprador erró a la hora de consentir sobre el objeto del contrato[179].

---

cia en la cosa de un defecto que suponga la ausencia en ella de una cualidad pactada o presupuesta por la partes, es considerada como un supuesto de cumplimiento defectuoso, concediéndose, en consecuencia, al comprador las acciones típicas a que, en general, da lugar el incumplimiento, entre las que está la de cumplimento forzoso".

179 Por este motivo la doctrina ha considerado habitualmente que la conformidad era un concepto muy amplio, "la falta de conformidad es un concepto deliberadamente amplio, comprensivo de muy heterogéneos supuestos de incumplimiento de la obligación del vendedor de entregar un bien que guarde plena correspondencia con lo dispuesto en el contrato y que va a generar la responsabilidad objetiva de aquel", GUTIÉRREZ SANTIAGO, P.: "La falta de conformidad", cit., 1485. Otros, por el contrario, no apuestan por un concepto tan amplio y afirman que "significa que el vendedor debe entregar al comprador un bien adecuado en cantidad, calidad y tipo a lo especificado en el contrato, de modo que en otro caso el vendedor incumple y el comprador dispone de los remedios propios del incumplimiento", *vid.*, en dichos términos, MARTÍNEZ VELENCOSO, L. M.: *La falta de conformidad en la compraventa de bienes. Análisis comparado de la Ley 23/2003, de 10 de julio, de Garantías en la Venta de Bienes de Consumo,* Barcelona, Bosch, 2007, p. 38. Finalmente, también hay quién dice que el "concepto de conformidad no es otra cosa que una manera diferente de entender el cumplimiento de las obligaciones", puesto que, "la idea de conformidad del producto toma en cuenta aspectos externos a la dinámica negocial tradicional", *vid.,* JUÁREZ TORREJÓN, A.: *La protección contractual del consumidor por las faltas de conformidad de los productos,* Tirant lo Blanch, Valencia, 2015, p. 62.

1.1. Falta de conformidad, transmisión del riesgo y transmisión de la propiedad

De todos modos, las diferencias no acaban ahí. Como desarrollaré más adelante, el principio *periculum est emptoris* que rige en nuestra tradición jurídica romana sufre un revés al referirse el TRLGDCU a que el empresario responderá "de cualquier falta de conformidad que exista en el momento de la entrega del bien" (art. 114). Pues según esta dicción, el vendedor se obligará a entregar una cosa en perfecto estado e idónea para aquellos fines a los que va encaminado el contrato, de forma que el comprador no se verá obligado a aceptar ningún deterioro que sufra el bien, ni mucho menos tener que soportar la pérdida o destrucción de la cosa hasta el momento de la entrega[180], lo cual se confirma definitivamente en el art. 66 ter que señala que: "cuando el empresario envíe al consumidor y usuario los bienes comprados, el riesgo de pérdida o deterioro de éstos se transmitirá al consumidor y usuario cuando él o un tercero por él indicado, distinto del transportista, haya adquirido su posesión material".

Esto contrasta con la doctrina del riesgo vigente en el régimen general del Código Civil, según la cual el riesgo se trasmite desde la celebración del contrato, independientemente de que el bien se haya entregado o no[181], y que tal y como nos

---

180 MORALES MORENO, A.M.: *La modernización*, cit., p. 162, confirma el mayor nivel de protección que supone el concepto de "falta de conformidad", dado que los riesgos no se transmiten hasta el momento de la *traditio.*

181 Véase, LLAMAS POMBO, E.: *La compraventa*, cit., p. 311 y ss, quién expone el problema con detalle y analiza la evolución histórica de la concepción romanista de los riesgos. Efectivamente, señala que dada la naturaleza consensual de la compraventa en España que contrasta con la existente en otros países de nuestro entorno (en Italia y Francia la propiedad se transmite por la sola perfección del contrato; en Alemania rige la distinción entre celebración y *tradi-*

remite el art. 1452 CC sobre el daño y provecho de la cosa, encuentra su mayor expresión en el art. 1182 CC al indicar que: "quedará extinguida la obligación que consista en entregar una cosa determinada cuando ésta se perdiere o destruyere sin culpa del deudor y antes de haberse éste constituido en mora". Si bien, esta controvertida[182] interpretación se ve suavi-

---

tio, pero el riesgo se transmite con la entrega de la cosa); la propia tradición histórica y la interferencia de ciertas normas del Código Civil se debe llegar a esa conclusión. Tal y como está configurada la compraventa en nuestro país, se parte de la idea que el vendedor cumple poniendo a disposición del comprador la cosa comprada, por lo que, aunque el comprador aún no la tenga en su poder se transmiten los riesgos desde la celebración del contrato. Asimismo, la inexistencia de normas que regulen qué ocurre con la obligación del pago del precio en un contrato sinalagmático, como es la compraventa, cuando la obligación de entrega del vendedor se extingue sin culpa del deudor, no resuelve la cuestión satisfactoriamente, lo que nos conduce a aplicar los arts. 1.096 y 1182 CC (que llevarían al comprador a tener que pagar el precio, argumento que se reforzaría con la propia naturaleza genérica del dinero). Y, es más, las propias reglas sobre el daño y provecho de la cosa en la compraventa, parecen llevarnos a la conclusión de que si el comprador tiene derecho a los frutos (*commodum*) a pesar de no ser propietario aún, también tendrá que soportar los deterioros (*incommodum*). Partidario de esta tesis más purista cabe destacar a ALONSO PÉREZ, M.: *El riesgo en el contrato de compraventa,* Montecorvo, Madrid, 1972, pp. 85 y ss. Más adelante, acaba diciendo que sería mucho mejor que los textos legales fueran más claros y resolviesen de forma adecuada la mencionada eventualidad, propone como solución que se debería repartir el riesgo "por los eventos fatales", de la que también toma partido LLAMAS POMBO, E.: *La compraventa,* cit., p. 325. De todos modos, hoy por hoy, el derecho positivo no nos deja más opción.

182 No obstante, esta tesis tiene fuertes opositores, el propio ALBALADEJO, M.: *Derecho Civil II, Derecho de Obligaciones,* Vol. 2, Bosch, Barcelona, 1989, pp. 39 y ss., quién indica que sobre la exigibilidad o no de la obligación del pago del precio deberíamos acudir a las normas sobre la extinción de las obligaciones recíprocas por imposibilidad

zada, en cierta medida, por el artículo concordante siguiente: "Siempre que la cosa se hubiera perdido en poder del deudor se presumirá que la pérdida ocurrió por su culpa y no por caso fortuito, salvo prueba en contrario y sin perjuicio de lo dispuesto en el artículo 1096 CC" (art. 1183 CC). Igualmente, no hay que olvidar que pesa sobre el vendedor la obligación de conservación de la cosa con la diligencia de un buen padre de familia, entendida así por la jurisprudencia[183] y derivada del propio art. 1468.1° CC.

Por último, todo lo sentado en relación con el riesgo en el contrato difiere en el supuesto de entrega de cosas genéricas, habida cuenta que tanto por mor del principio *genus nunquam perit* como por el art. 1452.III CC la regla se invierte. De este modo, la obligación de entrega de cosas genéricas no se podrá extinguir por caso fortuito o fuerza mayor y siempre se podrá cumplir a expensas del vendedor (art. 1096 CC), como tam-

---

sobrevenida fortuita. COSSÍO Y CORRAL, A.: "Los riesgos en la compraventa civil y mercantil", *Revista Derecho Privado*, 1944, pp. 361 y ss., por ejemplo, señala en relación al argumento de que el vendedor cumple poniendo la cosa a disposición del comprador, que cuando se demuestre que el plazo solo jugó en beneficio del vendedor o con el consentimiento del comprador no se podrá imputar a este último el riesgo. Otra cosa sería que desde el momento en que se perfeccionó el contrato la cosa estaba a disposición del comprador y si no la retiró fue porque no quiso. Más contundente se muestra DÍEZ–PICAZO, L.: *Fundamentos del Derecho Civil Patrimonial, IV, Las particulares relaciones obligatorias*, Thomson–Civitas, Madrid, 2010, p. 115, quién directamente afirma que no existe ningún motivo "de fondo, ni de justicia" para que, en un sistema desarrollado como el nuestro, el comprador se vea abocado a pagar el precio a cambio de nada, una regla que partiría de una concepción completamente desequilibrada a favor del vendedor. Por lo que, mientras la cosa permanezca dentro de la esfera de control del vendedor solo a él se le puede atribuir el riesgo de la pérdida de la cosa por caso fortuito.

183 *Vid.* SSTS 15 abril 1980, 18 septiembre 1984 y 20 junio 1994.

bién "si las cosas fungibles se vendieren por un precio fijado con relación al peso, número o medida, no se imputará el riesgo al comprador hasta que se hayan pesado, contado o medido, a no ser que éste se haya constituido en mora"[184].

Irremediablemente relacionado con esto, se encuentra un aspecto del que aún no hemos hablado y que también vendría a delimitar que es la conformidad de los bienes en el contrato de compraventa, esto es, la transmisión de la propiedad. Uno de los hitos más trascendentales que ha supuesto la regulación europea de la venta de bienes de consumo es que en ella se reconoce claramente que el contrato de venta es aquel por el cual "el empresario transmite o se compromete a transmitir la propiedad de bienes al consumidor o usuario pudiendo llevar incluido la prestación de servicios." (art. 59 bis. 1. f) TRLGDCU). Esto supone un cambio de paradigma sin precedentes, porque como es sabido en derecho español el contrato de venta no obliga en ningún momento (otra cosa es que las partes se comprometan a ello) a la transmisión de la propiedad, sino simplemente a la entrega de la cosa a cambio de un precio. Circunstancia que no obsta a que tendencialmente la celebración

---

184 Asimismo, la obligación de entrega de cosas genéricas también se diferencia de la obligación de entrega de cosas específicas en la delimitación del supuesto de hecho de la acción de incumplimiento y las acciones edilicias. Puesto que, como indica De Verda y Beamonte, J.R.: "Del saneamiento", cit., p. 2937, en la obligación de entrega de cosas genéricas las cualidades presupuestas o previstas por las partes tienen una "virtualidad individualizadora", lo que significa que son tales cualidades las que identifican y delimitan el objeto del contrato. De forma que, si el vendedor entrega un bien que no se ajuste exactamente a lo reglamentado habrá incurrido en un supuesto de incumplimiento contractual, desplegándose las acciones generales de incumplimiento. A diferencia de la obligación de entrega de cosa específica, dónde las cualidades que las partes presuponen o prevén al momento de contratar simplemente tienen "virtualidad caracterizadora", pero el bien sigue siendo el mismo.

de dicho contrato y su completa ejecución, con la correspondiente *traditio*, conduzcan a la efectiva transmisión de la propiedad[185]. De hecho, cabe en el ordenamiento jurídico español la venta de cosa ajena, que lógicamente no llevará aparejada la transmisión de la propiedad, *nemo dat quod non habet*[186]. En conclusión, podemos afirmar que, al menos, en el ámbito de las compraventas de derecho de consumo la no transmisión de la propiedad equivaldrá a un supuesto de falta de conformidad y, en consecuencia, a un incumplimiento contractual.

---

185 LLAMAS POMBO, E.: *La compraventa*, cit., p. 331, en el derecho patrio se sigue la regla del título y el modo, según la cual la celebración del contrato tiene efectos únicamente obligacionales y los efectos jurídico–reales relativos a la transmisión de la propiedad se supeditan a un momento posterior llamado *traditio*. Es decir, la entrega del bien. Pero la *traditio* tampoco es garantía de transmisión de la propiedad, pues ella dependerá de otros factores como la propia capacidad y legitimación de la parte transmitente, así como de la validez del título de transmisión.

186 Sobre la validez de la venta de cosa ajena *vid.*, RAGEL SÁNCHEZ, L.F.: "¿En qué casos en inválida la venta de cosa ajena?", en AA.VV.: *Tratado de la Compraventa, Homenaje al Profesor Rodrigo Bercovitz* (coord. Á. CARRASCO PERERA), Thomson–Reuters Aranzadi, Cizur Menor, 1ªed., 2013. Quién concluye que, si bien hay opiniones discrepantes, la doctrina mayoritaria coincide en que con carácter general la venta de cosa ajena es válida por varios motivos. En primer lugar, porque no hay precepto que exija al vendedor ser titular de la cosa. Segundo, porque la propia responsabilidad por evicción del Código Civil presupone la existencia de una compraventa de cosa ajena válida. Tercero, porque la falta de poder de disposición por no ser titular de la cosa afecta a la obligación de entrega, que no producirá la eficacia jurídico–real que se le presupone, esto es, la transmisión de la propiedad, pero el contrato podrá ser perfectamente válido y, por tanto, podrá constituirse como justo título a efectos de obtener el dominio por vía de la usucapión ordinaria o incluso poder inscribir la venta a través del art. 34 Ley Hipotecaria (en adelante, LH).

1.2. Falta de conformidad y falta de entrega

No obstante, volviendo a los aspectos que recoge el concepto de conformidad en el ámbito del consumo, especialmente llama la atención la ausencia de referencias a la entrega de un bien distinto del pactado (a saber, *aliud pro alio*), como tampoco a la calidad o cantidad de los productos entregados (si bien, esto último ya ha cambiado). A pesar de ello, autorizada doctrina entiende que no habría problemas en incluirlos como supuestos de falta de conformidad, ya que lógicamente se estaría produciendo una desviación del contenido contractual[187]. Eso sí, lo que escapa completamente a la idea de conformidad de los bienes con el contrato es la falta de entrega *stricto sensu* de los mismos, la cual, en principio, seguirá la normativa general de derecho común, no siendo posible aplicar los remedios primarios y subsidiarios previstos en el TRLGDCU (arts. 118 y ss. TRLGDCU). Sin embargo, desde la Directiva 2011/83/UE, se ha introducido un mecanismo en el derecho de consumo que parte originariamente del Derecho Alemán[188] y que viene a alterar el sistema de actuación relativo a la falta de entrega de la

---

187 Torrelles Torrea, E.: "Conformidad", cit., p. 1072, igualmente la doctrina italiana, De Cristofaro, G.: *Difetto*, cit., p. 255 y Calvo, R.: "L'attuazione della direttiva 44 del 1999: una chance per la revisione in senso unitario della disciplina sulle garanzie e rimedi nella vendita", *Cieur*, núm. 2, 2000, p. 463.

188 Concretamente, se trata del mecanismo del *Nachfrist*, propio del §326 BGB (Bürgerliches Gesetzbuch, año 1900) que en puridad regula un remedio resolutorio para los casos de falta de entrega de la cosa por parte del vendedor. *Vid.* Carrasco Perera, Á.: "Plazo suplementario para la entrega por parte del empresario vendedor (artículo 62 bis TRLGDCU)", en Ortí Vallejo, A. y Jiménez Horwitz, M.: *Estudios sobre el contrato de compraventa. Análisis de la transposición de la Directiva 2011/83/UE en los ordenamientos español y alemán* (coords. I. Sánchez Ruiz de Valdivia y A. Quesada Páez), Thomson Reuters Aranzadi, Cizur Menor, 2016.

cosa debida. Viene regulado en el art. 66 bis TRLGDCU y establece un plazo suplementario para el acreedor en el caso de que no entregue la cosa en el plazo pactado o en el plazo máximo de 30 días que regula para los casos en los que no se haya indicado uno específico. Transcurrido ese plazo adicional el consumidor tendrá derecho a la resolución del contrato, es decir, se consideraría que ha habido un incumplimiento esencial.

Cabe destacar, que este remedio no altera las normas sobre mora del acreedor, que seguirá siendo establecida por el art. 1100 CC. Pero, evidentemente, no se podrá discutir que, una vez requerido el empresario tras haber transcurrido el plazo inicial, éste quedará en mora[189]. Igualmente, nada de esto tendrá aplicación si el plazo estipulado tiene carácter esencial, pues en ese supuesto habrá un incumplimiento grave del contrato que justificaría por sí solo la resolución del contrato (art. 66 bis.3. b)). Del mismo modo, que el comprador podría acudir a la resolución del contrato cuando quede claro o así se desprenda de las circuntancias que el vendedor no entregará los bienes (art. 66 bis.3. a)). Nada dice el artículo sobre cómo ha de ser el plazo adicional salvo que sea "adecuado a las circunstancias", lo que nos suscita muchas dudas al respecto, ya que como indica cierta doctrina el acreedor puede tener la excusa perfecta en la inadecuación del plazo para rechazarlo también[190].

Finalmente, sobre la resolución, se indica que se deberán devolver todas las cantidades abonadas "sin demora indebida", de lo contrario se deberá abonar el doble de la suma adeudada,

---

189 CARRASCO PERERA, Á.: "Plazo suplementario", cit., p. 105.

190 CARRASCO PERERA, Á.: "Plazo suplementario", cit., p. 117. De hecho, esta es una de las razones por las que pone en duda si realmente dicho precepto tutela adecuadamente los derechos de los consumidores. Parece que se trate de una norma que tendría más encaje en la regulación general de la compraventa, pues intenta buscar un equilibrio entre ambas partes. Si bien, adolece de cierta inseguridad jurídica.

sin perjuicio de poder reclamar cualquier otro daño o perjuicio que exceda de dicha cantidad, lo que nos vuelve a plantear el mismo problema de qué es exactamente un plazo adecuado a estos efectos. Parece razonable pensar que dependerá en buena medida del bien de que se trate, por ejemplo, no será lo mismo la entrega de un bien que se produzca en serie y puede obtenerse *stock* de manera relativamente sencilla, simplemente solicitando un envío desde otra tienda o almacén, que por el contrario estemos hablando de un bien que haya de producirse o fabricarse. Estoy pensando en los bienes *built to order*, los cuales no se ensamblan hasta que el consumidor los solicita, de modo que el riesgo de que pueda surgir una incidencia es mayor, y también dependerá de la complejidad de los mismos.

1.3. La dualidad intrínseca del deber de conformidad como nuevo paradigma del cumplimiento contractual

Si nos centramos en la compraventa de bienes de consumo, la doctrina ha ido perfilando qué se puede entender por conformidad de los bienes en el contrato y, básicamente, esta idea giraría en torno a la adecuación de la prestación a lo efectivamente pactado por las partes[191], siempre y cuando lo considere-

---

[191] Por ejemplo, se "configura como la exacta correspondencia, adecuación o identidad entre la prestación prevista en el programa contractual y la efectivamente ejecutada por el deudor–vendedor" (Castilla Barea, M.: *El nuevo régimen*, cit., p. 66), también como "la adecuación material de lo entregado por el vendedor a las exigencias y criterios de interpretación dados por la Directiva, pero también a las propias exigencias marcadas por la voluntad de las partes en el contrato" (Avilés García, J.: "Las garantías en la venta de bienes y el principio de conformidad del contrato: situación actual y perspectivas", *Revista Crítica de Derecho Inmobiliario*, núm. 661, 2000, p. 2727 y ss.). Corral García, E.: "La Directiva 1999/44/CE, de 25 de mayo, sobre determinados aspectos de la venta y las garantías de los bienes

mos desde una perspectiva amplia o doble, que incluiría, tanto una dimensión referida a lo expresamente pactado, como otra referida a lo que razonablemente se pueda esperar atendida la naturaleza del contrato y demás circunstancias que rodeen la

---

de consumo: un nuevo régimen de saneamiento en la compraventa de bienes muebles", *Revista de Derecho Privado*, núm. 5, 2000, p. 522, señala que podría definirse el defecto de conformidad "como el hecho de que el bien entregado no proporcione la utilidad deseada por el consumidor al adquirirlo, bien porque la calidad del mismo no se corresponde con la comprobada en una muestra o modelo de idénticas cualidades, bien porque sus características difieren de las anunciadas en la publicidad o etiquetado de los productos, o de las descritas por el vendedor". DE VERDA Y BEAMONTE, J.R.: "La falta de armonía", cit., pp. 472 y 473, viene a decir centrándose en lo que señala el Considerando 7 de la Directiva 2019/771 que el concepto de conformidad "presupone que el bien entregado debe corresponderse a las especificaciones contractuales, abarca todas las cualidades, expresa o implícitamente presupuestas en el contrato, incluidas las ofertadas en la promoción publicitaria, aunque las mismas no hubieran sido incorporadas en el documento en que el negocio se ha formalizado y ello, con independencia de que la promoción publicitaria hubiera sido realizada por el vendedor o por el productor". En términos similares, SANZ VALENTÍN, L.A.: "La Directiva 1999/44/CE", cit., p. 1079, pone de relieve que la conformidad con el contrato sería más bien: "la necesaria correspondencia o adecuación entre lo estipulado por las partes en el contrato y las prestaciones efectivamente llevadas a cabo por cada una de ellas. En el ámbito de la compraventa, la conformidad implica que tanto las características, como el estado y el destino de la cosa entregada, se han de corresponder con lo pactado por las partes". Por su parte, y por lo que respecta la conformidad en el marco de la Convención de Viena, MORALES MORENO, A.M.: "Comentario de los arts. 35 a 40", en AA.VV.: *La compraventa internacional de mercaderías. Comentario de la Convención de Viena* (dir. y coord. L. Díez Picazo y Ponce de León), Civitas, Madrid, 2006, p. 287, manifiesta que la conformidad es: "la adecuación material de las mercaderías con las que el vendedor pretende cumplir a las exigencias del contrato y de la propia Convención".

contratación[192]. Esto es, si nos fijamos en los criterios de conformidad que se regulan en el art. 115 bis y ter TRLGDCU y sobre los que me detendré más adelante, la falta de conformidad vendrá dada en muchas ocasiones, no porque se haya incumplido una concreta cláusula o estipulación del contrato, sino porque el bien no se ajuste a las propias declaraciones del vendedor, al modelo mostrado o, simplemente, no pueda llevar a cabo una función lógica y esperable teniendo en cuenta el bien que sea. Por consiguiente, el concepto de conformidad, entendido en estos términos, alude a un elemento muchas veces olvidado como es la causa del contrato, pues de alguna forma se integraría en el propio objeto del mismo, en la medida que la conformidad otorga una importancia decisiva al fin económico–social por el que el consumidor adquiere el bien. Así, el contratante compra un coche porque quiere conducir en condiciones de seguridad[193], compra una vivienda porque quiere vivir en ella en condiciones de habitabilidad o compra un *smartphone* porque

---

192 Más preciso por ello me parece, VAQUER ALOY, A.: "El principio de conformidad: ¿supraconcepto en el Derecho de obligaciones?", *Anuario de Derecho Civil,* Vol. 64, núm. 1, 2011, p. 11, cuando señala que: "La falta de conformidad en la compraventa es un concepto unitario que pretende describir cualquier desviación de los bienes respecto de las expectativas del comprador en el contrato de compraventa (…). Las partes gozan de la máxima discrecionalidad cuando diseñan la prestación. Pues bien, la falta de correspondencia entre la cosa que el vendedor entrega efectivamente –la prestación real– y la cosa tal y como fue concebida por las partes en el momento de la perfección del contrato –la prestación ideal– genera la no conformidad de la prestación, un concepto que engloba el cumplimiento defectuoso o inexacto, el retraso, los vicios o defectos de la cosa e incluso, como veremos, la prestación distinta a la pactada".

193 TORRELLES TORREA, E.: "Conformidad", cit., p. 1073

quiere comunicarse con las personas cercanas a él/ella por los distintos medios posibles que existen hoy en día.[194]

En conclusión, aquí, en primer lugar, la conformidad se relaciona directamente con el estricto cumplimiento del programa prestacional. Por tanto, si las partes han negociado de forma pormenorizada todos los aspectos relativos al contrato no hará falta acudir a ninguna otra previsión. Empero, a diferencia de ciertos sectores de la contratación en los cuales, sí que suele ser habitual redactar complejos contratos, en el ámbito de la venta de bienes consumo pocas veces se producirá esta circunstancia y las partes no fijarán previamente con precisión todas las características que consideren relevantes para contratar. En efecto, lo normal será que el consumidor reciba simplemente un comprobante, ticket, recibo o manual de instrucciones[195].

Como consecuencia de todo ello, desde la promulgación de la Directiva 1999/44, se han establecido unos criterios que permiten de alguna manera verificar el cumplimiento de la premisa básica, es decir, la conformidad de los bienes con el contrato. Estos criterios los podemos encontrar hoy en día en los arts. 115, bis, ter TRLGDCU y son muy conocidos[196]. La naturaleza de los mencionados criterios o parámetros es discutida por

---

194 Resulta revelador LLAMAS POMBO, E.: *La compraventa*, cit., p. 494 cuando dice que: "el interés del comprador (casi siempre, consumidor) es tener un coche que funcione adecuadamente, un teléfono que sirva a sus necesidades, un tejado sin goteras, una piscina que no pierda agua, etc."

195 Sobre esto, véase CASTILLA BAREA, M.: *El nuevo régimen*, cit., p. 77.

196 Tal y como señala el art. 115 TRLGDCU: "Los bienes, los contenidos o servicios digitales que el empresario entregue o suministre al consumidor o usuario se considerarán conformes con el contrato cuando cumplan los requisitos subjetivos y objetivos establecidos que sean de aplicación siempre que, cuando corresponda, hayan sido instalados o integrados correctamente, todo ello sin perjuicio de los derechos de terceros a los que se refiere el segundo párrafo del artículo 117".

Luego, art. 115 bis: "Para ser conformes con el contrato, los bienes y los contenidos o servicios digitales deberán cumplir, en particular y cuando sean de aplicación, los siguientes requisitos:
a) Ajustarse a la descripción, tipo de bien, cantidad y calidad y poseer la funcionalidad, compatibilidad, interoperabilidad y demás características que se establezcan en el contrato.
b) Ser aptos para los fines específicos para los que el consumidor o usuario los necesite y que este haya puesto en conocimiento del empresario como muy tarde en el momento de la celebración del contrato, y respecto de los cuales el empresario haya expresado su aceptación.
c) Ser entregados o suministrados junto con todos los accesorios, instrucciones, también en materia de instalación o integración, y asistencia al consumidor o usuario en caso de contenidos digitales según disponga el contrato.
d) Ser suministrados con actualizaciones, en el caso de los bienes, o ser actualizados, en el caso de contenidos o servicios digitales, según se establezca en el contrato en ambos casos."
Después, art. 115 ter: "1. Además de cumplir cualesquiera requisitos subjetivos para la conformidad, los bienes y los contenidos o servicios digitales deberán cumplir todos los siguientes requisitos:
a) Ser aptos para los fines a los que normalmente se destinen bienes o contenidos o servicios digitales del mismo tipo, teniendo en cuenta, cuando sea de aplicación, toda norma vigente, toda norma técnica existente o, a falta de dicha norma técnica, todo código de conducta específico de la industria del sector.
b) Cuando sea de aplicación, poseer la calidad y corresponder con la descripción de la muestra o modelo del bien o ser conformes con la versión de prueba o vista previa del contenido o servicio digital que el empresario hubiese puesto a disposición del consumidor o usuario antes de la celebración del contrato.
c) Cuando sea de aplicación, entregarse o suministrarse junto con los accesorios, en particular el embalaje, y las instrucciones que el consumidor y usuario pueda razonablemente esperar recibir.
d) Presentar la cantidad y poseer las cualidades y otras características, en particular respecto de la durabilidad del bien, la accesibilidad y continuidad del contenido o servicio digital y la funcionalidad, compatibilidad y seguridad que presentan normalmente los bienes y los contenidos o servicios digitales del mismo tipo y que el consumidor o usuario pueda razonablemente esperar, dada la naturaleza de los mismos y teniendo en cuenta cualquier declaración

pública realizada por el empresario, o en su nombre, o por otras personas en fases previas de la cadena de transacciones, incluido el productor, especialmente en la publicidad o el etiquetado. El empresario no quedará obligado por tales declaraciones públicas, si demuestra alguno de los siguientes hechos:
1.º Que desconocía y no cabía razonablemente esperar que conociera la declaración en cuestión.
2.º Que, en el momento de la celebración del contrato, la declaración pública había sido corregida del mismo o similar modo en el que había sido realizada.
3.º Que la declaración pública no pudo influir en la decisión de adquirir el bien o el contenido o servicio digital.
2. En el caso de contratos de compraventa de bienes con elementos digitales o de suministro de contenidos o servicios digitales, el empresario velará por que se comuniquen y suministren al consumidor o usuario las actualizaciones, incluidas las relativas a la seguridad, que sean necesarias para mantener la conformidad, durante cualquiera de los siguientes períodos:
a) Aquel que el consumidor o usuario pueda razonablemente esperar habida cuenta del tipo y la finalidad de los bienes con elementos digitales o de los contenidos o servicios digitales, y teniendo en cuenta las circunstancias y la naturaleza del contrato, cuando el contrato establezca un único acto de suministro o una serie de actos de suministro separados, en su caso.
b) Aquel en el que deba suministrarse el contenido o servicio digital con arreglo al contrato de compraventa de bienes con elementos digitales o al contrato de suministro, cuando este prevea un plazo de suministro continuo durante un período de tiempo. No obstante, cuando el contrato de compraventa de bienes con elementos digitales prevea un plazo de suministro continuo igual o inferior a tres años, el período de responsabilidad será de tres años a partir del momento de la entrega del bien.
3. En caso de que el consumidor o usuario no instale en un plazo razonable las actualizaciones proporcionadas de conformidad con el apartado anterior, el empresario no será responsable de ninguna falta de conformidad causada únicamente por la ausencia de la correspondiente actualización, siempre que se cumplan las siguientes condiciones:
a) El empresario hubiese informado al consumidor o usuario acerca de la disponibilidad de la actualización y de las consecuencias de su no instalación; y

la doctrina. No en vano, se habla de presunciones de conformidad, de forma que si se cumplen presumiblemente el bien será conforme[197], salvo prueba en contrario; también se señala que son criterios que vienen a suplir la voluntad de las partes[198], reglas legales de interpretación del contrato[199] o incluso criterios de integración del contrato[200]. Sea como fuere, se trata de criterios que de la forma más objetiva posible vienen a actuar como

---

b) El hecho de que el consumidor o usuario no instalase la actualización o no lo hiciese correctamente no se debiera a deficiencias en las instrucciones facilitadas.
4. Cuando el contrato prevea el suministro continuo de contenidos o servicios digitales a lo largo de un período, estos serán conformes durante todo ese período.
5. No habrá lugar a responsabilidad por faltas de conformidad en el sentido de lo dispuesto en los apartados 1 o 2 cuando, en el momento de la celebración del contrato, el consumidor o usuario hubiese sido informado de manera específica de que una determinada característica de los bienes o de los contenidos o servicios digitales se apartaba de los requisitos objetivos de conformidad establecidos en los apartados 1 o 2 y el consumidor o usuario hubiese aceptado de forma expresa y por separado dicha divergencia.
6. Salvo que las partes lo hayan acordado de otro modo, los contenidos o servicios digitales se suministrarán de conformidad con la versión más reciente disponible en el momento de la celebración del contrato."

197 Torrelles Torrea, E.: "Conformidad", cit., p. 1071. Igualmente, Verdera Server, R. y Estruch Estruch, J.: "La Ley 23/2003, de 10 de julio, de garantías en la venta de bienes de consumo", en AA.VV.: *Derecho privado de consumo* (coord. M.J. Reyes López), Tirant lo Blanch, Valencia, 2000, p. 464, hacen hincapié en la importancia de esta presunción de conformidad, pues de lo contrario el consumidor podría fácilmente rechazar el bien alegando su falta de conformidad.

198 Avilés García, J.: "Las garantías", cit., p. 2792.

199 Marín López, M.J.: "Comentario art. 116 TRLGDCU", en AA.VV.: *Comentario del Texto refundido de la Ley General para la Defensa de los Consumidores y Usuarios y otras leyes complementarias* (dir. R. Bercovitz Rodríguez–Cano), Thomson Reuters Aranzadi, Pamplona, 2009, p. 1416.

200 Castilla Barea, M: *El nuevo régimen*, cit., p. 79.

parámetros de verificación de la conformidad de los bienes con el contrato ante la carencia de formalidad que generalmente acontece en la venta de bienes de consumo (circunstancia que también puede ser común en la venta entre particulares). A mayor abundamiento, como indica autorizada doctrina[201], es inútil pretender incardinarlos a todos en una única categoría pues ciertamente cada uno de ellos cumple funciones bien distintas.

Por ejemplo, dicha doctrina sigue diciendo que algunos como los relativos al modelo mostrado al consumidor, a la descripción realizada por el vendedor, o a lo expresado en la publicidad o el etiquetado no vendrían realmente a suplir la voluntad de las partes, sino que serían puramente declarativos de su voluntad y, en consecuencia, integrarían el contrato. No hay que olvidar que el acuerdo contractual puede revestir múltiples formas y no necesariamente tiene que responder al esquema de cláusula contractual escrita. Así, tendríamos el relativo al "poseer la calidad y corresponder con la descripción de la muestra o modelo del bien o ser conformes con la versión de prueba o vista previa del contenido o servicio digital que el empresario hubiese puesto a disposición del consumidor o usuario antes de la celebración del contrato"[202].

Otros, por el contrario, se refieren a ciertos aspectos de la negociación de forma que tampoco estarían supliendo la voluntad de las partes, como "ser aptos para los fines específicos para los que el consumidor o usuario los necesite y que este haya puesto en conocimiento del empresario", cuya operatividad es bastante cuestionable, dado que por sí solo no implica nada[203]. Será necesario probar de alguna otra forma que existió dicho pacto, por lo que remite, al final, al propio acuerdo contractual.

---

201 CASTILLA BAREA, M: *El nuevo régimen,* cit., p. 80–81. Igualmente, CASTILLA BAREA, M.: *La nueva regulación,* cit., p. 106.

202 CASTILLA BAREA, M.: *La nueva regulación,* cit., p. 106.

203 CASTILLA BAREA, M.: *La nueva regulación,* cit., p. 106.

En cambio, sí que hay algunos criterios que efectivamente vienen a suplir la voluntad de los contratantes y completan las lagunas que posiblemente hayan surgido en este tipo de negociación que, en ocasiones, es muy informal y dinámica. Nos referimos a "ser aptos para los fines a los que normalmente se destinen bienes o contenidos o servicios digitales del mismo tipo" o "presentar la cantidad y poseer las cualidades y otras características [...] que presentan normalmente los bienes y los contenidos o servicios digitales del mismo tipo". En este caso, sí que es cierto que no hay un elemento tangible sobre el que apoyarse como en los otros supuestos y, en mi opinión, se configuran como los parámetros más interesantes y que más juego pueden brindar al práctico del derecho. De hecho, es sobre estos criterios dónde descansa la idea que antes he reflexionado en relación a la causa del contrato, habida cuenta de que es a través de ellos por dónde se puede ver la conexión entre el fin o razón por la que el consumidor adquiere el producto y el propio contenido contractual que vendría a integrar. Aunque, en puridad, no se haya especificado en ningún momento cuáles son las funciones, prestaciones, etc.; que el bien en cuestión puede desempeñar.

Con la Directiva 2019/771, se viene a solucionar esta mezcla[204], que ha sido criticada por la doctrina, pues se diferencia entre criterios subjetivos y objetivos, así como también se incluyen nuevos conceptos para delimitar la conformidad de los bienes con el contrato. Se habla por vez primera de "funcionalidad", "compatibilidad" e "interoperabilidad". Igualmente, se hace especial hincapié en la "durabilidad" de los bienes de consumo, incluso como criterio para determinar su conformidad.

En concreto, sin detenernos en las novedades que presenta la Directiva 2019/771, por lo que respecta a la conformidad de los bienes de consumo introduce algunas de las siguientes

---

[204] ORTÍ VALLEJO, A.: "Los vicios en la compraventa y su diferencia con el 'aliud pro alio': jurisprudencia más reciente", *Aranzadi Civil,* 1996, p. 62.

mejoras. Por lo que respecta a los criterios subjetivos (referidos a las características que se hayan recogido expresamente en el contrato o hayan sido requeridas por el consumidor), el artículo 6 en su letra d) señala que los bienes "se suministrarán con actualizaciones según disponga el contrato de compraventa". Asimismo, en su letra c) indica que se entregarán "con todos los accesorios, instrucciones, también en materia de instalación o integración, y asistencia al consumidor o usuario en caso de contenidos digitales según disponga el contrato".

Por cuanto tiene que ver con los criterios objetivos (aquellos que deben presentar los bienes independientemente de cualquier otra consideración, en función de las características que se esperan de ellos por ser bienes del mismo tipo), vemos reflejadas las mismas ideas que antes, "entregarse o suministrarse junto con los accesorios, en particular el embalaje, y las instrucciones que el consumidor y usuario pueda razonablemente esperar recibir" (art. 7.1.c)), así como en el caso de los bienes con elementos digitales, "el vendedor velará por que se comuniquen y suministren al consumidor las actualizaciones, incluidas las relativas a la seguridad, que sean necesarias para mantener dichos bienes en conformidad" (art. 7.3).

Resulta especialmente interesante la inclusión de los términos mencionados con anterioridad en el art. 7.1.d): "presentarán la cantidad y poseerán las cualidades y otras características, en particular respecto de la durabilidad, funcionalidad, compatibilidad y seguridad, que presentan normalmente bienes del mismo tipo y que el consumidor pueda razonablemente esperar", pues es aquí donde alcanzan otra dimensión. Puesto que, según se deprende del precepto, además de ser conformes según las declaraciones del vendedor y "especialmente en la publicidad y el etiquetado", se deberá poner en relación con otros bienes del mismo tipo. De esta forma, para poder valorar la conformidad de los bienes se deberán extraer cuales son las características esenciales en cuanto a funciones y compatibilidades de los bienes, algo harto difícil cuando hablamos de dispositivos inteligentes, si bien, esta circunstancia se suavizará en la medida que el vendedor informe indirectamente (a través de la publicidad o el etiquetado de las características de los bienes) o directamente, siguiendo el apartado 5, art. 7 Directiva 2019/771, porque se haya señalado que el bien no incorpora determinada función de forma expresa.

Por último, no podemos dejar de lado el art. 115 quater TRLGDCU, el cual equipara la incorrecta instalación del bien a un supuesto de falta de conformidad: "la falta de conformidad que resulte de una instalación incorrecta del bien o integración incorrecta de los contenidos o servicios digitales en el entorno digital del consumidor o usuario se equiparará a la falta de conformidad".

Esta forma de considerar el deber de conformidad de los bienes con el contrato, ha hecho que se advierta como desde muchos ámbitos, en este caso el de la armonización del Derecho Europeo, se está produciendo un progresivo alejamiento de nuestras raíces puramente latinas: Pues allí dónde lo importante era la ejecución de la prestación debida bajo un prisma de responsabilidad subjetiva, se está pasando a un concepto unitario de incumplimiento, en el cual lo importante es más bien el resultado y la satisfacción del interés contractual. Es decir, un sistema que se acerca y mucho al ordenamiento jurídico anglosajón, y se reconduce a la idea de *breach of contract,* basada en una concepción puramente objetivista, siendo indiferente que no se haya cumplido, se haya cumplido defectuosamente, haya un retraso, etc[205].

De todos modos, aún queda lejos una completa conversión como estoy planteando y, en realidad, el régimen de conformidad de los bienes de consumo sigue siendo limitado. De hecho,

---

205 TORRELLES TORREA, E.: "Conformidad", cit., p. 1060. Igualmente, CASTILLA BAREA, M: *El nuevo régimen,* cit., p. 68.

con la regulación existente hasta ahora, la falta de conformidad se refería únicamente a defectos materiales de los bienes, y no se extendía a defectos jurídicos, a pesar de que se trata de una tendencia común si nos fijamos en otros ordenamientos[206] y en los diversos textos de *soft law* como los PECL y el DCFR[207]. No obstante, hay que destacar el art. 9 de la Directiva 2019/771, el cual afirma que: "Cuando una restricción derivada de la vulneración de derechos de terceros, en particular de los derechos de propiedad intelectual, impida o limite la utilización de los bienes de conformidad con los artículos 6 y 7, los Estados miembros velarán por que el consumidor pueda exigir las medidas correctoras por falta de conformidad previstas en el artículo 13, salvo que el Derecho nacional prevea en estos casos la nulidad o la rescisión del contrato de compraventa."

A este respecto, queda patente la voluntad del legislador europeo por avanzar hacia un "mejor" concepto de conformidad, que comprenda, no solo los defectos estrictamente materiales, sino también aquellos defectos que se traducen en una restricción del uso de la cosa por existir derechos de terceros sobre la misma, hasta el punto de poder perderla por pertenecer a otra persona (si hablamos ya de propiedad). Por lo que, habría falta de conformidad y, por tanto, incumplimiento contractual si por existir un derecho ajeno en el bien no es posible servirse del mismo y claramente se frustra el interés contractual.

---

206 En ese sentido, se pronuncia ALBIEZ DOHRMANN, K.J.: "Un nuevo Derecho de obligaciones", *Anuario de Derecho Civil*, Vol. 55, núm. 3, 2002, p. 1200, al referirse a la reforma del BGB.

207 *Vid.* DCFR (art. IV.A–2:305).

1.4. Las diferencias del concepto de conformidad del TRLGDCU con otras regulaciones

1.4.1. El saneamiento por vicios ocultos en el Código Civil

La principal diferencia con el régimen general del Código Civil se encuentra en el rechazo de la dicotomía existente entre incumplimiento contractual y saneamiento por vicios ocultos, para cambiar a un régimen de conformidad[208]. Es decir, el vendedor debe entregar un bien conforme al contrato (art. 3 de la Directiva), de esta forma, si el bien entregado no cumple con la cualidad pactada o presupuesta entre las partes, nos encontraremos ante un supuesto de incumplimiento contractual, habida cuenta de que la obligación de entregar un bien exento de defectos materiales se integra en el contenido del contrato.

Este deber de conformidad se traslada, tanto a las prestaciones, como a las cualidades del bien que el consumidor puede "fundadamente esperar", en virtud "de las declaraciones públicas sobre las características concretas de los bienes hechas por el vendedor, el productor o su representante, en particular en la publicidad o el etiquetado" (art. 2.2.d), salvo respecto de estas últimas declaraciones, que demuestre que las desconocía y no cabía razonablemente esperar que las conociese, que habían sido corregidas en el momento de la celebración del contrato o que no pudieron influir en la decisión de comprar un bien de consumo (art. 2.4). Igualmente, la falta de conformidad podrá encontrarse en la instalación defectuosa del bien,

---

208 Sobre las diferencias entre el tratamiento de los defectos de los bienes en los sistemas de saneamiento de los códigos decimonónicos y el derivado de la consagración del deber del vendedor de entregar una cosa conforme al contrato propio del Derecho anglosajón, plasmado en la Convención de Viena, MORALES MORENO, A.M.: "El alcance protector de las acciones edilicias", *Anuario de Derecho Civil,* Vol. 33, núm. 3, 1980, pp. 5–28.

o en la instalación realizada por el comprador, pero siguiendo las instrucciones del vendedor (art. 2.4).

Claramente, esto supuso un avance muy significativo en lo que respecta a la obligación del vendedor en el contrato de compraventa, ya que con el régimen contenido en el Código Civil (que, por ejemplo, se sigue aplicando a la compraventa entre particulares) la coordinación de los diferentes remedios provocaba una notable inseguridad jurídica. En la medida que, ante la entrega de un bien defectuoso la acción que corresponde interponer es la estimatoria o redhibitoria y no la de incumplimiento contractual[209]. Esto se debe a que desde la óptica de los Códigos Civiles decimonónicos de inspiración francesa (y, por ende, también desde el punto de vista romano), la existencia de vicios ocultos no supone un cumplimiento defectuoso de la obligación principal de entrega, puesto que según el art. 1469.1 CC el vendedor se obliga a poner al comprador en poder de la cosa vendida "en el estado en que se hallaba al perfeccionarse el contrato" y, en consecuencia, el saneamiento de vicios ocultos no delimita el objeto de dicha obligación[210].

---

209 En la doctrina científica española la tesis de que la existencia de vicios, ocultos y graves, en la cosa específica vendida, no es un caso de defectuoso cumplimiento de la obligación de entrega tiene autorizados defensores. Así, BERCOVITZ Y RODRÍGUEZ–CANO, R.: "La naturaleza de las acciones redhibitoria y estimatoria en la compraventa", *Anuario de Derecho Civil,* Vol. 22, núm. 4, 1969, pp. 777–838; LLÁCER MATACÁS, M. R.: *El saneamiento por vicios ocultos en el Código Civil: Su naturaleza jurídica,* Bosch, Barcelona, 1992, pp. 157–158; FENOY PICÓN, N.: *Falta de conformidad e incumplimiento en la compraventa: Evolución del ordenamiento español,* Centro de Estudios Registrales, Madrid, 1996, p. 74, y MORALES MORENO, A.M., *ob. cit.*, p. 665 y DE VERDA Y BEAMONTE, J.R.: *Saneamiento por vicios ocultos: Las acciones edilicias,* 2ª ed., Thomson Reuters Aranzadi, 2004, p. 268 y ss.

210 Históricamente, el sentido de las acciones edilicias es claro: se crearon por los ediles curules para proteger a quiénes compraban ciertos bienes (esclavos y animales) en aquellos lugares, los mercados, en que

Así, si el vendedor se obliga a vender la finca "X" y, finalmente, entrega la finca "X" habrá cumplido su obligación, y, en caso de que dicha finca adolezca de un vicio material, no estaremos, en principio, ante un supuesto de incumplimiento contractual, sino que el comprador deberá interponer la acción edilicia que corresponda[211].

Dicho esto, una de las principales críticas doctrinales que recibió la transposición española de la Directiva fue que se ha considerado una oportunidad perdida[212]. Mientras que otros

---

los vendedores tenían una situación dominante. Se trataba de acciones que tenían un marcado carácter protector de la parte contratante más débil, esto es, de la que adquiría de un vendedor profesional, quien, por dicha condición, quedaba obligado a responder de los vicios ocultos de las cosas que enajenaba, conociera aquéllos, o no.

211 Decimos "en principio" porque, como es sabido, el insatisfactorio régimen de las acciones edilicias, que sin entrar en profundidad dispone de un plazo de caducidad de únicamente 6 meses desde el momento de la entrega, ha provocado el surgimiento de la doctrina jurisprudencial del *aliud pro alio*. Según la cual, es posible recurrir a la ficción consistente en entender que se ha entregado cosa distinta (esto es, incumplimiento contractual) no solo cuando se entrega un bien objetivamente diferente al que se prometió, sino también cuando el bien entregado adolece de vicios tan graves que lo convierten en inútil para el uso que se destina. Véase por todas, la STS 23 marzo 1982 *(Tol 1739232)*.

212 *Vid.* por ejemplo, a este respecto, ALBIEZ DOHRMANN, K. J.: "Un nuevo Derecho de obligaciones", *Anuario de Derecho Civil*, Vol. 55, núm. 3, 2002, pp. 63–64 y 66–67; CORRAL GARCÍA, E.: "La conformidad de la prestación", en AA.VV.: *El derecho común europeo de la compraventa y la modernización del derecho de contratos* (dir. A. VAQUER ALOY, E. BOSCH CAPDEVILA y Mª P. SÁNCHEZ GONZÁLEZ), Atelier, Barcelona, 2015, pp. 477–478; SÁNCHEZ RUIZ DE VALDIVIA, I.: "La reforma del contrato de compraventa a través de la adopción de un concepto único y artículo de incumplimiento", ORTÍ VALLEJO, A. Y JIMÉNEZ HORWITZ, M.: *Estudios sobre el contrato de compraventa. Análisis de la Trasposición de la Directiva 2011/83/UE en los ordenamientos españoles y*

países de nuestro entorno aprovecharon la normativa europea para adaptar sus Códigos decimonónicos a las necesidades del mercado actual (véase Alemania con la reforma del 26 de noviembre de 2011 del *Bürgerliches Gesetzbuch – BGB* [Código Civil alemán], o más recientemente Francia con la la Orden del 10 de febrero "por la que se reforma el derecho de los contratos, el régimen general y la prueba de las obligaciones"), España se limitó a adaptar a las exigencias de la Unión europea la normativa sobre derecho de consumo a través de una ley especial, dejando intacta la regulación sobre compraventa civil general, lo cual ha provocado la existencia de una divergencia entre las soluciones que otorga el Derecho civil a una compraventa entre particulares y a la compraventa entre consumidor y empresario, perviviendo en la primera de las situaciones las insatisfactorias acciones edilicias heredadas del derecho romano[213].

---

alemán (coords. I. SÁNCHEZ RUIZ DE VALDIVIA y A. QUESADA PÁEZ), Thomson Reuters Aranzadi, Cizur Menor, 2016, p. 185; TORRELLES TORREA, E.: "*Ad* art. 114 TRLGDCU", en AA.VV.: *Comentarios a las Normas de Protección de los Consumidores. Texto refundido (RDL 1/2007) y otras leyes y reglamentos vigentes en España y en la Unión Europea* (dir. S. CÁMARA LAPUENTE), Colex, Madrid, 2011, p. 1061.

213 Esto choca con la solución alemana que optó por la llamada *Große Lösung,* consistente en reformar en profundidad el *BGB,* LAMARCA Y MARQUÉS, A.: "Entra en vigor la ley de modernización del derecho alemán de obligaciones", *Revista InDret,* núm. 1, 2002, p. 9. Dicho lo cual, el antiguo sistema de protección, basado en las acciones edilicias es sustituido por otro, basado en la idea de incumplimiento, consecuencia de la consagración en el Código civil alemán del "deber de conformidad". El actual §433 BGB incluye, así, entre los deberes típicos del contrato de compraventa (*Vertragstypische Plichten beim Kaufvertrag*), la obligación del vendedor de entregar una cosa libre de vicios: "*Der Verkäufer hat dem Käufer Die Sache frei von Sach– und Rechtsmängeln zu verschaffen*". Como observa ALBIEZ DOHRMANN, K.J., *ob.cit.,* p. 1200, a diferencia de lo que acontecía en el sistema anterior, "el que la falta de vicios no formaba parte del deber prestacional del vendedor, a partir de ahora, la falta de vicios se integra

Si continuamos estudiando qué implica la conformidad de los bienes, no debemos perder de vista que sigue manteniendo algunas correspondencias con los vicios ocultos regulados en el Código Civil, que se resumen en la necesaria preexistencia de los defectos y manifestación en un momento posterior a la entrega de los bienes[214]. De la misma forma, resulta improcedente reclamar un defecto cuando no es originario y su posterior aparición se debe a un uso normal o indebido del bien[215]. Así que, *a priori*, no es posible reclamar responsabilidad por saneamiento por vicios ocultos, como tampoco la falta de conformidad de los bienes cuando el defecto estaba a la

---

en el deber de prestación del vendedor"; y concluye: "El legislador se ha decidido claramente por la teoría del cumplimiento". A este respecto, véase también, Fuenteseca Degeneffe, C.: "La reciente reforma del BGB a través de la Ley para la Modernización del Derecho de obligaciones que entró en vigor en Alemania el 1 enero de 2002", *Actualidad Civil*, febrero 2003, pp. 203 y ss.

214 Por un lado, la preexistencia se deduce de la afirmación de que la falta de conformidad debe existir en el bien antes de su entrega. Por otro lado, su descubrimiento posterior se extrae de la necesidad de que la falta de conformidad se manifieste tras la entrega. Además, *a priori*, debería ser imperceptible para el consumidor, si bien, como se verá, con la regulación actual parece que el conocimiento o no de la falta de conformidad por el vendedor o comprador se ha vuelto irrelevante.

215 Marín López, M.J.: "Comentario art. 114 TRLGDCU", en AA.VV.: *Comentario del Texto refundido de la Ley General para la Defensa de los Consumidores y Usuarios y otras leyes complementarias* (dir. R. Bercovitz Rodríguez-Cano), Thomson Reuters Aranzadi, Pamplona, 2009, pp. 1412-1413. De hecho, este autor señala que los vicios ocultos contemplados en los arts. 1484 a 1496 están en desuso desde el momento en que ya fue traspuesta la Directiva 1999/44/CE, por lo que es necesaria una reforma de los mismos. Como ya he señalado, la trasposición de la nueva Directiva 2019/771 era una oportunidad de oro para hacerlo, pero, como también era previsible, el legislador español ha optado por el camino fácil y se ha limitado a reformar el TRLGDCU, trasponiendo ahí mismo la nueva Directiva.

vista o era evidente en el momento de contratar, es decir debe ser imperceptible para el consumidor y no ser advertido. El anterior art. 116.3 TRLGDCU limitaba la responsabilidad del vendedor en los casos en que "el consumidor y usuario conociera o no hubiera podido fundadamente ignorar [faltas de conformidad] en el momento de la celebración del contrato o que tengan su origen en materiales suministrados por el consumidor y usuario". Sin embargo, esta previsión desaparece en la nueva redacción en vigor a partir de enero de 2022, por lo que parece que se ha vuelto irrelevante el hecho de que el consumidor conociera o no que el bien adolecía de un defecto en el momento de celebración del contrato.

Por ello, dudo mucho que se pueda hacer una equiparación absoluta en las exigencias que tradicionalmente se exigen de los "vicios ocultos", concretamente esa necesidad de que el defecto sea oculto, esto es, que no sea perceptible en el momento de entrega y que necesariamente haya de manifestarse en un momento posterior[216], pues, en mi opinión, no se puede exigir al consumidor la más mínima diligencia a la hora de comprobar el bien que adquiere. De hecho, aunque el bien no se encuentre embalado, en ningún momento se exige al consumidor que en el momento de consumación examine el bien a su riesgo (*cfr.* art. 336 C.Com.)[217].

---

216 Por el contrario, JUÁREZ TORREJÓN, A.: *La protección, cit.*, p. 284., habla de solapamiento parcial y casi completo de aquello que es considerado falta de conformidad y vicio oculto. Si bien, a mi modo de ver, la falta de conformidad, por ejemplo, no necesariamente ha de ser grave.

217 "El comprador que al tiempo de recibir las mercancías las examinare a su contento tendrá acción para repetir contra el vendedor alegando vicio o defecto de cantidad o calidad en las mercaderías". En ese sentido, se impone un deber de diligencia al comprador (empresario) propio de su tráfico, a la hora de recibir las mercaderías consistente en examinarlas para comprobar si hay defectos aparentes. Por el contrario, como estoy desarrollando, no parece que

En definitiva, lo que hay que entender es que al vendedor se le impone, tal y como lo considero, una responsabilidad muy objetivada que, se acerca cada vez más a una verdadera garantía absoluta. El vendedor debe entregar un bien conforme con el contrato, un bien sin defectos, un bien que satisfaga las necesidades del consumidor[218], por lo que su obligación de entrega se mueve en un espacio con poco margen para exención la responsabilidad. Al final, las consideraciones anteriores nos llevan a que esta es la razón por la que cada vez es más común

---

el consumidor asuma ningún deber de diligencia sobre la comprobación del bien recibido, por lo que el hecho de que el defecto sea verdaderamente oculto o no, pierde fuerza, lo importante es que se manifieste dentro del plazo de garantía. Cierta doctrina manifiesta que: "en toda compraventa y, sobre todo si es de cosa genérica, el comprador tendrá que realizar una comprobación de la cosa que se le entregue para ver si se ajusta o no a la pactada" ORTÍ VALLEJO, A.: "La Directiva", cit., pp. 72–73. Sin embargo, a mi parecer no se puede exigir la misma diligencia de comprobación a un empresario (en una compraventa mercantil) a un particular (en una compraventa civil, entre iguales) y a un consumidor (en una compraventa de consumo). Claramente, esto implica la necesidad de delimitar qué es falta de entrega y qué es falta de conformidad. Es decir, ¿hasta qué momento puede entenderse que existe una aceptación o un rechazo por parte del consumidor?, ¿Es prudente tutelar a un consumidor que no comprueba los bienes que se le entregan? Como ya he dicho, a mi modo de ver, si los bienes no se entregan o el consumidor advierte una falta de conformidad patente justo en el momento en que se le sirven los bienes se podrá entender que hay falta de entrega, en ese segundo caso podrá rechazarlo, y que no se considere entregada. En los demás supuestos, ya estaríamos ante una falta de conformidad, cuyo régimen no es que sea menos benévolo.

218 Otra cosa, como se verá, sería que el vendedor haya advertido al consumidor de que el bien adolece de ciertos defectos, o no se corresponde con alguno de los criterios de responsabilidad objetivos y, por ello, se exime de responsabilidad. Pero, en ese caso, el consumidor es perfectamente consciente de la situación antes de contratar y seguramente por ello haya obtenido un precio más bajo.

conceder al consumidor, vía condiciones contractuales más favorables, por ejemplo, derecho de desistimiento o, más en concreto, lo que podríamos denominar derechos de alteración del bien adquirido, mediante los cuales el comprador puede cambiar el dispositivo (algunas marcas de móviles conceden la posibilidad de cambiar el *smartphone* al cabo de unos días si, por ejemplo, el color no te convence), que se centran en la satisfacción del consumidor.

En otro orden de ideas, dónde sí se diferencia más la falta de conformidad de los vicios ocultos es en la eliminación de la necesaria "gravedad del defecto", mientras que los vicios ocultos se circunscriben a defectos que "la hacen impropia [la cosa vendida] para el uso que se la destina, o si disminuyen de tal modo este uso que, de haberlos conocido el comprador, no la habría adquirido o habría dado menos precio por ella", lo que la doctrina ha traducido como defecto grave", el TRLGDCU no hace ningún tipo de referencia a la importancia del defecto, simplemente basta con que no sean conformes con el contrato. En ese sentido, cualquier defecto por nimio que sea será susceptible de implicar una contravención del deber de conformidad[219]. Otra cosa, es el remedio que la normativa de

[219] *Vid.* En este sentido, DE VERDA Y BEAMONTE, J.R.: "Del saneamiento", cit., p. 2947. Si seguimos la dicción literal de art. 1484 CC, no existe una graduación de los defectos que activen los mecanismos edilicios, sino que se extrae de la necesaria gravedad de los mismos. Tampoco se indica sobre qué supuestos descansan la *actio redihibitoria* y la *quanti minoris*. De forma que, se podrá utilizar alternativamente uno y otro remedio. Esto implica que podamos plantearnos si el legislador codicial quiso excluir los defectos pequeños o sin importancia de la tutela del comprador, atendiendo a la economía del momento. En cambio, FERRANTE, A.: *La reducción,* cit., pp. 76 y 77 dice que, en su opinión, la incorporación de la Directiva sobre bienes de consumo debe suponer una reinterpretación del art. 1484 CC y permitir accionar la reducción del precio sobre defectos no graves y reservar la resolución del contrato para los graves.

consumo anude a dicha falta de conformidad: si el defecto es leve o de escasa importancia, seguramente no será posible la sustitución, y se preferirá la reparación. Por el contrario, si no es posible ni reparar ni sustituir, la resolución quedará vedada e, incluso la reducción del precio podría llegar a no tener virtualidad, si la levedad del defecto fuera tal que no redujera el valor del bien[220].

1.4.2. La conformidad en el Convención de Viena de Compraventa Internacional de Mercaderías

El siguiente texto normativo que hay que considerar es la llamada Convención de Viena de Compraventa Internacional de Mercaderías de 1980[221] (CISG, de sus siglas en inglés), que, como ya he indicado antes, se erige como el germen del concepto de conformidad en el contexto internacional y que ha inspirado otras regulaciones posteriores como la propia Directiva 1999/44.

Una de sus principales características es que no se trata de una norma de conflicto, esto es, la mencionada Convención no pretende discernir cuál será el derecho aplicable de cualquier país a la compraventa en cuestión, sino que incluye una regulación propia que excluirá a otras normas nacionales en caso de que sea de aplicación. En resumen, se corresponde con una regla material uniforme.

---

[220] MARÍN LÓPEZ, M.J.: "Comentario art. 114", cit., p. 1416. Sin embargo, autorizada doctrina ha defendido que carece de sentido que el vicio oculto haya de ser siempre "grave". Puesto que, es razonable que un vicio rehidibitorio lo sea, pero la acción estimatoria podría tener virtualidad para vicios menos graves, *vid.* DE VERDA Y BEAMONTE, J.R.: *Saneamiento,* cit., p. 136.

[221] Bajo la Comisión de las Naciones Unidas para el Derecho Mercantil Internacional, se puede consultar en: https://uncitral.un.org/es/texts/salegoods/conventions/sale_of_goods/cisg.

De hecho, su novedad y el significativo avance que supuso, especialmente en la época que fue redactada, ha llevado a algunos estudiosos de la materia a afirmar que debe ser aprovechada para reformar los ordenamientos internos de los países[222].

Sin detenernos excesivamente en cuestiones que no corresponden al objeto de este trabajo, *grosso modo* el presente tratado extiende su ámbito de aplicación a aquellas compraventas en la cuales las partes tengan sus establecimientos en Estados distintos (art. 1), por lo que deberán ser compraventas[223] internacionales y, aunque no se especifique al respecto, "mercantiles" en la medida que sean mercaderías, pues como se puede extraer del art. 2 no se aplicará a compraventas para uso personal, familiar o doméstico, como tampoco a otras relativas a buques, valores mobiliarios, electricidad, etc.

En cuanto a la regulación de la conformidad de los bienes con el contrato, conveniene deternerse en el apartado relativo a las obligaciones del vendedor y, concretamente, el art. 35.1, que indica: "el vendedor deberá entregar mercaderías cuya cantidad, calidad y tipo correspondan a los estipulados en el contrato y que estén envasadas o embaladas en la forma fijada por el contrato". Podemos ver ya una gran similitud con el concepto del anterior art. 115 y ss. del TRLGDCU, en esa fijación

---

222 Por todos, véase HONNOLD, J. O.: *Derecho uniforme sobre compraventas internacionales (Convención de Naciones Unidas de 1980)*, Edersa, Madrid, 1987, pp. 79–81.

223 CNUDMI, "Artículo 1", *Compendio de Jurisprudencia basada en la Convención de Naciones Unidas sobre los Contratos de Compraventa Internacional de Mercaderías*, Secretaría de la CNUDMI, Viena. Disponible en español la versión de 2010. Define a la compraventa regida por la CISG como aquel contrato "en virtud del cual una parte (el vendedor) deberá entregar las mercaderías y transmitir la propiedad de las mercaderías vendidas y la otra parte (el comprador) estará obligada a pagar el precio y a aceptar las mercaderías". Con cita al caso CLOUT núm. 106 [Oberster Gerichtshof, Austria, 10 de noviembre de 1994].

por la exacta correspondencia con el contenido del contrato, si bien, al mismo tiempo, existe una peculiaridad importante que los distinguía, como es la referencia al envasado o embalaje de los bienes.

Este matiz llama poderosamente la atención, pues estaba ausente en la regulación de los bienes de consumo, los cuales generalmente también pueden ir envasados o embalados. La posible explicación a esta ausencia es que las mercaderías tienen como fin último la reventa, por lo que un incorrecto embalaje o envasado puede hacerlas completamente inservibles.

La duda está en determinar si dicha exigencia se puede predicar también de los bienes de consumo. No obstante, la doctrina tiene dicho que tal obligación hace referencia exclusivamente a la forma de entrega, por lo que no forma parte *stricto sensu* de la garantía de conformidad de los bienes[224]. De todos modos, no hay que perder de vista que, si el defecto de envasado o embalaje afecta a la propia calidad o naturaleza de los productos, no se podrá negar la existencia de falta de conformidad[225]. Dichas dudas deben disiparse, dado que ya hay una referencia al embalaje en el artículo 115 ter.1.c) TRLGDCU cuando señala que los bienes deben suministrarse con sus accesorios "en particular el embalaje".

Seguidamente, la Convención también incluye una serie de criterios para comprobar la existencia o no de conformidad[226],

---

224 Torrelles Torrea, E.: "Conformidad", cit., p. 1072, con cita a Llácer Matacás, M.R.: "La responsabilidad del vendedor de cosa defectuosa: la trasposición de la Directiva 1999/44/CE, del Parlamento Europeo y del Consejo, de 25 de mayo, sobre determinados aspectos de la venta y las garantías de los bienes de consumo", *Carta Mercantil*, núm. 26, 2001, p. 5.

225 Avilés García, J.: "Las garantías", cit., p. 1072.

226 "Salvo que las partes hayan pactado otra cosa, las mercaderías no serán conformes al contrato a menos: a) que sean aptas para los usos a

los cuales se comportan de la misma forma que los contenidos en el TRLGDCU. Aun así, es posible encontrar algunas distinciones. Coincide el relativo a "...fines a los que normalmente se destinen bienes [o contenidos digitales] del mismo tipo...". En cambio, no se puede encontrar el relativo a "...cantidad y poseer las cualidades y otras características, en particular respecto de la durabilidad del bien, la accesibilidad y continuidad del contenido o servicio digital y la funcionalidad, compatibilidad y seguridad que presentan normalmente los bienes y los contenidos o servicios digitales del mismo tipo y que el consumidor o usuario pueda razonablemente esperar, dada la naturaleza de los mismos y teniendo en cuenta cualquier declaración pública realizada por el empresario, o en su nombre, o por otras personas en fases previas de la cadena de transacciones, incluido el productor, especialmente en la publicidad o el etiquetado...".

Mientras que se advierten ciertas diferencias en el relativo a la "muestra o modelo", pues en el TRLGDCU se añade junto con él "la descripción del vendedor", así como el referente al "uso especial", en el que muestra una redacción bien distinta, ya que en el TRLGDCU se habla del "fines específicos para los que el consumidor o usuario los necesite y que este haya puesto en conocimiento del empresario como muy tarde en el momento de la celebración del contrato, y respecto de los cuales el empresario haya expresado su aceptación". Pero la

---

que ordinariamente se destinen mercaderías del mismo tipo; b) que sean aptas para cualquier uso especial que expresa o tácitamente se haya hecho saber al vendedor en el momento de la celebración del contrato, salvo que de las circunstancias resulte que el comprador no confió, o no era razonable que confiara, en la competencia y el juicio del vendedor; c) que posean las cualidades de la muestra o modelo que el vendedor haya presentado al comprador; d) que estén envasadas o embaladas en la forma habitual para tales mercaderías o, si no existe tal forma, de una forma adecuada para conservarlas y protegerlas." (art. 35.2 CISG).

Convención no es tan exigente, al permitir que se haya hecho saber "expresa o tácitamente", "salvo que de las circunstancias resulte que el comprador no confió, o no era razonable que confiara, en la competencia y el juicio del vendedor".

Estas diferencias ponen de manifiesto la distinta naturaleza de las compraventas a las que se refieren, aunque la regulación comparte la misma filosofía[227]. En la de consumo se da mucha más importancia a la calidad que habitualmente puede esperar el consumidor, haciendo especial hincapié en la publicidad o etiquetado como elementos que vinculan al vendedor, como también a cualquier declaración pública que haya hecho o descripción al consumidor. Sin embargo, la CISG no se centra en esos aspectos y como ya he comentado antes, desde siempre, ha considerado más decisivo un aspecto como el relativo al correcto embalaje y envasado de los bienes.

Aun así, las diferencias no acaban ahí, porque la Convención impone ciertos deberes al comprador. Especialmente, es significativo que la retirada de las mercancías no implique la aceptación de la adecuación de las mismas, algo que contrasta con el derecho de consumo (dónde no encontramos un precepto similar, cuestión que como se va a estudiar en el Capítulo III puede suscitar una serie de problemas prácticos), pero, en especial, con la regulación clásica de la compraventa, donde tradicionalmente los defectos manifiestos se deben alegar en el momento de la entrega. Por ello, el art. 38 CISG señala que el comprador debe "examinar o hacer examinar las mercaderías en el plazo más breve posible atendidas las circunstancias", lo que daría a entender que el comprador dispone de unos días

---

227 Morales Moreno, A.M.: "Comentario", cit., p. 77, quien explica el motivo por el cual se utilizan estos criterios en ambos sectores y es, ni más ni menos, que la celeridad en el tráfico, pues "en el comercio no siempre se indican, de antemano, con el debido detalle, las cualidades que las mercancías deben tener".

para poder determinar la adecuación de las mercancías entregadas y, en caso de verificar su inadecuación, deberá comunicarlo brevemente, pues de lo contrario perdería el derecho a hacer valer la falta de conformidad (art. 39.1 CISG).

Por lo que respecta a la transmisión del riesgo, si bien mantiene una regulación similar, pues el vendedor será responsable de toda falta de conformidad que exista en el "momento de la transmisión del riesgo" (art. 36.1 CISG), no obstante, la CISG no especifica cual es ese momento, por este motivo, podría ser uno distinto de la entrega, el cual vendría a constituirse como el momento de referencia en la compraventa de bienes de consumo. Eso sí, la CISG va más allá, dado que el vendedor seguirá siendo responsable de cualquier falta de conformidad que ocurra después de ese momento, si deriva del incumplimiento de cualquiera de sus obligaciones, incluso "el incumplimiento de cualquier garantía de que, durante determinado periodo, las mercaderías seguirán siendo aptas para su uso ordinario o para un uso especial o conservarán las cualidades y características especificadas" (art. 36 CISG). De todos modos, esto se parece a una especie de garantía comercial adicional.

Para acabar, el aspecto por el cual la Convención más demuestra su modernidad es el relativo a la conformidad jurídica de los bienes, algo que ya se exige desde Europa como hemos señalado antes, pero que inicialmente no incorporaba el TRLGDCU. En ese sentido, en virtud del art. 42 CISG, se deberán entregar libres de derechos o pretensiones de terceros (salvo que se acepte) y en cuanto a los derechos de propiedad intelectual, también se indica lo mismo, pero bajo ciertos condicionantes[228].

---

[228] "El vendedor deberá entregar las mercaderías libres de cualesquiera derechos o pretensiones de un tercero basados en la propiedad industrial u otros tipos de propiedad intelectual que conociera o no hubiera podido ignorar en el momento de la celebración del contrato, siempre que los derechos o pretensiones se basen en la

1.4.3. La conformidad en el Código Civil Catalán

Aunque no es una norma de ámbito estatal, resulta muy conveniente hablar de Libro VI del Código Civil Catalán (en adelante. CC.Cat.), regulado por la Ley 3/2017 de 15 de febrero, del Parlament de Catalunya, y que ha llevado a cabo una reforma de calado en el contrato de compraventa que supera la clásica dicotomía entre cumplimiento contractual y vicios materiales o jurídicos, y, en consecuencia, modernizó de manera sustancial el derecho de obligaciones y contratos en Cataluña[229].

---

propiedad industrial u otros tipos de propiedad intelectual: *a)* en virtud de la ley del Estado en que hayan de revenderse o utilizarse las mercaderías, si las partes hubieren previsto en el momento de la celebración del contrato que las mercaderías se revenderían o utilizarían en ese Estado; o *b)* en cualquier otro caso, en virtud de la ley del Estado en que el comprador tenga su establecimiento. 2) La obligación del vendedor conforme al párrafo precedente no se extenderá a los casos en que: *a)* en el momento de la celebración del contrato, el comprador conociera o no hubiera podido ignorar la existencia del derecho o de la pretensión; o *b)* el derecho o la pretensión resulten de haberse ajustado el vendedor a fórmulas, diseños y dibujos técnicos o a otras especificaciones análogas proporcionados por el comprador."

229 La constitucionalidad de la norma es muy dudosa a la luz del art. 149.1. 8ª CE que de forma tajante señala que la legislación civil es materia exclusiva del Estado español y, en todo caso, las "bases de las obligaciones contractuales". El hecho de que la reforma se centre en el contrato de compraventa, a mi parecer, no es motivo para salvar la prohibición de la Constitución, pues claramente se alteran elementos generales como es el incumplimiento contractual. No obstante, el Tribunal Constitucional ha declarado la constitucionalidad de la reforma en la STC 132/2019, 13 noviembre *(Tol 7606723)*, ya que considera que los contratos regulados en la norma "guardan conexión con las instituciones del derecho civil catalán existentes a la entrada en vigor de la Constitución Española, con lo que la Generalitat de Catalunya tiene competencias para su desarrollo". Asimismo, añade que "como las obligaciones contractuales están reguladas con carác-

Lo más destacado de la norma es el cambio en las obligaciones del vendedor, que pasan a ser: la entrega del bien con todos sus accesorios, la garantía de conformidad del bien con el contrato y la trasmisión de la titularidad del bien con todos sus accesorios (art. 621–9 CC.Cat.). Igualmente, se añade la obligación de "transmitir el bien libre de derechos o pretensiones razonablemente fundadas de terceros que el comprador no conociera o no haya podido razonablemente conocer en el momento de concluir el contrato" (art. 621–30.1 CC.Cat.), con lo que desaparece el saneamiento por evicción y por vicios ocultos. Además, es muy importante como, a pesar de referirse a la compraventa en general, el art. 621–20 CC.Cat. introduce criterios de conformidad muy al estilo de las compraventas de consumo, diferenciando entre los que podríamos llamar subjetivos (por hacer referencia directa al contrato) y objetivos (que se aplicarían en defecto de pacto en concreto). Así, por ejemplo, "tener la calidad, cantidad, tipo, prestaciones y uso pactados" como también el "ser idóneo para el uso habitual a que se destinen bienes del mismo tipo".

En cuanto a las consecuencias del incumplimiento de las obligaciones de las partes, resulta también novedoso el reconocimiento de un conjunto de remedios que se podrán utilizar indistintamente: el cumplimiento específico (que abarcará tanto la reparación como la sustitución), la resolución del contrato, la reducción del precio, la indemnización de daños y perjuicios e incluso la facultad de suspender el pago del precio (art. 621–37 CC.Cat.). Eso sí, para poder utilizar la resolución del contrato el incumplimiento deberá ser esencial (art. 621–42 CC.Cat.).

---

ter general en el Código Civil Español, que es una norma preconstitucional, el legislador estatal no ha declarado formalmente las bases de estas obligaciones". Solo declara inconstitucional el art. 621–54.3 CC. Cat. Evidentemente, esta sentencia supone un giro interpretativo sin precedentes en la interpretación del art. 149 CE que hasta el momento había mantenido un sentido pro centralización.

No obstante, la incorporación al ordenamiento español de la Directiva 2019/771 ha supuesto también la modificación del Libro VI del Código Civil de Cataluña para adaptarlo a los cambios pertinentes[230]. En primer lugar, es destacable que se ha tenido que llevar a cabo una reforma considerable del art. 621–20 CC.Cat., si bien no ha tenido que ser tan profunda, pues algunos cambios ya habían sido llevados a cabo con anterioridad por el legislador catalán, llama la atención la referencia a la "cantidad" como criterio de conformidad que ya estaba contemplado en el precepto catalán. Por el contrario, si ha sido necesario introducir un apartado referente a las definiciones de "compatibilidad", "funcionalidad" e "interoperabilidad" (art. 621–20.3 CC.Cat.). Asimismo, ha sido necesario incluir un precepto que incorporase la novedad relativa a poder apartarse de los criterios objetivos de conformidad (art. 621–20.4 CC. Cat.). Por último, el apartado 6 introduce la obligación de comunicar y suministrar al consumidor las actualizaciones relativas a los bienes con elementos digitales.

Por lo que respecta a los plazos, en la misma línea que el legislador español, el art. 621–23 amplía el plazo de garantía hasta los 3 años desde el momento de entrega, frente a los 2 años que establecía la norma catalana con anterioridad. Tal y como recomendaba la doctrina[231], en el mismo artículo se clarifica que solo es posible reducir el plazo de garantía por lo que respecta a los bienes de segunda mano y siempre que sea como mínimo de 1 año desde la entrega del bien. Igualmente, se especifica que mientras el bien sea reparado o sustituido

---

230 A este respecto, resulta fundamental acudir al trabajo de ARNAU RAVENTÓS, L. y GRAMUNT FOMBUENA, M.: "Cap a un Dret català conforme a les Directives UE 2019/770 y 2019/771", *Revista InDret,* núm. 1, 2022, pp. 171–205, que ilustra de manera detallada como se debe abordar la trasposición de la mencionada directiva al ordenamiento civil catalán.

231 ARNAU RAVENTÓS, L. Y GRAMUNT FOMBUENA, M.: "Cap a un Dret català", cit., p. 190.

se suspenderán los plazos antes mencionados. No es necesario modificar la presunción de preexistencia de defectos, pues el legislador de 2017 ya apostó por lo alto e introdujo un período de 2 años desde la entrega del bien (art. 621–24 CC.Cat.).

Sin embargo, llama la atención la divergencia con la regulación estatal en dos aspectos. El primero es la notificación de la falta de conformidad, ya que, a pesar de las recomendaciones por suprimirlo[232], el legislador catalán ha optado por su mantenimiento. Solamente ha renunciado a establecer un plazo específico, pero "el comprador tiene que notificar y describir al vendedor sin dilación indebida cualquier falta de conformidad del bien" (art. 621–29.1 CC.Cat.). Esta decisión de Cataluña parece un error bastante grave, dado que no solo mantiene el plazo de notificación de la falta de conformidad, cuando España ha decidido suprimirlo, sino que también mantiene la posibilidad de reclamar daños y perjuicios que puedan haber sido causados por no comunicarlo frente a un plazo indeterminado (art. 621–29.2 CC.Cat.). El segundo, es el plazo de prescripción de los remedios, que se mantiene en 3 años desde que "el comprador conoce o puede conocer la falta de conformidad" (art. 621–44.3 CC.Cat.), circunstancia que igualmente supone quedarse atrás respecto a la legislación estatal.

En cuanto a los remedios, en primer lugar, ha sido necesario cambiar de paradigma, en la medida en que se ha pasado a un modelo de "desproporcionalidad absoluta", es decir, el vendedor se puede negar al cumplimiento específico, si el remedio escogido se ha vuelto imposible o desproporcionado (art. 621–38.7 CC.Cat.). En segundo lugar, es importante reseñar la supresión del art. 621–39 CC.Cat., que vendría a acomodar mejor la norma a la circunstancia de que basta con que uno de los remedios principales se vuelva infructuoso para op-

---

232 ARNAU RAVENTÓS, L. Y GRAMUNT FOMBUENA, M.: "Cap a un Dret català", cit., p. 189.

tar por los remedios subsidiarios. No es necesario pasar tanto por la reparación como la sustitución, recalcando que la facultad de elección la tiene el comprador sin perjuicio de que el vendedor, pueda matizar la elección del primero. En tercer lugar, ha sido necesario incorporar la posibilidad de recurrir a una resolución parcial del contrato (art. 621–40.2 CC.Cat.). En cuarto lugar, se ha corregido la redacción de los arts. 621–37 y 621.42 CC.Cat., que permitían optar por la reducción del precio como remedio de primer nivel. Asimismo, respecto a la reducción del precio, se ha debido ajustar la misma a los bienes con elementos digitales, en la medida que, en caso de que los contenidos se tengan que suministrar de manera continua, la misma se fijará de acuerdo con el plazo que no hayan sido conformes. Como también que, en caso de reembolso, "se tiene que hacer en el plazo y en las condiciones que establece el artículo 621–42.6".

Finalmente, es curioso que se mantenga que la resolución del contrato solo pueda producirse en caso de incumplimientos esenciales (art. 621–42.1 CC.Cat.), pues hubiese sido mucho más interesante que se optase por la dicción de la Directiva que exige "gravedad" al incumplimiento, que no sea leve o de escasa importancia. Sobre la resolución del contrato, es destacable que se ha incorporado la previsión de que la facultad se "ejercerá por medio de una notificación a la otra parte" y el reembolso "sin demora injustificada y, en cualquier caso, en un plazo de catorce días" desde la recepción de los bienes o prueba de su devolución (arts. 621–42.4 y 621–42.6 CC.Cat.).

1.5. Las limitaciones del deber de conformidad

Para un mejor entendimiento, tanto de este trabajo, como de la propia Directiva 2019/771, no hay que desconocer que esta convive con el indeseable fenómeno de fragmentación del régimen jurídico de la compraventa en tiempos recientes.

Como ya se ha dicho al inicio, esta Directiva se puede clasificar como de aplicación limitada, en la medida que no regula en su totalidad los aspectos que afectan al contrato de compraventa.

El aspecto más evidente de esta cuestión, es que algo tan fundamental como que la obligación de entrega en la compraventa no forma parte del régimen jurídico de la Directiva 2019/771. De modo que, en el supuesto de que tengamos que lidiar con una falta de entrega, no encontraremos la solución en la mentada Directiva, sino que tendremos que acudir a la regulación contenida en la Directiva 2011/83/UE, como también, a mi modo ver, a las normas generales de incumplimiento contractual. Concretamente, el art. 18 de la misma que establece el mecanismo del *Nachfrist,* un viejo conocido del derecho alemán pero novedoso en nuestro ordenamiento jurídico[233], que actualmente se puede encontrar en el art. 66 bis TRLGDCU[234],

---

233 CARRASCO PERERA, Á.: "Plazo suplementario", cit., p. 106, analiza en sentido crítico la incorporación del mecanismo del *Nachfrist* al ordenamiento español, al concluir que se ha perdido una gran oportunidad al limitarse a incluirlo simplemente en la compraventa de bienes de consumo como instrumento para enfrentar la falta absoluta de entrega. Cuando podría haberse extendido también a otros supuestos como el incumplimiento de obligaciones accesorias, la falta de cumplimiento parcial, etc. A diferencia del derecho alemán en el que sí que forma parte de su regulación general como condición necesaria para el acreedor pueda ejercitar la resolución del contrato también llamada *Schadenersatz statt der Leistung.*

234 "1. Salvo que las partes acuerden otra cosa, el empresario entregará los bienes mediante la transmisión de su posesión material o control al consumidor o usuario, sin ninguna demora indebida y en un plazo máximo de 30 días naturales a partir de la celebración del contrato y suministrará los contenidos o servicios digitales sin demora indebida tras la celebración del contrato.
La obligación de suministro por parte del empresario se entenderá cumplida cuando:
a) El contenido digital o cualquier medio adecuado para acceder al contenido digital o descargarlo sea puesto a disposición del consu-

el cual dispone que el plazo de entrega será el que acuerden las partes y, en defecto de pacto, el comerciante deberá realizar la entrega, sin ninguna demora indebida, y en el plazo máximo de 30 días desde la celebración del contrato. En caso de no

---

midor o usuario o sea accesible para él o para la instalación física o virtual elegida por el consumidor y usuario para ese fin.
b) El servicio digital sea accesible para el consumidor o usuario o para la instalación física o virtual elegida por el consumidor o usuario a tal fin.
2. Si el empresario no cumple su obligación de entrega, el consumidor o usuario lo emplazará para que cumpla en un plazo adicional adecuado a las circunstancias.
En el caso de que el empresario no cumpla su obligación de suministro, el consumidor o usuario podrá solicitar que le sean suministrados los contenidos o servicios digitales sin demora indebida o en un período de tiempo adicional acordado expresamente por las partes. Si el empresario continúa sin cumplir con la entrega o suministro, el consumidor o usuario tendrá derecho a resolver el contrato.
3. No obstante lo anterior, el consumidor o usuario tendrá derecho a resolver el contrato en el momento en el que se dé alguna de las siguientes situaciones:
a) El empresario haya rechazado entregar los bienes o haya declarado, o así se desprenda claramente de las circunstancias, que no suministrará los contenidos o servicios digitales.
b) Las partes hayan acordado o así se desprenda claramente de las circunstancias que concurran en la celebración del contrato, que para el consumidor o usuario es esencial que la entrega o el suministro se produzca en una fecha determinada o anterior a esta. En el supuesto de tratarse de bienes, dicho acuerdo deberá haberse producido antes de la celebración del contrato.
4. Cuando el consumidor o usuario resuelva el contrato de suministro de contenidos o servicios digitales con arreglo al presente artículo, se aplicarán en consecuencia los artículos 119 ter y 119 quáter.
5. Recaerá en el empresario la carga de la prueba sobre el cumplimiento de las obligaciones que le corresponden en virtud de este artículo.
6. Este artículo no será aplicable a los contratos excluidos del ámbito del Título IV de este Libro que aparecen relacionados en el apartado 2 del artículo 114, a excepción de los señalados en su apartado a)."

cumplir, el consumidor deberá otorgarle un "plazo adecuado" antes de poder optar por la resolución del contrato[235].

---

235 Para el ojo experto resultan bastante evidentes los problemas que puede generar este "plazo adecuado". *Vid.* CARRASCO PERERA, Á.: "Plazo suplementario", cit., p. 104 y ss. Para empezar, se pueden plantear dudas sobre el alcance del pacto en contrario que establece el primer apartado del artículo, es decir, si solo se puede modificar el momento en el cual debe tener lugar la entrega o se puede extender el pacto en contrario también a las consecuencias de los apartados tercero y cuarto. La interpretación más plausible es que la exclusión solo puede ser del plazo de treinta días, pactando un plazo menor, un plazo concreto tras el pago o incluso un plazo superior. Pues no parece que se prohíba que sea superior. Seguidamente, al estar introducido por una normativa distinta (Directiva 2011/83/UE) el mecanismo presenta ciertas incoherencias con el resto de la regulación del TRLGDCU, resulta un tanto paradójico que, por un lado, ante la falta de conformidad dispongamos del régimen de puesta en conformidad que para nada otorga un plazo suplementario para poder acudir a la resolución del contrato. Todo lo contrario, el paso de la reparación/sustitución a la resolución/reducción del precio se debe a que estas no se hayan podido llevar a cabo o no se hubieran llevado a término en un plazo razonable. Pero no tiene que ver con que se conceda un plazo adicional al vendedor en caso de que no cumpla su obligación principal. Esto al final, puede crear, como se verá, un problema en la articulación de los remedios, habida cuenta que la diferente calificación del incumplimiento (ya sea falta de entrega o falta de conformidad) desencadenará soluciones muy diversas. Pero tampoco casa bien con otros remedios resolutorios propios del Derecho Civil Español véase el art. 1504 CC, en el que el comprador no debe otorgar un plazo suplementario para entregar el bien inmueble si no lo entrega en el plazo convenido. Igualmente, existen en Derecho Civil Español otros supuestos en los cuales para nada existe un plazo adicional al uso, véase en la compraventa a plazos de bienes muebles dónde el vendedor solo puede resolver una vez se hayan incumplido dos plazos, sin que exista la posibilidad de acudir a un plazo suplementario (artículo 11 Ley 28/1998), en el arrendamiento de cosas el TS ha manifestado que existe la posibilidad de acudir a la resolución y desahucio simplemente por el im-

Obviamente, todo esto se suaviza en la medida que tanto el régimen de garantías (propio de la Directiva que estamos analizando) como el relativo a la falta de entrega y el derecho de desistimiento (de la Directiva 2011/83/UE) se ha traspuesto en el archiconocido TRLGDCU y, en consecuencia, es posible encontrar las respuestas a ambas cuestiones en dicho cuerpo legal. De todos modos, ello no obsta a que se haya de realizar un peregrinaje por diversas normativas para buscar soluciones a diferentes cuestiones que afectan a un mismo contrato, lo que desde un punto de vista práctico no tiene mucho sentido. Más inteligente era la apuesta que realizaba el fallido Reglamento del Parlamento Europeo y del Consejo, relativo a una normativa común de compraventa europea (CESL), puesto que unificaba bajo el concepto de "incumplimiento" todos los supuestos que se apartaran de lo podíamos definir como cumplimiento, es decir la realización correcta, exacta, voluntaria y tempestiva de las obligaciones[236]. Ni que decir de la absoluta fragmentación, no

---

pago de una renta [SSTS 24 julio 2008 *(Tol 1353159)* y 26 de marzo 2009 *(Tol 1514756)*], o en el contrato de hipoteca, el acreedor no puede vencer anticipadamente el contrato si no incumple al menos tres plazos de pago (artículo 693 LEC), sin que exista un plazo suplementario al uso. Por último, pero no por ello menos importante, surge la dificultad de determinar cuál es el "plazo adecuado a las circunstancias", que debe establecer el comprador si el vendedor no entrega el bien en plazo, así como qué sucedería si no se considera adecuado por ser, por ejemplo, demasiado corto. Verdaderamente, el resultado que sugiere la norma dista mucho de ser beneficioso para el consumidor, puesto que si entendemos que no es adecuado y debe ser considerado inválido, abocaría al consumidor a tener que otorgar nuevamente otro plazo extendiendo temporalmente aún más si cabe el retraso en la entrega, sin poder exigir efectivamente la resolución del contrato que seguramente le interesa.

236 En los mismos términos, se pronuncia Castilla Barea, M.: *"La nueva regulación"*, cit., p. 79, como también Juárez Torrejón, A.: "La responsabilidad directa del productor ante el consumidor. Dieselgate (a propósito de la Sentencia del Tribunal Supremo 735/2020,

ya de la propia compraventa de consumo, sino de la compraventa en general, algo de lo que también se encargaba el CESL.

Pero la cosa no acaba ahí. Como se habrá podido observar a lo largo de este capítulo, en verdad, la regulación de la falta de conformidad en la compraventa de consumo solo se centra en las obligaciones del vendedor, pero para nada se refiere a las obligaciones del consumidor que también las tiene, pues siendo el contrato de compraventa un contrato sinalagmático implica que, naturalmente, el consumidor deberá pagar el precio del objeto que compra. Sin embargo, en el supuesto de impago, el empresario deberá acudir a las normas generales contenidas en el Código Civil sobre cumplimiento de las obligaciones y, por tanto, el consumidor no deberá "poner en conformidad" su prestación, si seguimos estrictamente la terminología de la que hace gala la Directiva 2019/771.

---

de 11 de marzo)", *Revista Crítica de Derecho Inmobiliario*, núm. 781, 2020, pp. 3158–3187, quien critica la rigidez que muestra la regulación de la compraventa contenida en el Código Civil como su fragmentación, por lo que concluye que "un régimen general de incumplimiento, asentado sobre esquemas conceptuales distintos, que girara en torno a la idea de satisfacción del comprador, facilitaría la comprensión, y unificaría los distintos aspectos regulativos, concretamente en el contenido de las acciones ejercitables, y en el de los plazos de ejercicio de las mismas".

2. LA FALTA DE CONFORMIDAD EN LA DIRECTIVA 2019/771, 20 DE MAYO

2.1. La conformidad material

2.1.1. La naturaleza jurídica de los criterios de conformidad

Una vez aclarado qué podemos entender por la obligación de entregar los bienes conformes, procede estudiar dicha obligación, pero ya referida al régimen propio que contiene la Directiva 2019/771, 20 de mayo. De esta forma, partiendo de la clasificación con la que unánimemente aborda la cuestión la doctrina, podemos diferenciar tres tipos de conformidad que deben presentar los bienes: la conformidad material, la conformidad jurídica y la conformidad digital, las cuáles serán analizadas en los subsiguientes epígrafes.

La principal novedad de la Directiva 2019/771 y así lo afirma parte de la doctrina[237], es lo que llamaríamos "conformidad digital de los bienes". En ese sentido, la conformidad material de los bienes no se limita a cuestiones físicas ("hardware") de los bienes entregados, sino que se extiende a cuestiones relacionadas con el propio contenido digital de los mismos ("software"), en el caso que lo presenten.

---

237 Morais Carvalho, J.: "Contratos de compraventa de bienes (Directiva 2019/771) y Suministro de contenidos o servicios digitales (Directiva 2019/770). Ámbito de aplicación y grado de armonización", *Cuadernos de Derecho Trasnacional*, núm.1, Vol. 12, 2020, p. 937. Igualmente, un sector de la doctrina considera que la actual regulación es más "rigurosa y completa", y que vendría a mejorar lo que ya se construyó sobre las bases de la Directiva 1999/44. Véase, Avilés, García, J.: "La nueva conformidad contractual de los bienes con elementos digitales en las compraventas de consumo (hacia un mercado único digital europeo)", en AA.VV.: *Derecho y nuevas tecnologías* (coord. L.A. Fernández Villazón), Thomson–Reuters Aranzadi, 1ªed., Cizur Menor, 2020, p. 537.

Junto con ello, la Directiva también diferencia entre requisitos objetivos de conformidad y requisitos subjetivos de conformidad[238] (aunque gran parte de sus elementos ya se encontraban presentes en los anteriores textos, sería la llamada conformidad material de los bienes). Esta diferenciación viene a poner de manifiesto que los requisitos objetivos son aquellos que deben presentar los bienes independientemente de cualquier otra consideración, en función de las características que se esperan de ellos por ser bienes del mismo tipo, así como aquellos que se hayan declarado por el propio vendedor, por la publicidad o el etiquetado[239]. Por el contrario, los subjetivos, más específicos, se refieren a las características que deben presentar porque así lo disponga el contrato de compraventa o por haber sido requeridas por el consumidor y haberlas aceptado el vendedor[240].

---

238 Es especialmente significativo que tanto la Directiva como la Transposición de la misma hablen de "requisitos de conformidad", desterrando definitivamente la idea de que el TRLGDCU introducía "presunciones de conformidad". Habida cuenta que ahora se confirma que son criterios de integración del contrato, no se trataba de reglas para presumir la existencia de faltas de conformidad (lo que nos podía hacer pensar que eran reglas relativas a la carga de la prueba), sino que sirven para colmar el contenido del contrato. Esto es, se entiende que las partes han querido que los bienes tengan dichos requisitos. En este sentido, *vid.* MARÍN LÓPEZ, M. J.: "Falta de conformidad del bien vendido y derechos del consumidor en la Directiva 2019/771/UE", *Diario La Ley,* núm. 9461, Sección Doctrina, 22 julio 2019, pp. 4–5.

239 IZQUIERDO GRAU, G.: *El nuevo régimen,* cit., p. 101, señala que constituirían "una fuente de integración abstracta de la voluntad de las partes".

240 ORTÍ VALLEJO, A.: "La Directiva 1999/44/CE: un nuevo régimen para el saneamiento por vicios en la compraventa de consumo", *Revista del poder judicial,* núm. 66, 2002, p. 59, se inclinaba por afirmar que: "por criterios subjetivos o concretos, podemos entender los especificados por las partes, en tanto que los criterios objetivos toman como referencia los estándares de normalidad de los bienes en un sentido general o derivados de la reglamentación jurídica de ciertas caracte-

Antes de detenernos a analizar pormenorizadamente cada uno de los criterios de conformidad en el contrato de compraventa de bienes de consumo, surgen una serie de preguntas en orden a su aplicación. La primera sería si son una lista cerrada o *numerus clausus;* la segunda, si hay que seguir un orden de aplicación de los mismos, es decir, si hay una especie de jerarquía entre ellos; y la última, si son cumulativos, esto es, si cabe aplicar varios a la vez o si son de aplicación independiente en el caso que corresponda.

Por lo que se refiere a la primera pregunta, no hay motivo para señalar que son *numerus clausus,* esto se debe a que, al corresponder la conformidad con adecuación contractual de la prestación efectuada, como ya se ha puesto de manifiesto, existen múltiples motivos por los que se podría producir el incumplimiento contractual. Las razones por las que habría falta de conformidad no deben reducirse exclusivamente a una lista cerrada y rígida, ya que, al final, los criterios de conformidad no son más que un apoyo ante la falta de formalismo que suele haber en las compras de consumo y de esa forma, conseguir que aspectos tales como la muestra o modelo, los usos habituales, etc., se integren en el contenido contractual.

En cuanto a la segunda pregunta, tampoco se puede afirmar que exista una jerarquía en la aplicación de los criterios. Obviamente, los criterios subjetivos sí se antepondrán a los objetivos, en la medida que los subjetivos hacen directamente referencia al contenido contractual y, por el contrario, los objetivos tienen otras funciones secundarias (integrar el contrato, suplir la voluntad de las partes...)[241]. Pero, una vez que nos

---

rísticas de los mismos –como, por ejemplo, la utilidad normalmente desempeñada en el tráfico por bienes del mismo tipo, las exigencias derivadas de normas técnicas, contenido exigible del etiquetado, etc."

241 Así se pronuncia GRUNDMANN, S.: "Article 2: Conformity with the contract", en AA.VV.: *EU Sales Directive. Commentary,* Oxford, In-

encontramos en cada uno de los grupos, la aplicación de cualquiera de los criterios no tiene más importancia que cualquier otro, ya que cada uno se centra en diferentes aspectos de los bienes, unos en las funciones, otros en su calidad, otros en el embalaje y los accesorios, etc.

La respuesta a la segunda pregunta se encuentra muy relacionada con la tercera, a saber, si se pueden aplicar cumulativamente varios criterios. La respuesta debe ser también afirmativa[242], habida cuenta de que, si los criterios responden a diferentes aspectos de los bienes se podrán siempre aplicar en su totalidad, salvo alguna excepción, como el relativo los usos específicamente requeridos, que lógicamente, no tendrá lugar cuando no se haya producido la aplicación del mismo. De esta forma, será posible comprobar la conformidad de los bienes acudiendo a diferentes criterios, lo que hará posible que un bien adolezca de falta de conformidad no solo por incumplir uno de ellos, sino varios de ellos. Es perfectamente plausible que un bien no sea conforme por no poder usarse para uno de

---

tersentia, 2002, p. 123. En sentido contrario, TWIGG–FLESNER, C.: "Conformity of Goods", cit., p 56, considera que los criterios subjetivos no deberían tener una mayor incidencia por aparecer en primer lugar. Asmismo, la parte de la doctrina alemana sostiene que los criterios objetivos deberían tener prioridad frente a los criterios subjetivos, y dentro de los objetivos debería haber una aplicación más priorizada de los criterios más específicos, véase, STAUDENMAYER, D.: "Comentario al art. 8 de la Directiva 770/2019", en AA.VV.: *EU Digital Law Article–by–Article Commentary* (dir. R. SCHULZE Y D. STAUDENMAYER), Baden–Baden, Nomos, 2020, p. 135.

242 Por todos, MARÍN LÓPEZ, M.J.: "La Directiva 2019/771/UE, de 20 de mayo, sobre contratos de compraventa de bienes de consumidores", *Publicaciones jurídicas CESCO,* 19 junio 2019, p. 7. Véase también, ARROYO AMAYUELAS, E.: "La propuesta de Directiva relativa a determinados aspectos de los contratos de compraventa en línea y otras ventas de bienes a distancia", *Revista InDret,* núm. 3, 2016, p. 8 y AVILÉS, GARCÍA, J.: "La nueva conformidad", cit., p. 538.

los fines a los que habitualmente se destinan bienes del mismo tipo, y al mismo tiempo, que tampoco lo sea por no tener la calidad o no corresponderse con la muestra o modelo previamente mostrada al consumidor.

Por lo que respecta a la carga de la prueba de los criterios de conformidad, como ya se ha comentado, es cierto que debido al antiformalismo que gobierna este tipo de ventas puede ser complicado establecer quién debe acreditar que no se ha cumplido el criterio en cuestión (si el vendedor o el comprador). De hecho, existen pronunciamientos judiciales contradictorios en este sentido[243], si bien, a mi modo de ver, debería depender en buena medida de qué criterio en concreto estemos hablando[244]. De todos modos, la STJUE 4 junio 2015 (Caso Faber),

---

243 *V. gr.*, la SAP Zamora, 13 septiembre 2005 *(Tol 718563)*, señala que "no se ha demostrado por parte de la vendedora que los defectos fueran debidos a la falta de conservación o inadecuado uso de la compradora", por el contrario, la SAP Asturias, 29 junio 2011 *(Tol 2292983)*, pone de manifiesto que "la prueba de esa falta de conformidad corresponde al comprador de acuerdo con las reglas generales de la distribución de la carga de la prueba (...) Estando el producto en poder del comprador no se concibe mayor posibilidad o facilidad probatoria del vendedor en orden a acreditar su conformidad con lo pactado".

244 Esto es, como apunta la doctrina, en el caso de que estemos tratando con criterios relativos a pactos entre las partes, parece mucho más razonable que quién asuma la carga de la prueba sea el comprador, en este sentido, Lasheras Romero, C.: "La falta de conformidad en el derecho de consumidores: Especial referencia al concepto y tipos", *Revista Aranzadi de Derecho Patrimonial*, núm. 35, 2014, p. 217, cuando señala que es "más adecuado este criterio, en tanto la falta de conformidad se sustenta sobre la insatisfacción personal del comprador, y, por tanto debe soportar la carga de probar cuáles son los motivos de su insatisfacción, y si son lo suficientemente justificados como para activar los mecanismos y remedios que el TRLGDCU pone a su disposición". En cambio, cuando el criterio al que nos referimos está basado, por ejemplo, en el modelo que el vendedor muestra comprador, habida cuenta de la dificultad que puede tener

ha determinado que el consumidor debe alegar y probar que el bien vendido no es conforme con el contrato, por ejemplo, por no poseer las cualidades convenidas o incluso por no ser apto para el uso ordinario al que se destina este tipo de bien, si bien, como se verá, si la falta de conformidad surge dentro del plazo de presunción de preexistencia de defectos, el consumidor únicamente estaría obligado a probar la existencia de la falta de conformidad. En la medida que ya se presumiría que la falta preexistía y es imputable al vendedor[245].

2.1.2. Criterios subjetivos

La disposición que introduce los criterios subjetivos en la Directiva 2019/771, es el art. 6, cual reza del siguiente modo:

> "Para estar en conformidad con el contrato de compraventa, los bienes, en particular, cuando sea de aplicación:
>
> a) Serán acordes a la descripción, el tipo, la cantidad y la calidad y poseerán la funcionalidad, compatibilidad, interoperabilidad y demás características según disponga el contrato de compraventa;
>
> b) Serán aptos para los fines específicos para los que el consumidor los necesite y que este haya puesto en conocimiento del vendedor como muy tarde en el momento de la celebración del contrato, y respecto de los cuales el vendedor haya expresado su aceptación;
>
> c) Se entregarán junto con todos los accesorios e instrucciones, también en materia de instalación, según disponga el contrato, y

---

este último para demostrar qué le enseñó "parece que lo más acertado es que sea el vendedor quien aporte la muestra", véase, GUTIÉRREZ DE COS, J.: *La protección del consumidor en la compraventa de bienes de consumo*, Publicaciones de la Universidad de León, 2018, p. 67.

245 STJUE 4 junio 2015, C-497/13, *Caso Kroukje Faber/Autobedrift Hazet Ochten BV (Tol 5008418).*

> d) Se suministrarán con actualizaciones según disponga el contrato de compraventa".

Finalmente, este artículo ha tenido su trasposición en el art. 115 TRLGDCU:

> "Los bienes, los contenidos o servicios digitales que el empresario entregue o suministre al consumidor o usuario se considerarán conformes con el contrato cuando cumplan los requisitos subjetivos y objetivos establecidos que sean de aplicación siempre que, cuando corresponda, hayan sido instalados o integrados correctamente, todo ello sin perjuicio de los derechos de terceros a los que se refiere el segundo párrafo del artículo 117".

Luego, concretamente el art. 115 bis recoge los criterios subjetivos:

> "Para ser conformes con el contrato, los bienes y los contenidos o servicios digitales deberán cumplir, en particular y cuando sean de aplicación, los siguientes requisitos:
>
> a) Ajustarse a la descripción, tipo de bien, cantidad y calidad y poseer la funcionalidad, compatibilidad, interoperabilidad y demás características que se establezcan en el contrato.
>
> b) Ser aptos para los fines específicos para los que el consumidor o usuario los necesite y que este haya puesto en conocimiento del empresario como muy tarde en el momento de la celebración del contrato, y respecto de los cuales el empresario haya expresado su aceptación.
>
> c) Ser entregados o suministrados junto con todos los accesorios, instrucciones, también en materia de instalación o integración, y asistencia al consumidor o usuario en caso de contenidos digitales según disponga el contrato.
>
> d) Ser suministrados con actualizaciones, en el caso de los bienes, o ser actualizados, en el caso de contenidos o servicios digitales, según se establezca en el contrato en ambos casos."

Para seguir un cierto orden, vamos a analizar el art. 6 de la Directiva 2019/771 con su homólogo, el art. 115 bis TRLGDCU, punto por punto. Asimismo, se va a hacer referencia al viejo art. 116 TRLGDCU para observar cómo ha sido su evolución. Cabe destacar, que, como ya se ha observado antes, la nueva Directiva diferencia entre criterios subjetivos y criterios objetivos[246], mientras que el antiguo art. 116 simplemente establecía una única lista, dónde convivían tanto criterios que se referían directamente al acuerdo contractual como otros que, en cambio, venían a integrar el contrato a pesar de no haber sido expresamente pactados[247]. Si bien esto ha merecido el favor de la doctrina, hay también quién apunta que hubiera sido mucho mejor refundirlos en un solo artículo, pues, al final, están haciendo referencia al mismo aspecto de la contratación, pero desde perspectivas diferentes[248]. Es decir, no habría hecho falta elaborar dos listas diferentes (una sobre criterios subjetivos u otra sobre objetivos), ya que hubiera sido perfectamente posible fijar con claridad esa distinción sirviéndose solo de una lista.

2.1.2.1. *Que los bienes sean acordes a la descripción, tipo, calidad, cantidad y demás características comprometidas*

Si empezamos con el art. 6.a) (art. 115 bis. a) TRLGDCU) lo primero que podemos observar es que resulta completamente novedoso, ya que no se puede encajar en ninguno de los supues-

---

[246] "La distinción entre requisitos subjetivos y objetivos se refiere al hecho de que hay elementos que resultan directamente de la relación entre el consumidor y el empresario (subjetivo) y elementos que solo indirectamente forman parte del contrato porque son razonablemente esperados por el consumidor (objetivo)". *Vid.* MORAIS CARVALHO, J.: "Introducción", cit. p. 39.

[247] AVILÉS GARCÍA, J.: "La nueva conformidad", cit., p. 537.

[248] CASTILLA BAREA, M.: *La nueva regulación*, cit., p. 104, hace referencia a los paralelismos que existen entre el art. 6 y 7 de la Directiva 2019/771.

tos del antiguo art. 116. Llama la atención aquí que sí se hace referencia directamente al contrato de compraventa como fuente principal para determinar la conformidad, cosa que antes no se hacía o, al menos, no quedaba del todo claro. De todos modos, las referencias a conceptos como la descripción, la calidad o el tipo, no resultan innovadoras. Por el contrario, es la nueva referencia a la cantidad como criterio de conformidad[249], lo que no deja de ser sorprendente, pues, en definitiva, ya es una cuestión de interpretación si se considera que no entregar la cantidad pactada (entendemos, inferior a la debida) es un supuesto de falta de entrega o de entrega inexacta[250], siendo la falta de en-

---

249 Considerar que la introducción de la cantidad como criterio de falta de conformidad es una novedad es bastante relativo, porque no es la primera vez que aparece en textos legales. De hecho, el art. 35.1 CV ya lo contemplaba junto con la calidad y tipo como criterios de conformidad que pueden determinarse contractualmente (es decir, lo que vendría a ser un requisito subjetivo de conformidad). Incluso el art. 99.1.a) CESL contemplaba la cantidad como criterio de conformidad, eso sí, lo limitaba a la estipulación contractual, de la misma forma que también lo hace la Convención de Viena. La controversia aquí, radica en que la Directiva 2019/771 no solo lo introduce respecto de los criterios de conformidad subjetivos (lo que parece lo más normal teniendo en cuenta que es uno de los extremos que el contratante suele fijar de manera expresa), sino que también lo hace respecto de los criterios objetivos, como se analizará en el apartado correspondiente, lo que hace plantearse serios interrogantes.

250 En la doctrina española, Carrasco Perera, Á.: "Plazo suplementario para la entrega por parte del empresario vendedor (art. 66 bis TRLGDCU)", *Revista CESCO de Derecho de Consumo*, núm. 14, 2015, p. 169, señala que el art. 18 de la Directiva 2011/83/UE, solo debe interpretarse en el sentido de la falta absoluta de entrega, por lo que ante una falta de entrega inexacta, como es una entrega parcial o falta de entrega configurada como accesoria o secundaria, se remite al régimen general de la resolución contractual. Habida cuenta de la falta de regulación de ese supuesto en la legislación de consumo. No obstante, con la nueva regulación parece lógico que el consumidor no podría acudir al régimen contenido en el

trega, en principio, una eventualidad que, como hemos señalado, estaría fuera de la órbita de la conformidad de los bienes con el contrato. Dicho con otras palabras, algo que no regula la Directiva 2019/771 y que no estaría sometido al régimen de garantías que establece la misma.

Eso sí, ahora no se puede negar que entregar una cantidad inferior a la debida sea un supuesto de falta de conformidad, pues es bastante taxativo el precepto, lo que vendría a confirmar algo que un sector de la doctrina ya ponía de manifiesto[251], y obligaría al consumidor a seguir el régimen previsto para la falta de conformidad en caso de recibir una cantidad de bienes inferior a la debida. Dado que la Directiva es de armonización máxima, parece bastante dudoso que los Estados Miembros puedan, en este caso, conceder la posibilidad de acudir directamente a la resolución del contrato *ex* art.1124 CC (si hablamos de España). Este argumento se vería reforzado por el hecho de que no hay rastro en la transposición española de la posibilidad que concedía el art. 3.7 Directiva 2019/771, es decir, la facultad de optar directamente por la resolución contractual ante defectos precoces que se manifiesten en el plazo de 30 días desde la entrega.

---

art. 1124 CC, sino que deberá pasar por el régimen de garantías al ser considerado directamente por el legislador de la Unión Europea como un supuesto de falta de conformidad.

251 CARRASCO PERERA, Á., CORDERO LOBATO, E. Y MARTÍNEZ ESPÍN, P.: "Trasposición de la Directiva comunitaria sobre venta y garantías de los bienes de consumo", en *Estudios sobre consumo,* núm. 52, 2000, p. 127, ya señalaban que la entrega parcial debía ser tratada como un supuesto de falta de conformidad. Por el contrario, MARTÍNEZ VELENCOSO, L.M.: *La falta de conformidad en la compraventa de bienes,* Barcelona, Bosch, 2007, p. 7, se inclinaba por apuntar que a falta de previsión expresa sobre la cantidad como criterio de conformidad, debía acudirse a las normas internas sobre incumplimiento contractual.

Sentado que la entrega de una cantidad inferior a la debida es un supuesto de falta de conformidad, quedan por despejar una serie de interrogantes que se plantean a su alrededor.

El primero y más lógico es que el régimen relativo a la falta de conformidad casa mal con la naturaleza de una entrega parcial de los bienes[252], es decir, no parece que tenga mucho sentido afirmar que ante una entrega parcial de los bienes lo que procede es la "reparación" o la sustitución". No obstante, desde mi punto de vista, y desde un criterio de interpretación expansivo del principio de conformidad como nuevo paradigma de la contratación actual, hay que considerar la "puesta en conformidad" desde un sentido amplio, de forma que la "reparación" o la "sustitución", no solo debe ser entendida en su sentido estricto de la palabra (cambiar las piezas de un producto, corregirlo, etc.), sino también puede ser completar la prestación, la cual es incompleta o inexacta, esto es, *rectius* reparar la prestación.[253] No olvidemos que ya la Directiva 1999/44, al definir el remedio de la reparación indicaba que se correspondía con "[...] poner el bien de consumo en un estado que sea con-

---

252 En términos similares, se pronuncia ARNAU RAVENTÓS, L.: "Remedios", cit., p. 87.

253 En este sentido, comparto el planteamiento de un sector de la doctrina que, si bien, ya ponía de relieve el poco encaje que podía tener el régimen de garantías con una entrega parcial, al mismo tiempo indicaba que "salvo que esta última expresión [la sustitución] se entienda en el sentido de que debe reemplazarse la prestación ejecutada por la pactada en el contrato", MARÍN LÓPEZ, M.J.: "Comentario al artículo 116", en AA.VV.: *Comentario del Texto Refundido de la Ley General para la Defensa de los Consumidores y Usuarios y otras leyes complementarias*, Thomson Reuters Aranzadi, Pamplona, 2009, p. 1442. Por otro lado, también esta quién, más cercano a mi postura, señalaba que la reclamación de la parte restante "equivale a solicitar la reparación", ARROYO AMAYUELAS, E.: "La propuesta de Directiva relativa a determinados aspectos de los contratos de compraventa en línea y otras ventas de bienes a distancia", *Revista InDret,* núm. 3, 2016, pp. 9–10.

forme al contrato de venta" (art. 1.2.f)). En ese sentido, prescindía de un significado meramente utilitarista del concepto.

El segundo de ellos sería qué sucede cuando no estamos ante una venta de bienes en grupo, sino ante una venta de bienes en sucesivo. A saber, se compra un conjunto de bienes, pero su suministro es progresivo, de forma que, ante la falta de entrega de uno de ellos ¿estaríamos ante un supuesto de falta de entrega absoluto?, o por el contrario ¿estaríamos ante el supuesto de una entrega parcial de los bienes? Para evitar un agravio comparativo cuando la entrega es conjunta en un solo momento, debemos concluir que también sería de aplicación lo analizado en este punto[254].

El tercero de ellos, sería si es posible servirse de otros remedios ante esta situación. Concretamente, si ante una entrega parcial se le podría imponer al acreedor un pago parcial o si el consumidor podría rechazar la entrega de los bienes. Teniendo en cuenta que nada se dice sobre esto en la Directiva, tal y como señala cierta doctrina[255] podemos pensar que, de aplicar las normas nacionales, no se podría compeler al acreedor el pago parcial (art. 1169 CC), pero del mismo modo tampoco se le podría compeler al consumidor aceptar una entrega inexacta[256]. En este sentido, parece ser que, ante el escenario de recibir una entrega incompleta, el consumidor tendría dos opciones: por un lado, aceptar los bienes que ha recibido y exigir la "reparación" del resto, esto es, que se completase la prestación, o, por otro lado, directamente rechazar la entrega y exigir que esta se realizase correctamente en su totalidad.

---

254 ARNAU RAVENTÓS, L.: "Remedios", cit., p. 89.

255 ARNAU RAVENTÓS, L.: "Remedios", cit., p. 86.

256 Esto contrasta con la solución que abría el art. 130.2 CESL, el cual, sí permitía imponer al acreedor un pago parcial, salvo que tuviere un interés legítimo en ello.

Del mismo modo, el empresario no debería verse obligado a recibir un pago parcial, entendemos solo por los bienes que ha entregado. Caso distinto será cuando sea imposible completar la prestación o el empresario se niegue en rotundo, en cuyo caso, se abrirían los remedios subsidiarios de la resolución o la reducción del precio, que sí se podría transformar en un pago parcial, ajustando el precio solo a los bienes recibidos. De todas formas, esto se analizará en el apartado correspondiente dedicado a los remedios, por las especialidades que se introducen, como la resolución parcial del contrato. No obstante, al consumidor siempre le quedaría, a mi modo de ver, la facultad de suspender el pago del precio hasta que no obtenga la entrega completa de los bienes, en el supuesto de que no haya abonado el precio.

El siguiente interrogante y relacionado con el anterior, sería como se procedería ante una entrega excesiva, pues tampoco se dice nada al respecto, pero, por los mismos argumentos, podemos concluir que el consumidor no se vería obligado al recibir más de lo debido y podría rechazar el exceso. Si no lo hace en el momento, tampoco creemos que hubiera motivos para considerar que ha habido una novación contractual, y podría igualmente pretender que se retirase el exceso recibido[257]. Otra cosa sería que el comprador aceptase quedarse el exceso, en cuyo caso si el vendedor estuviera de acuerdo podría tener lugar una novación contractual que daría lugar a la determinación de un nuevo precio.

Para terminar estas consideraciones, simplemente toca hacer referencia a una obviedad y que ya se profundizará en el

---

[257] En términos similares, se pronuncia ARNAU RAVENTÓS, L.: "Remedios", cit., p. 90. Asimismo, el art. 130.3 CESL, permitía al comprador poder aceptar o rechazar el exceso, si lo aceptaba se entendía que había tenido lugar una novación contractual y el comprador debía pagar el nuevo precio.

apartado correspondiente: es el distinto régimen jurídico que desencadenaría la entrega parcial si se considerara como un supuesto de falta de entrega y no como un supuesto de falta de conformidad. Como ya se ha puesto de manifiesto en relación con el *Nachfrist,* la falta de entrega lleva aparejado un régimen distinto consistente en la concesión de un plazo adicional razonable por parte del consumidor, mientras que la falta de conformidad se estructura en torno a la jerarquía de remedios primarios y subsidiarios, siendo posible, como se estudiará, acudir directamente a la resolución contractual en caso de defectos graves. Entonces, la cuestión que también se plantea es si la entrega parcial es un defecto grave que legitimaría directamente al consumidor a solicitar la resolución o, si la respuesta es negativa, en qué medida la entrega parcial habilitaría al consumidor solicitar la resolución del contrato.

Cambiando de tercio, otro de los nuevos términos que nos introduce el artículo 6.a) Directiva 2019/771 es la referencia al "tipo". Claramente, la referencia a la descripción realizada en el contrato de compraventa no entraña mucho misterio, pues simplemente habrá que estar a la descripción que efectivamente se haya realizado sobre el mismo. Sin embargo, la palabra "tipo" no puede ser más ambigua[258], en la medida que tipo suele hacer referencia a la designación de una categoría, pero que puede ser más o menos amplia. Es decir, una chaqueta de cuero es un tipo de chaqueta, pero al mismo tiempo es un tipo de prenda de vestir, un descapotable deportivo es un tipo de automóvil, pero también es un tipo de vehículo en su más amplia concepción[259], por lo que, no queda claro dónde se debe poner el límite. También es nueva la referencia a la calidad en el contrato, si bien esto no debería suponer ningún problema interpretativo, ya que será la calidad en relación con

---

258 TWIGG–FLESNER, C.: "Conformity of Goods", cit., p. 60.

259 TWIGG–FLESNER, C.: "Conformity of Goods", cit., p. 60.

lo dispuesto en el contrato, por lo que debería ser relativamente sencillo comprobar la misma.

Este precepto también resulta interesante por añadir algunos sustantivos al concepto de conformidad, como son la "funcionalidad", "compatibilidad" e "interoperabilidad". Cabe señalar que dichas propiedades, en principio, solo se podrán predicar de bienes con elementos digitales, pues no será posible que un bien "no digital" pueda definir su conformidad con base en dichas características, habida cuenta de la definición que se hace de dichos términos en la Directiva 2019/771. De hecho, es bastante evidente que el legislador pensaba en estos bienes cuando los introdujo. Sin embargo, la doctrina considera que la "funcionalidad" también podría exigirse de un bien sin elementos digitales[260] y, aunque el planteamiento es razonable, en verdad si un bien no cumple su función principal prevista en el contrato es clara su falta de conformidad, sin necesidad de hacer referencia a la "funcionalidad". Lo que pretende dicha expresión, a mi modo de ver, es recalcar la importancia de la variedad de funciones que pueden contener esa clase de bienes y que el vendedor se compromete a proporcionar.

Por lo que respecta al primero, se define funcionalidad como "la capacidad de los contenidos o servicios digitales de realizar sus funciones teniendo en cuenta su finalidad" (art. 2.9 Directiva 2019/771). El contrato podrá garantizar muchas características, como las funciones que presente el bien (múltiples cuando hablamos de bienes inteligentes como relojes, pulseras, dispositivos electrónicos de toda clase), de modo que, si alguna de estas funciones no se incluye finalmente, existiría una falta de conformidad, aún en el caso de que el bien rinda a la perfección.

El siguiente término es su "compatibilidad", algo ciertamente olvidado por la legislación de consumo, pero de una impor-

---

260 Castilla Barea, M.: *La nueva regulación*, cit., p. 112.

tancia capital en la sociedad digital, en la medida que un bien caro y valioso puede convertirse en complemente inservible si no resulta compatible con otros dispositivos que poseemos. Piénsese en unos auriculares "noise–cancelling" o "wireless" que mayormente contienen "software" y precisan de su instalación o también de su emparejamiento con otros bienes informáticos[261]. El art. 2.8 Directiva 2019/771, lo define como "la capacidad de los bienes de funcionar con los aparatos (*hardware*) o programas (*software*) con los cuales se utilizan normalmente los bienes del mismo tipo, sin necesidad de convertir los bienes, aparatos (*hardware*) o programas (*software*)".

Diferenciado de la compatibilidad, pero muy relacionado con ella, también se introduce el término "interoperabilidad", en la medida que algunos de estos dispositivos–accesorios funcionen con otros según se haya previsto. La cuestión aquí será que mientras la compatibilidad tiene que ver con la capacidad de los bienes de funcionar con otros dispositivos o programas con los que se usan normalmente bienes del mismo tipo, la interoperabilidad hace referencia a la capacidad "de funcionar con aparatos (*hardware*) o programas (*software*) distintos de aquellos con los cuales se utilizan normalmente los bienes del mismo tipo" (art. 2.10 Directiva 2019/771).

Quedaría, por último, señalar que este precepto deja abierta la puerta a aceptar otras características que el vendedor pueda eventualmente indicar en el contrato. Sobre esta cuestión resulta especialmente llamativa la ausencia del criterio de

---

261 Los ejemplos son muy variados, es común que determinadas pulseras o relojes inteligentes tengan unos concretos requisitos de compatibilidad. De los que tendrá que informar el vendedor de manera clara y precisa, por ejemplo, el reloj inteligente de una famosa empresa de ordenadores y teléfonos móviles solo es compatible con el móvil de su misma marca. Por ello, será algo que deberá informar claramente en su respectiva publicidad y etiquetado.

"durabilidad" al que sí hacen referencia los criterios objetivos que se analizarán más adelante. De todos modos, como indica cierta doctrina[262], de una lectura del Considerando 32 de la Directiva 2019/771 podemos deducir que perfectamente sería posible considerar la durabilidad como un criterio subjetivo de conformidad del contrato pues, de hecho, el texto legal acaba diciendo que: "en la medida en que la información específica sobre la durabilidad se indique en cualquier declaración precontractual que forma parte de los contratos de compraventa, el consumidor debe poder confiar en ella como parte de los criterios subjetivos de conformidad".

2.1.2.2. Que los bienes sean acordes a los fines específicos solicitados por el consumidor y aceptados por el vendedor

El siguiente criterio subjetivo se corresponde con una posibilidad un tanto peculiar y es que el consumidor haya requerido un uso especial al vendedor[263] y este haya aceptado el mismo. Lo primero que se nos puede venir a la cabeza es que resulta bastante extraño que los bienes de consumo puedan tener otros fines distintos para los que están diseñados: además es normal que se indique por distintos medios (publicidad, etiquetado, etc.) los diferentes usos de los mismos, por lo que si el fin que pretende obtener el consumidor no está previamente

---

[262] "El considerando 32 Directiva 2019/771 determina que la durabilidad puede constituir, según el caso, un criterio subjetivo, y constituirá, siempre y en todo caso, un criterio objetivo de conformidad". *Vid.* García Goldar, M.: "Propuestas para garantizar modalidades de consumo y producción sostenibles (ODS 12)", *Revista de Fomento Social*, Vol. 76/1, núm. 299, 2021, p. 100.

[263] "Serán aptos para los fines específicos para los que el consumidor los necesite y que este haya puesto en conocimiento del vendedor como muy tarde en el momento de la celebración del contrato, y respecto de los cuales el vendedor haya expresado su aceptación".

recalcado lo más habitual será que el bien no lo contemple. No olvidemos que los productos de consumo se fabrican generalmente en masa o en serie, de modo que, salvo que se trate de una obra mueble (hecha bajo las indicaciones del consumidor y que también se contempla en la Directiva), el consumidor poco tendrá que ver en la configuración del contrato en cuestión[264].

Por lo demás, el correcto cumplimiento de este criterio de conformidad, como señala la doctrina, plantea principalmente un problema de prueba[265]. Dada la naturaleza de las compras de consumo, que se desarrollan en un espectro de dinamismo y poca formalidad, parece inverosímil que el consumidor pueda probar que informó al vendedor sobre un determinado fin y este aceptó, a menos que este fin tenga luego reflejo en el contrato de compraventa (porque se incorpore, o porque, en realidad, ya estaba previsto), lo que nos lleva otra vez al contrato de obra mueble como el mejor lugar para que se desarrolle este criterio de conformidad. De todos modos, a mi modo de ver, la inclusión de este criterio de conformidad parece un tanto inne-

---

264 En efecto, parece que la inclusión de este criterio tiene mucho que ver con los contratos de obra mueble contemplados en el art. 3.2 Directiva 2019/771.

265 CASTILLA BAREA, M.: *La nueva regulación*, cit., pp.114–115, la autora señala que la Directiva tampoco profundiza mucho en la forma de verificar el pacto, si son necesarias declaraciones expresas o, por el contrario, bastarían actos concluyentes. En relación con este criterio de conformidad, la doctrina mayoritaria ha considerado que bastaría una aceptación tácita, *vid.*, en este sentido, JUÁREZ TORREJÓN, Á.: *La protección*, cit., p. 175. Sin embargo, en mi opinión, independientemente de aquello que quiera decir la Directiva, si es necesario un pacto expreso o no, no veo otra forma de probar la existencia de dicha admisión por parte del vendedor si no hay un reflejo del mismo en el propio contrato de compraventa, documento que haga las veces de resguardo de la misma u otra forma de verificarlo. No tendría sentido que el comprador pudiera alegar que el vendedor aceptó un uso especial si no se puede verificar fehacientemente.

cesaria, puesto que si se trata de una característica prevista en el contrato de compraventa, su no materialización final se podrá reclamar vía art. 6.a) como un supuesto claro de falta de conformidad subjetiva por no cumplir lo dispuesto en el mismo.

2.1.2.3. Que los bienes se acompañen de los accesorios, así como de las actualizaciones según disponga el contrato

Siguiendo la misma argumentación que el punto anterior, los puntos c) y d) plantean el cumplimiento de otras previsiones contractuales, en este caso, de los accesorios, instrucciones y también en materia de instalación, como también de las actualizaciones según prevea el contrato de compraventa.

Como se puede ver, nos encontramos igual que antes, es decir, en definitiva, dichos preceptos se refieren a concretos pactos contractuales, que deben tener un reflejo en el contrato (al menos algún tipo de prueba de los mismos), valga la redundancia. De lo contrario, poco recorrido pueden tener estos criterios subjetivos de conformidad, lo que, al mismo tiempo, también pone en evidencia su reiteración, esto es, todos se podrían reconducir al 6.a), en la medida que cualquier desviación del programa prestacional es un supuesto de falta de conformidad.

Estos criterios no plantean mucho más misterio, más allá de señalar que por lo que se refiere a los accesorios el art. 1097 CC, indica que: "La obligación de dar cosa determinada comprende la de entregar todos sus accesorios, aunque no hayan sido mencionados". Y, por lo que se refiere a las actualizaciones, entendemos que los bienes, siempre y cuando así lo prevea el contrato y sean susceptibles de ejecutar programas informáticos, deberán suministrar actualizaciones durante un plazo a fijar por el vendedor.

2.1.3. Criterios objetivos

Expuestos los criterios subjetivos de conformidad toca el turno de los criterios objetivos de conformidad, es decir, los requisitos que deben presentar los bienes para ser considerados conformes independientemente de cualquier otra consideración sobre el contrato o los acuerdos de las partes. Es aquí dónde podemos observar la relación que existe entre ambos criterios, pues si bien son complementarios y no existe una jerarquía en su aplicación, tal y como se ha dicho anteriormente, no podemos desconocer que irremediablemente los criterios subjetivos desplazarán a los objetivos en algunos casos, si existe un pacto expreso que de alguna forma deje sin efecto alguno de los objetivos.

El mejor ejemplo de ello es el art. 7.5 que indica que: "No habrá falta de conformidad en el sentido de lo dispuesto en los apartados 1 o 3 cuando, en el momento de la celebración del contrato, el consumidor hubiese sido informado de manera específica de que una determinada característica de los bienes se apartaba de los requisitos objetivos de conformidad establecidos en los apartados 1 o 3 y el consumidor hubiese aceptado de forma expresa y por separado dicha divergencia en el momento de la celebración del contrato de compraventa". En realidad, lo que tenemos aquí no es más que un criterio de conformidad subjetivo (un pacto entre las partes) que está desplazando la aplicación de un criterio objetivo de conformidad.

Dicho esto, vamos a proceder a analizar uno por uno los criterios de conformidad objetivos, que en definitiva son los más interesantes desde un punto de vista interpretativo. Simplemente indicar que, al mismo tiempo que vamos a estudiar los criterios objetivos, tomando como referencia el texto de la Directiva 2019/771, procederemos a señalar su resultado final en la trasposición española[266].

---

[266] Cabe destacar que, TORRELLES TORREA, E.: "Las expectativas del consumidor en los criterios de conformidad del TRLGDCU y CC.Cat.",

2.1.3.1. Que los bienes sean aptos para los fines a los que normalmente se destinen bienes del mismo tipo

El primer precepto a analizar es el art. 7.1.a)[267], el cual reza del siguiente modo:

Cuadernos de Derecho Transnacional, Vol. 15, núm. 1, marzo 2023, p. 852, hace una interesante diferenciación dentro de los criterios objetivos. Concretamente, señala que hay unos que se pueden calificar de absolutos como es el contenido en el art. 7.1.a) de la Directiva 2019/771, otros se clasificarían como relativos pues solo se dan en determinados casos como el referente al art. 7.1.b), mientras que otros directamente estarían en la categoría de supuestos especiales como el relativo a las actualizaciones de seguridad. CÁMARA LAPUENTE, S.: "Un primer balance de las novedades del RDL 7/2021, de 27 de abril para la defensa de los consumidores en el suministro de contendidos y servicios digitales: (La transposición de las Directivas 2019/770 y 2019/771)", *Diario La Ley*, núm. 9887, 2021, pp. 37–38 señala la importancia que pueden tener los criterios objetivos como medida de protección al consumidor, de forma que, una cláusula contractual que de forma sorpresiva para el consumidor pueda alterar el contenido contractual causando un desequilibrio entre precio y contraprestación, por ejemplo, eliminando uno de los criterios objetivos podría ser abusiva por falta de transparencia. A mi parecer, esta claúsula debería ser analizada cuidadosamente pues, como se explicará, es posible establecer un acuerdo expreso mediante el cual se elimine uno de los criterios de conformidad (art. 7.5 Directiva 2019/771).

267 El art. 7 de la Directiva 2019/771 encuentra su homólogo en el nuevo art. 115 ter TRGLDCU. Concretamente, el art. 7.1.a) se corresponde con el 115 ter. 1.a) e indica que:
"1. Además de cumplir cualesquiera requisitos subjetivos para la conformidad, los bienes y los contenidos o servicios digitales deberán cumplir todos los siguientes requisitos:
a) Ser aptos para los fines a los que normalmente se destinen bienes o contenidos o servicios digitales del mismo tipo, teniendo en cuenta, cuando sea de aplicación, toda norma vigente, toda norma técnica existente o, a falta de dicha norma técnica, todo código de conducta específico de la industria del sector."

> "1. Además de cumplir cualesquiera requisitos subjetivos para la conformidad, los bienes: a) serán aptos para los fines a los que normalmente se destinen bienes del mismo tipo, teniendo en cuenta, cuando sea de aplicación, toda norma vigente de la Unión o nacional, toda norma técnica existente o, a falta de dicha norma técnica, todo código de conducta específico de la industria del sector;"

Antes que nada, se puede ver su similitud con el antiguo art. 2.2.c) de la Directiva 1999/44, de hecho, no introduce nada nuevo, salvo el cambio terminológico de hablar de "fines" en lugar de "usos" y la referencia a "toda norma técnica existente o, a falta de dicha norma técnica, todo código de conducta específico de la industria del sector", a lo que nos referiremos en breve.

La doctrina ya ha puesto de manifiesto que, a pesar de estar separados en dos criterios distintos, tanto los "usos" como los "fines" (en otras palabras, el aspecto funcional de los bienes, por mucho que al legislador le guste cambiar de palabras) tienen una íntima relación con las "cualidades y otras características" de los bienes (art. 7.1.d))[268], a lo que añadiría también la "calidad" de los bienes (art. 7.1.b)). Y, perfectamente, podrían encontrarse refundidos en un mismo apartado, dado que, como

---

Como se puede observar, la trasposición respeta perfectamente el contenido de la Directiva, no es de extrañar teniendo en cuenta que la misma es de máximos. Lo único a destacar es que el legislador español ha optado por refundir en un mismo artículo, y, en general, por lo que respecta a otros aspectos, el régimen aplicable a los bienes de consumo y a los contenidos y servicios digitales, pues en la mayoría de casos comparten la misma regulación. Solo, en algunos artículos, se diferencia el régimen que es aplicable a cada a una de las categorías cuando corresponde.

268 CASTILLA BAREA, M.: *La nueva regulación*, cit., p. 117.

ya ha indicado autorizada doctrina[269], "la falta de conformidad relativa al uso o utilidad es, a su vez, falta cualitativa y, además, la más importante y la de mayor frecuencia en la práctica"[270].

Centrándonos ya en su hermenéutica, la doctrina señala que es un criterio que "suscita no pocas cuestiones interpretativas"[271], en la medida que resulta bastante abstracto. Es decir, hay que identificar la clase de los bienes y asignarles unas "funciones razonablemente esperables" en relación con dicha clase. Por ese motivo, se dice que hay que tomar como referencia "la realidad del

---

269 Ortí Vallejo, A.: "La Directiva 1999/44/CE", cit., p. 81, este autor, sigue diciendo: "que la utilidad es lo más importante, lo pone de manifiesto el hecho de que le legislador decimonónico solo considerara relevantes los defectos funcionales (art. 1484 CC)". En efecto, si observamos la jurisprudencia del Supremo en relación con los vicios ocultos, solo los defectos que influían en la utilidad de los bienes son los que obtenían una sentencia estimatoria, y aquellos de poca relevancia que no provocaban una pérdida del interés contractual (la cosa no se volvía inútil para el fin a la que se destinaba) se les consideraba irrelevantes. De todos modos, esta circunstancia ya no ocurre en el ámbito de los bienes de consumo y, tal vez, sea la razón por la que el legislador ha optado por separar dichos criterios. A diferencia de lo que se ha indicado antes, cuando se ha analizado la diferencia existente entre vicios ocultos y falta de conformidad, a efectos del TRLGDCU, un defecto estético, una imperfección, por mucho que sea poco relevante puede dar lugar a la falta de conformidad. Se puede confirmar que el requisito de gravedad ha desaparecido.

270 Este autor también pone de manifiesto que la relación entre la inhabilidad y la falta de calidad es tan cercana que, en realidad, el único defecto que se le ocurre que pueda ser de calidad y no afecte a los fines del bien deberá ser un defecto de pureza de los materiales. Ortí Vallejo, A.: "La Directiva 1999/44/CE", cit., p. 83, piénsese una joya, claramente si un diamante o una pieza de oro tiene menos quilates de los ofertados, habrá una falta de conformidad, aunque a simple vista parezca conforme y pueda cumplir perfectamente su función de accesorio de moda.

271 Castilla Barea, M.: *La nueva regulación*, cit., p. 118.

tráfico sobre los bienes"[272]. Este criterio, en verdad, no es nada nuevo, pues ya tenía su antecedente en el art. 2.2.c) de la Directiva 1999/44 que, a su vez, tomaba como referencia el art. 35.2.a) de la Convención de Viena, el cual indicaba que: "Salvo que las partes hayan pactado otra cosa, las mercaderías no serán conformes al contrato a menos: a) Que sean aptas para los usos a que ordinariamente se destinen mercaderías del mismo tipo"[273].

---

272 CASTILLA BAREA, M.: *La nueva regulación,* cit., p. 118.

273 En ese sentido, la doctrina que ha analizado la Convención de Viena ha puesto de manifiesto que debe poder establecerse: "una correspondencia entre las mercaderías vendidas y un tipo de tráfico", *vid.* MORALES MORENO, A.M.: "Comentario", cit., p. 300. Por lo que respecta a la Directiva 1999/44, tuvimos la trasposición de dichos criterios en los arts. 116.1.b) y d) cuando los bienes no fueran aptos para su uso ordinario o hubiera una falta de calidad y prestaciones habituales de los bienes de su misma clase. Es decir, se hacía referencia a "clase" en lugar de "tipo". Por lo que se refería al uso, la doctrina consideraba que un bien sería conforme en este sentido cuando sirva al uso "que se deriva de la naturaleza de bienes del mismo tipo, por lo que consideraremos que el bien es conforme si es susceptible de servir a los usos que, habitualmente se destinan los bienes de su misma clase", *vid.*, MARÍN LÓPEZ, M. J.: *Las garantías,* cit., p. 103. En cuanto a la calidad, "se considerará falta de conformidad la ausencia de una característica o elemento que debería tener el bien en cuestión, aunque dicho elemento o característica no incurra en una disminución de las prestaciones que pueden llevar a cabo bienes del mismo tipo" y por lo que se refiere a las prestaciones habituales "se considera que se deberá requerir toda característica y elemento que sean necesarios para que se pueda llevar a cabo una utilización del mismo de acuerdo a las finalidades para las que se destina aquel", en estos términos, GUTIÉRREZ DE COS, J.: *La protección,* cit., p. 69. Asimismo, LASHERAS ROMERO, C.: "La falta", cit., p. 224, apunta que: "la idoneidad no se producirá cuando su funcionamiento esté materialmente impedido, cuando dé lugar a resultados sensiblemente inferiores al normal o produjera costes superiores al normal, debiendo ser un defecto relevante en términos de perjuicio económico".

De todos modos, esto al final no resuelve nada, porque el concepto de "tipo" como ya se ha analizado en ámbito de los criterios subjetivos, es muy ambiguo y como señala la doctrina extranjera es completamente *contex–dependent*[274]. Asimismo, poner el foco en la perspectiva del consumidor no ayuda nada, al ser posible que un determinado bien de consumo sea usualmente utilizado para un fin distinto para el que fue creado[275]. El legislador lo suaviza después indicando que a estos efectos se tendrá en cuenta: "toda norma vigente de la Unión o nacional, toda norma técnica existente o, a falta de dicha norma técnica, todo código de conducta específico de la industria del sector", lo que parece que busque una interpretación desde el punto de vista del vendedor[276]. De todos modos, ante la duda siempre será posible realizar una interpretación *pro consumatore*, pero esto puede dar lugar a resultados muy inseguros. No es lo mismo que se interprete como "los fines a los que normalmente [los consumi-

---

274 TWIGG–FLESNER, C.: "Conformity of Goods", cit., p. 60.

275 TWIGG–FLESNER, C.: "Conformity of Goods", cit., pp. 60–61, pone un ejemplo bastante curioso, señala que los destornilladores se usan muchas veces para abrir botes de pintura, a falta de un abrelatas, aunque el fin para el que fueron creados es quitar y poner tornillos. En realidad, lo que quiere manifestar es la poca finura del legislador de la Unión Europea a la hora de redactar el precepto, que lo hace demasiado enfocado en la perspectiva del consumidor cuando en realidad, debería poner la atención en el lado del proveedor "*supplier*". Esto contrasta con la *UK's Consumer Rights Act,* que en su art. 9.3.a) se pone en la perspectiva del "*supplier*" cuando dice *"purposes for which the goods are usually supplied"*.

276 AVILÉS GARCÍA, J.: "La nueva conformidad", cit., p. 543, indica que esto supone que "la normativa sectorial reguladora de la naturaleza y características propias sobre determinados bienes, materiales o componentes pasan a formar parte de los criterios adyacentes para esclarecer determinadas faltas de conformidad en sectores relevantes, como pueden ser, por ejemplo, el sector de la automoción o los electrodomésticos, al que va unido un mercado creciente de piezas digitalizadas, cada vez en mayor número y complejidad".

dores] destinen bienes del mismo tipo", que "los fines a los que normalmente [los vendedores] destinen bienes del mismo tipo".

Ante esta situación tenemos dos límites. Por un lado, el criterio de "normalidad" nunca permitiría poder relacionar un bien con un destino poco común, por mucho que haya bienes de la misma clase que sean capaces de hacer dicho fin. Por otro lado, contemplado lo anterior, el vendedor siempre podrá protegerse haciendo uso del art. 7.5 que ya hemos puesto de manifiesto, en el supuesto de que sepa que un determinado bien que comercializa no responde a un fin al que normalmente se destinan bienes de la misma clase. Poniendo un ejemplo, si un vendedor comercializa *smartphones,* sabrá que estos dispositivos no se usan normalmente solo para comunicarse, sino también para descargarse otras *apps* o juegos que nada tienen que ver con la comunicación, hacer fotografías, *selfies*, etc. Por tanto, si su móvil no tiene cámara tendrá que indicarlo. Al final, todo esto se reduce a una buena comunicación con el consumidor, de forma que, mediante, la publicidad, el etiquetado, etc.; el consumidor esté bien informado de las características de los productos y no se lleve ninguna "sorpresa" cuando adquiera los mismos con una idea en mente.

2.1.3.2. Que los bienes se correspondan a la muestra o modelo facilitado por el vendedor

El siguiente criterio de conformidad es el relativo a la muestra o modelo:

> "b) cuando sea de aplicación, poseerán la calidad y corresponderán a la descripción de la muestra o modelo que el vendedor hubiese facilitado al consumidor antes de la celebración del contrato;"[277]

---

[277] El art. 7.1.b), encuentra su equivalente en el art. 115 ter.1. b): "Cuando sea de aplicación, poseer la calidad y corresponder con la descripción de la muestra o modelo del bien o ser conformes con la versión

Lo primero que llama la atención es la similitud del precepto con el art. 327 C.Com., pues este artículo ya hacía referencia a que:

> "Si la venta de hiciere sobre muestras o determinando calidad conocida en el comercio, el comprador no podrá rehusar el recibo de los géneros contratados, si fueren conformes a las muestras o la calidad prefijada en el contrato.
>
> En el caso de que el comprador se negare a recibirlos, se nombrarán peritos por ambas partes que decidirán si los géneros son o no de recibo. Si los peritos declarasen ser de recibo, se estimará consumada la venta, y en el caso contrario, se rescindirá el contrato, sin perjuicio de la indemnización a que tenga derecho el comprador"

Por lo que podríamos concluir que, de alguna forma, la conformidad ya estaba prevista en la regulación del Código de Comercio. De todos modos, hay que hacer ciertas precisiones: este artículo permitiría al comprador rechazar el género si no se corresponde lo recibido con lo contratado (con base en un modelo antes mostrado) en el momento de la entrega. Es decir, si el comprador advierte la discrepancia entre el modelo antes mostrado y el bien o bienes recibidos cuando se efectúa la entrega podrá rechazarlo, en cambio, si acepta la entrega no podrá rehusarlos después.

Por el contrario, cuando nos encontramos en una venta de consumo, el funcionamiento de los criterios de conformidad consistiría, en teoría, en que dicha discrepancia es impercepti-

---

de prueba o vista previa del contenido o servicio digital que el empresario hubiese puesto a disposición del consumidor o usuario antes de la celebración del contrato." Aquí podemos también observar como en la trasposición se ha fusionado la regulación de los bienes de consumo con la de los contenidos y servicios digitales. En este caso, no haciendo referencia a la muestra o modelo sino a la versión de prueba o vista previa. De todos modos, las consideraciones que se hagan para unos también serán de aplicación para los otros.

ble y se manifiesta después en el plazo de garantía. Sin embargo, a mi modo de ver, nada impediría que se pudiera rechazar la entrega si justo en el momento en que se sirven los bienes se percata el comprador de la disconformidad. Incluso, como ya he dicho anteriormente, entiendo que el comprador no estaría obligado a advertir la falta de conformidad en el momento de recibir los bienes, aunque estuviera a la vista, pudiendo posteriormente reclamar la puesta en conformidad, siempre y cuando se diesen los requisitos para ello. En resumen, considero que no hay una obligación de diligencia específica de comprobar y examinar el bien a su riesgo en este tipo de compraventas.

Esto vendría a demostrar que la "venta de muestra", tal y como la ha definido la doctrina[278] no es atípica en nuestro derecho, sino que ya tiene ejemplos como los vistos. Entonces, queda por fijar cuál es el valor que puede tener la muestra o modelo a efectos de determinar el cumplimiento del contrato o no. Especialmente, cuando en la venta de consumo tenemos otros parámetros y no solo ese para establecer la conformidad con el contrato.

A este respecto entendemos, que los otros criterios no son excluyentes y todos vendrían a estar interrelacionados. Efectivamente, si el vendedor le entrega una muestra al comprador, este último podrá exigir al primero que todas las características observadas en ella se cumplan en el bien definitivamente entregado[279]. Pero del mismo modo, el vendedor podrá ajustar la

---

278 MARÍN LÓPEZ, M.J.: "La muestra o modelo como parámetro de conformidad del bien vendido", *Revista CESCO de Derecho de Consumo*, núm. 4, 2012, p, 214. Se trata de una compraventa que "se caracteriza por la forma especial de determinación del género al que ha de pertenecer la cosa que se entregue".

279 MORALES MORENO, A.M.: "Art. 35", cit., p. 303, llama a esta cualidad la "función atributiva" de la muestra. La cual vendría a obligar al vendedor a entregar bienes que se correspondan con ella tanto por lo que respecta al tipo como a la calidad. Asimismo, la muestra puede jugar a favor del vendedor en el sentido de que el comprador

configuración del contrato, vía otros criterios de conformidad, y que no se circunscriba exclusivamente a dicho modelo, por ejemplo, a través del etiquetado que haga del bien, de su descripción, de sus propias declaraciones, etc. Claramente, esto puede ser tanto negativo, como positivo, de modo que, no se puedan añadir nuevas características, como quitar algunas que estaban presentes en la muestra o modelo.

Lo que no puede suplir la muestra o modelo es el funcionamiento de los criterios de conformidad con carácter general. Como indica cierta autora, la muestra o modelo puede servir para representar el bien que se va a entregar con posterioridad al comprador, pero no sirve para entender cumplido el contrato cuando se entregan varios bienes[280]. Dicho en otras palabras, no excluiría la comprobación de conformidad, el hecho que se entregase un bien conforme del lote para que el consumidor aceptara la conformidad de la totalidad.

Para terminar, la doctrina se ha hecho eco de los evidentes problemas de prueba que puede generar este tipo de compraventa[281]. Por un lado, por lo complicado que puede resultar acreditar que la compraventa se ha celebrado usando una muestra o modelo, salvo que se indique en el contrato. Por otro lado, porque aun entendiendo que la compraventa responde a este esquema, el consumidor va a tener graves dificultades para poder servirse de la misma como prueba, concretamente, porque el modelo lo tendrá el vendedor, así que la única solución

---

no podrá exigir ninguna característica que estuviera presente en el bien cuando se lo mostró. Esto es lo que el citado autor denomina "función excluyente" de la muestra o modelo.

280 Castilla Barea, M.: *La nueva regulación*, cit., p. 121.

281 Morales Moreno, A.M.: "Art. 35", cit., p. 311, este autor también indica que dadas las peculiaridades probatorias de este extremo tendrá que ser el que alegue la falta de concordancia quien pruebe la utilización de la muestra o modelo.

consistiría en su consignación cuando se celebra el contrato. Sin embargo, parece algo completamente excesivo para el tipo de tráfico del que hablamos, en definitiva, hoy en día resulta mucho más relevante la referencia a la publicidad, al etiquetado y a las descripciones del vendedor teniendo en cuenta las tendencias actuales de marketing que, a su vez, garantizan una mayor seguridad a efectos de prueba (véase un anuncio, ya sea en la web, en redes sociales, la vía pública, etc.). Por mucho que nada impida al vendedor hacer uso de modelos en su tienda física de cara al consumidor, al final, los criterios están interrelacionados y unos no excluyen a los otros.

2.1.3.3. Que los bienes se entreguen junto con accesorios, embalaje e instrucciones que el consumidor pueda razonablemente esperar recibir

El siguiente criterio a analizar es el art.: 7.1.c):

"c) cuando sea de aplicación, se entregarán junto con los accesorios, en particular el embalaje, y las instrucciones de instalación o de otro tipo que el consumidor pueda razonablemente esperar recibir"[282]

Este artículo viene a ser prácticamente una copia del 6.c), pero referido a los requisitos objetivos. Por tanto, en este caso no estamos analizando, por ejemplo, aquellos accesorios que el vendedor se ha obligado a entregar, pues los requisitos objetivos no se refieren a los acuerdos expresos de las partes, sino a lo que razonablemente puede esperar el consumidor recibir, que también integra el deber de conformidad como se ha ana-

---

[282] Como viene siendo habitual este artículo encuentra su reflejo en el art. 115 ter.1.c): "Cuando sea de aplicación, entregarse o suministrarse junto con los accesorios, en particular el embalaje, y las instrucciones que el consumidor y usuario pueda razonablemente esperar recibir."

lizado. El problema radicaría en cómo se puede objetivamente determinar qué es lo que el consumidor puede esperar recibir al contrato, algo a lo que nos hemos referido ya con anterioridad cuando se analizaban las funciones de los bienes en el apartado a), pero en ese supuesto referido a la "normalidad"[283].

La Directiva 2019/771 nos ayuda un poco en su Considerando 24 cuando dice: "Con el fin de equilibrar el requisito de seguridad jurídica con una flexibilidad adecuada de las normas legales, cualquier referencia en la presente Directiva a lo que se puede esperar de una persona o a lo que una persona puede esperar debe entenderse como una referencia a lo que se pueda razonablemente esperar. El criterio de razonabilidad debe ser objetivamente determinable teniendo en cuenta la naturaleza y la finalidad del contrato, las circunstancias del caso y los usos y prácticas de las partes implicadas."

Por tanto, lo que razonablemente puede esperar el consumidor debe ir básicamente en la línea de lo que sea típico en dicho contrato, lo habitual en las prácticas y usos del sector. De lo contrario no se podría determinar de forma objetiva lo esperable en este extremo. En consecuencia, si no es habitual recibir un paquete reciclable, no se podrá exigir. Diferente será el hecho que en ese ámbito sí que sea habitual o sean las prácticas

---

283 El debate de la razonabilidad es muy antiguo y, al final, nos lleva a la figura del hombre razonable como parámetro de referencia de la misma forma que respecto de la diligencia tenemos al buen padre de familia, TORRELLES TORREA, E.: "Las expectativas", cit., p. 21. La razonabilidad es un término indeterminado que puede variar dependiendo de la escala de valores sociales, por lo que a la postre resulta muy dúctil y flexible. A este respecto, véase ZAGREBELSKY, S.: "Introduzione", en ALEXY, R.: Concetto e validità del diritto (traducción italiana de F. Fiore), Einaudi, Torino, 1997, p. 13, y PASTORE, B.: "Fonti normative, legalità e legittimità: l'unità della ragionevolezza", *Queste Istittuzioni*, núm. 87/88, 1991, pp. 60–64.

comunes[284]. También nos podemos plantear si es razonable o no que el consumidor pueda esperar recibir un manual de instrucciones o un cargador en el caso de un teléfono móvil. Pues bien, si las prácticas en el sector cambian y es habitual no incluirlos en pro de una mejora medioambiental, el consumidor tampoco podrá esperar recibirlo[285].

De todos modos, ante la duda, el vendedor siempre tiene una herramienta a su disposición en caso de que pueda pensar

---

284 TWIGG–FLESNER, C.: "Conformity of Goods", cit., p. 64, para poner de relieve lo controvertido de esta determinación plantea que lo que razonablemente puede esperar el consumidor siempre tendrá cierta subjetividad, y pone como ejemplo que el consumidor espere recibir un paquete o embalaje reciclable. Sin embargo, como sostengo, creo que esa exigencia podrá comprobarse atendiendo a lo que sea habitual en el ámbito o sector de que se trate.

285 Esta pregunta puede surgir en relación con la nueva práctica de cierta empresa tecnológica de no incluir el cargador de su teléfono móvil. Obviamente, esto podría dar lugar a una falta de conformidad, pero si se indica cuidadosamente en su publicidad, etiquetado, descripciones o declaraciones que hace el vendedor en ningún momento podría el consumidor alegar que no se le informó de dicha carencia. Pero, como digo, si se convierte en una práctica habitual en el sector, el consumidor no podrá ni siquiera esperar que se vaya a incluir. Esto recuerda a la eliminación de los manuales de instrucciones que antaño acompañaban a los videojuegos. En los años 90 y 00, era habitual que los videojuegos incluyesen en su carátula un pequeño manual de instrucciones en el cual se exponía de que trataba el videojuego, se explicaban los controles, se daban consejos para superarlo, etc. No obstante, desde hace años con el objeto de reducir costes, posiblemente también por cuestiones ambientales y, sin lugar a dudas, por la explosión de páginas web en las cuales era y sigue siendo posible consultar guías de los videojuegos (ya fueran oficiales o no), se decidió prescindir de los pequeños manuales. Por lo que, hoy en día, cuando un jugador compra un videojuego físico no espera recibir un manual de instrucciones. De hecho, la nostalgia por ellos es tal, que actualmente los viejos manuales cotizan en mercados de internet a precios muy altos.

que el consumidor va a esperar recibir un elemento que ya no quieren incluir en el bien. Esto es, la advertencia del art. 7.5 a la que hecho referencia cuando hablaba del criterio de conformidad de art. 7.1.a), consistente en simplemente indicar al consumidor que no se incluirá un concreto accesorio o embalaje.

2.1.3.4. *Que los bienes presenten la cantidad, cualidades y otras características que el consumidor pueda razonablemente esperar según la naturaleza de los bienes y teniendo en cuenta las declaraciones públicas realizadas*

Si continuamos analizando la norma, el siguiente precepto es el 7.1.d) que vendría a cerrar los requisitos objetivos de conformidad. Y, asimismo, es el que más dudas interpretativas plantea:

> "d) presentarán la cantidad y poseerán las cualidades y otras características, en particular respecto de la durabilidad, funcionalidad, compatibilidad y seguridad, que presentan normalmente bienes del mismo tipo y que el consumidor pueda razonablemente esperar, dada la naturaleza de los bienes y teniendo en cuenta cualquier declaración pública realizada por el vendedor, o en su nombre, por otras personas en fases previas de la cadena de transacciones, incluido el productor, especialmente en la publicidad o el etiquetado."[286]

---

[286] Este artículo se corresponde con el nuevo art. 115 ter.1. d) TRLGDCU: "Presentar la cantidad y poseer las cualidades y otras características, en particular respecto de la durabilidad del bien, la accesibilidad y continuidad del contenido o servicio digital y la funcionalidad, compatibilidad y seguridad que presentan normalmente los bienes y los contenidos o servicios digitales del mismo tipo y que el consumidor o usuario pueda razonablemente esperar, dada la naturaleza de los mismos y teniendo en cuenta cualquier declaración pública realizada por el empresario, o en su nombre, o por otras personas en fases previas de la cadena de transacciones, incluido el productor, especialmente en la publicidad o el etiquetado. El empresario

Como se puede observar, a la dificultad interpretativa de todos los términos que se incluyen en el artículo, se añade el hecho que, para el cumplimiento de este extremo, se podrá tener en cuenta cualquier "declaración pública" que haga el vendedor (pero también en su nombre otros sujetos en la cadena, como puede ser el productor), sin concretar exactamente qué será esa declaración pública a la que se refiere y que, por lógica podrá ser algo distinto a la publicidad o etiquetado, en la medida que se dice "especialmente". También nos puede surgir la duda si una declaración, en realidad, no formaría parte del contrato y debería tratarse de un criterio subjetivo. De todos modos, esta duda se puede disipar rápidamente, pues justamente la función de estos criterios es integrar el contrato, de forma que no es necesario que exista un acuerdo expreso entre las partes para que tengan aplicación. Es ahí donde se ve la diferencia clara con los criterios subjetivos de conformidad,

---

no quedará obligado por tales declaraciones públicas, si demuestra alguno de los siguientes hechos:
1.º Que desconocía y no cabía razonablemente esperar que conociera la declaración en cuestión.
2.º Que, en el momento de la celebración del contrato, la declaración pública había sido corregida del mismo o similar modo en el que había sido realizada.
3.º Que la declaración pública no pudo influir en la decisión de adquirir el bien o el contenido o servicio digital."
Tal y como se desprende del artículo, se pueden detectar dos decisiones que ha tomado el legislador español en la trasposición. La primera se concreta en que, como ya estamos comprobando, incluye a los contenidos y servicios digitales en el mismo artículo, pues también son de aplicación los criterios objetivos a este tipo de contratos. La segunda, ha sido incluir en el mismo precepto el art. 7.2 de la Directiva 2019/771, pues se refiere directamente a las exclusiones aplicativas de las "declaraciones públicas" que se incluyen en el art. 7.1.d). De todos modos, por claridad en el análisis nos referiremos a dichas exclusiones en el siguiente epígrafe, y seguiremos, por tanto, el *iter* normativo por el que opta la Directiva 2019/771.

en la medida que son igualmente contenido contractual. Habida cuenta de que una declaración publicitaria puede vincular exactamente igual que una cláusula negociada entre las partes.

El recurso consistente en hacer referencia a lo que el consumidor puede "razonablemente esperar" según la naturaleza de los bienes es muy similar al del art. 7.1.a), y, en consecuencia, entraña la misma dificultad, y es categorizar a los bienes según un tipo o, en este caso, una naturaleza[287]. No obstante, podemos pensar que vendría a ser lo mismo y podría jugar como un sinónimo de tipo. Igualmente, el criterio de "razonabilidad" se puede corresponder con el de "normalidad".

Por lo que se refiere a cualidades y otras características, sorprende su inclusión, tal y como ya se ha dicho con anterioridad[288], podría haberse refundido con lo señalado en el art. 7.1.a), en la medida que funciones y cualidades o características de los bienes, están íntimamente relacionados. Es decir, el defecto cualitativo por excelencia suele coincidir con la inhabilidad del objeto para su función o alguna de sus funciones. De hecho, resulta también un tanto redundante que además se haga referencia a la "funcionalidad", cuando es evidente que presentar la "funcionalidad" que se espera del bien es prácticamente lo mismo que "ser apto para los fines" a los que destina, si bien, como he señalado en un apartado anterior[289], "lo que pretende dicha expresión a mi modo de ver es recalcar la importancia de la variedad de funciones que pueden contener esa clase de bienes [digitales] y que el vendedor se compromete a proporcionar". Esto es, vendría a destacar la multiplicidad de funciones que pueden incluir los bienes con elementos digitales, aunque, en este caso, no son las que el vendedor se compromete expresamente a proporcionar,

---

287 Twigg–Flesner, C.: "Conformity of Goods", cit., p. 65.

288 Ver epígrafe art. 7.1.a).

289 Ver epígrafe art. 6.a).

sino las que el consumidor puede esperar teniendo en cuenta la naturaleza del bien en cuestión.

Esto nos lleva a la problemática de abstracción que generan todos estos términos cuando los relacionamos con requisitos objetivos de conformidad. Si seguimos con ellos, el primero que llama la atención es la "cantidad". No parece que tenga mucho sentido incluir la cantidad como requisito objetivo de conformidad cuando se corresponde con algo que el consumidor escoge expresamente. De hecho, es una de las pocas cosas que el comprador puede elegir a su antojo en la compraventa de consumo. Salvo que se refiera a algo más profundo, es decir, que algunos bienes se suelen vender en ciertas cantidades y no tiene mucho sentido comprar uno solo. Por ejemplo, cuando se adquiere una caja de tapones para los oídos, la caja incluye varios pares, tal vez, en total diez tapones. De todos modos, volveríamos a lo mismo, seguramente la caja ya indica que dentro hay diez tapones, por lo que, en verdad, no sería algo que solamente el consumidor espera por ser propio de este tipo de bienes, sino porque lo ha leído en la caja.

No obstante, los cambios no acaban ahí pues también se indica que los bienes deberán poseer "durabilidad" y "seguridad". En ese sentido, también nos podemos plantear en qué medida podemos fijar la durabilidad de los bienes y, más aún, como puede el vendedor o productor informar sobre ella de una forma transparente, habida cuenta del fenómeno de la "obsolescencia programada" que muchos conocemos[290]. Lo que sí que es segu-

290 Sobre esta cuestión es interesante recordar lo apuntado por el Parlamento Europeo en 2017 cuando abogaba: "por una mayor transparencia en lo que respecta a la evolución, las actualizaciones de seguridad y la durabilidad, todos ellos aspectos necesarios para el funcionamiento tanto de los programas como del soporte físico". Resolución del PE sobre "La vida útil más larga para los productos: ventajas para los consumidores y las empresas", 4 julio 2017, Considerandos

ro es que, por ejemplo, en España los bienes presentarán una mayor durabilidad a causa del aumento del plazo de garantía de los mismos, habida cuenta de que, si estos deben ser conformes durante el nuevo plazo de 3 años, su calidad deberá ser superior. No obstante, el aumento tan radical del plazo de conformidad de los bienes nos puede hacer pensar en qué medida se va a poder diferenciar un defecto de conformidad causado por una incorrecta "durabilidad del bien" o, por el contrario, un degaste producido por un uso normal o, incluso indebido del bien.

Lo primero que me viene a la cabeza es el impacto de las baterías de litio en la durabilidad de los bienes, que ya no solo se incluyen en *smartphones* o *laptops*, sino también en vehículos, y son conocidas por su deterioro constante en la medida que se utiliza el bien. Por tanto, en qué forma se puede fijar la degradación de la batería como un defecto de conformidad o como algo inherente al uso normal de bien, cuando es relativamente sencillo que una batería de móvil no alcance una duración de 3 años, lo que hace pensar que el aumento de la garantía puede no ser más que una declaración de buenas intenciones en algunos casos, en la medida que este problema se puede convertir en él más habitual una vez transcurridos los 2 primeros años de garantía.

Respecto de la seguridad, llama especialmente la atención si pensamos en bienes con elementos digitales, puesto que eso implicaría necesariamente que el vendedor debería proporcio-

---

37 y 38, C 334/67 (DOUE 19 agosto 2018). Coincide la doctrina en considerar que los avances en durabilidad que propone la Directiva son, en realidad, bastante "tímidos" pues poco se puede esperar de esta teniendo en cuenta el problema de la obsolescencia programada o planificada, cuando la Directiva solamente obliga a establecer períodos de garantía de dos años. *Vid.*, a este respecto, García Goldar, M.: "Propuestas", cit., p. 100, Morais Carvalho, J.: "Introducción", cit., p. 39 y Michel, A. y Van Gool, E.: "The New Consumer Sales Directive 2019/771 and Sustainable Consumption", *Journal of European Consumer and Market Law*, núm. 4, 2021, pp. 136 –148.

nar actualizaciones de seguridad ya lo previese el contrato o no. Al menos, durante el plazo de garantía legal, debido a que, sin dichas actualizaciones, es muy seguro que el dispositivo en cuestión sea víctima de *malware* como virus, troyanos, *spyware*, etc. Con carácter general, entendemos que los bienes deberán presentar las medidas de seguridad necesarias para que estos no dañen al usuario o a sí mismos por un uso normal y adecuado.

El siguiente término es la compatibilidad, la cual también plantea un problema de abstracción, ya que lo lógico será que el vendedor lo indique expresamente, para que el consumidor pueda conocer con seguridad cuáles son los bienes con los que el bien que ha comprado es compatible, y no algo que deba imaginarse el comprador. De todos modos, podemos entender que, si es habitual que cierta clase de auriculares *bluetooth* sean compatibles con una gama amplia de dispositivos, el consumidor pueda esperarlo.[291] En cambio, si cierta clase de *smartwatches* solo son compatibles con los móviles de su compañía y no es posible emparejarlos con otros *smartphones*, el consumidor no podrá esperar algo distinto. Claro está, al vendedor siempre le queda el recurso de excluir la aplicación de este requisito de conformidad con una declaración en contrario, por lo que, en definitiva, la aplicación de este criterio de conformidad puede quedar muy limitada en la práctica. Lo habitual, como vengo diciendo, será que el vendedor describa con precisión cuales son las compatibilidades del dispositivo en cuestión.

Por último, es interesante señalar que ha desaparecido cualquier referencia a la interoperabilidad en los criterios objetivos, sí presente, en cambio, en el apartado relativo a los crite-

---

291 Si definimos a la compatibilidad según el art. 2.8 Directiva 2019/771 como: "la capacidad de los bienes de funcionar con los aparatos (*hardware*) o programas (*software*) con los cuales se utilizan normalmente los bienes del mismo tipo, sin necesidad de convertir los bienes, aparatos (*hardware*) o programas (*software*)."

rios subjetivos. La distinción tiene sentido desde el momento en que por definición la interoperabilidad se define como "la capacidad de funcionar con aparatos (*hardware*) o programas (*software*) distintos de aquellos con los cuales se utilizan normalmente los bienes del mismo tipo" (art. 2.10 Directiva 2019/771). En este sentido, sería absolutamente incoherente que la interoperabilidad fuese un criterio objetivo de conformidad, cuando la interoperabilidad consiste, justamente, en la capacidad de operar con dispositivos con los que normalmente no funciona esa clase o tipo de bien.

En segundo lugar, el presente precepto pone en valor la incorporación de la publicidad, el etiquetado, así como, cualquier declaración pública, en el acuerdo contractual. Esto es, no cabe duda del papel de integración del contrato presente en este aspecto. Si la primera parte hacía referencia a las características que el consumidor puede razonablemente esperar dada la naturaleza de los bienes, aunque no existan referencias expresas a ella, esta segunda parte, señala que también habremos de tener en cuenta las declaraciones públicas, la publicidad y el etiquetado para fijar la conformidad de los bienes, aunque en el contrato no se incluyesen expresamente: he ahí el valor integrador del contrato.

Antes que nada, conviene poner de relieve, como ya se ha adelantado antes, lo enigmático que puede resultar la referencia a las "declaraciones públicas". Dado que cuesta mucho imaginar un tipo de declaración pública capaz de integrar el contrato que sea distinto a la publicidad o, incluso, al etiquetado[292]. Eso sí, como mínimo, este tipo de declaraciones públicas

---

292 Esa misma pregunta se plantea CASTILLA BAREA, M.: *La nueva regulación*, cit., p. 128, ya que, tal y como está redactado el precepto, parece que existan otras declaraciones públicas distintas a la publicidad y el etiquetado capaces de provocar el mismo efecto, si bien, lo habitual para dirigir una declaración a un público indeterminado es

nunca se podrán referir (en verdad, sí lo podrían hacer, pero no tendrían ningún valor) a cuestiones ajenas a las cualidades o características de los bienes en los términos señalados en las páginas anteriores, pues es evidente como la letra de la ley lo limita a estos extremos. En ese sentido, este artículo no alcanzaría a cuestiones como el precio o las condiciones de venta del producto, que tendrán sus propias vías legales[293]. Para terminar, no haría falta señalar que para que dichas declaraciones públicas puedan ser vinculantes para el vendedor deberán también guiarse por un criterio de "razonabilidad", es decir, deberán ser

---

el uso de la publicidad, como la prensa, la radio, la televisión, ahora también, añadiría yo, ciertos portales como YouTube o Twitch. Entonces, sigue diciendo la autora que, quizás, se pueda encuadrar en "afirmaciones a viva voz de un vendedor ambulante", aunque concluye que no cree que el legislador de la Unión Europea estuviera pensando en ello cuando redactó el precepto. En definitiva, lo más plausible es que estas divagaciones no tengan mucho recorrido, pues ante la dificultad discernir a qué podría estar refiriéndose la norma, la mayoría de la doctrina opina que no sería más que una forma amplia de referirse a distintos tipos de publicidad, pero que no estaría incluyendo nada nuevo. Cfr. SANZ VALENTÍN, L.A.: "La Directiva 1999/44/CE", cit., pp. 1081–1082, CORRAL GARCÍA, E.: "La Directiva 1999/44/CE", cit., pp. 532–533, y ORTÍ VALLEJO, A.: "La Directiva 1999/44/CE", cit., p. 67.

293 Tanto PINO ABAD, M.: "La relevancia negocial de la publicidad comercial: integración publicitaria del contrato celebrado con consumidores" en AA.VV.: *La defensa de los consumidores y usuarios* (dirs. M. REBOLLO PUIG Y M. IZQUIERDO CARRASCO), Iustel, Madrid, 2011, como FONT GALÁN, J. I.: "Publicidad comercial y contrato con consumidores. Conexiones funcionales y normativas: sustantivación obligacional e integración contractual de las ofertas promocionales y publicitarias", en AA.VV.: *La defensa de los consumidores y usuarios* (dirs. M. REBOLLO PUIG Y M. IZQUIERDO CARRASCO), Iustel, Madrid, 2011, ponen de relieve, que el precio dista mucho de ser una cualidad intrínseca del bien, circunstancia a la que se refiere el art. 7.1.d) Directiva 2019/771, pues se trata de una cuestión económica que depende de las variables que rigen el mercado, concretamente la oferta y la demanda.

capaces de generar una confianza justificada en el consumidor que sea digna de protección por el principio de buena fe[294].

Dicho esto, he de referirme al elemento más importante en la práctica, la publicidad. Para empezar, teniendo en cuenta que esta se encuentra ya regulada y definida por nuestro ordenamiento jurídico y no habiendo motivos para considerar que esta regulación sea contradictoria con lo dispuesto en la Directiva 2019/771, vamos a partir de este acervo previo para analizar que trascendencia tiene su inclusión como criterio de conformidad[295].

Que la publicidad es vinculante para el vendedor es algo de lo que no cabe ninguna duda, ya no solo a efectos de la compraventa de consumo (desde la Directiva 1999/44/CE se incluye a la publicidad como fuente del deber de conformidad), sino también desde el prisma general de la contratación de consumo a tenor del art. 61 TRLGDCU[296]. La cuestión como

---

294 Castilla Barea, M.: *La nueva regulación*, cit., p. 130.

295 La definición de publicidad se contiene como es sabido en la Ley 34/1998, de 11 de noviembre, General de Publicidad, cuyo artículo 2 reza del siguiente modo: "Toda forma de comunicación realizada por una persona física o jurídica, pública o privada, en el ejercicio de una actividad comercial, industrial, artesanal o profesional, con el fin de promover de forma directa o indirecta la contratación de bienes muebles o inmuebles, servicios, derechos y obligaciones." Esta definición trae causa del art. 2º.1) de la Directiva 84/450/CEE del Consejo, de 10 de septiembre de 1984, sobre publicidad engañosa y publicidad comparativa, cuya trasposición se llevó a cabo en la antedicha Ley General de Publicidad. Cabe destacar que hay ligeras variaciones respecto del texto original, pues la Directiva señalaba que: "A los fines de la presente Directiva, se entenderá por: 1) Publicidad, toda forma de comunicación realizada en el marco de una actividad comercial, industrial, artesanal o liberal con el fin de promover el suministro de bienes o la prestación de servicios, incluidos los bienes inmuebles, los derechos y las obligaciones".

296 El art. 61 TRLGDCU señala que: "1. La oferta, promoción y publicidad de los bienes o servicios se ajustarán a su naturaleza, caracterís-

dice autorizada doctrina, no es ya que la publicidad integre el contrato, sino en qué modo lo hace[297].

Primeramente, la doctrina suele recalcar el fundamento por el cual la publicidad integraría el contrato y, posteriormente, cuándo se puede entender incluida la misma en el contrato, pues también tiene sus límites y no siempre lo hará.

Por lo que respecta a su fundamento, como he indicado antes, en el caso de la compraventa de consumo, en general, partiría directamente del art. 61 TRLGDCU, si bien, más concretamente del presente art. 7.1.d) Directiva 2019/771, debido a que el primero trata del valor de publicidad como integradora del contrato y el segundo más específico ya lo relaciona expresamente con la conformidad objetiva del bien o producto en cuestión. No obstante, también se plantea por la doctrina si la integración de la publicidad con el contrato vendría dada por dichos artículos más concretos, sino por efecto de lo que se conoce como buena fe objetiva, esto es, derivado del principio de buena fe *ex* arts. 65 TRLGDCU (para el ámbito del consu-

ticas, utilidad o finalidad y a las condiciones jurídicas o económicas de la contratación. 2. El contenido de la oferta, promoción o publicidad, las prestaciones propias de cada bien o servicio, las condiciones jurídicas o económicas y garantías ofrecidas serán exigibles por los consumidores y usuarios, aun cuando no figuren expresamente en el contrato celebrado o en el documento o comprobante recibido y deberán tenerse en cuenta en la determinación del principio de conformidad con el contrato. 3. No obstante lo dispuesto en el apartado anterior, si el contrato celebrado contuviese cláusulas más beneficiosas, estas prevalecerán sobre el contenido de la oferta, promoción o publicidad". Este artículo se complementa con lo dispuesto en el art. 65 TRLGDCU que viene a manifestar el principio de integración de los contratos con el principio de la buena fe objetiva.

297 MORALES MORENO, A.M.: "Declaraciones públicas y vinculación contractual (Reflexiones sobre una Propuesta de Directiva)", *Anuario de Derecho Civil*, Vol. 52, núm. 1, 1999, p. 274.

mo exclusivamente) y 1258 CC (como cláusula general). No obstante, la doctrina es unánime en considerar que, siempre que cumpla ciertos requisitos, la publicidad forma parte de la oferta contractual[298] y no depende de las consideraciones que se puedan hacer en el caso concreto en atención al principio de buena fe[299]. Por lo que, como señala cierta autora carece de consecuencias prácticas su distinción[300].

En cuanto a la integración de la publicidad en el contrato, debemos tener claro que no toda afirmación publicitaria podrá tener como consecuencia su integración en el contrato, sino que será necesario que cumpla ciertos presupuestos[301]. Para empezar, deberá realizarse por el vendedor, o por cualquier

---

298 En ese sentido, se pronuncian Morales Moreno, A.M.: "Declaraciones públicas", cit., pp. 269–270, Corral García, E.: *La oferta de contrato al público*, Tirant lo Blanch, Valencia, 2002, p. 215, y Menéndez Mato, J.C.: *La oferta contractual*, Aranzadi, Pamplona, p. 1998, p. 94. Si bien, este último autor recalca que, aun así, es sorprendente como el Tribunal Supremo sigue justificando en ocasiones el fundamento de la integración de la publicidad en el contrato con base en la buena fe.

299 Lo que obviamente no resta a que se pueda hacer uso de la misma ante lagunas contractuales, ya que, en último término, el principio de buena fe complementaría siempre aquello que se espera del contrato. De hecho, como he comentado en epígrafes precedentes la buena fe presenta ciertas similitudes con la conformidad del contrato, al indicir necesariamente en aquello que tácitamente el contratante espera en atención con el tipo o naturaleza de lo que adquiere. En otras palabras, en la protección de aquella confianza que despliega el contrato.

300 Castilla Barea, M.: *La nueva regulación*, cit., p. 133, con cita a nota 137.

301 Para Morales Moreno, A.M.: "Declaraciones públicas", cit., pp. 272–274, los presupuestos que se deben cumplir son los siguientes: "a) Que la afirmación publicitaria provenga del vendedor, del productor o de su representante; b) Que la afirmación publicitaria se refiera a cualidades del objeto que incidan en la conformidad del mismo; c) Que la declaración pública genere una confianza justificada en el consumidor acerca de las cualidades del bien; d) Que la atribución de características al bien sea concreta".

otra persona que durante la cadena de transacciones hable en su nombre, como puede ser su representante comercial, pero también el propio artículo incluye al productor y, en segundo lugar, para poder desplegar el deber de conformidad con el contrato, no podrá referirse a cualquier circunstancia, sino que deberá centrarse en las concretas características o cualidades del bien[302]. No obstante, no hay que olvidar que, si bien la primera condición sí aparece en el texto legal, la segunda no se explicita en el texto, por lo que *a priori* no podríamos excluir, en todo caso, cualquier tipo de declaración que se refiriera al bien y, por consiguiente, deberemos actuar caso por caso[303]. Todo esto, nos lleva otra vez al fundamento de la protección jurídica de la publicidad, que es la confianza que deposita el consumidor en las declaraciones publicitarias para llevar a término su compra, de modo que, solo cuando se refiera a características concretas de los bienes y pueda generar una expectativa razonable en el vendedor podremos considerar que la publicidad ha vinculado al vendedor.

A esta conclusión nos pueden llevar varias alusiones del texto legal. Primero, nos podemos fijar en la referencia a lo que el consumidor "pueda fundadamente esperar" contenida en el art. 7.1.d). Que de alguna forma está haciendo referencia a que la publicidad genere en el consumidor una creencia de que lo

---

302 La doctrina es unánime al considerar que no cualquier tipo de declaración puede ser relevante a efectos del deber de conformidad, véase SANZ VALENTÍN, L.A.: "La Directiva 1999/44/CE", cit., p. 1082 y CASTILLA BAREA, M.: *La nueva regulación*, cit., p. 135. Esta autora, pone de manifiesto la diferencia entre la publicidad meramente persuasiva y la publicidad informativa. Entendiendo que la primera se corresponde con un tipo de publicidad que no puede vincular al vendedor, dado que simplemente tiene como finalidad incitar a la venta, pero en ningún caso atribuye una característica verosímil al bien.

303 En términos similares, se pronuncia ORTÍ VALLEJO, A.: "La Directiva 1999/44/CE", cit., p. 67.

mostrado es real y se va a cumplir en la práctica. Por este motivo, el anuncio de un perfume en el cual se mostrase que al ponérselo todas las personas se fijaran en ti, sería algo completamente inverosímil. No se podría reclamar como falta de conformidad el que dicho perfume no causase ese efecto en los demás.

En segundo lugar, aunque aún no nos hemos referido a él, el art. 7.2 en su letra c) señala que el vendedor no se verá obligado por declaraciones públicas si demuestra que no pudieron influir en la decisión de adquirir los bienes, lo que evidentemente se centra de forma innegable en la necesidad de que la publicidad incida en la decisión del consumidor de adquirir los bienes.

Después de esta exposición parece bastante claro que la publicidad ha tenido que incidir de modo determinante en el contrato y tiene que haber impulsado al vendedor a contratar. De hecho, los argumentos son de peso y suelen ser esgrimidos por la doctrina. Sin embargo, para cierta autora, los motivos que han llevado al consumidor a contratar deben ser "absolutamente irrelevantes"[304] y que, en verdad, la redacción de la norma comunitaria es "desafortunada" y lo que quería decir era otra cosa diferente[305]. A saber, no es que para que la publicidad cause un efecto vinculante debe indicir en las concretas características de los bienes y necesariamente provocar la decisión de contratar de los consumidores (pues como bien dice la autora los motivos deben ser indiferentes, en efecto, difícil prueba pueden tener), sino que el vendedor podrá liberarse de la responsabilidad por falta de conformidad si prueba que la característica anunciada, y que es la que causa la falta de con-

---

304 Castilla Barea, M.: *La nueva regulación*, cit., p. 137.

305 Nos referimos a la redacción del art. 7.2 de la Directiva 2019/771, que coincide plenamente con el viejo art. 2.4 de la Directiva 1999/44/CE, y que la trasposición en el art. 115.ter.1.d) TRLGDCU ha mantenido completamente.

formidad en el contrato, fue irrelevante para el consumidor en el momento de contratar[306].

Dicho esto, quedarían por ver cuáles son los límites que tendría la publicidad. Obviamente, siempre cabría formular las consideraciones anteriores a contrario. Pero hay un elemento al que no se refiere directamente la Directiva y que ha causado cierto debate doctrinal: se trata de la exclusión voluntaria de las declaraciones publicitarias en el acuerdo contractual. Claramente, *a priori*, si tenemos en cuenta el art. 7.5 de la Directiva, el vendedor siempre podría liberarse de su responsabilidad si indicase que el bien no va a responder de cierto defecto de conformidad, pues como ya es sabido los criterios de conformidad del 7.1 son objetivos, en defecto de pacto específico. Sin embargo, no podemos olvidarnos del art. 61.3 TRLGDCU que trata la integración de la publicidad por el contrato, de forma que esta solo puede verse superada por cláusulas más favorables contenidas en el mismo.

De todos modos, la solución, a mi parecer[307], no es tanto el qué, sino el cómo, lo que no puede contemplarse desde un punto de vista de protección al consumidor es presentar un contrato por el cual el vendedor se liberase de cualquier responsabilidad por las declaraciones publicitarias realizadas en cualquier forma y, más aún, que el consumidor no sea plenamente consciente de ello. En ese caso, se estaría claramente actuando de forma desleal. Por tanto, sí que es posible desligarse de una declaración publicitaria, pero se ha de demostrar que "la alte-

---

306 CASTILLA BAREA, M.: *La nueva regulación*, cit., 140.

307 Como también por parte de la doctrina, encabezada por CASTILLA BAREA, M.: *La nueva regulación*, cit., p.139–140, y MORALES MORENO, A.M.: "Declaraciones públicas", cit., pp. 274–276. En cambio, otro sector de la doctrina considera que los contenidos publicitarios solo pueden ser excluidos por vía contractual cuando presenten condiciones más favorables, CORRAL GARCÍA, E.: *La oferta*, cit., p. 211–212.

ración del contenido publicitario ha sido aceptada consciente y voluntariamente por el consumidor al celebrar el contrato"[308]. La cuestión será entonces cuando podrá entenderse que dicha alteración ha sido realizada de forma voluntaria y consciente. Ante esto, la doctrina señala que podrá hacerse por dos vías.[309] O bien, que por la forma en que se ha hecho, no pueda negarse que el consumidor era consciente de la exclusión: imaginemos que se refiere a un elemento esencial de la contratación o que se esté haciendo una rebaja del precio atendiendo al defecto que presenta el bien. O, por el contrario, el empresario deberá demostrar que el consumidor consintió la modificación. De todos modos, parece que la segunda de las vías es la más acertada desde un punto de vista legal, pues el art. 7.5 exige que la divergencia con los requisitos objetivos de conformidad debe ser aceptada de forma expresa y por separado.

La otra cara de la moneda sería una previsión más favorable en el contrato que la contenida en la publicidad. En este caso, estaríamos otra vez en el ámbito probatorio: si el consumidor prueba que hay una claúsula más beneficiosa en el contrato, podría reclamar por dicha vía la falta de conformidad, pero no ya por el art. 61.3 TRLGDCU, sino específicamente por tratarse de un criterio subjetivo de conformidad. Lógicamente, al vendedor le interesará indicar que en la publicidad no se contenía dicha previsión, por tanto, será cuestión de que el consumidor consiga probar la mejora contractual.

Por último, puede surgir la cuestión de qué sucede cuando la publicidad contradiga algunos criterios de conformidad como podría ser el referido a un uso especial requerido por

---

308 SANTOS MORÓN, M.J.: "Formación precontractual, forma y prueba del contrato", en AA.VV.: *Curso sobre protección jurídica de los consumidores* (coord. G. A. BOTANA GARCÍA Y M. RUIZ MUÑOZ), McGraw–Hill, 1999, pp. 142.

309 SANTOS MORÓN, M.J.: "Formación precontractual", cit., pp. 142–143.

el consumidor, puesto que ya se ha dicho que los criterios no deben cumplirse cumulativamente ni hay una jerarquía entre ellos, cosa distinta es que directamente uno se encuentre en contraposición con el otro. Aunque no se pueden dar soluciones generales, podemos decantarnos por la de seguir el criterio que más precisión tenga, es decir, casos en los cuales la publicidad exponga de forma amplia los usos para los que viene indicado el producto en cuestión, por ejemplo, mostrando en imágenes las diferentes funciones que puede llegar a cumplir. Si luego el consumidor sugiere un uso especial no previsto y el vendedor lo acepta, este no podrá alegar después que en la publicidad esa función no se contenía. En otro orden, siempre quedará el principio *in dubio pro consumatore* para resolver estos problemas de integración.

El otro elemento que queda por analizar para terminar este apartado es el referido al valor del etiquetado. Sobre el mismo cabe decir que hoy en día ha adquirido un carácter precontractual; ya que desde la normativa sectorial se viene exigiendo que los bienes de consumo tengan un correcto etiquetado que permita a los consumidores poder adquirir los bienes con la mayor información posible. Sin detenernos excesivamente en este apartado, la normativa de consumo con carácter general exige que el etiquetado no induzca a error a los consumidores y, en consecuencia, les permita obtener "de forma clara y comprensible, información veraz, eficaz y suficiente, sobre sus características esenciales"[310].

---

[310] Esta norma se encuentra contenida en el artículo 18 TRLGDCU, cuando señala que: "1. El etiquetado y presentación de los bienes y servicios y las modalidades de realizarlo deberán ser de tal naturaleza que no induzca a error al consumidor y usuario, especialmente:
a) Sobre las características del bien o servicio y, en particular, sobre su naturaleza, identidad, cualidades, composición, cantidad, duración, origen o procedencia y modo de fabricación o de obtención.
b) Prohibiendo ambigüedades sobre su contenido, y en especial res-

Eso sí, toda aquella información que, al igual que pasaba con la publicidad, venga referida a concretas características o cualidades de los bienes vinculará al vendedor por *mor* del art. 7.1.d),

---

pecto a los alérgenos alimentarios, debiendo ser el etiquetado claro y riguroso en la información exacta del contenido.
c) Atribuyendo al bien o servicio efectos o propiedades que no posea.
d) Sugiriendo que el bien o servicio posee características particulares, cuando todos los bienes o servicios similares posean estas mismas características.
2. Sin perjuicio de las exigencias concretas que se establezcan reglamentariamente y de la normativa sectorial que en cada caso resulte de aplicación, que prestarán especial atención a las personas consumidoras vulnerables, todos los bienes y servicios puestos a disposición de los consumidores y usuarios deberán ser de fácil acceso y comprensión, ofrecidos en formatos que garanticen su accesibilidad y, en todo caso, incorporar, acompañar o, en último caso, permitir obtener, de forma clara y comprensible, información veraz, eficaz, suficiente y accesible sobre sus características esenciales, en particular sobre las siguientes:
a) Nombre y dirección completa del productor.
b) Naturaleza, composición y finalidad.
c) Calidad, cantidad, categoría o denominación usual o comercial, si la tienen.
d) Fecha de producción o suministro y lote, cuando sea exigible reglamentariamente, plazo recomendado para el uso o consumo o fecha de caducidad.
e) Instrucciones o indicaciones para su correcto uso o consumo, así como la correcta gestión sostenible de sus residuos, advertencias y riesgos previsibles.
f) Información sobre los servicios de información y atención al cliente, así como los procedimientos de interposición de quejas y reclamaciones.
3. Sin perjuicio de las excepciones previstas legal o reglamentariamente, las indicaciones obligatorias del etiquetado y presentación de los bienes o servicios comercializados en España deberán figurar, al menos, en castellano, lengua española oficial del Estado."

pues se trata de una descripción de los mismos que podrá exigir el consumidor como parte integrante del deber de conformidad[311].

Sobre el etiquetado de los bienes cabe destacar la ingente normativa reglamentaria existente en relación con el mismo, que va, sin ánimo de ser exhaustivo, desde el Real Decreto 1801/2003, de 26 de diciembre, sobre seguridad general de los productos, al Reglamento UE, 2017/1369 del Parlamento Europeo y del Consejo, de 4 de julio de 2017, por el que se establece un marco para el etiquetado energético, que entró en vigor el pasado 1 de marzo de 2021.

En ese sentido, se puede argumentar que el incumplimiento de dicha normativa reglamentaria sobre etiquetado de los bienes de obligado cumplimiento para los Estados Miembros puede suponer un caso de falta de conformidad. Siguiendo los ejemplos anteriores, un electrodoméstico que no siguiese el etiquetado energético que marca el mencionado Reglamento no podría considerarse conforme en la medida que no cumpliría con las exigencias básicas que, por ejemplo, establece el art. 18 TRLGDCU, esto es, la identificación del bien es deficiente. Asimismo, un producto que pudiera considerarse inseguro desde la aplicación del Real Decreto 1801/2003 (imaginemos que no presenta la etiqueta CE [art. 3.5]) también debería ser considerado disconforme, simplemente porque no presentaría las características mínimas que un consumidor medio pueda razonablemente esperar[312].

---

311 Hay quien opina que mientras no toda publicidad tiene un efecto integrador en el contrato, pues como se ha descrito en las páginas anteriores debe cumplir una serie de requisitos, el etiquetado "obligará siempre con carácter absoluto, por cuanto que está dirigido a dar a conocer al consumidor todo aquello que teóricamente se precisa para decidir la contratación sobre un bien determinado", *vid.*, en este sentido, AVILÉS GARCÍA, J.: *Los contratos,* cit., p. 288.

312 Parte de la doctrina se muestra abierta a aceptar el carácter expansivo de la falta de conformidad en el sentido de considerar que el incumplimiento de normativas sectoriales sobre salud y seguridad

2.1.3.5. La no vinculación de las declaraciones públicas

El siguiente precepto que debe analizarse es el artículo 7.2 de la Directiva[313], que viene a excepcionar la vinculación de las declaraciones públicas en algunos casos:

> "2. El vendedor no quedará obligado por las declaraciones públicas a que se refiere el apartado 1, letra d), si demuestra que:
>
> a) desconocía tal declaración pública y no cabía razonablemente esperar que la conociera;

---

de los productos son supuestos de falta de conformidad, *vid.*, Avilés García, J.: *Los contratos,* cit., p. 284. De hecho, sigue argumentando, acertadamente, a mi modo de ver, que, igualmente, el carácter defectuoso de un producto implica su falta de conformidad, un producto que sea defectuoso con las consecuencias legales que ello suponga será también disconforme, a efectos de solicitar los remedios legales pertinentes. Se muestra reacio a unir la falta de conformidad con otro tipo de normativa que tutela a los consumidores usuarios, concretamente, la normativa relativa a la seguridad y salud de los productos Peña López, F.: "La adquisición", cit., pp. 378–380.

313 Aunque ya lo hemos transcrito antes, el texto de la trasposición queda así: "El empresario no quedará obligado por tales declaraciones públicas, si demuestra alguno de los siguientes hechos:
1.º Que desconocía y no cabía razonablemente esperar que conociera la declaración en cuestión.
2.º Que, en el momento de la celebración del contrato, la declaración pública había sido corregida del mismo o similar modo en el que había sido realizada.
3.º Que la declaración pública no pudo influir en la decisión de adquirir el bien o el contenido o servicio digital"
Lo único destacable es el añadido de contenido o servicio digital, en la línea que ha tenido la transposición de la misma. Si bien, es interesante decir que el número 2º del 115.1.ter TRLGDCU, al igual que la letra b) del art. 7.2 de la Directiva han incluido la mención de corregir la declaración pública "del mismo o similar modo en el que había sido realizada". Respecto del anterior texto proveniente de la Directiva 1999/44.

b) en el momento de la celebración del contrato, la declaración pública había sido corregida del mismo modo en el que había sido realizada o de modo similar, o

c) la declaración pública no pudo influir en la decisión de adquirir los bienes."

Lo primero que hay que poner de manifiesto en este apartado es que efectivamente las "declaraciones públicas" vinculan al vendedor, siguiendo el tradicional esquema previsto para la conformidad de los bienes en el contrato desde la Directiva 1999/44, pues, como se ha repetido ya incansablemente, el deber de conformidad es para con el vendedor. No obstante, esto no quita que, a este respecto, otros agentes puedan influir en la configuración de las declaraciones públicas que se tienen en cuenta para determinar la conformidad del bien con el contrato. Concretamente, el productor, que según el art. 7.1.d) puede también realizar declaraciones públicas que establecerían aquello que "razonablemente puede esperar el consumidor", pero también cualquier otra persona en la cadena de transacciones.

Por lo que respecta al "vendedor" y "productor", es bastante claro quiénes son. Sin embargo, mucho más misterio hay en torno a la figura de la persona en la cadena de transacciones que, en nombre del vendedor, realiza declaraciones públicas sobre las características del bien. El problema es que, justamente, su figura es la que más interés puede despertar a la hora de analizar el art. 7.2.a). Esto se debe a que, por motivos obvios, el vendedor nunca podrá alegar que desconocía una declaración hecha por sí mismo. También puede ser complicado exonerarse de responsabilidad sobre una declaración hecha por el productor, quien seguramente desplegará importantes campañas de publicidad e incluso dará indicaciones sobre los bienes en el embalaje y el etiquetado. Por el contrario, este tercero puede ser interesante a efectos del art. 7.2.a), lo que, al mismo tiempo, protege al vendedor, porque siempre podrá alegar que desconocía las declaraciones vertidas por este tercero.

Este primer punto, también pone de relieve el difícil matrimonio que existe en torno a la publicidad y el etiquetado, por mucho que se empeñe el legislador en regularlos conjuntamente en la Directiva (véase, art. 7.1.d), pues mientras este tipo de excepciones tienen mucho sentido por lo que respecta a la publicidad, carecen de él por cuanto se refiere al etiquetado. Es decir, el vendedor nunca podrá alegar que desconocía una descripción contenida en el etiquetado, sí, en cambio, una declaración que no había realizado él[314].

Igualmente, la doctrina extranjera ha criticado el poco acierto del legislador comunitario a la hora de redactar el apartado segundo del art. 7, al señalar que el "vendedor no quedará obligado por las declaraciones públicas", cuando siguiendo el criterio que marca el art. 7.1.d) las declaraciones públicas lo que vienen es a construir las "razonables expectativas del consumidor". De modo que, si esa serie de declaraciones públicas han generado una expectativa protegible legítimamente en la persona del consumidor, no tiene mucho sentido que, posteriormente, con base en un elemento que está completamente desconectado, como

---

314 Como ha señalado en el pasado la doctrina española, "resulta complicado conocer cuándo el vendedor no debía haber conocido esas declaraciones, en tanto es un profesional y debe estar al tanto de todo lo que sucede en torno a sus productos, por ejemplo, la aparición de información en el etiquetado, que además está mencionado en el artículo, no permite apreciar esta causa de exoneración. Moviéndonos en el terreno del productor o representante que realiza las declaraciones, la exoneración no supone que lo establecido integre el contrato; únicamente supone una exoneración de la responsabilidad del vendedor, por lo que el comprador podrá dirigirse ante el productor o el representante en ejercicio de los derechos porque el bien no contiene aquellos elementos que fueron publicitados, en los términos que recoge el artículo 124 TRLGCU, lo cual resulta muy importante y refuerza aún más la tutela de los derechos del comprador, en una nueva manifestación de este deseo del legislador". *Vid.*, LASHERAS ROMERO, C.: "La falta", cit., p. 227.

puede ser el hecho de que el vendedor pueda o no conocer tales declaraciones, pueda exonerarse de responsabilidad[315].

La siguiente letra indica que el vendedor también se puede exonerar de responsabilidad si demuestra que la declaración había sido corregida de la misma forma o de modo similar[316]. Con esto volvemos otra vez a la relación entre publicidad y etiquetado, esta exclusión tiene sentido y mucho, cuando hablamos de declaraciones publicitarias, pero no en el caso del etiquetado, pues difícilmente el consumidor podrá ignorar lo que se indica en el mismo. De hecho, en una economía de consumo, el etiquetado se puede erigir en uno de los pilares en torno al cual gira la contratación. Sí, en cambio, tiene sentido que se pueda corregir una declaración publicitaria, como un anuncio por redes sociales, por otro mismo anuncio por dicho medio de difusión.

La tercera letra señala que el vendedor podrá exonerarse de responsabilidad si demuestra que el consumidor no tuvo en cuenta a la hora de contratar la declaración pública en cuestión[317]. Por lo tanto, existiendo una falta de conformidad obje-

---

315 TWIGG–FLESNER, C.: "Conformity of Goods", cit., p. 67–68. De hecho, aunque referido a la regulación de 2003, parte de la doctrina española considera que esta exoneración que aparentemente parece hecha al vendedor no tiene mucho sentido y, en realidad, señala que se "debería inducir a pensar que la liberación del vendedor se produce no frente al consumidor, sino frente a los restantes profesionales como fabricantes o productores. Resultaría más beneficioso para el consumidor que respondiera ante él cualquiera de los tres sujetos mencionados, sin perjuicio, del derecho de repetición de éstos contra el verdadero responsable que originó la declaración pública", *vid.*, FUENTESECA DEGENEFFE, C.: "La calidad", cit., p. 131.

316 TWIGG–FLESNER, C.: "Conformity of Goods", cit., p. 68, entiende que la declaración que corrija debe corresponderse con un medio similar para cumplir con lo indicado en la norma.

317 En relación con la regulación anterior, la doctrina ha indicado que esta causa de exoneración es la más difícil de probar, pues solo el compra-

tiva, puesto que no coincide el bien con alguna de las declaraciones públicas vertidas sobre el mismo, el vendedor no deberá poner el bien en conformidad, ya que el consumidor no tuvo en cuenta esa circunstancia a la hora de contratar (véase una función que desconocía el consumidor). Estas consideraciones no resisten un mínimo debate crítico. Primero, porque introducirnos en los motivos internos del consumidor no debería tener la menor relevancia jurídica y, segundo, porque si bien el consumidor puede no haber contratado por ese motivo, posteriormente puede echar en falta dicha función y, a mi parecer, estaría perfectamente legitimado para exigirla[318]. Estas son las razones por las cuales la doctrina española aboga por la supresión de esta causa de exoneración[319].

2.1.3.6. La obligación de proporcionar actualizaciones para mantener los bienes en conformidad y la exoneración de responsabilidad en caso de no instalación por parte del consumidor

El siguiente precepto introduce la obligación del vendedor de proporcionar actualizaciones necesarias para mantener los bienes en conformidad. Mientras que el 7.4, concreta las consecuencias de que el consumidor no instale las actualizaciones. Evidentemente, este requisito de conformidad solo será aplicable a los bienes con elementos digitales:

---

dor puede ser consciente de aquello que le incitó a comprar, así como solo podremos estar hablando de declaraciones publicitarias que verdaderamente se refieran a concretas características de los productos. De todos modos, "es indiferente que este último conociera el mensaje publicitario, incluso es indiferente que el mensaje lo conociera el consumidor: lo importante es que no haya influido en su decisión de comprar el producto", JUÁREZ TORREJÓN, Á.: *La protección*, cit., p. 197.

318 En términos similares, MORALES MORENO, A.M.: "Declaraciones públicas", cit., p. 278.

319 CASTILLA BAREA, M.: *La nueva regulación*, cit., p. 150.

> "3. En el caso de los bienes con elementos digitales, el vendedor velará por que se comuniquen y suministren al consumidor las actualizaciones, incluidas las relativas a la seguridad, que sean necesarias para mantener dichos bienes en conformidad, durante el período:
>
> a) que el consumidor pueda razonablemente esperar habida cuenta del tipo y la finalidad de los bienes y los elementos digitales, y teniendo en cuenta las circunstancias y la naturaleza del contrato, cuando el contrato de compraventa establezca un único acto de suministro del contenido digital o servicio digital, o
>
> b) señalado en el artículo 10, apartado 2 o apartado 5, según corresponda, cuando el contrato prevea el suministro continuo del contenido digital o servicio digital durante un período."

Concretamente, el apartado 3 (art. 7 Directiva) hace referencia al plazo por el cual el vendedor deberá proporcionar actualizaciones de seguridad. La letra a), señala que será aquel que "pueda [el consumidor] razonablemente esperar habida cuenta del tipo y la finalidad de los bienes y los elementos digitales, y teniendo en cuenta las circunstancias y la naturaleza del contrato, cuando el contrato de compraventa establezca un único acto de suministro de contenido o servicio digital o una serie de actos de suministro separados". La literalidad del precepto resulta poco clara, pues no sabemos de qué forma se puede deducir un plazo si no se muestra de manera expresa. Sin lugar a dudas, hubiese sido mucho mejor establecer un plazo mínimo concreto, aunque también se puede interpretar que, en defecto de pacto, deberá ser el de garantía legal de 2 años, teniendo en cuenta que, al menos, los bienes deben ser conformes durante el plazo de garantía legal[320]. De todos modos, si lo relacionamos con la trasposición definitiva al ordenamiento jurídico español, debemos concluir que el plazo será de 3 años,

---

[320] Coincide TWIGG–FLESNER, C.: "Conformity of Goods", cit., p. 50.

habida cuenta de que, el legislador español ha optado por ampliar el plazo de garantía hasta los 3 años aprovechando la habilitación otorgada por la Directiva (se mantendrá en 2 años en el caso de contenidos o servicios digitales).

Por otro lado, la letra "b", señala que cuando se prevea un suministro continuo de contenido o servicio digital, será el que se comprometa el vendedor en el contrato. En todo caso, lo expuesto en este párrafo también quedará matizado por lo recogido en el apartado 5 (del art. 7 Directiva como art. 115 ter TRLGDCU), en la medida que no habrá falta de conformidad si el vendedor informa al consumidor de manera expresa de que el bien adolece de una falta de requisitos objetivos de conformidad y el consumidor acepta.

Cabe destacar que la obligación se limita solamente a señalar aquellas actualizaciones que sean necesarias para mantener los bienes en conformidad o que el vendedor también se haya obligado a proporcionar por vía contractual[321], por lo que este artículo no comprendería aquellas actualizaciones o descargas adicionales para añadir una característica nueva en el bien en cuestión; o, en el caso de servicios o contenidos digitales, se trate de un contenido adicional que no estaba previsto contractualmente.

El texto definitivo del art. 115 ter. 2[322], previsiblemente se limita a indicar lo mismo en el punto a). En cambio, en el punto

---

321 Morais Carvalho, J.: "Introducción", cit., p. 40, pone de manifiesto que, según su opinión, los bienes con elementos digitales deberán ser entregados con la versión más reciente de software en el momento de celebración del contrato como criterio de conformidad. Y, esto, aunque no esté expresamente previsto en la Directiva 2019/771, pues entiende que el precepto 8.6 de la Directiva 2019770 que sí contempla esta obligación sería perfectamente extrapolable a este ámbito.

322 "En el caso de contratos de compraventa de bienes con elementos digitales o de suministro de contenidos o servicios digitales, el empresario velará por que se comuniquen y suministren al consumidor

b), sí que señala que cuando se deba suministrar durante un plazo continuo el suministro digital en bienes digitales, si este es igual o inferior a tres años, el período de responsabilidad será de 3 años a partir del momento de la entrega del bien.

Seguidamente, el apartado 4, del mismo artículo 7 (Directiva), tiene que ver con la ausencia de responsabilidad del vendedor, en el supuesto de que las actualizaciones no se instalen por el consumidor. Bajo dos condiciones, que: "a) el vendedor hubiese informado al consumidor acerca de la disponibilidad de la actualización y de las consecuencias en caso de que el consumidor no la instalase" y "b) el hecho de que el consumidor no instalase la actualización o no lo hiciese correctamente y no se debiera a deficiencias en las instrucciones de instalación facilitadas al consumidor". Vid. art. 115 ter. 3 TRLGDCU[323].

---

o usuario las actualizaciones, incluidas las relativas a la seguridad, que sean necesarias para mantener la conformidad, durante cualquiera de los siguientes períodos:
a) Aquel que el consumidor o usuario pueda razonablemente esperar habida cuenta del tipo y la finalidad de los bienes con elementos digitales o de los contenidos o servicios digitales, y teniendo en cuenta las circunstancias y la naturaleza del contrato, cuando el contrato establezca un único acto de suministro o una serie de actos de suministro separados, en su caso.
b) Aquel en el que deba suministrarse el contenido o servicio digital con arreglo al contrato de compraventa de bienes con elementos digitales o al contrato de suministro, cuando este prevea un plazo de suministro continuo durante un período de tiempo. No obstante, cuando el contrato de compraventa de bienes con elementos digitales prevea un plazo de suministro continuo igual o inferior a tres años, el período de responsabilidad será de tres años a partir del momento de la entrega del bien".

323 "En caso de que el consumidor o usuario no instale en un plazo razonable las actualizaciones proporcionadas de conformidad con el apartado anterior, el empresario no será responsable de ninguna falta de conformidad causada únicamente por la ausencia de la correspondiente actualización, siempre que se cumplan las siguientes condiciones:

> "4. En caso de que el consumidor no instale en un plazo razonable las actualizaciones proporcionadas de conformidad con el apartado 3, el vendedor no será responsable de ninguna falta de conformidad causada únicamente por la ausencia de la correspondiente actualización, siempre que:
>
> a) el vendedor hubiese informado al consumidor acerca de la disponibilidad de la actualización y de las consecuencias en caso de que el consumidor no la instalase, y
>
> b) el hecho de que el consumidor no instalase la actualización o no lo hiciese correctamente no se debiera a deficiencias en las instrucciones de instalación facilitadas al consumidor."

Como se puede observar, en ningún momento el vendedor tiene obligación de instalar por sí mismo las actualizaciones, por lo que su obligación queda únicamente circunscrita a informar al vendedor de su existencia y proporcionarle medios para que la pueda instalar. En ese sentido, bastaría con un *e-mail* o una mera notificación de la disponibilidad de la misma, con las instrucciones para su descarga como puede ser un *link*. Eso sí, como señala igualmente la letra a), es preciso que el vendedor informe al consumidor de las consecuencias que se derivan de la no instalación de la actualización o de lo contrario nunca podría exonerarse de responsabilidad. Asimismo, si las instrucciones son erróneas, el *link* no funciona, etc.; el vendedor tampoco podría exonerarse de responsabilidad por una falta de conformidad que se debiera a la no instalación de la actualización por parte del consumidor.

---

a) El empresario hubiese informado al consumidor o usuario acerca de la disponibilidad de la actualización y de las consecuencias de su no instalación; y

b) El hecho de que el consumidor o usuario no instalase la actualización o no lo hiciese correctamente no se debiera a deficiencias en las instrucciones facilitadas."

Vendría a cerrar este punto el art. 115 ter. 4 TRLGDCU que incorpora una aclaración no presente en el texto de la Directiva, cuando señala que: "el contrato prevea el suministro continuo de contenidos o servicios digitales a lo largo de un período, estos serán conformes durante todo ese período". Algo que parece bastante lógico, y no debería necesitar una concreción ulterior en el texto de la trasposición. Si el contrato de servicios o contenidos digitales se estipula por un período concreto, es evidente que durante ese período deberán ser conformes contenidos y se deberán proporcionar los ajustes o actualizaciones necesarias para que así sean. De lo contrario, podríamos llegar al absurdo de contratar un servicio digital por el plazo de 5 años, y que los tres últimos no estuvieran cubiertos por el plazo de garantía legal, al ser este solo de 2 años.

Llama la atención que la Directiva 2019/771 no hiciese ninguna mención a la posibilidad de modificación de los contenidos o servicios digitales más allá de matener su conformidad cuando los bienes con elementos digitales, que sí forman parte de su ámbito de aplicación, pueden verse afectados. El art. 19 de la Directiva 2019/770 sí que establecía que el prestador del contenido o servicio digital puede modificar el mismo siempre y cuando se den ciertas circunstancias[324]. En el caso de que

---

324 Dicho artículo ha sido traspuesto al TRLGDCU en su art. 126, que permite dicha modificación cuando se den cumulativamente los siguientes requisitos: "a) El contrato permite tal modificación y proporciona una razón válida para realizarla. b) La modificación se realiza sin costes adicionales para el consumidor o usuario. c) El consumidor o usuario es informado de forma clara y comprensible acerca de la modificación. d) En caso de que el consumidor o usuario tenga derecho a resolver el contrato de acuerdo con lo establecido en el artículo 126 bis, se informe al consumidor o usuario, con una antelación razonable y en un soporte duradero, de las características y el momento de la modificación y de su derecho a resolver el contrato, o sobre la posibilidad de mantener los contenidos o servicios digitales sin tal modificación con arreglo al apartado 4 de dicho artículo."

la modificación pueda afectar negativamente al contenido o servicio el art. 126 bis TRLGDCU recoge expresamente que el consumidor tendrá derecho a resolver el contrato en los mismos términos que por una falta de conformidad en el plazo de 30 días desde la recepción de la información o a partir del momento en que el empresario modifique los contenidos o servicios digitales. Este derecho se excepcionaría en caso de que el defecto fuese de menor importancia o de que el empresario hubiese dado al consumidor y usuario la posibilidad de mantener, sin costes adicionales, los contenidos o servicios digitales sin la modificación y estos siguen siendo conformes.

Para terminar, sería conveniente incluir en este punto lo previsto el art. 115 ter. 6 TRLGDCU, que indica que: "Salvo que las partes lo hayan acordado de otro modo, los contenidos o servicios digitales se suministrarán de conformidad con la versión más reciente disponible en el momento de la celebración del contrato." Por consiguiente, podemos concluir que, si el vendedor suministra contenidos o servicios digitales desactualizados incurriría en una falta de conformidad. Nada dice de los bienes con contenidos digitales, pero es bien sabido que estos también funcionan con una versión de *software* que se va actualizando progresivamente. Posiblemente, la elección del legislador tenga sentido, en la medida que no ha querido cargar al vendedor de bienes con elementos digitales con la obligación de suministrarlos siempre con la última versión disponible, pues esto afectaría a los *stocks* listos para la venta. Eso sí, una vez adquiridos el vendedor sí que deberá proporcionar todas las actualizaciones necesarias para mantener los bienes en conformidad durante el plazo que el consumidor "pueda razonablemente esperar", que, como hemos dicho, deberá ser de, al menos, tres años. De hecho, suele ser común cuando se adquiere ese tipo de dispositivos que estos vengan con el software desactualizado, pero que, si, por ejemplo, ya hay disponible una actualización de seguridad o de otro tipo, esta se notifique para que el consumidor pueda cuanto antes le sea posible, y si lo desea, actualizar el dispositivo.

2.1.3.7. Hacia una mayor objetivación de la responsabilidad: la información del vendedor que el bien no cumple alguno de los requisitos de conformidad

Por lo que respecta al art. 7.5 de la Directiva, se regula un aspecto que ya hemos tenido ocasión de precisar y es, concretamente, el relativo a la posibilidad que tiene el vendedor de señalar que el bien en cuestión se aparta de alguno de los requisitos objetivos de conformidad. Sin embargo, como también se ha analizado, no basta con que el contrato de desdiga de todo aquello que el consumidor podría razonablemente esperar teniendo en cuenta el tipo de bien o las declaraciones públicas que se han vertido en relación con las características de los bienes, sino que el consumidor deberá aceptar de forma expresa y por separado que dicho bien, por ejemplo, no incorpora una determinada función que, en atención a todas las circunstancias que rodea el contrato, podría exigir.

> "5. No habrá falta de conformidad en el sentido de lo dispuesto en los apartados 1 o 3 cuando, en el momento de la celebración del contrato, el consumidor hubiese sido informado de manera específica de que una determinada característica de los bienes se apartaba de los requisitos objetivos de conformidad establecidos en los apartados 1 o 3 y el consumidor hubiese aceptado de forma expresa y por separado dicha divergencia en el momento de la celebración del contrato de compraventa"[325].

---

325 El art. 115.ter.5 TRLGDCU viene a reproducir prácticamente en exactos términos la dicción de la Directiva: "No habrá lugar a responsabilidad por faltas de conformidad en el sentido de lo dispuesto en los apartados 1 o 2 cuando, en el momento de la celebración del contrato, el consumidor o usuario hubiese sido informado de manera específica de que una determinada característica de los bienes o de los contenidos o servicios digitales se apartaba de los requisitos objetivos de conformidad establecidos en los apartados 1 o 2 y el consumidor o usuario hubiese aceptado de forma expresa y por separado dicha divergencia."

El principal problema que nos puede plantear esta posibilidad es de qué forma puede quedar constancia en la transacción que el bien se apartaba de alguno de los requisitos de conformidad objetivos. Como señala la doctrina italiana, esto puede ser salvado más fácilmente en las compraventas *online*, en la medida que será posible establecer una casilla en la cual el consumidor acepte expresamente una divergencia contractual. Y, a su vez, será muy sencillo llevar un registro de dichas aceptaciones. Por el contrario, si el bien es aquirido en un local comercial, dicho registro deberá ser efectuado en el momento, ya sea de forma digital o analógica, pero irremediablemente estará provocando un agravio comparativo en costes de transacción respecto de la venta *online.*[326]

Para acabar, llama la atención la falta de un precepto similar al 2.3 que tenía la Directiva 1999/44, según el cual la responsabilidad objetiva del vendedor quedaba excluida cuando el consumidor conoció el defecto del bien al tiempo de comprarlo o no pudo "fundadamente ignorarlo"[327]. Ahora nos debemos atener al ya indicado apartado 5 del artículo 7, de modo que la responsabilidad objetiva del vendedor quedará limitada cuando "el consumidor hubiese sido informado de manera específica de que una determinada característica de los bienes se apartaba de los requisitos objetivos de conformidad establecidos en los apartados 1 o 3 y el consumidor hubiese aceptado de forma expresa y por separado dicha divergencia en el momento de la celebración del contrato"[328]. La doctrina italiana ha especifica-

---

326 De Francheschi, A.: *La vendita di beni con elementi digitali*, Edizioni Scientifiche Italiane, Napoli, 2019, pp. 106 y 107.

327 Lo evidencia en sentido crítico Arroyo Amayuelas, E.: "La propuesta", cit., p. 12, en relación con la PDirCL.

328 Esta solución también se aleja de la que aparecía en el PDirCOM, aunque era similar, pues entonces no se hacía referencia a una aceptación expresa, lo que nos llevaba a interpretar que la aceptación podía ser tácita.

do que dicha exclusión de responsabilidad deberá operar únicamente sobre "características particulares" de los bienes, pero no tendría sentido que se pudiera excluir un requisito objetivo de conformidad en general, como el relativo a proporcionar actualizaciones de seguridad para mantener al bien en conformidad durante el plazo de garantía de legal, pues de lo contrario sería posible rebajar excesivamente la tutela del consumidor.[329]

De todos modos, el cambio acontecido por la Directiva 2019/771 me parece acertado, es decir, la cuestión no es tanto si el consumidor ignoraba o no la falta de conformidad, sino si el vendedor informó expresamente al consumidor y, por tanto, puede probar que dicho bien no cumplía los requisitos objetivos de conformidad. A mi parecer, es absurdo probar si el consumidor conocía o no la falta de conformidad al tiempo de comprarlo, pues en definitiva estaríamos ante una *probatio diabolica*. Más adecuado, en cambio, resulta exigir al vendedor informar sobre una desviación de los requisitos de conformidad.

A mayor abundamiento, entiendo que, de lo contrario, el vendedor siempre sería responsable por entregar un bien que adoleciese de una falta de conformidad, y muy difícilmente podría exonerarse de dicha responsabilidad. En otras palabras, ya no se exige al consumidor que despliegue una diligencia mínima para percatarse de las faltas de conformidad que pudiera percibir, habida cuenta de que antes era necesario que las ignorase efectivamente, por lo que cabe la posibilidad que el vendedor sea responsable de un defecto que el consumidor podría ser capaz de conocer en el momento de entrega, si no le ha informado de su existencia. De hecho, esta idea participaría de las actuales tendencias en el comercio de consumo, dónde no tiene mucho sentido hacer disquisiciones en torno al estado de la cosa en el momento de contratar, en la medida que el consumidor cuan-

329 DE FRANCHESCHI, A.: *La vendita*, cit., p. 65.

do adquiere un producto muchas veces lo hace con base en lo observado en un anuncio en la pantalla de su ordenador (una descripción, una imagen, las características del mismo, etc.) y lo que le llega finalmente es un paquete con el bien dentro[330].

2.1.3.8. Incorrecta instalación de los bienes

El art. 8 de la Directiva 2019/771 al igual que ya hacía su predecesora equipara la incorrecta instalación de los bienes con una falta de conformidad. Igualmente, opta por una solución similar, esto es, la incorrecta instalación de los bienes podrá venir dada tanto si esta era a cargo del vendedor, como también si, aunque no era a cargo del vendedor y, en consecuencia, debía hacerla el consumidor, éste no ha conseguido realizarla correctamente por deficiencias en las instrucciones:

> "Toda falta de conformidad derivada de una instalación incorrecta de los bienes será considerada una falta de conformidad de los bienes, si:
>
> a) la instalación formaba parte del contrato de compraventa y fue realizada por el vendedor o bajo su responsabilidad, o

---

330 Esta argumentación refuerza la idea de que la garantía no responde, en realidad, a los esquemas de responsabilidad civil objetiva o subjetiva que nos encorsetan desde nuestra perspectiva romana, sino que verdaderamente de lo que se trata es de una garantía absoluta más de corte anglosajón que prescinde de la diligencia del obligado al resultado prometido y las circunstancias que rodeen la contratación. El vendedor se obliga frente al consumidor a proporcionar un bien con unas características pactadas y/o presupuestas, y de no cumplir debe responder frente al segundo. Véase, PIRAINO, F.: "La violazione della vendita di beni al consumatore per difetto di conformità: i presupposti della c.d. responabilità del venditore e la distribuzione degli oneri probatori", en AA.VV.: *La nuova disciplina della vendita mobiliare del codice del consumo* (a cura di G. DE CRISTOFARO), Giapichelli, Torino, 2022, pp. 148 y ss.

b) estaba previsto que la instalación la realizase el consumidor, fue realizada por este y la instalación incorrecta se debió a deficiencias en las instrucciones de instalación proporcionadas por el vendedor o, en el caso de bienes con elementos digitales, proporcionadas por el vendedor o por el proveedor de los contenidos o servicios digitales"[331].

La primera pregunta que surge es que se entiende por incorrecta instalación de los bienes. Puesto que, nada se dice, podemos pensar que la incorrecta instalación de los bienes será aquella que produzca alguna de las faltas de conformidad que se deriven tanto de criterios objetivos como de criterios subjetivos. Esto es, debido a instalación defectuosa por parte del empresario o a su cargo, el bien en cuestión no puede realizar alguna de las funciones que tenía previstas contractualmente, algún uso requerido por el consumidor y aceptado por el vendedor, etc. Llama la atención que existan diferencias en las distintas versiones de la Directiva, por ejemplo, mientras que en la versión española

331 La trasposición definitiva al ordenamiento español se ha concretado en el art. 115 quáter TRLGDCU, que sigue el mismo esquema recogido por la Directiva, salvo por la inclusión, como viene siendo habitual de los servicios y contenidos digitales en un mismo artículo. En ese caso, en lugar de hablar de instalación, el legislador opta por la palabra integración mucho más acorde con la naturaleza de esa clase de bienes: "La falta de conformidad que resulte de una instalación incorrecta del bien o integración incorrecta de los contenidos o servicios digitales en el entorno digital del consumidor o usuario se equiparará a la falta de conformidad, cuando se de alguna de las siguientes condiciones: a) La instalación o integración incorrecta haya sido realizada por el empresario o bajo su responsabilidad y, en el supuesto de tratarse de una compraventa de bienes, su instalación esté incluida en el contrato. b) En el contrato esté previsto que la instalación o la integración la realice el consumidor o usuario, haya sido realizada por éste y la instalación o la integración incorrecta se deba a deficiencias en las instrucciones de instalación o integración proporcionadas por el empresario o, en el caso de bienes con elementos digitales, proporcionadas por el empresario."

solo se habla de "instalación" la versión alemana se refiere al *montage oder installierung*. Algo que me parece más preciso pues, si somos puristas no todos los bienes requieren una instalación, como sí podría ser una televisión en la pared. Muchas veces lo que hay es un "montaje" como el propio de determinados muebles de una conocida marca dedicada al hogar[332].

En segundo lugar, también puede plantearse una duda sobre cuándo podemos calificar una instalación como defectuosa, teniendo en cuenta que se trata de una prestación de servicios. Nada se especifica sobre el estándar de diligencia que haya que seguir en la instalación de los bienes[333], si bien, teniendo presente el tono que sigue la Directiva podemos concluir que el vendedor asumiría una obligación de resultado, pues salvo que se demuestre que, por culpa del consumidor dicha instalación no llegó a buen puerto, lo que razonablemente espera el consumidor es que esta se realice correctamente y pueda disfrutar del bien en cuestión en su plenitud. De modo que, a mi parecer, poco margen le quedaría al vendedor si la instalación corre a su cargo[334].

---

332 Parece razonable que la responsabilidad del vendedor no solo se extenderá cuando sea él quién lleve a cabo la instalación sino también cuando se efectúe por alguien a su cuenta.

333 El art. 49 de la UK's Consumer Rights Act 2015, señala que los servicios se deben llevar a cabo solamente con el *reasonable care and skill* (cuidado y diligencia razonable).

334 Este precepto sigue el principio de que solo el mal uso que sea imputable al consumidor podría no generar responsabilidad, por lo que es razonable seguir ese argumento. En sentido inverso, y referido a las instrucciones de instalación Lete Achirica, J.: "La Directiva sobre la venta y las garantías de los bienes de consumo de 25 de mayo de 1999 y su trasposición en el Derecho español", *Actualidad Civil*, núm. 4, 1999, p. 1375, indica justamente que una instalación a cargo del consumidor, pero con instrucciones erróneas, en puridad es un mal uso por parte del consumidor pero que no le sería imputable. A causa de ello, el vendedor sí tendría responsabilidad.

En tercer lugar, queda por analizar el supuesto de que la instalación sea a cargo del consumidor, pero deba seguir las instrucciones del vendedor. En ese caso, la problemática puede surgir en torno a cómo consideramos si las instrucciones son correctas o no, pues si no lo son, a pesar de que el consumidor instale el bien de forma defectuosa no tendría responsabilidad y podría exigir la falta de conformidad al vendedor. A este respecto, es favorable para los intereses del consumidor el cambio de términos que ha tenido lugar en la Directiva 2019/771, dado que ahora se habla de "deficiencias en las instrucciones"[335], mientras que en el texto antiguo se manejaba el término de "error en las instrucciones". Claramente al consumidor le interesa este cambio, pues parece mucho más amplio y ventajoso. Anteriormente, se podría discutir que, pese a que las instrucciones fuesen muy complejas para un consumidor medio, estas no presentaban objetivamente ningún error, por lo que el vendedor podría exonerarse con más facilidad de la responsabilidad en los casos en los cuales la instalación corría a cargo del consumidor[336].

---

335 En relación con las deficiencias, siguiendo a los comentaristas del CESL, bastaría con que fueran engañosas, poco claras, incumpletas, muy complejas, etc. Véase, ZOLL, F.: "Commentary on the article 101", en AA.VV.: *Common European Sales Law* (dir. R. SCHULZE), Baden–Baden, Nomos, 2012. Por ese motivo, la doctrina considera que si la mayor parte de los consumidores no son capaces de instalar correctamente los bienes con tales instrucciones se puede apreciar falta de conformidad, HOWELLS, G., TWIGG-FLESNER, C., Y WILHEMSSON, T.: *Rethinking EU Consumer Law*, Routledge Taylor & Francis Group, London, 2017, p. 185.

336 Como resalta FERRER GUARDIOLA, J.A.: "Algunos aspectos no resueltos tras la modificación del TRLGDCU con ocasión de la trasnposición de las Directivas (UE) 2019/770 y 2019/771", *Revista de Derecho Civil*, Vol. 8, núm. 4, 2021, p. 51 cabe hacer un inciso final y es que cuando hablamos de bienes con elementos digitales, la instalación incorrecta puede tener como responsable final al proveedor de los mismos si el defecto de las instrucciones ha sido causado por él.

2.2. La conformidad digital

Si bien la hemos separado, como si se tratase de una conformidad con entidad propia diferenciada de la conformidad material, esta sigue los mismos esquemas que presenta la misma y, por tanto, nos podemos servir de los mismos criterios para determinar si el bien es conforme digitalmente. No existen unos criterios de conformidad propios para el apartado digital de los bienes de consumo.

La cuestión aquí radica en que la conformidad digital solo se refiere a los contenidos digitales que presenten los bienes y, en consecuencia, su punto de mira se centrará en aspectos muchas veces distintos de los tradicionales que afectan a la conformidad material. Es decir, en este estadio será dónde cobrarán especial importancia los novedosos criterios relativos a la funcionalidad, compatibilidad e interoperabilidad de los bienes, como también de seguridad de sus actualizaciones.

Por este motivo, un bien de consumo que no contenga elementos digitales tal y como los hemos definido en el epígrafe correspondiente relativo al ámbito objetivo, no será susceptible de ser afectado por este tipo de conformidad, puesto que si solo hay elementos materiales en él, como es lógico, solo se podrá ver afectado por la conformidad material o, en su caso, por la conformidad jurídica.

Lo que sí es destacable a este respecto es la responsabilidad del vendedor por lo que se refiere a la conformidad digital. Podríamos pensar que no tiene mucho sentido hacer responsable al vendedor cuando no sea él el "fabricante" de los elementos digitales, de hecho, hoy en día es muy común, por ejemplo, en el sector del mercado de *smartphones* que no coincidan el productor del bien y el sumistrador del contenido digital necesario para su correcto funcionamiento. Sin embargo, si seguimos lo que se desprende de los arts. 3.3, 7.3, 10.2, 11.1, 11.3 de la Directiva 2019/771, parece bastante evidente que seguirá siendo el vendedor el responsable de poner los bienes en conformidad, aunque no sea él el causante de dicha falta de conformidad. En la medida que el vendedor sigue siendo el principal responsable de garantizar la adecuación de los bienes con el contrato.

2.3. La conformidad jurídica

En cuanto a la conformidad de los bienes, aunque no es propiamente una novedad de la Directiva 2019/771, porque la Propuesta ya lo incluía en cierta medida[337], es de resaltar la llamada conformidad jurídica, que vendría a dar una vuelta de tuerca al clásico sistema de responsabilidad por evicción cuando nos encontramos en bienes de consumo. Esto es, indica que, si hay una restricción de su uso por derechos de terceros, en particular por propiedad intelectual "los Estados miembros velarán por que el consumidor pueda exigir las medidas correctoras por falta de conformidad previstas en el artículo 13, salvo que el Derecho nacional prevea en estos casos la nulidad o la rescisión del contrato de compraventa." Ahora se refleja en el art. 117.2 TRLGCU[338].

Pero, a pesar de ello, sorprende la forma en que la Directiva definitiva plasma esta idea, ya que el inciso "salvo que el Derecho nacional prevea en estos casos la nulidad o la rescisión del contrato de compraventa" resulta un tanto desconcertante.

---

337 No obstante, tenía una redacción distinta, ya que el artículo 7 señalaba que: "los bienes deberán estar libres de cualesquiera derechos de terceros, incluido por motivos de propiedad intelectual de forma que los bienes puedan utilizarse de conformidad con el contrato".

338 Por tanto, en el supuesto que un derecho de terceros limite el uso de los bienes vendidos cabrá invocar los remedios correspondientes para garantizar el disfrute del bien al consumidor. A este respecto, AFFERNI, G.: "La nozione di 'difetto di conformità'", AA.VV.: *La nuova disciplina della vendita mobiliare del codice del consumo* (a cura di G. DE CRISTOFARO), Giapichelli, Torino, 2022, pp. 114–115.

Puesto que, no hay que perder de vista que una cosa es que el ordenamiento jurídico plantee ciertos remedios para solucionar tales cuestiones y otra muy distinta es en qué forma y bajo qué condiciones[339]. Está claro que el Código Civil Español no contempla un problema relativo a derechos de propiedad intelectual cuando regula la compraventa[340], pero sí que habla con carácter general del saneamiento por evicción (art. 1475 y ss.), como la privación "por sentencia firme y en virtud de un derecho anterior a la compra de todo o parte de la cosa comprada", así como de los gravámenes ocultos en el art. 1483 CC (si bien, los incluye como un supuesto de evicción parcial), aunque los refiere solamente a fincas, "con alguna carga o servidumbre no aparente, de tal naturaleza que deba presumirse no la habría adquirido el comprador si la hubiera conocido, podrá pedir al rescisión del contrato, a no ser que prefiera la indemnización correspondiente" (art. 1483 CC).

---

339 Tampoco hay una definición de que se entiende por vicios jurídicos, de modo que, tal y como se ha referenciado caben muchos supuestos, tales como la venta de bienes ajenos, la evicción, la vulneración de derechos de propiedad intelectual o industrial, incluso derechos personales o reales de terceros (reservas de dominio, condiciones resolutorias, prenda, derecho de retención, etc.), incluso acciones que pudieran interponer los acreedores del vendedor, como pudiera ser la pauliana o revocatoria, *vid.* Miquel González, J. M.ª: "Comentario al art. 41", en AA.VV.: *La compraventa internacional de mercaderías. Comentario de la Convención de Viena,* Civitas, Cizur Menor, 1997, pp. 365–366. Asimismo, Castilla Barea, M.: *La nueva regulación,* cit., 95, señala que habrá que hacer una labor de "decantación" de los supuestos que entrarían en la órbita del artículo 9 a la hora de trasponerlos a los ordenamientos nacionales, lo que, en definitiva, va a provocar divergencias regulatorias en los Estados miembros.

340 La legislación específica existente sobre propiedad intelectual no trata el problema y tampoco contempla la posibilidad de atacar la validez del negocio jurídico de compraventa por una infracción de tales derechos.

Igualmente, los remedios que plantea el Código Civil para estos supuestos son bastante peculiares, especialmente en el caso del saneamiento por evicción, sobre el que la doctrina ya ha señalado desde hace tiempo su naturaleza alambicada, hasta el punto que es complicado encontrar sentencias que lo traten[341]. Ante el hecho de la evicción, se articula una indemnización regulada en el art. 1478 CC que incluye varios conceptos, en el caso de que la evicción sea parcial (art. 1479 CC) se habla de "rescisión del contrato (...) con obligación de devolver la cosa sin más gravámenes que los que tuviese al adquirirla", pero sobre la cual la doctrina tiene dicho que ni es una verdadera indemnización por daños y perjuicios, ni tampoco una rescisión. Más bien se corresponde con una resolución contractual[342]. De la misma forma, aun cuando en art. 1483 CC referido a los gravámenes ocultos llega a hablar de "rescisión", según la misma doctrina[343] no lo es realmente al no tener encaje en los supuestos del art. 1291 CC y tampoco sería una indemnización de daños y perjuicios *stricto sensu* la segunda alternativa que da para el caso que haya trascurrido un año. Todo lo contrario, el primer supuesto tendría más similitud con una resolución contractual[344] y el segundo con la *actio quanti minoris*. Ni que decir

---

341 DÍEZ–PICAZO, L.: *Fundamentos*, cit., p. 129, llega a decir "que solo puede achacarse a la dificultad procedimental, ya que no es creíble que la mayor parte de los compradores o de los vendedores hayan sido santos varones". Entre otros motivos, se debe principalmente a que una vez recibida la demanda el comprador deberá solicitar en el plazo para contestar la demanda que se notifique al vendedor/es, para que este/os coadyuven al comprador en el litigio (art. 1481 y 1482 CC). Al final, solo habrá derecho al saneamiento una vez recaiga sentencia firme que prive al comprador del bien (art. 1480 CC).

342 LLAMAS POMBO, E.: *La compraventa*, cit., p. 478

343 LLAMAS POMBO, E.: *La compraventa*, cit., p. 489 y 490.

344 Aunque cierta doctrina habla de "supuesto especial de nulidad" o "acción de desistimiento", GARCÍA CANTERO, G.: "Comentario a los artículos 1445 a 1541 del CC", en AA. VV.: *Comentarios al Código Ci-*

de la absoluta falta de armonía de los plazos previstos para los gravámenes ocultos con el régimen general de prescripción del Código Civil, como tampoco coinciden con los previstos para los vicios ocultos. Eso sí, en el supuesto de la evicción, lo único "bueno" es la presupuesta concordancia con el plazo de ahora 5 años del art. 1964.2 CC[345].

Por todo ello, entendemos que tanto la evicción, la evicción parcial, como los gravámenes ocultos (aunque estos se refieren a bienes inmuebles) no son eventualidades que encajen en la recisión del contrato y, por descontado, no se corresponden con la nulidad contractual. Hubiese sido mucho más fácil si, por ejemplo, se hubiera mantenido el texto de la Propuesta de Directiva de 2017 que sencillamente rezaba "los bienes deberán estar libres de cualesquiera derechos de terceros, incluido por motivos de propiedad intelectual de forma que los bienes puedan utilizarse de conformidad con el contrato" (art. 7). El texto definitivo de trasposición, por el contrario, indica que: "Cuando, a consecuencia de una vulneración de derechos de terceros, en particular de los derechos de propiedad intelectual, se impida o limite la utilización de los bienes o de los contenidos o servicios digitales, el consumidor o usuario podrá exigir igualmente, en el supuesto de su falta de conformidad, las medidas correctoras previstas en el apartado anterior, salvo que una ley establezca en esos casos la rescisión o nulidad del contrato."

De todos modos, teniendo en cuenta que, a pesar de su carácter de máximos, la Directiva mantiene la libertad de los Es-

---

vil y Compilaciones Forales (dir. M. Albaladejo García), Tomo XIX, Edersa, Madrid, 1980, p. 323

345 García Cantero, G.: "Comentario", cit., p. 297, indica que, a la vista del silencio del legislador sobre el plazo de la acción para reclamar responsabilidad por evicción, tanto doctrina como jurisprudencia coinciden en considerar que se debe aplicar el plazo general de prescripción de las acciones personales del art. 1964 CC.

tados Miembros para regular cuestiones generales de los contratos, su formación, validez y eficacia (art. 3.6), entendemos que, tal y como hemos analizado, la presencia de un derecho de tercero no provocaría la nulidad o rescisión del contrato (de hecho, por ejemplo, la responsabilidad por evicción se refiere a la existencia de "pretensiones" de terceros)[346]. Por tanto, ante la existencia de dicha situación el consumidor podrá invocar los remedios previstos frente la entrega de un bien disconforme[347], pero igualmente creemos que nada impediría a que pueda invocar los otros remedios generales como la anulación del contrato por error[348].

La falta de conformidad jurídica deberá ser preexistente, pero el consumidor deberá ignorar su existencia (Considerando 35). El problema radicaría en dilucidar si al consumidor se le impone algún tipo de deber de informarse sobre la situación jurídica del bien, aunque no tiene mucho sentido que ello deba ser así[349]. Igualmente, de acuerdo con la literatura

---

346 Ello no obsta a que sea posible encontrar sentencias que han estimado la anulación de un contrato de compraventa por error vicio cuando el comprador de buena fe contrataba con la creencia de obtener el dominio del bien, *vid.* STS 23 junio 2009 (*Tol 1567585*). Sobre esta cuestión, CUENA CASAS, M.: "Reflexiones en torno a la venta de cosa ajena", *Revista Crítica de Derecho Inmobiliario,* núm. 635, 1996, p. 1453.

347 IZQUIERDO GRAU, G.: *El nuevo régimen,* cit., p. 136, considera perfectamente aplicables los remedios previstos en la normativa de consumo, si bien entiende que la lógica dicta que sean los remedios de segundo nivel (reducción del precio y resolución de contrato), los más apropiados para dicha falta de conformidad.

348 Además, no debemos olvidar que tanto "la venta de cosa ajena como la venta de bienes sobre los que pesa algún tipo de carga o gravamen y la doble venta se encuentran tipificados como delito de estafa impropia en el art. 251 Código Penal", sobre esta cuestión: FERNÁNDEZ CHACÓN, I.: *La transmisión de la propiedad en la compraventa,* 1ª ed, Thomson Reuters Aranzadi, 2018, p. 239.

349 IZQUIERDO GRAU, G.: *El nuevo régimen,* cit., p. 133.

científica al respecto, tampoco haría falta que los derechos de terceros fueran ejercitados, bastaría su existencia, pero, a diferencia de lo que sucedía con el art. 102.1 CESL, el art. 9 Directiva 2019/771 no exige que sean fundados[350].

No forma parte de la conformidad jurídica el hecho de que un determinado bien no sea legal conforme a la legislación del país dónde tiene lugar su venta. Es decir, que exista una norma que jurídica que impida su utilización, pues por ejemplo se trate de un vehículo que no respete los umbrales de contaminación, parece que debería enjuiciarse vía art. 115.ter.1.a) TRLGDCU. Dicho de otro modo, vía no cumplimiento de los requisitos de las normas que pueden definir los fines de los bienes. En definitiva, el bien no sería apto para el fin al que se destina.

Sobre esto puede surgir la duda de qué ocurre cuando un bien se adquiere en un determinado Estado, pero, en cambio su utilización va a tener lugar en otro distinto que no tiene por qué tener la misma regulación. Cierto autor ha llegado a la conclusión de que la normativa que afecta al producto en el país en el que va a ser utilizado puede ser tenida en cuenta, siempre y cuando esto se haya definido claramente en el contrato; en caso contrario, parece que solo podría enfrentarse a esta situación vía vicio en el consentimiento.[351]

---

350 ZOLL, F.: "Commentary on the article 101", en AA.VV.: *Common European Sales Law* (dir. R. Schulze), Baden–Baden, Nomos, 2012, p. 482.

351 GUTIÉRREZ DE COS, J.: *La protección,* cit., p. 87.

Capítulo 3. La responsabilidad del vendedor y los remedios disponibles

1. LOS PRESUPUESTOS DE LA RESPONSABILIDAD DEL VENDEDOR EN LA COMPRAVENTA DE BIENES DE CONSUMO

La doctrina, con carácter general, ha considerado que la responsabilidad del vendedor en las compraventas de bienes de consumo, por lo que respecta a su obligación de entrega de bienes conformes al contrato, es tanto de carácter contractual, como de corte objetivo[352], puesto que, el vendedor responderá

---

[352] La doctrina se ha planteado qué tipo de responsabilidad es la que anuda el TRLGDCU al vendedor para el supuesto de falta de conformidad de los bienes de consumo o, en otras palabras, qué responsabilidad es la que regula el régimen de garantías y servicios postventa. Como indico, en primer lugar, está claro que se trata de una responsabilidad de corte objetivo por la propia regulación de la misma y, asimismo, tanto en cuanto que deriva de un contrato de compraventa, se puede concluir con facilidad que se trata de una responsabilidad de carácter contractual. *Vid.* IZQUIERDO GRAU, G.: "Análisis de los remedios de la Directiva UE 2019/771, de 20 de mayo de 2019", *Revista Crítica de Derecho Inmobiliario*, núm. 779, 2020, p. 1619. Sin embargo, el hecho, como se dirá, de que el vendedor sea el responsable prioritario de la falta de conformidad, aunque en realidad no haya tenido nada que ver con la misma plantea dudas sobre su naturaleza. Como señala CASTILLA BAREA, M.: *La nueva re-*

independientemente del comportamiento que haya tenido a lo largo del desarrollo del contrato y, especialmente, será intrascendente el hecho de que fuera conocedor o no de la falta de conformidad del bien que le entregaba al consumidor. De hecho, en la actualidad, la circunstancia de que el consumidor conozca o no la falta de conformidad también se ha vuelto irrelevante[353].

---

gulación, cit. p. 166, la primera idea sería que se trate de una responsabilidad por hecho ajeno, como otros tantos supuestos contenidos en el Código Civil tales como la responsabilidad del empresario por los hechos cometidos por sus dependientes (art. 1904 CC) o de los dueños por los animales (art. 1905 CC). De hecho, parte de la doctrina se ha manifestado a favor de que hubiera sido mucho más garantista para el consumidor haber institucionalizado una responsabilidad solidaria entre el productor y el vendedor, GUTIÉRREZ DE COS, J.: "La protección", cit., p. 111.

353 Conviene matizar que una cosa es la falta de conformidad estrictamente considerada y otra la responsabilidad del vendedor. No hay que olvidar que el contrato de compraventa de bienes de consumo no deja de ser un contrato de compraventa en el cual el vendedor se obliga a la entrega de la cosa (obligación de dar) a cambio de precio, cuya configuración en la teoría general de obligaciones y contratos responde a una obligación de resultado (*vid.* CABANILLAS SÁNCHEZ, A.: *Las obligaciones de actividad y de resultado*, 1ª ed., Bosch, 1993, p. 47), por tanto, el vendedor habrá cumplido si entrega la cosa pactada y no cumplirá si no entrega la cosa pactada. Al final, el deber de conformidad simplemente afecta a la delimitación de la obligación de entrega, el vendedor habrá cumplido si entrega la cosa pero que, a su vez, cumpla los requisitos objetivos y subjetivos de conformidad. En consecuencia, la obligación de entrega es más exigente. Pero también, no es menos cierto que el régimen de responsabilidad general que anuda, con carácter general, el Código Civil al cumplimiento de cualquier obligación está basado en una responsabilidad subjetiva (art. 1101 CC y ss.), de forma que, para exigir daños y perjuicios por el incumplimiento de la obligación, en principio, habría que imputar el mismo con base en culpa o dolo. Asimismo, las obligaciones de ambas partes estarían teñidas de ese color subjetivista, véase en la obligación de conservar la cosa con la

No obstante, como hemos podido adelantar en el capítulo anterior, que el vendedor respondiese de una falta de conformidad, aunque su actividad empresarial no hubiere podido influir en su acaecimiento (puede que solo se dedicase a comercializar productos) generaría dudas sobre su auténtica naturaleza. Sin embargo, esto se resolvería considerando que la obligación de entrega del vendedor estaría conectada a una garantía absoluta de conformidad de los bienes, en la medida que cualquier desviación de dicho deber (entregarlos, pero entregarlos conformes) tendría como consecuencia el surgimiento del incumplimiento del vendedor, a no ser que previamente hubiere informado expresamente al consumidor de la existencia de dicha falta y este hubiese aceptado dicha divergencia[354].

---

diligencia de un padre de familia o en el deber de examinar la cosa por el comprador a su cuenta y riesgo. Por el contrario, en el régimen de garantías y servicios postventa, la responsabilidad del vendedor se erigiría como un modelo objetivo de responsabilidad que prescinde en su articulado de cualquier referencia a la diligencia desplegada por las partes. Esto se puede ver en diferentes ejemplos, como la irrelevancia del conocimiento de la falta de conformidad o la presunción de preexistencia de defectos que invierte la carga de la prueba, por lo que respecta a ese requisito, en favor del consumidor.

354 Esta es la razón por la que sostengo que el modelo que instaura la nueva Directiva 2019/771 poco se diferencia de una garantía absoluta, pues el vendedor responderá en todo caso, salvo que señale expresamente las razones por las que no responderá y sean aceptadas. La única pieza que quedaría suelta es la indemnización por daños y perjuicios que, como se estudiará al final del capítulo, no se encuentra regulada por la Directiva 2019/771. La doctrina no se ha mostrado firme sobre la verdadera naturaleza de la responsabilidad del vendedor por falta de conformidad, ya que, en ocasiones, la ha clasificado como una obligación y otras veces como una garantía (*vid.* De Cristofaro, G.: *Difetto di conformità al contratto e diritti del consumatore. L'ordinamento italiano e la direttiva 99/44/CE sulla vendita e le garanzie dei beni di consumo*, Cedam, 1ª ed., Padova, 2000, p. 53 y ss). Frente a esto hay quien ha relacionado este tipo de ventas con

la CISG, dado que parten del mismo concepto (la falta de conformidad), señalando que lo que sucede aquí es que el "binomio garantía/riesgo se transforma en obligación, aunque quiera relacionarse con un patrón objetivo como la falta de conformidad", dicho en otras palabras "la garantía y la obligación se unen y fusionan, aunque debe tenerse claro que son dos aspectos diferentes" (FERRANTE, A.: "Obligación y garantía: la cripto–naturaleza de los remedios contractuales y de su jerarquía en el actual panorama jurídico", *Anuario de Derecho Civil*, Vol. 69, núm. 3, 2016, pp. 904 y 895). Este autor considera que la garantía puede derivar de la obligación de entrega, pero siempre estará desvinculada de la misma. Seguramente esta sea la razón por la que tiene sentido afirmar què estamos más cerca de una garantía *stricto sensu*, en la medida que se prescindió para venta de bienes de consumo el buscar "un culpable" de que el bien no sea conforme, el vendedor directamente "protege" al comprador frente a las anomalías que pueda tener el producto. Cabe destacar que deudor y garante pueden coincidir, pero no necesariamente es así, es posible que haya un tercer garante, como es el fabricante. Por lo que respecta a la obligación, es importante decir que no se corresponde con la asunción de un riesgo, sino "el deber de observar un comportamiento para satisfacer un interés concreto del acreedor", luego en el supuesto que se haya incumplido este deber habría un debate sobre la culpabilidad del sujeto que podrá eximirse o no, sobre lo que influirá si la responsabilidad que ha asumido el deudor es objetiva o subjetiva. En cambio, en la garantía no se puede aplicar prueba liberatoria, la única forma de eximirse sería que no hubiera falta de conformidad. Parece simplificar este debate, MORALES MORENO, A.M.: "Tres modelos de vinculación del vendedor en la cualidades de la cosa", *Anuario de Derecho Civil*, Vol. 65, núm. 1, 2012, p. 7, quién establece tres modelos de vinculación de la cualidades de la cosa por parte del vendedor, concretamente en este caso estaríamos más cerca del modelo Viena, en el cual el comprador ante su insatisfacción dispone de dos pretensiones: la de cumplimiento (reparación y sustitución) y la indemnizatoria, fundada en la obtención del interés positivo, que se identifica con los gastos de pérdida de utilidad, pero no con los relativos al interés de integridad como daños a su persona u otros bienes del comprador.

Todo lo dicho se suaviza desde el momento en que al vendedor (o quien haya respondido de la falta de conformidad)[355] se le reconoce la posibilidad en el art. 18 de la Directiva 2019/771 (art. 125. 2 TRLGDCU) de poder dirigirse contra el verdadero responsable de la falta de conformidad.

El presupuesto básico para que el vendedor responda sería, entonces, la propia falta de conformidad. De todos modos, hay dos requisitos *sine qua non* para que pueda exigirse tal respon-

---

355 Si bien el régimen de garantías y servicios postventa gira en torno a la figura del vendedor, el art. 125 TRLGDCU reconoce la posibilidad de que el consumidor o usuario pueda reclamar también al productor del bien o el suministrador del servicio/contenido digital para que los ponga en conformidad, bajo una de dos circunstancias: "al consumidor o usuario le tiene que resultar imposible o una carga excesiva tener que dirigirse al vendedor original". En el ámbito de las ventas online no parece que tenga mucho sentido entender que una reclamación al vendedor pueda resultar imposible o excesiva, con carácter general, todo lo contrario, lo más cómodo siempre será dirigirse a quién ha vendido el bien. De hecho, la comodidad para el consumidor (en la línea de protección del mismo) parece que sea el criterio utilizado por el legislador a la hora de hacer cargar al vendedor con la responsabilidad por faltas de conformidad, cuando es bastante lógico que, en realidad, muchas veces, el responsable de la contravención del deber de conformidad sea el productor, pues, en defintiva, ha fabricado el bien. Por todo ello, entendemos que la reclamación al productor tendrá lugar principalmente cuando estemos hablando de compras transfronterizas que es, en definitiva, una de las principales preocupaciones de fondo de la Directiva 2019/771, esto es, el desarrollo del mercado interior. Parece razonable que, si se acude a determinada tienda o grandes almacenes en el extranjero para adquirir un bien de "x" marca o proveedor, el consumidor o usuario pueda dirigirse al mentado productor para exigir sus derechos , ya que sería muy gravoso para el primero tener que dirigirse al comerciante. Por lo que respecta a la imposibilidad, pensemos en que el vendedor cierre su establecimiento y sea imposible dirigirse contra él, de esta forma al consumidor solo le quedaría la alternativa de tener que acudir al productor del bien en cuestión.

sabilidad, que serían, la entrega del bien y el surgimiento de la falta de conformidad durante el plazo de garantía legal.

Respecto del requisito de entrega, es bien sabido que la falta de la misma no está regulada en la Directiva 2019/771, de hecho, no forma parte del régimen de garantías y servicios postventa que analizamos en el presente trabajo. A la falta de entrega se refiere el art. 18 de la Directiva 2011/83/UE, cuando señala que: "Salvo acuerdo en contrario de las partes sobre el plazo de entrega, el comerciante entregará los bienes mediante la transmisión de su posesión material o control al consumidor sin ninguna demora indebida y en un plazo máximo de 30 días a partir de la celebración del contrato" (art. 18.1). Posteriormente, indica en su segundo apartado, que, si el comerciante no hace la entrega en el plazo correspondiente, el consumidor podrá otorgarle "un plazo adicional adecuado a las circunstancias"[356]. De forma que, solamente cuando no realice la entrega en ese segundo plazo adicional, el consumidor podrá resolver el contrato (en defecto de otro pacto o así se desprendiera de las circunstancias que el primer plazo era esencial)[357].

---

356 *Vid.* Capítulo II, epígrafe 1.1.

357 El art. 18 Directiva 2011/83/UE tiene su traslación en el art. 66 bis TRLGDCU que introduce el indicado mecanismo del *Nachfrist* para regular la falta de entrega. De todos modo, este artículo ha visto modificada su dicción por el Real Decreto Ley 9/2017, de 26 de mayo que traspone la Directiva 2019/771, pues introduce también cual es el régimen de suministro de bienes o servicios digitales: "La obligación de suministro por parte del empresario se entenderá cumplida cuando: a) El contenido digital o cualquier medio adecuado para acceder al contenido digital o descargarlo sea puesto a disposición del consumidor o usuario o sea accesible para él o para la instalación física o virtual elegida por el consumidor y usuario para ese fin. b) El servicio digital sea accesible para el consumidor o usuario o para la instalación física o virtual elegida por el consumidor o usuario a tal fin." Asimismo, cabe destacar que la facultad de resolver el contrato tanto si se trata de bienes o contenidos/servicios digitales

A pesar de su importancia, la definición de entrega se deja al arbitrio de cada Estado miembro, puesto que a través de la misma podemos establecer el *dies a quo* de la responsabilidad del vendedor. Empero, el propio Considerando 38 pone de manifiesto que: "La presente Directiva no debe regular el significado del término 'entrega', que debe dejarse a la determinación del Derecho nacional, en particular, en lo que respecta a la cuestión de qué tiene que hacer el vendedor para cumplir su obligación de entrega de los bienes. Por otra parte, las referencias hechas en la presente Directiva al momento de la entrega se entienden sin perjuicio de las normas sobre transmisión de

---

podrá tener lugar cuando: "a) El empresario haya rechazado entregar los bienes o haya declarado, o así se desprenda claramente de las circunstancias, que no suministrará los contenidos o servicios digitales. b) Las partes hayan acordado o así se desprenda claramente de las circunstancias que concurran en la celebración del contrato, que para el consumidor o usuario es esencial que la entrega o el suministro se produzca en una fecha determinada o anterior a esta. En el supuesto de tratarse de bienes, dicho acuerdo deberá haberse producido antes de la celebración del contrato." El problema de estas soluciones radica en entender cuando las circunstancias pueden clarificar que el empresario no suministrará los contenidos o servicios digitales e, igualmente, cuando se puede considerar que el plazo es esencial si no se ha pactado previamente. Posiblemente para un consumidor un plazo sea esencial porque necesita el bien para una determinada fecha, *v. gr.* se va de viaje, pero puede ser complicado deducirlo "claramente de las circunstancias que concurran" si no se ha pactado la esencialidad (traje de boda, dónde seguramente sí se ha hecho). Tal vez haya que acudir a la naturaleza del bien para deducir la esencialidad del plazo, esto es, imaginemos que, con el objeto de irse de vacaciones a un lugar exótico, el consumidor encarga un equipo de buceo que debe ser entregado en determinada fecha justo antes de marcharse. Aunque no se hubiera pactado la esencialidad del mismo, un retraso en la entrega que no le permita llevarse el equipo para el viaje podría considerarse esencial atendidas las circunstancias, siendo, en definitiva, un problema de prueba.

riesgos establecidas en la Directiva 2011/83/UE e incorporadas en consecuencia al Derecho de los Estados miembros".

El TRLGDCU simplemente regula cuando se puede fijar el *dies a quo* de la entrega, con la misma regulación que ya hacía la Directiva 1999/44/CE:

> "1. Salvo prueba en contrario, la entrega o el suministro se entienden hechos en el día que figure en la factura o tique de compra, o en el albarán de entrega correspondiente si este fuera posterior.
>
> 2. El empresario deberá entregar al consumidor o usuario que ejercite su derecho a poner el bien o el contenido o servicio digital en conformidad justificación documental sobre la puesta a disposición del bien o del contenido o servicio digital por parte del consumidor y usuario en la que conste la fecha de entrega y la falta de conformidad que origina el ejercicio del derecho, así como justificación documental de la entrega al consumidor o usuario del bien o del suministro del contenido o servicio digital ya conforme, en la que conste la fecha de esta entrega y la descripción de la medida correctora efectuada." (art. 123 TRLGDCU)

Por tanto, la regla general, y así viene a ser la práctica habitual en el sector comercial, será la fecha que conste en el ticket de compra o en el albarán de entrega, si esta es obviamente posterior. A partir de ahí comenzará el cómputo para el surgimiento de las faltas de conformidad, lo que puede hacer surgir la duda de cuál es, por tanto, el régimen para el supuesto de que el bien entregado presente una falta de conformidad que sea detectable al momento de entrega. En este caso, como indica la doctrina lo mejor será rehusar la entrega del bien[358] y, en consecuencia, podría considerarse como un supuesto de falta de entrega[359]. No obstante, cabe preguntarse qué sucede

---

358 CASTILLA BAREA, M.: *La nueva regulación*, cit., p. 172.

359 Desde una persperctiva *pro* falta de conformidad, puede parecer mucho más razonable considerar que solamente debe quedar fuera

cuando el bien entregado es un bien con elementos digitales, el cual necesita a los mismos para poder operar en plenitud. La doctrina italiana tiene dicho que hasta que el adquiente no pueda utilizar el bien con sus respectivos elementos digitales no se podrá considerar efectuada la entrega.[360]

El siguiente requisito se corresponde con que la falta de conformidad deba surgir necesariamente durante el plazo de garantía. Es decir, como ya se ha explicado en relación con el concepto de falta de conformidad, se trata de un defecto que permanece oculto y surge al exterior durante el plazo de garantía, sin que haya sido el consumidor advertido de su existencia. Si bien es cierto que, como he señalado *ut supra*[361], podría darse la circunstancia que el defecto ya hubiera salido al exterior y, dado que es el empresario quien debería informar expresamente de las faltas de conformidad al consumidor, éste no las encuentre o no las quiera encontrar en el momento de entrega y, posteriormente, nada le impediría reclamar la falta de conformidad, aunque teóricamente la falta de conformidad haya surgido en realidad justo antes del momento de entrega. No parece que al consumidor se le exija un especial deber de cuidado de examinar el bien en el momento de entrega (tampoco se desprende de la normativa)

---

del concepto de la misma la falta de entrega considerada en sentido estricto, por lo que si el bien es disconforme de manera evidente el rechazo del consumidor debería entenderse como un caso de solicitud de puesta en conformidad. Si bien, como se va a explicar, puede llegar a ser más interesante para el consumidor que si la falta de conformidad es evidente en el momento de entrega el comprador la rehúse directamente no aceptando la misma y que el supuesto sea calificado como falta de entrega.

360 De Francheschi, A.: *La vendita,* cit., p. 119.

361 *Vid.* Capítulo II, epígrafe 2.1.3.7.: El empresario deberá informar expresamente que el bien se aparta de uno de los requisitos de conformidad y el consumidor aceptar por separado dicha divergencia para que el primero pueda exonerarse de responsabilidad.

en la línea de gran objetivación de la responsabilidad del vendedor que ha inspirado la Directiva 2019/771. Más aun incentivado cuando por *mor* de la presunción de falta de conformidad durante, ahora, 2 años se entiende que en ese estadio inicial de la garantía todas las faltas de conformidad que surjan se deben a defectos de fábrica y tendrá que ser el empresario quien demuestre que no lo son.

Por todo ello, cabría que un defecto preexistente al momento de entrega, pero no oculto, sea tratado como una falta de conformidad, pudiendo el consumidor desplegar el abanico de remedios o simplemente rehusar la entrega. De todos modos, en caso de que el consumidor sí advierta la falta de conformidad en el momento de entrega parece mucho más inteligente rehusar la misma, pues eso le permitiría clasificar el supuesto como una falta de entrega y no como una falta de conformidad. Si es calificado como falta de entrega el comprador podrá pedir que se le entregue el bien pactado, de forma que podrá exigir que el vendedor cumpla otorgando un "plazo adecuado a las circunstancias" y, si sigue sin entregarlo, resolver el contrato[362], lo

---

[362] Aquí se plantea otra vez la problemática de entender cuál es "el plazo adecuado a las circunstancias". Obviamente, la norma del art. 66 bis.1 está pensando en compraventas en las que la celebración del contrato y su consumación tienen lugar en momentos diferentes. Venta online, ventas fuera de establecimiento mercantil o dentro de establecimiento mercantil pero que por razones operativas o logísticas (imaginemos que lo adquirido es un lote muy grande de determinados productos o el vendedor carece de *stock* en ese momento) se entregarán en un momento posterior, dado que tiene que haber un transporte. No obstante, nada nos impide hacer una interpretación analógica del art. 66 bis.2 para el supuesto de que el bien deba ser entregado inmediatamente después del pago del precio, como es habitual en un establecimiento abierto al público, pues, en definitiva, el art. 66 bis.1 simplemente manifiesta que, en todo caso, el plazo máximo de la entrega de un bien de consumo será de 30 días, pero, en defecto de que las partes pacten otra cosa, y sin demoras indebi-

das. Por consiguiente, en este último caso, si el vendedor dispone de otros bienes idénticos, parece razonable que "el plazo adecuado a las circunstancias" se traduzca en que tenga que entregar otro bien conforme al momento; si, por el contrario, no dispone de *stock* volveríamos al supuesto de ventas donde la entrega y la celebración del contrato está diferida. Claramente, cargar al consumidor con la obligación de otorgar al vendedor un plazo adecuado parece desproporcionada, primero porque es el vendedor quién mejor conoce el mercado y puede saber cuándo podrá entregar el bien con mayor o menor exactitud (de hecho, tratándose de bienes homogéneos fácilmente sustituibles que se pueden encontrar en el mercado, nada impide al vendedor poder obtener el bien a su costa de cualquier otro comerciante, sin demoras indebidas) y segundo, porque parece que la norma no advierta el peligro que puede implicar que el plazo no sea adecuado, pues en ese caso, se podría considerar inválido, cercenando considerablemente la tutela del consumidor que se vería "enganchado" a merced del vendedor. *Vid.*, en este sentido, Carrasco Perera, Á.: "Plazo suplementario", cit., p. 117.
Igualmente, por lo que respecta a la norma relativa a la entrega con carácter general, esta debe ser interpretada en el sentido de que es posible pactar un plazo concreto, ya sea superior a treinta días o no, y, en su defecto, el bien deberá ser entregado "sin demoras indebidas", por lo cual es perfectamente posible entender que el plazo en el que tiene que cumplir el vendedor sea inferior a los 30 días que se conceden como máximo. De hecho, como sostiene la doctrina, Fenoy Picón, N.: "La compraventa del Texto Refundido de consumidores de 2007 tras la Directiva 2011/83/UE sobre los derechos de los consumidores", *Anuario de Derecho Civil*, Vol. 66, núm. 3, 2013, p. 64., esto iría en la línea de aplicar la norma general de nuestro Código Civil contenida en el art. 1113 CC, esto es que las obligaciones puras sobre las que nada se diga se pueden exigir *statim debetur*, esto es, "desde luego" (como puede ser habitual en un comercio abierto al público, ejemplo que he puesto antes), si así se desprende de las circunstancias. En cambio, cuando de la naturaleza de la venta podamos entender que el plazo sea superior (una venta a distancia) no se podrá entender que la entrega debe realizarse "desde luego", sino que habrá que entender que las partes tácitamente pactaron un plazo razonable que no podrá ser superior a los 30 días. Al final, es aplicar el mismo sentido común que la doctrina fue perfilando en relación con la falta de entrega en el régimen general del Código

cual parece un régimen mucho más beneficioso que tener que someterse al, en ocasiones, privilegio que dispone el vendedor de la jerarquía de remedios.

No obstante, no hay que olvidar que, como se estudiará, es posible que ante una falta de conformidad de cierta gravedad sea posible acudir directamente a la resolución del contrato (119.e) TRLGDCU). Podría entenderse que una disconformidad del bien evidente en el momento de entrega habilitaría al consumidor a poder desligarse del contrato, si no desea conservarlo. La cuestión sería determinar si la gravedad de la falta de conformidad cabe considerarla del mero hecho que sea muy precoz o, si por lo contrario tendríamos que acudir necesariamente a un criterio cualitativo o cuantitativo. Esta cuestión podría haberse resuelto de forma mucho más sencilla si el legislador español hubiera incluido en la trasposición una opción que le permitía el legislador de la Unión Europea, esto es, que el consumidor pudiera acudir directamente a la resolución del contrato en el supuesto de faltas de conformidad ocurridas dentro de los primeros 30 días después de la entrega (Considerando 19).

Sobre el régimen de entrega cabe hacer una aclaración final, pues el "plazo razonable" no se aplicará en todo caso. Esto es, se podrá acudir directamente a la resolución contractual cuando se desprenda claramente de las circunstancias o el pro-

---

Civil ante la inexistencia de un régimen claro sobre cómo proceder, pues se puede entender que hay tres reglas principales: La primera sería estar a la autonomía de la voluntad, la segunda sería que, en obligaciones de carácter duradero, el juez deberá fijar un plazo si las partes no lo han hecho y la tercera que, en obligaciones que no tengan ese carácter, no se podrá hacer otra cosa que entender que la obligación es exigible al momento, *"quod sine die debetur, statim debetur"* (*vid.* a este respecto, INFANTE RUIZ, F.J.: *Contrato y término esencial*, La Ley, Madrid, 2008, pp. 74–75). La diferencia es que en este tipo de contratos nunca se podrá entender que el plazo que tácitamente pactaron las partes era superior a 30 días.

pio vendedor haya declarado que no pondrá los bienes en conformidad, o cuando se desprenda claramente de las circunstancias o las partes hayan acordado que el término era esencial. En este sentido, el TRLGDCU incorpora unas reglas que, en realidad ya existían en nuestro derecho pues según el régimen general del Código Civil, tal y como lo ha interpretado la doctrina, es posible acudir al art. 1124 CC (remedio resolutorio) cuando el incumplimiento era grave, pero esa gravedad, entre otras, se podía inferir de dos circunstancias: que el término fuera esencial[363] o que el vendedor se hubiera negado a entre-

---

363 En ese sentido, "toda nuestra doctrina está de acuerdo en que la inobservancia del término esencial es un incumplimiento de entidad tal que justifica el recurso del remedio resolutorio. A estos efectos, en ausencia de una norma especial, el incumplimiento del término esencial constituye un incumplimiento subsumible en el artículo 1124 CC y, por tanto, susceptible de ocasionar la resolución del contrato en él prevista", San Miguel Pradera, L. P.: *Resolución del contrato por incumplimiento y modalidades de su ejercicio,* Colegio de Registradores de la Propiedad y Mercantiles de España, Madrid, 2004, p. 239. En término similares, se pronuncia Infante Ruiz, F.J.: *Contrato,* cit., pp. 207–208, quien asimismo, trata cómo se debe interpretar el concepto de esencialidad del término: "Cuando el acuerdo de las partes se refiere a que la prestación deberá realizarse precisamente en el tiempo señalado, porque el interés del acreedor a que la prestación se realice puntualmente se eleva a rango fundamental del programa contractual, aun cuando pueda resultar en el contexto de la operación o contrato que el cumplimiento ulterior todavía sea de utilidad material o económica, se habla de término esencial subjetivo. Si la esencialidad surge del hecho de que una prestación posterior al momento fijado en el contrato (expresa o tácitamente) para su ejecución hace desaparecer con carácter absoluto su utilidad, se habla, entonces, de término esencial objetivo. Téngase en cuenta que en ambos supuestos hay un acuerdo (expreso o tácito) sobre el término. La diferencia se cifra en que en el caso del término subjetivo el acuerdo es sobre el término esencial, mientras que en el caso del término objetivo el acuerdo está en el término, no en la esencialidad, que las partes, o dan por supuesta, o irremediable-

gar el bien[364]. Pero, no solo nuestro derecho patrio ha actuado en ese sentido, podemos encontrar los mismos ejemplos en textos de *soft law* como el DCFR o incluso en el fallido CESL[365].

Por el contrario, en caso de calificarse como falta de conformidad, aunque en principio el consumidor tiene la facultad de elegir el remedio que desea interponer (teniendo la sustitución un alcance idéntico a lo que podría ser una acción de cumplimiento en específico, que viene a ser lo mismo que lo que plantea en definitiva el art. 66 bis TRLGDCU), en la práctica es el empresario quién decide la medida de puesta en conformidad, ya que, como se analizará, de acuerdo con lo dispuesto en el art. 118 TRLGDCU, el empresario puede rechazar una de las medidas si, por ejemplo, al comparar una con la otra, la elegida tiene costes des-

---

mente proviene de la naturaleza y circunstancias de la prestación", *vid.* INFANTE RUIZ, F.J.: *Contrato,* cit., pp. 98–99.

364 RODRÍGUEZ-ROSADO, B.: *Resolución y sinalagma contractual,* Marcial Pons, Madrid, 2013, pp. 227–228.

365 El artículo III.–3:503 DCFR dispone: "Termination after notice fixing additional time for performance: 1) A creditor may terminate in a case of delay in performance of a contractual obligation which is not itself fundamental if the creditor gives a notice fixing an additional period of time of reasonable length for performance and the debtor does not perform within that period. 2) If the period fixed is unreasonably short, the creditor may terminate only after a reasonable period from the time of the notice". En el caso del CESL el art. 114 sobre resolución por incumplimiento: "1. Un comprador podrá resolver el contrato a tenor del artículo 8 si el incumplimiento en que hubiera incurrido el vendedor en virtud del contrato es esencial a tenor del artículo 87, apartado 2." Según el artículo 87.2 CESL sobre incumplimiento esencial: "Un incumplimiento de una obligación por una parte será esencial si: a) priva sustancialmente a la otra parte de lo que tenía derecho a esperar en virtud del contrato, salvo que en el momento de su celebración la parte incumplidora no previera ni cabe esperar que hubiera previsto ese resultado; o b) sea de tal naturaleza como para que resulte evidente que no puede confiar en el futuro cumplimiento de la parte incumplidora".

proporcionados o podría llevar a cabo una de las medidas sin mayores inconvenientes para el consumidor o usuario.

Con carácter general, se puede decir que los remedios disponibles ante un supuesto de falta de entrega *stricto sensu* serán distintos a los existentes para los supuestos de falta de conformidad. A mi modo de ver, una vez acecido el incumplimiento por falta de entrega, el acreedor podría exigir la entrega de la cosa como acción de cumplimiento específico que se sujetaría al plazo de prescripción de 5 años (art. 1964 CC), e de igual modo la resolución del contrato una vez transcurrido el segundo plazo adicional, pues desde ese momento se podrá entender que el incumplimiento es total y definitivo. La gravedad del incumplimiento se podrá considerar no solo de la no superación del plazo suplementario, sino también cuando sea evidente que el deudor no va a cumplir porque así se desprenda de las circuntancias o porque el plazo sea esencial. De modo que, el incumplimiento del primer plazo frustre ya el interés contractual del comprador. Entendemos que, como se desarrollará en el apartado correspondiente, junto con el remedio escogido por el comprador, como pueda ser la resolución del contrato, se podrá acumular la correspondiente acción de daños y pejuicios derivada de un incumplimiento contractual (arts. 1.101 y ss. CC).

1.1. El plazo de garantía legal

Si volvemos a la delimitación de los prepuestos que deben existir para que el defecto se pueda calificar como falta de conformidad y puedan desplegarse los remedios que la ley anuda a la garantía de los bienes de consumo, tras la preexistencia, se exigiría el acaecimiento durante el plazo de gantía legal, lo cual, a su vez, supone diferenciar dos esferas. Una de ellas es la referente a la garantía y otra es la prescripción de la acción[366]. Me explico, hay que distinguir que, tomando como ejemplo la regulación de mínimos en este aspecto de la Directiva 2019/771, los defectos deben surgir durante el plazo de 2 años desde el momento de entrega del bien como *dies a quo*[367]. Así, un defecto que surja a los 9 meses de haber sido adquirido el producto estaría dentro del régimen de protección de dispensa Directiva, no en cambio un defecto que surja a los 2 años y 1 mes de haber sido adquirido el producto. Si bien, como se verá, la protección se ha visto aumentada por el TRLGDCU hasta los 3 años.

En cambio, el plazo de prescripción tiene un funcionamiento distinto, y se corresponde con el plazo que dispone el consumidor para hacer valer sus derechos desde el momento que surja la falta de conformidad. Este plazo tradicionalmente había sido de 3 años desde la entrega del producto en el TRLGDCU, ahora ha mejorado considerablemente su protección y concede un plazo de hasta 5 años desde el surgimiento de la falta de conformidad. Por consiguiente, siguiendo el régimen anterior, un defecto que surgiese a los 9 meses de haber sido adquirido el producto, permitiría al consumidor poder reclamar la puesta en conformidad hasta 2 años y 3 meses más tarde desde la manifestación del defecto. Ya que, como se puede observar, el plazo comienza a computarse desde el momento de la entrega del producto, por ese

---

366 Por lo que respecta a la manifestación de los defectos, la doctrina ha señalado que no es necesario que la falta de conformidad sea evidente, sino que basta con que sea "objetivamente susceptible de ser descubierta por el comprador mediante el empleo de una diligencia ordinaria", *vid.*, MARÍN LÓPEZ, M.J.: "Plazos de saneamiento y presunciones en el régimen de compraventa al consumo", en AA.VV.: *Tratado de la Compraventa, Homenaje al Profesor Rodrigo Bercovitz* (coord. Á. CARRASCO PERERA), Thomson–Reuters Aranzadi, Cizur Menor, 1ªed., 2013.

367 Para determinar el *dies a quo* puede ser útil el ticket de compra o el albarán de entrega.

motivo, si la falta de conformidad apareciese durante el último mes de garantía, al consumidor prácticamente le quedaría poco más de 1 año para poder exigir sus derechos.

Sin embargo, con el régimen actual de 5 años desde el surgimiento de la falta de conformidad, el panorama cambia considerablemente, en la medida que independientemente del momento en el cual aparezca el defecto, el consumidor podrá ejercitar la acción con la tranquilidad de disponer del mismo tiempo, ya se haya manifestado en un estadio más inicial de la garantía o más tardío.

No está de menos, poner de manifiesto que los derechos que concede la normativa al consumidor una vez se verifique la falta de conformidad son irrenunciables, habida cuenta del art. 10 TRLGDCU que se mantiene incólume desde hace tiempo. De todos modos, el hecho que el consumidor no pueda renunciar *ex ante* a los derechos que le concede la normativa de consumo no obsta a que posteriormente pueda renunciar a su ejercicio[368].

A continuación, toca analizar más detenidamente tanto el plazo de garantía como el plazo de prescripción. Así como, estudiar otros elementos de importancia como es la presunción de defectos y la posibilidad de extender la responsabilidad a otros sujetos.

Por lo que respecta al plazo de garantía de los bienes, el nuevo art. 120 TRLGDCU introduce un plazo de garantía de 3 años para el supuesto de entrega de bienes y mantiene uno de 2 para el caso de suministro de contenidos y servicios digitales (si bien, habría que considerarlo una novedad, pues hasta el momento dichos contratos no estaban regulados)[369]. Esto supone un au-

---

368 ESTRUCH ESTRUCH, J.: "Ámbito de aplicación del régimen de garantías en la venta de bienes de consumo", *Revista Aranzadi de Derecho y Nuevas Tecnologías*, núm. 21, 2009.

369 El plazo de 3 años coincide con la trasposición portuguesa que también ha optado por extender la protección a los consumidores am-

mento de la protección dispensada por el legislador en la compraventa de bienes de consumo que, como es por todos conocido, se limitaba a 2 años desde la entrega (art. 123.1 TRLGDCU). Así, la mejora llevada a cabo se enmarca dentro de la libertad otorgada por la Directiva a los Estados miembros para poder adoptar plazos más largos que los establecidos en la norma para este ámbito (art. 10.3)[370]. Eso sí, cuando nos encontremos en un contrato de suministro de contenidos digitales o de bienes

---

pliándolo 1 año más. Por el contrario, la solución ibérica (española y portuguesa) contrasta con la poca valentía que han tenido muchos otros países de la UE que, a pesar de la habilitación existente, han preferido mantener los 2 años de garantía de los bienes. Véase, el caso de nuestro vecino Italia (que ha traspuesto en su *Codice del Consumo* las novedades introducidas por la Directivas 2019/770 y 771 a través del D. Lgs. 170/2021), incluso otros como Austria, Bulgaria, Chipre, Francia, Alemania, Luxemburgo, Malta, Polonia y Eslovenia. En cambio, es llamativa la opción finlandesa que establece una responsabilidad del vendedor en función de la vida útil de los productos, teniendo como sostén un plazo de prescripción.

370 La elección del plazo de 2 años por la Propuesta de Directiva de 2015 fue duramente criticada por la doctrina, pues no parecía muy razonable un plazo tan corto cuando la Directiva iba ser de máximos, en la medida que no contribuiría a alcanzar los objetivos de sostenibilidad a los que se refería la nueva normativa. *Vid.,* a este respecto, LOOS, M. B. M.: "Not good but certainly content: The proposals for European Harmonisation of Online and Distance Selling of Goods and the Supply of Digital Content", en AA.VV.: *Digital content & distance sales: new developments at EU level* (eds. I. CLAEYS and E. TERRYN), Intersentia, Cambridge, 2017, p. 21. Por ese motivo, la Directiva definitiva parece que oyó las quejas y estableció un plazo de 2 años, pero con la posibilidad de ser ampliado por parte de los Estados Miembros. En ese sentido, este cambio debe ser bien recibido, habida cuenta de que los fabricantes tendrán más motivos para que sus productos sean más duraderos. *Vid.* TERRYN, E.: "A Right to Repair? Towards Sustainable Remedies in Consumer Law", en AA.VV.: *Consumer Protection in a Circular Economy* (eds. B. KEIRSBILCK and E. TERRYN), Intersentia, Cambridge, 2019, p. 134.

con contenidos digitales que prevea el suministro continuo de contenido, el plazo de responsabilidad se extenderá durante todo ese período que haya determinado el empresario. Y, si es inferior a 3 años, igualmente la responsabilidad se extenderá a un plazo de 3 años (nuevo art. 120.2 TRLGDCU, según art. 10.2 Directiva), lo cual, en definitiva, implica que el plazo de 2 años se limitará a los contenidos o servicios que se suministren en un solo acto o una serie de actos individuales.

El art. 10.6 de la Directiva indicaba que los Estados miembros podrían pactar un plazo menor del previsto siempre que no fuese inferior a 1 año por cuanto se refiriese a bienes de segunda mano. De forma muy continuista con lo que ya indicaba el antiguo 123.1 TRLGDCU. En ese sentido, previsiblemente el nuevo art. 120.1.II TRLGDCU mantiene esa dicción y confirma el plazo mínimo de 1 año de garantía para bienes de segunda mano.

1.1.1. El plazo de garantía legal para bienes nuevos con o sin elementos digitales que se suministran en un único acto o serie de actos individuales

Lo primero que hay que tener presente cuando se analizan los plazos relativos a la responsabilidad del vendedor es saber diferenciar entre plazo de garantía (*liability period*) y plazo de prescripción (*limitation period*) que es, al final, el verdadero plazo de responsabilidad del vendedor. Respecto de los cuales ya he manifestado sus diferencias. Pero a su vez, en la nueva Directiva hay que poner el énfasis en el diferente comportamiento que pueden llegar a tener los plazos de garantía según se correspondan con bienes nuevos, si estos se suministran con elementos digitales en único acto/serie de actos individuales o si hay un suministro continuo de contenidos digitales y, finalmente, cuando hablamos de bienes de segunda mano.

Si seguimos la dicción de la Directiva 2019/771, el art. 10.1 indicaba que: "El vendedor será responsable ante el consumidor por cualquier falta de conformidad que exista en el momento de la entrega del bien y se manifieste en el plazo de dos años a partir de ese momento. Sin perjuicio de lo dispuesto en el artículo 7, apartado 3, el presente apartado se aplicará también a los bienes con elementos digitales".

Por tanto, siguiendo simplemente lo que disponía la Directiva, si se trata de un bien nuevo entregado en un único acto, el defecto desencadenante de la falta de conformidad deberá ser preexistente al momento de la entrega y su manifestación deberá surgir durante el plazo de 2 años(3 años en la trasposición española).

De todos modos, el texto definitivo de trasposición contenido en el art. 120 TRLGDCU hace una labor de refundición, tanto de la Directiva 2019/771 como de la Directiva 2019/770 de forma que lleva a cabo un tratamiento unitario tanto del contrato de suministro de los contenidos digitales como de compraventa, por lo que aborda las diferentes opciones desde dos perspectivas distintas. Esto es, si el suministro o entrega se hace en un acto individual o, si, por el contrario, hay un suministro continuo de servicios o contenidos digitales, es decir, ya sea si el contrato obliga a la entrega de sucesivos contenidos/servicios durante un tiempo solamente o vinculados a un bien con elementos digitales. Véase mejor con el texto literal.

El apartado 1 dice que: "En el caso de contrato de compraventa de bienes o de suministro de contenidos o servicios digitales suministrados en un acto único o en una serie de actos individuales, el empresario será responsable de las faltas de conformidad que existan en el momento de la entrega o del suministro y se manifiesten en un plazo de tres años desde la entrega en el caso de bienes o de dos años en el caso de contenidos o servicios digitales, sin perjuicio de lo dispuesto en el artículo 115 ter, apartado 2, letras a) y b)".

Esto es, como señala la doctrina inglesa es necesario hacer una conexión entre el plazo de garantía legal de bienes y contenidos/servicios digitales cuando hablamos de bienes con contenidos digitales, pues su interdependencia exige una coherencia en su regulación[371]. En la norma transcrita podemos ver como inteligentemente se hace una referencia al artículo 115 ter apartado segundo, ya que cuando estemos tratando con bienes con elementos digitales el consumidor puede esperar recibir actualizaciones de seguridad que mantengan el bien en correcto funcionamiento, por lo que el plazo de garantía legal (del elemento digital incorporado) debería ser superior al de 2 años que, en principio, es aplicable a los contenidos digitales, de lo contrario se podría comprometer la conformidad del bien en su conjunto, al menos, respecto a dichas actualizaciones de seguridad. En ese sentido, como señala la doctrina española el plazo de responsabilidad que puede esperar el consumidor respecto de los bienes con elementos digitales es, en estos casos, indeterminado[372].

1.1.2. El plazo de garantía legal para bienes nuevos con elementos digitales que se suministran durante un período determinado

No obstante, en el apartado 2, art. 120 TRLGDCU, se señala que: "En el caso de contenidos o servicios digitales o de bienes con elementos digitales, cuando el contrato prevea el suministro continuo de contenidos o servicios digitales durante un pe-

---

371 "*Whereas, for connected digital elements, which are to be supplied in a single act, a defect needs not only exist at the time of delivery but must furthermore also become apparent within the two–year liability period in order to evoke the seller's liability, a corresponding double requirement is lacking for connected digital content and services to be supplied continuously. As described above 22 for the latter, there is only one single liability period.*" GSELL, B.: "Time limits of remedies under Directives (EU) 2019/770 and (EU) 2019/771 with particular regard to hidden defects" en AA.VV.: *El derecho privado en el nuevo paradigma digital* (dirs. E. ARROYO AMAYUELAS Y S. CÁMARA LAPUENTE), Marcial Pons, 1ª ed., 2020, p. 108.

372 IZQUIERDO GRAU, G.: *El nuevo régimen*, cit., pp. 117–118.

ríodo de tiempo determinado, el empresario será responsable de cualquier falta de conformidad de los contenidos o servicios digitales que se produzca o se manifieste dentro del plazo durante el cual deben suministrarse los contenidos o servicios digitales de acuerdo con el contrato. No obstante, si el contrato de compraventa de bienes con elementos digitales establece el suministro continuo de los contenidos o servicios digitales durante un período inferior a tres años, el plazo de responsabilidad será de tres años a partir del momento de la entrega."

En consecuencia, cuando tratamos bienes que se suministran con elementos digitales y hay un compromiso de suministro continuo durante un tiempo, el plazo por el cual el vendedor responde por falta de conformidad es de 3 años desde el momento de entrega, salvo que se haya pactado un plazo mayor. De todos modos, a mi modo de ver, se introduce una pequeña diferencia que no se da en el régimen anterior para actos individuales de entrega o suministro. Esto es, que el defecto en los contenidos o servicios (falta de conformidad) se "produzca" o "manifieste" durante el plazo de garantía. Obviamente, no es lo mismo que el defecto se produzca que se manifieste. En ese sentido, cuando el defecto proviene de un fallo en los servicios o contenidos digitales suministrados parece que tiene lugar una modificación del paradigma clásico de la falta de conformidad, ya no es necesario que el defecto preexista, pero permanezca oculto hasta que se manifieste durante el plazo de 2 o 3 años si tenemos en cuenta la habilitación del legislador español.

Nada más lejos de la realidad, pues cuando el defecto se corresponda con un mal funcionamiento de los servicios o contenidos digitales, bastará con que el defecto se origine durante el período de garantía o *liability period* para que tenga lugar la responsabilidad del empresario. Pero no solo eso, de una interpretación estricta de la introducción del "produzca" se puede concluir que tampoco es necesario que el defecto se manifieste, surja o se advierta durante el plazo de garantía, sino simplemente basta que este defecto se haya originado durante el período de garantía pudiendo haber sido detectado en un momento posterior[373]. En ese sentido, podría darse la posibilidad de que el defecto se haya producido durante el plazo de garantía, imaginemos que un *wearable* como un reloj o pulsera inteligente dejó de funcionar correctamente durante unos días, o alguno de los programas o sistema operativo de los mismos adquirió una anomalía, pero esta circunstancia no se detecta por diversas circunstancias hasta después de los 3 años de garantía.

Si tenemos presente que nada precisa el TRLGDCU al respecto, se puede entender que, si el defecto tuvo lugar durante el plazo de garantía, se podría reclamar la falta de conformidad y, por consiguiente, la puesta en conformidad, siempre y cuando el consumidor aún se encuentre inmerso en el plazo de prescripción de las acciones que, como sabemos, ahora se ha ampliado hasta los 5 años[374].

Esta diferenciación entre el suministro de contenidos digitales en bienes que precisen de dichos elementos, en función de

---

373 En ese sentido se pronuncia Gsell, B.: "Time limits", cit., p. 109: "*Let me come back to my above–mentioned example dealing with the sale of a watch and amend it a little bit: If, after three years, the buyer of a traditional watch discovers that the clockwork was already faulty on delivery, he can no longer exercise any remedies under the new SGD because the two–year liability period has expired 24. If, on the other hand, the buyer of a smart watch, who was promised the continuous processing of personalised fitness data for two years in the sales contract, realises only after three years from reputable media reports that a feature of this program did not function properly during the contractual period, he can still exercise remedies for lack of conformity under the new SGD even though more than two years have elapsed since the defect occurred (Art. 10.2 1st sentence).*"

374 Así, concluye también Gsell, B.: "Time limits", pp. 111–112: "*Under both Directives digital content and digital services to be supplied continuously must be free from defects throughout the entire contractual period of supply, without any European liability period limiting the consumer's remedies for hidden defects that occurred within the contractual period of supply but are only brought to light later.*"

si son proporcionados en acto/s individuales o si hay previsto un suministro continuo de los mismos no tiene una justificación sólida, pues en este tipo de elementos puede ser difícil determinar hasta qué punto el defecto era prexistente o no. Esto es, en el supuesto de que el sistema operativo proporcionado tenga una anomalía que se manifieste durante el plazo de garantía otorgado, qué diferencia real hay entre considerar que se haya producido y manifestado o simplemente manifestado durante el mismo. Obviamente, para el usuario medio puede ser completamente incomprensible establecer una distinción entre que un defecto se produzca o se manifieste (porque ya preexistía) y, más aún, puede resultar muy costoso demostrar la preexistencia salvo que se lleve a cabo un complejo informe técnico del que tampoco considero que pueda tener mucha virtualidad[375]. Por lo que si el consumidor, en el lapso temporal en que se manifieste el defecto, en el caso de contenidos o servicios que se suministren en un acto o actos individuales, no está protegido todavía por la presunción de preexistencia, puede tener un serio problema para poder acreditar la falta de conformidad.

La única explicación plausible a esta divergencia de regulaciones sería lo extraordinariamente complicado que puede ser poder fijar con precisión momentos de entrega o recepción de datos cuando hay programado un suministro continuo de los

---

375 Entiendo que para poder demostrar que el programa, contenido, servicio digital en cuestión o como queramos llamarlo tenía un fallo preexistente deberemos acudir a su código fuente, que viene a ser el lenguaje que permite a funcionar al *software* (en resumidas cuentas, son una serie de instrucciones que permiten al ordenador poder ejecutarlo). No obstante, esta tarea puede ser tan irreal como imposible, en la medida que detectar un error en el mismo puede ser ardua, pero no solo eso, el código fuente de un programa informático es el secreto mejor guardado de los desarrolladores del mismo por lo que el acceso a él suele estar protegido por cuestiones de propiedad intelectual.

mismos, por lo que el legislador ha optado por la vía más cómoda de señalar que, si se da tal circunstancia, bastará que se produzca el defecto durante el plazo de garantía, aún incluso no se manifieste hasta un momento posterior. Por el contrario, cuando sí sea posible fijar con exactitud una fecha de suministro del acto individual, a partir de tal momento deberán manifestarse los defectos (preexistentes), para que pueda desencadenarse la responsabilidad del vendedor hasta que termine el plazo de garantía.

Asimismo, como se evidencia de la regulación, este problema no se predica solo de los bienes con elementos digitales, sino también de los contratos de suministro de contenidos o servicios digitales, pues existe la misma distinción entre si el contrato es de suministro de acto/s individuales o es de suministro continuo durante un período determinado. Por todo ello considero que mucho más adecuado con la naturaleza de este tipo de elementos sería no exigir el requisito de preexistencia, sino simplemente que se acredite la falta de conformidad, dado que raramente el consumidor podrá haber tenido algún tipo de interferencia en la misma al funcionar dichos elementos en entornos muy controlados. En consecuencia, si el contenido o servicio es disconforme, seguramente lo será por causa imputable al vendedor o productor.

1.1.3. El plazo de garantía legal para bienes usados o de segunda mano

A diferencia de los bienes nuevos, cuando nos movemos en el ámbito de los bienes usados el legislador introduce una excepción que permite reducir considerablemente el tiempo por el cual el consumidor puede verse beneficiado por la garantía del vendedor.

Así, según el apartado II del art. 120 TRLGDCU: "En los bienes de segunda mano, el empresario y el consumidor o usuario podrán pactar un plazo menor al indicado en el párrafo anterior, que no podrá ser inferior a un año desde la entrega."[376]

En ese sentido, el vendedor no se verá obligado a proporcionar al consumidor un plazo de 3 años cuando nos encontremos ante bienes de segunda mano, sino podrá perfectamente proporcionarle uno menor, algo que seguramente se hará en la práctica[377].

La doctrina ha señalado que el plazo que deberá proporcionar el vendedor para el caso de bienes de segunda mano será de 3 años o de 1 si decide establecer el plazo menor que le permite el texto legal[378]. Esto es, la disyuntiva radicaría en si el vendedor decide voluntariamente concederle al consumidor una garantía igual a como si se tratase de un bien nuevo, o, por el contrario, reducirla a 1 año que sería el plazo imperativo e ineludible que

---

376 Este artículo respeta de forma casi idéntica a su homólogo de la Directiva 2019/771, cuando el art. 10.6 señalaba que: "Los Estados miembros podrán disponer que, en el caso de los bienes de segunda mano, el vendedor y el consumidor puedan convenir términos contractuales o pactos con un período de responsabilidad o plazo de prescripción más breve que los previstos en los apartados 1, 2 y 5, siempre que ese período o plazo más breve no sea inferior a un año".

377 CASTILLA BAREA, M.: *La nueva regulación*, cit., p. 179. Otros países de la Unión Europea han mantenido también la posibilidad de conceder plazos menores a los productos de segunda mano, como Austria, Bulgaria, Chipre, Alemania, Luxemburgo, Polonia y Eslovenia, si bien mantienen el mismo límite de 1 año de garantía. Es curiosa la solución de Portugal que amplía a 3 años (es decir, los trata como nuevos) los productos reacondicionados, y respecto a los de segunda mano, en sentido estricto, sube el límite mínimo a 18 meses de garantía, esto es, un año y medio. En cambio, Malta aplica una regla especial a los productos de segunda mano consistente en mantener un período de garantía de 2 años, si el comerciante era conocedor del defecto en el momento de celebración del contrato y se lo vendió al consumidor igualmente.

378 *Vid.* CASTILLA BAREA, M.: *La nueva regulación*, cit., p. 178.

necesariamente debe otorgar, pero no cabría la posibilidad de dar uno intermedio, como sería uno de 1 año y 6 meses.

Sin embargo, del análisis del art. 120 TRLGDCU y del art. 10 Directiva 2019/771 no se observa en qué lugar se dice que no sería posible establecer, por ejemplo, en el caso español, un plazo de 2 años para un bien de segunda mano, lo cual parece perfectamente posible, y tampoco se advierte en la Directiva ni en el texto de trasposición un obstáculo para ello.

Otra pregunta que surgiría en relación con los productos de segunda mano, no es ya la garantía que puede proporcionar un vendedor profesional cuando los vende en el marco de su actividad comercial, sino qué sucedería con la garantía original que tenía el producto cuando se produzcan sucesivas adquisiciones sobre un mismo bien, ya las hayan realizado los particulares entre ellos o un vendedor profesional a un tercer consumidor. Dicho en otras palabras, ¿puede un subadquirente verse beneficiado por la garantía que tenía el comprador original?

La respuesta debe ser afirmativa: "El hecho de que la Directiva 1999/44/CE, de 25 de mayo, sobre determinados aspectos en la venta y garantía de los bienes de consumo, no considere al subadquirente del bien como 'consumidor' (se trata de una Directiva de mínimos), ni el hecho de que el Texto Refundido no establezca una solución expresa al respecto, constituyen obstáculo para considerar al tercer adquirente como 'consumidor', legitimado para exigir al vendedor la consiguiente responsabilidad en caso de falta de conformidad del bien. Se admite, por tanto, que el destinatario de la protección legal no sería solamente el adquirente inicial (que fue parte compradora en el contrato de compraventa), sino también los sucesivos adquirentes –tanto a título oneroso como lucrativo– del comprador inicial"[379]. Si bien,

---

[379] Bermúdez Ballesteros, Mª. S.: "Venta entre particulares de un bien de consumo con garantía en vigor: ¿Sigue vigente la garantía

lo relatado se corresponde con el régimen anterior, la situación es la misma, pues los textos actuales tampoco hacen ninguna referencia a esta cuestión, *ergo* la solución debe ser idéntica.

En ese sentido, para que pueda haber lugar a una "transmisión" de la garantía se deben dar las siguientes circunstancias[380]: El adquirente del bien debe tener la consideración de consumidor, la garantía original debe estar vigente e igualmente se tienen que dar los requisitos que la ley anuda al desencadenamiento de la responsabilidad del vendedor, por lo que sería muy conveniente que los sucesivos adquirentes pudiesen probar la fecha original de adquisición del bien en cuestión para poder determinar si está aún en plazo la garantía.

Estos argumentos se ven reforzados por la SAP Las Palmas, 10 junio 2008[381], que indica que: "el consumidor no perderá tal condición si ha adquirido un bien para su uso privado y tras su uso lo enajena a otra persona física siempre que tal venta posterior no se inscriba en una actividad económica comercial continuada y organizada que constituya su actividad profesional, sino que se limite a un acto particular de ejercicio de la facultad de dominio, por la cual el adquirente se sigue beneficiando de la garantía que tenía el inicial comprador."

---

para el nuevo dueño?, CESCO (Publicaciones jurídicas), 11 enero 2017, p. 2, con cita a MARÍN LÓPEZ, M. J.: "Comentario al art. 115", en AA.VV.: *Comentario del Texto Refundido de la Ley general para la Defensa de los Consumidores y Usuarios y otras leyes complementarias,* (dir. R. Bercovitz Rodríguez–Cano), Thomson Reuters Aranzadi, Pamplona, 2015, pp. 1680 a 1682.

380 *Vid.* BERMÚDEZ BALLESTEROS, Mª. S.: "Venta", cit., p. 3.

381 SAP Las Palmas, 10 junio 2008 *(JUR 2008, 302286).*

1.2. La presunción de preexistencia de faltas de conformidad

Igual de importante que el plazo de garantía es el plazo de presunción de las faltas de conformidad, que sufre una merma en la Directiva en cuanto a lo previsto en la Propuesta. Según el art. 11.1 de la Directiva 2019/771 este plazo de presunción *iuris tantum* será de 1 año, por tanto, se incrementa en 6 meses si nos fijamos en la regulación anterior del TRLGDCU (pues en el pasado era de 6 meses), pero no llega a ser tan ambicioso como pretendía la PDirCOM. No obstante, el legislador español ha querido ir más allá y en la trasposición final, llevada a cabo en el nuevo art. 121.1 TRLGDCU, ha establecido un plazo de presunción de 2 años desde la entrega de los bienes y de 1 año en el caso de suministro del contenidos o servicios digitales cuando se realice en un solo acto o en una serie de actos individuales (gracias a la habilitación del art. 11.2 Directiva)[382], con la salvedad, que asimismo disponía el art. 11.1 Directiva, de que la presunción "no sea incompatible con la naturaleza de los bienes o con la índole de la falta de conformidad"[383]. También es interesante

382 En mi opinión, la norma parece que señale que en caso de bienes "normales" el plazo de presunción de preexistencia será de 2 años. Sin embargo, cuando nos encontremos con bienes con elementos digitales o contenidos/servicios digitales, la presunción de preexistencia en lo que respecta a ese "contenido digital" sería de 1 año. Esto nos tendría que hacer ver que en el caso de bienes con elementos digitales deberemos diferenciar entre el aspecto físico y el aspecto digital de los mismos. Por ejemplo, cuando nos encontremos ante un bien con elementos digitales, que se vayan a suministrar en un único acto o una serie de actos individuales, si bien el plazo de garantía será de 3 años considerado globalmente para todo, el juego de la presunción de preexistencia funcionará de forma diversa. Es decir, será de 2 años para el aspecto físico del bien, pero solo de 1 año para el aspecto digital del mismo (coincidiendo con la regulación de carga de la prueba para contenidos y servicios en general).

383 Esto quiere decir que, sobre determinados bienes, como son los consumibles, o que rápidamente se deterioran por el uso, como puede

señalar que el nuevo art. 121.2 TRLGDCU establece, que en los supuestos en que haya un suministro continuo de contenidos o servicios en un contrato de bienes con elementos digitales o de contenidos o servicios digitales, la carga de la prueba corresponderá al empresario durante todo ese período de tiempo[384].

---

ser una prenda de vestir, no operaría la presunción de preexistencia de defectos. Cabe señalar que cuando sí sea de aplicación la presunción, lo que sucedería es que debería ser el consumidor el que demostrase que la falta de conformidad preexistía en el momento de entrega del bien. Por lo que refiere a la índole de la falta de conformidad habría que pensar en faltas de conformidad que dada su naturaleza no admiten la presunción, es bastante ilustrativo el caso de la SAP Jaén, 8 julio 2010 *(JUR 2010, 369851)* en la cual la pantalla del móvil, tras meses de uso, dejó de funcionar, "no procedía la presunción por su incompatibilidad con la índole de la falta de conformidad al respecto que si el teléfono a su entrega era apto para el uso que le es propio y lo siguió siendo durante varios meses más, no puede presumirse tal falta de conformidad una vez que se produce la avería, pues la realidad del uso ha contradicho lo anterior". Sin embargo, me parecen bastante débiles los argumentos de la sentencia en la medida que perfectamente podría deberse a un defecto de fábrica, es mucho más razonable lo que sigue diciendo al matizar que "el vendedor habría logrado contrarrestarla al haber aportado como prueba en contrario un informe del servicio técnico que acreditara que el *display* se encontraba roto por un golpe o caída".

384 El legislador crea un agravio comparativo en la regulación de los elementos digitales cuando hay un suministro continuo de los mismos, pues señala que la carga de la prueba de que los bienes eran conformes corresponde al vendedor durante todo el plazo de suministro, lo que contrasta con el exiguo plazo de un año para contenidos o servicios digitales que se proporcionan en un solo acto. Además, la afirmación que realiza el legislador es ridícula, porque si confrontamos este precepto con el art. 120.2, nos preguntamos qué es lo que se está presumiendo cuando basta que la falta de conformidad se produzca (es decir, no hace falta que se manifieste porque ya preexistía) para desencadenar la responsabilidad del vendedor.

En opinión de la doctrina, el aumento del plazo de presunción de preexistencia de defectos no está del todo plenamente justificado y supondría un blindaje sin más motivo de los derechos del consumidor[385], lo que, en definitiva, se puede traducir en un empleo abusivo de la garantía por parte de los consumidores, incluso en una mayor falta de cuidado de los bienes. Circunstancia que no casaría bien con los principios de economía circular que parece introducir la Directiva 2019/771[386].

Cabe destacar, que la presunción no es, en palabras llanas, de falta conformidad, sino de preexistencia de defectos. Dicho de otro modo, tal y como señaló la STJUE 4 junio 2015 (Caso Faber), al consumidor le corresponde probar la existencia de una falta de conformidad en relación con el incumplimiento de los criterios de conformidad. Por ejemplo, el consumidor deberá acreditar que el bien no es conforme con aquellas características que fueron pactadas en el acuerdo contractual o con las que podía razonablemente esperar teniendo en cuenta la naturaleza o tipo del bien. Cosa distinta es que es consumidor deba probar que dicha falta de conformidad era preexis-

---

385 Sobre los riesgos de abuso por parte de los consumidores, *vid.* Härting, N., Gössling, P.: "Online-Kauf in der EU –Harmonisierung des Kaufgewährleistungsrechts", *CR*, núm. 3, 2016, pp. 168–169, Maultzch, F.: "Der Entwurf für eine EU–Richlinie über den Online.Warenhadel und andere Formen des Fernabsatzes von Waren", *JuS*, núm. 2015, p. 242, y Stariradeff, T.: "Auswirkungen des Richlinienentwurts auf den Online–Handel", *MMR*, núm. 11, 2016, p. 717.

386 Otros países de la UE también han optado por mejorar el plazo de presunción de defectos a 2 años en bienes nuevos como Francia y Portugal. No obstante, otros como es el caso de Italia han mantenido el plazo de 1 año de presunción, *vid.* art. 136 C. Cons. Por el contrario, en caso de bienes con elementos digitales o contenidos/servicios digitales encontramos una mejor regulación en otros países de nuestro entorno, habida cuenta de que, por ejemplo, Portugal y Alemania han establecido un período de presunción de 2 años para los contenidos o servicios digitales que se suministran en un solo acto.

tente al momento de entrega, circunstancia clave para poder entender que nos encontramos ante una falta de conformidad. De modo que aquello que se presumiría durante dicho plazo no sería más que la preexistencia del defecto, pero no la falta de conformidad en sí misma considerada[387].

Para el caso de productos de segunda mano, según el art. 121.1.II TRLGDCU, la inversión de la carga de la prueba será no menor a 1 año por lo que coincidiría con el límite mínimo de garantía por falta de conformidad. Algunos países de la UE también han aumentado este plazo en productos de segunda mano como es el caso de Bulgaria, Chipre, Finlandia, Francia e Italia. Otros, en cambio, lo han establecido en 18 meses como es el caso de Alemania, Luxemburgo, Polonia y Portugal.

---

387 Como también ha venido manifestando la jurisprudencia menor, "el consumidor ha de probar la falta de conformidad, aunque concurran los referidos requisitos; es decir, el consumidor que reclama el cumplimiento de las obligaciones derivadas de la falta de conformidad, es el que debe acreditar (como hecho constitutivo de su pretensión) el supuesto determinante de la falta de conformidad que integra la *causa petendi* de su pretensión, ex art. 217.2º. Y ello, porque, al recibir el bien adquirido, se encuentra en disposición de acreditar, sin especial dificultad, esa falta de conformidad, al contar con él." (SSAP La Rioja, 3 marzo 2010 *(Tol 1837091)* y Asturias, 29 octubre 2012 *(Tol 2688330)*. Si la falta de conformidad se sucede dentro del plazo de prexistencia de defectos es bastante probable que el vendedor no pueda destruir la presunción a favor del consumidor, como señala la doctrina "aflorado el defecto dentro de estos seis primeros meses, las empresas o establecimientos reclamados tratan, a menudo, de achacar la denunciada falta de conformidad del producto vendido al mal uso o empleo abusivo, indebido o inadecuado del mismo por el consumidor, escudándose a tal propósito en declaraciones y alegatos genéricos que, huérfanos del más mínimo sustento en pruebas objetivas, no logran destruir la presunción a favor del comprador de que la falta de conformidad era prexistente a la entrega", *vid.* GUTIÉRREZ SANTIAGO, P.: "La falta", cit., p. 1490.

No nos gustaría terminar sin mencionar el aumento de 6 meses a 1 año que introduce el nuevo art. 122.3 TRLGDCU relativo a la responsabilidad y presunción de la misma falta de conformidad, tras la entrega del bien y reaparición de defectos una vez completada la puesta en conformidad.

1.3. La notificación de la existencia de una falta de conformidad al vendedor

Por último, la Directiva 1999/44 habilitaba a los Estados miembros a que pudieran exigir a los consumidores la notificación de las faltas de conformidad en el plazo de 2 meses desde la fecha en la cual se percataron de la misma para que puedan hacer valer sus derechos (art. 5.2). El TRLGDCU acogió dicho planteamiento y el art. 123.5 señalaba que el consumidor debería informar al vendedor de la falta de conformidad en el plazo de 2 meses, desde que tuvo conocimiento de ella, si bien no aparejaba consecuencias significativas a su incumplimiento, ya que su no ejercicio simplemente supondría que sea responsable "de los daños o perjuicios efectivamente ocasionados por el retraso en la comunicación". Además, se presumía, salvo prueba en contrario, que la notificación había tenido lugar dentro del plazo determinado.

Ya la STJUE 4 de junio 2015 (Caso Faber) señaló que era coherente con la Directiva 1999/44/CE una norma que: "dispone que el consumidor, para ejercer los derechos que le confiere esta Directiva, debe informar al vendedor de la falta de conformidad en tiempo oportuno, a condición de que este consumidor disponga, para facilitar esta información, de un plazo no inferior a dos meses a partir de la fecha en la que se percató de dicha falta de conformidad, que la información que deba comunicarse se refiere únicamente a la existencia de dicha falta de conformidad y que no esté sujeta a normas en materia de prueba que hagan imposible o excesivamente difícil para dicho consumidor el ejercicio de sus derechos" Como señala la doctrina, estas consideraciones jurisprudenciales son perfectamente extrapolables al nuevo art. 12 Directiva 2019/771[388].

De todos modos, la Directiva 2019/771 establece en su art. 12 que los Estados Miembros pueden servirse de esta obligación de informar para que los consumidores exijan sus derechos y se aparta del cambio que suponía la PDirCOM, puesto que había desparecido de su articulado[389], lo que al final se reduce a una vuelta a la misma posibilidad que establecía la Directiva 1999/44. Sin embargo, el resultado final es completamente distinto, ya que ahora el legislador español ha decidido eliminarla. Como se puede observar en el texto de trasposición, no hay rastro de la clásica notificación de 2 meses que, como hemos indicado, venía exigiendo la normativa de derecho de consumo. En consecuencia, debemos concluir que el legislador español ha optado por suprimirla de forma definitiva.

La decisión de la Unión Europea de seguir permitiendo a los Estados Miembros que ofrezcan distintos niveles de protección en este ámbito, pues queda a su libre arbitrio el establecer o no

---

388 CASTILLA BAREA, M.: *La nueva regulación,* cit., p. 181.

389 El Considerando 25 de la PDirCOM fundamentaba que la posibilidad de que los Estados Miembros puedan exigir la notificación previa en caso de faltas de conformidad supondría que los consumidores perdiesen el derecho a reclamar, sobre todo, en transacciones transfronterizas "en las que es aplicable la legislación de otro Estado miembro y el consumidor desconoce dicha obligación de notificación en virtud de esa legislación. [...]. En consecuencia, los Estados miembros deben abstenerse de introducir o mantener un requisito por el que el consumidor deba notificar al vendedor la falta de conformidad dentro de un plazo determinado". Dichas consideraciones presentaban una gran lógica, ya que desde el momento en que los países que introduzcan ese requisito previo, y no sean tan benévolos como la legislación española, la falta de notificación podría implicar la pérdida del derecho a reclamar. En cambio, como se ha visto, en España únicamente se permitía al vendedor reclamar los daños "efectivamente ocasionados" por el retraso.

la obligación de denunciar la falta de conformidad al vendedor en un plazo determinado, se compadece mal con el espíritu que impregna la Directiva 2019/771. En la medida que no deja de ser un claro mecanismo de mínimos, cuando en principio la Directiva 2019/771 se configuraba como una directiva de máximos. De hecho, en relación con la anterior Directiva 1999/44, autorizada doctrina señalaba que se había tomado "la peor de las opciones posibles: la de renunciar a establecer una solución única, para remitir *in toto* la cuestión a los Estados miembros"[390].

Aunque el legislador nacional ha optado por no incluir definitivamente la denuncia de la falta de conformidad en el TRLGDCU, ello no obsta a que realicemos algunas consideraciones en relación a la misma teniendo en cuenta la regulación que plantea la Directiva 2019/771[391].

Primeramente, llama la atención el hecho que ahora parece que es posible establecer libremente un plazo para dar cuenta de la falta de conformidad al vendedor, esto es, no es necesario tener que sujetarse obligatoriamente al plazo de 2 meses desde el descubrimiento del defecto[392]. Cuando de la regulación anterior la doctrina había entendido tradicionalmente que la decisión debía ser "en bloque". Dicho en otras palabras, o se establecía un plazo de denuncia de 2 meses o no se podía establecer uno alternativo[393].

---

390 De Cristofaro, G.: *Difetto di conformità al contratto e diritti del consumatore. L'ordinamento italiano e la direttiva 99/44/CE sulla vendita e le garanzie dei beni di consumo*, Cedam, 1ª ed., Padova, 2000, p. 232.

391 España no es el único país de la Unión Europea que ha eliminado el requisito de la notificación, pues Italia también lo ha hecho.

392 Así parece observarlo también, Castilla Barea, M.: *La nueva regulación*, cit., p. 182.

393 Marín López, M. J.: "Comentario art. 123 TRLGDCU", en AA.VV.: *Comentario del Texto Refundido de la Ley General para la Defensa de los Consumidores y Usuarios y otras leyes complementarias*, Thomson Reuters Aranzadi, Pamplona, 2009, p. 1538.

Asimismo, también es interesante profundizar en cómo debe ser la notificación de la falta de conformidad al vendedor para que surja el efecto deseado. Ante la falta de concreción del legislador sobre este punto, debió ser la jurisprudencia la que finalmente dió unas pinceladas sobre qué contenido debía tener la notificación para que se produciera el efecto deseado[394]. En ese sentido, el consumidor debe probar que el bien no es conforme con el contrato, para lo que necesariamente deberemos fijarnos en los criterios de conformidad a los que ya hemos hecho referencia en epígrafes anteriores, pero no debe acreditar la causa de la falta de conformidad, ni que su origen sea imputable al vendedor. Igualmente, el consumidor debe probar que el defecto era preexistente y que surgió durante el plazo de garantía legal. No obstante, esta segunda obligación queda muy suavizada desde el momento en que el consumidor tiene a su favor una presunción de preexistencia de los defectos de 2 años desde la celebración del contrato de compraventa de acuerdo con el nuevo art. 121 TRLGDCU[395].

---

394 *Vid.* a este respecto, STJUE 4 junio 2015, C-497/13, *Caso Kroukje Faber/Autobedrift Hazet Ochten BV (Tol 5008418)*

395 Siendo, al menos, de 1 año como derecho de mínimos según el art. 12 Directiva 2019/771. Esta presunción claramente tuitiva de los derechos del consumidor tradicionalmente se ha explicado de la siguiente forma: "La aparición de esta falta de conformidad en el corto período de seis meses permite suponer que, aunque ésta solo se haya relevado con posterioridad a la entrega del bien, ya estaba presente en éste, 'en estado embrionario', en el momento de la entrega" (Considerando 72, STJUE 4 junio 2015, *[Tol 5008418]*). Sin embargo, parece que esta explicación decae en cierta forma desde el momento en que el plazo ya no es el antiguo de 6 meses, sino que se ha alargado en la trasposición española hasta los 2 años, lo que no acaba de responder a la misma explicación que antes. Todo lo contrario, se podría concluir que con el aumento de 2 años de la presunción de defectos se ha mejorado sustancialmente la protección a los consumidores sin que haya verdaderamente un motivo de peso detrás, que no sea el mayor blindaje de sus derechos, aun cuando sea más probable

Sobre la conveniencia o no de incluir la notificación como requisito para poder ejercitar los derechos frente al vendedor la doctrina se ha pronunciado generalmente en el sentido de considerar, como es lógico, en que su establecimiento se configura como una ventaja para el vendedor[396]. Puesto que no solo se convierte en una carga más para el consumidor, sino que otorga más mecanismos de defensa al segundo. Esto es, el pronto conocimiento de la existencia del defecto al vendedor puede servirle para poder descubrir con más facilidad la causa de la falta de conformidad, e de igual manera, intentar poner una solución al conflicto de la forma más rápida posible en la línea de ofrecer una corrección de la falta de conformidad "en plazo razonable", pudiendo incluso llegar a un acuerdo extrajudicial al conflicto.[397]

1.4. Plazo de prescripción

1.4.1. Extensión del plazo de prescripción

Tampoco hay una armonización plena en el plazo de prescripción e igualmente se diferencia de lo que planteaba la PDirCOM, pues no se prevé un plazo mínimo de 2 años "desde el momento en que se cumpla el plazo pertinente para establecer la conformidad con el contrato", sino que tanto los arts. 10.4 y 10.5 de la Directiva se limitan a decir que "los Estados miembros velarán por que dicho plazo de prescripción permita a los consumidores exigir las medidas correctoras establecidas en el artículo 13". En

---

que la falta de conformidad no sea preexistente cuando se manifieste, por ejemplo, al año y ocho meses de la compra del bien.

396 Si bien, también hay quién señala que es un requisito de difícil justificación: "*historically understandable but can hardly be justified*", GSELL, B.: "Time limits", cit., p. 116.

397 Véase, por ejemplo, el art. 1519.quater del C. Civ. que permite que vendedor pueda ofrecer al consumidor inmediatamente un determinado remedio para poner fin cuanto antes a la falta de conformidad.

este sentido, dada la libertad otorgada a los Estados, la norma de trasposición ha optado por aumentar en el art. 124 TRLGDCU a 5 años el plazo de prescripción de las acciones desde el momento en que se manifieste la falta de conformidad[398].

Aquello que ahora propugna la Directiva 2019/771 es que no será posible establecer un plazo de prescripción que no permita a los consumidores ejercitar sus derechos cuando aún se encuentre vigente la garantía, estableciendo períodos más cortos que la propia garantía o períodos que ya se hubieran agotado en el momento de ejercitar los derechos. Piénsese en un plazo de 1 año desde la entrega del producto[399]. De hecho, aquello que persigue la Directiva es justamente que el período de garantía no sea coartado por un plazo de prescripción exageradamente corto o inservible. Por ello, será posible con-

---

398 Como ya he señalado, en algunos países de la Unión Europea se ha optado por no imponer límite en el plazo de garantía (caso de Finlandia y Dinamarca). De esta forma, la responsabilidad del vendedor se circunscribirá a la supuesta vida útil del producto. Otros como Irlanda directamente no contemplan plazo de garantía legal, de modo que solo existe en última instancia un plazo de prescripción. Desde el ámbito no gubernamental existen propuestas que pretenden ampliar los plazos de garantía de 2 a 10 años como es el caso de la ONG francesa *Les Amis de la Terre*. Desde el ámbito académico, existen propuestas para ampliar los plazos de garantía, por ejemplo, respecto solo de algunos remedios como es el caso de la reparación o incluso de establecer una presunción *iuris tantum* de falta de conformidad cuando expira la garantía (es decir, que si un producto deja de funcionar al poco tiempo de finalizar el plazo legal de responsabilidad del vendedor, será porque se ha programado en ese sentido), *vid.* a este respecto, GARCÍA GOLDAR, M.: "Propuestas", cit., p. 107.

399 "*Whenever a lack of conformity is discovered within the European liability period, the consumer must be able to effectively exercise his remedies without the national legislator curtailing the European liability period by a limitation period that is shorter or may already have started to run in the past and therefor may have already lapsed at the time of the discovery of the defect.*" GSELL, B.: "Time limits", cit., p. 113.

figurar una responsabilidad del vendedor que funcione únicamente con un plazo de prescripción, sin que haya obligación de implementar un plazo de garantía[400].

No obstante, esta restricción que impone la Directiva decae cuando estamos hablando de otro tipo de bienes, concretamente los bienes con elementos digitales en los que hay una obligación de suministro continuo de contenidos o servicios digitales. Ya que, en este caso, la Directiva no obliga a que cualquier defecto que se produzca sobre los bienes o servicios digitales en el plazo de garantía, pero que sea descubierto después, deba necesariamente ser amparado por el plazo de prescripción[401].

Me explico, en el momento en que los bienes tienen elementos digitales que pueden ser suministrados en un único acto o durante un tiempo determinado, cabe la posibilidad que la falta de conformidad no sea originaria, como ya se ha explicado anteriormente. Pues bien, aunque ya se ha defendido que esto supone que la falta de conformidad pueda sobrevenir durante el plazo de garantía, pero que sea detectada después, y siempre que estuviera aún vigente el plazo de prescripción, no impediría su reclamación, si seguimos el planteamiento de este epígrafe sobre la obligación de no coartar el plazo de garantía, esto podría suponer que los Estados Miembros tuviesen que alargar *sine die* el plazo de prescripción para asegurar que cualquier defecto que se hubiera producido durante el plazo de garantía tuviera siempre protección.

En este sentido, habida cuenta de que el planteamiento anterior iría en contra de cualquier idea cabal sobre la seguridad

---

400 GSELL, B.: "Time limits", cit., p. 113. En los mismos términos se pronuncia, MORAIS CARVALHO, J.: "Introducción", cit., p. 42, cuando señala que los EE.MM. tienen dos opciones: establecer un plazo de garantía (que podrá ser combinado con un plazo de prescripción) o directamente establecer un único plazo de prescripción.

401 GSELL, B.: "Time limits", cit., p. 114.

jurídica, los Estados Miembros no están obligados a proteger hasta ese punto al consumidor de forma que, es perfectamente posible y legal que a la hora de trasponer la Directiva, los Estados Miembros opten simplemente por establecer un plazo de garantía de 2 años y de prescripción también de 2 años desde la entrega del producto, independientemente de si se trata de un bien sin elementos digitales como si los incorpora y el vendedor se ha obligado a suministrarlos durante un período determinado.

Por lo que respecta a la trasposición española, la elección del plazo de 5 años desde que se manifieste la falta de conformidad tiene una gran trascendencia. Habida cuenta de que, a partir de la entrada en vigor de la nueva regulación, coincidirá el plazo de prescripción de las acciones generales de cumplimiento con el de prescripción por falta de conformidad. No obstante, el plazo de prescripción del TRLGDCU será mucho más benévolo, ya que el *dies a quo* comenzará a computarse desde el surgimiento de la falta de conformidad, mientras que el plazo general del Código Civil debería circunscribirse a la entrega del producto, al igual que ya hacía el viejo art. 123.4 TRLGDCU.

1.4.2. Compatibilidad con otros remedios contractuales

Este planteamiento nos puede llevar a considerar si son compatibles las acciones de cumplimiento general de los contratos o incluso, el propio saneamiento por vicios ocultos con las acciones que dispone el consumidor por una falta de conformidad de los bienes de consumo.

En cuanto a la acción de cumplimiento contractual, ante el silencio del legislador, podríamos sostener que nada impediría a los consumidores poder recurrir a la misma, más aún cuando es un lugar común en la jurisprudencia la extensión de la acción de cumplimiento contractual a situaciones para las que en principio no estaba prevista (caso de los vicios ocultos) por medio de la doctrina del *aliud pro alio*. Si bien la doctrina se ha mostrado contraria a admitir su utilización en estos casos[402], debido a que entiende que el legislador quiso subsumir en el TRLGDCU todos los supuestos aplicables a ventas de consumo (y estamos de acuerdo), no parece que se pueda evitar por parte de los tribunales en aquellos defectos que, al menos, hagan inhábil a la cosa. De hecho, es posible encontrar alguna sentencia que así lo ha considerado cuando había transcurrido el plazo de garantía para ventas de consumo, como puede ser un automóvil que carecía de la seguridad suficiente por existir la posibilidad de que algunas averías reparadas se reprodujeran (parada brusca de marcha), "frustrando con ello la principal cualidad que debe reunir un automóvil para servir al uso al que se destina, que es la de proporcionar seguridad en la conducción"[403].

De todos modos, desde el momento que actualmente el *dies a quo* puede ser más favorable para los consumidores, pues la

---

402 En este sentido, AVILÉS GARCÍA, J.: *Los contratos de compraventa de bienes de consumo. Problemas, propuestas y perspectivas de la venta y garantías en la Directiva 1994/44/CE y la Ley 23/2003*, Comares, Granada, 2006, pp. 419–419; FENOY PICÓN, N.: *El sistema de protección del comprador*, Colegio de Registradores de la Propiedad y Mercantiles de España, Madrid, 2006, pp. 179–186; IZQUIERDO GRAU, G.: *El nuevo régimen*, cit., 86 y ss. MARÍN LÓPEZ, M. J.: "*Ad* art. 117 TRLGDCU", en AA.VV.: *Comentario del Texto Refundido de la Ley General para la Defensa de los Consumidores y Usuarios y otras leyes complementarias* (dir. R. BERCOVITZ RODRÍGUEZ-CANO), Thomson Reuters Aranzadi, Pamplona, 2009, pp. 1475–1476; O'CALLAGHAN MUÑOZ, X.: "Nuevo concepto de la compraventa cuando el comprador es consumidor", en AA.VV.: *La Ley 23/2003, de Garantía de los Bienes de Consumo: Planteamiento de Presente y Perspectivas de Futuro* (coord. M. J. REYES LÓPEZ), Thomson-Aranzadi, Cizur Menor, 2005, pp. 142–143 y TORRELLES TORREA, E.: "*Ad* art. 117 TRLGDCU", en AA. VV: *Comentarios a las Normas de Protección de los Consumidores. Texto refundido (RDL 1/2007) y otras leyes y reglamentos vigentes en España y en la Unión Europea* (coord. S. CÁMARA LAPUENTE), Colex, Madrid, 2011, p. 1082.

403 SAP Albacete, 3 marzo 2010 *(Tol 1838939)*.

prescripción de la acción se computa a partir de manifestación de la falta de conformidad (siempre y cuando, claro está la falta de conformidad surja durante el plazo de garantía), podemos concluir que cada vez tiene menos sentido acudir a una acción general de cumplimiento. Más aún teniendo en cuenta que, con el régimen actual, un supuesto de *aliud pro alio* permitiría acudir directamente a la resolución del contrato[404]. En definitiva, los derechos y deberes que ostentan tanto empresario como consumidor en este tipo de transacciones surgen de la búsqueda de un equilibrio entre ambos, con especial fijación en proteger al más débil en la operación que sería el consumidor. Por tanto, las ventas de consumo parten de una serie de presupuestos que, a mi modo de ver, no se pueden sortear por el segundo, en la medida que la venta se diseña teniendo en cuenta un marco previamente establecido, asumiendo los riesgos inherentes a la misma[405]. Por lo que sería contrario a

---

404 IZQUIERDO GRAU, G.: *El nuevo régimen*, cit., p. 87.

405 En términos similares, RODRÍGUEZ–ROSADO, B.: *Resolución,* cit., p. 182, quién añade que con "el recurso a regulaciones divergentes se defraudaría la finalidad de armonización del mercado europeo". Parte de la doctrina italiana afirma que un posible "*remedies shopping*" traicionaría la *ratio* que inspira el Derecho de la Unión Europea basado en la priorización del exacto cumplimiento y la conservación del contrato, *vid.* DE FRANCESCHI, A.: *La vendita di beni con elementi digitali,* Edizioni Scientifiche Italiane, Napoli, 2019, p. 165; otro sector de la doctrina italiana considera que el sistema anterior basado en una armonización de mínimos permitía, de alguna forma, acudir al principio de mayor tutela para poder justificar el recurso a otros remedios contratuales contenidos en la normativa general si, por ejemplo, ofrecían al consumidor un plazo más beneficioso. No obstante, desde que existe una armonización de máximos ya no sería posible recurrir a tal argumento bajo ningún concepto, *vid.*, VENTURELLI, A.: "I remedi esperibili dal consumatore: il risarcimento del danno e l'exceptio inadimpleti contractus", en AA.VV.: *La nuova disciplina della vendita mobiliare del codice del consumo* (a cura di G. DE CRISTOFARO), Giapichelli, Torino, 2022, pp. 372-373.

derecho que el consumidor pudiera interponer una acción de resolución contractual junto con los daños y perjuicios eventualmente irrogados, frente a una falta de conformidad surgida al año de la entrega del bien y que, por el contrario, pudiera resolverse a través de una sencilla reparación sin mayores inconvenientes para el consumidor.

Por lo que respecta a la acción de saneamiento por vicios ocultos, el propio art. 116 TRLGDCU señala que: "las acciones que contempla este título serán incompatibles con el ejercicio de las acciones derivadas del saneamiento previstas en el Código Civil" (como ya lo hacía su predecesor el art. 117.1 LGDCU). Este artículo ha sido desde siempre criticado por la doctrina, pues puede inducir a confusión, es claro que es incompatible el ejercicio simultáneo de las mismas, pero ¿podría el consumidor elegir entre el saneamiento por vicios ocultos y las acciones derivadas de una falta de conformidad? La opinión mayoritaria de la doctrina considera que no es posible[406]. No obstante, algún autor ha defendido que el consumidor pueda elegir entre ambas[407], incluso hay quién sostiene que es plausible una aplicación conjunta, pero supeditada a una sucesión en el tiempo[408].

---

406 Por todos, MARÍN LÓPEZ, M.J.: "Comentario art. 117 TRLGDCU", cit., p. 1486, DE VERDA Y BEAMONTE, J.R.: "Algunas reflexiones sobre la incidencia de la Directiva 1999/44/CE, del Parlamento Europeo y del Consejo, de 25 de mayo de 1999, sobre determinados aspectos de la venta y las garantías de los bienes de consumo, en el Derecho Civil Español", *Noticias de la Unión Europea*, núm. 211–212, 2002, pp. 257 y ss., GARCÍA RUBIO, Mª. P.: "La transposición de la Directiva 1999/44/CE al derecho español. Análisis del proyecto de ley de garantías en la venta de bienes de consumo", *La Ley: Revista jurídica española de doctrina, jurisprudencia y bibliografía*, núm. 2, 2003, p. 1535, y FENOY PICÓN, N.: "La compraventa", cit., p. 732.

407 ORDÁS ALONSO, M.: *"Aliud pro alio", saneamiento por vicios ocultos y compraventa de productos de consumo*, Aranzadi, Cizur Menor, 2009, p. 335.

408 NAVAS NAVARRO, S.: *El incumplimiento no esencial de la obligación*, Reus, Madrid, 2004, p. 112 y ss.

Finalmente, se podría plantear también si es posible acudir a las acciones de anulabilidad del contrato por vicio en el consentimiento en el caso de las compraventas de bienes de consumo. Esto es, la posibilidad de que el consumidor pueda solicitar la anulación del contrato en el supuesto de que haya incurrido en error o haya sido víctima del dolo del vendedor. La doctrina considera que no habría ningún problema en admitir la compatibilidad de tales acciones si se dan los presupuestos para ello[409].

1.5. Suspensión de plazos

A modo de apunte, cabe poner de relieve el importante inciso que implica el art. 121.1 y 2 TRLGDCU en la medida que establece la regla de suspensión de los plazos de garantía y presunción analizados durante el tiempo que dure la puesta en conformidad de los bienes o los contenidos/servicios digitales. Concretamente, dice que los plazos se suspenderán desde el momento en que el consumidor o usuario ponga los bienes o contenidos/servicios a disposición del vendedor y comenzará otra vez a contar desde el momento en que se produzca la entrega del bien o contenido/servicio digital ya conforme[410].

Esto supone que si, por ejemplo, el bien se entrega al vendedor durante ese período de tiempo no computarán el plazo

---

409 FENOY PICÓN, N.: *El sistema,* cit., p. 280 y FUENTESECA DEGENEFFE, C.: *La venta de bienes de consumo y su incidencia sobre la legislación española: (Ley 23/2003), de 10 de julio),* La Ley, Madrid, 2007, p. 335.

410 Por "puesta en conformidad" debemos entender que se extiende tanto a la reparación como a la sustitución de los bienes. Cabe destacar que la suspensión de los plazos no formaba parte del ámbito de armonización plena de la Directiva, por lo que los Estados Miembros tenía plena libertad para determinarla, MESA MARRERO, C.: "Comentario al art. 122", en AA.VV.: *Comentarios al Texto Refundido de la Ley de Consumidores y Usuarios* (dir. A. CAÑIZARES LASO, coord. L. ZUMAQUERO GIL), Tirant Lo Blanch, 2022, p. 1794.

de garantía ni el de presunción, pero nada dice del de prescripción. No obstante, desde el momento en que este último se inicia una vez acaecida la falta de conformidad entendemos que será irrelevante, puesto que, si vuelve a surgir una falta de conformidad se iniciará un plazo de prescripción distinto.

Sobre qué podemos entender en cuanto a puesta a disposición, respecto de los bienes es bastante sencillo si consideramos que dejarlo en el establecimiento o lugar de recogida de los mismos del vendedor bastaría. A partir de ese momento, entiendo se trasladaría todo tipo de responsabilidad en cuanto a los riesgos y conservación de los bienes al vendedor. Más intrincado puede ser determinar qué es dejar los bienes a disposición del vendedor cuando nos encontramos con "elementos digitales".

En una primera aproximación, entiendo que habrá que diferenciar los bienes con elementos digitales de los contenidos/servicios digitales "a secas", pues por razones obvias su tratamiento no tendrá nada que ver. Dicho en otras palabras, los bienes con elementos digitales, aunque su falta de conformidad se refiera exclusivamente a ese aspecto digital, el *modus operandi* deberá ser el mismo que cuando nos referimos a bienes individualmente considerados, pues no pudiendo separar el aspecto digital del físico, con carácter general, deberán ser entregados al vendedor[411]. Distinto será el supuesto de los contenidos/servicios digitales, en la medida que su "puesta en conformidad" deberá ser como norma "a distancia", porque no existen en la vida real, así que su corrección tendrá que venir dada por una actualización o, en ocasiones, no pudiendo proceder de ese modo se deberá llevar a cabo un reembolso o una nueva descarga del mismo.

---

[411] Imaginemos un *smartphone* que presenta problemas respecto a su sistema operativo, la solución vendrá dada por acudir al servicio técnico de la compañía que deberá tratar el bien como si de una reparación al uso se tratase, salvo que se ofrezca una alternativa diversa.

1.6. La garantía comercial

Por lo que se refiere a la garantía comercial y el servicio postventa, hay que manifestar la especial fijación por la durabilidad de los bienes, en consonancia con lo dispuesto en la Exposición de Motivos del Real Decreto de trasposición, puesto que se hace hincapié en la Resolución de 25 de noviembre de 2020 del Parlamento Europeo: "Hacia un mercado único más sostenible para las empresas y los consumidores". De hecho, esta circunstancia se puede observar en el nuevo art. 127.1 TRLGDCU (de conformidad con el art. 17 Directiva) que pone especial énfasis en la vinculatoriedad de la eventual garantía de durabilidad durante todo el período que se determine tanto a la reparación como a la sustitución, añadiendo que la publicidad será igualmente vinculante a menos que se haya corregido. Del mismo modo, se señala en el art.127.3.a) TRLGDCU que deberá haber una indicación precisa del derecho a las medidas correctoras y a la gratuidad de la puesta en conformidad.

En cuanto al servicio postventa, se incrementa a un total de 10 años el plazo por el cual el empresario debe tener repuestos desde que el bien deje de fabricarse (art. 127 bis.1). Por el contrario, se reduce a solo 1 año el plazo de prescripción del derecho del consumidor a recuperar el bien después de su entrega para la reparación (art. 127 bis.3).

Como sabemos, el hecho de que el único responsable que se establezca en vía directa según la legislación de consumo sea el vendedor, no obsta a que por vía convencional se pueda ampliar la garantía a otros sujetos. Concretamente, al productor, quien puede ofrecer una garantía de durabilidad sobre los bienes que fabrica. Asimismo, la garantía comercial puede operar desde el lado del vendedor, mejorando las condiciones que la ley le exige imperativamente sobre los productos que comercializa[412].

---

412 El aumento de la protección que le otorga la ley al comprador no es una novedad de la legislación de consumo, pues ya con la re-

Por este motivo la garantía comercial responde a los principios de voluntariedad y complementariedad. Voluntariedad en el sentido de que la garantía comercial es una opción a la que se puede acoger el consumidor por la mera voluntad del oferente de mejorar las condiciones que la ley exige a los bienes que vende en el mercado y, complementariedad, porque la oferta de la misma no hace más que añadir un plus a lo que ya otorgan las disposiciones legales[413].

Esta garantía se puede ofrecer gratuitamente o a cambio de una contraprestación[414]. No es extraño que ciertos comer-

---

gulación del Código Civil era perfectamente posible realizar un acuerdo con base en el art. 1255 CC que le permitiera al mismo obtener unas mejores condiciones de las que le ofrecía, por ejemplo, el art. 1490 CC. De hecho, es posible encontrar jurisprudencia donde se evidencia que se había otorgado al comprador una garantía de buen funcionamiento, por la cual podía incluso reclamar la reparación o sustitución del bien vendido, *vid.* en este sentido SSAP Asturias, 22 febrero 2000 *(RJ 697, 2000),* Baleares, 10 octubre 2000 *(RJ 638, 2000)* y Almería, 29 enero 2003 *(RJ 34, 2003).*

413 Gutiérrez de Cos, J.: *La protección,* cit., p. 147. Véase, Cherti, S.: "Le garanzie commerciali", en AA.VV.: *La nuova disciplina della vendita mobiliare del codice del consumo* (a cura di G. De Cristofaro), Giapichelli, Torino, 2022, pp. 417–443. La doctrina se ha planteado si es posible que se ofrecan otro tipo de garantías que no se refieran necesariamente a la durabilidad de los bienes, circunstancia a la que no habría obstáculo de la interpretación de la normativa europea, *vid.*, Castilla Barea, M.: *La nueva regulación,* cit., p. 377.

414 El carácter oneroso o gratuito de la garantía comercial puede ofrecer algunos interrogantes sobre su carácter contractual o no. Cuando se trata de una garantía a cambio de una contraprestación no hay duda de su carácter contractual, que se puede derivar de los artículos 1254 y 1261 CC. Sin embargo, cuando es gratuita esto se puede solventar acudiendo al art. 1089 CC, entendiendo que se trata de una oferta *ad incertam personam,* de modo que, la vinculación del productor surgiría de su declaración de voluntad unilateral sin necesidad de que haya una aceptación simultánea o previa al con-

cializadores de productos que a su vez son los productores la utilicen en la práctica, con el objetivo de fidelizar a los clientes o buscar que les compren directamente los productos. Eso sí, al igual que la garantía legal, la garantía comercial se somete a la armonización plena de la Directiva 2019/771, pues el legislador de la Unión Europea también busca que dicha garantía se acomode a una serie de normas a pesar de su origen puramente contractual y no legal.

La pregunta que puede surgir es si esta garantía es de aplicación preferente a la legal. No podemos llegar a tal conclusión, ya que, en todo caso, si el consumidor se encuentra con una falta de conformidad, lo que podrá hacer será elegir contra que garante le conviene más dirigirse[415]. Cosa distinta sería que la garantía legal no ofreciese solución al problema planteado, por ejemplo, por haberse extinguido ya la misma, en ese caso, al consumidor le quedaría expedita solamente la garantía de durabilidad.

El artículo 2.12 Directiva 2019/771 define garantía comercial como: "todo compromiso asumido por un vendedor o un productor (el garante) frente al consumidor, además de las obligaciones legales del vendedor con respecto a la garantía de conformidad, de reembolsar el precio pagado o de sustituir, reparar o prestar un servicio de mantenimiento de los bienes de cualquier modo, si no cumplen las especificaciones o cualquier otro requisito no relacionado con la conformidad establecido en la declaración de garantía o en la publicidad correspondiente disponible en el momento o antes de la celebración del contrato".

De la definición podemos observar que ha habido un cambio respecto al texto original de la Directiva 1999/44, que ya

---

trato. Por tanto, en ambos casos, el incumplimiento de la garantía comercial se consideraría un incumplimiento contractual con las consecuencias del art. 1101 y ss. del Código Civil.

415 CASTILLA BAREA, M.: *La nueva regulación*, cit., 262 señala que la garantía comercial no tiene *per se* un carácter subsidiario.

contemplaba la garantía comercial, en la medida que es posible exigirla a cambio de un precio. Cuando anteriormente esta posibilidad no se permitía, por la armonización de mínimos de la Directiva 1999/44, su art. 1.2.e) hablaba de: "compromiso asumido por un vendedor o un productor respecto del consumidor, sin coste suplementario..."[416].

De todos modos, el Considerando 62 abre la puerta a que los Estados Miembros puedan exigir la gratuidad como requisito necesario de la misma: "Si bien los Estados Miembros deben conservar la libertad de requerir que se aporten garantías comerciales gratuitamente, deben garantizar que todo compromiso asumido por el vendedor o el productor que corresponda a la definición de 'garantías comerciales' recogida en la presente Directiva cumpla las normas armonizadas de esta".

Dicho esto, procede analizar el extenso art. 17 Directiva 2019/771, que ahora encuentra su trasposición en el art. 127 TRLGDCU[417] y que, en definitiva, vendría a estar

---

416 Sin embargo, como apunta Marín López, M.J.: "Falta de conformidad", cit., p. 19, esto no impedía que en la práctica hubiera pactos lícitos de garantía comercial, pues no se consideraba que la "gratuidad" fuera esencial en la figura, en atención al art. 6 de la Directiva 1999/44.

417 "1. Toda garantía comercial será vinculante para el garante en las condiciones establecidas en la declaración de garantía comercial y en la publicidad asociada disponible en el momento de la celebración del contrato o antes de dicha celebración. El productor que ofrezca al consumidor o usuario una garantía comercial de durabilidad con respecto a determinados bienes por un período de tiempo determinado será responsable directamente frente al consumidor o usuario, durante todo el período de la garantía comercial de durabilidad, de la reparación o sustitución. El productor podrá ofrecer al consumidor o usuario condiciones más favorables en la declaración de garantía comercial de durabilidad.
Si las condiciones establecidas en el documento de garantía comercial son menos favorables para el consumidor o usuario que las enunciadas en la publicidad asociada, la garantía comercial será vin-

resumido en el mismo Considerando 62: "Para garantizar la transparencia, deben establecerse determinados requisitos por lo que respecta a las garantías comerciales, junto con los requisitos de información precontractual sobre la existencia y condiciones de garantías comerciales que se establecen en la Directiva 2011/83/UE".

Lo primero que tenemos que considerar cuando analizamos el art. 127 TRLGDCU es la referencia, otra vez más, a la publicidad como elemento de vinculación contractual. En ese sentido,

---

culante según las condiciones enunciadas en la publicidad relativa a la garantía comercial, a menos que antes de la celebración del contrato la publicidad asociada se haya corregido del mismo modo o de modo comparable a aquella.
2. La declaración de garantía comercial se entregará al consumidor o usuario en un soporte duradero a más tardar en el momento de entrega de los bienes y estará redactada, al menos, en castellano y en su caso, a petición de cualquiera de las partes, deberá redactarse también en cualquiera de las otras lenguas oficiales en el lugar de celebración del contrato, de manera clara y comprensible.
3. La declaración de garantía comercial incluirá, al menos, lo siguiente:
a) Una declaración precisa de que el consumidor o usuario tiene derecho a medidas correctoras por parte del empresario, de forma gratuita, en caso de falta de conformidad de los bienes y de que la garantía comercial no afectará a dichas medidas. Dicha gratuidad comprenderá los gastos necesarios en que se incurre para que los bienes o los contenidos o servicios digitales sean puestos en conformidad, especialmente los gastos de envío, transporte, mano de obra o materiales.
b) El nombre y la dirección del garante.
c) El procedimiento que debe seguir el consumidor o usuario para conseguir la aplicación de la garantía comercial.
d) La designación de los bienes o de los contenidos o servicios digitales a los que se aplica la garantía comercial.
e) Las condiciones de la garantía comercial, entre otras, su plazo de duración y alcance territorial.
El incumplimiento de este apartado no afectará al carácter vinculante de la garantía comercial para el garante".

como ya se estudió cuando se valoraron las declaraciones publicitarias como elementos que podía influir en la determinación de la conformidad de los bienes con el contrato, la publicidad puede jugar un papel importante en la fijación del contenido de la garantía comercial que se puede exigir al vendedor o al productor[418]. Por tanto, si la publicidad ofrece condiciones mucho más favorables que las contenidas en el documento de garantía comercial presentado al consumidor, este podrá exigirlas. Otra cosa es que sea el contrato el que ofrezca las condiciones más favorables, en cuyo caso será este último el que tenga preferencia. El *timing* también es importante cuando hablamos de publicidad, en la medida que, obviamente el consumidor puede exigir las condiciones que se ofrecen en la publicidad, pero en el caso que hayan sido modificadas justo antes de la venta, serán estas últimas a las que habrá que tener en consideración.

Por lo que respecta al contenido y la forma de la garantía comercial, debemos descender a los apartados 2 y 3 del art. 127 TRLGDCU.

En primer lugar, se exige que la garantía se entregue en un soporte duradero, lo que supone ya una importante mejora respecto de la Directiva 1999/44, ya no es necesario que el consumidor solicite por escrito o en soporte duradero y accesible la garantía comercial. La propia norma lo exige a todos los productores o vendedores. Igualmente, la garantía debe estar redactada de forma "clara y compresible", lo que supone un renacimiento de las normas de transparencia en la garantía comercial, pues ¿de qué sirve que el vendedor o productor ofrezcan al consumidor una supuesta mejora contractual si no

---

418 El valor de publicidad como parte integrante del contenido contractual en el TRLGDCU se extrae del art. 61. Asimismo, la prioridad de las cláusulas contractuales que ofrezcan condiciones más beneficiosas de las consignada en la promoción, oferta y publicidad se deriva del art. 61.3 TRLGDCU.

es posible discernir los elementos esenciales de la misma por una redacción confusa o ininteligible?

A continuación, siguiendo lo dispuesto en el art. 17.4 Directiva 2019/771[419], el art. 127.2 TRLGDCU dispone que la garantía comercial "estará redactada, al menos, en castellano y en su caso, a petición de cualquiera de las partes, deberá redactarse también en cualquiera de las otras lenguas oficiales en el lugar de celebración del contrato". Esto implicaría un reconocimiento de los derechos lingüísticos que existen en España de forma que, si el consumidor lo exige, el empresario deberá no solo proporcionarle la garantía comercial en castellano, sino también en catalán, valenciano, gallego o euskera.

Por último, el art. 127.3 TRLGDCU transcribe una lista de requisitos que debe presentar el contenido de la garantía comercial, como es el nombre y la dirección del garante, el procedimiento que debe seguir el consumidor para aplicar la misma, los bienes sobre los que recae la garantía comercial y, especialmente, las condiciones que presente como su duración y alcance territorial. Lo más destacable es que el inciso final señala que el incumplimiento de alguno de estos apartados no implicará la pérdida del derecho a reclamar la garantía comercial, lo que es lógico, pero eso no quita que, entonces, puedan surgir obstáculos para su correcta exigencia. Algunos de los aspectos reseñados podrán integrarse con más facilidad como la dirección del garante, que se pueda averiguar, o el procedimiento para exigir las medidas correctoras que pueda ser el mismo que exista con la garantía legal. Sin embargo, más dificultad puede presentar el plazo de duración de la misma, si no se señala expresamente.

---

419 "Los Estados miembros podrán establecer normas sobre otros aspectos relativos a las garantías comerciales que no estén regulados en el presente artículo, incluidas normas sobre el idioma o idiomas en los que se debe facilitar la declaración de garantía comercial al consumidor".

1.7. Posibilidad de extender la responsabilidad a otros sujetos

1.7.1. La responsabilidad subsidiaria del productor

No hace falta decir que la responsabilidad que consigna todo el régimen de garantías y servicios postventa gira en torno a la figura del vendedor, que es, en última instancia, el responsable de las faltas de conformidad de los bienes que proporcione al consumidor.

No obstante, esto no impide que sea posible dirigirse a la persona responsable de la falta de conformidad en la "cadena de transacciones". De hecho, el art. 18 Directiva 2019/771 habilita expresamente al vendedor a poder repetir contra el responsable de la falta de conformidad: "Cuando el vendedor sea responsable ante el consumidor de la falta de conformidad resultante de una acción u omisión, en particular la omisión de suministrar actualizaciones de bienes con elementos digitales, de conformidad con el artículo 7, apartado 3, de una persona en fases previas de la cadena de transacciones, el vendedor podrá emprender acciones contra la persona o personas responsables en la cadena de transacciones. El Derecho nacional determinará quién es el responsable y las acciones y condiciones de ejercicio correspondientes".

Por otro lado, la Directiva no habilita al consumidor a poder ejercer por sí mismo una acción contra el productor, pero no cierra la ventana a que los Estados Miembros puedan permitirlo. Así, el Considerando 63 apunta que: "La presente Directiva no debe regular la cuestión de si también el consumidor puede reclamar directamente contra una persona que interviene en fases anteriores de la cadena de transacciones, excepto en aquellos casos en que el productor ofrezca al consumidor una garantía comercial con respecto a los bienes"[420].

---

420 Sigue diciendo: "Los detalles sobre el ejercicio de este derecho, en particular contra quiénes y cómo se debe emprender dichas accio-

La trasposición española ha admitido que el consumidor también sea capaz de reclamar directamente al productor: "1. Cuando al consumidor o usuario le resulte imposible o le suponga una carga excesiva dirigirse al empresario por la falta de conformidad, podrá reclamar directamente al productor con el fin de conseguir que el bien o el contenido o servicio digital sea puesto en conformidad. Con carácter general, y sin perjuicio de que cese la responsabilidad del productor, a los efectos de este título, en los mismos plazos y condiciones que los establecidos para el empresario, el productor responderá por la falta de conformidad cuando esta se refiera al origen, identidad o idoneidad de los bienes o de los contenidos o servicios digitales, de acuerdo con su naturaleza y finalidad y con las normas que los regulan."

Como vemos, el consumidor podrá dirigirse al productor cuando "le resulte imposible o le suponga una carga excesiva dirigirse al empresario". Esto es, podemos imaginarnos un supuesto en el que el empresario haya cerrado su negocio, pero el producto siga teniendo un fabricante, por ejemplo, la marca del bien vendido. Asimismo, la norma también podría estar pensando en una situación en que el bien haya sido adquirido en una tienda en el extranjero a la que sea muy complicado poder dirigirse. En cuyo caso, sería razonable que el consumidor no tuviera que acudir a la misma y pudiera simplemente reclamar directamente al productor del bien[421].

---

nes, así como si dichas acciones son de naturaleza obligatoria, deben ser establecidos por los Estados miembros". La doctrina apunta que esta referencia a acciones "de naturaleza obligatoria" tiene poco rigor, véase cita 206 en CASTILLA BAREA, M.: *La nueva regulación*, cit., p. 267. Pues una acción nunca es obligatoria sino potestativa, por ello, tal vez lo que quería decir la norma es que los Estados miembros podrían imponer obligaciones de carácter legal o simplemente dejar la acción de regreso a un pacto específico entre las partes.

421 La doctrina plantea supuestos de carga excesiva aquellos en los cuales al consumidor le suponga un coste económico muy elevado o un es-

Eso sí, la norma puntualiza que la responsabilidad del productor se circunscribirá a faltas de conformidad que tengan que ver con el "origen, identidad o idoneidad de los bienes o de los contenidos o servicios digitales, de acuerdo con su naturaleza y finalidad y con las normas que los regulan". Decir que la carga de prueba de estas circunstancias como de las anteriores le corresponderá al consumidor y la demanda deberá dirigirse exclusivamente contra el fabricante o productor.

Por último, el art. 125.2 TRLGDCU establece que: "quien haya respondido frente al consumidor o usuario dispondrá del plazo de un año para repetir frente al responsable de la falta de conformidad. Dicho plazo se computará a partir del momento en que se ejecutó la medida correctora." Esta norma vendría a ser el reconocimiento del derecho de repetición del vendedor frente al productor, el cual si ha respondido frente al consumidor tendrá un año desde la completa ejecución de la medida correctora para poder dirigirse contra el productor (u otra persona de la cadena de transacciones), en caso de que sea responsable de la falta de conformidad.

1.7.2. La responsabilidad de las plataformas digitales

Para terminar, resulta muy interesante poner de relieve una cuestión que pasa desapercibida en el Considerando 23 de la

---

fuerzo importante: "el vendedor ha devenido insolvente, cuando el establecimiento del vendedor está en el extranjero o, estando en el mismo país, está alejado del lugar de residencia habitual del consumidor, cuando se trata de un vendedor ambulante, cuando se ha reclamado previamente al vendedor y la reclamación ha resultado infructuosa (la reclamación es infructuosa si el vendedor se niega o tarda excesivamente en contestar o si la reparación es defectuosa)", ALGARRA PRATS, E.: "La acción contra el fabricante. Garantía del fabricante y acción directa", en AA.VV.: *Tratado de la Compraventa* (dir. Á. CARRASCO PERERA), Tomo II, Thomson Reuters Aranzadi, Pamplona, 2013, p. 1584.

Directiva 2019/771: "Los prestadores de plataformas pueden ser considerados vendedores a los efectos de la presente Directiva si actúan con fines relacionados con sus propias actividades y en calidad de socio contractual directo del consumidor en la compraventa de bienes. Los Estados miembros deben seguir teniendo la libertad de ampliar la aplicación de la presente Directiva a los prestadores de plataformas que no cumplan los requisitos para ser considerados vendedores a los efectos de la presente Directiva".

Es decir, la Directiva reconoce expresamente que cuando el prestador de la plataforma digital sea socio contractual directo del consumidor, el primero podrá ser considerado vendedor a efectos de la Directiva. Esto es bastante obvio, si Amazon vende directamente productos suyos a los clientes de su plataforma es prístino que será considerado vendedor. La cuestión que abre la Directiva es que puedan ser considerados vendedores cuando no cumplan los requisitos anteriores, esto es, entendemos que cuando sean meros intermediarios, circunstancia que es bastante habitual en este tipo de plataformas[422]. Véase, en términos generales, Amazon Marketplace o Ebay. De todos modos, no hay evidencias de dicha apuesta en la norma de trasposición, por lo que podemos concluir fácilmente que solo habrá que tener presente la primera consideración. De haber decidido extender, en ese sentido, el ámbito de aplicación de

---

[422] IZQUIERDO GRAU, G.: *El nuevo régimen*, cit., p. 45, critica que no se haya definido adecuadamente cuando se podrá entender que las plataformas no cumplen los requisitos para no ser consideradas parte contractual directa, si bien coincide en la idea de que con la mera intermediación, en principio, no les pueda otorgar la categoría de vendedores. Sobre esta cuestión, veáse GÓMEZ POMAR, F.: "El nuevo derecho europeo de la venta a consumidores: una necrológica de la Directiva 1999/44", *Revista InDret*, núm. 4, 2019, p. 6–7, y ARROYO AMAYUELAS, E.: "Entra en vigor el Real Decreto Ley 7/2021 (Compraventa de bienes de consumo y suministro de contenidos y servicios digitales al consumidor)", *Revista CESCO*, núm. 41, 2022, pp. 22–23.

la Directiva, se hubiesen desencadenado grandes repercusiones a nivel práctico y no menores problemas de orden sistemático que hubiera sido necesario abordar[423].

De todos modos, no podemos sino criticar la decisión que ha tomado la Unión Europea que pasa, como en otros aspectos de la Directiva analizada, por dejar un asunto de tal envergadura a la discrecionalidad de los Estados Miembros. Cuando no olvidemos que, en muchas ocasiones, será complicado determinar con exactitud si la plataforma online simplemente es un mero intermediario o, en realidad, debería ser considerada parte contractual en atención a las obligaciones que asume con el consumidor[424]. A este respecto, la doctrina italiana se ha planteado si las plataformas online deberían ser consideradas parte contractual cuando su rol en la transacción pueda afectar a las legítimas expectivas del consumidor, ya que no es menos cierto que su imagen de marca puede jugar un papel decisivo en el comportamiento del consumidor.[425]

---

423 Sobre plataformas que intermedian en línea véase el trabajo de Cuena Casas, M.: "La contratación a través de plataformas intermediarias en línea", *Cuadernos de Derecho Transnacional*, Vol. 12, núm. 2, 2020, p. 336, quien acertadamente señala que: "Dado que la plataforma tiene la consideración de empresario, al contrato que celebre con los usuarios que tengan la consideración de consumidores le será de aplicación la normativa de protección de consumidores contenida en el Texto Refundido de la Ley de Consumidores y Usuarios (...) Cosa distinta es que, (...) sea difícil en ocasiones determinar si nos encontramos ante un *prosumer* o un empresario".

424 Por ejemplo, si bien Ebay es un ejemplo claro de intermediario, otras plataformas como Airbnb o Uber, no lo son tanto, puesto que ofrecen servicios a sus usuarios, aunque en última instancia el apartamento arrendado (en el caso de Airbnb) no sea de la plataforma.

425 De Francheschi, A.: *La vendita*, cit., pp. 72 y 73, señala que, tal vez, como en su día establecía la Propuesta de la Directiva 2011/83/EU en su art. 7, los prestadores deberían informar al consumidor claramente si son meros intermediarios, de forma que el consumidor sea

2. LOS REMEDIOS DISPONIBLES ANTE UNA FALTA DE CONFORMIDAD

2.1. La persistencia matizada en la jerarquización de remedios

La Directiva 2019/771 sigue manteniendo el mismo sistema de división entre remedios jurídicos primarios (reparación y sustitución) y secundarios (reducción del precio y resolución del contrato). Por tanto, mantiene el mismo espíritu que mostraba la PDirCOM en su Considerando 26: "Para aumentar la seguridad jurídica en relación con las formas disponibles de saneamiento de la falta de conformidad con el contrato y para eliminar uno de los principales obstáculos que inhiben el mercado único, debe establecerse un orden plenamente armonizado en el que pueden ejercerse las formas de saneamiento. En particular, el consumidor debe poder elegir entre la reparación o la sustitución como primer saneamiento, lo que contribuiría a mantener la relación contractual y la confianza mutua"; y se añade: "Además, permitir que los consumidores requieran la reparación fomentaría el consumo sostenible y podría contribuir a una mayor durabilidad de los productos".

De esta forma, verificada la falta de conformidad el consumidor no podrá elegir cualquiera de los remedios que dispone el TRLGDCU, como pudiera ser la resolución del contrato[426]; a dife-

---

siempre plenamente consciente de qué sujeto asume cada una de las obligaciones contractuales. De lo contrario, deberían ser considerados parte contractual directa.

426 Es curioso que la Propuesta inicial de la Directiva 1999/44 no incluyese ninguna jerarquía de remedios entre los disponibles, incluso la sustitución del bien estaba limitada a 1 año desde la venta. Como constata la doctrina, fue el interés de las empresas el que provocó la inclusión de la jerarquía con el objeto de dotar de más estabilidad a las contrataciones. *Vid.*, CALVO, R.: "L'attuazione", cit., pp. 467 y ss., quien pone de relieve que el Dictamen del Comité Económico y Social de 3 de marzo de 1997, p. 5, señalaba que: "en el proceso

rencia de las relaciones entre particulares, en las que, en virtud del art. 1124.II CC, sí que es posible (partiendo de la idea de que nos encontremos ante un incumplimiento esencial de la prestación).

Esta jerarquización de remedios ha merecido el favor de la doctrina[427], en la medida que interesa a ambas partes. Por un

---

de consulta en torno al Libro Verde, la cuestión de las posibilidades de la elección por parte del consumidor entre los diversos recursos jurídicos fue objeto de apreciación controvertida. El Comité se pronuncia a favor del principio de que el consumidor debe poder ejercitar su derecho a una prestación conforme con el contrato del modo más rápido y eficaz posible. A dicho fin, parece oportuno conceder también al consumidor el derecho de opción entre varios recursos jurídicos en la medida en que éstos sean económicamente aceptables dese la perspectiva del comerciante".

427 En tal sentido, se muestra favorable a primar las modalidades de cumplimento forzoso frente a los defectos de conformidad, ALBIEZ DOHRMANN, K.J.: "Los modelos europeos en las proyectadas reformas de la compraventa en el Código civil", en AA.VV.: *Estudios sobre el contrato de compraventa. Análisis de la Trasposición de la Directiva 2011/83/UE en los ordenamientos españoles y alemán* (dirs. A. ORTÍ VALLEJO Y M. JIMÉNEZ HORWITZ), Thomson Reuters Aranzadi, Cizur Menor, 2016, pp. 85–86; LETE ACHIRICA, J.: "La propuesta de Directiva sobre Derechos de los Consumidores: *nihil novum sub sole*", en AA.VV.: *Estudios Jurídicos en memoria del profesor José Manuel Lete del Río* (coord. M.ª P. GARCÍA RUBIO), Civitas, Madrid, 2009, p. 509, LLAMAS POMBO, E.: *La compraventa*, La Ley, Madrid, 2014, p. 933; MARÍN LÓPEZ, J.: "Comentario art. 117 TRLGDCU", en AA.VV.: *Comentario del Texto Refundido de la Ley General para la Defensa de los Consumidores y Usuarios y otras leyes complementarias* (dir. R. BERCOVITZ RODRÍGUEZ–CANO), Thomson Reuters Aranzadi, Pamplona, 2009, p. 1486; SÁNCHEZ RUIZ DE VALDIVIA, I.: "La reforma del contrato de compraventa a través de la adopción de un concepto único y articulado de incumplimiento", en AA.VV.: *Estudios sobre el contrato de compraventa. Análisis de la Trasposición de la Directiva 2011/83/UE en los ordenamientos españoles y alemán* (dirs. A. ORTÍ VALLEJO Y M. JIMÉNEZ HORWITZ), Thomson Reuters Aranzadi, Cizur Menor, 2016, p. 194; TORRELLES TORREA, E.: "*Ad* art. 119 TRLGDCU", en AA.VV.: *Comentarios a las Normas de*

lado, el consumidor ve corregida la frustración del interés contractual, pero, por otro lado, el vendedor no pierde la ganancia que obtuvo con la venta. Asimismo, es más acorde con el principio de conservación de los contratos, los cuales tienen un interés social claro de generadores de riqueza[428] y, en definitiva,

---

Protección de los Consumidores. Texto refundido (RDL 1/2007) y otras leyes y reglamentos vigentes en España y en la Unión Europea (dir. S. CÁMARA LAPUENTE), Colex, Madrid, 2011, p. 1091–1092.
No obstante, también hay quien critica el hecho de que el consumidor no pueda elegir el remedio que mejor le convenga sin ninguna restricción, llegando a decir que la trasposición de la Directiva 1999/44 se hizo "como lo haría una tribu bananera, como si no tuviéramos tradición jurídica", CARRASCO PERERA, Á.: "Redundancia y ruido en las ventas de consumo", *AJA*, núm. 591, 2003, p. 1, incluso hay quién directamente está a favor de su completa abolición BECH SERRAT, J.M.: "Reparar y sustituir", cit., pp. 39 y 40. Considera mucho más beneficioso para los intereses del consumidor la resolución del contrato REPRESA POLO, M.P.: "Los derechos del consumidor en la Ley 23/2003, de Garantías en la Venta de Bienes de Consumo", *Diario La Ley*, núm. 6466, 2006, "la reparación *in natura* no siempre se presenta como la mejor forma de satisfacer sus intereses, debido a que la falta de conformidad puede haber generado la desconfianza en el producto o la importancia de la misma puede despertar sobre la efectividad de la reparación. En este caso, con el fin de evitar dichos inconvenientes, resultaría acertado reconocer la posibilidad de acudir directamente a los remedios subsidiarios, especialmente la resolución del contrato, pero, sin perjuicio de ello, se ha apuntado que la resolución como remedio por incumplimiento puede favorecer una reasignación más eficiente de recursos, y en este sentido como se ha señalado que la bondad de la opción legal por la que el remedio resolutorio es secundario no es con carácter general, ni mucho menos obvia".

428 Respecto a los costes sociales de la resolución del contrato y su influencia sobre las decisiones de invertir y cumplir, GÓMEZ POMAR, F. Y GILI SALDAÑA, M.: "La complejidad económica del remedio resolutorio por incumplimiento contractual. Su trascendencia en el Derecho español de contratos, en la normativa común de compraventa europea (CESL) y en otras propuestas normativas", *Anuario de Derecho Civil*, Vol. 67, núm. 4, 2014, pp. 1199–1252.

impide también comportamientos oportunistas por parte de los consumidores que busquen con la resolución del contrato anular la depreciación que ha tenido el bien a lo largo de los años, véase un automóvil. De todos modos, como acertadamente señala autorizada doctrina, no debemos ser demasiado entusiastas con la solución a la que llega el legislador de la Unión Europea que, como en tantos otros aspectos de la Directiva, no demuestra más que un ejercicio de "dar una de cal y otra de arena"[429], buscando en la medida de lo posible un justo equilibrio entre los derechos del consumidor y los derechos del empresario.

Sin embargo, el hecho de que se mantenga el mismo esquema[430] no quiere decir que hayan tenido lugar algunos ajustes

---

429 *Vid.* CASTILLA BAREA, M.: *La nueva regulación,* cit., p. 188. Asimismo, hay quién directamente se muestra más crítico con la clásica jerarquización de los remedios, véase IZQUIERDO GRAU, G.: "Análisis", cit., p. 189, ya que directamente indica que el motivo por el cual no se ha impuesto este esquema es el mayor coste que tendrían que soportar las empresas si todos los consumidores se decantasen por una resolución contractual.

430 No todos los países han mantenido la jerarquía de remedios, es digno de reseñar el caso de Portugal, el cual desde hace tiempo (ya con la Lei de Defesa do Consumidor) había puesto en duda la existencia misma de una jerarquía de remedios, pues no se refería a ella expresamente la legislación portuguesa. De modo que algunos autores hablaban de que el empresario, como mayor conocedor del bien, tenía la posibilidad de elegir entre todos los remedios existentes (*vid.*, ROMANO MARTÍNEZ, P.: "Compra e venda e empreitada", en AA.VV.: *Comemorações dos 35 Anos do Código Civil e dos 25 Anos da Reforma de 1977,* Vol. 3, Almedina, Coimbra, 2007, pp. 260–261), u otros señalaban el orden que imponía la ley no era arbitrario, por lo que se debía hacer una interpretación de acuerdo con la Directiva, decantándonos por la jerarquía como opción más razonable (*vid.* CALVÃO DA SILVA, J.: *Venda de Bens de Consumo,* 4ª ed., Almedina, Coimbra, 2010, p. 106). Sin embargo, la ley actual es más clara e indica sin lugar a dudas que no hay jerarquía de remedios y el consumidor podrá elegir libremente entre los remedios disponibles.

interesantes en el mismo. Lo primero que llama poderosamente la atención cuando se entra en materia de responsabilidad, es que ya no se habla de "vendedor" sino de "empresario", si bien a falta de mayor concreción debemos seguir entendiendo que es prioritariamente el vendedor, sin perjuicio de poder acudir contra el productor, en su caso, como sigue sosteniendo el nuevo art. 125 TRLGDCU. También hay un cambio de terminología en lo referente a los remedios disponibles, dado que ahora se habla de "medidas correctoras" cuando antes tanto los remedios primarios *in natura* (reparación y sustitución) como los subsidiarios reducción del precio y resolución del contrato eran considerados "derechos del consumidor".

Igualmente, resulta sorprendente la nueva dicción del art. 117 TRLGDCU, el cual directamente indica que: "El empresario responderá ante el consumidor o usuario de cualquier falta de conformidad que exista en el momento de la entrega del bien, contenido o servicio digital, pudiendo el consumidor o usuario, mediante una simple declaración, exigir al empresario la subsanación de dicha falta de conformidad, la reducción del precio o la resolución del contrato. En cualquiera de estos supuestos el consumidor o usuario podrá exigir, además, la indemnización de daños y perjuicios, si procede."

Evidentemente, este artículo no puede ser más ambiguo, pues no se puede interpretar con exactitud si verdaderamente se está introduciendo una excepción a la jerarquía de los remedios, tal y como permitía la Directiva y que se va a desarrollar en el siguiente párrafo, o sencillamente se está exponiendo el abanico de remedios que el consumidor tiene a su alcance como ya hacía el art. 118 TRLGCU. Esta última opción parece ser la más plausible, en lugar de entender que, en el momento de entrega, el consumidor tendría la posibilidad de exigir automáticamente la resolución del contrato o la reducción del precio.

El motivo de las dudas que se han manifestado tiene sus orígenes en el art. 3.7 y el Considerando 19 de la Directiva 2019/771, en la medida que autorizaban a los Estados miembros a introducir la facultad consistente en que el consumidor pueda elegir una "medida correctora concreta" ante una falta de conformidad que se manifieste poco después de la entrega (en un plazo no superior a 30 días). Ya que, de introducirse esta norma (cosa que, en mi opinión, no ha tenido lugar), se produciría una alteración del esquema de subsidiariedad que ha regido a la compraventa de bienes de consumo, siempre y cuando se trate de defectos precoces, lo que seguramente fomentaría entre los empresarios y vendedores una especial preocupación por ofrecer al consumidor bienes conformes. Nada se dice sobre si la medida elegida fuese imposible o desproporcionada, pero parece lógico pensar que, igualmente, habría que tener las mismas cautelas precisadas anteriormente, por lo que, en esencia, esta regla vendría a facilitar el ejercicio de la resolución del contrato o la reducción del precio ante defectos que se manifiesten prontamente.

Si bien, cabe albergar algunas dudas ante los supuestos de desproporción de la medida escogida, ya que el propio Considerando pone como ejemplo el solicitar "la sustitución inmediata del bien". Esta precisión no tiene mucho sentido, salvo que quiera decir algo más, pues el consumidor siempre tiene, en principio, la elección de la medida primaria (aunque en la práctica muchas veces no se cumpla), salvo que la medida sea imposible o desproporcionada. Por lo que teniendo en cuenta la literalidad del texto, no sería descabellado pensar que, ante defectos que surjan en un plazo no superior a 30 días desde la entrega, se podría solicitar la medida que se quisiera, aun cuando fuese desproporcionada, excepcionando solo las imposibles por razones obvias. Supeditado, claro está, a que el Estado en cuestión decida contemplarlo. En la trasposición española no encontramos ningún rastro de ello, salvo el poco acertado método que, en nuestra opinión, utiliza el art. 117 para exponer los remedios como hemos señalado.

Tampoco queda claro si la resolución del contrato se podría solicitar independientemente de su entidad (sea leve o grave), puesto que, el otro ejemplo que facilita, señala: "el derecho del consumidor a rechazar los bienes que presenten un vicio y a considerar denunciado el contrato". No obstante, si tenemos en cuenta el Considerando 53, al que ya hemos hecho referencia antes, parece bastante claro que solo se podría pedir la resolución del contrato ante defectos que no sean de escasa importancia.

2.2. *La facultad de suspender el pago del precio como nuevo remedio ante la falta de conformidad*

En este aspecto la Directiva 2019/771 tampoco se aparta de lo ya previsto en la PDirCOM y recoge una mejora bastante significativa en cuanto a la regulación vigente, pues el consumidor "tendrá derecho a suspender el pago de cualquier parte pendiente del precio o de parte del importe hasta que el vendedor haya cumplido sus obligaciones derivadas de la presente Directiva" (art. 13.6). Luego, tiene su exacto reflejo en el art. 117.1.II TRLGDCU.

De todos modos, también es cierto que su encaje podía tener lugar en el marco de la *exceptio non rite adimpleti contractus*, admitida de forma constante por la jurisprudencia como medio de defensa que permite suspender el cumplimiento de la propia prestación, mientras la otra parte no subsane el defecto de que adolece la prestación por ella ejecutada[431].

Aquello que primero podemos apreciar de la norma es que, dada la naturaleza de las ventas de consumo, en muchas ocasiones difícilmente podrá tener lugar esta suspensión del pago del precio y ello por una sencilla razón. En las ventas a distancia u online, cada vez más habituales, los consumidores hacen los pagos por anticipado por lo que la opción de suspender el precio se nos antoja irreal. Igualmente, en las ventas en negocios abier-

---

[431] Entre otras, SSTS 12 julio 1991 *(Tol 1728797)*, 21 marzo 2001 *(Tol 4964752)*, 26 febrero 2013 *(Tol 3239377)* o 14 diciembre 2015 *(Tol 5638420)*.

tos al público, el pago del precio tiene lugar de forma simultánea a la entrega de los bienes, por consiguiente, si la aparición de la falta de conformidad tiene lugar después de la venta ya se habrá producido el pago del precio. Cuestión distinta es que se trate de una venta con precio aplazado, como algunas ofertas de compre ahora y no pague hasta dentro de tres meses. En cuyo caso, sí tendría mucha virtualidad este derecho del consumidor.

En cuanto concierne a "el pago de cualquier parte pendiente del precio o de parte del importe", debemos evitar interpretaciones literales del precepto, un sector de la doctrina apunta que seguir ese camino nos llevaría a conclusiones ridículas, como considerar que solo es posible retener hasta un 99% del precio, pero no la totalidad[432]. Para ser razonables, podemos entender que es posible retener un 100%, un 90%, o un 50%, ya sea porque no se pagó ninguna cantidad en su momento, como si se pagó una parte y cuando surge la conformidad queda pendiente otra parte[433].

También cabe preguntarse si existe alguna diferencia entre precio e importe, pues son sinónimos. Tal vez, aquello que el legislador quería poner de relieve, es que precio se refiere únicamente al valor del bien acordado libremente entre las partes, mientras que importe podría hacer referencia a otros conceptos tales como gastos de transporte, gastos asociados a la financiación, entre otros.

---

432 En ese sentido, se pronuncian CASTILLA BAREA, M.: *La nueva regulación,* cit., p. 247, ARNAU RAVENTÓS, L.: "Remedios", cit., p. 85, e IZQUIERDO GRAU, G.: "Análisis", cit., p. 1617.

433 No obstante, la doctrina italiana a querido ver ahí la posibilidad de que el ejercicio del derecho a la suspensión del pago del precio pueda ser proporcional para poder cumplir con las exigencias de la buena fe. Es decir, que sería posible retener una parte del precio y no su totalidad, atendiendo a la gravedad de la falta de conformidad. En ese sentido, si la falta de conformidad es de pequeña importancia el consumidor retendría solo una parte del mismo hasta que el empresario la reparase, *vid.*, VENTURELLI, A.: "I remedi esperibili", cit., p. 381.

Aunque la entrega no es una de las obligaciones derivadas de la Directiva a los empresarios o "del presente título" por utilizar las palabras del art. 117.1.II TRLGDCU (puesto que se refiere a las garantías y servicios postventa), la doctrina italiana ha señalado la posibilidad de que la excepción pueda tener lugar en aquellos momentos en los cuales hacemos uso de las normas generales de incumplimiento, ya que la misma también tiene encaje en el sistema general. En consecuencia, nada impediría al consumidor poder hacer uso del remedio dilatorio en los casos de falta de entrega, en sentido estricto, o, también, cuando simplemente se rehúse el bien ofrecido por no ser conforme.[434] Sin embargo, la misma doctrina considera que el suspuesto que mejor encajaría para este remedio sería el de la falta de conformidad jurídica, por consiguiente, podría utilizarse cuando se haya manifestado un "pericolo di rivendica".[435]

Por último, dado que la norma no impone ninguna condición al ejercicio de este derecho por parte del consumidor podríamos preguntarnos en qué medida lo puede ejercitar. Dicho en otras palabras, ¿podría suspender el pago del precio o cualquier parte del mismo por un defecto de conformidad, aunque sea por utilizar la terminología de la Directiva de "escasa importancia"? La repuesta a este interrogante debería ir en la línea de considerar que, como con cualquier derecho, este se debe ejercer de acuerdo con la buena fe contractual, en la medida que, tal vez, el defecto es de fácil solución por parte del empresario sin necesidad de acudir a una medida tan drástica como la presente. Esta idea vendría reforzada por la STS 12 junio 1998[436], según la cual, de acuerdo con los arts. 7.1 y 1258 CC, consideró

---

434 VENTURELLI, A.: "I remedi", cit., pp. 380.

435 VENTURELLI, A.: "I remedi", cit., p. 382

436 STS 12 junio 1998 *(Tol 7726394)*.

que el comitente no puede retener el precio de la obra ejecutada por la existencia de defectos de pequeña entidad[437].

2.3. Los remedios primarios

2.3.1. La reparación y la sustitución

Los primeros remedios que regula la Directiva 2019/771 son los relativos a la reparación o la sustitución de los bienes que se configuran como verdaderos remedios *in natura* de la presente regulación, a diferencia de la naturaleza que presentan los remedios secundarios o subsidiarios, según se mire, de reducción del precio o resolución del contrato[438].

Estos remedios buscan la inmediata puesta en conformidad de los bienes, por lo que generalmente responden más idóneamente al espíritu de la Directiva, esto es, solventar la falta en conformidad de los mismos, reparando el defecto de que se trate o sustituyendo el producto en cuestión por otro, que no presente el defecto que ha originado la activación de los reme-

---

[437] La doctrina es proclive a que la suspensión del pago del precio exija una falta de conformidad de cierta entidad, ya que la mayoría de los Estados Miembros así lo vienen exigiendo, véase IZQUIERDO GRAU, G.: *El nuevo régimen*, cit., p. 221.

[438] En el pasado existía la tesis, sostenida por autorizada doctrina, de que era perfectamente posible acudir al régimen contenido en el Código Civil para los vicios ocultos en caso de falta de conformidad, si bien "lo normal es que el comprador incluido en el ámbito de la ley no acuda al ejercicio de las acciones edilicias, pero el caso es que puede hacerlo", *vid.*, BERCOVITZ RODRÍGUEZ–CANO, R.: "La Ley de Garantías en la Venta de Bienes de Consumo y la defensa del consumidor", *Aranzadi Civil*, Tomo XII, Vol. 2, núm. 10, 2003, p. 1893. No obstante, el art. 116 TRLGDCU, a mi modo de ver, es bastante tajante al indicar que las acciones edilicias serán incompatibles con el régimen de garantías.

dios. Más discutible es, en cambio, que estos remedios puedan generar la satisfacción del consumidor de la forma más rápida y segura, pues, en muchas ocasiones, será mucho más sencillo o, al menos, podrá interesar más al consumidor una resolución contractual si no se ha visto satisfecho con la venta.

Una de las características más destacables de los remedios primarios o relativos a la puesta en conformidad, y que se mantiene desde la ya consolidada Directiva 1999/44, es que la elección entre uno y otro remedio corresponderá al consumidor. No obstante, esta jerarquización, como se ha visto, está matizada, y, más aún, desde que se han introducido ciertas consideraciones a raíz de la Directiva 2019/771[439].

Si nos detenemos en el art. 119.1 TRLGDCU podemos observar ciertos cambios interesantes de la regulación anterior: "Si el producto no fuera conforme con el contrato, el consumidor y usuario podrá optar entre exigir la reparación o la sustitución del producto, salvo que una de estas dos opciones resulte objetivamente imposible o desproporcionada. Desde el momento en que el consumidor y usuario comunique al vendedor la opción elegida, ambas partes habrán de atenerse a ella. Esta decisión del consumidor y usuario se entiende sin perjuicio de lo dispuesto en el artículo siguiente para los supuestos en que la reparación o la sustitución no logren poner el producto en conformidad con el contrato."

Como es sabido, la excepción a la primacía de la reparación y la sustitución de los bienes es la imposibilidad o desproporción de las medidas. Esto es, como ya recogía en el texto anterior, el ven-

---

439 Como señala la doctrina, se ha aprovechado la nueva Directiva para introducir algunas aclaraciones jurisprudenciales provenientes del TJUE. En ese sentido, IZQUIERDO GRAU, G.: "Análisis", cit., p. 191, "el legislador europeo decidió elevar a rango de ley la doctrina de algunos casos enjuiciados por el TJUE sobre el desarrollo de los remedios para subsanar la falta de conformidad".

dedor podrá obligar al consumidor a pasar por las medidas primarias[440], salvo que estas fueran imposibles o desproporcionadas.

La imposibilidad se ha entendido generalmente como la razón por la cual algunos objetos debido a sus características o la entidad del defecto no son susceptibles de reparación[441], y en el caso de la sustitución, el hecho por el cual el bien sea único y no sea posible dar otro igual (por ejemplo, bienes de segunda mano).

No obstante, la cuestión de la imposibilidad es confusa, si bien es cierto que el anterior art. 119 TRLGDCU indicaba para condicionar la elección que fuera "objetivamente imposible"[442], pues no es lo mismo que algo sea objetivamente imposible desde un punto de vista físico, lo cual reduce mucho el margen de

---

440 Puesto que no hay que desdeñar la posibilidad de que el empresario pueda voluntariamente ofrecer al consumidor una determinada solución (*v. gr.* la resolución del contrato, una reducción del precio, una compensación, etc.). En ese caso, si el consumidor acepta, nada se podría objetar al acuerdo de voluntades que ha tenido lugar.

441 Imaginémonos que, por un defecto en la instalación, que también se encuentra incluida dentro la obligación de conformidad de la Directiva 2019/771, un aire acondicionado se desprende del lugar dónde se encontraba anclado y cae, provocando un siniestro total. Seguramente, por la magnitud de la falta de conformidad, está destrozado, no es posible su reparación, y aquello que se erige como idóneo es una sustitución del mismo. Por el contrario, a veces será la naturaleza del bien la que determinará si el bien es susceptible de ser reparado o sustituido, CASTILLA BAREA, M.: *La nueva regulación,* cit., p. 195, pone el ejemplo de unas bolsas de plástico que no resisten un determinado peso. Obviamente, si la bolsa no es capaz de cumplir la función para la que fue adquirida porque se rompe, lo que procede es la sustitución de las mismas por otras que si cumplan su función.

442 "Esta imposibilidad en coherencia es objetiva, no subjetiva, y así lo ha entendido el Gobierno al redactar el art. 119 TRLGDCU, que, a diferencia del Legislador de 2003, se refiere expresamente a que la reparación o la sustitución sea objetivamente imposible para eliminarlas como alternativas", JUÁREZ TORREJÓN, Á.: *La protección,* cit., p. 317.

exoneración del vendedor (en un mundo como el actual, cada vez las cosas son menos imposibles), que sea subjetivamente imposible, pues se parte del comportamiento y diligencia exigible al vendedor en cada caso. Por el contrario, cierta doctrina ha querido ver que, en su opinión, si algo es excesivamente gravoso para el vendedor desde un punto de vista de la diligencia y el comportamiento que le es exigible, o directamente no estaría capacitado para ello, se podría considerar como imposible y, por tanto, sería podría acudir a otro remedio[443].

La desproporción, en cambio, se configura como un parámetro que puede condicionar el *ius electionis* del consumidor con base en una serie de variables que sí se encuentran recogidas legalmente (art. 13.2 Directiva 2019/771), cuando indica que se tendrán en cuenta todas las circunstancias y, en especial: "a) El valor que tendrían los bienes si no hubiera existido la falta de conformidad; b) la relevancia de la falta de conformidad , y c) si se podría proporcionar la medida correctora alternativa sin mayor inconveniente para el consumidor". De estas consideraciones, se puede llegar a la conclusión que no solo se debe atender a un puro dato económico de la medida que suponga un menor coste, sino también otras circunstancias como la relación

---

443 Cierta doctrina pone como ejemplo el supuesto de que un bien de imposible reparación deje de fabricarse y el vendedor no tenga más en el almacén, pero se sabe que hay uno en una tienda de Australia. Obviamente, este hecho haría que objetivamente la obligación de sustitución no fuera imposible, porque físicamente existe un ejemplar en una tienda de nuestras antípodas, pero, lógicamente, la obligación de sustitución se volvería excesivamente onerosa haciendo que, en términos generales, fuera imposible objetivamente (pensemos en una pequeña tienda de barrio). La cuestión cambiaría si en lugar de ser un pequeño negocio nos encontrásemos con unos grandes almacenes, dónde sí podríamos modular la obligación en función de la capacidad de acción del deudor. *Vid.* CASTILLA BAREA, M.: *La nueva regulación*, cit., p. 194.

del valor del bien con la entidad de la falta de conformidad[444] o, simplemente, los inconvenientes o molestias que podría generar al consumidor optar por una de las dos medidas[445].

En la relación con la desproporción, la cuestión era que, tal y como se describía en la Directiva anterior, esta debía ser siempre analizada en contraste con la otra medida. Esto es, desproporción relativa, si una medida, por ejemplo, era más cara que otra se debía pasar por la que menos coste imponía al vendedor, pero si era la única medida posible, sí que tenía que asumirla el vendedor. Sin perjuicio de que esto siga siendo así[446], qué sucedería en el caso de que el remedio escogido

---

444 El Considerando 48 de la Directiva 2019/771 señala que: "Por ejemplo, podría resultar desproporcionado pedir la sustitución el bien por motivos de un rasguño menor, cuando dicha sustitución generase costes significativos y el rasguño pudiese repararse fácilmente".

445 Pensemos en que una de las dos medidas, aunque implicase un coste un tanto mayor que otra en relación con todas las circunstancias, pudiese hacerse de manera rápida y cómoda, mientras la otra supusiese la pérdida de uso del bien durante un largo período de tiempo.

446 El propio artículo 118.1 TRLGDCU sigue indicando que: "el consumidor o usuario tendrá derecho a elegir entre la reparación o la sustitución, salvo que una de estas dos opciones resultare imposible o que, en comparación con la otra medida correctora, suponga costes desproporcionados para el empresario, teniendo en cuenta todas las circunstancias y, entre ellas las recogidas en el apartado 3 de este artículo, así como si la medida correctora alternativa se podría proporcionar sin mayores inconvenientes para el consumidor o usuario", pero, no es menos cierto, que el art. 118.3 TRLGDCU matiza que: "El empresario podrá negarse a poner los bienes o los contenidos o servicios digitales en conformidad cuando resulte imposible o suponga costes desproporcionados, teniendo en cuenta todas las circunstancias, y entre ellas: a) El valor que tendrían los bienes o los contenidos o servicios digitales si no hubiera existido falta de conformidad. b) La relevancia de la falta de conformidad." A mi modo de ver, esto vendría a introducir claramente el criterio de desproporcionalidad absoluta, o en alemán *absolute unverhältnismäßigkeit*. *Vid.* AZZARRI, F.:

fuera imposible pero el otro implicase objetivamente un coste excesivamente oneroso para el vendedor. Si se seguía literalmente la regulación anterior el vendedor no tendría otra que tomar el remedio primario posible, aunque desproporcionado en términos absolutos y no podría obligar al consumidor a pasar por los remedios subsidiarios. En cambio, con la inclusión de art. 13.3 de la Directiva 2019/771 es claro que el vendedor podrá negarse también a poner los bienes en conformidad y activar la resolución del contrato o la reducción del precio en el caso de que la medida posible sea desproporcionada con-

---

"Obbligazione di consegna, passaggio del rischio e trasferimento della proprierà nelle vendite b2c: Il coordianmento delle nuove regole con le norme di attuazione della direttiva 2011/83/UE", en AA.VV.: *La nuova disciplina della vendita mobiliare del codice del consumo* (a cura di G. DE CRISTOFARO), Giapichelli, Torino, 2022, p. 217.

Opina en sentido contrario, LETE ACHIRICA, J.: "Comentario al art. 118", en AA.VV.: *Comentarios al Texto Refundido de la Ley de Consumidores y Usuarios* (dir. A. CAÑIZARES LASO, coord. L. ZUMAQUERO GIL), Tirant Lo Blanch, 2022, pp. 1725–1726. Quién sostiene que el criterio del Tribunal de Justicia de la Unión Europea, por lo que respecta a los bienes de consumo, ha sido considerar que existía un criterio de desproporcionalidad relativa, en cambio, el criterio de desproporcionalidad absoluta sí sería aplicable a los bienes con elementos digitales o al suministro de contenidos o servicios digitales aisladamente considerados. Sin embargo, en mi opinión, esta conclusión no se puede extraer, tal que así, de la literalidad se la norma, más aún teniendo en cuenta su trasposición. Basta con leer el Considerando 49: "El vendedor debe poder negarse a poner los bienes en conformidad si tanto la reparación como la sustitución resultan imposibles o le imponen unos costes desproporcionados. El mismo principio debe aplicarse si la reparación o la sustitución resultara imposible y la medida correctora alternativa impusiera al vendedor unos costes desproporcionados. Por ejemplo, cuando los bienes se encuentren en un lugar distinto a aquel en el que fueron entregados inicialmente, los costes de franqueo y transporte podrían ser desproporcionados para el vendedor.".

siderada de forma absoluta[447]. Dicho en otras palabras, si la reparación es imposible y la sustitución es muy onerosa para el vendedor, en contraste con la comodidad que le supondría una resolución del contrato o una reducción del precio, éste podrá imponer alguna de estas medidas al consumidor[448]. Si bien, lo habitual será que el consumidor también prefiera acudir a los remedios subsidiarios por ser, en muchas ocasiones, más satisfactorios, especialmente la resolución del contrato.

De todos modos, los interrogantes no acaban aquí, porque la pregunta será ahora determinar: ¿qué es que la medida imponga un coste desproporcionado? La Directiva no da muchas pistas al respecto, salvo aquellas que ya hemos adelantado antes. Podemos concluir que el valor del bien puede actuar como límite de la desproporción, es decir, aquella medida que supere el valor de mercado del bien o del valor de venta sería desproporcionada. No, en cambio, aquella que tenga en cuenta del valor de adquisición del vendedor, pues no se compadecería bien con el coste real que asume el consumidor. La comodidad también podría ser un parámetro a tener en cuenta, imaginémonos una medida que fuese muy complicada, aunque el coste en sí no fuese muy elevado, como podría ser una repa-

---

[447] Coincide, IZQUIERDO GRAU, G.: *El nuevo régimen*, cit., p. 207. En el mismo sentido se pronuncia la doctrina extranjera, *vid.* DE FRANCESCHI, A.: *La vendita*, cit., p. 137 y KOCH, B.A.: "Das System der Rechtsbehelfe", en AA.VV.: *Das neue europäische Gewährleistungsrecht: Zu den Richtlinien (EU) 2019/771 über den Warenkauf sowie (EU) 2019/770 über digitale Inhalte und digitale Dienstleistungen* (dir. J. STABENTHEINER), Manz, Viena, 2019, p. 185.

[448] Opina igual MORAIS CARVALHO, J.: "Introducción", cit., p. 45. Cuando señala en relación con el Caso *Weber y Putz*, que una vez traspuesta la Directiva, de darse un caso similar, esto es, que solo sea posible elegir una de las medidas primarias, el consumidor no podrá decidir imponer dicha medida (véase la sustitución), si es desproporcionada para el vendedor.

ración que verdaderamente no implicase grandes costes, pero fuese técnicamente muy difícil, en el sentido que el vendedor no estuviese capacitado para poder realizarla o directamente que el riesgo de rotura del bien fuese elevado; o pensemos en un transporte desde un país lejano, que por diversas circunstancias no fuese costoso (tener un proveedor habitual, ser un país muy pobre, etc.), pero sí tedioso desde otro punto de vista más organizativo: problemas de aduanas, una guerra, poca seriedad/formalidad, entre otros aspectos.

Lo que sí llega a concretar la Directiva en su Considerando 49 es el ejemplo de que: "los bienes se encuentren en lugar distinto a aquel en el que fueron entregados inicialmente, los costes de franqueo y transporte podrían ser desproporcionados para el vendedor". Si bien, como vengo diciendo la Directiva no ofrece una respuesta muy segura sobre cuál es el coste desproporcionado que puede evitar asumir el vendedor, de forma que será la práctica jurisprudencial la que definitivamente nos aclare qué quiere decir exactamente.

Tras las consideraciones anteriores, creo que se puede llegar a la conclusión que, verdaderamente, hay una clara priorización del interés del vendedor[449], pues, en definitiva, será él y no otro quién tendrá la última palabra a la hora de decidir la puesta en conformidad de los bienes, por mucho que el consumidor sea el titular del *ius electionis,* tal y como se desprende del articulado[450]. De hecho, el sumun de esta realidad, que ya estaba presente en el régimen anterior, es el propio criterio del coste desproporcionado expuesto con anterioridad, ya que con él se crea un instrumento idóneo en manos del vendedor

---

449 En los mismos términos, CASTILLA BAREA, M.: *La nueva regulación,* cit., p. 198.

450 No hay más que observar el art. 13.2 Directiva 2019/771, tal y como se pronuncian CASTILLA BAREA, M.: *La nueva regulación,* cit., p. 199 y ORTÍ VALLEJO, A.: "La Directiva", cit., p. 175.

para poder rechazar la reparación, la sustitución o ambas, sin que tenga que justificar rigurosamente esa situación, dado que la Directiva tampoco nos da muchos mecanismos para ello[451].

Sin perjuicio de lo anterior, quedan pendientes algunos extremos, especialmente el plazo y forma de la comunicación que debe hacer el consumidor sobre la elección que haga, aunque pueda ser perfectamente invalidada por el vendedor bajo los condicionantes mencionados. Y, especialmente, en qué medida debe exponer los argumentos que le autorizan a vetar la elección del consumidor.

Sobre este punto, podemos considerar que lo más lógico sería decantarse por considerar que la elección del consumidor deberá llevarse a cabo en el momento de comunicar la falta de conformidad, pues, al final, se configura como un trámite necesario que tiene que llevar a cabo. La cuestión es, si en ese momento, pierde o adquiere derechos preclusivamente, esto es, si se sujeta a una determinada elección o incluso si puede llegar a perder sus derechos si no realiza la acción de elegir. Como apunta un sector de la doctrina[452], no parece que el legislador sea estricto en este punto y se admite cierta flexibilidad, hasta el

---

[451] Sobre este punto son interesantes las consideraciones de MARCO MOLINA, J.: "La garantía legal sobre bienes de consumo en la Directiva 1999/44/CE del Parlamento Europeo y del Consejo, de 25 de mayo 1999, sobre determinados aspectos de la venta y las garantías sobre bienes de consumo", *Revista Crítica de Derecho Inmobiliario*, año 78, núm. 674, 2002, p. 2326, habida cuenta de que señala que para nada se podría aceptar la mera declaración del vendedor (su simple palabra) como elemento suficiente para poder probar la desproporcionalidad de la medida, algo que realmente compartimos. Más discutible, por el contrario, es su afirmación en torno a la necesidad de que el vendedor asuma por escrito un compromiso sobre el modo y plazo en el que efectuará la medida de saneamiento impuesta. Porque difícilmente se podrá exigir ese extremo al vendedor si la letra de la ley no lo prevé.

[452] CASTILLA BAREA, M.: *La nueva regulación*, cit., p. 200.

punto de considerar que no habría una obligación de elegir, ni siquiera directamente en el momento de comunicar la falta de conformidad, así parece sugerirlo el Considerando 50 cuando indica que el consumidor: "...debe dar al vendedor un plazo razonable para reparar o sustituir el bien no conforme...", lo que introduciría una suerte de período de evaluación del bien en el que tampoco estaría escogida aún la medida correctora.

Eso sí, aquello que bajo ningún concepto cabría concebir sería llevar a cabo cambios inopinados o sorpresivos por cualquiera de las dos partes, que pudiesen resultar totalmente inadecuados de acuerdo con las más elementales reglas de la buena fe. Pensemos en que se hubiera elegido la reparación y ya se estuviese llevando a cabo, cuando el consumidor decidiese que prefiere una sustitución y al vendedor le tocase solicitar un nuevo producto; o, en cambio, que se hubiera elegido la sustitución por el consumidor, al ser más rápida, pero, antes de recibir el bien, el mismo el vendedor decidiese que mejor la reparación, porque le conviniese más a él.

Sobre la sustitución también se ha planteado qué sucede con el plazo de garantía respecto del producto sustituido. Es decir, ¿se genera un nuevo plazo?, ¿se mantiene el anterior? Desde hace tiempo, la doctrina se ha inclinado por dos posturas. Por un lado, estaría la postura que defiende la generación de un nuevo plazo de garantía respecto al bien sustituido, beneficiándose de la presunción de preexistencia de defectos en los primeros estadios de la misma[453]. Mientras, por otro lado,

---

[453] MARÍN LÓPEZ, M.J.: "Plazos", cit., p. 1514. En términos similares, DÍAZ ALABART, S.: "Los plazos en la Ley de Garantías en la Venta de Bienes de Consumo", en AA.VV.: *Garantías en la venta de bienes de consumo (Ley 23/2003, 10 de julio)*, Madrid, Edisofer, 2006, p. 239, quién directamente señala que, al entregarse un producto nuevo, y, por tanto, distinto del defectuoso se genera un nuevo plazo, el cual deberá computarse desde el momento de entrega del bien sustituido.

algunos autores defienden que la sustitución no genera un plazo distinto al que generó el producto originario, si bien, la misma, al menos, producirá una suspensión del plazo de garantía mientras no se ha llevado a cabo[454].

De todos modos, esto hay que matizarlo con lo preceptuado en el art. 122.3 TRLGDCU en la medida que, una vez realizada la puesta en conformidad, se genera un plazo específico de un año de garantía respecto a dicha falta de conformidad, presumiéndose que se trata de la misma cuando se reproduzcan los defectos que la originaron.

Por último, cabe mencionar si es posible que el consumidor pueda, en atención de las circunstancias, encargar la puesta en conformidad a un tercero distinto del vendedor (asumiendo este último con los costes), que, obviamente, no podría llevarse a cabo si la misma fuera imposible o desproporcionada, en los términos que hemos definido antes. Solución que podría convertirse en una buena opción para el consumidor en los supuestos de imposibilidad subjetiva, esto es, que el vendedor no estuviese capacitado para, por ejemplo, llevar a término por el mismo la reparación, como también podría aplicarse, a mi parecer, si el empresario se negase a poner en conformidad

---

454 La doctrina mayoritaria se inclina por esta idea, *vid.* GUTIÉRREZ DE COS, J.: *La protección*, cit., 119 y CASTILLA BAREA, M.: *El nuevo régimen*, cit., pp. 286–288, "en el momento en el que se produce la sustitución, el producto nuevo ocupa el lugar del defectuoso adquirido originalmente. No se trata en realidad de otra adquisición distinta. Por tanto, para ese producto sustituto no hay un nuevo plazo de garantía, sino que le cubre el correspondiente a la adquisición originaria del producto defectuoso sustituido. Esto es, el tiempo que reste del plazo de dos años que comenzó a computarse en el momento de la entrega del producto defectuoso que ha sido sustituido. Así, el plazo de garantía del producto sustituto no tiene una duración homogénea prefijada, sino que ésta dependerá del lapso de tiempo transcurrido hasta el momento en que se haya producido la sustitución".

el producto. Si bien, el TRLGDCU no contempla esta vía, no parece que haya ningún obstáculo a su virtualidad si tenemos como base los arts. 1096 y 1098 CC[455].

Del mismo modo, en relación con la sustitución nos podemos plantear si es posible acudir a un tercero para obtener el bien conforme puesto que el deudor original no ha cumplido. Ante estas situaciones considero que la pretensión de cumplimiento estaría matizada por las reglas imperativas que rigen en la compraventa de consumo. En este sentido, si lo que procede ante la falta de conformidad del bien es la reparación, no podría el

---

455 Sobre la puesta en conformidad también cabe realizarse alguna que otra pregunta, por ejemplo, si los bienes sustituidos deben ser nuevos o no. La lógica dicta que de una interpretación razonable de la ley y conforme a los intereses del consumidor, el resultado debe ser que estos deben ser nuevos. De hecho, alguna empresa ha sido demandada por proporcionar a sus clientes productos reacondicionados (es decir, de segunda mano, pero puestos a punto como si fueran de fábrica) cuando los sustituían por adolecer los inicialmente comprados de alguna falta de conformidad, *vid.* Noticia web: Apple será juzgada en agosto por sustituir productos de usuario con unidades reacondicionadas (https://www.iphoneros.com/79636/demanda–reacondicionados). En Dinamarca, la misma empresa ha sido condenada a proporcionar productos nuevos a sus usuarios, *vid.* GARCÍA GOLDAR, M.: "Propuestas", cit., p. 104. Por otro lado, es posible encontrar otra autora que defiende que los productos no necesariamente tienen que ser idénticos, sino que bastaría con que fueran de características similares, ATAMER, Y.M.: "Replacement of non-conforming goods 'free of charge': is there a need to differentiate between B2B and B2C sales contracts", *Uniform Law Review*, núm. 25, 2020, p. 78. De hecho, un pronunciamiento jurisprudencial ha admitido la sustitución "por otra de las mismas características", *vid.*, SAP Rioja, 14 diciembre 2012 (*Tol 2721916*). Igualmente, la misma autora, sigue planteando, que, en aras de una mayor protección al consumidor, sería válido afirmar que el vendedor podría propocionar un bien de mejores características si es el caso, ATAMER, Y.M.: "Replacement of non-conforming goods", cit., p. 78.

consumidor pretender que la sustitución se hiciera a costa del empresario. Puesto que, éste último no podría ser obligado a asumir el coste de la misma si, por ejemplo, es completamente desproporcionada y hubiese sido mucho más razonable reparar el bien, por mucho que el consumidor no deseara conservarlo. Otro supuesto sería si el consumidor podría acudir a un tercero cuando la reparación fuese imposible o desproporcionada, pero la sustitución también lo fuese para el vendedor (imposibilidad subjetiva). En este escenario, en realidad, de carácter resolutorio, nos tendríamos que preguntar hasta qué punto podría vincularse el patrimonio del vendedor por el coste de la operación.

2.3.2. ¿Operación de reemplazo?

Las consideraciones anteriores habría que conectarlas con las ideas de un sector doctrinal que sí considera factible trasladar de forma amplia el remedio indemnizatorio a la compraventa de bienes de consumo. Según este autor sería posible que incluso antes de que el deudor se negara o no pudiese poner en conformidad los bienes, el acreedor podría acudir a otro mercado a reparar o sustituir el bien ante el acaecimiento de la falta de conformidad[456]. Si bien, no niego dicha opinión doctrinal, matizaría que no es cuestión de que el empresario no pueda, se niegue o directamente el consumidor se "busque la vida" sin ni siquiera comunicar nada al vendedor, es cuestión de que, en mi opinión, se deben respetar los límites legales que podemos extraer de la normativa europea.

Esto es, el acreedor no podría, a mi modo de ver, buscar el otro mercado el bien, ante la falta de conformidad, e imputar el incremento del coste que le ha supuesto, así como, interesar la

---

456 JUÁREZ TORREJON, Á.: "El remedio indemnizatorio en la compraventa de bienes de consumo", *Revista de Derecho Privado,* núm. 3, mayo-junio 2014, p. 28 y ss.

resolución del contrato, si, por ejemplo, el bien hubiese podido repararse por el deudor con un coste mucho menor y sin grandes inconvenientes. Cuestión distinta sería el caso de que el bien adoleciese de una grave falta de conformidad, en cuyo caso el comprador podría directamente solicitar una resolución del contrato y, según esta opinión doctrinal, reclamar además una indemnización de daños y perjuicios derivada de la operación de reemplazo, esto es, el sobrecoste que pudiese experimentar el consumidor al tener que volver a comprar el bien del que quiere obtener la utilidad que se le ha negado por la falta de conformidad.

Sin entrar en consideraciones más profundas sobre la indemnización de la falta de conformidad en bienes de consumo, que se hará en el epígrafe correspondiente[457]. El sector dotrinal antes referenciado sostiene que es posible obtener de forma amplia la tutela resarcitoria en la compraventa de bienes de consumo. De hecho, entiende que no hay motivos para negar que la reparación pueda hacerse por equivalente, y no necesariamente *in natura* como de una interpretación estricta se podría entender de la literalidad del TRLGDCU[458]. Por lo que, aquí, la indemnización también estaría actuando como remedio sustitutorio de la prestación principal. Claro está, que habría que diferenciar dentro de la indemnización de daños y perjuicios, aquello que comprendería el valor de la prestación

---

[457] Capítulo III, epígrafe 2.5.

[458] JUÁREZ TORREJON, Á.: "El remedio", cit., p. 20 y ss. Dicho autor también sugiere qué sucedería en el supuesto de que, en el marco del deber del mitigar el daño, el acreedor acudiera a la reparación de un tercero directamente, pero luego resultase que el daño derivado de la falta de conformidad no fuera imputable al deudor por no formar parte de su ámbito de control. No obstante, concluye que no tendría sentido llegar aquí a una solución distinta de la que plantea la lógica de la falta de conformidad, pues el empresario sería responsable de soportar la falta de conformidad por ser simplemente el patrimonio que más razonablemente deba soportar el riesgo de la operación.

principal (es decir, equivalente pecuniario) de aquello que sería propiamente el daño derivado del incumplimiento.

Por lo que se refiere a los daños indemnizables, en primer lugar, señala que los gastos por pérdida de utilidad son perfectamente reclamables, cuestión que ha sido confirmada por la jurisprudencia, como se desprende del apartado en el que se analizará la indemnización de daños y perjuicios. En ese sentido, nada impediría que ante la inutilización de bien que se quiere conservar, como un vehículo por la falta de conformidad, el comprador pudiese acumular junto con la pretensión resolutoria, el coste que un vehículo de sustitución le hubiese podido irrogar[459].

En segundo lugar, analiza la operación de reemplazo. Dentro de la operación de reemplazo, distingue dos grandes grupos, aquellos supuestos en los cuales lo que se produce es una negativa injustificada del vendedor a poner el bien en conformidad y aquellos en los cuales, no es que se produzca una negativa injustificada del vendedor a poner los bienes en conformidad, simplemente lo que tiene lugar es la búsqueda de un nuevo bien por el comprador de forma autónoma ante el acaecimiento de la falta de conformidad.

Esto, a mi modo ver, hay que conectarlo con el régimen existente en la venta de bienes de consumo que he referido antes. Si entendemos que hay una negativa injustificada, este hecho tendría la misma entidad que un caso de falta de conformidad grave que podría desembocar en la resolución y, por tanto, no habría necesidad de solicitar la reparación o sustitución otra vez, a la que se podría añadir el sobrecoste que asume el consumidor al tener que acudir al mercado para conseguir el bien nuevamente.

Por tanto, en realidad, se podría recurrir a la operación de reemplazo en los supuestos de incumplimiento resolutorio, salvo en aquellos casos en los que el coste de la misma sea des-

---

459 JUÁREZ TORREJON, Á.: "El remedio", cit., p. 23 y ss.

proporcionado. En ese sentido, la pretensión resolutoria, como he comentado antes, podría articularse junto con la indemnización de daños y perjuicios consistente en el sobrecoste que pudiese experimentar el consumidor al tener que acudir de nuevo al mercado a obtener el bien equivalente.

El citado autor configura el mecanismo de la operación de reemplazo basándose en lo ya contemplado por la Convención de Viena. Por consiguiente, considera que para que esta se ejecute adecuadamente, el valor que hay que tener en consideración es el valor de mercado del bien en el momento en que debió ser entregado y no el valor que se deduzca del precio del contrato, puesto que la conmutatividad del negocio debe ser respetada, en otras palabras, dicho mecanismo resarcitorio deber ser neutral a que se haya realizado un buen o mal negocio[460]. Esto lo diferenciaría de la reducción del precio que busca solamente la conservación del contrato.

Para finalizar, decir que la indemnización de daños y perjuicios que sostenemos en estas líneas se basaría en un criterio de imputabilidad objetivo, como se desarrollará en el apartado correspondiente. Por lo que sería exigible siempre que se deba a un acaecimiento dentro del ámbito de la esfera de control del deudor. En todo caso, la indemnización no podría ser exigible cuando nos encontremos ante un supuesto de caso fortuito o fuerza mayor, tal y como se desprendería del artículo 1.105 CC. Este es el motivo por el cual, el mencionado sector doctrinal, de la misma forma que también hace la Convención de Viena (art. 79.5), exoneraría al vendedor de la indemnización de daños y perjuicios, pero no de los remedios ante la falta de conformidad, de los cuales respondería por una mera cuestión de hecho (incumplimiento contractual de la garantía de conformidad con sus correspondientes medidas correctoras) cuando

---

460 JUÁREZ TORREJON, Á.: "El remedio", cit., p. 29.

nos encontremos ante un supuesto que se encuentre fuera del ámbito de control del deudor, como sería la fuerza mayor.[461]

2.3.3. La puesta en conformidad de forma gratuita

Cualquiera que sea la forma de cumplimiento forzoso que se elija, la misma será gratuita. En ese sentido, siguiendo la línea de lo que ya en su día recogía el art. 120. a) TRLGCU (según la Directiva 1999/44), el nuevo art. 118.4.a) indica que: "Serán gratuitas para el consumidor o usuario. Dicha gratuidad comprenderá los gastos necesarios en que se incurra para que los bienes sean puestos en conformidad, especialmente los gastos de envío, transporte, mano de obra o materiales."

En cuanto a la gratuidad de la puesta en conformidad, la Directiva mantiene lo que ya adelantó la PDirCOM en su artículo 10 y que, a su vez, confirma algunos aspectos que se había encargado de precisar la jurisprudencia del TJUE. De esta forma, el art. 14.2 de la Directiva 2019/771 pone de relieve que, en caso de sustitución, "el vendedor recuperará los bienes sustituidos a sus expensas", aunque sin hacer mención al "salvo que las partes hayan acordado otra cosa una vez que la falta de conformidad con el contrato haya sido puesta en conocimiento del vendedor por el consumidor". De hecho, el nuevo art. 118.5 TRLGDCU dice que: "Cuando proceda la reparación o la sustitución del

---

461 Juárez Torrejon, Á.: "El remedio", cit., p. 37, tiene aquí sentido sacar a colación que: "el incumplimiento puede no ser imputable al deudor, y aún así ponerse a su cargo simplemente porque no hay ninguna razón para trasladar el menoscabo o pérdida de la prestación al acreedor; por ello, y de la misma manera, no hay ninguna razón para trasladar al patrimonio del deudor daños que, sufridos por el acreedor y aunque causados por el incumplimiento, el deudor tampoco tiene el deber jurídico de soportar por ser extraños a las esferas de gestión de las partes, bien a la luz de los términos en que se obligaron" (previsión del art. 415-2.2.b) de la Propuesta de Código Mercantil).

bien, el consumidor o usuario lo pondrá a disposición del empresario y este, en su caso, recuperará el bien sustituido a sus expensas de la forma que menos inconvenientes genere para el consumidor o usuario dependiendo del tipo de bien".

Igualmente, el art. 14.3 Directiva 2019/771 indica que: "Cuando una reparación requiera la retirada de bienes que hayan sido instalados de forma coherente con su naturaleza y finalidad antes de que se manifieste la falta de conformidad, o cuando se sustituyan los bienes, la obligación de reparar o sustituir los bienes incluirá la retirada de los bienes no conformes y la instalación de los bienes sustituidos o de los bienes reparados, o la asunción de los costes de dicha retirada e instalación" (en términos muy similares el art. 118.6 TRLGDCU). No se dice expresamente que el vendedor se haga cargo de la obligación de reponer los bienes de reemplazo, cuando sea él mismo quien haya instalado los sustituidos, pero se sobreentiende[462].

Este apartado ejemplifica cómo se ha aprovechado la Directiva para incorporar algunas aclaraciones jurisprudenciales en esta materia, como también lo es el nuevo art. 118.7 TRLGDCU cuando señala que: "El consumidor o usuario no será responsable de ningún pago por el uso normal de los bienes sustituidos durante el período previo a su sustitución."[463]

---

462 En particular, a la luz de la STJUE 16 junio 2011, C–65/09 y C–87/09, *Caso Weber GmbH/Jürgen Wittmer y Caso Ingrid Putz/Medianess Electronics GmbH (Tol 2192067).*

463 STJUE 17 abril 2008, C–404/06, *Caso Quelle AG contra Bundesverband der Verbraucherzentralen und Verbraucherverbände (Tol 9920557)* que consideró contrario al art. 3.4 de la Directiva 99/44 que el Derecho alemán (§439.4 y §346.2.2 BGB) permitiera al vendedor exigir al comprador una indemnización por el tiempo que ha usado el bien defectuoso hasta que se haya procedido a su sustitución. En el caso concreto, el vendedor de una cocina averiada había exigido una indemnización de 69,97 euros por este concepto.

El entendimiento de qué significa que la reparación y la sustitución sean gratuitas no debe suponer grandes problemas interpretativos, pues justamente lo que busca la Directiva es evitar que, por el coste de la operación, no solo la reparación y sustitución en sí mismas consideradas (qué obviamente deben ser gratuitas), sino cualquier otro gasto en el que pueda incurrir el consumidor para llevarla a término, acabe por disuadir al mismo de iniciar el proceso. La Directiva menciona expresamente como ya se ha indicado que "especialmente" serán gratuitos los gastos de "envío, transporte, mano de obra y materiales", puesto que son estas circunstancias las que podrían encarecer considerablemente la puesta en conformidad[464]. Pensemos simplemente en la necesidad de llevar el bien a un taller lejano o que el vendedor decidiera arbitrariamente imputar el coste de la mano de obra y materiales necesarios para llevar a cabo la puesta en conformidad al consumidor[465].

---

464 La jurisprudencia reseñada en las citas anteriores se inclina por considerar que la lista que ofrece el art. 14.2 de la Directiva 2019/771, es meramente ejemplificativa y para nada podemos considerar que se trata de una enumeración exhaustiva de aquellos elementos que necesariamente deben ser gratuitos: "La utilización por el legislador comunitario del adverbio 'especialmente' resulta que dicha enumeración presenta un carácter indicativo y no exhaustivo".

465 La doctrina ya había manifestado con anterioridad que la gratuidad a la que se refería el TRLGDCU tenía que ver con los desembolsos que directamente tendría que realizar el consumidor en relación con la materialidad de la falta de conformidad (gastos de envío, costes de mano de obra, materiales, piezas, etc.), *vid.* a este respecto Avilés García, J.: "Compraventa de bienes de consumo", en AA.VV.: *Tratado de Contratos* (dir. R. Bercovitz Rodríguez–Cano), Tomo II, Tirant lo Blanch, Valencia, 2009. Con más precisión se muestra Juárez Torrejón, A.: "La protección", cit., pp. 334–335, cuando señala que: "la gratuidad sólo es predicable en la elación consumidor–profesional. Así, si se avería un equipo informático y hay que realizar una llamada telefónica, la gratuidad del art. 120 no impone que la

No obstante, una de las cuestiones que ha suscitado controversia en la interpretación de la Directiva fue si la gratuidad de la puesta en conformidad contemplaba también la retirada de los bienes a reparar y sustituir cuando habían sido instalados correctamente a cargo del consumidor. Ciertamente, si la instalación hubiese corrido a cargo del vendedor se podría entender implícitamente considerada en su obligación la retirada de los mismos si después adolecían de una falta de conformidad, ya fuera por la propia instalación o por un defecto interno de los mismos[466].

Este asunto se resolvió en la ya mencionada STJUE 16 junio 2011 (Caso Weber)[467], asuntos acumulados C–65/09 y C–87/09.

---

llamada tenga que ser gratuita, puesto que no son gastos aparejados a la materialidad del cumplimiento específicamente requerido".

466 Actualmente no hay discusión, pues efectivamente la Directiva 2019/771 incluye dentro de su articulado la desinstalación de los bienes a cargo del vendedor siempre que "hayan sido instalados de forma coherente con su naturaleza y finalidad antes de que se manifieste la falta de conformidad", como extensión del deber de proporcionar de forma gratuita la puesta en conformidad de los mismos.

467 El asunto Weber se planteó en Alemania sobre la adquisición de una serie de baldosas pulidas con el importe de 1.382,27 euros. Tras la colocación de una parte de dichas baldosas en su casa, el comprador detectó en ellas unos sombreados que podían percibirse a simple vista. En unas diligencias preliminares, el perito llegó a la conclusión de que los sombreados aludidos eran unos micro restos de lijado, que no podían desaparecer, por lo que el único medio posible de saneamiento era la sustitución completa de las baldosas. El comprador demandó su sustitución y una indemnización de daños y perjuicios, demanda que fue desestimada en primera instancia, donde obtuvo, exclusivamente, una reducción del precio. En cambio, en segunda instancia, la demanda fue estimada en el punto relativo a la petición de sustitución, condenándose, además, al vendedor a satisfacer una indemnización de 2.122,37 euros por la retirada y el desecho de las baldosas defectuosas.
El segundo asunto acumulado, Caso "Medianess Electronics", trataba sobre un lavavajillas que había instalado por un tercero, pero a

El núcleo de la argumentación radicaba en considerar si con sustitución la Directiva se refería únicamente a proporcionar un bien de reemplazo o en cambio se incluían también los gastos que pudiese ocasionar ese reemplazo[468]. Finalmente, el TJUE concluye que es obligación del empresario la retirada del

---

cuenta del consumidor, el problema vino cuando este se estropeó hasta tal punto de no poder ser reparado por un defecto de conformidad. La consumidora reclamó la sustitución del aparato junto con los gastos de retirada del producto, pero su solicitud no fue atendida, ante lo cual instó la resolución del contrato.
Para la doctrina experta, la acumulación de los dos casos en una única sentencia fue un error, porque, a pesar de ser similares, presentaban diferencias sustanciales que hubiera aconsejado su resolución por separado, García Rubio, Mª. P.: "Las obligaciones del vendedor de retirar el bien defectuoso y de instalar el bien de sustitución en caso de saneamiento en una compraventa de bienes de consumo (comentario a la STJUE de 16 de junio de 2011, en los asuntos acumulados Weber y Putz)", *Anuario de Derecho Civil*, Vol. 61, núm. 1, 2013, pp. 333–334. De hecho, el asunto Weber, como se está desarrollando en el presente trabajo, no solo es interesante por el problema de la gratuidad en la sustitución, sino por el dilema consistente en determinar si la desproporción que permite al vendedor poder desvincularse de los remedios primarios es relativa (solo entre reparación y sustitución) o absoluta (se tienen en cuenta todos los remedios, lo que permitiría acudir a los subsidiarios).

468 La discusión no es baladí, como bien identifica la doctrina experta, dependiendo de la traducción que ha tenido en las diversas lenguas la Directiva 2019/771 la exégesis puede decantarse hacia un sentido u otro. García Rubio, Mª. P.: "Las obligaciones", cit., p. 204. Esto es, para los hablantes españoles el término más genérico de sustitución puede provocar que no tengamos tantas dudas en hacer una interpretación amplia de la misma y entendamos que sustitución lo es todo, pues de otra forma no puede haber una sustitución propiamente dicha. En cambio, la traducción que ha tenido la Directiva para los hablantes alemanes ha sido diversa y se acerca más a término de "suministro de reemplazo" lo que puede defender la idea que el vendedor solamente se obliga al proporcionar un bien nuevo.

bien defectuoso que hubiera sido instalado por el consumidor de buena fe y conforme a su naturaleza, así como asumir el coste de la nueva instalación[469].

Junto con el dilema de la instalación, en dicha sentencia también se plantea una cuestión que ya ha sido adelantada en anteriores epígrafes y es que se discutía si el vendedor también podría negarse a la sustitución de los bienes si consideraba que le podían ocasionar unos costes desproporcionados. La cuestión sería si la desproporción que permitía al vendedor desvincularse de los remedios primarios era simplemente relativa "entre ellos" o absoluta "entre cualquiera de los remedios" (primarios o subsidiarios), pues al ser la sustitución la única medida primaria posible habría que acudir necesariamente a ella si el criterio de la desproporción era meramente relativo.

La sentencia concluye que la Directiva 1999/44 defendía una desproporción relativa, por lo que si solamente uno de los remedios primarios era posible el vendedor debía ceñirse a él.[470] Esta conclusión puede ser un tanto injusta para los

469 Punto 62 STJUE 16 junio 2011 *(Tol 2192067)*, a lo que la doctrina añade que, en verdad, el tribunal altera "el contenido del contrato en aras a la indemnidad del consumidor". *Vid.* GARCÍA RUBIO, Mª. P.: "Las obligaciones", cit., p. 333.

470 Así lo valora la doctrina, MARÍN LÓPEZ, M. J.: "Sustitución de un bien no conforme ¿quién asume el coste de retirada del bien y de instalación del bien de sustitución?", *Revista Aranzadi Civil–Mercantil,* núm. 9, enero, 2013, pp. 95–96, quién indica que: "La STJCE pone fin de ese modo a la polémica existente en la doctrina respecto al modo de valorar 'la desproporción'. Para unos hay que tomar en consideración únicamente la forma de saneamiento solicitada por el consumidor y el otro remedio primario. Otros, sin embargo, estiman que la desproporción ha de valorarse teniendo en cuenta también el coste que para el vendedor tiene la ejecución de los remedios secundarios (rebaja del precio y resolución). Esta segunda interpretación, que fue asumida por quien esto suscribe, no es acogida por la STJCE que se comenta, por lo que parece que esta inter-

intereses del vendedor y ciertamente desequilibrar la balanza excesivamente hacía el lado del consumidor y el tribunal no era ajeno a ello. Por este motivo, el órgano jurisdiccional toma una decisión un tanto incoherente y que fuerza excesivamente la letra de ley, llegando a contradecirse respecto a la idea que había sostenido antes sobre los gastos de sustitución.

Concretamente, para compensar la subyugación del vendedor a la medida de saneamiento primaria dice que si el coste de la puesta en conformidad supera con creces el valor del bien si hubiera sido conforme, el vendedor tendrá derecho a imponer al consumidor parte del coste de la sustitución. Dicho en otras palabras, podrá limitar el reembolso al consumidor "a una cantidad proporcional a la importancia de la falta de conformidad y al valor que tendría el bien si hubiera sido conforme"[471]. Asimismo, por el grave inconveniente que puede provocar esta circunstancia al consumidor, el tribunal le habilita a poder decantarse por la resolución del contrato o a una reducción proporcionada del precio[472], osea que permite al consumidor saltarse la jerarquización de remedios.

Como señala la doctrina, aunque verdaderamente hay un reconocimiento de la desproporción relativa en la presente sentencia, a diferencia de la regulación actual que sí permite al vendedor desvincularse de la medida de saneamiento en el caso de que le imponga costes desproporcionados considerada de forma aislada, el resultado es que indirectamente puede imputarle la medida subsidiaria al provocar que para el consumidor sea la única medida razonable[473].

---

pretación 'auténtica' de la directiva efectuada por el TJCE debe ser acogida como pauta interpretativa, también, del TRLGDCU".

471 Punto 74 STJUE 16 junio 2011 *(Tol 2192067)*.

472 *Vid.* Punto 77 STJUE 16 junio 2011 *(Tol 2192067)*.

473 Castilla Barea, M.: *La nueva regulación*, cit., pp. 206 y 207, apunta "qué sentido tiene distinguir entre desproporción relativa y absolu-

Todo ello ha llevado a autorizada doctrina considerar que, en realidad, la sentencia no instauraba un criterio de la desproporcionalidad relativa en la Directiva 1999/44, sino el de la desproporcionalidad absoluta, pues, en última instancia, sí permitía a las partes poder acudir a los remedios subsidiarios[474]. Sin embargo, desde mi punto de vista esto no es exactamente así, y lo que nos encontramos es, una vez más, ante un ejercicio de justicia material por los tribunales de justicia, debido a una patente mala calidad legislativa que no había previsto que una situación como la presente pudiera darse en la práctica[475]. Es obvio que la literalidad de la Directiva 1999/44 pregonaba una desproporcionalidad relativa y, por ello, aunque fuese en contra del propio espíritu de la Directiva, si queremos verlo así, el tribunal no tuvo más remedio que reconocerlo. De lo contrario, no hubiera hecho una interpretación en contra de los intereses del consumidor, imputándole parte de los costes, cuando la Directiva tal y como estaba configurada no le daba más margen.

---

ta –según las define el TJUE–, si finalmente, el resultado de ambas es que el vendedor pueda negarse a asumir todo el coste de la sustitúción, quedando al consumidor como única alternativa asumir parte de ese coste o recurrir a los remedios subsidiarios". Igualmente, MARÍN LÓPEZ, M.J.: "Comentario art. 119 TRLGDCU", en AA.VV.: *Comentario del Texto Refundido de la Ley General para la Defensa de los Consumidores y Usuarios y otras leyes complementarias,* Thomson Reuters Aranzadi, Pamplona, 2009, p. 1503, defiende que "el vendedor no podrá imponer de forma directa la rebaja del precio o la resolución del contrato cuando le resulten más baratas que la sustitución, pero sí podrá hacerlo por esta vía indirecta de obligar al consumidor a repartir con él los costes de la sustitución".

474 CASTILLA BAREA, M.: *La nueva regulación,* cit., pp. 208 y 209.

475 O somos de tradición continental, o somos de tradición anglosajona, pero no es propio de nuestro sistema jurídico hacer apreciaciones jurisprudenciales tan "originales" si se me permite la palabra, más propias del realismo jurídico americano.

No obstante, ante la injusticia que podría resultar para el vendedor asumir unos costes que no estaban previstos y que superaban con creces el valor de la prestación inicial, el tribunal le da una salida digna y que al mismo tiempo supone, en cierta medida, un aumento de la protección del consumidor, al permitirle excepcionar los remedios primarios en una situación en la que, en principio, no podría hacerlo.

2.3.4. La puesta a disposición del vendedor

Siguiendo con la reparación y la sustitución, la Directiva apunta en su art. 14.2 que: "Cuando la falta de conformidad deba subsanarse mediante reparación o sustitución de los bienes, el consumidor pondrá los bienes a disposición del vendedor. El vendedor recuperará los bienes sustituidos a sus expensas".

Este extremo resulta cuanto menos ambiguo, pues como sucede con otros puntos de la Directiva no se aclara, verdaderamente, que quiere decir la norma con ello y suscita serias dificultades interpretativas. En primer lugar, ¿es que acaso debe el consumidor entregar los bienes sustituidos al vendedor con el traslado que pueda implicar ello hasta el domicilio social? Y, en segundo lugar, ¿cómo se concilia esa supuesta obligación con la gratuidad de la que hemos estado haciendo gala antes?

A pesar de ello, estamos de suerte porque al poco de promulgarse la Directiva 2019/771 se produjo un pronunciamiento jurisprudencial sobre la cuestión, si bien hay que cogerlo con pinzas, pues se correspondía con una venta a distancia y el texto que regía el asunto era la Directiva anterior, aunque había una identidad sustancial al respecto. Se trata del Caso Fülla[476], en el cual el Sr. Fülla había adquirido una carpa de cinco por seis

---

[476] STJUE 23 mayo 2019, C-52/18, *Caso Christian Fülla/Toolport GmbH (Tol 9909990).*

metros que le fue proporcionada por la sociedad vendedora en el marco de una venta a distancia. El problema vino cuando tras desempaquetarla advirtió la falta de conformidad de la misma y, ante esto, decidió denunciar tal circunstancia a la sociedad vendedora solicitando, por motivos obvios, que fuera ella la encargada de recogerla en su domicilio. No obstante, la sociedad hizo caso omiso de las alegaciones del Sr. Fülla, por consiguiente, el consumidor instó la resolución del contrato. La sociedad consideró que la reclamación carecía de fundamento y ni siquiera solicitó al consumidor que enviara la carpa a su domicilio social o se ofreció a costear el transporte. Cabe destacar que la sociedad vendedora y el consumidor no habían pactado este extremo, ni tampoco se había delimitado como debía producirse el saneamiento de la falta de conformidad.

Solicitada judicialmente la resolución del contrato, el tribunal que conoció el asunto no era ajeno a los problemas interpretativos que planteaba. *A priori*, la laguna podía ser resuelta acudiendo al ordenamiento nacional. En efecto, el Derecho alemán contempla que, a falta de pacto, es el domicilio del deudor de la obligación, *ergo* el de la sociedad vendedora, el lugar donde se tiene cumplir puesta en conformidad. De todos modos, este extremo no deja de ser poco comprensivo con los derechos del consumidor, pues, ciertamente, el BGB no está pensando en un asunto como el presente en su articulado. En este sentido, el tribunal, desde su punto de vista, entiende que debería ser: "el lugar de subsanación de faltas de conformidad de los bienes que sea más adecuado para garantizar la protección más amplia posible a los consumidores y se corresponde con aquel en que se encuentren los propios bienes". De hecho, no considera adecuado hacer depender de las circunstancias de cada caso un asunto tan importante como es el lugar dónde tienen que depositarse los bienes para proceder a la puesta en conformidad, incluso hacerlo depender de los derechos nacionales.

Advertido este panorama por el juzgado, decidió suspender el procedimiento y plantear una serie de cuestiones prejudiciales al TJUE. Concretamente, precisó lo siguiente:

Primero, si al ser una venta a distancia y en virtud del art. 3.3.III de la Directiva 1999/44 era posible que el lugar donde el consumidor debía dejar los bienes a disposición del vendedor para iniciar la puesta en conformidad fuese siempre el lugar donde se encontrasen los bienes.

Segundo, en caso de que la respuesta a la primera pregunta fuese negativa, si debía ser el domicilio del vendedor.

Tercero, si la respuesta volvía a ser negativa, cuáles debían ser entonces los parámetros que el aplicador de la norma debía seguir de acuerdo con el art. 3.3.III Directiva 1999/44 para establecer el lugar dónde tenían que llevarse a cabo las medidas de saneamiento primarias.

Cuarto, si dado que los consumidores tienen derecho a obtener una puesta en conformidad de los bienes de forma gratuita, este derecho comprendería también el abono por anticipado de los gastos en puedan incurrir los consumidores por poner los bienes a disposición del vendedor, especialmente si la respuesta a alguna de las preguntas anteriores termina en la obligación del consumidor en llevar los bienes al domicilio del vendedor.

Quinto, el tribunal también se pregunta si en el supuesto de que el consumidor tuviese que entregar los bienes en el domicilio social del vendedor, incluso asumiendo los gastos del transporte, cuando el primero notifica al segundo la existencia de una falta de conformidad cumple con su obligación de otorgar un plazo razonable al vendedor antes de poder iniciar la resolución del contrato.

Sexto, reformula la pregunta anterior pero referida al caso de que no corresponda al consumidor entregar los bienes en el domicilio del vendedor.

En resumen, el Alto Tribunal de la Unión Europea no ofrece ninguna solución clara a las preguntas antes formuladas y de una forma bastante decepcionante viene a señalar que no se pueden llevar a cabo soluciones apriorísticas a estos extremos, básicamente, indica que dependerá de las circunstancias de cada caso. Ciertamente, un recurso que no viene a solucionar definitivamente las controversias que se plantean.

Respecto a las tres primeras preguntas resuelve diciendo que, en cuanto a la fijación del domicilio dónde se tiene que llevar a término la puesta en conformidad será "aquel que resulte más adecuado para garantizar tal subsanación sin cargo alguno, en un plazo razonable y sin mayores inconvenientes para los consumidores dependerá de las circunstancias de cada caso"[477]. Luego llega a decir que es competencia de los Estados miembros regular esta cuestión, y pueden hacerlo perfectamente de acuerdo con las directrices de la Directiva: "los Estados Miembros conservan la competencia para fijar el lugar en que los consumidores deban poner a disposición de los vendedores, para que se subsane con arreglo a dicho precepto su falta de conformidad, bienes adquiridos en una venta a distancia. Dicho lugar tendrá que ser idóneo para que la subsanación de la falta de conformidad se realice sin cargo alguno, en un plazo razonable y sin mayores inconvenientes para los consumidores, habida cuenta de la naturaleza de los bienes y de la finalidad que tuvieran los bienes para los consumidores. A este respecto, los tribunales deberán hacer una interpretación conforme con la Directiva 1999/44, lo que incluye, en su caso, modificar su jurisprudencia reiterada si esta se basa en una interpretación del Derecho nacional que sea incompatible con los objetivos de la Directiva"[478].

A decir verdad, esta indeterminación no ayuda a resolver la cuestión y más aún puede contribuir a aumentar las diferencias

---

[477] Punto 45 STJUE 23 mayo 2019 *(TJCE 2019, 96)*.

[478] Punto 48 STJUE 23 mayo 2019 *(Tol 9909990)*.

entre los Estados Miembros, pues dentro de esta libertad pueden llegar a soluciones muy diversas, lo que para nada beneficiaría el supuesto objetivo de lograr un Mercado Único Digital perfectamente funcional y efectivo. Lo mejor, si ciertamente se buscaba llegar a dicho objetivo, hubiese sido establecer previamente en la Directiva este punto o, al menos, establecer algunas reglas más o menos claras de cómo proceder, lo que facilitaría mucho este asunto. Así, lo único que sí sabemos con seguridad es que, mínimamente por mandato de la Directiva, la puesta en conformidad se tiene que llevar a cabo "de forma gratuita", en un "plazo razonable" y sin mayores inconvenientes para el consumidor", puesto que la transposición española no se ha pronunciado sobre este asunto.

Si es posible determinar el lugar en el que hay que depositar los bienes con bastante certeza en virtud de los postulados de la Directiva, más sencillamente se podrán asaltar las siguientes cuestiones tales como determinar si el coste de la operación es muy elevado y el vendedor se puede negar (imaginémonos que es él quién tiene que acudir e incluso desinstalar los bienes como sucedió en el caso Weber) o también poder verificar con seguridad la puesta disposición de los bienes por parte del vendedor para que pueda proceder al saneamiento y, en consecuencia, haya comenzado a contar el "plazo razonable", que si no se cumple permitiría al consumidor instar la resolución del contrato.

Si intentamos dar nosotros una respuesta a cómo determinar el lugar dónde se tienen que poner a disposición los bienes siguiendo las directrices que nos ha proporcionado la jurisprudencia, en primer lugar, el criterio habitual de los Estados miembros suele ser "la voluntad manifiesta de ambas partes". De hecho, nuestro artículo 1171 CC así lo dice, llevándonos al designado en la obligación para establecer el lugar del pago. Sucedía igualmente lo mismo en el art. 269 BGB, que se trajo a colación en la STJUE a la que nos estamos refiriendo.

De todas formas, si queremos hacer una aproximación, no en base a lo que dicen los Estados miembros, sino en función de las circunstancias concurrentes, la doctrina ya ha llegado a conclusiones interesantes: "Los bienes manejables podrían ser puestos a disposición del vendedor en su establecimiento comercial sin causar un inconveniente significativo al consumidor. Si debido a la naturaleza del bien no está claro si entregar el bien en el establecimiento comercial del vendedor causaría inconvenientes significativos al consumidor; este podría ponerlo a disposición del vendedor en su domicilio o, en caso de bienes como coches o veleros, en el garaje o puerto más cercano"[479].

---

[479] La solución a la que llega IZQUIERDO GRAU, G.: "Análisis", cit., p. 6, es bastante lógica y razonable, y perfectamente podría haber sido incluida en la Directiva. Si se trata de un bien como un móvil, ordenador, etc., lo más prudente, considerando su naturaleza, será llevarlo o enviarlo a la tienda o servicio técnico de la empresa en cuestión, pues dado el poco coste que puede implicar para el consumidor llevar a cabo la operación, no tendría mucho sentido hacerlo de otra forma. También podría aplicarse el mismo ejemplo a un automóvil (al final, el bien entra en la definición de "manejable", la manejabilidad podría ser el criterio clave para llegar a soluciones creíbles en este ámbito, si bien IZQUIERDO no lo ha incluido en el primer grupo). Por el contrario, cuando el bien no sea "manejable" (como un electrodoméstico), podemos volver al caso de la carpa del asunto analizado, en este supuesto, lo más aceptable sería la propia empresa acudiese al lugar dónde se encontara el bien para iniciar el proceso de puesta en conformidad. Todas estas ideas, nos tienen que hacer reflexionar en el sentido de que, al final, se busca favorecer el comercio global que realizan los grandes actores del mercado. Si nos detenemos otra vez en el ejemplo de bienes manejables o que fácilmente se pueden llevar por el consumidor al domicilio del vendedor, ¿qué sucedería si el bien comprado ha sido en el extranjero o desde una plataforma online? Obviamente una gran compañía tendrá la posibilidad de ofrecer al consumidor una tienda cercana, taller o almacén en el que poder depositar el bien, incluso un servicio de recogida cuando proceda. Sin embargo, una pequeña tienda no va a tener en ocasiones la capacidad de ofrecer un servicio

De todos modos, si el consumidor incurre en algún gasto considerable por entregar el bien al empresario, entendemos que deberá ser resarcido, ya que de otra forma no se compadecería bien con la exigencia de gratuidad en la puesta en conformidad.

Por lo que se refiere a cuando podemos entender cumplida la obligación del consumidor de notificar la existencia de la falta de conformidad al vendedor (en el supuesto que un Estado Miembro decidiera regularlo) dependerá del caso concreto, en la línea de la argumentación anterior. En algunos casos, si el bien debe ser entregado al vendedor, será necesario que se deposite en el lugar indicado por este último para poder entender cumplida la obligación de notificación y, por consiguiente, la iniciación del plazo razonable. En cambio, cuando el bien no haya de entregarse por su naturaleza al vendedor y sea éste quién deba encargarse de él, bastará con la simple notificación del consumidor.

Por último, en cuanto al reembolso previo de los gastos de transporte por parte del empresario, en caso de que sea el consumidor quien deba de alguna forma facilitar el acceso al bien al mismo, con el objeto de que el saneamiento sea "gratuito", el tribunal tampoco da pautas claras, pues acaba diciendo que "no comprende la obligación de los vendedores de pagarles por anticipado a esos consumidores los gastos de transporte de dichos bienes, efectuado al objeto de su subsanación, a los domicilios sociales respectivos de los vendedores, a menos que, el pago por anticipado de dichos gastos por los consumidores constituya una carga tal que pueda disuadirlos de hacer valer sus derechos, extremo que corresponde comprobar a los tribunales nacionales"[480].

---

postventa gratuito, en un plazo razonable y sin inconvenientes, salvo que se trate de una venta de proximidad.

480 Punto 56 STJUE 23 mayo 2019 *(Tol 9909990)*. El problema que puede suscitar la argumentación es que parece que, en cierta forma, el consumidor sí deba asumir un mínimo coste o molestia por entregar los bienes al empresario cuando le corresponda hacerlo.

El Tribunal de Justicia de la Unión Europea concluye diciendo que, respecto a todas estas cuestiones debe primar una solución equilibrada que no solo proteja la consumidor sino también al vendedor, puesto que la finalidad que tenía la Directiva 1999/44/CE: "no es solo proteger los intereses de los consumidores, garantizándoles una protección completa y eficaz contra el incumplimiento por parte de los vendedores de sus obligaciones contractuales, sino que busca un equilibrio entre dichos intereses y las consideraciones de carácter económico alegadas por los vendedores"[481]. Para acabar afirmando que: "La presente Directiva no debe regular en qué casos deben cumplirse las obligaciones de un deudor. Por lo tanto, la presente Directiva no debe ni determinar el lugar de la entrega ni prescribir dónde ha de tener lugar la reparación o sustitución, cuestiones que deben dejarse a la determinación del Derecho nacional".

Todo esto al final nos puede hacer pensar, como apunta autorizada doctrina[482], que carece de sentido el inciso de "el vendedor recuperará los bienes sustituidos a sus expensas", si lo contrasta-

---

Es decir, que el consumidor tenga que gastar un billete sencillo de autobús o metro, gasolina de su coche particular o un mínimo de tiempo perdido, como una tarde, para poder entregar el bien al lugar que le haya indicado el vendedor. Otra cosa sería que debiese enviar un paquete de correos con un coste considerable, incluso desplazarse a un lugar lejano para depositar el bien. En cuyo caso sí que podría considerarse que el coste (siempre comparándolo con el valor del bien) pueda ser disuasorio. Pero, al final, dudo mucho que pueda llegarse a la situación de que el vendedor deba abonar por adelantado, por ejemplo, el precio del transporte porque, en realidad, ahora siempre tendría la posibilidad de negarse a la puesta en conformidad alegando el coste desproporcionado de la misma y activar, en consecuencia, los remedios subsidiarios.

481 Así se pronuncia en su punto 52 la STJUE 23 mayo 2019 *(Tol 9909990)*, que sigue la misma argumentación que ya hizo en su día la STJUE 16 junio 2011 *(Tol 2192067)*, en su punto 75.

482 CASTILLA BAREA, M.: *La nueva regulación*, cit., p. 216.

mos con la jurisprudencia antes reseñada del TJUE que parece que huya de imputar cuando sea posible los gastos al vendedor, cuando el sentido más lógico que se le puede otorgar a esa frase es que la recogida del bien compete al empresario. Por ello, un sector de la doctrina considera que[483], tal vez, el significado que hay que otorgarle a esa frase es que, si el vendedor quiere recuperar el bien, por ejemplo, porque ya ha proporcionado un bien sustituto al consumidor, deberá hacerlo a sus expensas. Esto es, no puede exigirle al consumidor que, una vez llevada a cabo la puesta en conformidad por vía de la sustitución, este tenga la obligación de llevar el bien defectuoso a su cargo a la tienda o almacén. Esta interpretación es aquella que más se acerca al sentido que parece ha querido darle el legislador, si tenemos en cuenta todo el articulado y especialmente la doctrina del TJUE al respecto.

2.3.5. El transcurso de un plazo razonable y sin mayores inconvenientes

Aunque no son verdaderamente novedades de la Directiva 2019/771, es fundamental hacer mención a dos de las más importantes condiciones que se exigen en la puesta en conformidad de los bienes, además de la gratuidad, las cuales, si no se cumplen, abrirían la puerta a la activación de los remedios subsidiarios. Y son, tal y como se recoge en el nuevo art. 118.4 b) y c), las siguientes: "Deberán llevarse [las medidas correctoras] a cabo en un plazo razonable a partir del momento en que el empresario haya sido informado por el consumidor o usuario de la falta de confor-

---

483 Castilla Barea, M.: *La nueva regulación,* cit., 216. Igualmente, Izquierdo Grau, G.: "Análisis", cit., p. 6, también señalan que, tal vez aquello de lo que está hablando el legislador es "la obligación del vendedor de hacerse cargo del reciclaje del bien sustituido", dicho en otras palabras, "podría referirse a la obligación del vendedor de hacerse cargo de la destrucción del bien sustituido o hacerse cargo del reciclaje del mismo".

midad" (sí que es nueva la referencia al momento en que el empresario haya sido informado) y "deberán realizarse sin mayores inconvenientes para el consumidor o usuario, habida cuenta de la naturaleza de los bienes o de los contenidos o servicios digitales y de la finalidad que tuvieran para el consumidor o usuario".

Esto nos tiene que hacer llegar a la conclusión de que la reparación de los bienes llevará más o menos tiempo en función de la complejidad de los mismos. De igual manera, si para la sustitución o reparación del bien es necesaria la importación del mismo o de los materiales (ya sea porque el bien o sus piezas solo se fabrican en otro país)[484]. En cambio, si tras varias reparaciones el vehículo sigue presentando la misma anomalía, "si bien es cierto que la anomalía que sufre el vehículo es de escasa entidad y su reparación de escasa cuantía, sin embargo, la imposibilidad de repararlo", hace que se estime procedente la resolución del contrato, pues "es claro que el vehículo nunca ha conseguido estar en las adecuadas condiciones de seguridad para ser utilizado, sin que sea posible exigir al comprador la revisión mensual del mismo para que se encuentre en condiciones adecuadas para el uso cotidiano"[485].

En mi opinión, el cómputo del plazo razonable, en caso de que sea el vendedor quien deba recoger los bienes a sus expensas comenzará a extenderse desde la comunicación, si, en cambio, el consumidor debe entregarlos, obviamente, solo comenzará el cómputo cuando el vendedor los tenga en su poder y pueda iniciar la puesta en conformidad. La existencia de este *dies a quem* es favorable para el consumidor, ya que invita al empresario a agilizar las medidas de saneamiento de los bienes.

---

484 SAP Las Palmas, 19 enero 2016 *(Tol 5751841)*, que considera que no es desmesurada la espera de dos meses, habida cuenta de que se trata de una pieza específica (diferencial trasero) de un automóvil de la marca extranjera "Sangyong".

485 SAP Santa Cruz de Tenerife, 26 mayo 2014 *(Tol 4499779)*.

Puede parecer que hubiese sido más conveniente establecer un plazo de referencia en la Directiva del mismo modo que en su día lo hizo el art. 111.2 CESL, señalando que el plazo nunca excederá de 30 días. De todos modos, la doctrina se inclina a pensar que, a fin de cuentas, dicho plazo hubiese generado más problemas que beneficios. Puesto que, por un lado, los empresarios podrían limitarse a cumplirlo, aun cuando las reparaciones pudiesen ser más veloces y, por otro lado, seguramente se volvería ineficiente para aquellas otras que por su dificultad no pudieran realizarse en tal plazo[486].

Sin embargo, esto no quita que sigan siendo preceptos muy abstractos que obligan a tener que acudir a la naturaleza y finalidad de los bienes para poder encontrar alguna seguridad a la interpretación de la norma[487]. Por ello, la opción de proporcionar plazos fijos desde mi punto de vista sigue teniendo bastante validez. Dicho esto, la interpretación del "plazo razonable" debe hacerse teniendo presente lo dictado por el Considerando 55 de la Directiva 2019/771 cuando señala que: "Con objeto de proteger a los consumidores contra el riesgo de largas demoras, toda reparación o sustitución debe llevarse a cabo satisfactoriamente dentro de un plazo razonable. Lo que se considere un plazo razonable para efectuar una reparación o sustitución debe corresponder al plazo más breve posible necesario para llevar a cabo dicha reparación o sustitución. Este plazo debe determinarse objetivamente teniendo en cuenta la naturaleza y complejidad de los bienes, la naturaleza y la gravedad de la falta de conformidad y el esfuerzo necesario para

---

486 Arroyo Amayuelas, E.: "La propuesta", cit., p. 21. Igualmente, la doctrina italiana considera que establecer plazos de referencia no es la mejor opción y considera mucho más conveniente que la propia praxis judicial establezca que plazo es razonable para cada tipología de bien en función de las circunstancias, *vid.*, De Franceschi, A.: *La vendita*, cit., p. 151.

487 Ortí Vallejo, A.: "La Directiva", cit., p. 175.

llevar a cabo la reparación o la sustitución. Al aplicar la presente Directiva, los Estados miembros deben poder interpretar el concepto de plazo razonable para llevar a cabo una reparación o sustitución estableciendo plazos fijos que normalmente podrían considerarse razonables para la reparación o sustitución, concretamente para determinadas categorías de productos".

El incumplimiento de este plazo razonable, como sabemos, provocará la activación de los remedios subsidiarios, pero no solo ello, si nos fijamos en el Considerando 61 se abre la puerta a que los Estados Miembros puedan establecer indemnizaciones por el incumplimiento de este plazo: "Los Estados miembros también deben conservar la libertad de regular el derecho del consumidor a una indemnización por situaciones en las que la reparación o sustitución supuso un inconveniente mayor o se retrasó". Circunstancia que estaría dentro de la compatibilidad del derecho una indemnización por daños y perjuicios a raíz de una falta de conformidad, pensemos en una puesta en conformidad totalmente intempestiva que haya podido causar un serio perjuicio al consumidor[488].

La referencia a la naturaleza de los bienes nos tiene que hacer pensar que, en función de las materias primas, complejidad del bien, e incluso los usos del comercio, la reparación o sustitución pueden tardar más o menos tiempo. De hecho, la doctrina ha querido ver en los usos del comercio un apoyo para poder objetivar cuanto más el mentado "plazo razonable"[489].

---

488 GARCÍA RUBIO, M.ªP.: "Non conformity of Goods and Digital Content and its Remedies", en AA.VV.: *European Perspectives on the Common European Sales Law,* Springer, Berlin, 2015, p. 179. Defiende la idea de que es perfectamente posible reclamar una indemnización de daños y perjuicios por el retraso en la puesta en conformidad, siempre y cuando exista una relación de causalidad entre el mismo y el perjuicio sufrido.

489 IZQUIERDO GRAU, G.: "Análisis", cit., p. 1602, propone como ya lo hacía el CESL el plazo de 30 días. La búsqueda de la objetivación

No obstante, aunque la objetivación del plazo nos da seguridad, puede que no sea lo único que tenemos que buscar, pues la finalidad que los bienes tengan para el consumidor nos puede dar un enfoque mucho más subjetivo al plazo[490]. Esto es, no es lo mismo que el bien adquirido en cuestión no cumpla ninguna necesidad urgente para el consumidor, al tratarse de un bien de mero recreo, que, en cambio, un automóvil que necesite para desplazarse o un ordenador que también pueda necesitar para trabajar. Esta subjetividad nos daría la pista de la velocidad que el consumidor puede esperar a la hora de ver subsanada la falta de conformidad[491].

Cambiando de tercio, la expresión "sin mayores inconvenientes para el consumidor" plantea dudas respecto de su exacto significado. Principalmente, por su confusa redacción en relación con la del conjunto del precepto en que se inserta. No puede significar que la reparación o sustitución no se haya llevado en un tiempo razonable, porque, en ese caso, este supuesto sería totalmente redundante[492].

---

por medio de los usos del comercio se apoya en el hecho que la Convención de Viena también lo contemplaba como criterio de puesta en conformidad de los bienes. De forma que, los resultados de la aplicación de la misma nos podrían orientar en este punto.

490 En el mismo sentido, ORTÍ VALLEJO, A.: "La Directiva", cit., p. 220.

491 La jurisprudencia nos ha proporcionado algunos ejemplos que justifican el diferente trato en función de la naturaleza del bien y su finalidad. Por ejemplo, la SAP Pontevedra, 11 abril 2003 *(JUR 2003, 210483)* entiende que una semana es tiempo bastante para la reparación de un móvil, habida cuenta de que es un bien que se necesita urgentemente y el comprador no lo hubiera adquirido de saber que tarda tanto tiempo en ser reparado. Asimismo, la SAP Barcelona, 29 abril 2008 *(Tol 1634154)* considera que no son razonables las reparaciones que se tuvieron que realizar a un ordenador desde el 29 de septiembre hasta el 6 de marzo del año siguiente.

492 DE VERDA Y BEAMONTE, J.R.: "Del saneamiento", cit., p. 2956. La doctrina ha considerado que inconveniente puede ser "cualquier irregularidad

Podríamos pensar, por ejemplo, en el caso de una reparación hecha en un vehículo, sin excesivas dilaciones, pero sin garantías de que no vuelva a reproducirse posteriormente, o seguida de otras averías, que, aunque no sean graves y sean rápidamente reparadas, puedan causar graves molestias al comprador (visitas al taller, privación del uso del vehículo durante los períodos de reparación). Generalmente, la doctrina ha querido ver en este inciso un derecho del consumidor a no verse obligado a tener que pasar por otra reparación o sustitución cuando no ha sido satisfactoria y no ha resuelto los problemas que acarreaba el bien. Pues entienden que, "el consumidor no debería verse obligado, en contra de su voluntad, a soportar la repetición de la misma medida de saneamiento que ya se ha intentado".[493] Eso sí, los inconvenientes, como dice la norma deben ser "mayores",

---

distinta al retraso", *vid.*, MARÍN LÓPEZ, M. J.: *Las garantías,* cit., p. 174. No obstante, esa afirmación tiene el peligro de que la inconveniencia pueda convertirse en un cajón de sastre en el que cabe cualquier desilusión o frustración que se haya producido por la falta de conformidad, a este respecto, *vid.*, AVILÉS GARCÍA, J.: "Compraventa", cit., p. 1884.

493 Coinciden, MONFORT FERRERO, Mª J.: "La resolución de la venta de bienes de consumo", *Revista Boliviana de Derecho,* núm. 27, enero 2019, p. 10, y CASTILLA BAREA, M.: *La nueva regulación,* cit., p. 222. Sin embargo, la misma doctrina también apunta, como he adelantado anteriormente, que no hay forma de aclarar con seguridad esta cuestión a la luz de la literalidad de la norma. De todos modos, la jurisprudencia respalda esta interpretación, habida cuenta de que la SAP A Coruña, 25 enero 2007 *(Tol 7502425),* apunta que "no puede obligarse al consumidor a una nueva sustitución o reparación". Igualmente, la SAP Alicante, 18 diciembre 2009 *(Tol 1859189)* en relación con la venta de un *Land Rover Freelander* en 2003 que había sufrido hasta ocho reparaciones en menos de un año, señala que el comprador no puede ser obligado "a soportar nuevas privaciones del uso del vehículo al tener que trasladarlo al taller proceder a sucesivas e indefinidas reparaciones, ni tampoco puede obligársele a la sustitución del vehículo por otro nuevo pues es comprensible su falta de confianza con ese modelo".

habrá inconvenientes que el consumidor sí deberá soportar, lo importante es que, si surge la falta de conformidad, esta sea corregida y el consumidor quede satisfecho[494].

Por último, pero no por ello menos importante, el art. 13.7 Directiva 2019/771 recoge la facultad de los Estados a decidir en qué medida "una contribución del consumidor a la falta de conformidad afecta a su derecho a exigir medidas correctoras". En cambio, la PDirCOM señalaba directamente que: "el consumidor no podrá exigir una reparación si ha contribuido a la falta de conformidad con el contrato o a sus efectos" (art. 9.5), aunque no encontramos en el texto traspuesto una mención concreta a esta idea, no es menos cierto que si el consumidor ha contribuido a la causación del daño, resulta evidente que el nexo de causalidad podría quebrarse y podría no ser posible asegurar que la falta de conformidad sea originaria[495]. De hecho, parte de la doctrina apunta que una supuesta contribución del consumidor a la falta de conformidad podría afectar

---

494 MONFORT FERRERO, Mª J.: "La resolución", cit., p. 11. La doctrina ha interpretado que la gravedad que viene a esgrimir la expresión "mayores" puede referirse a que "el bien, tras su reparación, tenga un valor de mercado sensiblemente inferior al que tendría de no haber existido en el mismo la falta de conformidad", *vid.*, MARÍN LÓPEZ, M.J.: *Las garantías*, cit., p. 175.

495 Parte de la doctrina sugiere que cuando el remedio idóneo para corregir la falta de conformidad sea la reducción del precio, la contribución del consumidor a la misma podría operar como un parámetro más a considerar en el establecimiento de su cuantía, IZQUIERDO GRAU, G.: *El nuevo régimen*, cit., p. 225. Toma como referencia la moderación de responsabilidad del vendedor que tiene lugar en los daños causados por productos defectuosos por culpa concurrente de la víctima, véase, PERTÍÑEZ VÍLCHEZ, F.: "Daños causados por otros bienes y servicios", en AA.VV.: *La defensa de los consumidores y usuarios*, Iustel, Madrid, 2011, pp. 1930–1932.

a los remedios que estuvieran disponibles, concretamente, la improcedencia de la resolución del contrato.[496]

2.3.6. La inexigibilidad de indemnización por el tiempo de uso normal

Para ir cerrando, no podemos olvidarnos del art. 14.4 Directiva 2019/44. Este precepto se hace eco de la doctrina que fue sentada en el Caso Quelle a raíz de la STJUE 17 de abril de 2008, en la cual se planteaba si era posible que el vendedor de un bien defectuoso pudiera exigir una indemnización por el tiempo utilizado por parte del consumidor cuando este producto era sustituido[497]. La duda se planteaba porque en la trasposición de la Directiva 1999/44 se había habilitado a los vendedores a poder exigir esta indemnización. Concretamente, el Considerando 15 venía a decir que era posible reducir el importe de la restitución

---

[496] PICATOSTE BOBILLO, V.: "El significado de la gratuidad en el sistema de remedios por falta de conformidad de los bienes con el contrato", *Boletín del Ministerio de Justicia,* núm. 2146, Madrid, 2021, p. 12.

[497] El asunto trataba de lo siguiente: La empresa Quelle AG había proporcionado a la Sra. Brüning una cocina completa, pero que al año y medio resulto ser defectuosa hasta tal punto de ser de imposible reparación. Como es lógico, la Sra. Brüning instó la sustitución de la misma. No obstante, aunque la sociedad en cuestión aceptó la peticición de la consumidora le exigió que le pagase en concepto de indemnización la cantidad de 69,97 € por el uso efectivo que había disfrutado durante el año y medio que tuvo la cocina original. La Sr. Brüning solicitó asesoramiento a una asociación de consumidores y esta última pidió que se le devolviera a la consumidora la indemnización que había abonado, pues no procedía facturar ninguna cantidad por las sustituciones del producto. El *Bundesgerischtshof* (Tribunal Federal Alemán) que conoció del asunto presentó una cuestión prejudicial al TJUE preguntando si era compatible con el derecho de la Unión exigir este tipo de indemnizaciones. Este último contestó finalmente que la Directiva no habilitaba a los vendedores a tener dicho privilegio.

al consumidor “teniendo en cuenta el uso que éste haya hecho del bien desde el momento en que le fue entregado”.

El TJUE finalmente estableció que el BGB no se ajustaba correctamente al mandato de la Directiva 1999/44, ya que no se podía considerar que el consumidor había tenido un enriquecimiento injustificado por disfrutar del bien defectuoso durante un tiempo, como parece asumir la exigencia de ese tipo de indemnizaciones. Todo lo contrario, el consumidor tiene derecho a obtener un bien en perfectas condiciones y si el vendedor no cumple con dicha obligación surge entonces el correspondiente saneamiento de la misma. En ese sentido, el consumidor disfrutó durante un tiempo del bien, ya que había cumplido con su obligación de pago, en el momento en que la obligación del vendedor se descubre como inexacta o defectuosa, este debe subsanarla. Tan sencillo como eso[498].

[498] De hecho, la sentencia, en varios apartados, apunta que: “tanto del tenor como de los trabajos preparatorios pertinentes de la Directiva se desprende que fue voluntad del legislador comunitario hacer de la gratuidad de la puesta en conformidad del bien por el vendedor un elemento esencial de la protección que dicha Directiva garantiza al consumidor”. Asimismo, la gratuidad “tiene por objeto proteger al consumidor del riesgo de cargas económicas que, como destacó la Abogado General en el punto 49 de sus conclusiones, podrían disuadirlo de hacer valer sus derechos a falta de tal protección. Dicha garantía de gratuidad querida por el legislador comunitario conduce a excluir toda pretensión económica por parte del vendedor en el marco del cumplimiento de su obligación de puesta en conformidad del bien objeto del contrato”. Igualmente, esta interpretación “viene corroborada por la voluntad, manifestada por el legislador comunitario en el artículo 3, apartado 3, párrafo tercero, de la Directiva de garantizar al consumidor una protección efectiva ...” y “...es conforme con la finalidad de la Directiva que, como lo indica en el primer considerando de la misma, es la de garantizar un alto nivel de protección de los consumidores. Como se desprende del artículo 8, apartado 2”.

De todos modos, el TJUE pone de relieve que la previsión contenida en el Considerando 15 de la Directiva 1999/44 tenía un sentido propio, pero no el que se planteaba en el asunto en cuestión, lo que viene a decir el TJUE es que el precepto no está hablando de la sustitución propiamente dicha, sino que habla de una restitución. De hecho, su segunda parte se refiere a las "modalidades de resolución de los contratos". Qué quiere decir esto, pues seguramente que aquello a lo que se abría puerta y se sigue abriendo, es que los vendedores puedan reducir en parte la cantidad que deben restituir al consumidor por la resolución del contrato, debido al uso que hubieran hecho del bien, en aplicación del principio de restitución recíproca de las ventajas obtenidas, que no es exactamente lo mismo. Por tanto, lo que no se puede defender es que la norma "faculta a los Estados miembros a tener en cuenta, en todas las situaciones en las que lo deseen, incluida la de una simple solicitud de sustitución presentada al amparo del artículo 3, apartado 3, de la Directiva, el uso que el consumidor ha hecho de un bien no conforme".

Sin perjuicio de lo anterior, ¿qué sucedería si, en realidad, ha habido un uso anormal del bien? Parte de la doctrina se decanta por considerar que, en estos casos, sí sería posible, sin tantas dudas, que el vendedor pudiera esperar una compensación por parte del comprador, se pone exactamente el ejemplo de un horno doméstico que se utiliza para fines comerciales, como podría ser una panadería o una pastelería y que, en consecuencia, se estropea.[499] De todos modos, a mi modo de ver, podemos entender que, en tales circunstancias, no ha habido

---

499 ATAMER, Y. M.: "Replacement of non-conforming", cit., p. 77, esta postura estaría en parte respaldada por la STJUE 3 septiembre 2009, C-489/2007, *Caso Pia Messner/ Firma Stefan Krüger (Tol 2164127)*, que admitió la posibilidad de que se pudiera reclamar una compensación al consumidor por "el uso de dicho bien de un modo incompatible con los principios de Derecho Civil, como la buena fe o el enriquecimiento sin causa, siempre que no se menoscabe la finalidad de dicha

falta de conformidad, porque el deterioro, defecto o inhabilidad del bien se ha producido por el uso no acorde con los fines a los que están destinados los bienes.

2.4. Los remedios subsidiarios

2.4.1. La condicionalidad de las medidas subsidiarias

A primera vista, una de las características más destacables, tanto de la Directiva 2019/771, como, evidentemente, de la propia trasposición española, es la ampliación de los supuestos que permiten poder acceder a los remedios subsidiarios, puesto que, anteriormente, solo cuando el cumplimento forzoso no llegaba a satisfacer el interés del comprador, podía este acudir a los remedios jurídicos secundarios. Conforme al viejo art. 121 TRLGDCU: "La rebaja del precio y la resolución del contrato procederán, a elección del consumidor, cuando éste no pudiera exigir la reparación o la sustitución y en los casos en que éstas no se hubieran llevado a cabo en plazo razonable o sin mayores inconvenientes para el consumidor y usuario". Como se puede ver, solo podía acudirse a ellos cuando no era viable reparar o sustituir el producto y, también, cuando no se llevasen cabo en un plazo razonable o sin mayores inconvenientes.[500]

No obstante, como ya venimos manifestando, han tenido lugar una serie de matizaciones en relación con la jerarquía de remedios. La primera, el cambio de la desproporción "relativa" a la desproporción "absoluta" que encuentra su mayor concreción en el nuevo art. 119 TRLGDCU: "El consumidor o

---

Directiva y, en particular, la eficacia y la efectividad del derecho de rescisión, extremo que deber determinar el juez nacional".

500 Son perfectamente aplicables las consideraciones antes realizadas sobre el "plazo razonable" y la expresión "sin mayores inconvenientes" cuando las hemos analizado a la luz de la reparación o sustitución.

usuario podrá exigir una reducción proporcionada del precio o la resolución del contrato, en cualquiera de los siguientes supuestos: a) En relación con bienes y los contenidos o servicios digitales, cuando la medida correctora consistente en ponerlos en conformidad resulte imposible o desproporcionada en el sentido del apartado 3 del artículo 118 TRLGDCU".

Pero no solo ella, habida cuenta de que también se produce una ampliación de los supuestos al considerar que: "Aparezca cualquier falta de conformidad después del intento del empresario de poner los bienes o los contenidos o servicios digitales en conformidad" (art. 119. d) TRLGDCU). Es decir, no ya que reaparezca la falta de conformidad o que no se haya podido reparar o sustituir como se solía considerar hasta el momento, sino que basta que, una vez devuelto, surja una nueva falta de conformidad para poder exigir la resolución del contrato o la reducción del precio[501].

Si seguimos, se añade una prerrogativa que ya contemplaba el CESL[502]. Específicamente, el consumidor podrá activar los remedios subsidiarios si: "la falta de conformidad es de tal gravedad que se justifica la reducción inmediata del precio o la resolución del contrato de compraventa". En términos prácticamente iguales, el art. 119.e) TRLGDCU según el art. 13.4.c) de la Directiva.

---

501 Art. 13.4.b Directiva 2019/771. Inicialmente, señalaba que: "subsiste la falta de conformidad pese al intento del vendedor de poner los bienes en conformidad". Sin embargo, a causa de las dudas interpretativas que puede generar dicha mención, en la versión consolidada se ha sustituido el "subsiste la falta" por "aparece una falta". En ese sentido, dará igual que la falta de conformidad sea la misma o una nueva.

502 El art. 114 CESL preveía que el comprador pudiese directamente resolver el contrato si el incumplimiento del vendedor era "esencial", y, si se trataba de un consumidor, siempre que la falta de conformidad no fuese "insignificante".

Todo esto hay que ponerlo en relación con el Considerando 52 que autoriza a los Estados Miembros a introducir disposiciones relativas a la posibilidad de solicitar inmediatamente la resolución del contrato o la reducción del precio ante determinadas situaciones que lo justifiquen. Especialmente, cuando los defectos sean de tal gravedad que afecten a la funcionalidad normal del bien y no quepa confiar en la capacidad del vendedor para repararlo. En la misma línea, cuando tampoco sea posible mantener la confianza, pues el mismo defecto se presenta dos veces, aunque indica que en bienes caros y complejos podría estar justificado que el vendedor pueda reparar dos veces.

Igualmente, se consolida una tendencia jurisprudencial consistente en admitir el recurso a los remedios subsidiarios cuando resulte evidente que el vendedor no tiene el propósito de proceder a la puesta en conformidad del bien defectuoso, tras haber sido requerido por el comprador (judicial o extrajudicialmente) para llevarla a cabo[503].

La nueva Directiva ya lo contempla en sus preceptos, concretamente el art. 13.4.d), cuando dice que "el consumidor podrá exigir una reducción proporcionada del precio con arreglo a lo dispuesto en el artículo 15 o bien la resolución del contrato con arreglo a lo dispuesto en el artículo 16, en cualquiera de los supuestos siguientes: "(...) d) el vendedor ha declarado, o así se desprende claramente de las circunstancias, que no pondrá los bienes en conformidad en un plazo razonable o sin inconvenientes significativos para el consumidor", cuya plasmación definitiva se puede ver en el art. 119.f) TRLGDCU.

Eso sí, lo que no cambia es la libertad que tiene el consumidor para elegir las medidas subsidiarias, de forma que ahí sí que podemos advertir un verdadero *ius electionis,* a diferencia de lo constreñido que se encuentra cuando hablamos de las

---

503 SAP Madrid, 5 diciembre 2007 *(Tol 1278904).*

medidas primarias. No existe una preferencia entre la resolución o la reducción, salvo que, como veremos, el defecto sea de escasa importancia, en cuyo caso, sí que no será posible acudir a la resolución del contrato.

Antes de profundizar en los supuestos en los que cabe activar los remedios subsidiarios, cabe apuntar cuáles son las condiciones que la ley anuda a los mismos. Requisitos *sine qua non* que, de no darse, no cabe ni siquiera plantearse la procedencia de las medidas secundarias.

El primero es la entidad de la falta de conformidad. Como hemos dicho, no es posible acudir a la resolución del contrato si el defecto es de "escasa importancia" tal y como lo define la Directiva. En ese caso, en el supuesto de que las medidas primarias fracasen, imaginemos un defecto nimio, pero de complicada reparación, que tras sucesivos intentos nunca se consigue solucionar, el consumidor podrá pedir la reducción del precio en atención a esa falta de conformidad, pero no podrá solicitar la resolución del contrato.

Destacar que la ley no dice que el defecto sea grave, sino que no sea de escasa importancia. Ya hemos tratado en el Capítulo II que el TRLGDCU ofrece un régimen más benévolo que el saneamiento por vicios ocultos o el propio régimen general del Código Civil al tratar como incumplimiento contractual (falta de conformidad) cualquier desviación del programa prestacional ante el cual es posible ejercitar la propia resolución contractual (máxima sanción que ofrece el Código Civil), sin necesidad de que sea grave[504], pero ello no obsta a que el TRLGDCU

504 La SAP La Rioja, 22 mayo 2012 *(Tol 2584222)* en relación con la compra de un lavabo que retenía agua y cuando intentó ser reparado por la parte vendedora se agrietó, manifiesta que "lo que establece la Ley 23/2003 para el consumidor es un régimen más benévolo que el propio art. 1124 CC, ya que frente a la necesaria gravedad que exige el art. 1124 CC, el art. 7 de la citada ley sólo exige para

vete la resolución contractual en algunos casos, especialmente, cuando el defecto es leve o de escasa importancia[505].

La pregunta ahora es determinar cuándo una falta de conformidad es de "escasa importancia". Inevitablemente, la elección de un criterio como el mencionado para discernir si procede o no la resolución nos aboca a una gran imprecisión[506].

---

la resolución contractual que la falta de conformidad subsistente a los remedios anteriormente intentados (reparación o sustitución) no sea de escasa importancia. No debe olvidarse que la legislación especial referida a los consumidores supone un refuerzo de protección al consumidor, una protección mínima cuyo principal objetivo es rebajar el nivel de frustración contractual necesario para la resolución (como se ha señalado, que los defectos del bien no sean de mínima importancia siempre que el consumidor haya intentado infructuosamente otras formas de saneamiento preferentes)".
En el mismo, sentido, la SAP Murcia, 7 julio 2009 *(Tol 6758797)* por lo que respecta a las oxidaciones de una cabina de hidromasaje, que se habían originado con una defectuosa instalación de la misma, concluye que son de escasa importancia, pues no afectan al propósito de la cabina. Dado que, podría seguir utilizándose, aunque, efectivamente, como consistentes de una falta de conformidad no tenían por qué ser soportadas por el comprador. Por consiguiente, la Audiencia condena a la rebaja del precio, pero no a la resolución del contrato. Asimismo, la SAP Murcia, 29 abril 2008 *(Tol 1634154)*, concluye que el "ruido interno" que hacía el motor de una motocicleta era de escasa importancia, ya que no afectaba al funcionamiento de la misma y no era necesario acudir al taller.

505 Aunque esta es la opinión mayoritaria de la doctrina (por todos, Carrasco Perera, Á.: *Derecho de contratos*, Aranzadi, Cizur Menor, 2010, p. 1229) hay quién opina que, si el vendedor se niega a reparar o sustituir, a pesar del intento se hayan vuelto infructuosas o no lo hayan hecho en un plazo razonable, se podría acudir directamente a la resolución incluso siendo la falta de conformidad de escasa importancia, pues, de lo contrario, se estaría afectando en exceso su libertad contractual. En ese sentido, Marín López, M.J.: "Garantías", cit., p. 1768.

506 La elección de un concepto jurídico indeterminado para medir la importancia del defecto hace que el legislador la haya dejado "deli-

Parte de la doctrina se inclina a pensar que para establecer la gravedad de la falta de conformidad podemos valernos de los mismos criterios que se utilizan para la determinación de la misma, sin embargo, otro sector entiende que no son válidos para cumplir dicha función y, por tanto, el juzgador deberá interpretar el contenido contractual y analizar todos los elementos de la situación tanto los objetivos como los subjetivos[507].

---

beradamente relegada al arbitrio judicial". *Vid.*, MARCO MOLINA, J.: "La garantía", cit., p. 227. Por ejemplo, la SAP Albacete, 3 diciembre 2010 *(Tol 2038790)* entendió que "las múltiples e irreparables averías en el grupo motriz de un turismo (básicamente, su parada brusca en marcha) tenían sobrada trascendencia resolutoria al haber frustrado la principal cualidad que debe reunir un automóvil para servir al uso que se destina, que es la de proporcionar seguridad en la conducción". Igualmente, la SAP Barcelona, 28 diciembre 2012 *(Tol 3413757)*, estableció que "no puede considerarse que se trate de una falta de conformidad de escasa importancia, valorando las deficiencias tanto en su número como en su gravedad y atendiendo a la relevancia de las mismas respecto a la seguridad en el uso del turismo, así como al importe de la reparación que ha de efectuarse para que pueda circular, que se valora en una cantidad superior a una tercera parte del precio por el que fue adquirido". Por el contrario, la SAP Madrid, 18 octubre 2006 *(Tol 6232668)* consideró que los fallos en el elevalunas y en la alineación de las ruedas eran "defectos secundarios sin trascendencia bastante para fundamentar la resolución del contrato de venta".

507 Como representante de la primera postura encontramos a ORTÍ VALLEJO, A.: "La Directiva", cit., pp. 186–187, quién afirma que: "En cuanto a los criterios para determinar la menor entidad de la falta de conformidad a los efectos que nos ocupan, no parece que puedan ser otros que los que vimos en el Capítulo II que servían para determinar la existencia de éstas, a los que nos remitimos. O sea, que la menor gravedad de la falta es también relativa como el defecto mismo". En sentido contrario, CASTILLA BAREA, M.: *La nueva regulación*, cit., pp. 226–227.

Igualmente, concretar el concepto de escasa importancia implica una tarea adicional. Esto es, ¿escasa importancia se contrapone a gravedad como dos términos absolutos o admite una escala de grises?[508]

Si entendemos que son dos antónimos, se estaría exigiendo implícitamente la gravedad del defecto, pero ya hemos dicho que esto no es así. La conclusión más razonable, por la que se inclina la doctrina, es entender que hay todo un abanico de situaciones entre las que se comprende la gravedad y la levedad[509]. Principalmente, por dos motivos, primero porque es el que más protección le otorga al consumidor y, en segundo lugar, porque coincide más con el espíritu de la Directiva de intentar abarcar un mayor número de supuestos[510].

Para terminar, y en relación con esto, nos podemos plantear que ocurriría si instada la resolución del contrato por considerar que el defecto es de gravedad o, al menos, no es leve, el tribunal aprecia que tiene poca importancia en consideración global del contrato, por tanto, no admite, la resolución. Esto puede provocar un serio problema al actor, en la medida que, atendiendo a las normas procesales españolas, si solamente solicitó en su escrito de demanda la resolución, habría precluido el momento para hacerlo. No pudiendo, en teoría, poder aplicarse la reducción del precio, que sería el último recurso que tendría a su alcance el consumidor.

Por ese motivo, aunque es conveniente que el consumidor pida la reducción del precio de forma subsidiaria cuando ejercite la resolución del contrato (de acuerdo con los artículos

---

508 Ortí Vallejo, A.: "La Directiva", cit., pp. 184–185, se hace la misma pregunta, concluyendo que "el defecto no sea de escasa importancia, obviamente, no es lo mismo que exigir que sea grave".

509 Izquierdo Grau, G.: "Análisis", cit. pp. 1626–1628.

510 Castilla Barea, M.: "La Directiva", cit., p. 229.

400 y 412 LEC), el TJUE se ha pronunciado diciendo que "la Directiva 1999/44 debe interpretarse en el sentido de que se opone a la normativa de un Estado miembro, como la controvertida en el litigio principal, que, (...) no permite que el juez nacional que conoce del asunto reconozca de oficio la reducción del precio, y ello a pesar de que no se concede al consumidor la posibilidad de modificar su pretensión inicial ni de presentar al efecto una nueva demanda"[511].

Se trata del Caso Duarte Hueros, en el cual la señora Duarte había adquirido un coche con techo deslizante. Sin embargo, al poco tiempo de haberlo comprado descubrió para su asombro que un defecto en el mismo provocaba que se filtrase agua al interior del vehículo. Tras varios intentos de reparación el problema no se solucionaba por lo que solicitó la resolución del contrato. No obstante, el juzgado de primera instancia entendió que el defecto no era de la suficiente entidad como para ser constitutivo de una resolución del contrato (lo cual en sí mismo es bastante discutible, habida cuenta de la molestia que puede suponer el filtrado de agua en un día de lluvia). A la luz del derecho nacional, esta vicisitud dejaba a la señora Duarte completamente desarmada, dado que no había interesado como medida subsidiaria. Sin embargo, en segunda instancia,

---

[511] STJUE 3 octubre 2013, C–32/12, *Caso Soledad Duarte Hueros/Autociba S.A., Automóviles Citroën España S.A. (Tol 9916122)*. Sobre esta cuestión, MUERZA ESPARZA, J.: "Protección 'de oficio' a los consumidores", *Actualidad Jurídica Aranzadi*, núm. 874, sección Tribuna, 2013, p. 1, apunta que "la protección al consumidor por parte del ordenamiento jurídico cada vez es mayor constituye una realidad indiscutible. Pero que la misma llegue a poder alterar los principios de un ordenamiento procesal como el civil exige que el Estado analice si, aquella protección, deviene por entender que en materia de consumo nos encontramos en presencia de un bien público, en cuyo caso, debería plantearse también, por ejemplo, la presencia del Ministerio Fiscal en los procesos en que aquél fuese parte".

el tribunal planteó una cuestión prejudicial que se resolvió en la forma que se ha descrito en el párrafo superior.

2.4.2. Supuestos en los que proceden las medidas subsidiarias

La Directiva 2019/771 muestra una importante variación respecto de lo que la PDirCOM recogía inicialmente[512], y es que se reafirma en lo que el art. 5 de la Directiva 1999/44 ya establecía. Esto es, la reducción del precio y la resolución del contrato podrán ser solicitadas por el consumidor o, lo que es lo mismo, el vendedor podrá negarse a poner los bienes en conformidad (repararlos o sustituirlos) desbloqueando los remedios subsidiarios cuando: "la reparación y la sustitución resulten imposibles o le impongan costes desproporcionados". Por consiguiente, si una de las opciones (reparación o sustitución) es posible y no es desproporcionada, el consumidor podrá ser obligado a pasar por ella. Salvo que, posteriormente, el vendedor no lleve a cabo dicha puesta en conformidad en un plazo razonable, sin mayores inconvenientes y de forma gratuita, y, sin perjuicio, de otras vías para acceder a los remedios subsidiarios, como serían la persistencia de los defectos, gravedad de la falta de conformidad o constatación de la voluntad de no poner los bienes en conformidad por parte del vendedor[513].

---

512 El art. 9.3 de la PDirCOM admitía el recurso a los remedios subsidiarios si: "la reparación o la sustitución son imposibles", lo que podía interpretarse en el sentido de que bastaba que el consumidor eligiera una opción y, si no era posible, que tuviera derecho a, por ejemplo, resolver el contrato si la falta de conformidad no era de escasa importancia.

513 Sobre la viabilidad de las medidas subsidiarias en función de la posibilidad de acudir a las medidas primarias, siempre ha habido algunas discrepancias en la doctrina desde la promulgación de la Directiva 1999/44, aunque, en el presente trabajo, nosotros hemos defendido la tesis que, con carácter general, para poder acudir a la resolución del contrato o la reducción del precio, las medidas primarias deben

En relación con los remedios primarios, no se ha dicho que hay una escandalosa omisión referente a la sustitución de los bienes, a saber, ya no se contempla su limitación cuando hablamos de productos no fungibles o de segunda mano (como hacía el art. 120.g) TRLGDCU). Y, como tampoco se incluye en el texto definitivo de trasposición que viene a reformar todo el Título IV, debemos concluir que ya no será posible negarse con base

---

ser inviables (ya sea por desproporcionadas o imposibles), parte de la doctrina ha entendido que bastaría con que una de las medidas primarias no sea posible para poder acudir, por ejemplo, a la resolución del contrato. *Vid.*, MARÍN LÓPEZ, M.J.: "Garantías y servicios posventa", en AA.VV.: *Comentario del Texto Refundido de la Ley General para la Defensa de los Consumidores y Usuarios* (coord. R. BERCOVITZ RODRÍGUEZ–CANO), Thomson Reuters Aranzadi, Pamplona, 2015, 1764. No obstante, a mi parecer dicho planteamiento genera un problema exegético y que, a su vez, no se compadece bien con la estructura de las Directivas. A mi entender, el intento de agotar las medidas primarias es más afín al espíritu de las Directivas y obliga al empresario a tener una actitud mucho más proactiva en el saneamiento de los bienes que adolezcan de una falta de conformidad. Otra cosa distinta, es que se haya elegido una de las medidas primarias y haya transcurrido un plazo prudencial para llevar a cabo el saneamiento, que intentado este sea infructuoso o que directamente el vendedor se niegue a poner los bienes en conformidad, lo que sí habilitaría a acudir a las medidas subsidiarias. Coinciden, VÉRGEZ SÁNCHEZ, M.: *La protección del consumidor en la Ley de Garantías en la venta de bienes de consumo,* Aranzadi, Pamplona, 2004, pp. 99 y ss.; CASTILLA BAREA, M.: *El nuevo régimen,* cit., pp. 252 y 253; REPRESA POLO, M.P.: "Los derechos del consumidor ante el incumplimiento de la obligación de conformidad", *Garantía en la venta de bienes de consumo (Ley 23/2003, de 10 de julio)*, (coord. S. DÍAZ ALABART), Edisofer, Madrid, 2006, pp. 161 y 162; MOSCOSO TORRES, P.J.: "El régimen legal de las garantías en la venta de bienes de consumo", *Hacia un Código del consumidor* (dir. A. AZPARREN LUCAS), Madrid, 2006, pp. 794; ÁLVAREZ LATA, N. Y PEÑA LÓPEZ, F.: *Reclamaciones de consumo. Derecho de consumo desde la perspectiva del consumidor* (coord. J.M. BUSTO LAGO), 3ª ed., Thomson Reuters Aranzadi, Cizur Menor, 2010, p. 711.

en dicho artículo. La solución podría venir dada por recurrir al nuevo art. 118.3 TRLGDCU y negarse cuando la sustitución sea imposible o desproporcionada dadas esas circunstancias.

Procede ahora analizar más detenidamente la lista de supuestos que nos ofrece el art. 13.4 de la Directiva 2019/771 y que se han traspuesto en su integridad al nuevo art. 119 TRLGDCU. El primero es el art. 119.b) TRLGDCU: "El empresario no haya llevado a cabo la reparación o la sustitución de los bienes o no lo haya realizado de acuerdo con lo dispuesto en los apartados 5 y 6 del artículo 118 o no lo haya hecho en un plazo razonable siempre que el consumidor o usuario hubiese solicitado la reducción del precio o la resolución del contrato".

Por lo que respecta al primer inciso del art. 119.b) TRLGDCU, bien se podría subsumir el contenido del párrafo anterior, y es que "el empresario no haya llevado a cabo la reparación de los bienes o la sustitución de los bienes o no lo haya realizado de acuerdo con lo dispuesto en los apartados 5 y 6 del artículo 118". Independientemente de la causa por la que la medida de saneamiento primaria no se haya obtenido, ya sea porque no quiera, no pueda o no atienda a tiempo la reclamación del consumidor. Entendemos, al igual que la doctrina experta, que, transcurrido un plazo razonable, una vez comunicada la existencia de la falta de conformidad sin que el empresario haga nada al respecto, el primero estaría habilitado a poder acudir a los remedios subsidiarios[514].

---

[514] Castilla Barea, M.: *La nueva regulación*, cit., pp. 231–232. Otro sector de la doctrina, opina que, en todo caso, sería necesario que hubiese habido un pacto entre las dos partes sobre la medida de saneamiento y el vendedor lo haya incumplido. En el supuesto, de que no haya habido tal acuerdo, el caso de inacción del vendedor debe reconducirse al ahora 119.f). *Vid.* Izquierdo Grau, G.: "Análisis", cit., p. 1612.

El segundo inciso plantea muchas dudas interpretativas, de hecho, la doctrina pone de relieve lo "críptico" que es[515]. Esto se debe a que está haciendo directamente referencia a la retirada de los bienes, ya sea la recuperación de los bienes "a sus expensas", ya sea la instalación de los nuevos o desinstalación, si los bienes deben ser desinstalados antes de ser retirados por el empresario. Las incógnitas vienen a nuestra mente desde el momento en que en ambos supuestos se está llevando a cabo la medida primaria y cuyo buen fin no tiene por qué estar comprometido por alguna de las dos circunstancias. Me explico, si el empresario no ha recuperado el bien a sus expensas porque se ha tenido que encargar personalmente el consumidor o el primero no ha procedido a la desinstalación por sí mismo, parece que aquello que procederá es un reembolso o compensación de dichos gastos, para cumplir con la gratuidad de las medidas primarias[516], pero no podemos decir que la medida no se ha llevado a cabo. No obstante, hay quien señala que el incumplimiento de la obligación de retirada o instalación podría conducirnos a una resolución del contrato, puesto que, tal vez dichos gastos suponen unos costes desproporcionados para el consumidor.[517]

---

515 CASTILLA BAREA, M.: *La nueva regulación*, cit., p. 232.

516 CASTILLA BAREA, M.: *La nueva regulación*, cit., p. 232. Asimismo, IZQUIERDO GRAU, G.: *El nuevo régimen*, cit., p. 206, señala que lo que tendría lugar sería una rebaja del precio, con el objeto de que el consumidor pudiera reclamar los gastos que ha tenido que sufragar por el incumplimiento del vendedor de su obligación de retirada o instalación. De todos modos, este autor no comparte totalmente el planteamiento de la primera autora e indica que, en realidad, el consumidor no tendría porque asumir los gastos de retirada o instalación de los bienes ante la inacción del vendedor, puesto que, tal vez, son desproporcionados. En ese sentido, plantea la posibilidad de acudir en esos supuestos a una resolución del contrato.

517 IZQUIERDO GRAU, G.: *El nuevo régimen*, cit., p. 207.

Para terminar, procede analizar el último inciso: "que no lo haya hecho en un plazo razonable". Al final, se puede pensar que se corresponde con una reiteración sin más de uno de los requisitos que rigen las medidas primarias y que, si no se cumple, habilitaría a la activación de las medidas subsidiarias[518]. De todos modos, es cierto que exige que se haya solicitado la reducción del precio o la resolución del contrato, aunque, a mi entender, no es más que una obviedad. Evidentemente, si el consumidor solicita las medidas primarias y estas no se llevan a cabo en un plazo razonable las medidas subsidiarias no se activarán automáticamente, será necesario que el consumidor, al menos, inste la reducción del precio o la resolución del contrato.

El siguiente caso que nos ofrece el art. 119 es el apartado d), el apartado c) no será analizado en la medida que se refiere solamente a contenidos o servicios digitales, el cual dice así: "aparezca cualquier falta de conformidad después del intento del empresario de poner los bienes o los contenidos o servicios digitales en conformidad".

El presupuesto de hecho de este criterio es que efectivamente los bienes sean susceptibles de ser reparados o sustituidos, pues ha habido un "intento del empresario de poner los bienes o los contenidos o servicios digitales en conformidad", el cual ha fracasado. De todos modos, parece más lógico que la medida primaria elegida haya sido la reparación, la cual por motivos obvios es más susceptible de no tener éxito. Es más extraño que siendo posible la sustitución esta no llegue a buen puerto, el ejemplo que se nos puede ocurrir es que por razones exógenas a la relación contractual los bienes se pierdan o desaparezcan.

---

518 Aunque ya nos hemos detenido anteriormente sobre esta cuestión cuando se han analizado los remedios primarios, decir que parte de la doctrina considera adecuado el establecer un plazo de referencia para el saneamiento primario, *vid.*, Izquierdo Grau, G.: *El nuevo régimen*, cit., p. 213.

Así, el sentido de este criterio, que nos permite acudir a los remedios subsidiarios, radicaría, principalmente, en que el consumidor no estaría obligado, en principio, a soportar sucesivas reparaciones sobre un mismo bien, aunque el empresario actúe diligentemente y la misma sea posible[519].

Como ya se ha adelantado, una de las novedades de esta Directiva es que se utilice el término "aparezca". Esto nos tiene que llevar a la conclusión que será completamente irrelevante el hecho de que el defecto sea el mismo que se intentó solucionar y fracasó o sea uno completamente nuevo y diferente. Lo importante es que el consumidor no está satisfecho, pues el bien sigue siendo disconforme. Sin embargo, la dificultad de este precepto se encuentra en otro aspecto que también podía generarnos interrogantes en la anterior redacción. Esto es, hasta qué punto debe el consumidor soportar la infructuosidad de las medidas primarias[520].

Una interpretación favorable para los intereses del consumidor es que el empresario no puede imponerle de nuevo una medida primaria en caso de que la elegida originalmente haya sido fallida. Es decir, si se ha intentado la reparación y el vendedor no ha podido resolver la falta de conformidad, porque el bien sigue siendo disconforme o reaparece el mismo defecto o uno nuevo al cabo del tiempo, se abriría paso a los remedios subsidiarios. El hecho de que la falta de conformidad sea más

---

519 IZQUIERDO GRAU, G.: *El nuevo régimen*, cit., p. 209, sostiene que, al menos, ahora ya hay un sustento legal para considerar el acceso a los remedios secundarios en caso de que el vendedor fracase en un intento de poner los bienes en conformidad.

520 IZQUIERDO GRAU, G.: "Análisis", cit., p. 1613, apunta que la legislación sigue sin zanjar el debate sobre cuántos intentos de subsanación debe soportar el consumidor.

o menos grave solo debe afectar a la posibilidad de acudir a la reducción del precio o la resolución del contrato[521].

Sin embargo, el Considerando 52 no parece que lo tenga tan claro e introduce una serie de consideraciones que no hacen más que aumentar si cabe la incertidumbre e inseguridad que presenta esta cuestión: "Cuando el vendedor haya tomado medidas para establecer la conformidad de los bienes, pero posteriormente se manifieste una falta de conformidad, debe determinarse objetivamente si el consumidor debe aceptar nuevos intentos del vendedor de establecer la conformidad de los bienes, teniendo en cuenta todas las circunstancias del caso, como por ejemplo, el tipo y valor de los bienes, y la naturaleza e importancia de la falta de conformidad. En particular, cuando se trate de bienes caros o complejos, podría estar justificado permitir al vendedor que vuelva a intentar subsanar la falta de conformidad".

Como apunta la doctrina, estas consideraciones no ayudan mucho a la labor interpretativa, pues introducen parámetros muy difíciles de objetivar, como, por ejemplo, que un bien caro y complejo podría tener justificada más de una reparación, lo que para una persona puede ser económico para otra puede ser costoso y viceversa[522]. A mi modo de ver, entiendo que hacer una valoración de conjunto es algo complicado y, lo que, es más, no nos otorga

---

[521] En el mismo sentido se pronuncia la jurisprudencia, cuando la SAP Valencia, 20 noviembre 2018 *(Tol 7040591)* manifiesta que es desproporcionado exigir que la parte vendedora deba soportar otra vez los gastos de reparación o sustitución y condena a la empresa a pagar una cantidad en concepto de reducción del precio e indemnización de daños y perjuicios. Es llamativo que, en este caso, la interesada por la reducción del precio es la parte vendedora, aunque pensemos que siempre es el consumidor a quien le interesa la aplicación de las medidas subsidiarias. Y es que, efectivamente, puede ser mucho más sencillo resolver el contrato o reducir el precio que tener que volver a reparar un bien complejo.

[522] En ese sentido, CASTILLA BAREA, M.: *La nueva regulación*, cit., p. 235.

ningún tipo de previsibilidad. En muchas ocasiones, va a ser arduo fijar una línea divisoria, pero está claro que el Considerando está pensando en bienes como vehículos en los que se produce un desembolso importante y es habitual que pueda ser necesario realizar más de una reparación en la vida útil del mismo.

En ese sentido, no deberíamos ver como descabellada una sentencia que obligase a pasar por una segunda reparación a un consumidor cuando su automóvil no ha conseguido ser reparado por el empresario. Sin perjuicio de lo anterior, a mi modo de ver, la regla general debe ser que el consumidor solo debe ser obligado a pasar por una reparación[523].

Por lo que respecta al siguiente criterio, el art. 119.e) apunta que: "la falta de conformidad sea de tal gravedad que se justifique la reducción inmediata del precio o la resolución del contrato". Este criterio está basado en la pérdida de confianza que puede haber sufrido el consumidor por la entidad de la falta de conformidad que padece el bien. En realidad, el fundamento de este criterio se parece mucho al anterior, el consumidor que adquiere un bien esperando que cubra sus necesidades y se encuentra con que el bien es defectuoso y frustra su interés contractual. Por ello, si el defecto es de gran entidad podrá directamente resolver el contrato[524] (o reducir el precio si lo prefiere,

---

523 Coincidimos con CASTILLA BAREA, M.: *La nueva regulación*, cit., p. 235.

524 Tal y como manifiesta IZQUIERDO GRAU, G.: "Análisis", cit., p. 236, se podrá acudir a los remedios subsidiarios cuando la falta de conformidad revista gravedad y haya frustrado los intereses del consumidor. En otras palabras, hasta ese momento no se puede asegurar que "los remedios de primer nivel no fueran idóneos para subsanar la falta de conformidad". A este respecto, es interesante traer a colación la SAP Valencia, 28 mayo 2018 *(Tol 6682646)*, que, en el caso de la adquisición de una furgoneta, el consumidor reclamó la resolución del contrato, en la medida que ni se correspondía con el modelo anunciado, ni tenía la potencia indicada, tampoco el kilometraje era el anunciado, entre otras cuestiones.

seguramente esta opción la asumirá si puede extraer algún tipo de utilidad del bien), en cambio, si no es tan grave deberá solicitar las medidas primarias (reparación o sustitución), pero esa limitación no será absoluta, si el vendedor también fracasa en el intento de poner los bienes en conformidad, podrá pedir igualmente la reducción del precio o la resolución del contrato, tal y como hemos desarrollado antes.

Por último, el art. 119.f) trata el supuesto relativo a que: "el empresario haya declarado, o así se desprenda claramente de las circunstancias, que no pondrá los bienes o los contenidos o servicios digitales en conformidad en un plazo razonable o sin mayores inconvenientes para el consumidor o usuario".

Este punto, en verdad, está haciendo referencia a dos elementos que han de regir siempre el saneamiento por parte de las medidas primarias y que, de no cumplirse, como ya sabemos, abrirían la puerta a la reducción del precio o la resolución del contrato. Por ese motivo, son perfectamente aplicables todas las consideraciones que hemos tenido en cuenta antes para definir qué quiere decir el legislador con "plazo razonable" o "sin mayores inconvenientes".

Sin embargo, aquí la Directiva ofrece una perspectiva diferente, no solo se podrá acudir a las medidas subsidiarias cuando las primarias no se lleven en plazo razonable o sin mayores inconvenientes, sino también cuando sea posible determinar *ex ante* que este extremo no va a tener lugar. ¿Cuándo se va a poder establecer con claridad esto? La verdad es que no es tarea fácil y, a menos que sea el propio empresario el que lo manifieste previamente, no se trata de algo que sea sencillo de concluir. Podría darse esta circunstancia cuando el vendedor a la vista de la falta de conformidad advierta que no va a poder reparar el bien o sustituirlo en un plazo prudencial, ya sea por propia incapacidad o simplemente porque no tiene su alcance los medios necesarios.

2.4.3. La resolución del contrato

2.4.3.1. El ejercicio del derecho de resolución

Tanto el artículo 13.1 de la PDirCOM como el art. 16.1 de la Directiva 2019/771 introducen de manera expresa la facultad de resolver el contrato, si bien con una redacción diferente, ya que la Propuesta indicaba que sería "por cualquier medio" y la Directiva definitiva "mediante una declaración al vendedor en la que exprese su decisión de resolver el contrato de compraventa". No obstante, no parece que haya diferencias sustanciales, siempre y cuando la declaración sea expresa. Así lo establece definitivamente el art. 119 ter TRLGDCU al disponer que se hará: "mediante una declaración expresa al empresario indicando su voluntad de resolver el contrato".

En ese sentido, la resolución del contrato parte de una declaración unilateral y recepticia del consumidor, por lo que podemos concluir que se sigue un sistema de libertad de forma[525]. Sin embargo, cabe preguntarse si para que surta efectos es necesario su ejercicio judicial o extrajudicial.

Si seguimos la jurisprudencia existente en torno al art. 1124 CC, el Tribunal Supremo ya ha manifestado en numerosas ocasiones que la resolución del contrato puede ser extrajudicial. A pesar de lo recogido en dicho artículo, deberá ser una declaración de carácter recepticio, que, si es discutida por el vendedor o si se niega a la restitución del precio, será

---

525 CASTILLA BAREA, M.: *La nueva regulación*, cit. p. 241, igualmente, MONFORT FERRERO, Mª. J.: "La resolución", cit., p. 14. Por el contrario, sostiene IZQUIERDO GRAU, G.: "Análisis", cit. p, 241, que la declaración se debe: "comunicar de forma fehaciente al vendedor su voluntad de resolver el contrato debido al incumplimiento de sus obligaciones contractuales, lo que debería realizarse de forma escrita y con acuse de recibo a efectos probatorios".

necesario acudir a los Tribunales, teniendo la sentencia que se dicte un carácter meramente declarativo[526].

Esto ha llevado a la doctrina a considerar que ha habido una evolución jurisprudencial, en la medida que, aunque el art. 1124 CC establece que "el Tribunal decretará la resolución que se reclame...", los tribunales han ido aceptando poco a poco, "que la resolución pueda producirse a través de declaraciones de voluntad extrajudiciales"[527]. Sin embargo, no hay que perder de vista que efectivamente esto dependerá de si existe un acuerdo sobre la resolución. Puesto que, por ejemplo, si el vendedor negase que existen los prepuestos para que proceda la resolución será necesario acudir a un control judicial de la misma, la cual deberá definitivamente pronunciarse sobre si hay o no resolución del contrato, siendo dicha sentencia constitutiva.

Conviene también aclarar que la resolución del contrato solo puede tener lugar por vía de acción y no de excepción. Sobre esta cuestión ha tenido ocasión de pronunciarse la SAP Cantabria, 15 julio 2009, la cual versaba sobre una serie de muebles que fueron entregados al consumidor, si bien algunos de

---

526 Por todas, STS 6 noviembre 2006 *(Tol 1014488)*.

527 Díez-Picazo y Ponce de León, L.: *Fundamentos*, cit., p. 703, aunque matiza que, a la postre, los tribunales pueden decidir si la resolución extrajudicial se ha efectuado correctamente o no, y delimitar sus consecuencias. *Vid.* también San Miguel Pradera, L. P.: *Resolución*, cit., pp. 353–368, quién analiza la facultad resolutoria y como se ha aceptado su ejercicio de forma extrajudicial, concluyendo que: "si el acreedor opta por esta vía, lo que en realidad está haciendo es manifestar su voluntad resolutoria a través de la demanda, y, al mismo tiempo, solicitar al juez, para evitar el riesgo de una resolución mal hecha, que verifique si tiene o no derecho a ella. La sentencia, como ocurriría en una resolución extrajudicial discutida judicialmente por el deudor, no es constitutiva, sino declarativa de que la resolución ha podido producirse y de que se ha producido, con la demanda, al concurrir los presupuestos de existencia del derecho", *op. cit.*, pp. 515–516.

ellos no lo fueron y otros no eran conformes. Cuando el vendedor reclamaba el pago del precio, el consumidor se negó, alegando la falta de conformidad de la que adolecían y solicitó la resolución del contrato. Ante esta situación, la Audiencia Provincial que conoció el asunto en segunda instancia señaló que "la pretensión resolutoria de la parte demandada y apelante ejercitada al amparo de la derogada Ley 23/2003, no puede prosperar porque, a falta de una resolución convencional o ya declarada judicialmente, y de acuerdo con reiteradísima jurisprudencia (por todas, la STS 27 julio 2007) la resolución ha de ejercitarse por vía de acción y no de excepción".[528]

2.4.3.2. *Efectos de la resolución del contrato*

La Directiva 2019/771 se limita a decir en su artículo 16.3 que: "Cuando el consumidor resuelva un contrato de compraventa en su conjunto o, de conformidad con el apartado 2, respecto de algunos de los bienes entregados en virtud del contrato de compraventa: a) El consumidor restituirá al vendedor, a expensas de este último los bienes, y b) el vendedor reembolsará al consumidor el precio pagado por los bienes tras la recepción de estos o de una prueba, aportada por el consumidor, de que los ha devuelto".

Como apunta experta doctrina, la solución que aporta la Directiva es una decisión incompleta[529], pues dejaba muchos aspectos importantes de la resolución abiertos a la legislación de los Estados miembros. En ese sentido, el propio Considerando 59 apunta que: "Cuando el consumidor resuelva el contrato debido a una falta de conformidad, la presente Directiva debe establecer únicamente los principales efectos y modalidades del derecho de resolución, en particular la obligación para las

---

[528] SAP Cantabria, 15 julio 2009 *(Tol 1589231)*.

[529] CASTILLA BAREA, M.: *La nueva regulación*, cit., p. 244.

partes de restituir lo que hayan recibido. De esta forma, el vendedor debe estar obligado a reembolsar el precio recibido del consumidor y el consumidor a restituir los bienes".

Sigue diciendo que: "La presente Directiva no debe afectar a la facultad de los Estados miembros de regular las consecuencias de la terminación del contrato que no sean las establecidas en la presente Directiva, como por ejemplo las consecuencias de la disminución del valor de los bienes o de su destrucción o pérdida. Asimismo, los Estados miembros deben poder regular las modalidades relativas a los medios utilizados para dicho reembolso o los posibles costes y tasas que se hayan pagado como consecuencia del reembolso. Los Estados miembros deben también, por ejemplo, tener la facultad de establecer determinados plazos para el reembolso del precio o la devolución de los bienes".

Llama la atención que se aparte sustancialmente de lo innovado por la PDirCOM en lo que respecta a los efectos de la resolución del contrato. Debido a que, la Propuesta de Directiva imponía en su artículo 13.3 que la restitución de las prestaciones se hiciera "sin demora debida" y antes del transcurso de 14 días, desde el envío de la notificación de la resolución, en el caso del comprador y, desde su recepción, en el caso del vendedor, que deberá correr con los costes.

Sin embargo, la Directiva no recoge ninguna de dichas previsiones, como tampoco las que regulaba en relación con la destrucción o deterioro de los bienes. Simplemente, se limita a decir que la restitución se hará a expensas del vendedor y el reembolso tendrá lugar cuando el vendedor reciba los bienes o una prueba de su correcta devolución, lo que la Directiva sí que añade, en el art. 16.2, es que será posible la resolución de una parte de los bienes entregados y cualesquiera otros que no se pueda razonablemente esperar que el consumidor conserve, ya que se adquirieron con otros bienes no conformes.

Expuesto lo anterior, la transposición efectuada en el TRLGDCU sí que ha regulado alguna de estas cuestiones, especialmente, en lo que respecta a cuando procede el reembolso, pues indica que el mismo deberá hacerse sin demoras y en el plazo de 14 días, tal y como ya señalaba la Propuesta de Directiva (art. 119 quater.1 TRLGDCU)[530]. Eso sí, cuando nos encontremos en compraventa de bienes, este plazo empezará a contar desde el momento en que el vendedor reciba los bienes o una prueba de ello (art. 119 ter. 4.a TRLGDCU). Igualmente, vemos el reflejo del art. 16.2 Directiva en el art. 119 ter.3 TRLGDCU cuando señala la posibilidad de resolver el contrato cuando solo una parte de los bienes entregados se vea afectada por la falta de conformidad y haya motivos para la resolución, así como de los otros cuando no se pueda razonablemente esperar que se conserven por haberlos adquirido con otros no conformes. Circunstancia que se analizará en el siguiente epígrafe.

Cabe destacar también, que el reembolso se realizará a través del mismo método de pago usado por el consumidor para adquirir el bien, salvo que se haya acordado otra cosa y no suponga un coste adicional (art. 119 quater.2 TRLGDCU). Además, el empresario no podrá imponer ningún cargo por el mismo (art. 119 quater.3 TRLGDCU).

No obstante, no encontramos rastro de otras normas que regulen aspectos importantes como la reducción del valor del bien, su pérdida o el precio que se ha de restituir al comprador[531].

---

530 La opción del legislador es muy parecida a la ya contemplada en el art. 18 Directiva 2011/83/UE en relación con el plazo suplementario por falta de entrega en bienes de consumo. En la medida que se establece, por un lado, la entrega "sin demora indebida" y, por otro lado, un plazo máximo, de 30 días en el caso de falta de entrega.

531 De todos modos, la ausencia de una regulación clara sobre la resolución del contrato no es predicable solo de la compraventa de bienes de consumo, habida cuenta de que, como señala autorizada doctrina, los principios que deben inspirar la resolución del contrato provocan que no se pueda aplicar en bloque ningún conjunto de reglas del Código Civil. *Vid.* RODRÍGUEZ–ROSADO, B.: "Resolución",

cit., pp. 233–258. Por ejemplo, las soluciones del art. 1303 no serían aplicables en la medida que no se trata de una nulidad contractual, el último inciso del art. 1124 CC establece una protección frente a terceros que se explica dado que la resolución no tiene efectos reales y el art. 1295, que también menciona, introduce una regla que no se acomoda bien con el presente remedio. Como sigue diciendo este autor, los principios que deben regir el remedio resolutorio son tres: "integridad, exclusión de otros fines y equivalencia de resultados. Según el primero de ellos, las partes deben restituirse todas las ventajas que cada una de ellas haya obtenido con el contrato resuelto: su patrimonio debe desprenderse de cualquier activo que lo haya enriquecido merced a la relación contractual y retransmitirlo a la otra parte. Es lo que ha expresado la jurisprudencia en numerosas sentencias cuando ha dicho que la restitución de las prestaciones fruto de la resolución se encuentra regida por el art. 1303 del Código Civil que impone, desde el paradigma de la compraventa, la necesidad de reintegrar a la otra parte cualquier aprovechamiento y beneficio que hayan sido consecuencia del contrato. Igualmente, en la medida que esa restitución pueda suponer un enriquecimiento, gastos y mejoras realizados por el obligado a restituir, habrá necesidad de reembolsarlo, pues de otro modo el contrato resuelto daría lugar, así sea indirectamente, a un incremento patrimonial injustificado. El segundo principio [...]: la resolución debe operar la restitución de las prestaciones realizadas sin que interfieran en absoluto principios resarcitorios o punitivos. [...] El tercer y último principio, el que he llamado de equivalencia de resultados [...] quiere expresar que el ejercicio de la resolución [...], acompañada en su caso de la indemnización de daños y perjuicios, debe conducir al mismo resultado patrimonial a que hubiese conducido un cumplimiento adecuado y conforme".
Sobre la protección de terceros, véase la STS 2 marzo 2006 *(Tol 849962)*, según la cual: "El motivo primero del recurso (...) –se estima porque el último párrafo del artículo 1124 establece que la resolución se produzca 'sin perjuicio de los derechos de terceros adquirentes, con arreglo a los artículos 1295 y 1298 y a las disposiciones de la Ley Hipotecaria', y el artículo 1295.2 del Código civil contempla la posibilidad de que las cosas objeto del contrato se hallen en poder de terceras personas que no hubiesen procedido de mala fe y, si bien, para esta hipótesis, dispone que no 'tendrá lugar la rescisión', esta expresión es impropia, según las doctrinas científica y jurispru-

En cuanto al reembolso, surge otra vez la duda de cómo determinar cuando este se producirá “sin demoras indebidas”. En primer lugar, deberemos diferenciar si la venta se ha producido a distancia o en establecimiento mercantil. Por dos motivos, uno, que este hecho determinará que principalmente la venta habrá tenido lugar mediante un tipo de pago electrónico y segundo, que afectará sustancialmente al requisito fundamental para poder entender iniciado el plazo del empresario para llevar a cabo el reembolso, esto es, la recepción de los bienes o una prueba de la devolución de estos[532].

---

dencial, y sólo significa que se excluyen los efectos de la restitución a cargo del tercero de buena fe, como ocurre en la cuestión debatida, es decir, impide que pueda ejecutarse la rescisión, aunque, según señala el párrafo final del precepto, podrá reclamarse la indemnización de daños y perjuicios al causante de la lesión. Desde la posición recién indicada, esta Sala ha sentado que, en estos casos, se limita el alcance restitutorio de la resolución en cuanto que el contratante incumplidor deberá restituir el valor correspondiente”.

532 A este respecto pueden ser perfectamente extrapolables las conclusiones a las que se ha llegado anteriormente en relación con la obligación de poner a disposición del vendedor los bienes, según STJUE 23 mayo 2019 *(TJCE 2019, 96)*. En este sentido, deberán ser los Estados miembros quiénes tendrían establecer las reglas aplicables para resolver estas cuestiones, en España, en su defecto, podemos entender que tendría aplicación el art. 1171 CC, por lo que habrá que entregarlo tal y como las partes hayan dispuesto (en su defecto, si la cosa es determinada, dónde ésta existía en el momento de constituirse la obligación y, en cualquier otro caso, el lugar será el domicilio del deudor). De todos modos, si las partes nada han dispuesto, parece mucho más adecuado a las circunstancias y los intereses del consumidor, tal y como reconoce la propia sentencia cuando dice “aquel que resulte más adecuado para garantizar tal subsanación sin cargo alguno, en un plazo razonable y sin mayores inconvenientes para los consumidores dependerá de las circunstancias de cada caso”, pero también llegar a soluciones como las que ha propuesto la doctrina: “Los bienes manejables podrían ser puestos a disposición del vendedor en su establecimiento comercial sin causar un incon-

Ciertamente, si estamos ante una venta a distancia el vendedor deberá facilitar canales para que los consumidores devuelvan los productos que estos reciben para poder resolver cualquier vicisitud que ocurra en relación a ellos, véase productos erróneamente entregados o, por descontado, disconformes. Algunas empresas dedicadas a la distribución de productos de consumo resuelven esta cuestión simplemente empleando el mismo mecanismo que han usado para enviar el producto, es decir, un servicio de paquetería, ya sea privado o el que es ofrecido como servicio público[533]. En ese sentido, hasta que no tenga lugar la recepción de los mismos o una prueba de su devolución[534], el vendedor no tendrá la obligación de ejecutar el reembolso.

Como he dicho, la circunstancia de que la venta se realice a distancia, también afectaría al reembolso, pues el método de pago utilizado será primordialmente electrónico. Esto supondría que se habrá utilizado seguramente una tarjeta de crédito o débito para llevar a cabo la operación o incluso otras formas de pago aceptadas como puede ser el *PayPal.* Sea como fuere, el reembolso tendría que efectuarse de acuerdo con el mismo método utilizado por el consumidor. De modo que, si se ha

---

veniente significativo al consumidor. Si debido a la naturaleza del bien no está claro si entregar el bien es el establecimiento comercial del vendedor causaría inconvenientes significativos al consumidor; este podría ponerlo a disposición del vendedor en su domicilio o, en caso de bienes como coches o veleros, en el garaje o puerto más cercano", *vid.* Izquierdo Grau, G.: "Análisis", cit. p. 6.

533 Por ejemplo: https://www.amazon.es/gp/help/customer/display.html?nodeId=G6E3B2E8QPHQ88KF (Consultado en fecha 22 de noviembre de 2022).

534 Sobre qué puede ser una prueba de su devolución, podemos plantearnos un resguardo de su envío que podría ser expedido vía comunicación electrónica al vendedor para acelerar los trámites de reembolso. En ese sentido, el plazo de 14 días para la ejecución del reembolso comenzaría antes, en la medida que no habría que esperar a que el vendedor recibiera en su domicilio el bien disconforme.

usado una tarjeta de crédito el reembolso se deberá llevar a cabo en la cuenta corriente vinculada a dicha tarjeta, salvo que exista acuerdo en contrario. No obstante, pueden surgir interrogantes en relación a exactamente qué tiempo es aconsejable que tenga el vendedor para efectuar el reembolso, pues, en realidad el plazo de que dispone tiene un límite máximo de 14 días, sin embargo, deberá hacerse "sin demoras indebidas"[535].

Ante la falta de concreción legislativa, podemos traer a colación las mismas consideraciones que se realizaron cuando nos disponíamos a analizar el plazo para la entrega de los bienes, concluyendo que, si no hay ninguna circunstancia que pueda justificar una modulación del plazo, a falta de acuerdo entre las partes, la regla general debería ser la del art. 1131 CC, esto es, el principio del *"statim debetur"*. Esto nos llevaría a que una vez recibido el bien o una prueba de su devolución el vendedor llevaría a cabo el reembolso "desde luego".

Sin embargo, hay que hacer dos consideraciones en torno a esta cuestión. La primera sería que, en realidad, la ley no dice que el reembolso deba producirse, *stricto sensu*, sin demoras indebidas y en el plazo máximo de 14 días, sino su ejecución. Por consiguiente, lo que debe autorizar el vendedor es la orden de reembolso, circunstancia que provocará que el efectivo reembolso no sea automático, sino que seguramente tardará un período de tiempo en realizarse, aunque sea breve. En segundo lugar, conectado con esto, tocaría mencionar que el responsable no será el propio vendedor, sino la entidad financiera que controle su sistema de cobros, de modo que, esta podría tener sus propias políticas de reembolso, haciendo que, en verdad, no pueda ser gestionado tan rápidamente.

---

535 Nada dice la norma sobre la naturaleza de los 14 días que pregona el TRLGDCU, de forma que, ante la duda se deberá hacer interpretación más favorable para el consumidor, considerando que se trata de 14 días naturales.

Todo esto nos lleva a concluir que, ciertamente, el vendedor tendrá un plazo máximo de 14 días para emitir la orden del reembolso, plazo que, en principio, si no hay una circunstancia que justifique su agotamiento, deberá ser menor. De todos modos, siempre regirá primordialmente el acuerdo entre las partes, por lo que, si las condiciones del vendedor muestran una política concreta y son aceptadas, serán las que se aplicarán a la situación que corresponda. El único límite imperativo que deberá cumplirse es la emisión del reembolso en el plazo máximo de 14 días desde la recepción de los bienes o una prueba de ello[536].

Si por el contrario la venta ha sido en establecimiento mercantil, teniendo en cuenta el análisis anterior, si se trata de un bien manejable, cuyo transporte al establecimiento del vendedor no genera ningún inconveniente al consumidor, será este último quién deba llevarlo al domicilio del responsable del saneamiento. Después, nos puede surgir la pregunta de cómo operará el reembolso. Aquí se pueden trasladar todas las consideraciones anteriores sobre los medios de pago electrónicos. La diferencia será, sin embargo, que una compra en un establecimiento mercantil, en ocasiones, habrá sido en efectivo.

En ese sentido, si la compra ha sido en efectivo no podrá seguirse el mismo esquema. Esto es, si el consumidor lleva el producto físicamente a la tienda y el pago se realizó en metálico, según la norma, el reembolso también debería serlo, por consiguiente, se podría rechazar perfectamente aquel que tenga lu-

---

[536] Sobre esta cuestión pueden ser interesantes las políticas de reembolso de una conocida empresa de distribución comercial, la cual establece que la emisión del reembolso tendrá lugar siempre dentro de los 14 días siguientes a la devolución. Sin embargo, aparecerá en el extracto bancario a los 5–7 días laborables desde la emisión del mismo. Véase: https://www.amazon.es/gp/help/customer/display.html?nodeId=GKQNFKFK5CF3C54B (Consultado en fecha 22 de noviembre de 2022).

gar mediante una transferencia bancaria, si al consumidor no le parece correcto. Asimismo, si el vendedor, en teoría, tendría 14 días para emitir el reembolso, no parece que, en este caso, pueda justificar un retraso mayor que no sea al momento. La única circunstancia plausible sería que el empresario no tuviera efectivo en caja, por lo que, podría señalarle al consumidor que se pasara al día siguiente para recoger el dinero, entregándole un albarán que acreditase la devolución del producto.

Por lo que respecta al resto de cuestiones[537], me gustaría hacer una diferenciación entre la resolución del contrato que

---

537 Ya se ha dicho que nada se menciona sobre otras circunstancias como la reducción del valor del bien, su pérdida u otros aspectos como si se debe devolver el bien con sus frutos/mejoras o el precio con sus intereses. En relación con el art. 1124 CC es doctrina consolidada que: "la restitución es reintegrar al otro patrimonio cualquier activo patrimonial que traiga causa del contrato resuelto determina que, como ha afirmado unánimemente la doctrina y ha dicho la jurisprudencia, los contratantes deban restituirse los frutos percibidos –o su valor, si no es posible hacerlo in natura– y los intereses de las cantidades percibidas. [...] las restituciones consecuencia de la resolución [...] deben regirse por un sistema de restitución absoluto, similar en este punto al que imponen los arts. 1295 y 1303: como ha dicho la jurisprudencia, las consecuencias de la resolución, la rescisión y la nulidad han de ser las mismas –con las mencionadas salvedades en cuanto al régimen de protección de terceros, [...] El único punto de discusión en este punto es el relativo al pago de intereses por las cantidades percibidas en virtud del contrato resuelto [...]. La jurisprudencia mayoritaria da lugar a dicho pago, entendiendo que procede desde que se produjo el desembolso de esa cantidad e incluso aunque los intereses no hubieran sido objeto de petición por la parte a la que corresponde su cobro. Pero no faltan otras sentencias, igualmente recientes, que no los conceden cuando no han sido inicialmente pedidos, o que sólo los entienden procedentes desde la demanda. Y aún hay algunas sentencias más antiguas que entienden que lo que procede no son los intereses de la cantidad entregada, sino su cuantía actualizada en función de IPC [...]", *vid.* RODRÍGUEZ ROSADO, B.: *Resolución*, cit. pp.

tenga lugar por falta de entrega y por falta de conformidad. No está demás hacer esta remisión, pues el TRLGDCU presta mucha atención a la resolución del contrato por falta de conformidad, cuando no hay que desconocer que la misma también puede proceder por falta de entrega.

Si la resolución tiene lugar por falta de entrega, como es lógico, no habría bien que devolver, dado que este no se ha llegado a entregar. En consecuencia, lo único que surgiría es un derecho del comprador de solicitar la devolución del precio que pagó. Si el precio no se abonó por tratarse de una compraventa de precio aplazado, no existirán prestaciones que restituir. La cuestión que surge aquí es si el comprador puede exigir la devolución del precio con intereses, habida cuenta de que el vendedor ha estado disfrutando de la cantidad recibida sin haber realizado ningún tipo de prestación en justa equivalencia. Por consiguiente, entendemos, al igual que un sector de la doctrina[538], que, por aplicación de la doctrina del enriquecimiento injustificado, el vendedor deberá restituir el precio más los intereses que se hayan devengado desde su entrega.

Por el contrario, cuando la resolución haya tenido lugar por falta de conformidad, el esquema cambia completamente. En ese caso, sí hay bien entregado, por lo que pueden surgir preguntas en orden a su estado o pérdida de valor. Cabe destacar que el legislador de trasposición sí ha introducido un matiz

---

250–253. Sin perjuicio de lo anterior, en las próximas páginas se llevarán a cabo interesantes matizaciones, habida cuenta de las diferencias que caracterizan a la compraventa de consumo.

538 MONFORT FERRERO, Mª. J.: "La resolución", cit., p. 19 y LÓPEZ MAZA, S.: "Entrega de los bienes comprados mediante un contrato de venta", en AA.VV.: *Comentario del Texto Refundido de la Ley General para la Defensa de los Consumidores y Usuario y sus Leyes Complementarias* (coord. R. BERCOVITZ RODRÍGUEZ–CANO), Thomson Reuters Aranzadi, Pamplona, 2015, p. 927.

interesante que no se encontraba en la Directiva, pero que coincide con el propio art. 66 bis y es que, en la resolución, el vendedor deberá devolver "todos los importes pagados con arreglo al contrato". Sin embargo, no hay ninguna mención a la pérdida de valor del bien que se ha recibido, pues no es de desdeñar que el consumidor haya obtenido alguna utilidad del bien durante el tiempo que ha estado funcionando correctamente, dejando de lado la opción que ya le reconocía el Considerando 60 antes mencionado.

Ante esta situación, en principio, no podemos entender que el vendedor pueda deducir ningún importe a su precio de restitución por el deterioro normal del bien que no haya tenido lugar por culpa del deudor y ni mucho menos por la falta de conformidad. Del mismo modo, en justa compensación se puede llegar a la conclusión que el consumidor tampoco puede exigir la devolución del precio con intereses, porque "son la compensación al vendedor por el uso o disfrute de la cosa por el comprador. Y esto por aplicación del art. 1120 CC. Los frutos producidos por la cosa debida se entienden compensados con los intereses del precio"[539].

---

539 ROVIRA JAÉN, F.J.: *El pacto resolutorio en la venta de bienes inmuebles (su razón histórica)*, Civitas, Madrid, 1995, p. 304. En los mismos términos también se pronuncia la jurisprudencia cuando afirma que "al margen de que la Ley especial que nos ocupa no contempla factor o elemento alguno de reducción para el caso de instar el consumidor la resolución del contrato, (...), dicha solución resulta inaceptable pues penalizaría los derecho del consumidor y mermaría en gran medida la eficacia de la propia garantía que legalmente se le impone al vendedor pues se habría pagado por la utilización de un producto viciado lo mismo que uno correcto –y ello sin entrar a considerar las penurias vividas por el demandante con ocasión de las diferentes averías sufridas–. Además, la parte demanda tenía en sus manos haber evitado la depreciación de la que ahora se queja facilitando al comprador la sustitución del vehículo tan pronto

Sin embargo, es posible encontrar sentencias que no opinan igual y reducen el importe a pagar por el valor del bien en atención a su uso: "a ese importe hay que reducirle un 20%, cantidad que se estima prudencialmente como acorde con el tiempo en que se ha utilizado el vehículo, teniendo en cuenta que el uso durante ese período de tiempo no ha sido el idóneo para un vehículo de las características del adquirido, y que se han ocasionado múltiples molestias e incomodidades"[540]. Seguramente esta postura viene impulsada por la regulación de la Directiva 1999/44/CE que, como ya se ha analizado en el apartado correspondiente[541], sí que abría la puerta a que se redujera el precio de restitución en atención al deterioro que hubiera podido sufrir el bien por el mero uso o disfrute del mismo. De hecho, el actual Considerando 60 no se pronuncia sobre las normas que puedan afectar al deterioro de los mismos.

Cosa distinta sería que sí haya contribuido a la falta de conformidad o se haya producido algún deterioro por su negligencia o mal uso. En ese caso, si bien la Directiva y el TRLGDCU no introducen ninguna regla, podemos entender que el consumidor deberá compensar al empresario, traduciéndose en un importe menor a recibir por este último, aunque, como he dicho, sigue siendo un interrogante establecer con certeza si de alguna forma es posible reducir el valor del bien cuando ha habido un considerable deterioro natural del bien, por aplicación del principio de restitución recíproca de las prestaciones, pues la normativa de trasposición no hace ninguna aclaración, más allá de señalar que se deberán devolver "todos los importes".

Por lo que respecta a la pérdida o destrucción de la cosa, si acudimos a las normas generales del Código Civil (arts. 1122.I

---

advirtió las graves anomalías que presentaba el vehículo de autos". (SAP Barcelona, 12 junio 2014 [*Tol 4502222]*).

540 SAP Castellón, 28 noviembre 2005 *(Tol 855574)*.

541 *Vid.*, epígrafe 2.3.6.

y 1182 CC), nos indican que, si la cosa se pierde sin culpa del deudor, por caso fortuito o fuerza mayor, a lo que habría que añadir pérdida o destrucción por falta de conformidad (pensemos que el bien ha explotado), el comprador no tendría obligación de devolver el bien, pero eso no implicaría la pérdida del precio que pagó, que seguiría siendo exigible al vendedor.

Por el contrario, si la cosa se pierde o se destruye por culpa del deudor, en este caso el comprador, en atención al art. 1122.2 CC, quedaría obligado al resarcimiento de los daños y perjuicios. No obstante, exigirle al comprador, que es consumidor, el pago de una indemnización sería desproporcionado. En consecuencia, parece mucho más razonable que dado que el consumidor no puede restituir el bien al vendedor, el primero no podría exigirle al segundo el pago del precio, de forma que ambas partidas quedarían compensadas[542].

Para terminar, podemos analizar qué ocurriría con las mejoras que haya tenido el producto. Pues bien, si seguimos el art. 1222 CC, dependerá de si esa mejora ha tenido lugar por acción de la naturaleza o por acción del comprador. Si las mejoras han sido introducidas en el bien por el consumidor se seguirían las normas del usufructo, en cambio, si las mejoras han surgido por acción de la naturaleza, revertirían a favor del vendedor. En el caso de que las mejoras hayan sido introducidas por el consumidor deberemos tener en cuenta si es posible retirarlas sin dañar o comprometer el producto. Si el consumidor las puede retirar sin problemas, hará lo propio y entregará el bien sin las mejoras, pero, si no puede retirarlas, deberá devolver el bien con ellas incluidas.

---

542 Así opina MONFORT FERRERO, Mª. J.: "La resolución", cit., p. 23.

2.4.3.3. Que la falta de conformidad no sea de escasa entidad para poder resolver el contrato

La PDirCOM introdujo un cambio significativo respecto de la regulación de la Directiva 1999/44 y es que permitía la resolución del contrato, aun cuando la falta de conformidad fuese de escasa importancia, habida cuenta de que eliminó dicho requisito de su articulado[543].

De todos modos, la Directiva 2019/771 volvió a introducir a través del art. 13.5 una mención similar. Y decimos similar porque en su redacción original señalaba que: "El consumidor no tendrá derecho a resolver el contrato cuando la falta de conformidad sea leve. La carga de la prueba de que la falta de conformidad es leve corresponderá al vendedor". A pesar de ello y de las dudas interpretativas que se pudiese generar, debemos seguir entendiendo que su significado es "escasa importancia", ya que la versión consolidada de la Directiva que salió dos días después corregía ese desliz y volvía a indicar de "escasa importancia". A mayor abundamiento, el propio Considerando 53 apunta que: "el consumidor debe disfrutar del derecho a resolver el contrato únicamente en los casos en que la falta de conformidad no sea de escasa importancia". En efecto, el art. 119 ter.2 TRLGDCU reconoce que: "La resolución no procederá cuando la falta de conformidad sea de escasa importancia, salvo en los supuestos en que el consumidor o usuario haya facilitado datos personales como contraprestación, correspondiendo la carga de la prueba al empresario".

---

[543] Esta circunstancia se podía catalogar como de excepcional, pues, históricamente, tanto el art. 114.2 CESL, como el art. 49 CISG impedían el acceso a la resolución del contrato por defectos insignificantes o nimios. A este respecto, veáse BALDUS, C.: "Interpretación histórica y comparatista en el Derecho privado comunitario. Sobre la caracterización de la 'falta de conformidad de escasa entidad'", *Anuario de Derecho Civil*, Vol. 59, núm. 4, 2006, pp. 1628–1634.

Aquí vemos la referencia a la facilitación datos personales como excepción al requisito de la no escasa importancia para resolver al contrato. Evidentemente, esta norma jugará especialmente en los casos en que haya un contrato de contenidos digitales dónde será habitual este tipo de contraprestación. Pero no hay que obviar la posibilidad de que también se proporcionen cuando nos encontremos en un contrato de bienes de consumo, especialmente si se trata de bienes con contenidos digitales. El resto de apartados del art. 119 ter se refieren al contrato de suministro de contenidos y servicios digitales que no son objeto del presente trabajo[544].

No resulta de más exponer la distinta configuración jurídica que existe entre la resolución del Código Civil y la presente en el ámbito de protección a los consumidores. Lo primero que tenemos que tener en consideración es que no se trata de la misma resolución de la que habla el art. 1124 CC, ya que es posible resolver sin necesidad de que el defecto o vicio sea de carácter "grave" o "esencial", simplemente basta con que el mismo "no sea de escasa importancia".

Esto supone una diferencia trascendental, otorgando al consumidor una gran protección en la medida que muchos defectos podrán ser de la entidad suficiente para poder resolver el contrato y resultará de gran utilidad en ciertos bienes como serían los automóviles[545]. Debido a que, tal vez, pueden presen-

---

544 Sobre el papel que pueden jugar los datos personales en el contrato de suministro de contenidos y servicios digitales, véase MARTÍNEZ CALVO, J.: "Los datos personales como posible constraprestación en los contratos de de suministro de contenidos y servicios digitales", *Revista InDret*, núm. 4, 2021, pp. 88–135.

545 Aunque la mayoría de sentencias sobre resolución de contrato en bienes de consumo giran en torno a la figura de los automóviles, es posible encontrar alguna no referida a ellos y muy ilustrativa sobre la no necesidad de que las faltas de conformidad sean de gran relevancia para instar la resolución del contrato. Por ejemplo, la SAP

tar varios defectos, incómodos y molestos, que se vayan manifestando a lo largo del tiempo sin que sean reparados satisfactoriamente y, en sí mismos considerados, no sean de la entidad que, en principio, exigiría el art. 1124 CC. Es muy ilustrativa una sentencia en la cual se sucedieron numerosos defectos "no graves", pero que impedían un correcto funcionamiento del vehículo y numerosos viajes al taller, concluyendo el Tribunal que era perfectamente posible resolver el contrato[546]. Aunque ni siquiera es necesario llegar a dicho extremo, bastando que: el vehículo "se vaya a la derecha" y no sean capaces de repararlo[547] o tener el mecanismo de embrague defectuoso[548].

Por tanto, el art. 119 ter TRLGDCU contiene un régimen más favorable del que resulta del Código Civil, pues solo requerirá que el defecto "no sea de escasa importancia", esto es, "que, atendida la finalidad perseguida por el comprador y las características del bien, convierta en abusiva e injustificada la resolución del contrato"[549]. Siendo suficiente "la pérdida de condiciones óptimas de uso"[550].

Rioja, 7 abril 2009 *(AC 2009, 997)* en relación con una prótesis para la pierna derecha que presentaba una serie de faltas de conformidad indica que "aplicada la anterior doctrina al supuesto que nos ocupa cabe resaltar que dado que la naturaleza íntima y personalísima de la prótesis, cualquier imperfección en su ejecución supone que no pueda cumplir con la finalidad para la que fue encargada, y por tanto carece de los requisitos mínimos esenciales para satisfacer el interés de quien encargó su ejecución".

546 SAP Barcelona, 31 octubre 2016 *(Tol 5968444)*.

547 SAP Santa Cruz de Tenerife, 26 mayo 2014 *(Tol 4499779)*.

548 SAP Zaragoza, 14 febrero 2007 *(Tol 1129717)*.

549 En este sentido, entre otras, SAP Albacete, 3 diciembre 2010 *(JUR 2011, 46661)* y SAP Santa Cruz de Tenerife, 26 mayo 2014 *(Tol 4499779)*.

550 SAP Cantabria, 26 septiembre 2012 *(Tol 2733959)* y SAP Jaén, 20 enero 2016 *(Tol 5668755)*.

Para terminar, poner de manifiesto que estos preceptos relativos a las garantías no incorporan en su supuesto de hecho la falta de entrega del bien, la cual no se sujetará a este régimen y, en cambio, se sustentará en el art. 66 bis TRLGDCU.

2.4.3.4. La resolución parcial del contrato

Una de las novedades más interesantes de la Directiva es la introducción por parte del art. 16.2 la resolución parcial del contrato en el caso de contratos que contemplen múltiples prestaciones: "Cuando la falta de conformidad se refiera solo a algunos de los bienes entregados en virtud del contrato de compraventa y haya motivos para la resolución de dicho contrato de conformidad con el art. 13, el consumidor podrá resolver el contrato solo respecto de dichos bienes, y en relación con cualesquiera otros bienes que el consumidor hubiera adquirido junto con los bienes no conformes si no se puede razonablemente esperar que el consumidor acepte conservar únicamente los bienes conformes"[551].

La primera aproximación que podemos hacer es que el artículo se refiere solamente a bienes y, en la propia trasposición efectuada en el TRLGDCU, que, como sabemos, regula al mis-

[551] Este artículo encuentra su reflejo en el nuevo art. 119.ter.3 TRLGDCU: "Cuando la falta de conformidad se refiera sólo a algunos de los bienes entregados en virtud del mismo contrato y haya motivos para su resolución, el consumidor o usuario podrá resolver el contrato sólo respecto de dichos bienes y, en relación con cualesquiera de los otros bienes, podrá resolverlo también si no se puede razonablemente esperar que el consumidor o usuario acepte conservar únicamente los bienes conformes". Este artículo guarda, a mi parecer, identidad de razón con los arts. 1491 y 1492 CC que se refieren a la venta conjunta de animales y cosas, ya que permite tanto la redhibición del bien o animal aquejado del vicio oculto como también el del conjunto si existía un nexo funcional o económico que justificase la resolución global.

mo tiempo los servicios y contenidos digitales, no efectúa una extensión de la misma a estos. De hecho, la Directiva 2019/770 relativa a los contenidos y servicios digitales no contiene un artículo similar al que estamos analizando.

Esta omisión del legislador es desconcertante, pues no hay razón o motivo de peso para eliminar de la armonización un artículo tan interesante como el presente, más aún cuando es posible que el conjunto de bienes a los que se refiere la Directiva sea de distinta naturaleza[552]. Esto es, podríamos contemplar un contrato en el cual uno/s de los bienes comprados sea un bien físico sometido a la 771 y, en cambio, otro/s sean elementos digitales (o meros bienes portadores) que estarían sometidos a la 770. Por ese motivo, la no inclusión que realiza el legislador es preocupante, en la medida que parece que no sería de aplicación, cuando la doctrina se ha mostrado receptiva desde el inicio a una extensión analógica de dicho artículo a ese tipo de situaciones.

Por lo que respecta al supuesto de hecho del precepto, hay que diferenciar que el artículo contempla dos posibilidades, la verdadera resolución parcial, pero también una resolución total por caso de disconformidad parcial. No obstante, no aclara si existen criterios objetivos o subjetivos que avalen la aplicación de una solución como la que pretende la norma. Esto es, que la adquisición responda a una venta en globo o a tanto alzado, o que sí exista una razón subjetiva por la cual se han comprado todos los bienes. En este sentido, por ejemplo, en el caso de la resolución parcial, el precepto podría amparar tam-

---

552 ARNAU RAVENTÓS, L.: "Remedios", cit., habla de pluralidad objetiva simple y pluralidad objetiva compleja para referirse a las dos realidades que se pueden dar en la práctica en relación con los bienes que se compran en conjunto. Es decir, una pluralidad de elementos comprados pueden ser tanto bienes como elementos digitales (pluralidad objetiva compleja).

bién una compraventa meramente eventual, como sería una adquisición por internet de varios productos a la vez.

Sin embargo, el inciso final del artículo "si no se puede razonablemente esperar que el consumidor o usuario acepte conservar únicamente los bienes conformes", nos daría alguna pista sobre cuando procedería la aplicación del artículo en su vertiente de resolución total. Así, la doctrina ha puesto ejemplos de compraventa de muebles o bienes para el hogar en el cual la falta de conformidad de uno podría comprometer el todo[553]. Por lo que, sí se podría defender la tesis de que solo procede el supuesto de la redhibición total cuando exista una razón estética, económica o funcional que haya justificado la compra de todo.

La norma tampoco da solución a cómo proceder en el reembolso del precio, especialmente cuando nos encontramos ante una venta a tanto alzado y no es posible identificar el valor de cada bien. En ese caso, podríamos interpretar el artículo basándonos en lo que afirmaba la doctrina en relación con el 117.3 CESL, en cuyo caso solo procedía la resolución total y no era posible acudir a la resolución parcial[554]. Con ello también

---

553 GUTIÉRREZ SANTIAGO, P.: "Estándares legales de falta de conformidad en la compraventa de consumo: experiencias judiciales", en AA.VV.: *Tratado de la compraventa. Homenaje a Rodrigo Bercovitz* (dir. Á. CARRASCO PERERA), Cizur Menor, Thomson Reuters, Aranzadi, 2013, p. 9, habla de bienes que compongan una unidad estética como un dormitorio, un salón, etc. En los mismos términos, CASTILLA BAREA, M.: *La nueva regulación*, cit., p. 244, se refiere a un conjunto de mobiliario compuesto por un sofá, un sillón y una mesa, en el cual la falta de conformidad de uno de ellos podría justificar la resolución del todo, pues no habría razón para conservar todos los bienes, si no es posible obtener el efecto estético deseado.

554 ZOLL, F.: "Commentary on the article 117", en AA.VV.: *Common European Sales Law* (dir. R. SCHULZE), Baden–Baden, Nomos, 2012, p. 523. En ese sentido, si lo relacionamos con los arts. 1491 y 1492 CC, la doctrina considera que se podrá reducir el precio de la venta a tanto

nos podemos preguntar si la regla de la resolución parcial puede convertirse en una reducción del precio parcial, esto es, que tenga lugar una reducción del precio parcial del contrato respecto solo uno de los bienes entregados cuando el comprador desee quedárselo. A pesar de que la Directiva es de máximos, no parece que pueda negarse una reducción del precio en dichos términos. De forma que se vendría a solucionar el problema antes mencionado, permitiendo una *pseudoresolución* en el caso de las ventas a tanto alzado, si reducimos el precio en atención al valor que pierde la venta global por el bien disconforme[555].

Este precepto plantea un interrogante adicional, concretamente si es posible que el precepto se aplique al supuesto de la entrega parcial de bienes. Es decir, no solamente cuando los bienes entregados sean en parte disconformes, sino también cuando parte los bienes no hayan sido entregados. La duda puede surgir en la medida que en este trabajo se ha sostenido que la falta de entrega no es un supuesto de falta de confor-

---

alzado teniendo en cuenta "el menor valor en atención a lo que el mismo desmerece por los objetos defectuosos", habida cuenta de que, en el plano de los vicios ocultos, sí se ha admitido en este supuesto el ejercicio de la acción estimatoria. *Vid.* MORALES MORENO, A.M.: "Comentario al artículo 1.491 CC", en AA.VV.: *Comentario del Código Civil* (dir. R. BERCOVITZ RODRÍGUEZ–CANO), Tomo II, Madrid, 1991, p. 970.

555 Esta idea la tomamos de la interpretación que hace la doctrina del art. 1491 CC en la medida que, si bien este último habla solo de redhibición, no habría problema para considerar que es posible exigir también la reducción del precio. La cual se efectuaría en función de cómo se haya fijado el precio de la venta, atendiendo al valor individual de cada bien o, por el contrario, el conjunto, si la venta fue a tanto alzado. *Vid.* FENOY PICÓN, N.: "Comentario al artículo 1.491 CC", *Comentarios al Código Civil* (dir. A. DOMÍNGUEZ LUELMO), Lex Nova, Valladolid, 2010, p. 1627. Además, este argumento tiene un apoyo legal, y es que resulta que el art. 1499 CC hace un reconocimiento de la posibilidad de usar la acción estimatoria del art. 1486 en los casos de animales y ganados con vicios redhibitorios.

midad. No obstante, también se ha recalcado que la entrega parcial sí que puede constituir un supuesto de falta de conformidad, dado que la cantidad se ha configurado como un nuevo criterio de conformidad[556]. En ese sentido, como indica la doctrina, se debe hacer una interpretación amplia de este precepto y considerar que la entrega parcial de los bienes también está contemplada, pues, en definitiva, la falta de conformidad también se puede referir a la cantidad[557].

Asimismo, aceptar este tipo de resolución también nos suscita otra cuestión, la de si es posible entender que se puede acudir a una acción de reducción del precio. Es cierto que no tiene mucho sentido reducir el precio cuando no se han entregado los bienes, ya que el resultado sería el mismo que en la resolución, habida cuenta que su valor sería 0€. De todos modos, no habría que descartar la idea de considerar que sea posible reducir el precio de la totalidad, como se ha dicho respecto de la venta a tanto alzado, en la medida que la falta de ciertos bienes desmerezca el conjunto. Por lo que incluso se podría plantear una combinación de la acción de resolución respecto de los bienes no entregados con una acción de reducción del precio respecto de la totalidad.[558]

Por último, pero no por ello menos importante, es significativa la mención de "haya motivos" que hace el precepto estudiado. Esto quiere decir que el hecho que este artículo contemple unas especialidades en torno a la resolución total o parcial del contrato, no obsta a que se tengan que cumplir los motivos que exige la legislación para proceder a la resolución. Dicho lo cual, si uno de los bienes está aquejado de una falta de conformidad, *a priori*, procederá el intento de reparación o sustitución. Más conflictivo puede ser el supuesto de que la gravedad de la falta

---

556 *Vid.* Epígrafe 2.1.1.1., Capítulo II.

557 ARNAU RAVENTÓS, L.: "Remedios", cit., p. 94.

558 En términos similares, ARNAU RAVENTÓS, L.: "Remedios", cit., p. 95.

de conformidad justifique la resolución del contrato, esto es, que uno de los bienes adquiridos tenga una falta de conformidad significativa que respalde la resolución por sí mismo, en cuyo caso no se podría negar la resolución parcial, pero podría ser discutible que se pudiese fundamentar la resolución total del contrato si respecto del conjunto tiene escasa importancia[559]. Eso sí, sería perfectamente posible acudir a la resolución total del contrato cuando respecto a la totalidad la disconformidad de algunos bienes sea grave, ya sea por su entidad o por la cantidad, imaginemos que solo se entregan unos pocos bienes de todos aquellos que se deberían haber entregado por el contrato.

A modo de conclusión, podemos dejar una serie de reflexiones finales sobre el acceso a la resolución del contrato, la cual, entendemos, dependerá de la esencialidad del incumplimiento del vendedor. Ya sea, de su obligación de entrega, ya sea, de su obligación de poner los bienes en conformidad.

Por lo que respecta a su obligación de entrega, en la medida que la misma se haya vuelto definitivamente incumplida, después de aplicar el plazo suplementario que otorga la normativa de consumo. No obstante, se podrá considerar también que el plazo que incialmente las partes pacten sea esencial, si así se deriva de la obligación, especialmente en atención a la importancia que pueda tener el bien de consumo para el comprador.

En cuanto a su obligación de poner los bienes en conformidad, si acaecida la misma es de tal entidad que justifica la inmediata resolución del contrato, pues el defecto que presenta el bien/es conduce a su inhabilidad (por utilizar la terminología

---

559 ARNAU RAVENTÓS, L.: "Remedios", cit., p. 93, pone el ejemplo de la compraventa de 500 bolígrafos y uno no escribe o no tiene tinta. Obviamente, el consumidor debería tener acceso a los remedios por falta de conformidad respecto del bolígrafo en cuestión, incluso los secundarios, pues el defecto no es leve. Pero sería absurdo que se pudiese resolver la totalidad del contrato por esta circunstancia.

existente), frustrándose el fin del negocio. Pero también, cuando así se derive de las circuntancias que el empresario no va a cumplir o así lo haya expresamente declarado. Finalmente, el acceso a la resolución podrá proceder porque la reparación o la sustitución ha resultado infructuosa, y se considere que el consumidor no tiene la obligación de tener que volver a pasar por los remedios primarios, o, directamente, estos son imposibles o desproporcionados, siempre, claro está, que el defecto que justifique la resolución no sea de escasa importancia[560].

2.4.4. La reducción del precio

El último de los remedios subsidiarios es la reducción del precio, decimos último, pero, en realidad, no existe ninguna jerarquía entre la resolución del contrato y la reducción del precio. Todo lo contrario, el consumidor estará habilitado a poder acudir libremente a cualquiera de las dos medidas, incluso la reducción del contrato tendrá siempre un papel más preponderante, en la medida que la resolución del contrato no podrá tener lugar cuando nos encontremos ante defectos leves o de escasa importancia.

---

560 Estas ideas podrían conectarse con el concepto de esencialidad que manejan los PECL, concretamente a tenor del art. 8:103, pues se considera que el incumplimiento es esencial cuando se priva de forma sustancial a la parte contratante del beneficio que quería obtener con el contrato. Circunstancia que puede tener lugar ya se haya pactado o no, y también cuando el incumplimiento es intencional o rebelde: "*A non- performance of an obligation is fundamental to the contract if: (a) strict compliance with the obligation is of the essence of the contract; or (b) the non-performance substantially deprives the agrieved party of what it was enititled to expect under the contract, unless the other party did not foresse and could not reasonably have foreseen that result; or (c) the non-performance is intentional and gives the aggrieved party reason to believe that it cannot rely on the other party's future performance*".

La acción estimatoria o de reducción del precio ha tenido siempre una naturaleza discutida y ha sido una gran incomprendida entre los prácticos y aplicadores del derecho. Para algunos es un remedio a medio camino entre la resolución del contrato y la indemnización de daños y perjuicios[561]. Sin embargo, la doctrina más autorizada sobre la materia sostiene que simplemente es un "derecho potestativo del comprador a la ejecución de la obligación contractual del vendedor que tiende a reequilibrar el contenido de las prestaciones y no a resolver el contrato, permitiendo, además que éste se mantenga"[562].

En cuanto a sus diferencias con la acción de resolución del contrato, destaca que la acción redhibitoria es *ex tunc*, es decir, actúa de forma retroactiva sobre el contrato deshaciendo sus efectos como si este no hubiera tenido lugar[563]. Por el contrario, la acción estimatoria es una acción puramente *ex nunc*,

---

561 HEUZÉ, V.: "La vente internationale des marchandises. Droit Uniforme", en AA.VV.: *Traité des contracts (sous la direction de Ghestin)*, LGDJ, Paris, 2000, pp. 361 y 414. Por el contrario, otros afirman que en realidad se trata de una resolución parcial del contrato, *vid.* VINEY, G.: "L'execution ennanture contractuelle et la reparatión en nature du dommage contractuel", en AA.VV.: *Les sanctions de l'inexécution des obligations contractuelles. Étude de droti comparé* (sous la direction de FONTAINE y VINEY), Bruylant, LGDJ, Paris, 2001, p. 167.

562 Por todos, FERRANTE, A.: *La reducción del precio en la compraventa*, Thomson Reuters Aranzadi, Cizur Menor (Navarra), 2012, p. 35. En términos similares, se pronuncia MORALES MORENO, A.M.: *La modernización*, cit., p. 99. Aplicada a materia de derecho de consumo, JUÁREZ TORREJÓN, Á.: *La protección*, cit., p. 347, indica que la rebaja del precio supone un reajuste de la "conmutatividad negocial mediante la consideración del menos valor del producto, por causa de la falta de conformidad".

563 SERINET, Y.M.: "L'effet retoractif de la resolution pour inexécution en droit français", en AA.VV.: *Les sanctions de l'inexécution des obligations contractuelles. Étude de droti comparé* (sous la direction de FONTAINE y VINEY), Bruylant, LGDJ, Paris, 2001, pp. 589 y ss.

dado que "opera en la situación presente".[564]Asimismo, otra de sus importantes diferencias es que son antitéticas, en la medida que, mientras la resolución del contrato es una forma de rescisión (esto es, de poner fin al contrato), la acción de reducción del precio simplemente busca la continuación de la relación contractual y, por consiguiente, es más partícipe del principio de conservación del contrato.[565]

Cierra esta argumentación un hecho que han observado varios estudiosos del Derecho Romano y es simplemente poner atención al origen etimológico de las palabras. La acción de resolución del contrato o redhibitoria viene del verbo en latín *rehidibere* que a su vez tiene su origen en el verbo *rursus habere* (tener de nuevo). Por consiguiente, la acción de resolución del contrato implica volver al pasado, es decir, volver a tener de nuevo el precio pagado y que el vendedor obtenga otra vez el bien entregado.[566]

En definitiva, la reducción del precio no puede reconducirse a una resolución parcial, ya que su fundamento es diferente. En efecto, busca conservar el contrato e impedir el empobrecimiento de aquel que quiera seguir adelante con la prestación, reduciendo el valor de lo pagado[567].

---

564 FERRANTE, A.: *La reducción,* cit. p. 36.

565 RUBINO, D.: "La compravendita", en AA.VV.: *Trattato di Diritto Civile e Commerciale* (dirs. Cicu y Messsineo), 2ª ed., Giuffrè, Milano, 1971, p. 802 y ALBIEZ DOHRMANN, K.J.: "Un nuevo Derecho", cit., p. 38.

566 MANNA, L.: *Actio redhibitoria,* cit., p. 38 advierte de la evolución del sentido etimológico que tuvo el verbo *redhibere,* en el sentido de desplazarse de su origen *rursus habere,* hacia un *reddere* que significaba restituir para volver a tener, si bien no podemos olvidar que su origen etimológico se mantiene. *Vid.,* GAROFALO, L.: *Studi sull' azione rehibitoria,* Cedam, Padova, 2000, p. 79.

567 La imposibilidad de compatibilizar la acción de reducción del precio con la acción de resolución del contrato, como también el no poder calificar a la acción estimatoria como una acción de resolu-

El principal problema que ha generado siempre a su alrededor la reducción del precio, a diferencia de la aparente claridad que puede presentar la resolución del contrato, es la incertidumbre que siempre ha existido en relación con el *quantum* que debe comprender la misma. Como también el hecho de que no es posible vincular *a priori* al vendedor sobre el mismo[568]. Distinto será el caso que exista un acuerdo entre el vendedor y el comprador sobre esta circunstancia, pero si esta situación no se produce, necesariamente se judicializará el asunto.[569]

Sobre la posibilidad de que las partes lleguen a un acuerdo sobre la cantidad a satisfacer en concepto de reducción del precio, surgen algunos interrogantes. Primordialmente que, desde el momento en que nos encontremos en el ámbito de

---

ción parcial se extrae del DCFR. Puesto que, cuando aborda la reducción del precio señala: *"creditor who accepts a performance"*.

568 La doctrina ya ha afirmado que como derecho potestativo que es, será necesaria una declaración judicial o extrajudicial del mismo, con la consiguiente fijación por acuerdo entre las partes o por sentencia judicial. BIANCA, C.M.: "Artículo 130 del DLg. 6 settembre 2005", núm. 206, *NLCC*, 2006, p. 453.

569 Para algunos la sentencia tendrá carácter meramente declarativo, en la medida que se trata de un derecho del comprador que simplemente tiene un posterior control jurisdiccional, *vid.* AUDIT, B.: *La vente internationale de marchandinses*, LDGJ, Paris, 1990, p. 134. Sin embargo, FERRANTE, A.: *La reducción*, cit., p. 47, sostiene una tesis distinta pues considera que, en definitiva, dependerá de las modalidades de su ejercicio. En ese sentido, podría argumentarse que tiene un valor declarativo en atención a que se trata de un derecho potestativo que mediante una declaración recepticia se puede ejercitar en vía extrajudicial. De hecho, abonaría más esta postura la realidad de que existiese un baremo al que pudiesen acudir las partes. Pero, desde el momento en que la sentencia puede pronunciarse sobre el *quantum*, tendríamos más razones para inclinarnos por la idea de que la sentencia es constitutiva. *Vid.* BIANCA, C.M.: "La vendita e la permuta", en AA.VV.: *Trattato di Diritto Civile Italiano* (diretto da VASSALLI), Utet, Torino, 1972.

consumo, este derecho sería irrenunciable y pactar una condición más desfavorable para el consumidor sería nulo por aplicación del artículo 10 TRLGDCU, incluso seguramente sería abusivo un pacto por el cual se renunciase a una reducción del precio a cambio de un precio menor. Más aún si el vendedor es conocedor del defecto. Si el pacto no es de renuncia, sí que sería posible llegar a acuerdos, tanto en la fase contractual como en la fase extrajudicial, una vez haya surgido el defecto.

Así, aunque no en materia de consumo, la jurisprudencia ha admitido pactos previos en previsión de defectos que puede haber en una compraventa. Por ejemplo, en relación con la compraventa de aceite la STS 12 junio 1993 admitió un pacto de reducción del precio por el cual se reducía el mismo un 1% en atención a cada grado de acidez que tuviera por encima del 1,5%. También, la SAP Murcia, núm. 301/2002, de 20 de septiembre aceptó un pacto a aplicar a melocotones que tuvieran tamaño pequeño o hueso rajado. Incluso, pactos de reducción en relación con el peso del bien que contempló la SAP Murcia, núm. 352/2005, de 25 de noviembre, si bien en este caso no se llegó a aplicar.

De todos modos, en materia de consumo la aplicación de estos pactos debe ser muy ajustada, no parece que, por ejemplo, pudiese calificarse de reducción del precio un pacto en que las partes, conociendo ambas la entidad del defecto, fijasen un precio menor, ya que no sería más que una compraventa normal y corriente. Asimismo, aun siendo desconocido el defecto por ambas partes, la aplicación de un pacto de reducción del precio en previsión de una falta de conformidad difícilmente podría calificarse como de reducción del precio, puesto que no serían más que "claúsulas de actualización de las prestaciones".[570]

Dicho esto, a pesar de que la acción de reducción del precio ha estado siempre más en desuso por los problemas que plantea en

[570] FERRANTE, A.: *La reducción*, cit., p. 51.

la práctica[571], la normativa de algunos textos modernos ha venido a rescatarla otorgándole más protagonismo que nunca, así como a resolver algunas dificultades que planteaba su aplicación[572].

El ejemplo más claro es el artículo 15 Directiva 2019/771, que reza del siguiente modo: "La reducción del precio será proporcionada a la disminución del valor de los bienes recibidos por el consumidor en comparación con el valor que tendrían si fueran conformes". Igualmente, el nuevo art. 119 bis.1 TRLGDCU apunta que: "La reducción del precio será proporcional a la diferencia existente entre el valor que el bien o el contenido o servicio digital hubiera tenido en el momento de la entrega o suministro de haber sido conforme con el contrato y el valor que el bien o el contenido o servicio digital efectivamente entregado o suministrado tenga en el momento de dicha entrega o suministro".

Como se puede observar la acción de reducción que contempla tanto la Directiva como el texto de trasposición es una

---

571 MORALES MORENO, A.M.: "Adaptación", cit., pp. 1631 y 1638.

572 No solo el TRLGDCU por virtud de las Directivas de la Unión Europea ha incluido la acción de reducción del precio entre su articulado. Hace años ya la Convención de Viena contemplaba entre sus páginas la misma, el art. 50 CV dice que: "Si las mercaderías no fueren conformes al contrato, háyase pagado o no el precio, el comprador podrá rebajar el precio proporcionalmente a la diferencia existente entre el valor que las mercaderías efectivamente entregadas tenían en el momento de la entrega y el valor que habrían tenido en ese momento mercaderías conforme al contrato. Sin embargo, el comprador no podrá rebajar el precio si el vendedor subsana cualquier incumplimiento de sus obligaciones conforme al artículo 37 o al artículo 48 o si el comprador se niega a aceptar el cumplimiento de sus obligaciones conforme a esos artículos". El valor de este artículo se encuentra no solo en la revitalización que supone para la acción estimatoria, sino también en la concreción que otorga al cálculo de la cantidad a reducir, señalando que debe ser una reducción proporcionada del precio entre el valor del bien en el momento de entrega y el que tendría si hubiese sido conforme.

acción de reducción del precio proporcional al valor del bien. Un matiz que no aclaraba el texto de la Directiva 1999/44 y seguía abonando planteamientos jurisprudenciales erróneos sobre la misma[573]. Asimismo, hace referencia al valor en el momento de entrega, no al valor que tuviese en el momento de celebración del contrato. Este método de cálculo se corresponde con el que la doctrina ha denominado "método Viena" o "modelo Viena", pues se corresponde con el sistema que propugna desde sus inicios la CISG en su art. 50 (no solo la CISG sigue este sistema sino también el III.–3:601 del DCFR, el art. 9:401 PECL y el art. 541—11 de la Propuesta de Código Civil de la Asociación de Profesores)[574]. La característica principal de este sistema es que sigue un criterio proporcional para la rebaja de precio, atendiendo a la pérdida objetiva del valor del bien de haber sido conforme. No obstante, el problema que presenta es que no acaba de precisar cómo determinar el valor objetivo de dicho bien. Dicho en otras palabras, ¿se trata

573 No era infrecuente encontrar sentencias judiciales que de forma incorrecta identificaban la acción de reducción del precio con los gastos de reparación, cuando se trataba de elementos totalmente distintos. Los gastos de reparación pueden englobarse en el *damnum emergens* de la acción de indemnización de daños y perjuicios, pero no se corresponden a la reducción de precio, dado que la misma parte de la premisa que el comprador acepta el bien con sus defectos, pero al mismo tiempo supone que el bien tenga menos valor del que pagó por él. *Vid.* SAP Huesca, 7 mayo 2008 *(Tol 1450035)* y SAP Castellón, 19 enero 2009 *(Tol 6888917)*.

574 Para ayudarnos en la aplicación de este método de cálculo nos puede servir de gran ayuda el trabajo que realiza FERRANTE, A.: "Nuevas tendencias en la reducción de la cuantificación del precio", *Revista InDret,* núm. 4, 2011, pp. 8–9, en él explica que "precio reducido (PRE) es igual al valor del bien no conforme multiplicado por el precio de compra (PC), dividido por el valor objetivo del bien como si fuera conforme en el momento de la entrega (VOE). Es decir, el precio reducido (PRE) es igual a (VNC*PC) /VOE".

del valor de mercado? o ¿del precio que pagó?[575] La doctrina señala que el valor objetivo del bien debe identificarse necesariamente con el valor de mercado, de lo contrario se quebraría la finalidad del "método proporcional"[576].

---

575 Obviamente, hay una diferencia muy significativa en entender que el valor objetivo del bien es el valor del mercado o el precio de compra. Si se identifica con el primero, se estaría teniendo en cuenta un aspecto como es la rentabilidad del negocio. En cambio, si se identifica con el segundo estaríamos obviando dicho elemento y nos centraríamos simplemente en la dimensión interna del contrato. Parece mucho más razonable concluir que el valor del mercado debería ser el criterio a seguir en este punto, pues casa mejor con los trabajos preparatorios de la CISG y respeta el "método proporcional" del que hace gala dicho texto. De lo contrario, el cálculo de la reducción del precio se podría solventar con una mera resta, siendo el resultado del precio de compra menos el valor del bien no conforme.

576 FERRANTE, A.: "Nuevas tendencias", cit., p. 13–14, a pesar de que en ocasiones la jurisprudencia lo relacione con el precio de compra. De todos modos, dicho autor no es ingenuo a la dificultad que puede ocasionar para el práctico del derecho la identificación exacta del valor de mercado del bien, por lo que no es reacio a aceptar un sistema por el cual se presuma *iuris tantum* que el valor de mercado del bien coincide con el precio de compra, con la salvedad que el comprador pruebe que el valor de mercado del bien es distinto (a este último solo le interesará probar el valor de mercado de bien cuando pueda demostrar que es mayor al precio de compra pactado). Esta es la postura que mantiene la Pretura de Locarno, núm. 6252, 27 de abril de 1992. Junto con ello, nos podríamos plantear quién debe ser el obligado a demostrar tanto el valor objetivo del bien, como el valor del bien no conforme. Si seguimos la interpretación que la doctrina ha hecho de la CISG, debe ser el comprador quien pruebe tanto el valor de mercado del bien, como el valor del bien no conforme MÜLLER–CHEN, M.: "Art. 50", en AA.VV.: *Commentary in the UN convention on The International Sales of Goods (CISG)* (ed. P. Schlechtriem and I. Schwenzer), 2ªed., Oxford University Press, 2005, p. 604 y HUBER, P.: "Art. 50", en AA.VV.: *Commentary in the UN convention on The International Sales of Goods (CISG)* (ed. P. SCHLECHTRIEM), 2ª ed., Oxford University Press, 1998, p. 443. Sin embargo,

Sin perjuicio de lo anterior, el mismo autor es bastante crítico con el clásico "método proporcional" y sostiene, tras un profundo estudio, que, en realidad, el sistema que resulta más adecuado con la naturaleza de la acción estimatoria, no olvidemos de reequilibración del sinalagma contractual, es el que él bautiza como "método proporcional puro". Por el cual, se determina como afecta porcentualmente sobre el valor del bien la falta de conformidad, por ejemplo, por la pérdida de funcionalidad que puede tener lugar [577].

---

una decisión de ese calado, *a priori*, puede ser muy drástica con la naturaleza de la compraventa de consumo, la cual pretende que la puesta en conformidad (si bien, *stricto sensu*, la reducción del precio no lo es) sea gratuita. Por ese motivo, una solución podría ser que efectivamente, fuese el comprador quien alegase cuál es el valor objetivo del bien (que se presume que coincide con el precio del bien) y el valor del bien no conforme, pero que el coste que dicha operación le pueda ocasionar sería imputable al vendedor, por lo que se le podría reclamar en forma de daños y perjuicios.

577 Si bien, la elección que realiza FERRANTE, A.: "Nuevas tendencias", cit., p. 55 y 56, no está exenta de problemas, ya que como señala CASTILLA BAREA, M.: *La nueva regulación*, cit., p. 239, a la que me sumo, atender simplemente a la funcionalidad de los bienes puede provocar que un mero defecto estético no tenga ninguna relevancia en la reducción del precio. Cuando, a mi modo de ver, es justamente una falta de conformidad en bienes de consumo sobre la cual la reducción del precio puede tener mucha virtualidad. De todos modos, una parte de la doctrina italiana sostiene que, la nueva regulación sí introduce el método proporcional puro en las compraventas de bienes de consumo, por lo que se obtienen "risultati identici a quelli cui conduce il criterio adottato dalla CISG senza però richiedere la rilevazione dei due valori reali che essa pone a fondamento del computo, limitandosi infatti a esigere che sia determinata l'incidenza percentuale del difetto presentato dalla *res* sul valore che questa avrebbe ove il difetto non sussistesse", *vid.*, OLIVIERO, F.: "La nuova disciplina dei c.d. rimedi 'secondari'", en AA.VV.: *La nuova disciplina della vendita mobiliare del codice del consumo* (a cura di G. De Cristofaro), Giapichelli, Torino, 2022, p. 342.

Por lo que respecta a como operaría la reducción del precio una vez tenga lugar su apliación, podemos pensar en dos opciones. Por un lado, que no se haya pagado el precio, en consecuencia, no tendría lugar un derecho de crédito sino un reajuste del precio inicialmente convenido. Por otro lado, que sí se haya pagado el precio, en ese caso, aquello que surgiría sería un derecho de crédito a favor del comprador desde el momento en que la misma surta efectos.[578]

Por último, no debemos olvidar que la reducción del precio es perfectamente compatible con la indemnización de daños y perjuicios, pues tienen presupuestos diversos: para la primera, basta la simple falta de conformidad; para la segunda, se exigiría, además, la acreditación de un perjuicio derivado del defecto que fuera imputable al vendedor. Cabe destacar que la falta de conformidad no es óbice para que puedan resarcirse otros daños, que no queden cubiertos por el solo reajuste del precio, como son aquellos que la cosa defectuosa pueda causar en la persona o en el patrimonio del comprador[579].

2.5. La indemnización de daños y perjuicios derivada de una falta de conformidad

Tras la trasposición de la Directiva 2019/771, de 20 de mayo, relativa a determinados aspectos de los contratos de compraventa de bienes de consumo por el Real Decreto–Ley 7/2021, de 27 de abril, ha quedado intacta la regulación que el art. 117 Texto Refundido de la Ley General de Defensa de Consumidores y Usuarios (en adelante, TRLGDCU) establecía sobre la compatibilidad de la acción de reclamación de daños y perjui-

---

578 Sobre esta cuestión, *vid.* OLIVIERO, F.: “La nuova disciplina”, cit., p. 350.

579 Véase sobre este punto SAP Barcelona, 23 mayo 2005 *(Tol 8124889)* y SAP Madrid, 29 septiembre 2005 *(AC 2005, 2241)*.

cios con el resto de medidas contempladas específicamente en dicho texto en orden a obtener la puesta en conformidad del bien en cuestión o, subsidiariamente, la reducción del precio y la resolución del contrato.

Esto es, ya desde el texto original hasta ahora, se ha permitido que el consumidor que sufriese una falta de conformidad en un bien adquirido, pudiese no solo invocar las medidas correctoras que regula el TRLGDCU, sino también reclamar los daños y perjuicios que le hubiesen irrogado, siempre y cuando existiesen y se pudieran acreditar.

No obstante, el legislador de la Unión Europea no ha impuesto ningún tipo de regulación especial a esta reclamación de daños y perjuicios, pues justamente es uno de los aspectos que no contempló la Directiva 1999/44 y ahora tampoco la Directiva 2019/771. Por consiguiente, queda sometida a las normas de cada Estado. En el caso de España, la acción de responsabilidad civil está contenida en el artículo 1101 CC, por lo que este extremo se seguirá regulando por las reglas generales.

Esta circunstancia puede generar una serie de dudas importantes al aplicador del derecho porque, *a priori*, conviven en un mismo texto dos modelos de responsabilidad contractual completamente diferentes. Uno con tintes objetivos como es la responsabilidad del vendedor por la falta de conformidad y otro bien diferente basado en el clásico modelo de responsabilidad subjetiva contenido en el Código Civil. Así lo deberíamos entender si aplicamos la norma nacional ante la falta de regulación de la cuestión por el TRLGDCU. En consecuencia, será necesario aplicar toda la doctrina existente en relación con la indemnización de daños y perjuicios en sentido amplio, y dar por cumplidos, en principio, todos los requisitos que la misma presenta.

Pero no solo ello, las dudas también pueden venir por la falta de concreción de qué daños deben ser indemnizables a raíz de una falta de conformidad, ¿se sigue el principio de reparación integral del daño? Y, si es así, ¿se deben indemnizar tanto los daños morales como los daños patrimoniales? Y, dentro de los daños patrimoniales, ¿se deben indemnizar tanto el daño emergente como el lucro cesante?

Como se puede observar, este asunto crea muchos interrogantes. Afortunadamente, dado que el *modus operandi* del legislador de la Unión Europea ha sido el mismo desde la Directiva 1999/44, es posible encontrar diversas resoluciones jurisprudenciales, que ya han presentado soluciones al asunto y sobre las cuales centraremos gran parte del trabajo. Igualmente, nos apoyaremos en la doctrina española existente sobre la responsabilidad civil, pero también en otros textos modernos de derecho de contratos que nos pueden orientar en este extremo.

2.5.1. El sistema de responsabilidad de las garantías frente al régimen general

El régimen de garantías y servicios postventa del TRLGDCU es conocido por contener un modelo responsabilidad contractual moderno basado en la idea de conformidad con el contrato. De esta forma, prescinde de antiguas concepciones basadas en la culpa, o en la diligencia desplegada por el deudor en el cumplimiento de la obligación, en la medida que el deudor aquello a lo que se compromete es a responder “ante el consumidor o usuario de cualquier falta de conformidad que exista en el momento de la entrega del bien” (art. 117 TRLGDCU).

Asimismo, su innovación[580] se encuentra en proporcionar un concepto unitario de incumplimiento contractual[581] u om-

---

580 Verdaderamente la innovación no procede el TRLGDCU, sino que las ideas que lo inspiran tienen su origen en otros textos anteriores al mismo. Concretamente, la Convención de Viena de Compraventa Internacional de Mercaderías (en adelante, CISG).

581 Castilla Barea, M: *El nuevo régimen,* cit., p. 53. Igualmente, Llamas Pombo, E.: *La compraventa,* cit., p. 890, pone de manifiesto la *reductio a*

nicomprensivo[582], como señala otra parte de la doctrina, ya que comprende no solo el incumplimiento total, sino también el defectuoso en todas sus formas, violación de derechos accesorios, el impedimento que la otra parte cumpla su obligación, como también, incluso, que la prestación se realice libre de cargas y gravámenes. En definitiva, el deudor solo cumplirá si entrega aquello que se ha comprometido contractualmente o el consumidor pueda razonablemente esperar. Por resumir en pocas palabras aquello que implica la conformidad con el contrato[583].

Cabe destacar que, en la compraventa en general, dependiendo de si la inadecuación de la prestación debida por el vendedor se califica como incumplimiento o vicio oculto, el régimen aplicable sería, en principio, diverso, a a lo que ya nos hemos referido en el apartado correspondiente[584]. El saneamiento por vicios ocultos sigue un sistema de responsabilidad objetivo, el cual permite resolver el contrato o reducir el precio cuando el bien adolece de un defecto preexitente que lo vuelve inútil para el fin al que se destina. Con sus remedios propios: la resolución del contrato o la reducción del precio. El incumplimiento, en cambio, articularía la posibilidad de acudir a otros remedios, como el cumplimiento específico, la indemnización de daños y perjuicios y, en su caso, la resolución si es de carácter esencial.

---

unum que implica el deber de conformidad, de lo que también se ha hecho eco la doctrina extranjera, LUMINOSO, A.: *La compravendita*, cit.

582 PANTALEÓN PRIETO, F.: "Las nuevas bases de la responsabilidad contractual", *Anuario de Derecho Civil*, Vol. 46, núm. 4, 1993, p. 1720, en la misma línea que otros textos de derecho contractual europeo como pueden ser los PECL.

583 Para ser puristas, el deber de conformidad se verá cumplido si se cumplen, valga la redundancia, tanto los requisitos subjetivos como los requisitos objetivos de conformidad (arts. 115 bis y 115 ter).

584 Epígrafe 1.4.1, Capítulo II.

De todos modos, en verdad, el incumplimiento no es del todo claro en el Derecho español[585] de contratos, pues, si bien, este debería ser también imputable al deudor, para ser incumplimiento como tal, hoy en día, la doctrina más autorizada considera que se trata de una cuestión de hecho, por lo que si el deudor no lleva a cabo la prestación debida ha incumplido, otra cosa serían los remedios a los que tiene acceso el acreedor en caso de incumplimiento del deudor[586]. Esto es, puede que el deudor tenga derecho a resolver el contrato, pero tal vez no podría solicitar una indemnización de daños y perjuicios (que requeriría siempre un incumplimiento imputable al deudor). Todo ello, tiene como resultado un sistema fragmentado y desarticulado de remedios[587], que inevitablemente genera una gran insatisfacción al acreedor. Determinar si ha habido incumplimiento o no dependerá de la obligación que asumía el deudor en cuestión, obviamente no es lo mismo un contrato de prestación de servicios, pues, en este caso, un médico, por ejemplo, sí que podría asumir una obligación de conducta basada en el cumplimiento adecuado de la *lex artis*, y se entendería que ha incumplido su obligación en caso de que sea negligente en su ejecución, lo cual distaría mucho de una obligación de entrega de un bien, y más aún cuando estamos

---

585 Gómez Pomar, F.: "El incumplimiento contractual en Derecho español", *Revista InDret*, núm. 3, 2007, p. 16.

586 Carrasco Perera, Á.: "Comentario a los artículos 1101 a 1107 del Código Civil", en AA.VV.: *Comentarios al Código Civil y Compilaciones Forales* (dir. M. Albaladejo), Tomo XV, Volumen. 1°, Edersa, Madrid, 1989, pp. 397 y ss., Pantaleón Prieto, F.: "Las nuevas bases", cit., pp. 1729, y Verdera Server, R.: *El Cumplimiento forzoso de las obligaciones*, Publicaciones del Real Colegio de España, Bolonia, 1995, pp. 136 y ss.

587 "Es un rasgo propio de los sistemas continentales la construcción desmembrada o desarticulada del sistema de remedios a través de los cuales se da satisfacción al interés del acreedor", Díez–Picazo, L., Roca Trías, E., Morales, A.M.: *Los Principios del Derecho Europeo de Contratos*, Civitas, Madrid, 2002.

en un bien de consumo, ya que la obligación es de entregar un bien conforme, cuya responsabilidad es objetiva.

Siguiendo los remedios a los que tiene acceso el acreedor en caso de incumplimiento, es importante señalar que, a la hora de configurar un sistema de responsabilidad contractual, existen principalmente dos posibilidades. Si bien, como se verá, esto afecta en gran medida a la articulación de los mismos y si uno de ellos se erige como prioritario. La primera de las opciones sería establecer un sistema en el cual lo primordial es el deber de conducta que debe desplegar el deudor para exigir responsabilidad al mismo. Esto es, se pone el acento en la figura del deudor.

No obstante, cabe establecer una segunda posibilidad a la hora de configurar un sistema de responsabilidad contractual, que sería poner el foco no en aquello que debe realizar el deudor, sino en la satisfacción del interés del acreedor. Así, habrá responsabilidad contractual no cuando el deudor haya desplegado una determinada conducta independientemente del resultado final. Todo lo contrario, aquí lo que se busca es ciertamente garantizar un determinado resultado.

Visto desde otra perspectiva, estas dos formas de entender la responsabilidad contractual lo que hacen es desplazar el riesgo del contrato hacia una de las partes. En el primer caso, es el acreedor el que asume el riesgo de insatisfacción por causas ajenas a la conducta del deudor. Mientras que, en el segundo de los casos, es el deudor el que soporta el riesgo de que finalmente su conducta no satisfaga los intereses del acreedor.

Como es por todos sabido, y ya se ha indicado antes, la primera de las opciones responde al sistema propio de los países continentales del *Civil Law,* y que verdaderamente tiene su origen en una concepción de la economía mucho más rudimentaria en la que no se contemplaba la posibilidad de cargar al deudor con el riesgo de garantizar siempre al acreedor la satisfacción de un determinado resultado. Asimismo, esta concepción tiene unos fundamentos morales especialmente arraigados[588], en la medida que, como ha señalado autorizada doctrina[589], tiene por principio la llamada "tutela satisfactoria". Dicho en otras palabras, el acreedor tiene derecho a "las mismas utilidades derivadas de la ley o del contrato, y no unas utilidades equivalentes", lo que se traduce en que el acreedor puede exigir la prestación debida y no conformarse con un equivalente pecuniario[590].

Sin embargo, la segunda de las opciones se corresponde con un sistema basado en la llamada responsabilidad objeti-

---

588 Esto se debe a la influencia del principio del *pacta sunt servanda* que actúa como un pilar de los fundamentos de derecho privado propio de los países del Civil Law, *vid.* TALLON, D.: "Les dommages–intèrêts dans les Principes Unidroit relatifs aux contrats du comerse internacional", en AA. VV.: *Contratti Commerciali Internazionali e Principi Unidroit* (a cura di M. J. BONELL e di F. BONELLI), Giuffrè Editore, Milano, 1997.

589 VERDERA SERVER, R.: *"El Cumplimiento"*, cit., p. 45.

590 La marcada priorización de la prestación debida es propia de los sistemas del Civil Law. En derecho español la regla general es que los contratos obligan exactamente al cumplimiento de lo pactado, no a una indemnización de daños y perjuicios, solo cuando no es posible acudir a la tutela satisfactoria es posible subsidiariamente acudir a la tutela resarcitoria. Un claro ejemplo de ello son las prestaciones personalísimas, en la medida que no es posible obligar a su cumplimiento. Por tanto, solo es posible recurrir a una prestación sustitutoria o multas coercitivas en el supuesto de que el deudor no pueda o no quiera llevarla a cabo (*vid.* art. 709 Ley de Enjuiciamiento Civil). No obstante, el Tribunal Constitucional no ha considerado contrario a la tutela judicial efectiva que al demandante se le concediera en un caso una indemnización pecuniaria en lugar del cumplimiento específico de la obligación, pues la reparación de la prestación, esto es, la limpieza del terreno era completamente desproporcionada (ascendía a 50.000.000 pts lo que serían 300.506,05 €), mientras que el valor del terreno una vez limpio serían solo 116.000 ptas (697,18 €) por lo que el Tribunal de instancia decidió concender directamente una indemnización por el valor del terreno, los 697,18 € (STC 194/1991, de 17 de octubre *[Tol 80606]*).

va, propio de los países del *Common Law,* que, a diferencia de los postulados que siguen los países del *Civil Law,* no presenta la misma concepción moral, sino meramente económica. En este sentido, lo que se pretende por encima de cualquier otra consideración es la satisfacción del interés del acreedor, que se puede conseguir de diversas formas. Por consiguiente, aquello a lo que tiene derecho el acreedor es a lo voluntariamente pactado en el contrato, pero también a una indemnización pecuniaria, si por la primera vía no se ha conseguido satisfacer al mismo. Esto se resume en que la tutela que rige a los países del *Common Law* no es una "tutela satisfactoria", sino meramente "resarcitoria"[591], dado que el acreedor no puede exigir al deudor que realice la prestación específica, sino que el segundo perfectamente cumpliría llevando a cabo una prestación equivalente que igualmente satisfaga el interés del primero.

El fundamento de esta tutela se encuentra, como ya he indicado, en una concepción puramente económica de las relaciones contractuales, en la que el valor de la palabra dada poca importancia tiene si es posible obtener un mayor rédito económico compensando simplemente al acreedor por aquello que se le prometió[592]. Nada que ver con lo que propugna un sistema con-

---

591 VERDERA SERVER, R.: *El Cumplimiento,* cit., 45.

592 En ese sentido *vid.* VERDERA SERVER, R.: *El Cumplimiento,* cit., p. 49. Esto se puede ver con un ejemplo, imaginemos que la Aerolínea A pacta con el Proveedor B la entrega de X litros de combustible a un determinado precio relativamente bajo debido a las circunstancias económicas. No obstante, el estallido de una guerra provoca que los precios se disparen haciendo que cumplir el contrato en sus estrictos términos provoque una pérdida de oportunidad importante al proveedor. Si seguimos los postulados del *Civil Law,* la aerolínea podría plantear una acción de cumplimiento específico mediante la cual se exigiría la entrega inmediata de los barriles pactados ante el eventual incumplimiento del proveedor. Por el contrario, si seguimos los postulados del *Common Law,* el proveedor podría cumplir su obligación contractual indemnizando con una prestación equi-

tractual como el nuestro, ya que para el Derecho español, como ya ha manifestado la doctrina: "el acreedor dispone de una acción de cumplimiento del contrato en forma específica. El deudor que incumple no puede pretender que el acreedor se limite a recobrar el daño económico que le resulta del incumplimiento. En consecuencia, el deudor que se encuentra ante un mercado alcista no puede libremente especular con el incumplimiento, en la confianza que el *surplus* obtenido con el nuevo contrato será mayor (y suficiente) que los daños por los que el acreedor tenga derecho a ser indemnizado por el deudor incumplidor. El deudor no puede libremente buscar un nuevo comprador y limitarse a devolver al acreedor antiguo el precio convenido por el contrato."[593]

Otra cuestión que caracteriza al sistema anglosajón, es que, por ejemplo, la delimitación del incumplimiento contractual en la compraventa se basa en la idea del *caveat emptor*, en el cual vendedor, salvo pacto en contrario, no garantiza las cualidades de la cosa. Esto implica que se haya desarrollado ampliamente el régimen de la garantía en dicho ámbito, pues se estimula su pacto ante dicha situación, habida cuenta de que el vendedor asume una verdadera *strict liability*[594]. Cuestión que es muy habitual en las operaciones de compraventa de empresas a nivel internacional.

Dicho esto, el TRLGDCU no copia de forma automática o, al menos, no se puede decir que replique un modelo contractual anglosajón, sino que se podría decir que opta por una posición intermedia. Por un lado, en lo que respecta al plano del incumplimiento, vemos que, tomando como partida la idea de obli-

---

valente a la aerolínea, que a la postre podría resultar mucho más beneficiosa para el deudor, pues entregando los barriles a un nuevo comprador al precio actual obtendría una gran ventaja económica.

593 Pérez Velázquez, J.P.: *La indemnización de daños y perjuicios por incumplimiento del contrato en los principios de derecho contractual europeo*, BOE, 2016, p. 59.

594 Morales Moreno, A.M.: "Tres modelos", cit., p. 10 y ss.

gación (se obliga a entegar una cosa conforme al contrato), la fusiona con la de garantía, dando lugar a un híbrido dónde el vendedor asume una responsabilidad objetiva conectada con la indemnidad de la garantía, en sentido estricto, de entregar bienes conformes al contrato[595]. Por otro lado, en lo que se refiere al plano remedial, acepta que el cumplimiento específico pueda erigirse como mecanismo preferente a la hora de exigir el cumplimiento del contrato, pues a la hora de configurar el régimen jurídico de la puesta en conformidad establece que: "Si el bien no fuera conforme con el contrato, para ponerlo en conformidad, el consumidor o usuario tendrá derecho a elegir entre la reparación o la sustitución, salvo que una de estas dos opciones resultare imposible o que, en comparación con la otra medida correctora, suponga costes desproporcionados para el empresario [...]" (art. 118 TRLGDCU). Y, como hemos visto, la indemnización de daños y perjuicios se sigue rigiendo por las normas generales del art. 1.101 y ss. CC.

Como se puede observar, en el ámbito de los remedios para la puesta en conformidad, se prefiere inicialmente el cumplimiento específico frente a cualquier otro remedio, sin que el consumidor pueda voluntariamente acudir a los remedios subsidiarios de resolución del contrato o reducción del precio, salvo algunas excepciones, como que resulte imposible o desproporcionado acudir a este cumplimiento específico.

En este sentido, el TRLGDCU (moldeado por las Directivas de la UE) ha seguido un camino que recuerda a otros textos de alcance internacional. En primer lugar, la CISG que, en sus artículos 46 y 62, establece claramente la posibilidad de que el comprador pueda exigir el cumplimiento *in natura*[596]. De hecho, la

---

595 FERRANTE, A.: "Obligación y garantía", cit., p. 904.

596 "El comprador podrá exigir al vendedor el cumplimiento de sus obligaciones, a menos que haya ejercitado un derecho o acción incompatible con esa exigencia." Art. 42.1 CISG.

conservación del contrato es una constante en todo el articulado de la CISG. Eso no quita que al igual que sucede con el TRLGDCU establezca que la pretensión de cumplimiento sea plenamente compatible con la pretensión de solicitar una indemnización de daños y perjuicios que hayan podido acaecer (art. 45.2 CISG).

No obstante, la CISG tiene una excepción que la diferencia de la opción escogida por la Regulación Europea de protección al consumidor, y es que se limita el ámbito territorial de aplicación de la exigencia de cumplimiento específico a lo que señale la *lex fori*. En ese sentido, el art. 28 CISG limita la efectividad de la fuerza coactiva de la exigencia de cumplimiento específico a lo que dispongan las reglas de los Derechos nacionales[597]. Por consiguiente, cuando en el país en cuestión se aplique de forma residual la pretensión de cumplimiento, los tribunales no se verán constreñidos a aplicarla, pero, por el contrario, cuando sí nos encontremos ante un país que en virtud de su propio derecho debería aplicarla, los tribunales deberán seguir esa postura. Asimismo, la CISG no se aleja tanto de la influencia anglosajona, pues sí regula la indemnización de daños y perjuicios, haciéndolo en clave de responsabilidad objetiva, esto es, el deudor solo podrá exonerarse por caso fortuito o fuerza mayor (art. 79 CISG).

La solución que sigue la CISG es un tanto peculiar, y se ha querido ver en ella una opción de "compromiso"[598]. Sin embargo, esta línea no ha estado exenta de críticas, según autorizada doctrina hubiera sido más inteligente que la CISG hubiese sido más flexible en el sentido de que los países del *Civil Law* pudiesen limitar la pretensión de cumplimiento específico a las

---

597 Cabanillas Sánchez, A.: "Comentario al artículo 28", en AA.VV.: *La Compraventa Internacional de Mercaderías. Comentario de la Convención de Viena* (dir. y coord. L. Díez–Picazo y Ponce de León), Civitas, Madrid, 1998, p. 223.

598 Cabanillas Sánchez, A.: "Comentario", cit., p. 233.

situaciones que fuese necesario en la práctica. En cambio, los países del *Common Law* podrían haber aceptado que, en dichas situaciones, los tribunales lo otorgasen en la práctica[599].

Otros textos como los *Principles of International Commercial Contracts* (en adelante, PICC) y los PECL, sí que mantienen una tendencia similar al TRLGDCU en la medida que, si bien, están fuertemente influenciados por e*l Common Law,* siguen la tradición jurídica de los países del *Civil Law* al otorgar al acreedor la facultad de exigir el cumplimiento tanto en las obligaciones pecuniarias como en las no pecuniarias[600]. Por consiguiente, un tribunal de arbitraje que deba aplicar los PICC se verá obligado a ordenar el cumplimiento específico de las obligaciones.

En conclusión, la convivencia de dos formas de entender la responsabilidad contractual tan diversas en el TRLGDCU, hace que surjan una serie de preguntas en orden a como operar ante el acaecimiento del incumplimiento o dicho en sus propios tér-

---

599 LANDO, O.: "El derecho contractual europeo en el tercer milenio", *Derecho de los Negocios,* núm. 116, 2000, p. 12.

600 De todos modos, esta exigencia se ve salpicada por evidentes excepciones. Por ejemplo, en los PECL, una de ellas sería la imposibilidad material o jurídica de la prestación, la cual puede ser física o, de hecho, que resultare imposible previamente, o que se trate de una imposibilidad sobrevenida con posterioridad y definitiva (*vid.* art. 8:108 PECL sobre la imposibilidad sobrevenida de la prestación). Que, en verdad, contrasta con la opción del Derecho español dónde si cabría la imposibilidad sobrevenida, pero no en cambio, la imposibilidad física producida con anterioridad al contrato, pues el contrato no existió al faltar uno de sus requisitos: el objeto (arts. 1272 y 1460.1 CC). En definitiva, si se estudian las restricciones, la conclusión es que solamente se podrá ejercer en la práctica el cumplimiento en específico cuando nos encontremos ante obligaciones de dar cosas específicas o infungibles. Igualmente, al estudiar la ejecución forzosa en nuestro derecho se advierte como solo es posible compeler al deudor a la entrega de cosas determinadas, siempre y cuando se hallen en su patrimonio (art. 1096.1 CC).

minos, falta de conformidad. Esto es, en el caso de producirse la falta de conformidad, ¿habrá que analizar la conducta del empresario para determinar la imputabilidad de su incumplimiento si se desea exigir la indemnización de daños o perjuicios? ¿O directamente habrá que dar por cumplido dicho extremo y simplemente centrarse en acreditar los daños que se pudiesen haber irrogado y su causalidad con la falta de conformidad?

Como se analizará en el siguiente apartado, no parece que tenga mucho sentido tener que buscar la imputación de responsabilidad en el empresario, cuando seguramente sea muy complicado poder demostrar ese extremo con seguridad, lo que dificultaría sensiblemente en la práctica que los consumidores pudiesen obtener una indemnización de daños y perjuicios por dicha falta de conformidad.

Al final, la dicotomía que presenta en este aspecto el TRLGDCU no hace sino avivar la discusión doctrinal que tradicionalmente ha existido sobre si en el Derecho español vive un único sistema de responsabilidad o, en realidad, es doble[601]. Es decir, si para el caso del incumplimiento contractual, sobre la reclamación de la prestación objeto del contrato (lo que sería la indemnización de la *aestimatio rei*) en realidad no se exige culpa, y solamente se exigiría para la reclamación de los ulteriores daños y perjuicios, también denominado *id quod interest*. O, por el contrario, el sistema de responsabilidad sería único, en la medida que la partida de indemnizatoria que puede exigir el acreedor englobaría tanto la *aestimatio rei* y el *id quod interest*.

Sin embargo, desde el momento en que se ha iniciado un camino de objetivación de la responsabilidad, no ya solamente en textos internacionales como la Convención de Viena o los PECL, sino también en textos de aplicación nacional como es

---

[601] Sobre esta cuestión, LLAMAS POMBO, E.: *Cumplimiento por equivalente y resarcimiento del daño del acreedor*, Trivium, Madrid, 1999.

el TRLGDCU o incluso la propia Propuesta de Modernización del Código Civil (en adelante, PMCC), debería tener mucho más sentido propugnar un único sistema de responsabilidad objetivo. Véanse los arts. 1.187 y 1.190 PMCC que respectivamente establecen que: "el acreedor tiene derecho a la indemnización por los daños que le cause el incumplimiento del deudor" (sin hacer ninguna referencia a la culpa) y "el deudor que incumple una obligación nacida de un contrato deberá indemnizar los daños que razonablemente se hubieran previsto o podido prever como consecuencia probable de la falta de cumplimiento en el momento de la celebración del contrato, y estén comprendidos dentro de su fin de protección".

Dicho lo cual, resulta poco convincente que se haya optado desde las Directivas de la Unión Europea por dejar a la regulación de cada Estado Miembro una cuestión tan importante como es la indemnización por daños y perjuicios, ya que a la postre puede provocar grandes incoherencias como resulta en el caso español. En la que medida que, teóricamente, por un lado, habría que determinar según los criterios que nos marca el TRLGDCU si ha habido falta de conformidad (desplegándose los remedios ya vistos) y, por otro, analizar en clave subjetiva la conducta del empresario para determinar si proceden daños y perjuicios por dicha falta de conformidad. Es decir, la indemnización de daños y perjuicios podría tener requisitos distintos como remedio en el supuesto de una falta de conformidad. Todo lo contrario, se debería haber armado desde el principio un sistema de responsabilidad único en clave objetiva que permitiese reclamar directamente tanto la puesta en conformidad como los daños y perjuicios, si procedían.

No obstante, como ahora se expondrá el resultado viene a ser en última instancia el mismo. Esto es, dada la naturaleza del deber de conformidad, acreditada su falta resulta muy complejo poder determinar si es imputable al vendedor. Por lo que, si se prueban los daños, los mismos deberán ser reparados. Así se desprende de la jurisprudencia desde hace un tiempo, habida cuenta de que si se analizan los pronunciamientos de los tribunales de justicia, cuando conceden tales indemnizaciones, no se detienen a determinar si los mismos son imputables al empresario desde un prisma subjetivo, sino simplemente lo que se busca es si la falta de conformidad era imputable al empresario desde un punto de vista objetivo.

2.5.2. La configuración del resarcimiento vía art. 117 TRLGDCU

2.5.2.1. ¿Incumplimiento doloso o culposo?

Como venía diciendo, del tenor del art. 117 TRLGDCU cabe preguntarse si la indemnización de daños y perjuicios "si procede" en caso de falta de conformidad será conforme a las reglas generales de Derecho Español, que teniendo en cuenta que la Directiva 2019/771 nada dice al respecto, podríamos concluir que, en defecto de más indicación, así debe ser. De hecho, señala que los Estados Miembros tendrán libertad para regular esta cuestión en sus propios ordenamientos nacionales (Considerandos 18 y 61).

Esto supondría aplicar los arts. 1101 y ss. CC, de modo que los criterios de imputación pasarían a ser la culpa y el dolo. Dicho en otras palabras, como indica autorizada doctrina[602], la culpa y el dolo son "criterios de imputación al deudor de la materialidad del daño", no las causas materiales del mismo. Así, las causas materiales del daño serían la mora y la contravención del tenor de la obligación (falta de conformidad).

Por consiguiente, la falta de conformidad (la contravención) necesitaría de un plus, culpa o dolo para poder desencadenar

---

602 Carrasco Perera, Á.: "Comentario", cit., pp. 377 a 382.

una eventual indemnización de daños y perjuicios[603]. Cosa que no sucedería con los remedios de la reparación, sustitución, resolución del contrato o reducción del precio. Por el contrario, si el criterio de imputación fuera objetivo, y, por tanto, prescinde de la culpa, simplemente cabría preguntarse si el incumplimiento es excusable o inexcusable, esto es, el deudor siempre responde salvo que se demuestre que la *non performance* se debe a causas ajenas a su esfera de control, pues el deudor puede ser imputado cuando la causa que le impide llevar a término su cumplimiento está dentro de su esfera de control. Para que un incumplimiento sea inexcusable "debe tener por base un impedimento originado dentro de su esfera de control, o que, produciéndose fuera de la misma, resultase previsible o imprevisible pero evitable"[604].

No obstante, aunque se considere que, con carácter general, en defecto de indicación expresa de la ley debe regir un sistema de responsabilidad subjetivo, la doctrina científica más autorizada ha reinterpretado el art. 1101 CC en clave de responsabilidad objetiva, considerando que, en realidad, la culpa no ocuparía un lugar preeminente en nuestro sistema civil de responsabilidad contractual, por lo que para que el deudor pudiese exonerarse de responsabilidad debería acreditar, entre otros extremos, el acaecimiento de un suceso fuera de su ámbito de control, que

---

603 Ha seguido tradicionalmente este criterio las SSTS 30 noviembre 1973 *(Tol 4258051)* y 10 octubre 1990 *(Tol 1730100)*.

604 PÉREZ VELÁZQUEZ, J.P.: *La indemnización,* cit., p. 138, como señala DÍEZ–PICAZO, L., ROCA TRÍAS, E., MORALES, A.M.: *Los Principios,* p. 380, "cada parte asume el riesgo del daño que cause su incumplimiento, preveniente de obstáculos surgidos fuera de su esfera jurídica, que, en el momento de la celebración del contrato, eran razonablemente previsibles. Puesto que tales obstáculos los ha podido prever, asume el riesgo de incumplimiento que los mismo provocan, si contrata sin excluirlos Así se incita a los contratantes a tomar en cuenta los riesgos que afectan a la ejecución de su prestación, para incorporarlos al ajuste económico del contrato".

el riesgo fuera imprevisible al momento de contratar, y que ha seguido la diligencia exigible atendida la naturaleza del contrato y las circunstancias del tiempo y del lugar. Sigue diciendo, que bastaría con leer el art. 1105 CC de la siguiente forma: "fuera de los casos expresamente mencionados por la ley, y de los que así lo declare el contrato, nadie responderá de los *impedimentos ajenos a su ámbito de control* que no hubieran podido preverse al tiempo de contratar [y evitarse, así pues, no contratando], o que [previstos posteriormente] fueran inevitables"[605].

De hecho, se puede concluir que en el ámbito de la responsabilidad contractual el incumplimiento podría condierarse el evento ilícito que desencadenaría la responsabilidad del deudor, frente a la cual solo se podría exonerar si demuestra que el mismo de debe a circuntancias que se encuentran fuera de su ámbito de control. Por el contrario, en el ámbito de la responsabilidad extracontractual, no habiendo relación jurídica entre medias, sí que se exigiría estrictamente la acreditación de la acción u omisión dolosa o culposa.

En consecuencia, si trasladamos dicho modelo a una obligación de naturaleza objetiva de entregar un bien de consu-

---

605 Pantaleón Prieto, F.: "El sistema de responsabilidad contractual (Materiales para un debate)", *Anuario de Derecho Civil*, Vol. 44, núm. 3, 1991, p. 1064 y ss. Concretamente, pone de manifiesto que: "para que el deudor quede exonerado de la obligación de indemnizar los daños objetivamente imputables a una falta de cumplimiento, a tenor de lo dispuesto en el artículo 1105 CC, han de concurrir estos tres requisitos, definitorios de caso fortuito: 1) La falta de cumplimiento tiene que haber sido provocada por un impedimento ajeno al ámbito de control del deudor [...] 2) Tiene que tratarse de un suceso cuyo acaecimiento durante la vida de la relación contractual no fuera razonablemente previsible al tiempo de contratar [...] 3) Y ha de ser un suceso inevitable, en sí y en sus consecuencias, empleando la diligencia que, atendida la naturaleza del contrato y las circunstancias, del tiempo y del lugar, correspondería a un buen padre de familia."

mo podríamos concluir lo siguiente. En primer lugar, dada la naturaleza de resultado de la obligación de "dar", como ya he recogido al inicio del capítulo, el incumplimiento tendría lugar por la mera no entrega de la cosa o entrega distinta de la pactada o presupuesta por las partes (falta de conformidad). Dicho esto, verificado el incumplimiento se desencadenaría el sistema de garantías que vincula al vendedor (no en el caso de falta de entrega), concretado en las medidas correctoras (primarias y, en su caso, subsidiarias), pero también concretado en la posibilidad de solicitar una indemnización de daños y perjuicios, perfectamente compatible con las medidas correctoras. Sin embargo, para que el deudor (es decir, el empresario) pudiera exonerarse de responsabilidad por daños y perjuicios, este solamente tendría que demostrar que el suceso estaba fuera de su ámbito de control (algo complicado si se trata de un defecto de fabricación), que no era un riesgo previsible al momento de contratar (también difícil de justificar cuando por estadística hay siempre errores en el montaje de los productos) y que obró con la diligencia exigible según la naturaleza de la obligación y las circunstancias de las personas, del tiempo y del lugar (desde el análisis económico del derecho se considera que se obra con diligencia cuando se toman medidas de control que no sean superiores al en coste al beneficio que se espera obtener)[606].

---

606 En ese sentido, PANTALEÓN PRIETO, F.: "El sistema", cit., p. 1071, con cita a STOLL, J.: "Art. 74", en AA.VV.: *Kommentar zum Einheitlichen UN–Kaufrecht*, C. H. Beck, Múnich, 2013, apartado 68 y 102, VON CAEMMERER, E. Y SCHLECTRIEM, P .: "Art. 79", en AA.VV.: *Kommentar zum Einheitlichen UN–Kaufrecht*, C. H. Beck, Múnich, 2013, apartados 22, 30 y 46, y MORALES MORENO, A.M.: "El dolo como criterio de imputación de responsabilidad al vendedor por los defectos de la cosa", *Anuario de Derecho Civil*, Vol. 35, núm. 3, 1982, pp. 656 y ss., indica que "el arrendador de obra y el vendedor–fabricante responderán de los defectos de sus obras o productos, incluso de los que provengan de materiales suministrados o partes integrantes fabricadas por terceros (no, si procedentes del dueño de la obra o del comprador)

Por todo ello, aunque literalmente la ley, por ahora, nos obligaría a seguir un esquema de responsabilidad subjetiva, no parece que razonablemente deba imputarse la falta de conformidad al empresario desde un prisma subjetivo para poder exigir los daños y perjuicios que se le hayan irrogado al consumidor[607]. La propia naturaleza de la responsabilidad del ven-

---

y de los que fueran inevitables con todas la medidas de cuidado económicamente eficientes, a excepción de aquellos defectos cuya existencia no pudiera descubrirse, dado el estado de los conocimientos científicos y técnicos al tiempo de la entrega [los llamados 'riesgos de desarrollo'; cfr. Art. 7.e) de la Directiva CEE de 25 de julio de 1985, sobre responsabilidad por los daños causados por productos defectuosos], o de los que sean imputables al diseño impuesto o las instrucciones dadas por el dueño de la obra o el comprador, o también, probablemente, de los que sean producto de actos de sabotaje". Mientras que el vendedor–intermediario no se vería tan vinculado, pero "es discutible que baste para exonerarle la demostración de que el proveedor de las cosas defectuosas, libremente elegido por él, es una firma acreditada y, él mismo, por su parte, adoptó las medidas usuales, o razonablemente exigibles en el caso concreto, para la detección de posibles defectos. Cabría sostener que la libertad del vendedor de elección de sus proveedores justifica que soporte, más allá de su culpa, el riesgo de los defectos imputables a aquéllos. No, con certeza, cuando el proveedor de la cosa defectuosa sea un monopolista, o haya sido impuesto por el comprador", PANTALEÓN PRIETO, F.: "El sistema", cit., p. 1071, *vid.* cita núm. 125.

607 Coincide FENOY PICÓN, N.: "La compraventa", cit., p. 803, JUÁREZ TORREJÓN, Á.: "El remedio indemnizatorio en la compraventa de bienes de consumo", *Revista de Derecho Privado,* núm. 3, mayo-junio 2014, p. 13 y SÁNCHEZ CALERO, F.J.: "La obligación de saneamiento por vicios o gravámenes ocultos y la Ley de garantías en la Venta de Bienes de Consumo (Ley 23/2003, de 10 de julio)", en AA.VV.: *La compraventa: Ley de Garantías* (dir. J.P. AGUIRRE ZAMORANO), *Cuadernos de Derecho Judicial,* CGPJ, Madrid, 2006, pp. 69–70, señalan que el deudor debe responder no cuando se dé culpa o dolo, sino solo cuando no se pueda exonerar *ex* art. 1.105 CC. En contra, MARTÍN ARESTI, P.: *Las Garantías de los Productos de Consumo,* Thomson Re-

dedor que prescinde de la diligencia que haya desplegado a la hora de cumplir sus respectivas obligaciones (de hecho, la responsabilidad se centraliza en el vendedor al ser muy complicado, en ocasiones, verificar en qué momento de la cadena de transacciones se ha producido la falta de conformidad) nos llevaría, desde mi punto de vista, a que no tendría sentido tener posteriormente que demostrar si esos daños son imputables al empresario, si se me permite[608], desde un esquema de imputación subjetiva del daño para poder reclamar una indemnización de daños y perjuicios[609].

---

uters Aranzadi, Navarra, 2010, pp. 178–179, para quién los daños deben ser imputables a la negligencia del vendedor para que el incumplimiento genere la obligación de indemnizar.

608 Pues ya se ha dicho por doctrina que, en realidad, dado el carácter objetivo del modelo de diligencia, solo se podrá afirmar con no poca seguridad que se responde con culpa/negligencia, cuando sea justamente ella la que permita imputar la responsabilidad entre los otros criterios disponibles. *Vid.* PANTALEÓN PRIETO, F.: "El sistema", cit., p. 1069.

609 La doctrina también se ha pronunciado en términos similares desde hace tiempo cuando señala que: "Debe tenerse en cuenta que si bien a tenor del régimen jurídico de responsabilidad del vendedor por falta de conformidad, éste se concibe como un sistema de responsabilidad de naturaleza objetivo, en el que la culpa o negligencia del vendedor no posee relevancia alguna. Pues bien, si la acción de daños y perjuicios se configura como una de las consecuencias del incumplimiento contractual calificado en virtud del juicio de responsabilidad como idóneo para generarlas, será una más del conjunto de medidas que el acreedor dispone ante el mismo en defensa de su derecho, de manera que este juicio de responsabilidad debe formularse de forma idéntica para todas estas medidas, también para la indemnización de daños y perjuicios. Entonces, en los casos de falta de conformidad, el éxito de la acción acumulada de indemnización de daños y perjuicios experimentados por el consumidor/comprador requerirá la prueba de la existencia de los daños y perjuicios (art. 1106 CC) y de la relación causal con el incumplimiento (art. 1101 CC), resultando de aplicación las previsiones de los arts. 1103 y 1107 CC". *Vid.* BUSTO LAGO, J. M.: "Comentario del artículo 21 TRLGDCU", en AA.VV.:

De hecho, la jurisprudencia menor en reiterados pronunciamientos prescinde de buscar la imputación subjetiva de los daños al empresario. Todo lo contrario, simplemente se centra en dos aspectos que se analizarán más adelante que son: la acreditación de los daños y la relación de causalidad de los mismos con la falta de conformidad.

La SAP Madrid, 15 septiembre 2017[610], en relación con una serie de defectos que presentaba un vehículo nuevo: "*pues aun cuando los defectos de origen que presenta el vehículo no tuvieran entidad para hacerlo inidóneo para su uso, siendo susceptibles de ser reparados, como efectivamente lo fueron, lo cierto es que el comprador tuvo que acudir desde el primer momento a los talleres de la concesionaria que le vendió el vehículo, se le produjo clara insatisfacción con el bien adquirido, que adolecía de una variedad de problemas aun cuando fueran menores, e inconvenientes y trastornos consiguientes a tener que prescindir del vehículo recién comprado, hasta que se puso a su disposición tras ser reparado, ciertamente en un plazo razonable, pero sin olvidar que quedaban algunas anomalías sin subsanar, y sin que conste que se le facilitara durante ese tiempo un vehículo de sustitución o cortesía.*" Lo que lleva al tribunal a reconocer el derecho a percibir "*una indemnización por los perjuicios sufridos que, ponderadamente, cuantificamos en la suma de 2.000 euros*".

La SAP Tarragona, 20 febrero 2019[611], en relación con una acción de resolución por presentar el vehículo de segunda mano una serie de anomalías de origen que impiden su normal uso: "*por lo que respecta a los daños y perjuicios reclamados en la demanda, se ha de conceder la cantidad solicitada en demanda por corres-*

Comentario del Texto Refundido de la Ley General para la Defensa de los Consumidores y Usuarios y otras leyes complementarias (Real Decreto Legislativo 1/2007), (coord. R. Bercovitz Rodríguez–Cano), Thomson Reuters Aranzadi, Pamplona, 2009, pp. 299–300.

610 SAP Madrid, 15 septiembre 2017 (*Tol 6391268).*

611 SAP Tarragona, 20 febrero 2019 (*Tol 7098952).*

ponderse a daños y perjuicios derivados de esa falta de conformidad, a excepción del coste por la sustitución de la bieleta izquierda, pues esta no estaba dañada. Se admiten, por tanto, los gatos de desmontaje y montaje para la averiguación de la avería, y el coste del traslado del vehículo, y la cantidad abonada por el seguro, cuyo pago únicamente tenía sentido para el demandante si disponía del vehículo, disposición que no tuvo, y ello por causa imputable al demandado. El importe objeto de la condena ha de quedar cifrado en la cantidad de 6.770.60 euros".

La SAP La Rioja, 5 abril 2019[612], resuelve un recurso de apelación interpuesto por la parte demandada y confirma el pronunciamiento de instancia: "*concluyendo que el vehículo había de entregarse en condiciones aptas para un funcionamiento o uso normal, ya que se vendió y se compró en el entendimiento de que funcionaba correctamente, y que la anomalía que afectó a la transmisión y dirección no permitían ese uso normal y razonable del mismo. En cuanto a la responsabilidad del vendedor y derechos del consumidor derivados de estas deficiencias recogidos en los arts. 118 y 121 de la LGDCU, entiende procedente la resolución del contrato dada la gravedad de las averías que afectaban a 1/3 parte del precio pagado, sin descartar la existencia de otros posibles defectos que pudieran detectarse al desmontar el vehículo, dado el tiempo transcurrido sin dar al comprador una solución efectiva a sus problemas imputándole, además, un mal uso, y, dado que tales averías impedían la utilización del vehículo con arreglo a su destino. Concluye que la parte demandada debe restituir el precio abonado de 9.150 euros y el coste de revisión en el servicio oficial por importe de 47,04 euros por tener su causa en la avería, desestimando, sin embargo, el coste de la pericial, los gastos de reclamación extrajudicial y los daños y perjuicios que reclamaba por no haber dispuesto del vehículo.*"

Tal y como se puede apreciar, el tribunal no realiza ninguna apreciación sobre la culpa del empresario a la hora de imputar los daños que deriven de dicha falta de conformidad. Simple-

---

612 SAP La Rioja, 5 abril 2019 *(Tol 7295157)*.

mente se analiza si los daños son directamente imputables a la existencia de la misma. Asimismo, se puede observar que la Audiencia, al aceptar la acción de resolución del contrato, concede una indemnización única que comprende todas las partidas indemnizatorias, esto es, tanto lo que correspondería con la *aestimatio rei* (el valor del vehículo), como los daños y perjuicios irrogados por la falta de conformidad, el *id quod interest,* sin hacer una distinción del criterio de imputación de cada una. En definitiva, la causa que otorga el derecho a ser reparado en todos los sentidos es la misma, la contravención del deber de conformidad con el contrato.

En la tercera sentencia sí se puede ver un esfuerzo del tribunal por separar ambas partidas, señalando que el precio de restitución del vehículo son 9.150 € y los gastos por servicio oficial son 47,04 € (que serían los daños y perjuicios irrogados *stricto sensu).* Si bien, al final, el motivo que desencadena toda la reparación del daño es el mismo, como ya hemos indicado antes, sin que pueda apreciarse una divergente imputación del daño. Llama la atención que, en este último pronunciamiento, ni los gastos de la pericial, ni de la reclamación extrajudicial, ni tampoco los daños y perjuicios que se reclamaban por no haber dispuesto el vehículo sean indemnizados, lo que parece más bien un problema de acreditación de los mismos, pues en otros pronunciamientos sí se conceden daños similares.

2.5.2.2. El daño

El siguiente punto a analizar son los daños que serían indemnizables por causa de una falta de conformidad. El criterio general de nuestra doctrina es el principio de la *restitutio in integrum,* esto es, la reparación integral del daño, mediante el cual se consigue la función principal del remedio indemnizatorio que no es otro que la de compensar por todos los menoscabos sufridos y restaurar el estado en que se encontraría de no haberse producido el incumplimiento. Como se viene diciendo: "resulta que la parte perjudicada tiene derecho a una suma de dinero que le permita situarse en una posición lo más parecida posible a la que tendría de haberse cumplido en sus exactos términos la prestación pactada, lo que nos conduce ineludiblemente a la comparación de dos estados o situaciones; una, la actual, la que tiene el perjudicado una vez producido el incumplimiento y, otra hipotética, la que disfrutaría de haberse realizado la prestación correctamente"[613].

Asimismo, el daño sería: "cualquier tipo de consecuencia perjudicial, menoscabo o detrimento, ya sea patrimonial o no patrimonial, presente o futuro, directo o indirecto, que sufre una parte contratante derivada de un incumplimiento injustificado del contrato"[614].

Esto nos lleva a considerar la posibilidad de que sean indemnizados todo tipo de daños, ya sean patrimoniales (dentro de los patrimoniales tendríamos, tanto el daño emergente, como el lucro cesante) y no patrimoniales (esto es, los daños morales)[615].

---

613 PÉREZ VELÁZQUEZ, J.P.: *La indemnización,* cit., p. 193. Esto se correspondería con la tesis de que en España se considera que la indemnización de daños y perjuicios en caso de incumplimiento contractual cubre el interés positivo del contrato. Esta es hoy la opinión común entre los tratadistas españoles, sin duda: LACRUZ BERDEJO, J.L.: *Derecho de obligaciones,* Vol. 1 y 2, 3ªed., 1994, p. 208, CARRASCO PERERA, Á.: "Comentario", cit., p. 389; PANTALEÓN PRIETO, F.: "Resolución por incumplimiento e indemnización", *Anuario de Derecho Civil,* Vol. 42, núm. 4, 1989, pp. 1152–1155; SOLER PRESAS, A.: *La valoración del daño en el contrato de compraventa,* Aranzadi, Pamplona, 1998, pp. 82 y ss. y GÓMEZ POMAR, F.: *Previsión de daños, incumplimiento e indemnización,* Civitas, Madrid, 2002, p. 42.

614 PÉREZ VELÁZQUEZ, J.P.: *La indemnización,* cit., p. 211.

615 El daño podrá ser calificado como patrimonial cuando el interés perjudicado sea de tal naturaleza, por el contrario, el daño será no patrimonial cuando el interés afectado sea inmaterial, con total inde-

Esto se puede ver con un ejemplo, aunque no sea propio de derecho de consumo, imaginémonos que una importante cadena de grandes almacenes pone a la venta una serie de productos (ya sean ordenadores, móviles, etc.) y al cabo de un tiempo, por ser una partida defectuosa, resultan inservibles por tener graves fallos de funcionamiento. Obviamente, estos daños provocados por el proveedor que ha entregado un lote defectuoso, no solo serán las reclamaciones que reciba de sus clientes y la probable bajada de ventas, sino también un daño en su imagen y buen nombre comercial, ya que había vendido a sus clientes productos no conformes[616].

Por este motivo, "tanto los daños patrimoniales como los extrapatrimoniales pueden estar ligados indistintamente a bienes de una u otra naturaleza porque lo decisivo es el interés afectado, no el bien sobre el que recae directamente el hecho dañoso"[617].

En realidad, la duda que podamos albergar al respecto se disipa desde el momento en que el artículo 128 TRLGDCU, y

pendencia del objeto que produzca la satisfacción de tal interés, esta idea la sostiene De Cupis, A.: *El Daño. Teoría General de la Responsabilidad Civil*, traducción de la 2.ª edición italiana y estudio preliminar por Ángel Martínez Carrión, Bosch, Barcelona, 1975, pp. 107–109.

616 Este planteamiento ya ha sido confirmado por el Supremo en otras ocasiones, véase la STS 3 junio 1991 *(Tol 1726950)*, pues pone de relieve que: "el problema se centra en que, a partir de un mismo hecho, pueden producirse simultáneamente, daños materiales que repercuten en el patrimonio del perjudicado y son susceptibles de evaluación patrimonial y un daño moral, relacionado o derivado de aquél, que alcanza a otras realidades extrapatrimoniales, bien de naturaleza afectiva, como son los sentimientos, bien referida al aspecto social de la repercusión creadora, y también abarca, en proyección de heterogeneidad, otras situaciones motivadoras de efectivos y trascendentales daños morales".

617 Naveira Zara, M.M.: *El resarcimiento del daño en la responsabilidad civil*, Edersa, Madrid, 2004, p. 82.

más concretamente en su segundo párrafo nos indica que: "las acciones reconocidas en este libro no afectan a otros derechos que el perjudicado pueda tener a ser indemnizado por daños y perjuicios, incluidos los morales, como consecuencia de la responsabilidad contractual, fundada en la falta de conformidad de los bienes o servicios o en cualquier otra causa de incumplimiento o cumplimiento defectuosos del contrato, o de la responsabilidad extracontractual a que hubiere lugar".

Esto se ha visto confirmado jurisprudencialmente desde el momento en que es posible encontrar sentencias que conceden todo tipo de daños derivados de una falta de conformidad. Pero, no es menos cierto, que los tribunales suelen ser bastante restrictivos a la hora de admitir tales daños, pues deben ser acreditados debidamente.

La SAP Granada, 27 enero 2012[618], que resuelve un recurso de apelación frente a la sentencia de instancia que había reconocido todos los daños reclamados por el actor, indica que: "*la sentencia le reconoce al actor, en concreto: 1.370 euros por gastos de taxi, al alegar el Sr. Inocencio que como tiene su domicilio en Huétor Santillán en varias ocasiones se ha visto obligado a trasladarse a Granada; y otros 228,05 euros por el perjuicio ocasionado a su patrimonio desde que pagó el vehículo hasta el 26 de marzo de 2009 en que se lo entregaron ya reparado, como intereses dejados de percibir si el dinero lo hubiera tenido invertido en un depósito.*

[...] *Sin embargo, analizando la prueba practicada en el procedimiento esta afirmación consideramos que no es cierta, con independencia del lugar donde esté empadronado que tampoco lo acredita. En primer lugar, en el acta notarial que se aporta con el escrito de demanda de 26 de marzo de 2009 (fol. 44), el actor reconoce y así se lo declaró al notario, que tiene su domicilio en Granada, calle DIRECCION000 nº NUM000, NUM001 y también se deduce de la declaración prestada en*

618 SAP Granada, 27 enero 2012 (*Tol 2665994*).

el acto del juicio (minuto 18:40) donde el actor relató que como le dijeron que el coche llevaba dos meses parado y los aceites estarían muy densos, fue a probarlo y subió a Huétor Santillán de donde es él, pensando que cuando llegara el ruido se habría acabado, pero 'no fue así, eso esa noche, a la mañana siguiente a las 7 de la mañana me levanté para hacer la misma operación y seguía el coche igual', por lo que decidió irse al concesionario de la marca directamente. Por tanto, si subió a Huétor Santillán, no para ir a su casa si no para probar el coche y al día siguiente se levantó a las 7 de la mañana para repetir la misma operación, era porque cuando se levantó no estaba en Huétor Santillán sino en su casa de Granada en DIRECCION000 nº NUM000, NUM001, lo que nos lleva a estimar en este punto el recurso, al considerar acreditado que el actor no tuvo estos perjuicios por los que reclama.

Igualmente, no puede prosperar la cantidad que reclama por unos supuestos intereses dejados de obtener, puesto que no los hubiera obtenido en ningún caso, es decir, si el coche no hubiera tenido la avería con el que se lo vendieron, tampoco hubiera obtenido esa ganancia."

El daño emergente sería la pérdida patrimonial que sufre el patrimonio del dañado, es decir, sobre bienes que ya se encontraban en el mismo. En el ejemplo dado, serían los gastos de taxi, si bien no se estimaron, pues se trataría de un menoscabo patrimonial actual ocasionado directamente por quedarse sin el vehículo.

En cambio, el lucro cesante se correspondería con la ganancia frustrada, dicho en otras palabras, con la no obtención de determinados ingresos, de los que se ve privado por mediar el hecho dañoso. En el ejemplo dado, serían los supuestos intereses que alegaba que había dejado de obtener, que tampoco fueron acreditados.

Este tipo de daño presenta más problemas respecto a su cuantificación o prueba porque verdaderamente se está refiriendo a un tipo de daño de carácter futuro, habida cuenta de que no necesariamente se está produciendo actualmente. Ese es el motivo por el que la doctrina señala que mientras "el concepto de daño positivo tiene una base firme, pues se refiere a hechos pasados, el del lucro cesante participa de todas las vaguedades e incertidumbres propias de los conceptos imaginarios"[619]. En ese sentido, "no basta, pues, la simple posibilidad de realizar la ganancia, como no se exige tampoco la absoluta seguridad de que esta se había verificado sin la intromisión del hecho dañoso. Ha de existir una cierta probabilidad objetiva, que resulte del curso normal de las cosas y de las circunstancias especiales del caso concreto"[620].

Por consiguiente, la estimación del lucro cesante depende de que, una vez recreada la situación de los hechos, quede suficientemente demostrado que de no haber mediado el incumplimiento habría tenido lugar el aumento patrimonial. Inicialmente, la jurisprudencia se había mostrado reticente a admitirlo, poco a poco, se ha admitido un criterio menos estricto[621]. Al final, lo que se propugna es que no basta "la simple posibilidad de realizar la ganancia, sino que ha de existir una cierta probabilidad objetiva, que resulte del curso normal de las cosas y de las circunstancias especiales del caso concreto"[622]. De todos modos, por lo que respecta al derecho de consumo, a

---

619 NAVEIRA ZARA, M. M.: *El resarcimiento,* cit., pp. 88–89.

620 FISCHER, H.A.: "Los daños civiles y su reparación", *Revista de Derecho Privado,* Madrid, 1928, p. 45.

621 CASTÁN TOBEÑAS, J.: *Derecho civil español, común y foral,* ed. 14ª, Tomo III, Reus, Madrid, 1986, p. 244 y NAVEIRA ZARA, M.M.: *El resarcimiento,* cit., p. 95

622 PÉREZ VELÁZQUEZ, J.P.: *La indemnización,* cit., p. 236. Como indica la jurisprudencia "el lucro cesante debe acordarse cuando se haya dejado obtener una ganancia por parte del acreedor y aunque es cierto que la jurisprudencia española ha sido restrictiva al señalar que no debe concederse indemnización en los casos de ganancias dudosas, sí se ha reconocido que, aplicando criterios de probabilidad, debe indemnizarse aquella pérdida futura que razonablemente se prevea que puede ocurrir" (SAP Madrid, 6 abril 2011 *[Tol 2119830]*)

mi modo de ver, no cabría la reclamación de un *lucrum cesans*, por no tratarse de un actividad profesional o empresarial[623].

En cuanto al daño no patrimonial, la doctrina lo ha definido como aquellos atentados o lesiones que afectan a la esfera física y psíquica como "el honor, el dolor, la integridad corporal, la tristeza, la muerte de un ser querido, el nacimiento de un hijo no deseado, y un largo catálogo de supuestos que van integrando poco a poco el contenido de un genérico daño moral"[624]. Así, como sucedió con el lucro cesante, la jurisprudencia no era inicialmente proclive a su concesión. Especialmente cuando hablamos de daño moral en la esfera de las obligaciones y contratos, esto es, si es posible que se conceda un resarcimiento por daño moral cuando el incumplimiento que ha generado la lesión en el bien jurídico de carácter no patrimonial era de tipo contractual[625]. No obstante, la doctri-

623 Opina en sentido contrario Soler Presas, A.: *La valoración*, cit., pp. 190–191, quien señala que, si es posible acreditar un uso productivo de los bienes, sí sería posible reclamar un eventual lucro cesante al no poder disponer del mismo por una falta de conformidad. Del mismo modo, afirma que si el destino del bien es la reventa, y es acreditado, la pérdida de condiciones óptimas del bien podría ser reclamada, aunque el mismo hubiera sido reparado.

624 Asimismo, se indica por la doctrina que: "el concepto y contenido del daño moral es marcadamente impreciso, resbaladizo, escurridizo, inasible, dogmáticamente híbrido e impuesto por la práctica y las nuevas valoraciones que la propia evolución social va dictando sobre la indemnización de los perjuicios en el tráfico jurídico de cada país". Barrientos Zamorano, M.: *El resarcimiento por daño moral en España y Europa*, Ratio Legis, Salamanca, 2007, p. 35.

625 La primera sentencia que admitió el daño moral en materia contractual fue la STS 9 mayo 1984 *(Tol 1737904)* que resolvió un caso por el cual un abogado reclamaba daños morales a una compañía telefónica pues, a pesar de existir una relación contractual entre la misma y él, de hecho, había aparecido en años anteriores con un contrato de suplemento publicitario y abono de cuota independiente, habían

na considera que, "admitido el resarcimiento del daño moral en la esfera de la responsabilidad extracontractual, no existe razón válida y objetiva para su exclusión cuando deriva del incumplimiento de un contrato"[626].

La SAP Navarra, 13 marzo 2021[627], que se pronuncia en un caso en el cual se reclamaban tanto daños patrimoniales como daños morales, manifiesta que: "*procede condenar a la actora al pago de 1.0053,59 € sin que se haya justificado por la parte demandada que alguno/s de los conceptos facturados fueran accesorios o innecesarios en orden a reparar definitivamente la avería padecida, y siendo preciso destacar que dicho importe, de un lado, es inferior al presupuestado por Spanienmotorsport y, de otro, es avalado por el informe del perito Sr. Ezequiel. [...], a ser indemnizado por los daños y perjuicios derivados de la falta de conformidad, por lo que, en aplicación de lo dispuesto en el artículo 1.101 del Código Civil, tendrá derecho a ser indemnizado en el importe de 150 € correspondientes al presupuesto de reparación elaborado por Spanienmotorsport (doc. 17.2). Por*

omitido todos sus datos (nombre, profesión, dirección y número telefónico). La sentencia concluyó que: "como la fama, el prestigio, la nombradía profesional, la permanencia en el ejercicio de una actividad dependiente de la clientela y anunciada mediante la normal publicidad en los casos en que, como el de autos y recursos, era realizada en la guía telefónica según contrato con el cliente o abonado reclamante, abogado en ejercicio, cuyos datos desaparecieron de la Guía durante un año, con la natural repercusión que ello entraña en punto a la incertidumbre de su baja o cesación profesional, traducible lógicamente en minoración de clientela y otros efectos, tales como, 'mutatis mutandis', es corriente en el mundo de la publicidad, en el que la permanencia del anuncio se convierte en necesidad inexcusable para la persistencia del tráfico mercantil, industrial o profesional".

626 En ese sentido, se pronuncia CASTÁN TOBEÑAS, J.: *Derecho civil,* cit., p. 245, cuando dice que: "admitido el daño moral como susceptible de indemnización en el campo extracontractual, no se ve razón por la que haya de ser excluido del campo de las obligaciones contractuales".

627 SAP Navarra, 13 marzo 2021 *(Tol 8468251)*.

el contrario, no procede incluir en el importe de la indemnización la suma abonada al gabinete pericial al considerar conforme al artículo 241.1.4º LEC que integra el concepto de costas del proceso.

[...] *Finalmente, son reclamados 1.042,37 € en concepto de daño moral cuantificando dicho importe conforme al salario base reflejado en su nómina, justificando la petición en el padecimiento y sufrimiento ante la necesidad de programar de forma diferente su vida por encontrarse sin vehículo y tener que acudir a su lugar de trabajo a una distancia de una hora de ida y otra de vuelta en trasporte público. En el acto de la vista depuso en calidad de testigo D.ª* Antonia, *compañera de trabajo de la actora que relató como a ésta le afectó mucho el problema con el coche, advirtiendo como se encontraba, durante meses irascible, nerviosa, sin dormir, lloraba, estaba enfadada, etc.*

[...] *En el caso de autos, y pese a la declaración testifical, no es posible estimar la pretensión de la actora en este punto, por cuanto, más allá de las lógicas incomodidades y preocupaciones, no es posible vincular en el concreto supuesto de autos, el incumplimiento de la demandada con la situación descrita por la Sra.* Antonia."

En cambio, sí estima el daño moral reclamado la SAP Navarra, 27 diciembre 2012[628], que resuelve un asunto en el cual el vehículo había presentado sucesivas averías durante un largo período de tiempo: "*En la demanda, dentro de la petición subsidiaria, se reclamó una indemnización de daños y perjuicios, con base en el art. 1100 y 1106 y concordantes del CC, comprensiva de los gastos soportados por servicios de taxi y alquileres y otros 6.000 euros en concepto de indemnización de daños y perjuicios y daños morales o en la cantidad que el juzgador estime más justa*".

La sentencia de primera instancia: "*condena a la demandada al resarcimiento de los gastos reclamados por servicios de taxi y alquileres de vehículos de sustitución derivados de la falta de disponibilidad del vehículo vendido por causa imputable a la demandada.*

---

628 SAP Navarra, 27 diciembre 2012 (*Tol 3916306*).

Sin embargo, rechaza que proceda indemnizar por daños morales por considerar que no fueron acreditados y porque el hecho de que la demandada haya precisado para obtener la reparación llevar su vehículo al taller, no supone que por cada vez deba la vendedora, reparadora hacer efectiva una indemnización.

Alega frente a ello la apelante que el proceso de sucesivas averías y reparaciones producido desde la compra del vehículo le ha ocasionado un impacto perjudicial anímico, padecimientos, contrariedades, etc. Que justifican la indemnización por daño moral, sin necesidad de prueba específica por ser circunstancia tan notoria que debe estar exenta de la obligación de prueba.

[...] *En el caso que nos ocupa, en el que, tras la venta del vehículo nuevo, cuando éste cuenta con poco más de 30.000 km, se suceden toda una serie de numerosas y sucesivas averías en diferentes componentes del motor, desde marzo de 2008 hasta la última en septiembre de 2009, que la sentencia de instancia considera acreditadas, es notorio que dicha circunstancia reiterada es hábil para provocar en cualquiera que se encontrara en el lugar de la demandante, un estado de aflicción o perturbación de alguna entidad (sin perjuicio de que la mayor o menor gravedad influya en la traducción económica), como consecuencia no solo de la incomodidad y molestia directamente producidas por la privación del uso del vehículo adquirido sino también por la preocupación y desazón propias de quien compra un vehículo nuevo, del que se espera razonablemente una calidad, unas prestaciones y un disfrute adecuado, y a la postre comprueba que sus expectativas se ven defraudadas.*

Por ello se estima adecuado fijar una indemnización en concepto de daños morales de 2.000 euros, atendido el uso realizado del vehículo (85.000 km), su valor, el número de averías consignadas en la información remitida por el fabricante del vehículo y el hecho de que la repercusión en los bienes inmateriales de la actora se aprecia como la media de cualquier consumidor puesto en su situación pues ni se alegó ni se ha probado que tuviera una incidencia de mayor entidad."

Ciertamente, parece ser que la sentencia da importancia al largo período durante el cual se van produciendo las averías, como desencadenante del estado anímico susceptible de provocar tal daño moral. Puesto que, en la sentencia analizada con anterioridad a la presente, el tribunal concluye que, tras oír la testifical, no se puede vincular la situación descrita a un supuesto de daño moral indemnizable. Seguramente, por el corto período, simplemente de un mes, del que se ve privado del vehículo por una avería en concreto, frente al año y medio de sucesivas averías que debe soportar el consumidor en este último caso. Si bien este daño moral, tal y como lo describe la sentencia, parece que se incardine más la pérdida de utilidad por parte del comprador, y no tanto en el interés de conservación o integridad en la persona del consumidor, que no estaría cubierta por la falta de conformidad[629]. Por tanto, la privación del uso del bien puede ser suceptible de generar un daño resarcible, tanto patrimonial, como moral[630].

2.5.2.3. La relación de causalidad

Para cerrar el círculo, toca hablar del último elemento que debe existir para que se pueda estimar la indemnización de daños y perjuicios, esto es, la relación de causalidad, así como del *quan-*

---

629 MORALES MORENO, A.M.: "Tres modelos", cit., p. 27.

630 Aunque referida al retraso en la entrega del bien, SOLER PRESAS, A.: *La valoración*, cit., pp. 167-173, contempla la posibilidad de reclamar una indemnización de daños y perjuicios por pérdida de disponibilidad del mismo. De hecho, señala que el daño sería igualmente resarcible sin necesidad de que el comprador procediese, por ejemplo, al alquiler de un bien de sustitución, aunque, efectivamente, su cuantificación sería distinta. No obstante, consideramos que estas afirmaciones son perfectamente extrapolables, de la misma forma que dicha indemnización, como es lógico, podría proceder ante un supuesto que no encajase en la falta de conformidad *stricto sensu*, como el caso de la no entrega del bien de consumo, cuando el consumidor esperaba obtenerlo en una fecha concreta.

tum indemnizatorio, o, dicho de otro modo, de cómo se determina el monto indemnizatorio que debe abonar el deudor de los daños.

En cuanto al primer elemento, la doctrina progresivamente ha ido elaborando distintas teorías para explicar cómo se puede relacionar causalmente un determinado daño con la conducta u omisión de un agente en concreto. Primeramente, surgió la teoría de la *condictio sine qua non* y la teoría de la equivalencia de condiciones. Por lo que respecta a la primera de las teorías, se afirma que cuando un movimiento corporal no puede mentalmente ser eliminado sin que como resultado desaparezca la producción de unos hechos, se puede decir que existe una relación causal entre ambos. Es decir, al final, el juzgador se debe colocar en el escenario y analizar qué hubiera ocurrido si el agente no hubiera actuado.

Como indica la STS 9 octubre 2008[631]: "*mediante la aplicación de la regla de la condictio sine qua non, conforme a la que toda condición, por ser necesaria o indispensable para el efecto, es causa del resultado; y la de la 'equivalencia de condiciones', según la cual, en el caso de concurrencia de varias, todas han de ser consideradas como iguales en su influencia causal sin suprimidas imaginariamente, la consecuencia desaparece también*".

Claramente, esta regla ha resultado muchas veces insuficiente para poder resolver determinados casos, es paradigmático aquel en el cual un empleado despedido de una fábrica como represalia decide acudir por la noche y quemarla. Sin embargo, la misma noche, un trueno cae sobre el edificio e igualmente provoca un incendio[632]. Es obvio que el siniestro se habría provocado de la misma forma, de todos modos, ¿deberíamos eximir por ese motivo al autor del primero de ellos? La respuesta debe ser negativa.

---

631 STS 9 octubre 2008 *(Tol 1389657)*.

632 INFANTE RUIZ, F.J.: *La responsabilidad por Daños: Nexo de casualidad y "causas hipotéticas*", Tirant lo Blanch, Valencia, 2002, p. 148.

En ese sentido, de las críticas que recibió por parte de la doctrina la teoría de la *condictio sine qua non,* surgió la de la causalidad próxima[633], la cual consiste en dar únicamente importancia a la causa más inmediata o cercana en el tiempo, desechando aquellas causas que son demasiado remotas como para ser tenidas en consideración. No es menos cierto que esta teoría también tiene sus defectos, pues, en algunas ocasiones, como apunta autorizada doctrina[634], el hecho de que un determinado suceso sea más próximo en el tiempo no supone que sea más decisivo.

Esto nos conduce a la conclusión de que ni siquiera la teoría de la causalidad próxima se configura como completamente satisfactoria, sino que es la teoría de la causalidad adecuada la que, en definitiva, resulta mucho más adecuada, valga la redundancia, junto con los criterios de imputación objetiva[635]. Por la cual, habrá que detenerse en la causa que más verosímilmente pueda haber sido desencadenante del daño atendiendo a criterios científicos y racionales.

Una vez hemos llegado aquí, la doctrina distingue dos planos, uno sería el de la causalidad física y otro sería el de la causalidad jurídica. Esto es, una cosa es que fácticamente un determinado hecho haya sido el causante del daño que se irroga y, otra muy diversa, que ese daño luego pueda ser imputado al que ha provocado el hecho concreto generador de los perjuicios. Véase la distinción entre un sistema de imputación objetiva o un sistema de imputación subjetiva. Si seguimos los criterios de la imputación subjetiva, por mucho que un hecho sea el claro generador del daño, si luego resulta que no se pue-

---

633 DÍEZ–PICAZO Y PONCE DE LEÓN, L.: *Fundamentos de Derecho Civil Patrimonial V, La responsabilidad Civil Extracontractual,* 1ª edición, Civitas, Navarra, 2011, pp. 362–363.

634 YZQUIERDO TOLSADA, M.: *Sistema de Responsabilidad Civil. Contractual y Extracontractual,* Dykinson, Madrid, 2001, p. 191.

635 DÍEZ–PICAZO Y PONCE DE LEÓN, L.: *Fundamentos,* cit., p. 364–366.

de imputar a título de culpa o dolo al creador de hecho, ya que ha sido diligente en su conducta, el daño no se le podrá atribuir. Por el contrario, si seguimos un sistema de imputación objetivo, no tendremos que analizar si el daño es imputable a título de dolo o culpa, sino que, solamente, habría que acudir a los criterios de imputación objetiva y luego, finalmente, como se verá, al test de previsibilidad.

Los criterios de imputación objetiva vienen a delimitar hasta qué punto responde el patrimonio del imputado objetivamente por determinados daños y son: el riesgo general de la vida, la prohibición de regreso, la provocación, el incremento del riesgo, el fin de protección de la norma y la adecuación.

El riesgo general de la vida hace referencia a que determinados daños ocurren de forma natural independientemente de la conducta responsable de los afectados, por estar vinculados a la propia existencia humana. En consecuencia, nadie responderá de estos daños que ocurren por ser debidos a los riesgos inherentes a la vida cotidiana, véase un partido de fútbol en el que los jugadores al pugnar por el balón se lesionan.

La prohibición del regreso tiene lugar cuando el incumplimiento del deudor se ve interrumpido por la acción dolosa o gravemente negligente de un tercero. Este hecho provoca que los daños no se puedan imputar al deudor original, habida cuenta de que de lo contrario se estaría obviando la incidencia decisiva que ha tenido el tercero en la causación de los daños. Por consiguiente, no se podrá retroceder hasta el deudor, impidiendo el regreso.

La provocación, por contraposición a la prohibición del regreso, supone que se imputen objetivamente los daños al iniciador del curso causal, esto es, el provocador, aunque intervenga la conducta de un tercero, si la conducta de este último ha sido razonable. Dicho de otra forma, "permite imputar los daños sufridos por una persona, o causados por ésta a un tercero, en el intento de salvar su vida, su integridad física o sus bienes, o la vida o integridad física o bienes de un tercero, al que culpablemente creó la situación de peligro cierto sobre los bienes jurídicos mencionados"[636].

El incremento del riesgo implica que no deben imputarse los daños cuando suprimida una determinada conducta el hecho dañoso se hubiera producido igualmente y tampoco la conducta ha incrementado el riesgo de que se produzca. Esto implica que el daño sí sería imputable objetivamente cuando la conducta del autor ha sobrepasado los límites del riesgo permitido y ha creado una situación de peligro.

El fin o ámbito de protección de la norma fundamentadora de responsabilidad se corresponde con la idea de que no pueden ser imputables objetivamente aquellos daños que caigan fuera del ámbito de protección de la norma en cuestión, es decir, de los concretos intereses que la norma trata de proteger. La doctrina ha fijado tres requisitos: "a) Que haya sido dañado el bien tutelado por tal norma. b) Que el bien lesionado entre en la esfera patrimonial o personal del sujeto o del ámbito de personas que esta norma intentaba proteger. c) Que la lesión haya sido producida en el modo en que la norma pretendía evitar que sucediese."[637]

Si todo esto lo trasladamos a materia de responsabilidad contractual, podemos concluir que la norma que fundamenta la responsabilidad del deudor es el propio contrato, de forma que, solo serán indemnizables aquellos daños que afecten a bienes o intereses protegidos por tal contrato. Es decir, como señala autorizada doctrina, en materia contractual, el deudor que ha incumplido el contrato responde frente al acreedor de los intereses protegidos por el contrato, pero "no, sin más por todas las consecuencias imaginables de su conducta contraria al contrato, sino sólo por las pérdidas que se irroguen a los inte-

---

636 Díez Picazo y Ponce de León, L.: *Fundamentos,* cit., p. 785.

637 Infante Ruiz, F.J.: *La responsabilidad,* cit., p. 185.

reses del acreedor protegidos por medio del contrato"[638]. Este principio encuentra su aplicación práctica en el llamado test de previsibilidad a la hora de fijar el *quantum* indemnizatorio, pues el deudor solo puede responder de los riesgos que han sido asumidos por las partes a la hora de celebrar el contrato.

Por último, la adecuación no es más que un reflejo de la propia teoría de la causalidad adecuada, que pone de manifiesto que esta, en realidad, no es más que un criterio de imputación objetiva. En la medida que verdaderamente su función no es resolver problemas relativos a la causalidad, sino determinar si un daño es atribuible a un sujeto concreto. Este criterio se suele explicar de la siguiente forma: "no es objetivamente imputable un concreto evento dañoso a la conducta causante del mismo, cuando la producción del dicho evento hubiera sido descartada, como extraordinariamente improbable, por un observador experimentado que, contando además en su caso con los especiales conocimientos del dañante, hubiese considerado la cuestión *ex ante*, en el momento que el dañante se dispuso a realizar la conduta, que desembocó en el evento dañoso de cuya imputación se trata"[639].

Si trasladamos esto al TRLGDCU, y concretamente a la falta de conformidad, a mi parecer nos encontramos con que los daños deberán ser una consecuencia razonable de la falta de conformidad atendida su naturaleza, y que afecten o tengan que ver con el bien en concreto y los intereses que se cubrían con dicho contrato, lo cual no es otra cosa que la utilidad que pretendía obtener el consumidor con la adquisición del producto.

---

[638] OLIVA BLÁZQUEZ, F.: "Comentario a la Sentencia de 7 de julio de 2008", *Cuadernos Civitas de Jurisprudencia Civil*, núm. 80, Mayo–Agosto 2009, p. 625.

[639] PÉREZ VELÁZQUEZ, J.P.: *La indemnización*, cit., p. 394.

2.5.2.4. El quantum indemnizatorio

Expuesto lo anterior, ya hemos delimitado la relación de causalidad en sus dos vertientes, tanto la física como la jurídica, por lo que para terminar toca hablar del *quantum* indemnizatorio, es decir, hasta qué punto se puede vincular el patrimonio del responsable a indemnizar por los daños ocasionados. En definitiva, ¿se responde por todos los daños que puedan ser imputados al deudor? Como hemos visto antes, en referencia al criterio de ámbito de protección, la respuesta debe ser negativa, habida cuenta de que, si nos movemos en el ámbito de la responsabilidad contractual, solo son indemnizables los daños que afecten a bienes o intereses protegidos por el contrato, esto es, de alguna forma las partes al celebrar el contrato establecen cuales son los riesgos que están asumiendo respecto del mismo, no cualquier riesgo imaginable.

La concreción legislativa de este criterio se encuentra en el art. 1107 CC, cuando señala que: "los daños y perjuicios de que responde el deudor de buena fe son los previstos o que se hayan podido preveer al tiempo de constituirse la obligación y que sean consecuencia necesaria de su falta de cumplimiento. En caso de dolo responderá el deudor de todos los que conocidamente se deriven de la falta de cumplimiento de la obligación".

Por consiguiente, cuando el deudor sea de buena fe, lo que se entiende por no doloso, responderá solamente de los daños previstos o previsibles, pero no de todos los que se puedan derivar del incumplimiento, de los cuales solo responderá el deudor doloso[640]. Si bien, la rigurosidad de esta regla no es tan

---

640 La interpretación que hacía ya García Goyena de este artículo se basa en la idea que el deudor no doloso solo responda de aquellos daños que son "consecuencia inmediata y necesaria del incumplimiento", por el contrario, con la finalidad de gravar al doloso, se decide que este sea responsable de todos los "daños conocidamen-

extrema, no es necesario que para que lo daños sean indemnizables el deudor haya previsto exactamente qué daños es posible que se deriven de su incumplimiento, sino simplemente qué perjuicios se podían producir de forma razonable: "La parte agraviada solo puede pretender el resarcimiento de aquella parte del daño efectivamente sufrido que razonablemente pudiera haberse previsto al tiempo de producirse el contrato"[641].

El TRLGDCU no contiene ninguna norma equivalente al art. 1107 CC, pues, en realidad, el art. 117, al no especificar nada, nos remite al propio régimen general del Código Civil. A pesar de las grandes diferencias que ya hemos indicado que existen entre ambos textos, podemos apoyarnos en un texto más próximo al espíritu del TRLGDCU como es la CISG, la cual sí contiene una regla de previsibilidad, concretamente el art. 74, el cual señala que: "la indemnización no podrá exceder de la pérdida que la parte que haya incurrido en incumplimiento hubiera previsto o debiera haber previsto en el momento de la celebración del contrato, tomando en consideración los hechos de que tuvo o debió haber tenido conocimiento en ese momento, como consecuencia posible del incumplimiento del contrato".

Como se puede apreciar, la CISG sigue un esquema bastante similar al art. 1107 CC, independientemente de que su sistema de responsabilidad este basado en fundamentos muy diversos. Y es que el principio de reparación integral de los daños

---

te ocasionados por el incumplimiento", PANTALEÓN PRIETO, F.: "El sistema", cit. pp. 1089–1090. Quién señala que Goyena partía de la premisa que el deudor doloso debía ser tratado peor que el no doloso, pues el primero era autor de un *delictum*, en consecuencia, dado que el Proyecto de 1851 no establecía limitación alguna a los daños previstos o previsibles a tiempo de contratar a diferencia del Código Civil Francés, decidió hacer una diferenciación y establecer que el deudor doloso respondería más allá de los que fueran *suite inmédiate* (es decir, consecuencia inmediata y necesaria del incumplimiento).

641 SOLER PRESAS, A: *La valoración*, cit., p. 47.

no es absoluto, ya hablemos del art. 1107 CC o el art. 74 CISG, se puede advertir que solo se indemnizarán aquellos daños y perjuicios que "hubieran sido previstos o previsibles, como consecuencia posible del incumplimiento, en el momento de la perfección del contrato"[642]. De todos modos, aquí encontramos una diferencia y es que el art. 1107 CC señala que los daños deben ser "consecuencia necesaria del incumplimiento", no "posible", por lo que, el Código Civil parece mucho más riguroso en este aspecto.

En ese sentido, la regla de previsibilidad tiene como objetivo la distribución de los riesgos del contrato, es decir, hasta qué punto las partes están asumiendo los riesgos que derivan del mismo. De forma que, estas puedan calcular los costes que están asumiendo con la operación[643].

Dicho esto, parece que cuando hablemos de indemnización de daños y perjuicios derivada de falta de conformidad, el deudor (esto es, el empresario), responderá de los daños que fueran previstos o previsibles al momento de contratar. Pero surge la duda de si deberán ser "consecuencia necesaria de su falta de cumplimiento" (en la línea del art. 1107 CC) o, en cambio, bastaría, en consonancia con los modelos más actuales (véase

---

642 PÉREZ VELÁZQUEZ, J.P.: *La indemnización*, cit., p. 439.

643 Desde el punto de vista de la CISG, sobre la información que deben proporcionarse las partes al momento que se celebra el contrato para poder elaborar correctamente el test de previsibilidad, PANTALEÓN PRIETO, F.: "Comentario artículo 78", en AA.VV.: *La Compraventa Internacional de Mercaderías. Comentario de la Convención de Viena* (dir. y coord. L. DÍEZ PICAZO Y PONCE DE LEÓN), Civitas, Madrid, 1998, p. 607 cuando señala que "no solo que la información sobre las circunstancias especiales que configuran aquel riesgo le haya sido proporcionada precisamente por la otra parte; sino que lo haya sido de tal forma, que personas razonables del mismo sector del tráfico, situadas en el lugar de los contratantes, habrían considerado que se asumía, salvo inmediata protesta, el correspondiente riesgo de responsabilidad".

la CISG), que fueran “consecuencia posible del incumplimiento”. Asimismo, nos podemos plantear la pregunta de si en el ámbito del TRLGDCU se puede identificar al deudor doloso y, por consiguiente, imputársele todos los daños que deriven del incumplimiento siguiendo lo marcado por el art. 1107 CC.

Mediante una observación de los pronunciamientos jurisprudenciales anteriores, no parece que sean tan rigurosos en la aplicación de una solución como la contenida en el art. 1107 CC, de hecho, como ya se ha indicado, la falta de conformidad se trata en su conjunto desde una perspectiva de imputación objetiva más moderna. A pesar de que, en el concreto ámbito que nos ocupa, los textos legislativos nos remitan al régimen general del Código Civil. Mucho más razonable es pensar que los daños se imputen con criterios de razonabilidad y posibilidad de la misma forma que ya lo hace el art. 1190 PMCC, cuando indica que: "el deudor que incumple una obligación nacida de un contrato deberá indemnizar los daños que razonablemente se hubieran previsto o podido prever como consecuencia probable de la falta de cumplimiento en el momento de la celebración del contrato, y estén comprendidos dentro de su fin de protección".

En ese sentido, ante una falta de conformidad, el deudor no doloso debería responder de “los daños que se hubiesen previsto o podido preveer razonablemente como consecuencia probable de la falta de cumplimiento”. Por el contrario, si se consiguiera demostrar el dolo responderá de “los daños y perjuicios que sean objetivamente imputables a su incumplimiento”. Así lo parece teniendo en cuenta los pronunciamientos judiciales anteriores. Sin embargo, en realidad, no existe una diferencia significativa entre ambos textos, pues cuando el Código Civil habla de “consecuencia necesaria”, lo que quiere decir es que los daños deben ser imputables desde un punto de vista de la causalidad jurídica al deudor, pero obviamente, estos daños luego han tenido que ser previstos desde criterios de posibilidad y razonabilidad, como susceptibles de ser consecuencia de un incumplimiento.

Al final esto nos lleva otra vez al principio, y es la falta de coherencia del legislador comunitario a la hora de diseñar este punto si verdaderamente buscaba una armonización de la cuestión en la Unión Europea, puesto que, si deja al arbitrio de los Estados miembros una cuestión tan importante como es la indemnización de daños y perjuicios, pueden surgir divergencias entre los países, como sucede en España, que, sobre el papel, aún conservamos un sistema de responsabilidad subjetiva. Pero no solo eso, es también incoherente desde el propio diseño de la norma, en la medida que, mientras el resto de los remedios se desplegarían solamente ante la falta de conformidad, el referido a la indemnización de daños y perjuicios tendría, *a priori*, requisitos adicionales. Mucho más inteligente hubiese sido fijar las reglas de indemnización de daños y perjuicios por falta de conformidad en la propia Directiva, inspiradas por los mismos principios que el resto del articulado, pero no ha sido así, abocando al aplicador del derecho a un sinfín de dudas que hemos planteado y tratado de resolver.

Capítulo 4. Nuevos horizontes en materia de compraventa de consumo

1. LA COMPRAVENTA DE CONSUMO COMO CATALIZADOR DE UNA ECONOMÍA SOSTENIBLE

1.1. Consideraciones preliminares

Expuesto el régimen contenido en la Directiva 2019/771, ya traspuesto al ordenamiento jurídico español, surge la pregunta de si los objetivos que marcaba la misma han sido efectivamente cumplidos y, al mismo tiempo, transcurrido un tiempo desde su introducción cuáles han de ser sus claves de reforma en el futuro.

Para empezar, la revisión de la Directiva 2019/771, que ya está prevista para julio de 2024, debe contextualizarse en el nuevo marco que impone el Plan de Acción para la Economía Circular y que la Comisión Europea ya anunció en marzo de 2020[644]. Este Plan no es, ni más ni menos, que una de las medidas ejecutivas que ha planteado la Unión Europea para dar cumplimiento al Pacto Verde Europeo, y, por lo que se refiere

---

644 COMISIÓN EUROPEA, Comunicación de la Comisión al Parlamento Europeo, al Consejo, al Comité Económico y Social Europeo y al Comité de las Regiones. Nuevo Plan de acción para la economía circular por una Europa más limpia y más competitiva (COM (2020) 98 final).

a la materia que nos ocupa, una de las principales novedades que incorporó dicho Plan fue el anuncio de la Propuesta de Directiva por la que se establecen normas comunes para promover la reparación de bienes[645].

Dicha Propuesta se ha materializado finalmente en la Directiva 2024/1799, de 13 de junio de 2024, por la que se establecen normas comunes para promover la reparación de los bienes. Asimismo, uno de los aspectos que más destacaría de la misma es que, frente a otro tipo de iniciativas que la Unión Europea ha promovido en materia de sostenibilidad y medio ambiente, considera al derecho de contratos como un actor clave en el cumplimiento de dichos objetivos. Si bien es cierto, que, a mi parecer, dicha Directiva no se podría erigir como la solución a todos los problemas, sí estoy de acuerdo en considerar, tal y como voy a desarrollar a continuación, en el importantísimo papel que puede jugar la tutela de los intereses privados de los consumidores, no solo en su protección directa, sino también en la consecución de fines colectivos como puede ser la protección del medio ambiente a través de una economía mucho más sostenible.

1.2. La durabilidad de los bienes de consumo y el problema de la obsolescencia programada

Tal y como ya se desarrolló al principio del trabajo, el principal objetivo de la Directiva 2019/771 era reducir las diferencias normativas existentes entre los diferentes EEMM de la Unión Europea con el objeto de reducir los costes de transacción y garantizar una mayor seguridad jurídica en las ventas transfronterizas. Si bien, tímidamente en el Considerando 32 ya se

---

[645] Propuesta de Directiva del Parlamento Europeo y del Consejo por la que se establecen normas comunes para promover la reparación de bienes y se modifican el Reglamento UE 2017/2394 y las Directivas UE 2019/771 y 2020/1828 (COM (2023) 155 final).

hacía alusión al siguiente paso que quería dar la Comisión y es garantizar una mayor durabilidad de los bienes a fin de construir una economía mucho más sostenible en el Mercado Interior[646]. No obstante, como se ha podido observar a lo largo de este estudio, para nada se puede concluir que dicho objetivo se haya alcanzado de alguna forma, pues no es posible extraer de todo el articulado de la Directiva un precepto que verdaderamente pueda interpretarse en clave ambiental.

El mayor problema de la durabilidad se relaciona con su intrínseca inconcreción, es sumamente difícil establecer cuál es la durabilidad de los bienes que el consumidor puede razonablemente esperar atendida la naturaleza del bien específico[647]. Además, es obvio que no se vincula necesariamente con la duración del

---

646 A este respecto, véase el informe solicitado por la Comisión de Mercado Interior y Protección del Consumidor: KEIRSBILCK, B., TERRYN, E., MICHEL, A., ALONGA, B.: "Sustainable Consumption and Consumer Protection Legislation: How can sustainable consumption and longer lifetime of products be promoted through consumer protection legislation", *Policy Department for Economic, Scientific and Quality of Life Policies Directorate–General for Internal Policies,* April 2020. Igualmente, es interesante consultar MAK, V., TERRYN, E.: "Circular Economy and Consumer Protection: The Consumer as a Citizen and the Limits of Empowerment Through Consumer Law", *Journal of Consumer Policy,* núm. 43, 2020, pp. 227–248. No hay que perder de vista que el art. 11 TFUE pone de manifiesto que: "las exigencias de la protección del medio ambiente deben integrarse en la definición y aplicación de las políticas y acciones de la Unión, en particular con vistas a fomentar el desarrollo sostenible"

647 "La durabilidad debe referirse a la capacidad de los bienes de mantener sus funciones y rendimiento obligatorios en condiciones normales de utilización. Para que los bienes sean conformes deben poseer la durabilidad que sea habitual en bienes del mismo tipo y que el consumidor pueda razonablemente esperar habida cuenta de la naturaleza de los bienes específicos, incluida la posible necesidad de un mantenimiento razonable de los bienes, como la revisión periódica o el cambio de los filtros de un vehículo, y de cualquier declaración realizada por

plazo de garantía. El plazo de garantía es el período por el cual el vendedor se compromete a mantener indemne al comprador de los defectos preexistentes que tenga el bien en el momento de entrega y se manifiesten posteriormente, pero eso no quiere decir que sea razonable que una vez finalizado el período de garantía en cuestión pueda aparecer una falta de conformidad. Entendemos que el consumidor cuando adquiere un bien de consumo, especialmente cuando se trata de bienes más duraderos en los que ha llevado a cabo una considerable inversión, tiene en mente conservarlos más tiempo. La durabilidad se ha convertido en una preocupación posmoderna, en la medida que los grandes actores del mercado han hecho de la caducidad su modelo de negocio.[648]

He aquí cuando entra en juego el fenómeno de la obsolescencia programada que está íntimamente relacionado con la perennidad de los bienes de consumo[649]. Como señala la doctrina, podría definirse como como una técnica de producción de bienes consistente en una reducción planificada de la funcionalidad de los mismos al objeto de provocar un período de uti-

---

cualquier persona que constituya una fase en la cadena de transacciones, o por cuenta de ella." (Considerando 32, Directiva 2019/771).

648 Véase a este respecto, BAUMAN, Z.: *Modernidad líquida*, 6ª ed., trad. Mirta Rosenberg y Jaime Arrambide Squirru, Fondo de cultura económica, México, 2003, p. 19.

649 Sobre la durabilidad como nuevo criterio de conformidad de los bienes de consumo, véase: D'ONOFRIO, M.: *Il difetto di durabilità del bene*, Edizione Scientifiche Italiane, Napoli, 2023, pp. 19 y ss., SIMONINI, G.F.: *Verso una nozione allargata di diffetto di conformità: sarà rilevante anche la 'durabilità del bene?, Danno e Responsabilità*, núm. 4, 2019, pp. 471 y ss., GARCÍA GOLDAR, M.: Propuestas, cit., pp. 99 y ss., BEGUINI, M.: "I rimedi della riparazione e della sostituzione nella direttiva" 2019/771/UE, en AA.VV.: *La vendita di beni mobili* (a cura di T. DALLA MASSARA), Pacini, Pisa, 2020, p. 322 y ss. y BARBER CÁRCAMO, R.: "Garantías en las ventas de bienes de consumo y economía circular: ¿El inicio de un nuevo régimen?", *Revista de Derecho Civil*, Vol. 9, núm. 2, Estudios, abril–junio, 2022, pp. 152 y ss.

lización más breve respecto a la duración normal de productos del mismo tipo[650]. La definición más reciente de obsolescencia programada la podemos encontrar en la Directiva 2024/825, de 28 de febrero, que modifica las Directivas 2005/29/CE y 2011/83/UE en lo que respecta al empoderamiento de los consumidores para la transición ecológica mediante una mejor protección contra las prácticas desleales y una mejor información[651]. Concretamente, en su Considerando 16, señala que dicho fenómeno consiste en: "una política comercial que implica la planificación o el diseño deliberados de un producto con una duración de vida limitada, de modo que quede prematuramente obsoleto o deje de funcionar tras un determinado período de tiempo o una determinada intensidad de uso."

Este desafío se manifiesta de diversas formas, lo que hace más compleja su lucha. Por un lado, puede consistir en un mero comportamiento omisivo basado en la ocultación de información al consumidor, es decir, el empresario libera una actualización del software sobre productos que comercializa que, por ejemplo, va encaminada a obtener el máximo rendimiento de los modelos más nuevos. No obstante, no se advierte que si dicha actualización se instala en los dispositivos más antiguos tendrá lugar como

---

650 D'Onofrio, M.: *Il difetto*, cit., p. 45. En términos similares, Pinochet Olave, R.: "La conformidad en el derecho de consumo y su relación con la percepción de obsolescencia planificada en la telefonía móvil por parte de los consumidores", en AA.VV.: *Seguridad y conformidad en el Derecho de Consumo: refelxiones actuales* (ed. E. Isler Soto), Tirant lo Blanch, Valencia, 2021, p. 447, quien afirma que puede consistir en aquel proceso de "producir bienes para una duración determinada o, por otra parte, reducir deliberadamente la vida útil de un producto", pudiendo ser esta decisión lícita o ilícita.

651 Directiva UE 2024/825 del Parlamento y del Consejo, de 28 de febrero de 2024, que modifica las Directivas 2005/29/CE y 2011/83/UE en lo que respecta al empoderamiento de los consumidores para la transición ecológica mediante una mejor protección contra las prácticas desleales y una mejor información.

resultado una considerable disminución de su rendimiento, habida cuenta de que el hardware de los mismos no será capaz de soportar adecuadamente la última versión del sistema operativo.

Por otro lado, la obsolescencia programada puede virtualizarse no ya a través de un mero comportamiento omisivo, sino a su vez acompañado de un comportamiento activo como llevar a cabo acciones concretas para reducir la vida útil del producto de origen. Un ejemplo, podría ser la simple elaboración del bien con materiales más débiles de lo que generalmente sería esperable en un producto de dichas características con el objeto de que su duración sea menor de lo habitual, circunstancia que no se advierte al consumidor. Otro ejemplo, podría ser la inclusión de un *chip* en un dispositivo electrónico para que por el transcurso del tiempo el deterioro de la batería sea mucho mayor de lo que es esperable.

Tal y como se puede observar, el problema de la obsolescencia programada tiene múltiples aristas. No solo genera un considerable reto en cuestiones de prueba[652], sino también genera una

---

652 Teniendo en cuenta las consideraciones realizadas con anterioridad sobre la carga de la prueba en materia de falta de conformidad llegamos a la conclusión de que, si bien, existe una presunción *iuris tantum* de preexistencia de defectos durante un plazo de 2 años. La carga de la prueba sobre la misma pasado dicho período, sigue correspondiendo al consumidor. Asimismo, la carga de la prueba de la existencia, que no preexistencia, del defecto es también a su cargo, siguiendo las normas generales existentes en nuestro sistema. Eso no quita, que, de acuerdo con la doctrina de la cercanía de la prueba, en ocasiones esta exigencia se pueda aligerar y se pueda considerar que aquella persona que tiene mucho más sencillo acreditar el hecho sea el encargado de hacerlo. Véase el caso de la muestra o modelo. En ese sentido, se puede concluir que, en un supuesto como el presente, debería ser el empresario quién acreditase que el defecto que presenta el bien se debe simplemente a su deterioro natural o uso indebido por parte del consumidor, habida cuenta de que sería sumamente difícil para el consumidor poder demostrar que el bien había sido diseñado para durar menos de lo debido.

total impotencia ante la inexigibilidad de los remedios que puedan resolver la inadecuación del bien frente al consumidor[653]. Puesto que, como indica la doctrina la obsolescencia programada es un fenómeno: "*che interroga dalle basi il diritto dei consumatori mettendo in discussione l'effectività delle norme che la compongono*"[654].

1.2.1. Medidas relacionadas con la información precontractual y el derecho de desistimiento

Delineadas las líneas generales sobre las dificultades que genera la durabilidad de los productos, mencionaré cuáles son las propuestas que, tanto desde las instituciones, como de la doctrina, se están barajando para garantizar una economía más sostenible.

Con carácter general, sobre la duración de los productos y la búsqueda de una economía con menos externalidades ambientales[655], las propuestas se pueden subdividir tres grandes

---

De todos modos, esto generalmente no se dará, ya que justamente la obsolescencia programada pone en entredicho las normas de protección al consumidor, en la medida que un bien disconforme después de tres años de su utilización estaría fuera de la órbita de protección de la Directiva 2019/771/UE.

653 La efectividad de los remedios se erige como un problema clave, pues aún en el supuesto de que se demostrase que el bien ha sido proyectado para durar menos de los debido, si dicho defecto se manifiesta después de la finalización de los plazos de garantía, en principio, el consumidor se vería inerme para poder combatir adecuadamente la falta de conformidad. Por lo que nos veríamos obligados a tener que recurrir a otras categorías jurídicas que ofrezcan una solución al consumidor.

654 De Francheschi, A.: *La vendita di beni con elementi digitali*, Edizioni Scientifiche Italiane, Napoli, 2019, p. 18.

655 Para Carrasco Perera, Á.: "Más allá del Dieselgate: el insostenible caso en favor de remedios sostenibles en las ventas al consumidor", *Revista CESCO de Derecho de Consumo*, núm. 45, 2023, pp. 2–28, el único remedio contractual que no produce externalidades es el supuesto de la reducción del precio.

grupos: en relación con la información precontractual, a efectos de la garantía de los bienes y por lo que respecta a los concretos remedios contractuales.

Sobre la información precontractual, es interesante hacer mención a la ya referida Directiva 2024/825, de 28 de febrero, ya que contiene interesantes sugerencias a efectos de conseguir una mayor implicación de los consumidores en la consecución de la perseguida sostenibilidad. En primer lugar, existe una preocupación porque los vendedores informen sobre la existencia de una garantía de durabilidad, si bien dicha obligación queda en manos de que el productor la facilite. Asimismo, lo más destacable se corresponde con que cuando el productor ofrezca una garantía de durabilidad sin costes adicionales que cubra la totalidad del bien y tenga una duración superior a dos años, el comerciante lo reflejará mediante una etiqueta armonizada.

Esta fijación por la garantía de durabilidad puede traducirse en que los consumidores apuesten por productos que ofrezcan un mayor ciclo de vida, ya que, en cierta medida, será más fácil que se adquiera aquel producto sobre el cual se garantice, al menos, un mayor tiempo de funcionamiento[656]. De todos modos, no

---

656 Sobre los estudios que se han hecho desde el análisis económico del derecho se ha llegado a la conclusión del importante papel que puede jugar la garantía comercial como elemento decisorio del consumidor: "*the asumption is that the more generous the guarantee, the better the quality of the product*", TWIGG–FLESNER, C.: *Consumer product guarantees*, Routlegde, London, 2003, p. 54. La doctrina italiana explica esta circunstancia señalando que las garantías comerciales constituyen el mejor ejemplo de la imperfecta información que tiene a su disposición el consumidor en el mercado, de modo que, el hecho que haya una parte del contrato que haga especial referencia a la calidad o durabilidad del producto constituirá un factor decisivo para la adquisición por parte del consumidor, *vid.* CHERTI, S.: "Le garanzie", cit., p. 423. En definitiva, el consumidor tenderá a evitar tener que soportar costes transactivos e informacionales muy elevados, pero al mismo tiempo,

son pocas las voces que critican que unas condiciones más favorables consigan imponerse frente una economía de usar y tirar, básicamente porque la garantía simplemente se encarga de mantener indemne al consumidor, pero no implica necesariamente que el producto vendido vaya a durar más o menos. Especialmente, se hace hincapié en que una garantía de durabilidad que permita al consumidor sustituir fácilmente el producto por uno nuevo podría acabar por convertirse en una garantía "no sostenible"[657].

En segundo lugar, desde hace un tiempo, ya la Resolución del Parlamento Europeo de 25 de noviembre de 2020, con el título: "Hacia un mercado único más sostenible para las empresas y los consumidores", se auspiciaban algunas medidas con el objeto

---

como sujeto *risk adverse* no querrá que se manifieste el evento más negativo, que sería un funcionamiento incorrecto del bien. Por lo que las garantías comerciales adicionales se constituyen como una forma clave para diferenciarse de la competencia y condicionar la elección del consumidor, provocando que incluso esté dispuesto a pagar un poco más por "garantizarse" un mejor funcionamiento del bien. Para profundizar, véase Renda. A.: "Prime annotazioni in merito alla imminente direttiva sulle garanzie contrattuali: ¿Una occasione mancata?", en AA.VV.: *Diritto dei consumi. Consumer Law,* 1997, pp. 588 y ss.

657 Como señala la doctrina, la apuesta por una sustitución inmediata del bien ante una falta de conformidad podría frustrar a todas luces cualquier ventaja que se pudiera extraer de las garantías comerciales desde un punto de vista ambiental. Véase, Terryn, E.: "A Right to Repair? Towards Sustainable Remedies in Consumer Law", en *European Review of Private Law,* Vol. 27, núm. 4, 2019, p. 862, quién apunta que: "*The use of commercial guarantees in a non–sustainable way may therefore be perfectly legal. Certain companies now for example offer a 'direct replace guarantee': 'do not wait to repair, but get your new product for free immediately'. This is perfectly legal practice, but it is clear that. This does not stimulate a sustainable consumption pattern*". Por el contrario, sobre las bondades de la garantía comercial como elemento para fomentar la durabilidad de los bienes Marín López, M.J.: "La responsabilidad del vendedor de bienes de segunda mano por falta de conformidad", *Responsabilidad civil, seguro y tráfico: Cuaderno jurídico,* núm. 70, 2020, p. 17.

de inducir a los consumidores a adquirir productos que fueran mucho más respetuosos con el medio ambiente. Una de estas medidas era la creación de una etiqueta de los productos o incluso el llamado "pasaporte digital" de los mismos[658]. Pero no solo eso, con anterioridad, en la Resolución de 4 de julio 2017 se ponía de manifiesto la necesidad de diseñar productos "robustos, duraderos y de calidad"[659] , como también su reparabilidad y longevidad[660].

---

658 Resolución del Parlamento Europeo, de 25 de noviembre de 2020, sobre el tema "Hacia un mercado único más sostenible para las empresas y los consumidores" (2020/2021(INI)). Véase, a este respecto, el núm. 6, letra b), que señala: "tal etiqueta debería incluir en particular información sobre la durabilidad y la reparabilidad, por ejemplo, puntuación de reparabilidad, y podría tomar la forma de un índice de las prestaciones ambientales, teniendo en cuenta diversos criterios en relación con el arco del ciclo de vida del producto en función de la categoría del mismo", así como el núm. 21, dónde se afirma que el Parlamento "acoge con favor el anuncio de un espacio común europeo de datos para aplicaciones circulares inteligentes y le complace la ambición de la Comisión de desarrollar un 'pasaporte de los productos' digitales para mejorar la trazabilidad y el acceso a las informaciones sobre condiciones de producción de un producto, la durabilidad, la composición, la reutilización y la reparación".

659 Resolución del Parlamento Europeo, de 4 de julio de 2017, sobre una vida útil más larga para los productos: ventajas para los consumidores y las empresas (2016/2272 (INI)). Véanse, a este respeto, los puntos del 1 al 8 de la mentada resolución dónde se propone, por ejemplo: "fomentar, dentro de los posible, el establecimiento de criterios de resistencia mínima, que contemplen, entre otros, la robustez, la reparabilidad y la capacidad de evolucionar para las distintas categorías de productos desde la fase de diseño", "encontrar un equilibrio ente extensión de vida útil de los productos conversión de los desechos en recursos (materias primas secundarias), simbiosis industrial, innovación, demanda de los consumidores, protección del medio ambiente y política de crecimiento en todas las fases del ciclo de los productos".

660 A mayor abundamiento, los puntos del 9 al 15, en los cuales se invita a la Comisión a promover productos reparables. Por ejemplo, "garantizando y desarrollando medidas que conviertan la reparación en una

Pues bien, la Directiva 2024/825 acoge los planteamientos antes referenciados e incluye una modificación al art. 2 de la Directiva 2011/83 consistente en proporcionar una especie de puntuación a los bienes en función de su aptitud para ser reparados[661], lo que vendría a corresponderse en cierta medida con la etiqueta de reparabilidad que manejaba la Unión Europea. El legislador de la Unión Europea parece que otorgue cierta prioridad a la puntuación de reparabilidad como deber informativo, pues describe que en su defecto se otorgará información sobre las piezas de recambio y el manual de usuario y reparación. Igualmente, el Considerando 32 de la Directiva 2024/825 indica que la posibilidad de ofrecer servicios postventa no debe confundir al consumidor sobre la existencia de la garantía comercial de durabilidad de etiqueta armonizada.

En relación con este extremo, parece que la Comisión Europea pretenda desplazar la promoción de la economía sostenible a los consumidores, confiando que la libre competencia del mercado favorezca a aquellos empresarios que ofrezcan productos más fácilmente reparables. En términos un tanto similares con lo que sucedía con la garantía comercial: mejores condiciones, mayor demanda, al entender que sí existe una especial sensibilidad en el mercado en este sentido[662]. No obstante, cabe hacer una

---

medida atractiva para el consumidor", "insistiendo en que las partes esenciales para el funcionamiento del producto sean sostenibles y reparables", como también "asegurar la disponibilidad de piezas de recambio esenciales para el correcto y seguro funcionamiento del producto".

661 Un índice similar rige en Francia desde enero de 2021, previsto en el art. 16 de la Ley núm. 2020–105, de 10 de febrero de 2020, relativa a la lucha contra el despilfarro y la economía circular (JORF nº 0035 du 11 février 2020).

662 Cuando la Unión Europea presentó el Plan de Acción para la Economía Circular manifestaba que el mismo "empoderaría a los consumidores" y generaría "productos de alta calidad, funcionales y seguros, eficaces y asequibles, que durarán más y estarán diseñados

matización y es que la reparabilidad puede que no sea la opción prioritaria en la mente de los consumidores, puesto que por muchas facilidades que se otorguen, siempre supone una molestia tener que prescindir de los bienes para que deban ser reparados en caso de una falta de conformidad. Por lo que no siempre, la satisfacción del consumidor y la tutela del medio ambiente van unidos de la mano. En realidad, mucho más conveniente para el comprador, en mi opinión, sería disponer siempre de un bien de sustitución, que le permita poder seguir disfrutando de las funcionalidades del mismo aún en el supuesto de tener que prescindir del original por una falta de conformidad.

Pues bien, parece que la Unión Europea se ha dado cuenta de esta circunstancia y, mientras la Propuesta de Directiva no lo contemplaba, la definitiva Directiva 2024/1799 sobre reparación de bienes ha establecido en su artículo 4 que se informe a los consumidores sobre la disponibilidad de bienes de sustitución temporal durante el tiempo de la reparación y el coste de la sustitución temporal.

En tercer lugar, la Directiva 2024/825 también otorga mucha importancia a las actualizaciones de bienes digitales, ya que entiende que sin ellas se compromete en gran medida la duración a largo plazo de tales productos[663]. Pues bien, el Considerando 25 señala que debe informarse al consumidor sobre el tiempo que recibirá actualizaciones gratuitas de software. Sin embargo, dicha obligación de información solo tendrá lugar

---

para ser reutilizados, reparados y sometidos a un reciclado de alta calidad". Asimismo, se señalaba que la aplicación de los principios de economía circular "podría aumentar el PIB de la UE en un 0,5% adicional de aquí a 2030 y crear unos 700.000 puestos de trabajo".

663 El propio Considerando 28 de la Directiva 2019/771 habla de la importancia de las mismas a efectos de que los bienes accedan a nuevas funcionalidades, puedan aprovechar los avances técnicos y se encuentren protegidos de amenazas externas.

cuando el suministro de contenidos y servicios digitales tenga lugar en un solo acto y el plazo sea superior al de la garantía comercial de durabilidad, la cual debe ser necesariamente superior a dos años. Este aporte es bastante interesante, pues existía cierta inseguridad sobre hasta qué punto se debían suministrar actualizaciones, aunque sean de seguridad, para mantener los bienes en conformidad una vez finalizado el plazo de garantía, en la medida que los bienes podrían ser víctimas de cualquier tipo de *malware,* si no estaban adecuadamente actualizados.

Si bien, la información precontractual es interesante para conseguir patrones de consumo más sostenibles. Tal y como hemos señalado, está lejos de poder constituirse en un factor decisivo para la economía circular. De hecho, la doctrina señala que la Unión Europea podría dirigir el comportamiento económico de los consumidores de forma mucho más intensa a través de los llamados empujones verdes o *green nudges*[664]. Es decir, se podría incentivar la apuesta por patrones más responsables si directamente se informase al consumidor, por ejemplo, sobre la existencia de una opción de entrega más sostenible, que consistiese en la recogida del bien de un punto de entrega y no necesariamente en su casa, y tal circunstancia se indicase expresamente.

Aunque no tiene que ver con la información precontractual por su proximidad con la Directiva 2011/83, toca mencionar el llamado derecho de desistimiento. Dicho derecho surge por la necesidad de incentivar las compras a distancia (hoy en día mayoritariamente online) y las realizadas fuera de establecimiento mercantil. Principalmente, ante la desconfianza que pueda generar en el consumidor el no poder evaluar el bien en la tienda

---

[664] Recoge dicho planteamiento, Izquierdo Grau, G.: "La transición del Derecho de consumo hacia el paradigma de la economía circular", *Revista InDret,* núm. 2, 2023, p. 263, con cita a Kendall, K.: "Nudge – Improving Decisions about Health, Wealth and Hapiness", *Sustainability Accounting, Management and Policy Journal,* Vol. 1, núm. 1, 2010, pp. 106–112.

como tradicionalmente se ha hecho. No obstante, podríamos decir que el desarrollo del mundo digital junto con ciertos eventos como la crisis sanitaria del COVID–19 han provocado que la venta online se haya erigido en la forma preferida por los consumidores para adquirir sus bienes, especialmente por su comodidad[665]. Hasta tal punto que podría añadirse que el derecho de desistimiento ha "muerto de éxito".

El hecho de que los consumidores no tengan que motivar el ejercicio del mismo, simplemente tengan que someterse al plazo de 14 días desde la entrega de los bienes y, al mismo tiempo, no sea posible limitar el ejercicio del derecho, habida cuenta de su carácter de armonización máxima genera ciertos problemas. Principalmente, el ejercicio abusivo que pueden llevar a cabo los consumidores del mismo[666]. Por lo que es bastante sorprendente que Directiva 2024/825 no incluya ninguna idea sobre su posible ajuste.

Como ha advertido la doctrina[667], el ejercicio del derecho de desistimiento de manera indiscriminada puede conllevar serios inconvenientes medioambientales, tanto por el destino de los bienes devueltos como por las externalidades que genera el constante trasiego de los mismos. De hecho, se ha convertido en práctica extendida que los consumidores adquieran una cantidad de artículos en una tienda virtual, por ejemplo,

---

665 KEIRSBILCK, B., TERRYN, E., MICHEL, A., ALONGA, B.: "Sustainable Consumption", cit. p. 20.

666 IZQUIERDO GRAU, G.: "La transición", cit., p. 265, los estudios que se han realizado sobre las devoluciones en el comercio electrónico demuestran que aumentaron considerablemente en EE.UU. en el año 2021 y que la tendencia en los próximos años será alcista. Concretamente, en EE.UU. las devoluciones constituyeron el 10% de las transacciones, lo que se tradujo en un coste a de aproximadamente 101 billones de dólares. Véase: https://www.sendcloud.com/state-of-ecommerce-returns-and-beyond/

667 IZQUIERDO GRAU, G.: "La transición", cit., pp. 265 y ss.

un cierto número de zapatillas de deporte u otras prendas de vestir, para luego quedarse finalmente con uno solo de los bienes comprados. Obviamente, esto puede suponer un gasto injustificado de recursos dado que, simplemente, la recogida de los mismos implica una serie de costes para el empresario como de emisiones de gases de efecto invernadero.

En primer lugar, surge la pregunta de qué debe hacerse con los productos devueltos. Esta cuestión que, a primera vista, no parece que tenga mucha trascendencia, no es baladí, pues los productos devueltos, a veces, no son reincorporados al mercado como nuevos. Ya que, en puridad, no lo son, a pesar de que el uso que haya podido hacer el consumidor de los mismos sea mínimo. Por ello, muchas veces no ya es que se incluyan en mercados de segunda mano, sino que directamente son destruidos o donados. Frente a esto la doctrina sugiere que se obligue a los empresarios a revenderlos como productos de segunda mano, para que, al menos, no se desperdicien tales bienes por un uso irresponsable del derecho de desistimiento[668].

En segundo lugar, existen dudas en relación al uso que pueda hacerse durante el período que dura el derecho de desistimiento. En principio, ya el Considerando 47 de la Directiva 2011/83 señalaba que este uso no puede ser más intenso que el que podría hacerse con el bien de prueba en la tienda correspondiente. Sin embargo, es bastante habitual que, con el objeto de tener una política atractiva de cara a los clientes, los empresarios admitan bienes que ya tengan algún tipo de desperfecto por la utilización del consumidor, lo que se puede traducir en mayores dificultades para después colocar el producto en el mercado. Esto nos haría plantearnos si debería limitarse el derecho de desistimiento cuando el consumidor se extralimite. Sin embargo, ¿cómo se materializa dicha excepción? A

---

[668] Izquierdo Grau, G.: "La transición", cit., p. 265.

mi modo de ver, resulta muy complejo establecer un punto de no retorno sobre los bienes e incluso las empresas puede que no se muestren muy proclives a profundizar en estos términos.

En tercer lugar, en relación con el transporte y entrega de los bienes, surge la pregunta de qué debe hacerse en el supuesto de que el producto sea devuelto, pues en muchas ocasiones la devolución del bien vendido se hace sin coste alguno. Aunque no tiene que ver necesariamente con la venta a distancia, es práctica habitual en grandes superficies la política de "si no queda satisfecho le devolvemos el dinero". Asimismo, un ejercicio indiscriminado de la venta a distancia puede traducirse también en una cierta falta de diligencia del comprador a la hora de recibir los bienes, en la medida que no se encuentre en su casa en el momento de recogida con las consecuencias ambientales que tales desplazamientos pueden generar.

Ante los problemas descritos, la doctrina ha pensado ciertas soluciones que podrían contribuir a un ejercicio más responsable del derecho de desistimiento. Tomando como punto de partida las consideraciones indicadas anteriormente, la primera idea que podría proponerse, y que seguramente sea la más adecuada, consitiría en obligar al consumidor a tener que asumir parte de los costes de devolución de los bienes que adquiere, posibilidad que a mi modo de ver sería razonable teniendo en cuenta la jurisprudencia del TJUE al respecto[669], pues desincentivaría en gran medida un uso abusivo de tal derecho. Otra de las ideas sería que el derecho de desistimiento se ejerciera

---

669 Desarrolla esta idea, IZQUIERDO GRAU, G.: "La transición", cit., p. 265, apoyándose, si bien, con ciertas salvedades en la STJUE 16 junio 2011 *(TJCE 2011, 180)*. Sobre la inoportunidad de que los empresarios asuman la totalidad del coste de devolución, en la medida que podrían repercutirlo sobre los consumidores y usuarios, BEN–SHAHAR, O., POSNER, E.: "The Right to Withdraw in Contract Law", *The Journal of Legal Studies*, Vol. 40, núm. 1, 2011, pp. 144–145.

aportando una justificación o motivación al respecto. No obstante, no parece que tal limitación pueda realizarse adecuadamente, dados los múltiples factores que pueden jugar al respecto, como que simplemente "no guste" el bien adquirido, lo que nos llevaría a que sería imposible demostrar que el derecho de desistimiento se ha ejercido correctamente. Además, establecer una lista de motivos por los cuales dicho derecho podría ejercerse, a parte de no tener mucho sentido, lo desnaturalizaría totalmente ya que se ejerce *ad nutum*[670].

En relación con la entrega y recogida de los bienes, se plantean medidas en dos direcciones. Por un lado, medidas encaminadas reducir los desplazamientos promoviendo en mayor medida los puntos de entrega y recogida, en lugar de la clásica *home delivery*. Y, por otro lado, aprovechar las ventajas que la tecnología nos puede ofrecer para hacer entregas más precisas (seguimiento del paquete con entrega a una hora en concreto) o directamente buzones inteligentes que permitan obtener los bienes sin necesidad de que esté presente el comprador con el objeto de reducir al máximo las entregas fallidas, evitando los costes energéticos que dichas eventualidades pudiesen generar.

A estas medidas se les puede criticar, en primer lugar, que, al final, se estaría restringiendo en exceso al comprador que quiera recibir en su casa los bienes, dado que también es posible que por circunstancias personales le resulte más dificultoso tener que acudir al punto de entrega o recogida. Asimismo, el uso de tecnologías implica su disponibilidad, cuando es posible que la persona en cuestión no tenga, por ejemplo, acceso a un buzón inteligente por la situación concreta del inmueble, o que verdaderamente no desee tenerlo.

A mi modo de ver, el uso irresponsable del derecho de desistimiento se podría abordar de una forma mucho más senci-

---

670 En términos similares, IZQUIERDO GRAU, G.: "La transición", cit., p. 265.

lla. En concreto, se podría plantear la obligación de registrar al consumidor que ejerza tal derecho con la finalidad de que haya una especie de seguimiento del uso que hace del mismo. Así, se podría plantear la creación de un sistema de "vidas", de forma que a lo largo de un período de tiempo solo pueda ejercer el derecho de desistimiento hasta un cierto límite. De lo contrario tendrá que quedarse con el bien comprado, otra cosa distinta sería que tuviera una falta de conformidad el bien adquirido. De esa forma, se reduciría sensiblemente el consumo abusivo de los productos y los compradores meditarían más sus adquisiciones. El principal problema de esta propuesta es que solo funcionaría respecto de cada uno de los portales en los que se produjese tal registro.

1.2.2. Medidas relacionadas con la garantía de los bienes

Por lo que respecta a la garantía de los bienes, ya se ha expuesto con anterioridad que la preocupación por una mayor durabilidad de los bienes, si no va acompañada de medidas concretas, queda en agua de borrajas, pues es un concepto totalmente indeterminado. Que entre los criterios de conformidad se incluya a la durabilidad (art. 7.1.d) Directiva 2019/771), como una característica que deben presentar los bienes, no significa nada si no hay un parámetro objetivo fiable al que acogerse. Del mismo modo, las expectativas del consumidor pueden ser completamente diversas en ese aspecto, ¿cuánto es el tiempo que puede razonablemente esperar el consumidor tener un bien?[671] Asimismo, cualquier elucubración que se

---

671 Sobre la razonabilidad del consumidor, véase, TORRELLES TORREA, E.: "Las expectativas", cit., pp. 18 y ss., quién ahonda en las raíces del término de origen anglosajón para tratar de interpretarlo, SCHMIDT, J.: "art 1:1302: Reasonableness", en AA.VV.: *Comentaries on European Contract Laws* (dir. N. JANSEN y R. ZIMMERMANN), Oxford, 2018. La autora considera que se debe descender a un parámetro

haga en ese aspecto es totalmente irrelevante, por mucho que una persona pueda razonablemente esperar que el ordenador que quiere adquirir le vaya a durar, al menos, cinco años, si a los cuatro años tiene una falta de conformidad el consumidor no tendrá ningún mecanismo de defensa, aunque todos podamos concluir que un ordenador de cierta calidad en atención al precio desembolsado debería durar más de cuatro años[672].

---

objetivo, basado en el consumidor medio, prudente y equilibrado, por lo que no puede equipararse con el consumidor en concreto, ni mucho menos satisfacer una concreta sensibilidad del mismo. Esto se puede ver con un ejemplo en relación con los criterios de conformidad objetiva de los bienes. Cuando un consumidor recibe un automóvil, puede razonablemente esperar que disponga de las luces reglamentarias, de retrovisores, maletero, asientos, etc. Sin embargo, no puede razonablemente esperar (salvo que se haya indicado por parte del vendedor, ya iríamos a los criterios subjetivos) que el vehículo tenga una concreta tapicería especial, por ejemplo, de cuero de alta calidad. Por cambiar de producto, cuando un consumidor recibe un ordenador portátil puede razonablemente esperar que tenga teclado, pantalla, un sistema de almacenamiento y, al menos, algunos puertos USB. En cambio, salvo que se haya indicado en el acuerdo contractual, entendemos que no sería razonable pensar que el ordenador tuviera tantos puertos como tipos de conectores existen. Puesto que en la práctica ya es habitual que no los incluyan todos. Como señala STAUDENMAYER, D.: "Comentario al art. 8 de la Directiva 770/2019", en AA.VV.: *EU Digital Law Article–by–Article Commentary* (dir. R. SCHULZE y D. STAUDENMAYER), Baden–Baden, Nomos, 2020, p. 148, las concretas expectativas del consumidor dependerán del tipo de bien o contenido. Al final, trasladar esto a la durabilidad de los productos no es tarea fácil. Es razonable pensar que el consumidor cuando adquiera un bien espere que le dure más tiempo que el correspondiente a la garantía legal. Sin embargo, finalizada esta, el consumidor se encuentra huérfano, pues ya no dispone de los remedios para corregir la falta de conformidad.

672 Ya es lugar común en la doctrina hacer referencia al carácter programático que tiene la durabilidad en la Directiva 2019/771, ya que no hay forma de controlar adecuadamente con los recursos

Expuesto lo anterior, desde el punto de vista de la garantía, se han planteado algunas medidas que podrían combatir la corta perdurabilidad de los bienes. La primera es bastante obvia y se correspondería con una ampliación de los plazos de garantía en función de la categoría de los productos. En ese sentido, podría ser interesante establecer grupos de bienes en función de su complejidad y otorgar imperativamente un plazo superior a los mismos. Por ejemplo, para bienes que supongan un muy coste elevado, como puede ser un automóvil, establecer el rango máximo de garantía que podría rondar los 10 años (plazo que un consumidor podría esperar conservar su vehículo), después se podría establecer una segunda categoría de bienes duraderos como pueden ser ordenadores, *smartphones* o electrodomésticos, los cuales presentarían una garantía extensible a los 5 años[673], para luego, finalmente, dejar el resto de bienes de consumo circunscritos al plazo de 3 años.

De todos modos, establecer imperativamente un plazo superior de garantía en función de la categoría de productos que nos encontremos, aunque a primera vista pueda parecer una buena idea, no tiene por qué serlo. Debería dejarse al libre mercado crear la confianza de los consumidores sobre la du-

---

jurídicos disponibles este aspecto. Sin ánimo de ser exhaustivo, IZQUIERDO GRAU, G.: "La transición", cit., p. 272, BARBER CÁRCAMO, R.: "Garantías", cit., p. 166, GARCÍA GOLDAR, M.: "Propuestas", cit., p. 100, GARCÍA GOLDAR, M.: "The inadequate approach of Directive (EU) 2019/771 towards the circular economy", *Maastrich Journal of European and Comparative Law*, Vol. 29, núm. 1, 2022, pp. 9–24 y D'ONOFRIO, M.: *Il difetto*, cit., p. 13.

673 Este es el caso de Noruega, que ha establecido un plazo de responsabilidad de cinco años para bienes tales como ordenadores, dispositivos móviles y electrodomésticos. Sobre la perspectiva escandinava, véase, MAITRE–EKERN, E., DALHAMMAR, K.: "A Scandinavian Perspective on the Role of Consumers in the Circular Economy", en AA.VV.: *Consumer protection in a Circular Economy* (dir. B. KEIRSBILCK Y E. TERRYN), Intersentia Publishing, Cambridge, 2019, pp. 215–216.

rabilidad de los productos de los distintos fabricantes, pues un aumento del plazo de garantía legal podría acabar repercutiéndose a los consumidores en forma de un precio superior. Igualmente, a pesar de que en nuestra mente pueda tener sentido clasificar los productos en función de su complejidad, que generalmente se relaciona con un mayor coste[674], esta ecuación quebraría fácilmente cuando nos encontremos ante productos de lujo. Dicho en otras palabras, un bolso podría entrar perfectamente en la categoría, digamos, de bien común. No obstante, para nada podríamos pensar que cuando alguien adquiere un bolso de una marca de lujo espera conservarlo solo 3 años, sería ridículo. Por lo que considero que la clasificación de los productos de forma imperativa puede que no sea tan atractivo como *a priori* pueda parecer. Además, seguiríamos con el mismo problema que hemos puesto de manifiesto antes, el fantasma de la obsolescencia programada seguiría acechándonos, en la medida que, si se obligara a otorgar una garantía legal imperativa de 5 años, un empresario avispado podría diseñar sus bienes para que durasen exactamente eso, 5 años.

Íntimamente relacionado con lo anterior tendríamos el segundo grupo de propuestas que se vincularía con la presunción de falta de conformidad. Es bastante habitual que los plazos de presunción de la preexistencia de la falta de conformidad, que vendrían a aligerar la carga probatoria del consumidor, no se correspondan exactamente con el plazo de garantía legal, sino que sea menor. Véase la evolución que ha tenido en nuestro ordenamiento. Por ello, hay voces que proponen a efectos de garantizar una mayor protección a los consumidores que coincida el plazo legal de garantía con el de presunción de preexistencia de defectos, lo que podría traducirse indirectamente en productos más duraderos. Sin embargo, esto no tiene porque

---

[674] Es proclive a la fijación de plazos específicos en función del valor de mercado de determinados bienes De Franceschi, A.: *La vendita,* cit., p. 182.

necesariamente contribuir a una economía mucho más sostenible, pues como advierte autorizada doctrina[675], el hecho de facilitar la carga probatoria para el consumidor puede acabar traduciéndose en un aumento de faltas de conformidad, aunque verdaderamente no lo sean. Es decir, que sea calificado como una falta de conformidad un vicio que haya surgido en el bien, pero no porque se deba a un defecto de fábrica, sino al propio deterioro natural del producto o incluso un uso irresponsable por parte del consumidor.

Sobre esta cuestión, hay quién considera que el recurso jurídico de las presunciones hay que utilizarlo en otro sentido y no necesariamente en una ampliación sin paliativos de la presunción de preexistencia de defectos. Concretamente, se plantea que se establezca una presunción de falta de conformidad que permita poder acudir a los remedios existentes, aun cuando haya finalizado el plazo de garantía legal y la misma se manifieste poco tiempo después de que termine éste[676].

1.2.3. Medidas relacionadas con los remedios contractuales

En relación con los remedios contractuales, existen también numerosas propuestas sobre cómo este aspecto puede llegar a mejorar la durabilidad de los bienes o, al menos, contribuir a una economía que genere menos residuos.

La primera idea que surge en este expediente es el trato que se hace a los productos de segunda mano. Es decir, sabemos todos que, en aras de contribuir a una mayor conservación del contrato y menor desecho de bienes, ya la Directiva 1999/44 y también la Directiva 2019/771 sostienen la llamada jerarquía de remedios. El consumidor no puede elegir libremente cualquiera

---

675 IZQUIERDO GRAU, G.: "La transición", cit., p. 273.

676 GARCÍA GOLDAR, M.: "Propuestas", cit., p. 107.

de los remedios a su alcance, sino que puede ser obligado a pasar por los remedios primarios y, en el supuesto de que estos no fueran posibles o sean desproporcionados, podría acudir a los subsidiarios, con el objetivo de limitar el ejercicio de la acción de resolución contractual y de reducción del precio. Pero no solo eso, entre los remedios primarios también existe la posibilidad de limitar la capacidad de elección del consumidor, que no podrá servirse directamente de la reparación o la sustitución, pues si una de ellas es imposible o es desproporcionada en comparación con la otra, el vendedor podrá condicionar su elección.

Resulta bastante obvio que la reparación es una medida sostenible, dado que permite conservar el bien comprado sin necesidad de emplear uno nuevo, como tampoco rompe el vínculo contractual[677]. En ese sentido, se puede concluir que dentro de los remedios primarios la reparación es una medida mucho más comprometida con el medio ambiente que la sustitución. Por ese motivo, se ha planteado de qué manera se podría conseguir que la segunda fuese más sostenible.

Sobre esta cuestión surge la figura de los productos reacondicionados, los productos reacondicionados son bienes de segunda mano, es decir, que ya han sido usados por otros clientes, pero que una vez devueltos han pasado por un proceso de limpieza y puesta a punto (por ejemplo, si alguna pieza no funciona, ha sido sustituida, las baterías han sido reemplazadas, etc.) para poder ser utilizados por un tercero[678].

El limbo jurídico en el cual se mueven los productos reacondicionados es digno de un estudio separado, ya que no es

---

677 Barber Cárcamo, R.: "Garantías", cit., p. 174.

678 La doctrina define el reacondicionamiento como "un proceso a través del cual un bien usado o defectuoso readquiere las propiedades y características de un bien nuevo a través de procedimientos de clasificación, selección, inspección, desmontaje, limpieza, reprocesado y montaje". *Vid.*, Izquierdo Grau, G.: "La transición", cit., p. 282.

posible determinar con exactitud si son productos de segunda mano o se les puede otorgar el *status* de nuevos. A mi modo de ver, dado el estado de la cuestión actual, difícilmente se les puede considerar como nuevos, en la medida que han sido vendidos en el pasado y adquiridos por otras personas, otra cosa es que se les quiera equiparar a la categoría de nuevos a efectos de derechos, con el objeto de impulsar su utilización y recurso por parte de los consumidores.

De hecho, con el objeto de aumentar la confianza entre los consumidores del mercado de segunda mano, se sostienen algunas ideas que merece la pena mencionar. Una de ellas, íntimamente relacionada con lo expuesto anteriormente, es el recurso a un mayor plazo de los bienes de segunda mano, es decir, desde el momento en que el mercado de bienes de segunda mano está en auge y, en muchas ocasiones los productos están en perfecto estado, por qué no fomentar un plazo de garantía similar al que gozan los productos de primera mano. Especialmente, cuando en muchos de estos casos los productos de segunda mano se corresponden a productos reacondicionados.

Siguiendos estos argumentos, hay quién sostiene que los productos reacondicionados deberían ser considerados como productos nuevos y que, por ejemplo, cuando se ejerciera el derecho de sustitución el empresario pudiera otorgar un producto reacondicionado[679]. No obstante, no hay que perder de vista que entregar un producto reacondicionado supondría

---

679 Así lo indica, BARBER CÁRCAMO, R.: "Garantías", cit., 174. La reciente Directiva 2024/1799 recoge en su artículo 5.2.d) la posibilidad de que el fabricante pueda prestar un bien reacondicionado al consumidor en caso de que la reparación solicitada, entendemos, tras la finalización de la garantía, sea imposible. Igualmente, introduce una modificación en el art. 14 de la Directiva 2019/771 a fin de que el consumidor pueda solicitar al vendedor que el bien proporcionado cuando se sustituya el mismo en caso de falta de conformidad sea reacondicionado. Pero no solo eso, también se contempla la facul-

una pérdida de derechos de cara al consumidor y, de hecho, ya existe algún pronunciamiento judicial al respecto que limita la entrega de los mismos[680].

En otro orden de ideas, hay voces que critican que los bienes devueltos al vendedor una vez ejercitado el derecho de desistimiento están en perfecto estado[681], por lo que deberían ser considerados productos nuevos y recomercializados con las mismas garantías que presentaban inicialmente. Esto nos lleva a pensar, que, tal vez, es necesario plantear una definición de producto de segunda mano, que en la actualidad no existe, a efectos de concretar con mayor precisión cuales son los derechos de los consumidores.

Sobre la venta de productos de segunda mano también surgen algunas dudas sobre los derechos de los compradores. Una de ellas, por no decir, la más acuciante, si bien ya ha sido resuelta con anterioridad en este trabajo, cuando se analizaba la responsabilidad del vendedor, se concreta en la pregunta de hasta qué punto se puede extender la garantía legal. Dicho en otras palabras, en la medida que, actualmente, está cada vez más extendido el recurso a portales virtuales de venta de productos de segunda mano (véase Vinted, Wallapop, etc.), el cliente se preguntaría qué derechos puede exigir en esas ventas, puesto que los vendedores suelen ser particulares.

---

tad de que el vendedor pueda entregar un bien de sustitución durante la reparación en préstamo, el cual podrá ser reacondicionado.

680 Los tribunales holandeses han considerado que la sustitución debe hacerse con un producto nuevo, véase la Sentencia del Tribunal del Distrito de Ámsterdam de 18 de abril de 2017 en Mak, V., Terryn, E.: "Circular Economy", cit., p. 236.

681 Izquierdo Grau, G.: "La transición", cit., 282. Con cita a Loos, B.M.: "Rubbish or recycling? Furthering sustainability by developing specific provisions for the sale of second–hand goods", *Amsterdam Law School Research Paper*, núm. 15, 2022, p. 6.

Ante esto, podemos hacer dos consideraciones. La primera sería si es posible extender la garantía legal del vendedor original o el fabricante, si la hay, a esas segundas adquisiciones. Como ya he señalado con anterioridad la respuesta debe ser positiva, pues no existe ningún impedimento a ello, mientras esté viva la garantía[682]. La segunda sería si es posible considerar que se trata de una venta de consumo o no, si, por ejemplo, la garantía ya no está viva, o por comodidad se prefiere reclamar contra el vendedor. Frente a esta idea la respuesta debe ser, en principio, negativa, ya que dependerá en buena medida de los Estados Miembros la decisión de extender o no el régimen de garantías a otros "actos" distintos de las ventas "B2C". Del mismo modo, también dependerá de los Estados Miembros la consideración de las plataformas digitales como responsables a los efectos de la Directiva 2019/771. Cosa que, por ejemplo, en España no ha sucedido. Distinto es el supuesto que sean los propios portales los que, ante el volumen de negocio que gestionan, decidan con la finalidad de aumentar la confianza de sus clientes otorgar por su cuenta algún tipo de garantía o condición más favorable a las ventas que intermedian. Circunstancia que sí está ocurriendo en la realidad.

Cambiando de tercio, pero siguiendo con los remedios contractuales, podemos preguntarnos si es posible que, en aras de una mayor conservación de los productos, una vez que el producto sea reparado por una falta de conformidad, se reinicie el plazo de garantía otorgado al efecto. Así, la vida de los productos podría alargarse mucho más tiempo. Con la regulación actual la respuesta debe ser negativa, como ya se ha podido estudiar, lo que sí es posible es que el plazo de garantía quede en suspensión mientras se lleva a término la puesta en conformidad[683]. Esto contrasta con la opción de la doctrina italiana,

---

682 Epígrafe 1.1.3, Capítulo III.

683 Así se deduce del art. 122 TRLGDCU, y confirma la doctrina, vid. BARBER CÁRCAMO, R.: "Garantías", cit., p. 173.

la cual considera que, en el caso de la sustitución del bien, sí se produce un reinicio del plazo de garantía, que comenzará a computarse desde la entrega del bien sustituido[684].

Finalmente, parte de la doctrina, se ha preguntado si existe una cierta limitación en relación con las excepciones que puede imponer el vendedor a la hora de limitar la elección de remedios por parte del consumidor. Concretamente, qué sucede con su posible "ilegalidad". El interés de esta argumentación surge a raíz del famoso caso Dieselgate, que puso de vuelta y media la regulación de derecho de consumo, mostrando su debilidad. Pues bien, estamos hablando de la solución consistente en reparar los dispositivos que afectaban a la emisión de CO2, ante la falta de conformidad que dicha instalación había provocado en los bienes. Dado que, si se analiza fríamente, dicha reparación era ilícita, ya que se llevaba a cabo sobre un dispositivo prohibido que, en realidad, debía ser retirado por su contrariedad al Reglamento 715/2007[685]. De todos modos, actualmente, es posible circunscribir la imposibilidad jurídica

---

684 En este sentido, Faccioli, M.: "La durata della responsabilità del venditore e la prescrizione del diritti del consumatore", en AAVV.: *La nuova disciplina della vendita mobiliare nel codice del consumo*, Giappichelli, Torino, 2022, p. 388, Cabe destacar que la legislación italiana no se pronuncia el respecto y, tal como establece el Considerando 44: "La presente Directiva no debe regular la cuestión de las condiciones en las que el período de responsabilidad establecido en la presente Directiva o el plazo de prescripción pueden suspenderse o interrumpirse. Los Estados miembros deben por lo tanto tener la posibilidad de prever la suspensión o interrupción del período de responsabilidad o plazo de prescripción, por ejemplo, en caso de reparación, sustitución o negociaciones entre vendedor y consumidor con el fin de encontrar una solución amistosa."

685 Reglamento CE núm. 715/2007 del Parlamento Europeo y del Consejo, de 20 de junio de 2007, sobre la homologación de tipo de los vehículos de motor por lo que se refiere a las emisiones procedentes de turismos y vehículos comerciales ligeros (Euro 5 y Euro 6) y sobre el acceso a la información relativa a la reparación y el mantenimiento de los vehículos.

dentro de la falta de conformidad, por lo que, si se ha llevado a cabo una actuación ilegal sobre el bien, se podría reconducir a un supuesto de falta de conformidad.

1.2.3.1. La reparación como medida preferente

Expuesto todo lo anterior, se puede decir que, la Directiva 2024/1799 por la que se establecen normas comunes para promover la reparación de bienes ha avanzado en estas lides, pero, como se verá, muchas de las proposiciones que se han comentado ni siquiera se han contemplado. Dicha Directiva se centra solamente en el aspecto de reparación de los bienes y no entra, aunque debería, en el relativo a la sustitución de los mismos que, como se ha desarrollado, muestra muchas incógnitas, sobre todo ante al auge de los modelos de economía colaborativa.

Para empezar, se pueden afirmar sin más dudas que la Directiva introduce un verdadero "*Right to Repair*", esto es, le otorga una autonomía propia desvinculándola del propio sistema de remedios.

El propio artículo 5 da buena muestra de ello, cuando señala que: "Los Estados Miembros velarán por que, a petición del consumidor, el fabricante repare los bienes para lo que los actos jurídicos de la Unión enumerados en el anexo II establezcan requisitos de reparabilidad, y en la medida en que se establezcan. El fabricante no estará obligado a reparar dichos bienes cuando la reparación sea imposible. El fabricante podrá subcontratar la reparación para cumplir su obligación de reparación".

La introducción de la anterior resupondría que los fabricantes, en la medida que comercialicen productos sobre los que recaigan los requisitos de reparabilidad establecidos por la Unión, estarían obligados a repararlos, ya sea bajo precio o gratuitamente (art. 5.2.a)). Siempre que sea posible y no pudiendo negarse a ella en el caso de que el bien haya sido reparado previamente (art. 5.7).

1.2.3.2. ¿El derecho a la reparación?

Con el objeto de consolidar completamente el llamado "*Right to Repair*", la Directiva toma un camino adicional a no solo exigir que, terminada la garantía, los consumidores puedan reparar los bienes que han adquirido para que estos se mantengan más tiempo en el patrimonio del comprador. Puesto que, en muchas ocasiones, ante la dificultad de mantener los bienes (por ejemplo, problemas para obtener piezas o herramientas necesarias para proceder a la reparación del producto, diseños proyectados para complicarla, o incluso, a veces, incapacidad de encontrar un especialista ajeno a la propia compañía) se prefería adquirir uno nuevo.

Concretamente, se modifica el art. 10 de la Directiva 2019/771 al efecto de ampliar la responsabilidad del vendedor (plazo de garantía) en 12 meses cuando el consumidor opte por la reparación como medida para corregir una falta de conformidad. Esto es, con la finalidad de que los consumidores elijan como medida la reparación en lugar de la sustitución o, incluso, la resolución del contrato para defectos graves, se establece un beneficio al comprador, consistente en la extensión del plazo por el cual el vendedor será responsable de los defectos que presente el bien durante 12 meses adicionales.

En ese sentido, tomando como punto de partida el régimen vigente, si el bien sufriese una falta de conformidad a lo largo del plazo de garantía de 3 años, y el comprador eligiese la reparación como remedio para poner el producto en conformidad. Después, si el bien volviese a ser disconforme a los 3 años y 6 meses, el consumidor tendría aún la posibilidad de dirigirse contra el vendedor dentro del marco legal de garantías para bienes de consumo.

Asimismo, se pretende que los Estados Miembros sigan teniendo la posibilidad de ampliar los plazos legales, por lo que sería posible que uno de los países de nuestro entorno, o incluso España decidiese ampliar la protección al consumidor que prefiere la reparación en, por ejemplo, 24 meses (art. 16.2.b). De la misma forma, se reforma el art. 7.1.d) de la Directiva 2019/771 para que se incluya la "reparabilidad" como uno de los criterios objetivos de conformidad que el consumidor puede razonablemente esperar. Por último, destacaría que se inserta un nuevo apartado 5.bis al artículo 10 de la Directiva 2019/771, según el cual aquellos Estados Miembros que no establezcan períodos fijos de responsabilidad o solo determinen un plazo de prescripción, podrán llevar a cabo excepciones a la regla anterior, siempre y cuando "garanticen que la responsabilidad del vendedor o el plazo de prescripción de las medidas correctoras en caso de reparación sea al menos equivalente a tres años" (art. 16.2.c)).

Respecto a la obligación de reparación de los bienes tan solo se introducen dos límites legales. El primero y más obvio, se corresponde con la posibilidad de la reparación. Es decir, tan solo serán reparables los bienes que objetivamente puedan serlo. No parece que el fabricante se pueda negar a la reparación alegando los elevados costes que puede suponerle la misma, puesto que, como ya hemos señalado, el fabricante no está obligado a ofrecer el servicio de forma gratuita por lo que podrá cobrar por el servicio[686].

El segundo límite, en cambio, es más singular y se identifica con el cumplimiento de los requisitos de reparabilidad. Esto es, no cualquier bien será susceptible de ser reparado, tal vez porque su propio diseño no lo permita. Por reducirlo al absurdo, un lápiz no sería reparable, en caso de que se rompiese, habría que obtener uno nuevo. Pues bien, junto con la Directiva se acompaña un anexo II en el cual se identifican los bienes sobre los que se imponen requisitos de reparabilidad y a, su vez, serán destinatarios de esta obligación. Por ejemplo, en re-

---

686 MARÍN LÓPEZ, M.J.: "Hacia una regulación europea sobre la reparación de bienes de consumo: La Propuesta de Directiva de 22 de marzo de 2023", *CESCO,* Publicaciones Jurídicas, 12 mayo 2023, p. 11.

lación con electrodomésticos como lavavajillas o lavadoras, se exigen una serie de elementos como facilidad de desmontaje, acceso a piezas de repuesto, etc.

Con la finalidad de que esta obligación de reparación sea un éxito y, en verdad, contribuya a una economía mucho más sostenible, en lugar de que los consumidores tomen como salida la adquisición de un producto más nuevo, se construyen tres pilares: El primero de ellos y que, se configura como la idea más disruptiva de la Directiva, es la creación de una plataforma en línea a escala nacional, que permita poner en contacto a consumidores con los reparadores a los efectos de mejorar el acceso a productos reacondicionados. El segundo de ellos, es la obligación de los reparadores de presentar un presupuesto que incluya las condiciones de reparación como el precio en un formato normalizado (formulario europeo de información sobre la reparación). El tercero, se circunscribe a la obligación de los productores de informar sobre la mencionada obligación de reparación[687].

Por lo que respecta al primero, y que tiene más importancia de la que parece, se pone de manifiesto la obligación de llevar a cabo la puesta en marcha de una plataforma que permita a los consumidores acceder con más facilidad a esta obligación de reparación[688]. La inclusión de esta medida tiene mucho sentido, porque

---

687 La obligación de la información de reparar está contenida en el art. 6 de la Directiva 2024/1799, dado que señala que: "el fabricante o, en su caso, el representante autorizado, el importador o el distribuidor pongan gratuitamente a disposición información sobre sus servicios de reparación de manera fácilmente accesible, clara y comprensible y al menos durante toda la duración de la obligación de reparar en virtud del artículo 5".

688 Art. 7.1 que indica que: "se establecerá una plataforma europea en línea sobre reparaciones (en lo sucesivo, "plataforma europea en línea"), que permita a los consumidores encontrar reparadores y, en su caso, vendedores de bienes reacondicionados, compradores de bienes defectuosos para su reacondicionamiento o iniciativas

de poco servirá la introducción de esta obligación de reparación si después no es posible que el consumidor pueda comparar entre distintos talleres para obtener la oferta que más se acomode a sus necesidades, como también le resulte más cómoda. Sin una cierta competencia, la medida acabaría siendo infructuosa, puesto que el productor oficial podría poner precios muy elevados a sus reparaciones con el objeto de desincentivar la misma. Cabe destacar que no se menciona cómo proceder al establecimiento de la plataforma. Dicho en otras palabras, si será gestionada de forma pública o de forma privada, aunque a mi modo ver sería más conveniente que su impulso fuera de carácter privado.

Si bien es cierto que el registro en la plataforma será voluntario (art. 7.5). Es decir, los Estados miembros no podrán obligar a los reparadores a que formen parte de la plataforma, el no formar parte de ella será un grave inconveniente para su actuación en el mercado, habida cuenta de que los consumidores no los podrán encontrar a través de ella. Es digno de mención que el uso de la plataforma deba ser gratuito, por lo que imaginamos que, de instaurarse, supondrá un antes y un después en el mercado de reparación de los bienes. De todos modos, los Estados Miembros pueden promover algunos incentivos para que los reparadores se incorporen a las misma, como también los países pueden elegir la forma en la que establecer el mencionado registro.

Por lo que respecta al segundo de los pilares, el relativo al formulario de reparación, el funcionamiento será el siguiente: El consumidor que quiera servirse de este servicio de reparación solicitaría al reparador un presupuesto que de forma

---

de reparación participativas. La plataforma europea en línea estará compuesta por las secciones nacionales que utilicen la interfaz común en línea e incluirá enlaces a las plataformas nacionales en línea sobre reparaciones a que se refiere el apartado 3 (en los sucesivo, "plataformas nacionales en línea")."

gratuita[689]. Igualmente, este documento se deberá entregar en formato normalizado[690] con todos los datos que la disposición exige. El objetivo es que el consumidor obtenga el mismo con la información necesaria para poder tomar una decisión con pleno conocimiento de causa. Si seguimos el Considerando 14 parece que en caso de que el consumidor acepte las condiciones que le ofrece el empresario en el formulario de reparación, este último estará obligado a reparar el bien en cuestión. Solo cabe matizar que dicha oferta contractual no se podrá modificar durante el plazo de 30 días (o plazo superior que se establezca), es decir, si el consumidor no acepta las condiciones en dicho plazo, el fabricante podría subir el precio.

---

689 La Propuesta de Directiva, en cambio, establecía que: "el reparador podrá solicitar al consumidor el pago de los gastos necesarios que realice el reparador para facilitar la información incluida en el formulario europeo de información sobre la reparación" (art. 4.3).

690 El art. 4 de la Directiva 2024/1799 indica que el formulario deberá proporcionar al consumidor la siguiente información: "a) la identidad del reparador; b) la dirección geográfica en la que está establecido el reparador, así como su número de teléfono y dirección de correo electrónico y, si se dispone de ellos, otros medios de comunicación en línea que permitan al consumidor ponerse en contacto con el reparador y comunicarse con él de forma rápida, eficiente y accesible; c) el bien que debe repararse; d) la naturaleza del defecto y el tipo de reparación propuesta; e) el precio o, si el precio no puede calcularse razonablemente de antemano, la forma en que debe calcularse el precio y el precio máximo de la reparación; f) el tiempo estimado necesario para la reparación; g) la disponibilidad de bienes de sustitución temporal durante el período de reparación y el coste de la sustitución temporal, en su caso, para el consumidor; h) el lugar en el que el consumidor entrega los bienes para su reparación, i) en su caso, la disponibilidad de los servicios auxiliares, como la retirada, la instalación y el transporte, que ofrece el reparador, y el coste detallado de dichos servicios para el consumidor, si lo tuvieran; j) el período de validez del formulario europeo de información sobre la reparación; k) en su caso, información adicional".

Como se puede observar, en la Directiva definitiva el legislador de la Unión Europea se ha preocupado por garantizar la efectividad de la reparación, en ese sentido, aunque, en principio, la obligación del fabricante es entregar un formulario de reparación en el cual se indicarán las condiciones de la misma, si el consumidor acepta el reparador no podría negarse a llevarla a cabo. De todos modos, cabe que el reparador se niegue a realizarla e, igualmente, modificar las condiciones si se supera el plazo de validez establecido. De forma que, verdaderamente, la posición de consumidor no será muy ventajosa, especialmente preocupante sería el caso del consumidor que haya pagado un precio por el formulario para que después el fabricante se niegue a reparar[691]. Lo más positivo que obtenemos como conclusión es que, al menos, se podrán considerar cumplidos los requisitos de información al consumidor contenidos en las Directivas 2011/83/UE, 2006/123/CE y 2000/31/CE[692].

1.3. La huida del derecho de consumo para combatir la obsolescencia programada

Tras el recorrido que hemos llevado a cabo por las distintas propuestas que existen de cara al futuro en relación con la

691 En términos similares, MARÍN LÓPEZ, M.J.: "Hacia una regulación", cit., pp. 8-9. A pesar de que finalmente la Directiva 2014/1799 establece que el formulario se prestará gratuitamente (art. 4.2), en apartado 3 indica que "cuando sea necesario un servicio de diagnóstico, incluido un examen físico o a distancia, para determinar la naturaleza del defecto y el tipo de reparación y estimar el precio de la reparación, el reparador podrá solicitar al consumidor que abone los costes necesarios de dicho servicio". No obstante, el Considerando 14 pone de manifiesto que si el reparador no efectúa la misma se deberán establecer medidas adecuadas para garantizar, por ejemplo, el reembolso de dichos gastos.

692 Igualmente, MARÍN LÓPEZ, M.J.: "Hacia una regulación", cit., p. 9.

venta de bienes de consumo llegaríamos a la conclusión que, si bien algunas de las propuestas mencionadas pueden contribuir a un consumo mucho más responsable, la sensación que genera es que, tal vez, los ideales son bienintencionados, pero no acaban de materializarse en soluciones claras y efectivas. Por lo que el camino que queda por recorrer es aún muy largo.

Se puede ver con la promoción de la reparación, se busca, pero a la postre, el fabricante no está obligado a reparar, tampoco hay una profundización sobre la regulación o *status* que pueden tener en nuestra sociedad los productos reacondicionados, que ya son una realidad. Por lo que respecta a la información precontractual, es interesante que se identifiquen mejor a los productos sostenibles, si bien se descarga en el consumidor el peso de avanzar hacia una economía más sostenible, pues se presume que será él quién decida escoger el producto "más reparable". Lo mismo se puede decir en relación al derecho de desistimiento, resulta muy complejo limitarlo, y las propuestas más razonables se encaminan a que el consumidor asuma parte del coste de devolución o se incentiven entregas más sostenibles como los puntos de entrega, buzones inteligentes, etc. Por último, en relación con la ampliación o mejora de los derechos de garantía de los consumidores, como puede ser un plazo de garantía mayor o una presunción mucho más favorable, si bien, sobre el papel se aumentan los derechos de los consumidores, no se estaría resolviendo el problema de fondo, que es la obsolescencia programada.

Ya se ha mencionado que de poco sirve que haya un incremento en los derechos del consumidor, si los productos son diseñados con el objeto de actuar en fraude de tales derechos[693].

---

693 Según PINOCHET OLAVE, R.: "La conformidad", cit., p. 448, aquello que determinaría la licitud o ilicitud de que un bien sea diseñado para durar un tiempo específico serán principalmente dos factores: "a) que el consumidor sea informado de forma veraz, oportuna, completa y comprensiblemente acerca de la duración proyectada

Efectivamente, de poco habrá servido aumentar el plazo de garantía de dos a tres años si a los tres años y medio, el costoso dispositivo móvil deja de funcionar o sufre una bajada repentina de rendimiento pues, en realidad, lo que se busca es que el comprador adquiera el nuevo producto de la marca en cuestión.

Con el objeto de combatir la obsolescencia programada, encontramos dos obstáculos principalmente. El primero es el referente a la prueba de la obsolescencia programada. A simple vista nos podemos preguntar de qué forma el consumidor puede demostrar que el bien ha sido diseñado a fin de tener un ciclo de vida menor del que se puede razonablemente esperar. La prueba será más sencilla cuando nos encontremos en el ámbito de la garantía legal de conformidad. A este respecto, si el bien presenta una falta de conformidad (no funcionamiento adecuado) entrarán en juego los plazos que ya hemos analizado precedentemente. Por ello, si es de aplicación el plazo de presunción de preexistencia del defecto, que tiene lugar a lo largo

---

del producto o del número de usos para el que ha sido programado (piénsese, por ejemplo, en cámaras fotográficas digitales o impresoras) y, en segundo término, b) que la finalidad perseguida con la delimitación de la vida útil de un producto sea también lícita, como lo será por ejemplo, la caducidad en medicamentos o alimentos perecibles, aunque este segundo aspecto ha desarrolado complejidades adicionales en los últimos años, al descubrirse algunos casos en que proveedores señalan una fecha de caducidad decididamente menor a la duración útil y segura del producto. Lo que nos trae de vuelta a una conducta ilícita, en cuanto engaño deliberado del consumidor". No obstante, si no se informa al consumidor específicamente de la vida útil de un producto nos podemos preguntar hasta qué punto es lícito que un bien se diseñe exclusivamente para durar más o menos que el plazo de garantía legal, o que se utilicen métodos como un dispositivo que reduzca la duración de la batería a largo plazo, provocando que su ciclo de cargas sea inferior al que tendría si no se hubiera utilizado dicha estratagema. Más aún cuando cada vez existe una mayor conciencia por la protección del medio ambiente.

de 2 años desde la entrega del bien, se presumirá que el defecto era preexistente a la entrega del mismo, por lo que el consumidor solo deberá acreditar la existencia del defecto. La doctrina es proclive a entender que el art. 11 de la Directiva 2019/771 debe ser interpretado en el sentido que, durante el período de 2 años desde la entrega de un bien hay una presunción que afecta a la preexistencia del defecto, pero que transcurrido dicho tiempo la carga de la misma le corresponde al consumidor, pues de lo contrario la regla carecería de sentido[694].

Por tanto, fuera del plazo de preexistencia de defectos, por lo que se refiere a la carga de la prueba de la existencia de la falta de conformidad deberemos acudir a las normas generales sobre la carga de la prueba. A este respecto, quién alega es quién debe sustentar sus afirmaciones. No obstante, en un ámbito como el presente puede ser muy complejo que el consumidor tenga que aportar evidencias sobre la existencia de un mecanismo o un diseño poco acertado del empresario, habida cuenta de que no tiene ni los medios, ni el conocimiento para hacerlo. Por ello, es interesante sacar a relucir el principio de disponibilidad y facilidad probatoria, es decir, que aquella persona que tenga más facilidad de acceso a la prueba de un hecho es la que deba asumir la carga. Esto se puede ver con un ejemplo, al vendedor le puede resultar más sencillo demostrar que el defecto tenga que ver con un mal uso del bien, que al consumidor demostrar que el mismo adolecía de un diseño fraudulento. Por ello, debe ser el vendedor quién, con más facilidad probatoria, desvirtúe las alegaciones del demandante[695].

---

694 D'Onofrio, M.: *Il difetto*, cit., p. 57.

695 Este principio encuentra apoyo en el art. 217.7 LEC cuando señala que: "Para la aplicación de lo dispuesto en los apartados anteriores de este artículo el tribunal deberá tener presente la disponibilidad y facilidad probatoria que corresponde a cada una de las partes del litigio". El cual ha sido interpretado por la jurisprudencia en este sentido: "El principio de facilidad probatoria hace recaer las consecuencias de la

El segundo de los obstáculos, y que, en definitiva, más problemas genera se concreta en que los plazos son muy restrictivos. Con la finalidad de facilitar la acción contra el vendedor, se instituyeron unos plazos de garantía que mientras están vigentes funcionan muy eficazmente. No obstante, finalizados los mismos, el consumidor se encuentra completamente desamparado ante la posibilidad de que el bien adolezca de un defecto, incluso aunque este defecto haya sido ocasionado dolosamente por parte del fabricante[696].

1.3.1. ¿El dolo como mecanismo de lucha?

La doctrina ya ha planteado diversos modos de combatir la brevedad de los plazos ante la impotencia que puede sufrir el comprador por un fallo de diseño que se manifieste después. El primero de ellos es el recurso al dolo, esto es, considerar que la obsolescencia programada es un supuesto de ocultamiento doloso al consumidor[697].

---

falta de prueba sobre la parte que se halla en una posición prevalente o más favorable por la disponibilidad o proximidad a su fuente". Véase SAP Sevilla, 2 julio 2018 *(Tol 6878989)*, SAP Lérida, 31 julio 2012 *(Tol 2673585)* y SAP Las Palmas, 5 octubre 2006 *(Tol 6275467)*.

696 D'ONOFRIO, M.: *Il difetto*, cit., p. 53.

697 Véase, DE VERDA Y BEAMONTE, J.R.: "El contrato y sus elementos esenciales", en AA.VV.: *Derecho Civil II: Obligaciones y Contratos*, 4ª ed., Tirant Lo Blanch, Valencia, 2019, p. 211 y ss.: "El dolo es un vicio del consentimiento caracterizado por el ánimo de engaño de quien lo comete" (SSTS 11 junio 2003 [*Tol 276114]* y 12 junio 2003 [*Tol 286091*]). A él se refiere el art. 1296 CC, cuando indica que: "Hay dolo cuando, con palabras o maquinaciones insidiosas de parte de uno de los contratantes, es inducido el otro a celebrar un contrato que, sin ellas no hubiera hecho". Cabe destacar, que el dolo no solo se identifica con una conducta activa como inducir al contratar afirmando que el bien tiene cualidades que no tiene, sino también con la "reticencia dolosa", esto es, guardar silencio sobre que el bien en cuestión tiene

Concretamente, la doctrina italiana se ha planteado si es posible considerar, a través de una interpretación del art. 133 C. Cons., que el plazo de garantía no transcurriría en estos supuestos, pues la utilización del engaño provocaría que el vendedor perdiese el plazo. Tal interpretación, a mi modo de ver, no sería trasladable al modelo español, habida cuenta de que no existe un precepto equivalente que sugiera lo mismo que el art. 133 C. Cons. Asimismo, parece bastante claro que el sistema de garantía se erige como un modelo en el cual el conocimiento o desconocimiento de los defectos de conformidad por parte del comprador o el vendedor son irrelevantes, dado que se trata de una garantía absoluta, que ni siquiera tiene porque corresponderse con un sistema de responsabilidad objetivo basado en el cumplimiento de una determinada obligación[698].

No obstante, el reconocimiento de que la conducta del fabricante es un supuesto de dolo nos permitiría recurrir a otro instrumento que es la acción de anulabilidad, arts. 1301 y ss. de CC. El hecho de que el productor o fabricante haya proyectado el bien con el objeto de reducir su vida útil, a mi modo de ver, se podría fácilmente reconducir a un supuesto de dolo contractual, ya fuera en su modalidad pasiva (dolo omisivo/reticencia dolosa) por ocultar que, por ejemplo, los materiales utilizados no eran de la calidad suficiente para garantizar una correcta durabilidad del bien, ya fuera en su modalidad activa (cuando el ocultamiento viene acompañado de una actividad insidiosa). Por ejemplo, la utilización de un dispositivo que altere a largo plazo el comportamiento normal del bien. La principal ventaja

---

un defecto grave del que la contraparte no ha advertido (por todas, SSTS 5 marzo 2010 *[Tol 1798255]* y 5 septiembre 2012 *[Tol 276114]*).

698 Esto contrasta con la Convención de Viena, la cual sí que establece que el vendedor que sea consciente de que el bien vendido adolece de un vicio no podrá servirse del plazo para negar la legitimación al comprador. *Vid.*, art. 40 CISG.

que presenta la acción por anulabilidad por dolo es que su plazo sería superior al de garantía, en la medida que se podría entablar a los cuatro años desde la entrega del bien, mientras que, en el supuesto de la garantía legal de conformidad, el defecto debe acaecer en el período de tres años desde la entrega del mismo.

La acción por anulabilidad por dolo nos sugiere varios problemas. El primero de ellos es la prueba, resulta un tanto inverosímil pensar que el consumidor pueda entablar un proceso judicial en el cual demuestre que el bien había sido, *v. gr.*, manipulado para tener una duración inferior a la prevista. Especialmente dificultoso puede ser el caso de que el bien no tenga un precio muy elevado y, obviamente, sería necesaria una prueba pericial al efecto para tener que demostrar tal circunstancia. Esto se podría suavizar si consideramos que es la contraparte quién tiene que demostrar que el bien ha sido adecuadamente fabricado, pero no deja de ser muy artificioso recurrir a este expediente cuando nos encontramos en un bien de consumo.

El segundo de los problemas que presenta es el relativo al plazo. No es muy alentador que simplemente se gane un año con el recurso a este instrumento jurídico, pues, en verdad, parece que se trataría de un parche que nos podría convenir cuando nos encontremos ante una falta de conformidad que sospechosamente surja a los tres años y medio por poner un ejemplo. No obstante, en relación con este punto, es muy interesante recurrir a las conclusiones a las que ha llegado la jurisprudencia del Supremo en relación con los productos bancarios complejos. Dada la práctica imposibilidad de percatarse del vicio que tiene el particular, lo que le provocaría una gran indefensión, el *dies a quo* debería reinterpretarse y considerarse que comenzaría a correr desde el momento en que ha tenido conocimiento del engaño, lo que nos llevaría a entender que el consumidor debería poder ejercitar su derecho en el plazo de cuatro años desde el descubrimiento de la obsolescencia programada[699].

Por último, pero no por ello menos importante, es el obstáculo referente a la relatividad contractual. Hasta ahora era irrelevante quién era el responsable del defecto que presen-

---

699 STS Pleno, 12 enero 2015 *(Tol 4712377)*, dice lo siguiente: "La diferencia de complejidad entre las relaciones contractuales en las que a finales del siglo XIX podía producirse con más facilidad el error en el consentimiento, y los contratos bancarios, financieros y de inversión actual, es considerable. Por ello, en casos como el que es objeto del recurso no puede interpretarse la 'consumación del contrato' como si de un negocio jurídico simple se tratara. En la fecha en que el art. 1301 del Código Civil fue redactado, la escasa complejidad que, por lo general, caracterizaba los contratos permitía que el contratante aquejado del vicio del consentimiento, con un mínimo de diligencia, pudiera conocer el error padecido en un momento más temprano del desarrollo de la relación contractual. Pero en el espíritu y la finalidad de la norma se encontraba el cumplimiento del tradicional requisito de la 'actio nata', conforme al cual el cómputo del plazo de ejercicio de la acción, salvo expresa disposición que establezca lo contrario, no puede empezar a computarse al menos hasta que se tiene o puede tenerse cabal y completo conocimiento de la causa que justifica el ejercicio de la acción. Tal principio se halla recogido actualmente en los principios de Derecho europeo de los contratos (art. 4:113)." Sigue diciendo: "Por ello, en relaciones contractuales complejas como son con frecuencia las derivadas de contratos bancarios, financieros o de inversión, la consumación del contrato, a efectos de determinar el momento inicial del plazo de ejercicio de la acción de anulación del contrato por error o dolo, no puede quedar fijada antes de que el cliente haya podido tener conocimiento de la existencia de dicho error o dolo. El día inicial del plazo de ejercicio de la acción será, por tanto, el de suspensión de las liquidaciones de beneficios o de devengo de intereses, el de aplicación de medidas de gestión de instrumentos híbridos acordadas por el FROB, o, en general, otro evento similar que permita la comprensión real de las características y riesgos del producto complejo adquirido por medio de un consentimiento viciado por el error".

taba el bien. De hecho, la utilización del instrumento jurídico de la garantía buscaba concretamente eso, que no tuviéramos que embarcarnos en ningún debate jurídico para dilucidar la imputación de la responsabilidad contractual por un defecto de estas características. El responsable en la cadena de transacciones o el posible conocimiento que pudiera tener el vendedor de la falta de conformidad es indiferente. Sin embargo, en el supuesto de una acción de anulabilidad del contrato por dolo contractual sería necesario que el vendedor tuviera conocimiento de esta circunstancia para que pudiera imputársele el ocultamiento. Ningún problema tendríamos en los casos en los cuales tanto vendedor como fabricante coinciden en la misma persona. Pero no pasaría lo mismo cuando es el fabricante del bien quién ha sido el responsable de la obsolescencia programada y el vendedor es un mero intermediario.

A este respecto, nos podemos preguntar si es posible acudir a la figura de la diligencia profesional, esto es, al vendedor se le exigiría un plus de diligencia en relación con los productos que comercializa por lo que debería ser consciente de si tienen la calidad y durabilidad que razonablemente se puede esperar de un producto de tales características[700]. O, al menos, ser consciente de los defectos que le van comunicando los consumidores y si eso le haría advertir que los bienes que le ha proporcionado un determinado fabricante no han sido adecuadamente diseñados. Junto con esta idea, se podría sostener también la posibilidad de recurrir analógicamente a la acción de regreso que hay prevista para las faltas de conformidad en el supuesto de bienes de consumo, esto es, aunque el responsable del ocultamiento doloso sea claramente el fabricante, sería factible interponer contra el vendedor la acción de anulabilidad por dolo, para que, posteriormente, el vendedor pudiera accionar contra el verdadero responsable del defecto, esto es,

---

700 Sostiene también esta idea, D'ONOFRIO, M.: *Il difetto*, cit., p. 53.

el fabricante. De todos modos, no parece que sea posible llevar a cabo tal extensión de la acción de regreso, en la medida que nos encontraríamos fuera del sistema para la cual está pensada, que es la garantía legal en la compraventa de bienes de consumo, habida cuenta de que supone una excepción a la regla general de relatividad en los contratos.

Como hemos podido analizar, el recurso a los remedios contractuales propios del régimen general de obligaciones y contratos no resultan de todo satisfactorios para contrarrestar el fenómeno de la obsolescencia programada. Esto se debe, principalmente, a que tales mecanismos no están pensados para una economía como la presente, por lo que en aspectos como la carga de la prueba o la propia relatividad de los contratos flaquean. Tal y como se ha advertido antes, resulta un tanto inverosímil que un consumidor pueda instar un procedimiento ordinario por anulabilidad del contrato, incluso una demanda de responsabilidad civil por dolo *in contrahendo*, ante una posible obsolescencia programada del producto que ha adquirido.

1.3.2. La obsolescencia programada como práctica comercial desleal

Por ello, para combatir estas prácticas empresariales resulta mucho más adecuado otro instrumento jurídico que escapa un tanto de la tutela puramente civil, para acercarse al campo del Derecho Mercantil. Concretamente, estamos hablando de las prácticas comerciales desleales.

La lucha contra las prácticas comerciales desleales en materia de consumidores y usuarios no es una materia virgen y ha sido ampliamente tratada por la doctrina. Asimismo, la correspondencia entre obsolescencia programada y práctica comercial desleal no es una ocurrencia del autor de estas líneas, sino que ha sido ya contemplada por parte de los tribunales. Si bien, justamente, la tutela administrativa de los intereses de los consumidores ha sido la que ha adquirido siempre mayor protagonismo relegando la tutela privada a un papel muy marginal. Basta contemplar las multas millonarias que han sido impuestas a gigantes de la tecnología como son Apple y Samsung, en tierras italianas. Pero no solo ello, otros países como Francia no se han quedado cortos[701].

La primera reflexión que cabe hacer es si el modelo de sanción administrativa es adecuado para tutelar de la mejor manera los intereses de los consumidores y sí, verdaderamente, suponen una medida disuasoria para tales compañías. Obviamente, las multas impuestas se pueden convertir en un gran desincentivo para dichas empresas, si bien es cierto que, la cuantía de tales sanciones deberá estar muy ajustada para asegurar que el daño económico que les causa es de la suficiente envergadura para disuadirlas de tales métodos[702]. Igualmente, estas multas no resuelven el concreto problema que se le ha provocado al consumidor, quien a través de las mismas no en-

---

701 La *Autoritá Garante della Concorrenza e del Mercato* (AGCM) condenó a ambas empresas por haber liberado *software* en forma de actualizaciones (*updates)* con el objeto de disminuir el rendimiento de los smartphones que comercializaban e inducir a los consumidores a adquirir los dispositivos más recientes. La multa ascendía en el caso de la empresa californiana a la cantidad de 10 millones de euros, mientras que a la coreana se estimó en 5 millones de euros. Procedimientos núm. 27365 y núm. 27363, de 25 de septiembre de 2018. Por lo que respecta a Francia, fruto de una investigación instada por la procura de París la *Direction générale de la concurrence de la consommation et de la represión des fraudes* (DGCCRF) condenó a Apple por los mismos hechos al pago de la suma de 25 millones de euros y la publicación de un comunicado por internet. Sobre el procedimiento, https://www.economie.gouv.fr/dgccrf/transaction–avec–le–groupe–apple–pour–pratique–commerciale–trompeuse. Véase también, SORDINO, M.C.: "Première transaction pénale en cas d'obsolescence logicielle constitutive de pratiques comerciales trompeuses", *Reveue de Science Criminelle et de Droit Pénal Comparé,* núm. 4, 2020, p. 960 y ss.

702 DE FRANCHESCHI, A.: *La vendita,* cit., p. 182.

cuentra un resarcimiento directo del daño que le ha provocado la conducta desleal en cuestión[703].

De hecho, en el caso italiano, la doctrina ha manifestado que, si bien la persecución pública de tales prácticas ha demostrado ser un éxito, carecer de remedios individuales para que el consumidor pueda, por ejemplo, anular el contrato sobre la base de haber sido víctima de una práctica desleal es un error. A este respecto, tanto la doctrina científica como los tribunales han buscado vías para considerar que la consideración administrativa de que un acto constituye una práctica comercial desleal pueda directamente suponer el reconocimiento de que ha habido un vicio en el consentimiento del contrato a los efectos de poder solicitar su anulación por dolo o error.

Esto contrasta con otros países en los cuales sí hay una suerte de medidas o acciones que permitan combatir directamente las prácticas comerciales desleales por parte del consumidor. Destaca el caso de Francia, este país ha introducido medidas *ad hoc* que sí consideran a la obsolescencia programada como una práctica

---

703 La doctrina italiana se plantea, a colación del caso Dieselgate, que la condena pecuniaria que debió afrontar Volkswagen era irrisoria en comparación con el montante que hubiera tenido que asumir si se hubiese reconocido un derecho al resarcimiento de los daños y perjuicios a todos los adquirentes. Veáse, D'Onofrio, M.: *Il difetto*, cit., p. 119, con cita a De Cristofaro, G.: "Le conseguenze privatistiche della violazione del divieto di pratiche commerciali sleali: analisi comparata delle soluzioni accolte nei diritti nazionli dei paesi UE", *Rassegna di Diritto Civile*, 2010, p. 886, quién anima a los legisladores nacionales a "*introdurre dispozioni che –allo scopo di incentivarne l'utilizzazione– facciano scatuir, dal compimento di alcune (o di tutte le) practiche commerciali sleali, conseguenze privatistiche più o meno 'eccezionali' rispetto a quelle di diritto comune*". Para una visión de conjunto sobre la problemática jurídica que genera el asunto Dieselgate, *vid.*, Ferrante, A.: "Dieselgate, eclecticismo y estrategia del abogado", Tribuna, IDIBE, 3 de julio de 2020.

desleal[704]. En ese sentido, sanciona con la nulidad del contrato a través de un proceso penal, el recurso a técnicas que tengan como objetivo reducir deliberadamente la vida útil de los bienes.

En el caso de España, si bien no podemos hacer gala de sistema ejemplar, sí que es cierto que existe una combinación de técnicas tanto de carácter administrativo como de carácter privado. No obstante, como señala la doctrina no existe una coordinación

---

704 El art. 441–2 del *Code de la consommation* prohíbe directamente el recurso a la obsolescencia programada como la práctica comercial desleal (concretamente como práctica engañosa), y dice así: *"est interdite la practique de l'obsolescence programmée qui se définit par le recours à des tecniques, y compris logicielles, par les quelles le responsable de la mise sur le marché d'un produit vise à en réduire délibérment la durée de vie". La consecuencia de incumplir dicho mandato se encuentra en el art. 454–6: "les délits prévus aux articles 441–2, 441–3 et 441–4 sont punis d'une peine de deux ans d'emprisonnement et d'une amende de 300.000 euros. Le montant de l'amende peut être porté, de manière proportionnée aux avantages tirés du délit, á 5% du chiffre d'affaires moyen annuel, calculé sur les trois derniers chiffres d'affaires annuels connus á la date des faits"*. En el caso de España, no existe un tipo de obsolescencia programada, pero se puede reconducir a la cláusula general de acto de competencia desleal (art. 4 Ley de Competencia Desleal) "se reputa desleal todo comportamiento que resulte objetivamente contrario a las exigencia de la buena fe", y más en concreto, como acto de engaño "se considera desleal por engañosa cualquier conducta que contenga información falsa o información que, aun siendo veraz, por su contenido o presentación induzca o pueda inducir a error a los destinatarios, siendo susceptible de alterar su comportamiento económico, siempre que incida sobre alguno de los siguientes aspectos: b) las características principales del bien o servicio tales como su disponibilidad, sus beneficios, sus riesgos, su ejecución, su composición, sus accesorios, el procedimiento y la fecha de su fabricación o suministro, su entrega, su carácter apropiado, su utilización, su cantidad, sus especificaciones, su origen geográfico o comercial o los resultados que pueden esperarse de su utilización, o los resultados y características esenciales de las pruebas o controles efectuados al bien o servicio." (art. 5.b) LCD).

clara entre el derecho de la competencia y el derecho de los contratos que puedan proporcionar remedios contractuales útiles a los consumidores[705]. Por un lado, en el art. 46 y ss. TRLGDCU se desarrolla el modelo sancionador del sistema español basado, como es lógico, en la tipificación de determinadas conductas con su correspondiente sanción. Por otro lado, en la Ley de Competencia Desleal (en adelante, LCD), basada en la represión a través de un procedimiento entablado ante la jurisdicción ordinaria, concretamente los Juzgados de lo Mercantil, se contemplan diferentes acciones que están contenidas en el art. 32, previa demostración de las conductas que se refieren en la propia ley[706].

Esta característica propia de la legislación española contrasta con otras como la italiana, pues permite que tanto particulares como, por ejemplo, asociaciones de consumidores[707], en representación de los legítimos intereses de estos últimos puedan entablar acciones privadas para obligar a las empresas a cesar en la realización de tales conductas. Concretamente, destaca la acción de remoción de los efectos, que implicaría la posibilidad de reconocer a los afectados declarar la ineficacia de los contratos así celebrados sin otra consideración. Si bien,

---

705 Miranda Serrano, L.M. y Pagador López, J.: "La necesidad de establecer conexiones normativas entre el Derecho de la competencia desleal y el Derecho de contratos", *Diario La Ley*, núm. 8464, 2015, y Miranda Serrano, L.M.: "La protección del consumidor como ariete de la reforma del viejo Derecho Privado; en especial, en la fase previa a la contratación de bienes y servicios", en AA.VV.: *La protección de los consumidores en tiempos de cambio*, Iustel, Madrid, 2015, pp. 56 y 57.

706 El Capítulo II de la Ley de Competencia Desleal (LCD) recoge los distintos comportamientos que pueden ser reconducidos a un acto desleal, el Capítulo III se centra en aquellas propiamente referidas a los consumidores y luego, en el Capítulo IV se establecen las acciones privadas que se pueden interponer frente a los actos de competencia desleal.

707 En el art. 33.3.b) LCD se reconoce legitimación activa para defender los intereses difusos de consumidores y usuarios, por ejemplo, a las asociaciones de consumidores.

la doctrina es proclive a asumir que puede solicitarse la anulación o ineficacia de los contratos como consecuencia de una práctica comercial desleal, con la única cautela de que se salvaguarden los derechos de terceros de buena fe[708], en la práctica, rara vez se ha podido comprobar un pronunciamiento es este sentido[709], como también requiere que sea planteado ante el juzgado en concreto y sea analizado bajo criterios de necesidad y proporcionalidad[710]. Asimismo, la anulación del contrato no siempre va a satisfacer las necesidades del consumidor que, en ocasiones, solo busca una compensación.

---

708 MASSAGUER, J.: *Comentario a la ley de competencia desleal*, Madrid, Civitas, 1999, p. 536, HERRERA PETRUS, C.: "Acciones frente a la competencia desleal", en TATO PLAZA, A., FERNÁNDEZ CARBALLO-CALERO, P., Y HERRERA PETRUS, C.: *La reforma de la Ley de Competencia Desleal*, 1ª ed., Madrid, La Ley, 2010, p. 371 y MARIMÓN DURÀ, R.: "La OPS como acto de competencia desleal. Fundamentación de una acción colectiva", en AA.VV.: *La oferta pública de suscripción de acciones desde la perspectiva judicial: análisis de la OPS de Bankia de 2011* (dir. R. MARIMÓN DURÀ), Thomson Reuters Aranzadi, Cizur Menor, 2016, p. 90. En contra, PERTÍÑEZ VÍLCHEZ, F.: "Información precontractual obligatoria, error, prácticas comerciales desleales", en AA.VV.: *Tratado de la compraventa. Homenaje a Rodrigo Bercovitz* (dir. Á. CARRASCO PERERA), Tomo I, Thomson Reuters Aranzadi, Cizur Menor, 2013, p. 386; y MARÍN LÓPEZ, M.J.: "La formación del contrato con consumidores", en AA.VV.: *Negociación y perfección de los contratos* (dir. M.A. PARRA LUCÁN), Thomson Reuters Aranzadi, Cizur Menor, 2014, p. 806.

709 La SAP Palma de Mallorca, 28 julio 2005 *(Tol 792744)*, declara nulos y sin efecto una serie de contratos: "la remoción de los efectos producidos por el acto desleal consistirá en dejar sin efecto, tanto los contratos de prestación de servicios con los facultativos como las altas de los asegurados en lo referente al Suplemento Odontológico referido, debiendo dejar de operar el referido Suplemento Odontológico, y de devengar primas, comisiones o franquicias, y ello a contar desde la fecha de la presente resolución judicial".

710 HERRERA PETRUS, C.: "Acciones", cit., pp. 367 y ss.

Por ello, mucho más interesante sería el remedio de la acción de indemnización de daños y perjuicios que sí permite una tutela privada a la persona que ha sufrido directamente una práctica desleal, la cual se encuentra recogida en el art. 32.5 LCD. No obstante, la principal dificultad que presenta la acción es que requiere que la conducta manifieste culpa o dolo. Por lo que podemos concluir que no hay un reconocimiento a que la propia práctica desleal conlleve siempre el dolo del agente. Esto puede suponer un problema, pues ya hemos señalado que, a nuestro parecer, la obsolescencia programada debería reconducirse a la figura de práctica comercial desleal y es bastante evidente que la misma encierra dolo del fabricante.

Si bien es cierto que la doctrina sostiene que debe entablarse una conexión entre las prácticas desleales y el reconocimiento de remedios específicos los afectados, puesto que es obvio que la práctica comercial habrá afectado negativamente a la relación contractual, también, no es menos cierto que la práctica desleal no necesariamente tiene que incidir de la misma forma en el negocio jurídico. Por ejemplo, en función de la práctica desleal que estemos contemplando, se puede considerar que el ámbito contractual afectado es completamente diferente. Algún tipo de práctica comercial puede recaer sobre la celebración del contrato, como la omisión de un tipo concreto de información, mientras que otros, más a su cumplimiento o ejecución. Incluso otro tipo de comportamiento desleal consistirá en no respetar determinados códigos de conducta, lo cual, en principio, puede no tener relevancia alguna para el consumidor.

Justamente, en el aspecto que nos centramos, que es el relacionado con las prácticas engañosas, como sería la obsolescencia programada, no es difícil desentrañar que se produce un perjuicio al consumidor, en la medida que, pensando que el bien a adquirir tendrá una duración superior, éste ha sido deliberadamente diseñado para durar menos de lo esperable. Por lo que nos parece bastante razonable, a simple vista, que exista un reconocimiento directo a un resarcimiento a los daños y perjuicios causados e incluso la posibilidad de anular el contrato afectado una vez constatada la conducta desleal[711]. Sin embargo, puede ser bastante aventurado establecer sin más una correlación directa entre conducta desleal y el remedio resarcitorio o rescisivo del contrato sin mayor consideración. Es cierto que debe existir una mayor coordinación, pero para ello lo que se tiene que abordar es una mejor regulación que contemple los diferentes supuestos de forma clara y procure adecuados remedios de todo tipo para garantizar una protección integral al consumidor.

La Directiva que introdujo la protección contra prácticas comerciales desleales con consumidores es la Directiva 2005/29/CE[712]. Esta Directiva se caracterizó por ser una Directiva de armonización plena, pero al mismo tiempo, daba completa libertad a los Estados Miembros en lo referente a sanciones y remedios en caso de incumplimiento de su normativa. El objetivo de esa intervención de menor intensidad era evitar una interferencia en el derecho de los contratos de cada Estado Miembro. Sin embargo, esto provocó, como ya se ha podido describir brevemente, la existencia de diferentes modelos de represión de las prácticas desleales.

---

711 La indemnización podría consistir en una cantidad proporcional del precio en relación con el tiempo que debería haber mantenido el bien todas sus características y funcionalidades. La dificultad estriba en determinar el período de duración de los bienes que el consumidor puede razonablemente esperar en atención a su naturaleza. Sin perjuicio de otros daños que se pudieran acreditar.

712 Directiva 2005/29/CE del Parlamento Europeo y del Consejo de 11 de mayo de 2005, relativa a las prácticas comerciales desleales de las empresas en sus relaciones con los consumidores en el mercado interior, que modifica la Directiva 84/450/CEE del Consejo, las Directivas 97/7/CE, 98/27/CE y 2002/65/CE del Parlamento Europeo y del Consejo y el Reglamento (CE) núm. 2006/2004 del Parlamento Europeo y del Consejo.

Pues bien, con el objeto de mejorar la protección de los consumidores, junto con las Directivas 770 y 771, en 2019 también se publicó otra interesante Directiva que ya ha sido traspuesta al ordenamiento español y se trata de la Directiva 2019/2161[713]. Entre otras cosas, dicha Directiva persigue proporcionar a los consumidores respuestas negociales específicas para combatir las prácticas desleales. Concretamente, hablamos de la reforma del art. 11 Directiva 2005/29/CE que bajo un nuevo título denominado "Reparación", pretendía incorporar: "medidas correctoras proporcionadas y eficaces, incluida una indemnización por los daños y perjuicios sufridos por los consumidores y, cuando proceda, una reducción del precio o la resolución del contrato". Igualmente, su Considerando 16 pone de manifiesto que: "los Estados miembros deben velar por que las medidas correctoras se encuentren a disposición de los consumidores perjudicados por prácticas comerciales desleales, con el fin de eliminar todos los efectos de tales prácticas".

El objetivo de todo ello es superar el error que a todas luces implicó el no reconocimiento directo de remedios individuales por la anterior Directiva, en la medida que supuso una total descoordinación entre el derecho contractual o negocial y el derecho de la competencia. De todos modos, la armonización de este ámbito no es tarea fácil, pues conviven muchas tradiciones jurídicas en cada uno de los Estados Miembros y, como ya se ha puesto de relieve con anterioridad, la lucha contra este tipo de comportamientos no es sencilla, debido a que se manifiesta de múltiples formas y no siempre se puede concluir que haya

---

713 Directiva UE 2019/2161 del Parlamento Europeo y del Consejo, de 27 de noviembre de 2019 por la que se modifica la Directiva 93/13/CEE del Consejo y las Directivas 98/6/CE, 2005/29/CE y 2011/83/UE del Parlamento Europeo y del Consejo, en lo que atañe a la mejora de la aplicación y la modernización de las normas de protección de los consumidores de la Unión.

motivos para, por ejemplo, declarar la ineficacia del negocio jurídico que pueda estar vinculado a la práctica desleal[714].

De entrada, esta modulación se observa en que la resolución y la reducción del precio no se reconocen en todo caso, sino tan solo cuando "procedan". La doctrina ha considerado que sobre esta previsión cabe realizar una doble interpretación. Por un lado, que se ha querido reservar este remedio de mayor calado para las prácticas más agresivas contra los consumidores, esto es, introduciendo un criterio de gravedad a la conducta en cuestión. Por otro lado, cabría sostener también la interpretación de que no se podrá solicitar este remedio cuando la conducta desleal no haya conllevado necesariamente la conclusión de un negocio jurídico, circunstancia que puede acaecer y que, por tanto, no habría negocio jurídico que anular[715].

Cabe destacar que la regulación contenida a este respecto en la Directiva 2019/2161, a diferencia de armonización plena que hemos estado barajando a lo largo de este trabajo, tiene carácter de mínimos. Esto es muy relevante, pues muestra aún la debilidad del legislador de la Unión Europea en este ámbito, no atreviéndose, al menos, a llevar a cabo una Directiva de máximos que imponga una regulación unitaria en todo el territorio de la Unión Europea. El carácter de la Directiva se desprende directamente del Considerando 16 de la misma, que indica lo siguiente: "no se debe impedir a los Estados miembros que mantengan o introduzcan derechos a otras medidas correctoras, como la reparación o la sustitución, para los consumidores perjudicados por prácticas comerciales desleales, con el fin de garantizar la eliminación plena de los efectos de

---

714 CASADO NAVARRO, A.: "Consecuencias negociales de las prácticas desleales con consumidores: Soluciones de derecho comparado y recientes desarrollos normativos en la unión europea", *Cuadernos de Derecho Transnacional*, Vol. 14, núm. 1, marzo 2022, p. 121.

715 CASADO NAVARRO, A.: "Consecuencias", cit., p. 140.

tales prácticas. No se debe impedir a los Estados miembros que establezcan las condiciones de aplicación y los efectos de las medidas correctoras para los consumidores".

La opción de este modelo por parte del legislador comunitario supone que simplemente se establezca un mínimo indispensable que deben seguir los Estados Miembros. No obstante, queda completamente a la libre discreción de todos ellos establecer los presupuestos que permitan articular los remedios en concreto, el alcance de los mismos y sus efectos.

En el caso del legislador español, el Anteproyecto que vino a preparar la trasposición de la mencionada Directiva propuso la introducción de un nuevo art. 20 bis en el TRLGDCU. Dicho artículo incorporaba medidas específicas, pero al mismo tiempo otros añadidos ciertamente cuestionables.

En primer lugar, llama la atención la ubicación de este tipo de medidas en el TRLGDCU. Si bien es cierto, que se corresponden con medidas encaminadas a la protección de los consumidores y usuarios afectados por dichas prácticas, no es menos cierto también que tales medidas son represoras de conductas de competencia desleal por lo que independientemente de si se llevan a cabo contra empresarios o contra particulares tendría sentido su ubicación en la LCD. Dicho lo cual, este tipo de debates parecen más propios de una pugna entre civilistas y mercantilistas por apropiarse de determinadas categorías jurídicas.

En segundo lugar, es problemático que dicho artículo diga que se: "considerará irrefutable la constatación de una infracción por el uso de prácticas comerciales desleales contra los consumidores y usuarios en una resolución firme de una autoridad competente o de un órgano jurisdiccional". Esto por varias razones. Primeramente, es un tanto absurdo que se diga que se considerará irrefutable el hecho que una práctica desleal ha sido declarada por parte de los tribunales o por la administración competente. Pues, es evidente que, si hay sentencia firme, esta producirá efectos de cosa juzgada. Lo importante aquí y es lo que, en definitiva, estamos tratando de apuntalar, es si la declaración de que una práctica comercial constituye un comportamiento desleal lleve aparejados remedios negociales específicos para los consumidores y en qué medida.

Asimismo, como señala la doctrina, el carácter irrefutable de las decisiones administrativas no tiene mucha razón de ser, habida cuenta de que las autoridades tienen a su alcance medidas directamente aplicables como "la reposición de la situación alterada a su estado original" (art. 51.6 TRLGDCU). De hecho, parece que pretendan que los órganos administrativos apliquen directamente normativa puramente mercantil, como es la LCD, cuando su ejercicio corresponde a la jurisdicción ordinaria[716]. De igual modo, el reconocimiento de dicho carácter vinculante en sentido amplio permitiría que las decisiones administrativas vinculasen a los órganos jurisdiccionales, lo que rompería la dinámica de la LCD. Si bien, no cabe desdeñar que el ejercicio de la represión de la competencia desleal a través de sus remedios propios corresponda a los tribunales de justicia, podría ser muy útil para los consumidores que, constatada que una determinada práctica es desleal, puesto que la empresa en cuestión ha sido sancionada por la administrativa competente, debería facilitarse a este respecto su acreditación a los consumidores y que estos últimos pudieran ejercitar remedios individuales.

Por último, se incluye un apartado 2 que señala que: "las personas que hubieran realizado de forma conjunta la infracción re-

---

716 Cuando los órganos administrativos no están habilitados para interpretar y aplicar normativa mercantil como puede ser la LCD, FONT GALÁN, L. Y MIRANDA SERRANO, L. M.: *Competencia desleal y antitrust. Sistema de ilícitos,* Marcial Pons, Madrid, 2005, p. 77. Únicamente, después de que los tribunales ordinarios declaren que una conducta es desleal será posible aplicar los remedios contenidos en la pretensión del demandante, MASSAGUER, J.: *Comentario,* cit., p. 530 y 531 y BARONA VILAR, S.: *Competencia desleal: tutela jurisdiccional, especialmente proceso civil, y extrajurisdiccional,* Tomo I, Valencia, Tirant lo Blanch, 2008, p. 739.

ferida en el apartado anterior serán solidariamente responsables del resarcimiento de los daños y perjuicios ocasionados". Tampoco tiene mucha trascendencia la inclusión de este inciso, ya que es claro que en el supuesto de que intervengan varios agentes en la conducta desleal todos serán responsables de manera solidaria.

Dicho esto, el conjunto de medidas concretas previstas para combatir las conductas desleales se contiene en su apartado 3, el cual señala que: "en caso de comisión de infracciones graves o muy graves de la presente ley, constatadas por resolución administrativa o judicial firme, que hayan podido afectar al cumplimiento del contrato, el consumidor y usuario podrá resolver el contrato, además de obtener una indemnización mínima del 20% del precio del contrato. Para el resto de infracciones, el consumidor y usuario tendrá derecho a una reducción del precio del contrato de un 10%. Todo ello con independencia de la plena aplicación del régimen de responsabilidad previsto en el título IV del libro segundo".

La doctrina no se ha mostrado muy conforme con la redacción del mencionado artículo. Consideran que la mezcolanza de elementos administrativos y normas de derecho privado no es la opción más acertada, en la medida que podría enturbiar el posible conocimiento del asunto por parte de los tribunales ordinarios. Esto es, consideran que sería más acertado no hablar de infracciones, sino simplemente de realización de prácticas comerciales desleales con consumidores. Igualmente, tampoco consideran acertado que se haga referencia a que "haya afectado al cumplimiento del contrato". Mucho más correcto sería hablar directamente de prácticas que "hayan podido influir en la celebración de un contrato o afectar a su cumplimiento", puesto que no necesariamente puede haber una afectación de su cumplimiento[717].

---

[717] Se pronuncia en este sentido, CASADO NAVARRO, A.: "Consecuencias", cit., p. 145.

No obstante, tampoco comparto una separación absoluta del plano administrativo y privado, puesto que aquello que debería buscarse es una equiparación de presupuestos en ambos hemisferios, de modo que siempre quedase abierta la represión de este tipo de conductas desde los dos ámbitos[718]. Y, en función de la situación, articular la ofensiva desde uno de ellos, pero no obstase a que, declarada la conducta como desleal, el consumidor tuviese vía directa para reclamar a título personal sus derechos. Me explico, dada la complejidad que adquieren este tipo de comportamientos, su constatación es muy dificultosa por parte de los consumidores, por lo que el recurso a las acciones colectivas o su lucha por parte de la administración competente es muy favorable para los intereses de los mismos. En consecuencia, ya sean los órganos administrativos quienes adviertan que se está llevando a cabo un práctica comercial desleal o una asociación

---

718 En la STS (Sala 3ª) 16 septiembre 2017 *(Tol 6401570)*, se declaró que los bancos podían ser sancionados por la utilización de cláusulas abusivas sin que fuera necesaria una "declaración judicial en el orden civil" sobre su carácter abusivo. La sentencia tuvo lugar por un recurso en interés de la Ley que había interpuesto la Junta de Andalucía contra una sentencia del Tribunal Superior de Justicia de Andalucía, que había anulado cuatro multas impuestas por la Secretaría General de Consumo de Andalucía a Unicaja. El Supremo concluyó que si se seguía la tesis del TSJ: "se desapodera a la Administración de la potestad sancionadora en la materia de consumidores y usuarios, concretamente en una actividad tan sensible como la introducción de cláusulas abusivas. Dicho de otro modo, cuando la sentencia remite, para la fijación del carácter abusivo de las cláusulas, a una previa declaración de la jurisdicción civil, se está bloqueando la aplicación del catálogo de infracciones que describe el Texto Refundido Ley General para la Defensa de los Consumidores y Usuarios y otras leyes complementarias, además de la Ley andaluza citada". Si bien es cierto que, en este caso, se refiere a los solos efectos de la represión, aquello que propugno se concretaría en la irrelevancia de la constatación de la conducta ilícita por el orden administrativo o civil, a los efectos de que el consumidor fuera resarcido.

de consumidores, ya terminase este concreto litigio con una sanción administrativa o por la condena por parte de los tribunales ordinarios, al estimar, digamos, una acción colectiva de cesación y remoción de efectos de la conducta desleal; los consumidores deberían tener un acceso sencillo a la justicia que les permitiese, reclamar al efecto una indemnización de daños y perjuicios y, en su caso, un resolución del contrato, si procede.

Finalmente, el art. 20 bis finalizaba con un apartado 4 el cual establecía que: "en ningún caso, la existencia de una práctica comercial desleal puede ser utilizada en contra de los intereses de los consumidores y usuarios". De todos modos, se puede decir que es una norma completamente superflua.

Expuesto lo anterior, una vez ha terminado el plazo de trasposición de la Directiva, el legislador español, si bien la incorporó en el Real Decreto Ley 24/2021[719], no ha cumplido el mandato contenido en su art. 11 bis sobre prácticas comerciales desleales (en adelante, DPCD), puesto que no ha introducido los remedios individuales específicos para que los consumidores puedan accionar en el supuesto de que su contrato se haya visto afectado por la conducta desleal (solo se regula la acción de daños y perjuicios de manera tangencial). Concretamente, se ha limitado a trasponer el resto del proyectado art. 20.bis TRLGDCU con algunas modificaciones. Por ejemplo, se elimina la referencia a "infracción", que ya hemos di-

---

719 Real Decreto Ley 24/2021, de 2 de noviembre, de transposición de directivas de la Unión Europea en las materias de bonos garantizados, distribución transfronteriza de organismos de inversión colectiva, datos abiertos y reutilización de la información del sector público, ejercicio de derechos de autor y derechos afines aplicables a determinadas transmisiones en línea y a las retransmisiones de programas de radio y televisión, exenciones temporales a determinadas importaciones y suministros, de personas consumidoras y para la promoción de vehículos de transporte por carretera limpios y energéticamente eficientes.

cho que no había sentado bien a la doctrina mercantilista. De todos modos, se recalca que la constatación de una conducta desleal por parte de la administración competente puede tenerse en consideración a la hora de enjuiciar el asunto por parte de los tribunales de justicia, pues es obvio que lo primero puede constituir un precedente lógico al efecto de estimar la conducta desleal. No obstante, también hay quién afirma que una interpretación en el sentido de exigir que la acción de daños y perjuicios requiera un pronunciamiento judicial o administrativo previo podría vulnerar los principios de efectividad y equivalencia del Derecho de la Unión.[720]

Por el momento, la doctrina mercantilista se inclina a la introducción de medidas negociales específicas que regulen las consecuencias contractuales de los negocios jurídicos que hayan podido verse afectados por prácticas comerciales ilícitas[721]. Este objetivo no ha sido finalmente alcanzado por el legislador español, que inexplicablemente ha renunciado a insertar el art. 11 bis DPDC en su totalidad, en la reforma del art. 20 bis TRLGDCU. En ese sentido, entendemos que es necesario, para garantizar una completa defensa de los intereses de los consumidores y usuarios, así como contribuir al desarrollo del Mercado Único de la Unión Europea libre de tales prácticas, la introducción de una solución similar a la que proponía el art. 11 bis. Como señala cierto autor, las medidas que se adopten deben ser introducidas en la LCD y, a su vez, deben servir a un triple esquema: "1) La constatación de la existencia de una práctica comercial desleal; 2) la celebración de un contrato; y

---

720 DE ELIZALBE IBARBIA, F.: "La Directiva 2019/2161 de Modernización del Derecho de Consumo, por la que se conceden remedios individuales contra las prácticas comerciales desleales ¿Un paso más hacia la estandarización del Derecho privado de la Unión Europea?", *Revista de Derecho Civil*, Vol. 8, núm. 4, 2021, p. 37.

721 CASADO NAVARRO, A.: "Consecuencias", cit, p. 149.

3) que dicha práctica comercial desleal haya podido influir en la celebración del contrato o afectar a su cumplimiento". Así, el consumidor afectado por una práctica desleal podrá acceder a las medidas correctoras sin tener que probar que existe un nexo causal entre la práctica comercial desleal y la celebración o cumplimiento defectuoso del contrato[722].

Por lo que se refiere a los remedios, consideramos, al igual que la doctrina, que los consumidores deben tener la posibilidad de poder acceder a la resolución del contrato cuando el resultado de la práctica desleal sea especialmente gravosa para el consumidor. En cuanto a la reducción precio, abogamos porque que se debería establecer un baremo en función de las circunstancias que giran en torno al supuesto (diligencia del empresario, gravedad, efectos, etc.). Igualmente, resulta muy importante establecer el alcance de la responsabilidad del sujeto cuando sea distinto del empresario que contrata con el consumidor. En verdad, con el objeto de facilitar la tutela de este último, el consumidor debería tener la posibilidad de poder reclamar directamente contra el vendedor, sin perjuicio de que éste último pudiera accionar contra el responsable de la conducta desleal de modo similar a lo que sucede con la garantía legal de conformidad. Por último, se debería reconocer la posibilidad de entablar una acción de daños y perjuicios en todo caso, y no solo en aquellos supuestos en los cuales se haya solicitado una resolución del contrato. Como también delimitar claramente si su carácter es contractual o extracontractual[723].

---

722 Casado Navarro, A.: "Consecuencias", cit, p. 149.

723 En los mismos términos, Casado Navarro, A.: "Consecuencias", cit, p. 149.

2. LA MODERNIZACIÓN DEL DERECHO DE OBLIGACIONES Y CONTRATOS: ¿REALIDAD O FICCIÓN?

La publicación de las Directivas 2019/771 y 770, inevitablemente ha reabierto el debate sobre la adecuada trasposición de las Directivas de Derecho de Consumo, especialmente en lo que se refiere a la compraventa de bienes de consumo y, por descontado, al propio encaje de la misma con el régimen general de la compraventa en nuestro ordenamiento jurídico.

Es de sobra conocido que, desde hace años, algunos países han decidido abordar con éxito esta espinosa cuestión. Resulta paradigmático el caso alemán[724], pues ya con la disruptiva

---

724 Con la reforma de 2002 del Código Civil Alemán a través de la Ley de Modernización del Derecho de Obligaciones, de 26 de noviembre de 2001 ("Gesetz zur Modernisierung des Schuldretchs"), Alemania no sólo incorporó al propio BGB muchas de las directivas europeas e introdujo el régimen especial de los consumidores y usuarios en el mismo, sino que aprovechó para actualizar parte del derecho patrimonial que contiene. En ese sentido, entre otras cosas, se modificó el plazo de prescripción general de las pretensiones a tres años, se reformuló parte del Libro II sobre obligaciones y contratos, se modernizaron muchas construcciones teóricas con el derecho de creación judicial hasta el momento (véase el desarrollo de la *culpa in contrahendo* o la nueva compatibilidad de la acción de indemnización por incumplimiento con la resolución contractual), además es muy destacable el abordaje que se realiza sobre la compraventa, dónde prescinde de los vicios ocultos y evoluciona hacia una nueva regulación en la cual el vendedor se obliga a entregar y transferir la cosa libre tanto de vicios materiales (*Sachmängel*) como de vicios jurídicos (*Rechtsmängel*). Sobre la reforma del BGB, véase LAMARCA Y MARQUÉS, A.: "Entra en vigor la ley de modernización del derecho alemán de obligaciones", *Revista InDret*, núm. 1, 2002. Recientemente, no solo Alemania ha reformado su derecho de obligaciones y contratos, también es digno de mencionar el proceso de modificación que ha tenido lugar en Francia en 2017.

Directiva 1999/44 que puso del revés las clásicas concepciones del Derecho Civil Alemán, no se limitaron a la llamada *Kleine Lösung* (pequeña solución) sino que tomaron conciencia de la importancia de la reforma y se atrevieron con la *Große Lösung* (gran solución). Así, en lugar de crear un régimen distinto y diferenciado para las compraventas de derecho de consumo (como ha hecho España, a través del recurso a las leyes especiales), decidieron ir mucho más allá y modificar el propio BGB. Dicha modificación, entre otras cosas, se caracterizó por incorporar con acierto las nuevas ideas que se venían proclamando desde diversos textos, tanto positivos (véase el germen que supuso la CISG) como de *soft law*, especialmente los Principios del Instituto Internacional para la Unificación del Derecho Privado (UNIDROIT) y los PECL[725].

Una de las ideas comunes que más interesante resultaba era la llamada conformidad de los bienes con el contrato. En definitiva, un término que se alejaba de arcaicas consideraciones como la referente al estado de la cosa en el momento de celebración del contrato, la entrega de cosa distinta o defectuosa, la diferenciación entre cosas genéricas o específicas, la alambicada responsabilidad por evicción, etc. Y, en cambio, apostaba por un concepto más unitario de inadecuación del objeto en

---

725 Las bases para la modernización del derecho de obligaciones no solo provienen de fuentes extranjeras, sino que desde hace tiempo se han puesto de relieve por notables representantes de la doctrina científica. PANTALEÓN PRIETO, F.: "Las nuevas bases", cit.; CARRASCO PERERA, Á., CORDERO LOBATO, E. Y MARTÍNEZ ESPÍN, P.: "Transformación de la Directiva Comunitaria sobre venta y garantías de bienes de consumo. Propuestas de regulación, textos articulados y bibliografía", *Estudios de Derecho de Consumo*, núm. 52, 2000; MORALES MORENO, A. M.: "Adaptación del Código Civil al Derecho Europeo: La compraventa", *Anuario de Derecho Civil*, Vol. 56, núm. 4, 2003, y MORALES MORENO, A. M.: *La modernización, cit.* Sobre los PECL, *vid.* DÍEZ PICAZO, L., ROCA TRÍAS, E., MORALES MORENO, A.: *Los principios, cit.*

el contrato de compraventa que resultaba más acorde con la realidad económica actual. No obstante, como dice la doctrina mayoritaria[726], la novedad que implica la conformidad de los bienes con el contrato no radica tanto en que se trate de un elemento que incorpore ideas hasta ahora desconocidas, sino en su capacidad para aglutinar en un único concepto las diferentes lesiones que pueden acontecer en dicho contrato con posterioridad a la entrega y, a su vez, responder a ellas con un sistema unitario de responsabilidad.

Dicho esto, surge la pregunta ¿debería trasladarse el régimen relativo al deber de conformidad de los bienes de consumo a la compraventa en general? Y, si es así, ¿en qué medida o en qué forma?

2.1. Los esfuerzos internos por modernizar el derecho de contratos

2.1.1. La Propuesta de la Comisión general de Codificación para modernizar el Código Civil en materia de obligaciones y contratos

La idea de conformidad de los bienes con el contrato se está manejando desde hace tiempo en diversas propuestas doctrinales y normativas para reformar la regulación de las obligaciones y contratos, especialmente por lo que se refiere al contrato de compraventa. Inspirándose, claro está, en los antecedentes expuestos, como son la Convención de Viena o la normativa de consumo que proviene directamente de la Unión Europea.

A nivel español, el primer ejemplo significativo es la Propuesta de Modernización del Código Civil llevada a cabo por

---

726 CASTILLA BAREA, M.: *El nuevo régimen , cit.*, p. 53. Igualmente, LLAMAS POMBO, E.: *La compraventa*, cit. p. 890, pone de manifiesto la *reductio a unum* que implica el deber de conformidad. De lo que también se ha hecho eco la doctrina extranjera, LUMINOSO, A.: *La compravendita*, cit.

el profesor Morales Moreno[727], en un trabajo publicado en Anuario de Derecho Civil, en el cual proponía la adaptación del Código Civil a las nuevas realidades económicas. La mayor novedad de la misma era reinventar la regulación del Código Civil e introducir la conformidad como nuevo eje del régimen de cumplimiento del vendedor desterrando la insatisfactoria dualidad entre incumplimiento y vicios ocultos. En ese sentido, nada dice de la compraventa mercantil, ni tampoco se refiere a la normativa de consumo, solo se centra en la regulación de la compraventa civil. Le preocupaba especialmente la trasmisión del riesgo de la compraventa y, por tanto, es partidario de un cambio hacia una trasmisión en el momento de entrega. Entiende que no hay problema en exigir al comprador el deber de notificar la falta de conformidad, pero que su incumplimiento no conlleve la pérdida de los derechos. Por el contrario, considera que no es necesario el período de presunción de preexistencia falta de conformidad, pues jurisprudencialmente se puede defender con base en el art. 386 LEC. Para acabar, sugería establecer un plazo de responsabilidad de dos años para bienes muebles y cinco para inmuebles.

Al poco tiempo de la propuesta doctrinal del profesor Morales Moreno, en 2009 la Sección Civil de la Comisión General de Codificación, presentó la Propuesta de Anteproyecto de Ley de Modificación del Código Civil en materia de contrato de compraventa. Como se puede ver en todo lo analizado hasta ahora, salvo el Código Civil Catalán, ningún texto se atreve con una reforma en general de los contratos (tal como hizo el BGB), y los esfuerzos se centran en la reformulación del contrato de compraventa. En general, la Propuesta bebe mucho de la llevada a cabo por Morales Moreno y gira en torno a la obligación del vendedor de entregar una cosa conforme con el contrato de compraventa e incluye la jerarquía de remedios. Tampoco dice nada sobre

---

727 *Vid.*, Morales Moreno, A. M.: "Adaptación", cit.

la compraventa mercantil o la de consumo, por lo que guarda silencio sobre cuestiones tales como la presunción de preexistencia de la falta de conformidad. Al igual que la anterior, se preocupa por señalar que la transmisión del riesgo también debe descansar en el momento de entrega de la cosa. Uno de los puntos más destacables de la misma es que consideraba la imposibilidad inicial como un supuesto de incumplimiento contractual (art. 1450 CC), también se distingue de la Propuesta de Morales por incluir los vicios jurídicos como un supuesto de falta de conformidad, mientras la primera entendía que bastaba solo una interpretación según el §435 BGB, por la cual el comprador podría utilizar los remedios previstos para la falta de conformidad cuando un tercero hiciese valer contra él un derecho sobre la cosa.

Pues bien, estando el Gobierno en funciones, la Comisión General de Codificación presentó el 1 de agosto de 2023, una revisión de la Propuesta de Modificación del Código Civil en Materia de Obligaciones y Contratos. El texto viene a respetar en gran medida lo ya sentado por la Propuesta de 2009, sobre un concepto nuevo y único de incumplimiento, haciendo desaparecer incluso figuras como la mora, la imposibilidad inicial o el propio cumplimiento defectuoso. No solo eso, suprime también las normas contenidas en los artículos 1452 y ss. sobre transmisión del riesgo en la compraventa por ser incompatibles con la nueva figura del incumplimiento. De la misma forma que ya hacía la Propuesta de 2009, mantiene el criterio de imputación objetivo basado en la esfera de control del deudor.

Como características que más resaltan de la pretendida reforma, destacaría que se introduce la solidaridad como regla general en el supuesto de obligaciones que deban ser ejecutadas por varios sujetos. Se añaden dos nuevas formas de desvincularse de los contratos: el desistimiento y la denuncia en los contratos a tiempo indefinido. Asimismo, las normas relativas a la protección de consumidores y usuarios quedan fuera del texto, por lo que cuestiones relativas a la garantía de bienes de consumo analizadas en el presente trabajo se mantendrían en el TRLGDCU. La justificación que dan los ponentes es la densidad de dicha normativa y su constante actualización.

No cabe olvidar que se llevan a cabo considerables cambios por lo que respecta a la teoría general de obligaciones y contratos. En primer lugar, se suprime la causa como motivo de invalidez de los contratos, pues se considera que se trataba de un concepto excesivamente oscuro y abstracto. En segundo lugar, se da una regulación a las figuras de la nulidad y la representación que hasta el momento habían sido obviadas por el Código Civil. En tercer y último lugar, destacaría que el texto pretende actualizar el lenguaje del cuerpo normativo, ya que entienden que se encuentra muy anticuado. Por tanto, desaparecen términos, como "moral" o "buenas costumbres" y se sustituyen por un concepto como "principios básicos del ordenamiento jurídico español".

2.1.2. El Anteproyecto de Código Mercantil de 2014

Años más tarde de haberse presentado la Propuesta de Modificación del Código Civil de 2009, se publicó por el Ministerio de Justicia otra Propuesta que, a diferencia de la anterior, estaba auspiciada por la Sección de Derecho Mercantil de la Comisión General de Codificación. Se trataba del Anteproyecto de Ley de Código Mercantil. Lo más curioso del mismo, y que a su vez ha sido muy criticado, era que abordaba una reforma general y completa de las obligaciones y contratos, algo que se podía entender como favorable, pero que resultaba incoherente desde el prisma de la ordenación de la teoría general de obligaciones y contratos. Un presupuesto Código Mercantil debería ocuparse de los contratos mercantiles, pero no inmiscuirse en las bases contractuales que corresponden a la legislación civil, mientras no se unifiquen ambas materias en un solo Código[728]. No pocos autores han puesto de relieve el

---

[728] ALBIEZ DOHRMANN, K.J.: "Los modelos", cit., p. 76.

poco acierto que evoca el método puesto en práctica, que de alguna forma mercantiliza todos los contratos ejerciendo una suerte de *vis atractiva* sobre cuestiones claramente civiles[729]. Por fortuna, no se llega a definir la compraventa mercantil. De todos modos, el texto toma como inspiración las mismas raíces que las otras propuestas, como puede ser la Directiva 1999/44 y la CISG, por lo que igualmente parte de una idea unitaria de incumplimiento y se preocupa de cuestiones como la transmisión del riesgo o los vicios jurídicos.

2.1.3. La Propuesta de Código Civil de la Asociación de Profesores de Derecho Civil de 2019

Como respuesta a la iniciativa legislativa anterior, la Asociación de Profesores de Derecho Civil impulsó en 2014 la elaboración de una Propuesta de Reforma del Código Civil, que trataba de aglutinar todo el acervo existente hasta el momento, con la toma en consideración de textos legislativos europeos, la anterior Propuesta fallida de 2009 de la Comisión General de Codificación e incluso textos de *soft law* como los PECL y el DCFR. El resultado es un texto completo que aborda todas las diferentes esferas presentes en el Derecho Civil y, por lo que respecta a obligaciones y contratos (Libro V), ofrece tanto una reforma de la parte general como de la particular del contrato de compraventa. En ese sentido, se regula el contrato de compraventa como aquel por el cual el vendedor se obliga, tanto a transmitir la propiedad de los bienes, como a entregarlos conforme al

---

[729] Resulta especialmente dura GETE–ALONSO CALERA, Mª. C.: "Las nociones de mercantilidad del Proyecto Código Mercantil", *Revista de Derecho Civil*, Vol. 1, núm. 4, 2014, pp. 27 y ss., también GARCÍA RUBIO, Mª. P.: "Algunas consideraciones sobre las normas de obligaciones y contratos de la Propuesta de Código Mercantil", *Revista de Derecho Civl*, Vol. 1, núm. 12, 2015, pp. 7 y ss.

contrato (art. 532–1), se regula tanto la conformidad material, como la conformidad jurídica y, aunque se elimina la jerarquía de remedios que estaba presente en el texto de la Propuesta de Modernización de 2009, se prima el cumplimiento específico antes que la resolución en la regulación general del incumplimiento contractual, tal y como se desprende de los arts. 518–7 y 518–8, en relación con el art. 518–13. Asimismo, se define el incumplimiento que ocurre: "cuando el deudor no realiza exactamente la prestación principal o cualquier otro de los deberes que resultan de la relación obligatoria" (art. 518–1). También es muy interesante la inclusión del derecho a suspender el pago del precio entre los remedios del comprador (art. 534–1). Se opta por regular a la compraventa de consumo en un apartado propio, dónde sí se mantiene la imperatividad de la jerarquía de remedios por razones obvias (véase arts. 541–8 y 541–10). En cuanto a la transmisión del riesgo, esta se trata con precisión ya que, si bien se establece como regla general el momento de la entrega, se incluyen matizaciones para los bienes muebles (véase cuando hay un transporte incluido, art. 535–2.2).

Por lo que respecta a la compraventa en particular, podemos observar como no hay problema de trasladar las soluciones del TRLGDCU o la CISG, concretamente, la idea de conformidad a su regulación. Que las cualidades de la cosa integren solamente el deber de prestación del vendedor en la compraventa de cosa genérica es un error como se ha podido defender a lo largo del trabajo, pues un bien específico podría perfectamente recibir el mismo tratamiento. Es cierto que los bienes de consumo y, especialmente, las mercaderías responden a un tipo de bien más homogéneo que generalmente se fabrica en serie, pero no es menos cierto que los bienes de consumo también aglutinan cierta especificidad. Puesto que, al final, un abrigo no es un abrigo, sino que muchas veces es "el abrigo", cuestiones tales como el color, el corte, su obtención limitada, del mismo modo que un vehículo o una bicicleta que pueden ser completamente personalizados. Cada vez se realizan más bienes de consumo a gusto del comprador, por lo que tampoco cabría reducirlos a una estricta homogeneidad. La fórmula de éxito que supone que la obligación del vendedor de entregar bienes sea delimitada desde el tamiz de la conformidad, no nos puede llevar a otra conclusión que su acogimiento en la regulación de la compraventa en general.

2.2. Los avances europeos para modernizar el derecho de contratos

Expuesto lo anterior toca mencionar de forma más pormenorizada cuáles han sido los avances europeos en materia de reforma del derecho contractual. Antes que nada, debemos empezar por lo más obvio y es que la Unión Europea desde hace mucho tiempo ya había planeado la unificación del derecho privado en todo su territorio. El ejemplo más claro de ello lo podemos encontrar en la creación ya por 1999 del llamado *Study Group on a European Civil Code* que comenzaría a recoger todo el acervo comunitario existente en materia de derecho contractual para dar lugar a los llamados "acquis principles". Estos principios no eran más que una serie de reglas que habían sido "acquired", es decir, adquiridas del derecho existente en la Unión Europea. Posteriormente, este grupo de estudio daría lugar a la llamada Comisión Lando, la cual promulgaría los llamados PECL lo cual ya constituía un cuerpo normativo bastante más interesante que podría servir de base a la reforma del derecho contractual.

No obstante, los avances no quedarían ahí, dado que ambos grupos se acabarían uniendo para producir el llamado Borrador del Marco Común de Referencia (en adelante, DCFR), el cual de forma parecida a lo que ya habían iniciado los PECL se configuraba como una caja de herramientas idónea para llevar a cabo una modificación del Derecho Europeo.

El principal problema de ambos cuerpos normativos es que, si bien son muy interesantes para el estudio del derecho contractual europeo no dejan de ser meros instrumentos teóricos, que solamente tienen la categoría de "soft law" por lo que no resultan muy útiles en la práctica. Sin embargo, su debilidad constituye su mayor fortaleza y es que pueden ser aprovechados sabiamente para mejorar el derecho contractual en Europa, muy fragmentado y que, en países como España, adolece aún de una gran desactualización. Por ello, como he adelantado antes, países como Alemania son verdaderamente ejemplos a seguir, pues de manera acertada han tomado el guante a los esfuerzos iniciados por la Unión Europea y los han implementado a sus propias regulaciones.

En el presente epígrafe voy a hacer referencia a las confluencias existentes entre el derecho alemán con los PECL y el DCFR, así como a la clara conexión con el derecho aplicable a las compraventas de bienes de consumo.

Una de las circunstancias que más llama la atención y que se puede ver reflejada en todos los textos mencionados antes es la regulación de la alternativa al cumplimiento específico por imposibilidad. El artículo 9:102, apartado 2 y 3 de los PECL señala los supuestos en los que no procederá el cumplimiento en forma específica[730]. En ellos se puede ver que se incluye lo que podríamos denominar tanto imposibilidad, como desproporción del remedio escogido. Es decir, el cumplimiento de forma específica no podrá ser exigido cuando sea imposible, o cuando sea posible, pero implicase una serie de costes ina-

---

730 "2. Sin embargo, el cumplimiento en forma específica no podrá obtenerse cuando: a) el cumplimiento resulte ilícito o imposible; o b) dicho cumplimiento fuera a provocar en el deudor esfuerzos o gastos irrazonables; o c) el cumplimiento consista en una prestación de servicios u obra de carácter personal o se base en una relación personal; o d) el perjudicado pueda obtener de manera razonable la prestación por otras vías. 3. La parte perjudicada perderá su derecho a la pretensión de cumplimiento específico si no lo ejerce en un tiempo prudencial desde que haya sabido o hubiera debido saber que se había producido un incumplimiento."

sumibles para el deudor. Igualmente, el DCFR establece que la libertad contractual puede ser corregida cuando existe una situación de desproporción en el poder negociador de los contratantes. Como no puede ser de otra forma, esto nos recuerda irremediablemente a la imposibilidad o desproporción de la puesta en conformidad como supuestos que permiten al deudor (empresario) vetar el *ius electionis* del consumidor y pueda imponerles la resolución contractual o la reducción del precio.

Pues bien, desde el ordenamiento jurídico alemán estas ideas han sido recogidas desde hace tiempo, mucho antes incluso de la promulgación de los DCFR, ya que, con su reforma de 2002, se instauran tres tipos de imposibilidades[731]. En primer lugar, tendríamos la llamada "imposibilidad práctica" esta imposibilidad se relacionaría directamente con la imposibilidad *stricto sensu* (es decir, ya hablemos de imposibilidad objetiva o subjetiva), y que podríamos encontrar su vínculo con la imposibilidad existente en el TRLGDCU. En segundo lugar, tendríamos la llamada "imposibilidad económica" esta imposibilidad se relacionaría con los supuestos en los que el cumplimiento es teóricamente posible, nada impediría al deudor poder llevarlo a cabo, pero a raíz de una circunstancia exógena, el cumplimiento le

[731] El derecho francés ha incluido la imprevisión en el art. 1195 de su *Code* con el siguiente tenor: "Si un cambio imprevisible de circunstancias con relación al tiempo de celebración del contrato hace la ejecución excesivamente onerosa para una parte que no había aceptado asumir dicho riesgo, esta podrá solicitar una renegociación del contrato con la otra parte. Esta seguirá cumpliendo sus obligaciones durante la renegociación. En caso de negativa o de fracaso de la renegociación, las partes pueden acordar la resolución del contrato, en el momento y condiciones que ellas determinen, o podrán solicitar de común acuerdo al juez que proceda a su adaptación. A falta de acuerdo en un plazo razonable, el juez puede, a demanda de una parte, revisar el contrato o ponerle fin, en el momento y bajo las condiciones que estime oportunos". (Ordonnance núm. 2016–131 du 10 février 2016).

resultaría extremadamente oneroso[732]. Por lo que no sería razonable que se le obligara a cumplir lo expresamente pactado. El segundo tipo de imposibilidad, a mi modo de ver, se vincularía directamente con la desproporción de la medida escogida, es claro, que se puede llevar a cabo, pero es irrazonable obligar al deudor a pasar por ella, pues la satisfacción de acreedor se podría obtener a través de otro remedio[733].

Algún autor ha querido ver aquí un reflejo de la teoría de la alteración sobrevenida de las circunstancias, que vendría a exonerar de cumplimiento al deudor de la obligación. No obstante, como acertadamente señala la doctrina, no es lo mismo. Por una sencilla razón, y es que la exoneración por alteración sobrevenida de las circunstancias requiere de la imprevisibilidad del hecho en momento de contratar, elemento que no requiere la "imposibilidad práctica"[734]. En tercer y último lugar, tendríamos la llamada "imposibilidad ética" o "imposibilidad moral", el cual sería

---

732 ZIMMERMAN, R.: *El nuevo derecho alemán de las obligaciones*, Barcelona, Bosch, 2008, pp. 50–51. Cabe destacar que la alternativa, por ejemplo, de una indemnización pecuniaria ante una imposibilidad por exceso de onerosidad de la prestación inicialmente pactada, no es una novedad del derecho europeo. En realidad, muchas de estas ideas provienen del *common law*. En dichos ordenamientos, salvo que la obligación no sea pecuniaria, no se reconoce al acreedor la pretensión de cumplimiento, sino la indemnizatoria. Y ello se justifica en que el mercado dé una alternativa al acreedor para satisfacer su interés, o sea, una operación de reemplazo. De hecho, es posible encontrar algún fallo del Tribunal Supremo en esa dirección, como aclara BARCIA LEHMANN, R. Y RIVERA RESTREPO, J.M.: "Convergencias y divergencias del derecho de incumplimiento del Código Civil alemán con los Principios de Derecho Europeo de los Contratos y otros textos internacionales", *Derecho PUCP*, núm. 81, 2018, p. 372.

733 Véase, Capítulo III.

734 ORDUÑA MORENO, F.J. Y MARTÍNEZ VELENCOSO, L.M.: *La moderna configuración de la cláusula rebus sic stantibus. Desarrollo de la nueva doctrina jurisprudencial aplicable y derecho comparado*, Civitas, Madrid, 2017, p. 33.

un supuesto dónde no sería razonable exigir al deudor cumplir la prestación específicamente pactada pues entrañaría una crueldad. Imagínemos el caso de una cantante de ópera a la que, justo antes de la función, se le informa que su hijo ha sufrido un grave accidente y se encuentra agonizando en otra ciudad[735].

También es interesante la regulación de la resolución contractual en el derecho alemán. Como es sabido el remedio resolutorio había sido tradicionalmente visto con disvalor en el derecho contractual, pues en cierta forma suponía la antítesis de la base de cualquier sistema de derecho contractual o sociedad civilizada que se precie, esto es, el principio de *pacta sunt servanda* (lo pactado obliga). De hecho, en la Ilustración los juristas franceses lo consideraban un derecho supletorio, al que había que acudir cuando no había otro remedio y los propios romanos lo introducían a través de la *lex comissoria*, habida cuenta de que no se contemplaba, en principio, ante el incumplimiento de las obligaciones.

Sin embargo, considero que actualmente se podría decir que es *vox populi* que la resolución del contrato se puede configurar como un remedio contractual genuino que soluciona la gran mayoría de eventos anómalos que pueden interferir en el correcto devenir de relación contractual y al que debemos tratar con naturalidad, colocándolo al mismo nivel que el cumplimiento específico. Dado que en una sociedad tan cambiante y fluida el acreedor seguramente pueda encontrar la satisfacción contractual a través del mencionado remedio.

Pues bien, el derecho alemán inicialmente también era reticente con el remedio resolutorio del contrato. Esto se podía ver

---

735 Este ejemplo lo proporcionan BARCIA LEHMANN, R. Y RIVERA RESTREPO, J.M.: "Convergencias y divergencias", cit., p. 369, quién su vez añade que los DCFR y los PECL no eran tan específicos en la regulación de la imposibilidad como sí lo hace el ordenamiento alemán.

con la regulación antigua, ya que únicamente existía una estricta alternativa "entre resolución e indemnización de perjuicios, por un lado, y en la prestación de la facultad resolutoria legal mediante la remisión a los preceptos sobre la facultad resolutoria contractual"[736]. Por el contrario, actualmente el legislador alemán ha tomado la decisión de promover que la pretensión resolutoria sea un derecho potestativo del acreedor que prescinde de la culpa[737]. De modo que el acreedor siempre tendrá su alcance la resolución contractual cuando se produzca el incumplimiento.

Esto nos lleva inevitablemente al incumplimiento, en el cual también vemos una coordinación con la regulación expuesta del TRLGDCU. Básicamente, porque la normativa europea toma directamente del derecho alemán el mecanismo que nos permite constatar el mismo y abrir paso, por ejemplo, a una eventual resolución contractual. No es ni más ni menos que el *Nachfrist*, transcurrido el plazo otorgado al deudor para cumplir la obligación, si éste no ha cumplido, el acreedor podrá otorgarle un plazo adicional adecuado a las circunstancias, trascurrido el cual podrá considerarse que sí ha habido incumplimiento definitivo de la obligación[738].

Dicho esto, es interesante precisar cómo se ensambla el incumplimiento en el nuevo derecho alemán de obligaciones y contratos. Lo más característico del nuevo derecho alemán, es que trasciende las ideas encorsetadas de contrato, deberes contractuales, incumplimiento contractual, etc. Esas categorías si bien sirvieron para construir el derecho privado, al mismo tiempo suponen una prisión que no permite evolucionar hacia nuevos conceptos. Por ello, el actual derecho alemán se asienta

---

736 Zimmerman, R.: *El nuevo derecho*, cit., pp. 133–134.

737 Barcia Lehmann, R. y Rivera Restrepo, J.M.: "Convergencias y divergencias", cit., p. 388.

738 Sobre el *Nachfrist*, véase Capítulo III y Carrasco Perera, Á.: "Plazo suplementario", cit.

sobre un nuevo concepto que gira en torno a la idea de "violación de un deber". Y, ante la violación de un deber tendríamos una serie de remedios que se clasificarían en función de la categoría a la que pueda ser circunscrito el deber violado en cuestión. El primer grupo sería imposibilidad en la ejecución (*"Unmöglichkeit"*), el segundo sería el atraso ("*Verzug*"), el tercero, el quiebre positivo o incumplimiento del contrato ("*positive Vertagsverletzung*") y el último grupo sería el saneamiento, garantía o responsabilidad por defecto (*"Gewährleistung"*).

Las consideraciones que podemos extraer de estado actual que hace el derecho alemán sobre el incumplimiento del contrato son muy relevadoras, pues nos conducen a pensar que conceptos más omnicomprensivos de las diferentes vicisitudes que pueden acaecer sobre la relación contractual o incluso extracontractual son el camino a seguir. Asimismo, el derecho alemán simplifica la corrección de la "violación del deber", dado que a través del §280 BGB determina que cada violación genera una obligación de indemnizar los daños causados y ello sin perjuicio de que el acreedor pueda optar por el cumplimiento e incluso por la resolución contractual como hemos desarrollado antes.

Sin entrar en mayores profundidades sobre cómo se articula la pretensión indemnizatoria y el remedio resolutorio en el nuevo derecho alemán, podemos ver como éstos incluso superan con creces a los PECL. A mayor abundamiento, de forma muy novedosa introdujo la posibilidad de resolución parcial del contrato, cuando, ante un cumplimento parcial del contrato, el acreedor pueda no tener interés en mantener el mismo, de forma similar a como se incluye actualmente en el TRGLDCU.

A mi modo de ver, un modelo como el que plantea del derecho alemán que otorga un concepto unitario de incumplimiento parece que es la vía más plausible. Esta *façon de faire* se asemeja al modelo Viena, del que bebe directamente el TRLGDCU y se configura como una forma más moderna de encarar la insatisfacción contractual. No obstante, generalizar la garantía para delimitar el cumplimiento en los contratos en general no tendría mucho sentido, pues funciona estupendamente en la compraventa, pero no tanto en otros modelos contractuales como sería una prestación de servicios.

Ello no quiere decir que haya que desechar el modelo de la garantía, todo lo contrario, habrá que contemplarlo, pero circunscrito a la categoría contractual en la que funciona adecuadamente, la compraventa. Por ello, es muy positiva la inclusión que hace la Asociación de Profesores de Derecho Civil de la obligación de prestar una garantía entre los deberes del comprador. Caso distinto, será como se configure dicha garantía en función, a su vez, de cada tipo de compraventa. Obviamente, en el caso de las compraventas con consumidores y usuarios, será necesario respetar del derecho armonizado y, por ejemplo, será obligatorio que la garantía se preste por el plazo de 3 años, así como que haya una presunción de prexistencia de falta de conformidad durante el plazo de 2 años desde la entrega de los bienes. Sin embargo, en los supuestos de una compraventa entre particulares esta garantía podría articularse en función de la autonomía de la voluntad, por lo que se podría pactar una duración menor o mayor, y no necesariamente debería haber un desplazamiento tan intenso de los riesgos a cargo del vendedor. En su defecto, se podría sostener la aplicación de las normas de derecho de consumo.

En el plano remedial, parece más razonable apostar por una batería de remedios a la alemana que se puedan ejercutar ante el "incumplimiento" o "desviación del programa prestacional", teniendo en cuenta las diversas categorías en las que pueden encajar. No serán los mismos remedios que se ejecuten ante el incumplimiento de la garantía que presta el vendedor al comprador que, por ejemplo, si el incumplimiento se produce por una situación de imposibilidad de cumplir la prestación.

2.3. *¿Hacia un concepto unitario de incumplimiento contractual?*

Tras repasar el desarrollo que ha tenido la conformidad de los bienes con el contrato, podemos concluir que, en puridad, todas la propuestas y textos normativos parten de un esquema muy similar, si bien con algunas pequeñas diferencias que se han podido observar en su análisis, debidas, fundamentalmente, a su adaptación a distintas realidades (no es igual la regulación de la compraventa de consumo en el TRLGDCU, que la compraventa de mercaderías de la CISG a pesar de que ambas responden a la misma idea de conformidad de los bienes con el contrato). De todos modos, se ha demostrado que se identifica con un modelo mucho más omnicomprensivo del que encontramos en la tradición exégeta, pues como se ha señalado desaparece la clásica dicotomía de incumplimiento contractual y vicios o gravámenes ocultos. No obstante, la conformidad sigue presentando algunos ángulos muertos.

Se ha podido ver que la falta de entrega no equivale a un caso de falta de conformidad y no siempre recibe el mismo tratamiento a efectos de remedios. Así, por ejemplo, la falta de entrega en el TRLGDCU accionaría el mecanismo del *Nachfrist* consistente en el plazo adicional a la entrega que se ha estudiado, pero, en principio, no podría directamente desplegar otro remedio como la resolución, salvo que el mismo fuera esencial. También, existen dudas sobre si la entrega de cosa distinta o *aliud por alio* equivaldría a un caso de falta de conformidad, a efectos de poder acudir a la normativa general[739]. A nivel de normativa de consumo vigente (TRLGDCU),

[739] De todos modos, mayoritariamente la doctrina considera que no sería aplicable, por englobar la falta de conformidad el supuesto del *aliud pro alio*, véase AVILÉS GARCÍA, J.: *Los contratos* , cit., pp. 417–419; FENOY PICÓN, N.: *El sistema*, cit., pp. 179–180; MARÍN LÓPEZ, M.J.: "Comentario", cit., pp. 1475–1476; O'CALLAGHAN MUÑOZ, X.: "Nuevo concepto", cit., pp. 142–143, y TORRELLES TORREA, E.: "Co-

no encontramos mucha claridad al respecto y nada impediría que los Tribunales la aplicasen. De hecho, así lo ha entendido alguna sentencia en un automóvil que carecía de la seguridad suficiente por existir la posibilidad de que algunas averías reparadas se reprodujeran (parada brusca de marcha), "frustrando con ello la principal cualidad que debe reunir un automóvil para servir al uso al que se destina, que es la de proporcionar seguridad en la conducción"[740]. No obstante, a mi modo de ver, las disquisiciones sobre la aplicabilidad o no del *aliud pro alio*, a efectos prácticos, pasan a un segundo plano, en la medida que en la definitiva trasposición de la Directiva 2019/771 por el Real Decreto 7/2021, de 27 de abril, se ha optado por un plazo de prescripción de las acciones de 5 años desde el momento del surgimiento de la falta de conformidad, equiparándose al plazo general de acciones personales, aunque con un *dies a quo* distinto más beneficioso para el consumidor.[741]

La conformidad jurídica tampoco se contemplaba inicialmente en la legislación de consumo, sin embargo, sí se ha encontrado presente en otros textos normativos como también en el DCFR o incluso el fallido CESL. De todas formas, desde la promulgación de la Directiva 2019/771 podemos decir que sí se incluye la no entrega de la cosa libre de derechos y pretensiones de terceros como un supuesto de falta de conformidad.

---

mentario art. 117 TRLGDCU", en AA.VV.: *Comentarios a las Normas de Protección de los Consumidores* (dir. S. Cámara Lapuente), Colex, Madrid, 2011, p. 1082.

740 SAP Albacete, 3 marzo 2010 *(JUR 2010, 154951).*

741 Desde siempre la doctrina ha puesto de relieve la necesidad de acudir a una reforma del Código Civil y del Código de Comercio para no tener que acudir a interpretaciones jurisprudenciales forzadas como puede ser la doctrina del *aliud pro alio. Vid.* a este respecto, Oliva Blázquez, F.: "Falta de conformidad en la compraventa internacional de mercaderías", *Revista de Derecho Patrimonial*, núm. 13, 2004, p. 196.

Dónde encontramos una coordinación clara con la idea de conformidad de los bienes con el contrato es en la trasmisión de la propiedad y del riesgo. Pues, todos los textos analizados (salvo la CISG, que admite excepciones) coinciden en la necesaria trasmisión del riesgo en el momento de entrega, así como la configuración del contrato de compraventa como aquel por el cual se transmite la propiedad. Aunque, todo hay que decirlo, inicialmente la normativa de consumo no lo indicaba expresamente y se ha añadido con posterioridad. Carece de sentido establecer un régimen basado en la prestación de bienes conformes en el momento de entrega y, en cambio, que la fijación del estado de la cosa se derive al momento de perfección del contrato[742]. Del mismo modo, sería absurdo admitir una obligación de conformidad amplia que incluyese también la conformidad jurídica, sin entender el contrato de compraventa por aquel que el vendedor se compromete a transmitir la propiedad de la cosa vendida.

También existen dudas en cuanto a la jerarquía de remedios, como su imperatividad[743]. No parece que una traslación sin más del régimen que se anuda a la conformidad existente, por ejemplo, en el derecho de consumo a un sistema general de regulación de obligaciones y contratos sea lo más prudente. Aunque la preferencia por el cumplimiento en específico tiene sus ventajas como indicaré en breve, una excesiva rigidez del sistema para todas las compraventas, al igual que una exclusión de la libertad contractual puede tener efectos perniciosos. De forma que, si bien la estricta jerarquía se deberá mantener para las compras de consumo, no hay motivo para articular el régimen del cumplimiento contractual a su imagen y semejanza.

Todo esto nos tiene que llevar a la conclusión que tampoco el régimen de garantías basado en la idea de conformidad a lo largo del trabajo es la panacea y presenta ciertas incertidumbres. Por lo

---

742 ALBIEZ DOHRMANN, K. J.: "Los modelos", cit., p. 96.

743 ALBIEZ DOHRMANN, K. J.: "Los modelos", cit., pp. 90–91.

que si verdaderamente, a nivel nacional, se quiere seguir la estela de los impulsos europeos de ofrecer un sistema contractual más claro, preciso y previsible, que reduzca los costes de transacción y favorezca un mayor dinamismo económico se debería apostar por la idea que ya propugnan algunos autores de concepto unitario de incumplimiento[744], algo que resulta próximo, por motivos evidentes, a la conformidad de los bienes con el contrato, pero aún más con la idea de *breach of contract* anglosajón[745].

---

744 SÁNCHEZ RUIZ DE VALDIVIA, I.: "La reforma del contrato de compraventa a través de la adopción de un concepto único y articulado de incumplimiento", en ORTÍ VALLEJO, A. Y JIMÉNEZ HORWITZ, M.: *Estudios sobre el contrato de compraventa* (coords. I. SÁNCHEZ RUIZ DE VALDIVIA y A. QUESADA PÁEZ), Thomson Reuters Aranzadi, Cizur Menor, 2016, p. 201, quién llega a hacer referencia al Mercado Único Digital.

745 Sobre el *breach of contract, vid.* MCKENDRICK, E.: *Contract Law. Text, Cases, and Materials,* 5ª ed., Oxford University Press, 2012, p. 756. El contrato en el derecho anglosajón se configura como una asunción de riesgos (LANDO, O.: "Non performance (Breach) of contracts", en AA.VV.: *Towards a European Civil Code,* Wolters Kluwer, 2011, pp. 682–696), por el cual las partes se obligan a un resultado. De esta forma, se prescinde de la idea subjetivista de culpa, la diligencia en la realización de la conducta, (si bien es posible encontrar la figura del contrato de prestación de servicios basado en una prestación de hacer regida por la *lex artis*), etc. Se articula entonces como un sistema más objetivo en el cual para exigir responsabilidad se diferencia entre incumplimiento justificado o no justificado, determinado por la concurrencia o no de una *force majeure,* cuya existencia dependerá de la previsibilidad y evitabilidad del evento al momento de contratar (*strict liability*). No en vano, en nuestro país muchos autores ya parten de la idea de que se avanza hacia una mayor objetivación de las relaciones contractuales, de modo que el incumplimiento contractual cada vez más gira en torno al criterio de imputación de previsibilidad en el momento de contratar. *Vid.* PANTALEÓN PRIETO, F.: "Las nuevas bases", cit., p. 1719, coincide DÍEZ–PICAZO, L.: *Fundamentos de derecho civil patrimonial II, Las relaciones obligatorias,* Civitas, Madrid, 1996, pp. 576 y 577. De hecho, en los PECL se puede ver la influencia del derecho anglosajón cuando igualmente distingue

Por este motivo, la solución final debe ir más allá, no ya la mera inclusión de la normativa de consumo en el Código Civil o la actualización de la compraventa en general desde el prisma de la falta de conformidad, sino la verdadera redefinición del concepto de incumplimiento, descansando sobre dos pilares fundamentales: el "concepto único y neutro" de incumplimiento contractual que se distinga solo por justificado o injustificado (a efectos de desplegar responsabilidades) y, a su vez, un "abanico de remedios" que se articule en atención a ciertas circunstancias como la calificación que merezca el incumplimiento (justificado o no), la gravedad del mismo (esencial o no), quién sea el que ejercite el remedio, el tipo de bien (mueble o inmueble), etc.[746] En definitiva, habrá que llevar a cabo un ejercicio de extrapolación de las reglas que inspiran los textos antes analizados, así como las propuestas normativas y doctrinales para encontrar el punto más adecuado para cada situación.

De hecho, el camino tampoco debería ser un mimetismo absoluto con el modelo del *common law*, sino buscar algo más propio que también siga la línea de los modelos europeos que ha inspirado la modernización del derecho de obligaciones como es la CISG, el DCFR, incluso el fallido CESL. En ese sentido, el establecer un régimen como el anglosajón en el cual la resolución del contrato se configura como el remedio principal no parece que sea lo más adecuado desde el punto de vista de la conservación del contrato, nuestra propia tradición jurídica, el buen funcionamiento del mercado y la búsqueda de un modelo

---

entre cumplimiento justificado o injustificado *(exused or not exused)*, y la excusabilidad vendrá dada si: "*a party's non–perfomance is excused if it proves that it is due to an impediment beyond its control and that it could not reasonably have been expected to take the impediment into account at the time of the conclusion of the contract, or to have avoided or overcome the impediment or its consequences.*" (art. 8:108)

746 Llega a esta misma conclusión SÁNCHEZ RUIZ DE VALDIVIA, I.: "La reforma", cit., pp. 196 y 197.

de consumo más responsable. En consecuencia, el derecho a la corrección del deudor o, lo que es lo mismo, la puesta en conformidad (reparación y sustitución, igualmente el cumplimiento en específico), deberá erigirse como remedio preferente, justamente como defiende la Propuesta de la Asociación de Profesores de Derecho Civil (arts. 518–7 y 518–8) y seguir manteniendo que la resolución se debe circunscribir, mayormente, a los supuestos de incumplimiento esencial (art. 518–13).

Sin embargo, a través del Real Decreto 7/2021, de 27 de abril se ha traspuesto definitivamente la Directiva 2019/771, como también la Directiva 2019/770 al ordenamiento español y, como se puede ver en el texto, se ha optado por un camino continuista de reforma del TRLGDCU para incluir las novedades previstas, sin aprovechar la ocasión para reconsiderar la regulación civil de la compraventa y mucho menos el régimen general del incumplimiento.

Dicho esto, debemos llegar a la conclusión de que la opción legislativa de la Unión Europea de introducir este tipo de normativa a través de Directivas no es errónea, por más que podamos considerar que el mecanismo idóneo para conseguir una armonización plena de una determinada cuestión en la Unión Europea sea el Reglamento. Nada más lejos de la realidad, con las Directivas de máximos se pretenden homogeneizar las regulaciones de los Estados Miembros, pero sin interferir y provocar indeseables fragmentaciones legislativas en sus ordenamientos jurídicos. Así, mientras la Unión Europea establece que el camino que se ha de seguir en la compraventa, en particular, y en derecho de contratos, en general, es uno (de acuerdo, con las más modernas tendencias legales). Los Estados miembros tienen la oportunidad de asumir dichas influencias, sin limitarse a cubrir el expediente introduciendo de forma soterrada el régimen jurídico que imperativamente tienen que cumplir. Mucho más inteligente sería comprender que el estándar en la compraventa actualmente debe ser la entrega de bienes conformes al contrato y, respecto los remedios frente al incumplimiento, establecer un sistema unitario que despliegue una batería de los mismos en función de su caracterización, como también hace el régimen de garantías para los supuestos de falta de conformidad.

Bibliografía

Adomeit, K. y Jiménez Horwitz, M.: "Aspectos críticos del derecho de los consumidores", en Ortí Vallejo, A. y Jiménez Horwitz, M.: *Estudios sobre el contrato de compraventa. Análisis de la transposición de la Directiva 2011/83/UE en los ordenamientos español y alemán* (coords. I. Sánchez Ruiz de Valdivia y A. Quesada Páez), Thomson Reuters Aranzadi, Cizur Menor, 2016.

Afferni, G.: "La nozione di 'difetto di conformità'", en AA.VV.: La nuova disciplina della vendita mobiliare del codice del consumo (a cura di G. De Cristofaro), Giapichelli, Torino, 2022.

Albaladejo, M.: *Derecho Civil II, Derecho de Obligaciones*, Vol. 2, Bosch, Barcelona, 1989.

Albiez Dohrmann, K.J.: "Un nuevo Derecho de obligaciones", *Anuario de Derecho Civil*, Vol. 55, núm. 3, 2002.

– "Los modelos europeos en las proyectadas reformas de la compraventa en el Código Civil", en Ortí Vallejo, A. y Jiménez Horwitz, M.: *Estudios sobre el contrato de compraventa. Análisis de la transposición de la Directiva 2011/83/UE en los ordenamientos español y alemán* (coords. I. Sánchez Ruiz de Valdivia y A. Quesada Páez), Thomson Reuters Aranzadi, Cizur Menor, 2016.

Algarra Prats, E.: "La acción contra el fabricante. Garantía del fabricante y acción directa", en AA.VV.: *Tratado de la Compraventa* (dir. Á. Carrasco Perera), Tomo II, Thomson Reuters Aranzadi, Pamplona, 2013.

Alonso Pérez, M.: *El riesgo en el contrato de compraventa*, Montecorvo, Madrid, 1972.

Álvarez Lata, N. y Peña López, F.: *Reclamaciones de consumo. Derecho de consumo desde la perspectiva del consumidor* (coord. J.M. Busto Lago) 3ª ed., Thomson Reuters Aranzadi, Cizur Menor, 2010.

Álvarez Moreno, Mª. T.: "La garantía comercial", en AA.VV.: *Garantía en la venta de bienes de consumo* (coord. S. Díaz Alabart), Edisofer, Madrid, 2006.

Arnau Raventós, L.: "La noción del consumidor i la incorporació de les normes en materia de contractació amb consumidors al llibre sisé del Codi Civil de Catalunya", *Revista Catalana de Dret Privat*, núm. 9, 2008.

– "Remedios por falta de conformidad en contratos de compraventa y de suministro de elementos digitales con varias prestaciones", en AA.VV.: *El derecho privado en el nuevo paradigma digital* (dirs. E. Arroyo Amayuelas y S. Cámara Lapuente), Marcial Pons, Madrid, 2020.

Arnau Raventós, L. y Gramunt Fombuena, M.: "Cap a un Dret català conforme a les Directives UE 2019/770 y 2019/771", *Revista InDret*, núm. 1, 2022.

Arribas, A. e Islas, O.: "El prosumidor en la economía colaborativa: nueva manera de participar en el mercado de consumo", *Palabra Clave*, Tomo XXIV núm. 2, 2021.

Arroyo Amayuelas, E.: "Hacia un derecho contractual más coherente: la sistematización del acervo contractual comunitario" en AA.VV.: *Derecho contractual europeo*, Bosch, Barcelona, 2009.

– "La Propuesta de Directiva relativa a determinados aspectos de los contratos de compraventa en línea y otras ventas de bienes a distancia", *Revista InDret*, núm. 3, 2016.

– "Entra en vigor el Real Decreto Ley 7/2021 (Compraventa de bienes de consumo y suministro de contenidos y servicios digitales al consumidor)", *Revista CESCO*, núm. 41, 2022.

Atamer, Y. M.: "Replacement of non-conforming goods 'free of charge': is there a need to differentiate between B2B and B2C sales contracts", *Uniform Law Review*, núm. 25, 2020.

Audit, B.: *La vente internationale de marchandinses*, LDGJ, Paris, 1990.

Avilés García, J.: "Las garantías en la venta de bienes y el principio de conformidad del contrato: situación actual y perspectivas", *Revista Crítica de Derecho Inmobiliario*, núm. 661, 2000.

– *Los contratos de compraventa de bienes de consumo. Problemas, propuestas y perspectivas de la venta y garantías en la Directiva 1994/44/CE y la Ley 23/2003*, Comares, Granada, 2006.

– "Compraventa de bienes de consumo", en AA.VV.: *Tratado de Contratos* (dir. R. Bercovitz Rodríguez–Cano), Tomo II, Tirant lo Blanch, Valencia, 2009.

– "La nueva conformidad contractual de los bienes con elementos digitales en las compraventas de consumo (hacia un mercado único digital europeo)", en AA.VV.: *Derecho y nuevas tecnologías* (coord. L.A. Fernández Villazón), Thomson–Reuters Aranzadi, 1ªed., Cizur Menor, 2020.

Azzarri, F.: "Obbligazione di consegna, passaggio del rischio e trasferimento della propietà nelle vendite b–to–c: Il coordinamento delle nuove regole con le norme di attuazione della direttiva 2011/83/UE", en AA.VV.: *La nuova disciplina della vendita mobiliare del codice del consumo* (a cura di G. De Cristofaro), Giapichelli, Torino, 2022.

Badenas Carpio, J.M.: "Comentarios al art. 2 LCGC. Ámbito subjetivo", en AA.VV.: *Comentarios a la Ley de Condiciones Generales de la Contratación,* Aranzadi, Elcano, 2000.

Baldus, C.: "Interpretación histórica y comparatista en el Derecho privado comunitario. Sobre la caracterización de la 'falta de conformidad de escasa entidad'", *Anuario de Derecho Civil,* Vol. 59, núm. 4, 2006.

Barber Cárcamo, R.: "Garantías en las ventas de bienes de consumo y economía circular: ¿El inicio de un nuevo régimen?", *Revista de Derecho Civil,* Vol. 9, núm. 2, Estudios, abril–junio, 2022.

Barcia Lehmann, R. y Rivera Restrepo, J.M.: "Convergencias y divergencias del derecho de incumplimiento del Código Civil alemán con los Principios de Derecho Europeo de los Contratos y otros textos internacionales", *Derecho PUCP,* núm. 81, 2018.

Barrientos Zamorano, M.: *El resarcimiento por daño moral en España y Europa,* Ratio Legis, Salamanca, 2007.

Barona Vilar, S.: *Competencia desleal: tutela jurisdiccional, especialmente proceso civil, y extrajurisdiccional,* Tomo I, Valencia, Tirant lo Blanch, 2008.

Bauman, Z.: *Modernidad líquida,* 6ª ed., trad. Mirta Rosenberg y Jaime Arrambide Squirru, Fondo de cultura económica, México, 2003.

Bech Serrat, J.M.: "Reparar y sustituir las cosas en la compraventa: evolución y últimas tendencias", *Revista InDret,* núm. 1, 2010.

Beguini, M.: "I rimedi della riparazione e della sostituzione nella direttiva" 2019/771/UE, en AA.VV.: *La vendita di beni mobili* (a cura di T. dalla Massara), Pacini, Pisa, 2020.

Beltrán Sánchez, E.: *Comentarios a la Ley de Ordenación del Comercio Minorista,* (dir. J. Piñar Mañas y E. Beltrán Sánchez), Marcial Pons, Madrid, 1997.

Bercovitz Rodríguez–Cano, R.: "La naturaleza de las acciones redhibitoria y estimatoria en la compraventa", *Anuario de Derecho Civil,* Vol. 22, núm. 4, 1969.

– "La Ley de Garantías en la Venta de Bienes de Consumo y la defensa del consumidor", *Aranzadi Civil,* Tomo XII, Vol. 2, núm. 10, 2003.

Bercovitz Rodríguez–Cano, A. y Bercovitz Rodríguez–Cano, R.: *Estudios jurídicos sobre protección de los consumidores,* Tecnos, Madrid, 1987.

Bercovitz Rodríguez–Caño, A.: "Comentarios al art. 1 LGDCU", en AA.VV.: *Comentarios a la Ley General para la Defensa de los consumidores y usuarios*, Civitas, Madrid, 1992.

– "El concepto de consumidor, en AA.VV.: *Hacia un Código del Consumidor*, CGPJ, Madrid, 2006.

– "Venta civil, venta mercantil y venta al consumo", en AA.VV.: *Tratado de la Compraventa, Homenaje al Profesor Rodrigo Bercovitz* (coord. Á. Carrasco Perera), Thomson–Reuters Aranzadi, Cizur Menor, 1ªed., 2013.

Bermúdez Ballesteros, Mª. S.: "Venta entre particulares de un bien de consumo con garantía en vigor: ¿Sigue vigente la garantía para el nuevo dueño?, *CESCO (Publicaciones jurídicas)*, 11 enero 2017.

Ben–Shahar, O., Posner, E.: "The Right to Withdraw in Contract Law", *The Journal of Legal Studies*, Vol. 40, núm. 1, 2011.

Bianca, C.M.: "La vendita e la permuta", AA.VV.: *Trattato di Diritto Civile Italiano* (diretto da Vassalli), Utet, Torino, 1972.

– "Artículo 130 del DLg. 6 settembre 2005, núm. 206", *Le nuove legge civile commentate*, Cedam, Padova, 2006.

Botana García, G.: "Comentarios al art. 1 LGDCU", en AA.VV.: *Ley General para la Defensa de los Consumidores y Usuarios. Comentarios y jurisprudencia de la Ley veinte años después*, La Ley Madrid, 2005.

Busto Lago, J. M.: "Comentario del artículo 21 TRLGDCU", en AA.VV.: *Comentario del Texto Refundido de la Ley General para la Defensa de los Consumidores y Usuarios y otras leyes complementarias* (coord. R. Bercovitz Rodríguez–Cano), Thomson Reuters Aranzadi, Pamplona, 2009.

Cabanillas Sánchez, A.: *Las obligaciones de actividad y de resultado*, 1ª ed., Bosch, 1993.

– "Comentario al artículo 28", en AA.VV.: *La Compraventa Internacional de Mercaderías. Comentario de la Convención de Viena* (dir. L. Díez–Picazo y Ponce de León), Civitas, Madrid, 1998.

Calvão da Silva, J.: *Venda de Bens de Consumo*, 4ª ed., Almedina, Coimbra, 2010.

Calvo, R.: "L'attuazione della direttiva 44 del 1999: una chance per la revisione in senso unitario della disciplina sulle garanzie e rimedi nella vendita", *Cieur*, núm. 2, 2000.

Cámara Lapuente, S.: "Comentario al Art. 3", en AA.VV.: *Comentarios a las Normas de Protección de los Consumidores* (dir. S. Cámara Lapuente), Colex, Madrid, 2011.

– "El régimen de la falta de conformidad en el contrato de suministro de contenidos digitales según la Propuesta de Directiva de 9.12.2015", *Revista InDret,* núm. 3, 2016.

– "Un primer balance de las novedades del RDL 7/2021, de 27 de abril para la defensa de los consumidores en el suministro de contendidos y servicios digitales: (La transposición de las Directivas 2019/770 y 2019/771)", *Diario La Ley,* núm. 9887, 2021.

Carrasco Perera, Á., Cordero Lobato, E. y Martínez Espín, P.: "Trasposición de la Directiva comunitaria sobre venta y garantías de los bienes de consumo", *Estudios sobre consumo,* núm. 52, 2000.

Carrasco Perera, Á.: "Comentario a los artículos 1101 a 1107 del Código Civil", en AA.VV.: *Comentarios al Código Civil y Compilaciones Forales* (dir. M. Albaladejo), Tomo XV, Volumen. 1º, Edersa, Madrid, 1989.

– "Redundancia y ruido en las ventas de consumo", *AJA,* núm. 591, 2003.

– *Derecho de contratos,* Aranzadi, Cizur Menor, 2010

– "Plazo suplementario para la entrega por parte del empresario vendedor (artículo 62 bis TRLGDCU)", en Ortí Vallejo, A. y Jiménez Horwitz, M.: *Estudios sobre el contrato de compraventa. Análisis de la transposición de la Directiva 2011/83/UE en los ordenamientos español y alemán* (coords. I. Sánchez Ruiz de Valdivia y A. Quesada Páez), Thomson Reuters Aranzadi, Cizur Menor, 2016.

– "Más allá del Dieselgate: el insostenible caso en favor de remedios sostenibles en las ventas al consumidor", *Revista CESCO de Derecho de Consumo,* núm. 45, 2023.

Casado Navarro, A.: "Consecuencias negociales de las prácticas desleales con consumidores: Soluciones de derecho comparado y recientes desarrollos normativos en la unión europea", *Cuadernos de Derecho Transnacional,* Vol. 14, núm. 1, marzo 2022.

Castilla Barea, M: "La determinación de la 'falta de conformidad' del bien en el contrato a tenor del artículo 3.1 del Proyecto de Ley de Garantías en la venta de bienes de consumo", *Aranzadi Civil,* núm. 17, enero 2003.

– *El nuevo régimen legal de saneamiento en la venta de bienes de consumo,* Dykinson, Madrid, 2005.

– "El impuso normativo europeo en el marco de la estrategia para el mercado único digital en Europa y los principios de la contratación electrónica en España: Especial referencia al contrato para el suministro de contenidos digitales", en AA.VV.: *Contratación electrónica y protección de los consumidores –una visión panorámica*, Madrid, Reus, 2017.

– *La nueva regulación europea de la venta de bienes muebles a consumidores: Estudio de la Directiva (UE) 2019/771 y su trasposición por el Real Decreto–Ley 7/2021, de 27 de abril*, Thomson Reuters Aranzadi, Cizur Menor, 1ªed, 2021.

Castán Tobeñas, J.: *Derecho civil español, común y foral*, ed. 14ª, Tomo III, Reus, Madrid, 1986.

Castillo Parrilla, J.A.: "El impulso normativo europeo en el marco de la estrategia para el mercado único digital en Europa y los principios de la contratación electrónica en España: Especial referencia al contrato para el suministro de contenidos digitales", en AA.VV.: *Contratación electrónica y protección de los consumidores –una visión panorámica* (coord. L.B. Pérez Gallardo), Reus, Madrid, 2017.

– *El contrato marco de suministro (Un contrato flexiseguro)*, Universidad de Granada. Tesis doctorales. 2019; disponible en http://hdl.handle.net/10481/54754

Cervilla Garzón, M.D.: "A propósito del contrato de prestación de servicios en la Propuesta de Reglamento Europeo sobre la compraventa", *InDret*, núm. 3, 2015.

– "Obligaciones y remedios de las partes en los contratos de servicios relacionados", en AA.VV.: *El derecho común europeo de la compraventa y la modernización del derecho de contratos* (ed. A. Vaquer Aloy, E. Bosch Capdevila y M.P. Sánchez González), Atelier, Madrid, 2015.

Cherti, S.: "Le garanzie commerciali", en AA.VV.: *La nuova disciplina della vendita mobiliare del codice del consumo* (a cura di G. De Cristofaro), Giapichelli, Torino, 2022.

Corral García, E.: "La Directiva 1999/44/CE, de 25 de mayo, sobre determinados aspectos de la venta y las garantías de los bienes de consumo: un nuevo régimen de saneamiento en la compraventa de bienes muebles", *Revista de Derecho Privado*, núm. 5, 2000.

– *La oferta de contrato al público*, Tirant lo Blanch, Valencia, 2002

– "La conformidad de la prestación", en AA.VV.: *El derecho común europeo de la compraventa y la modernización del derecho de contratos* (dir. A. Vaquer Aloy, E. Bosch Capdevila y Mª P. Sánchez González), Barcelona, Atelier, 2015.

Corvo López, F. M.: "Estudio de derecho comparado sobre las garantías en la venta de bienes de consumo en España y Portugal a la luz de la Directiva (UE) 2019/771", *Cuadernos de Derecho Transnacional*, núm. 1, 2020.

Cossío y Corral, A.: "Los riesgos en la compraventa civil y mercantil", *Revista Derecho Privado*, 1944.

Cuena Casas, M.: "Reflexiones en torno a la venta de cosa ajena", *Revista Crítica de Derecho Inmobiliario*, núm. 635, 1996.

"La contratación a través de plataformas intermediarias en línea", *Cuadernos de Derecho Transnacional*, Vol. 12, núm. 2, 2020.

De Cristofaro, G.: *Difetto di conformità al contratto e diritti del consumatore. L'ordinamento italiano e la direttiva 99/44/CE sulla vendita e le garanzie dei beni di consumo*, Cedam, 1ª ed., Padova, 2000.

– "Le conseguenze privatistiche della violazione del divieto di pratiche commerciali sleali: analisi comparata delle soluzioni accolte nei diritti nazionli dei paesi UE", *Rassegna di Diritto Civile*, 2010.

– "Il recipimento della. Direttiva 2019/771/UE nel diritto italiano. Le opzioni fondamentali del legislatore nazionale. I limiti 'soggettivi' ed 'oggettivi' posti all'amito di operatività della nuova disciplina", en AA.VV.: *La nuova disciplina della vendita mobiliare del codice del consumo* (a cura di G. De Cristofaro), Giapichelli, Torino, 2022.

De Cupis, A.: *El Daño. Teoría General de la Responsabilidad Civil*, traducción de la 2.ª edición italiana y estudio preliminar por Ángel Martínez Carrión, Bosch, Barcelona, 1975.

De Elizalbe Ibarbia, F.: "La Directiva 2019/2161 de Modernización del Derecho de Consumo, por la que se conceden remedios individuales contra las prácticas comerciales desleales ¿Un paso más hacia la estandarización del Derecho privado de la Unión Europea?", *Revista de Derecho Civil*, Vol. 8, núm. 4, 2021.

De Franceschi, A.: "European Contract Law and The Digital Single Market. Current Issues and New Perspectives", en AA.VV.: *European Contract Law and the Digital Single Market* (ed. A. De Franceschi), Intersentia, Cambridge, 2016.

– *La vendita di beni con elementi digitali*, Edizioni Scientifiche Italiane, Napoli, 2019.

De Verda y Beamonte, J.R.: "La falta de armonía entre la tipificación del vicio redhibitorio y los remedios jurídicos con que cuenta el comprador de una cosa defectuosa", *Anuario de Derecho Civil*, Vol. 55, núm. 2, 2002.

– "Algunas reflexiones sobre la incidencia de la Directiva 1999/44/ CE, del Parlamento Europeo y del Consejo, de 25 de mayo de 1999, sobre determinados aspectos de la venta y las garantías de los bienes de consumo, en el Derecho Civil Español", Noticias de la Unión Europea, núm. 211–212, 2002.

– *Saneamiento por vicios ocultos: Las acciones edilicias,* 2ª ed., Thomson Reuters Aranzadi, 2004.

– "Del saneamiento por vicios ocultos al deber de conformidad: Un examen de la cuestión en el derecho comunitario a la luz de las recientes propuestas de Directiva en materia de consumo", *Revista Crítica de Derecho Inmobiliario,* núm. 770, 2018.

– "El contrato y sus elementos esenciales", en AA.VV.: *Derecho Civil II: Obligaciones y Contratos,* 4ª ed., Tirant lo Blanch, Valencia, 2019.

Dickinson, S. y Hallet, J.: *Rome and her monuments: Essays on the city and literature of Rome in honor of Katherine A. Geffcken,* Wauconda IL: Bolchazy–Carducci, 2000.

Díaz Alabart, S.: "Los plazos en la Ley de Garantías en la Venta de Bienes de Consumo", en AA.VV.: *Garantías en la venta de bienes de consumo* (Ley 23/2003, 10 de julio), Madrid, Edisofer, 2006.

– "Dos cuestiones en torno a la protección del consumidor en la compraventa de productos de consumo: la garantía del producto sustituto y la del producto que se obsequia con la compra de otro", *Revista Doctrinal Aranzadi Civil-Mercantil,* núm. 11, 2008.

Díez–Picazo, L., Roca Trías, E. y Morales Moreno, A.: *Los principios del Derecho Europeo de Contratos,* Civitas, Madrid, 2002.

Díez–Picazo Y Ponce de León, L.: *Fundamentos de Derecho Civil patrimonial II, Las relaciones obligatorias,* Civitas, Madrid, 2010.

– *Fundamentos del Derecho Civil Patrimonial, IV, Las particulares relaciones obligatorias,* Thomson Civitas, Madrid, 2010.

– *Fundamentos de Derecho Civil Patrimonial V, La responsabilidad Civil Extracontractual,* 1ª edición, Civitas, Navarra, 2011.

D'Onofrio, M.: *Il difetto di durabilità del bene,* Edizione Scientifiche Italiane, Napoli, 2023.

Donadio, N.: *La tutela del compratore tra actiones aedilicíae e actio empti,* Giuffrè, Milano, 2004.

Domínguez Martínez, P.: "La compraventa como modelo de los contratos traslativos", en AA.VV.: *Tratado de la Compraventa, Homenaje al Pro-*

fesor Rodrigo Bercovitz (coord. Á. Carrasco Perera), Thomson–Reuters Aranzadi, Cizur Menor, 1ªed., 2013.

Ebers, M.: "Quién es consumidor?", *Anuario de Derecho Civil*, núm. 1, 2006.

Esteban De La Rosa, F., y Olariu, O.: "La aplicación de la Normativa Común de Compraventa Europea (CESL) a los contratos de consumo: nuevos desafíos para el sistema de Derecho internacional privado europeo", *Revista InDret*, núm.1, enero 2013.

Estruch Estruch, J.: "Ámbito de aplicación del régimen de garantías en la venta de bienes de consumo", *Revista Aranzadi de Derecho y Nuevas Tecnologías*, núm. 21, 2009.

Evangelio Llorca, R.: "Los ricos también lloran... y pueden ser consumidores", en AA.VV.: *Estudios de Derecho Privado en Homenaje al Profesor Salvador Carrión Olmos* (dir. J.R. De Verda y Beamonte, coords. A. Carrión Vidal y G. Muñoz Rodrigo), Tirant Lo Blanch, 2022.

– El concepto de consumidor en el acervo comunitario a la luz de la jurisprudencia del TJUE", *Actualidad Jurídica Iberoamericana*, núm. 20, 2024.

Faccioli, M.: "La durata della responsabilità del venditore e la prescrizione del diritti del consumatore", en AAVV.: *La nuova disciplina della vendita mobiliare nel codice del consumo*, Giappichelli, Torino, 2022.

Faure, M.: "Towards maximum harmonization of consumer contract law?!", *Maastrich Journal of European and Comparative Law*, Vol. 15, núm. 4, 2008.

Fischer, H.A.: "Los daños civiles y su reparación", *Revista de Derecho Privado*, Madrid, 1928.

Fenoy Picón, N.: *El sistema de protección del comprador*, Colegio de Registradores de la Propiedad y Mercantiles de España, Madrid, 2006.

– "Comentario al artículo 1.491 CC", *Comentarios al Código Civil* (dir. A. Domínguez Luelmo), Lex Nova, Valladolid, 2010.

– "La compraventa del Texto Refundido de consumidores de 2007 tras la Directiva 2011/83/UE sobre los derechos de los consumidores", *Anuario de Derecho Civil*, Vol. 66, núm. 3, 2013.

Fernández Chacón, I.: *La transmisión de la propiedad en la compraventa*, 1ª ed, Thomson Reuters Aranzadi, 2018.

Ferrante, A.: "Nuevas tendencias en la reducción de la cuantificación del precio", *Revista InDret*, núm. 4, 2011.

– *La reducción del precio en la compraventa,* Thomson Reuters Aranzadi, Cizur Menor (Navarra), 2012.

– ¿Quimera o Fénix? El recorrido europeo y latinoamericano hacia un derecho común de los contratos", *Revista de Derecho Privado,* núm. 30, 2016.

– "Obligación y garantía: la cripto–naturaleza de los remedios contractuales y de su jerarquía en el actual panorama jurídico", *Anuario de Derecho Civil,* Vol. 69, núm. 3, 2016.

– "Dieselgate, eclecticismo y estrategia del abogado", Tribuna, IDIBE, 3 de julio de 2020.

Ferreira de Almeida, J.: *Direito do Consumo,* Almedina, Coimbra, 2005.

Ferrer Guardiola, J.A.: "Algunos aspectos no resueltos tras la modificación del TRLGDCU con ocasión de la trasnposición de las Directivas (UE) 2019/770 y 2019/771", *Revista de Derecho Civil,* Vol. 8, núm. 4, 2021.

Font Galán, J. I. y Miranda Serrano, L. M.: *Competencia desleal y antitrust. Sistema de ilícitos,* Marcial Pons, Madrid, 2005.

Font Galán, J. I.: "Publicidad comercial y contrato con consumidores. Conexiones funcionales y normativas: sustantivación obligacional e integración contractual de las ofertas promocionales y publicitarias", en AA.VV.: *La defensa de los consumidores y usuarios* (dirs. M. Rebollo Puig y M. Izquierdo Carrasco), Iustel, Madrid, 2011.

Fontanellas Morell, J.M.: "La normativa común de compraventa europea, ¿punto final opunto y seguido?", *Anuario Español de Derecho Internacional Privado,* Tomo XIV-XV, 2014-2015.

Fuenteseca Degeneffe, C.: "La reciente reforma del BGB a través de la Ley para la Modernización del Derecho de obligaciones que entró en vigor en Alemania el 1 enero de 2002", *Actualidad Civil,* febrero 2003.

– "La calidad, las prestaciones habituales, las esperanzas fundadas del consumidor y las declaraciones públicas: el art. 3.1 d) de la LGDVC", en AA.VV.: *Garantía en la venta de bienes de consumo* (coord. S. Díaz Alabart), Edisofer, 2006.

– *La venta de bienes de consumo y su incidencia sobre la legislación española: (Ley 23/2003), de 10 de julio),* La Ley, Madrid, 2007.

Galicia Aizpurua, G.: "La reserva de dominio y la resolución contractual", en AA.VV.: *Tratado de la Compraventa, Homenaje al Profesor Rodrigo Bercovitz* (coord. Á. Carrasco Perera), Thomson–Reuters Aranzadi, Cizur Menor, 1ª ed., 2013.

García Cantero, G.: "Comentario a los artículos 1445 a 1541 del CC", en AA. VV.: *Comentarios al Código Civil y Compilaciones Forales* (dir. M. Albaladejo García), T. XIX, Edersa, Madrid, 1980.

– "Comentario al artículo 11 LGDCU", en AA.VV.: *Comentarios a la Ley General para la Defensa de los Consumidores y Usuarios* (coords. A. Bercovitz Rodríguez–Cano y J. Salas Hernández), Aranzadi, Cizur Menor (Navarra), 1992.

García Goldar, M.: "Propuestas para garantizar modalidades de consumo y producción sostenibles (ODS 12)", *Revista de Fomento Social*, Vol. 76/1, núm. 299, 2021.

– "The inadequate approach of Directive (EU) 2019/771 towards the circular economy", *Maastrich Journal of European and Comparative Law*, Vol. 29, núm. 1, 2022.

García–Ripoll Montijano, M.: "Reserva de dominio en venta a plazos de bienes muebles", en AA.VV.: *Tratado de la Compraventa, Homenaje al Profesor Rodrigo Bercovitz* (coord. Á. Carrasco Perera), Thomson–Reuters Aranzadi, Cizur Menor, 1ª ed., 2013.

García Rubio, Mª. P.: "La transposición de la Directiva 1999/44/CE al derecho español. Análisis del proyecto de ley de garantías en la venta de bienes de consumo", *La Ley: Revista jurídica española de doctrina, jurisprudencia y bibliografía*, núm. 2, 2003.

– "Las obligaciones del vendedor de retirar el bien defectuoso y de instalar el bien de sustitución en caso de saneamiento en una compraventa de bienes de consumo (comentario a la STJUE de 16 de junio de 2011, en los asuntos acumulados Weber y Putz)", *Anuario de Derecho Civil*, Vol. 61, núm. 1, 2013.

– "Algunas consideraciones sobre las normas de obligaciones y contratos de la Propuesta de Código Mercantil", *Revista de Derecho Civil*, Vol. 1, núm. 12, 2015.

– "Non conformity of Goods and Digital Content and its Remedies", en AA.VV.: *European Perspectives on the Common European Sales Law*, Springer, Berlin, 2015.

Garofalo, L.: *Studi sull'àzione rehibitoria*, Cedam, Padova, 2000.

Garrido Rubio, T.: *Contrato de compraventa y transmisión de la propiedad*, Publicaciones del Real Colegio de España, 1993.

Gete–Alonso Calera, Mª. C.: "Las nociones de mercantilidad del Proyecto Código Mercantil", *Revista de Derecho Civil*, Vol. I, núm. 4, 2014.

Gómez Pomar, F.: *Previsión de daños, incumplimiento e indemnización*, Civitas, Madrid, 2002.

– "El incumplimiento contractual en Derecho español", *Revista InDret*, núm. 3, 2007.

– "El nuevo derecho europeo de la venta a consumidores: una necrológica de la Directiva 1999/44", *Revista InDret*, núm. 4, 2019.

Gómez Pomar, F. y Gili Saldaña, M.: "La complejidad económica del remedio resolutorio por incumplimiento contractual. Su trascendencia en el Derecho español de contratos, en la normativa común de compraventa europea (CESL) y en otras propuestas normativas", *Anuario de Derecho Civil*, Vol. 67, núm. 4, 2014.

Grundmann, S.: "Article 2: Conformity with the contract", en AA.VV.: *EU Sales Directive. Commentary*, Oxford, Intersentia, 2002.

Gsell, B.: "Time limits of remedies under Directives (EU) 2019/770 and (EU) 2019/771 with particular regard to hidden defects" en AA.VV.: *El derecho privado en el nuevo paradigma digital* (dirs. E. Arroyo Amayuelas y S. Cámara Lapuente), Marcial Pons, 1ª ed., 2020.

Gutiérrez de Cos, J.: *La protección del consumidor en la compraventa de bienes de consumo*, Publicaciones de la Universidad de León, 2018.

Gutiérrez Santiago, P.: "Estándares legales de falta de conformidad en la compraventa de consumo: experiencias judiciales", en AA.VV.: *Tratado de la compraventa. Homenaje a Rodrigo Bercovitz* (dir. Á. Carrasco Perera), Cizur Menor, Thomson Reuters, Aranzadi, 2013.

– "La falta de conformidad en la venta de productos de consumo: su concepto y prueba ante los tribunales", en AA.VV.: *Tratado de la compraventa. Homenaje a Rodrigo Bercovitz* (dir. Á. Carrasco Perera), Cizur Menor, Thomson Reuters, Aranzadi, 2013.

Härting, N., Gössling, P.: "Online–Kauf in der EU –Harmonisierung des Kaufgewährleistungsrechts", *CR*, núm. 3, 2016.

Heuzé, V.: "La vente internationale des marchandises. Droit Uniforme", en AA.VV.: *Traité des contracts* (sous la direction de Ghestin), LGDJ, Paris, 2000.

Herrera Petrus, C.: "Acciones frente a la competencia desleal", en Tato Plaza, A., Fernández Carballo–Calero, P., y Herrera Petrus, C.: *La reforma de la Ley de Competencia Desleal*, 1ª ed., Madrid, La Ley, 2010.

Honnold, J. O.: *Derecho uniforme sobre compraventas internacionales (Convención de Naciones Unidas de 1980)*, Edersa, Madrid, 1987.

Howells, G., Twigg-Flesner, C., y Wilhemsson, T.: *Rethinking EU Consumer Law*, Routledge Taylor & Francis Group, London, 2017.

Huber, P.: "Art. 50", en AA.VV.: *Commentary in the UN convention on The International Sales of Goods (CISG)* (ed. P. Schlechtriem), 2ªed., Oxford University Press, 1998.

Impallomeni, G.: *L'editto degli edili curuli*, Cedam, Padova, 1955.

Infante Ruiz, F.J.: *La responsabilidad por Daños: Nexo de casualidad y "causas hipotéticas*", Tirant lo Blanch, Valencia, 2002.

– *Contrato y término esencial*, La Ley, Madrid, 2008.

Izquierdo Grau, G.: "Análisis de los remedios de la Directiva (UE) 2019/771, de 20 de mayo de 2019", *Revista Crítica de Derecho Inmobiliario*, núm. 779, 2020.

– "La transición del Derecho de consumo hacia el paradigma de la economía circular", *Revista InDret*, núm. 2, 2023.

– *El nuevo régimen de la conformidad de los bienes. La directiva (UE) 2019/771 y su trasposición al ordenamiento jurídico español*, 1ª ed., Tirant lo Blanch, Valencia, 2024.

Juárez Torrejón, Á.: "El remedio indemnizatorio en la compraventa de bienes de consumo", *Revista de Derecho Privado*, núm. 3, mayo-junio 2014.

– *La protección contractual del consumidor por las faltas de conformidad de los productos*, Tirant lo Blanch, Valencia, 2015.

– "La responsabilidad directa del productor ante el consumidor. Dieselgate (a propósito de la Sentencia del Tribunal Supremo 735/2020, de 11 de marzo)", *Revista Crítica de Derecho Inmobiliario*, núm. 781, 2020.

Keirsbilck, B., Terryn, E., Michel, A., Alonga, B.: "Sustainable Consumption and Consumer Protection Legislation: How can sustainable consumption and longer lifetime of products be promoted through consumer protection legislation", *Policy Department for Economic, Scientific and Quality of Life Policies Directorate–General for Internal Policies*, April 2020.

Kendall, K.: "Nudge – Improving Decisions about Health, Wealth and Hapiness", *Sustainability Accounting, Management and Policy Journal*, Vol. 1, núm. 1, 2010.

Koch, B.A.: "Das System der Rechtsbehelfe", en AA.VV.: *Das neue europäische Gewährleistungsrecht: Zu den Richtlinien (EU) 2019/771 über den Warenkauf sowie (EU) 2019/770 über digitale Inhalte und digitale Dienstleistungen* (dir. J. Stabentheiner), Manz, Viena, 2019.

Lacruz Berdejo, J.L.: *Derecho de obligaciones,* Vol. 1 y 2, 3ª ed., 1994.

Lamarca y Marqués, A.: "Entra en vigor la ley de modernización del derecho alemán de obligaciones", *Revista InDret,* núm. 1, 2002.

Lando, O.: "El derecho contractual europeo en el tercer milenio", *Derecho de los Negocios,* núm. 116, 2000.

– "Non perfomance (Breach) of contracts", en AA.VV.: *Towards a European Civil Code,* Wolters Kluwer, 2011.

Lara González, R. y Echaide Izquierdo, J.M.: *Consumo y Derecho. Elementos jurídico privados de Derecho del Consumo,* Esic, Madrid, 2006.

Lasarte Álvarez, C.: *Manual sobre protección de consumidores y usuarios,* Dykinson, 11ª ed., Madrid, 2019.

Lasheras Romero, C.: "La falta de conformidad en el derecho de consumidores: Especial referencia al concepto y tipos", *Revista Aranzadi de Derecho Patrimonial,* núm. 35, 2014.

Lete Achirica, J.: "La Directiva sobre la venta y las garantías de los bienes de consumo de 25 de mayo de 1999 y su trasposición en el Derecho español", *Actualidad Civil,* núm. 4, 1999.

– "La propuesta de Directiva sobre Derechos de los Consumidores: nihil novum sub sole", en AA.VV.: *Estudios Jurídicos en memoria del profesor José Manuel Lete del Río* (coord. M.ª.P García Rubio), Civitas, Madrid, 2009.

– "Comentario al art. 117–121", en AA.VV.: *Comentarios al Texto Refundido de la Ley de Consumidores y Usuarios* (dir. A. Cañizares Laso, coord. L. Zumaquero Gil), Tirant Lo Blanch, Valencia, 2022.

Llácer Matacás, Mª. R.: *El saneamiento por vicios ocultos en el Código Civil: su naturaleza jurídica,* Bosch, Barcelona, 1992.

Llamas Pombo, E.: *Cumplimiento por equivalente* y *resarcimiento del daño del acreedor,* Trivium, Madrid, 1999.

– *La compraventa,* La Ley (Wolters Kluwer), Madrid, 2014.

–"De la noción consumidor a la tutela del contratante débil", *Práctica de Derecho de Daños,* núm. 150, 2022.

López Maza, S.: "Entrega de los bienes comprados mediante un contrato de venta", en AA.VV.: *Comentario del Texto Refundido de la Ley General para la Defensa de los Consumidores y Usuario y sus Leyes Complementarias* (coord. R. Bercovitz Rodríguez–Cano), Thomson Reuters Aranzadi, Pamplona, 2015.

Loos, B. M.: "Not good but certainly content: The proposals for European Harmonisation of Online and Distance Selling of Goods and the Supply of Digital Content", en AA.VV.: *Digital content & distance sales: new developments at EU level* (eds. I. Claeys and E. Terryn), Intersentia, Cambridge, 2017.

– "Rubbish or recycling? Furthering sustainability by developing specific provisions for the sale of second–hand goods", *Amsterdam Law School Research Paper*, núm. 15, 2022.

Luminoso, A.: *La compravendita*, 7ª ed., Giappicheli, Torino, 2011.

Maitre–Ekern, E., Dalhammar, K.: "A Scandinavian Perspective on the Role of Consumers in the Circular Economy", en AA.VV.: *Consumer protection in a Circular Economy* (dir. B. Keirsbilck y E. Terryn), Intersentia Publishing, Cambridge, 2019.

Mak, V., Terryn, E.: "Circular Economy and Consumer Protection: The Consumer as a Citizen and the Limits of Empowerment Through Consumer Law", *Journal of Consumer Policy*, núm. 43, 2020.

Manna, L.: *Actio redhibitoria e responsabilitá per vizi della cosa nell'editto de macipis vendutis*, Giuffrè, Milano, 1994.

Marco Molina, J.: "La garantía legal sobre bienes de consumo en la Directiva 1999/44/CE del Parlamento Europeo y del Consejo, de 25 de mayo 1999, sobre determinados aspectos de la venta y las garantías sobre bienes de consumo", *Revista Crítica de Derecho Inmobiliario*, núm. 674, 2002.

Marimón Durà, R.: "La OPS como acto de competencia desleal. Fundamentación de una acción colectiva", en AA.VV.: *La oferta pública de suscripción de acciones desde la perspectiva judicial: análisis de la OPS de Bankia de 2011* (dir. R. Marimón Durà), Thomson Reuters Aranzadi, Cizur Menor, 2016.

Marín López, M. J.: *Las garantías en la venta de bienes de consumo en la Unión Europea: La Directiva 1999/44/CE y su incorporación en los distintos Estados Miembros*, Tomo I, Instituto Nacional de Consumo, 2004.

– "Comentario art. 114 TRLGDCU", en AA.VV.: *Comentario del Texto refundido de la Ley General para la Defensa de los Consumidores y Usuarios y otras leyes complementarias* (dir. R. Bercovitz Rodríguez–Cano), Thomson Reuters Aranzadi, Pamplona, 2009.

– "Comentario al art. 115", en *Comentario del Texto Refundido de la Ley general para la Defensa de los Consumidores y Usuarios y otras leyes complementarias*, (dir. R. Bercovitz Rodríguez–Cano), Thomson Reuters Aranzadi, Pamplona, 2015.

– "Comentario art. 116 TRLGDCU", en AA.VV.: *Comentario del Texto refundido de la Ley General para la Defensa de los Consumidores y Usuarios y otras leyes complementarias* (dir. R. Bercovitz Rodríguez–Cano), Thomson Reuters Aranzadi, Pamplona, 2009.

– "Comentario art. 117 TRLGDCU", en AA.VV.: *Comentario del Texto refundido de la Ley General para la Defensa de los Consumidores y Usuarios y otras leyes complementarias* (dir. R. Bercovitz Rodríguez–Cano), Thomson Reuters Aranzadi, Pamplona, 2009.

– "Comentario art. 118 TRLGDCU", en AA.VV.: *Comentario del Texto Refundido de la Ley General para la Defensa de los Consumidores y Usuarios y otras leyes complementarias,* Thomson Reuters Aranzadi, Pamplona, 2009.

– "Comentario art. 119 TRLGDCU", en AA.VV.: *Comentario del Texto Refundido de la Ley General para la Defensa de los Consumidores y Usuarios y otras leyes complementarias,* Thomson Reuters Aranzadi, Pamplona, 2009.

– "Comentario art. 123 TRLGDCU", en AA.VV.: *Comentario del Texto Refundido de la Ley General para la Defensa de los Consumidores y Usuarios y otras leyes complementarias,* Thomson Reuters Aranzadi, Pamplona, 2009.

– "La muestra o modelo como parámetro de conformidad del bien vendido", *Revista CESCO de Derecho de Consumo,* núm. 4, 2012.

– "Plazos de saneamiento y presunciones en el régimen de compraventa al consumo", en AA.VV.: *Tratado de la Compraventa, Homenaje al Profesor Rodrigo Bercovitz* (coord. Á. Carrasco Perera), Thomson Reuters Aranzadi, Cizur Menor, 1ª ed., 2013.

– "Sustitución de un bien no conforme ¿quién asume el coste de retirada del bien y de instalación del bien de sustitución?", *Revista Aranzadi Civil–Mercantil,* núm. 9, enero, 2013.

– "La formación del contrato con consumidores", en AA.VV.: *Negociación y perfección de los contratos* (dir. M.A. Parra Lucán), Thomson Reuters Aranzadi, Cizur Menor, 2014.

– "Garantías y servicios posventa", en AA.VV.: *Comentario del Texto Refundido de la Ley General para la Defensa de los Consumidores y Usuarios* (coord. R. Bercovitz Rodríguez–Cano), Thomson Reuters Aranzadi, Pamplona, 2ª ed., 2015.

– "La Directiva 2019/771/UE, de 20 de mayo, sobre contratos de compraventa de bienes de consumidores", *Publicaciones jurídicas CESCO,* 19 junio 2019.

– "Falta de conformidad del bien vendido y derechos del consumidor en la Directiva 2019/771/UE", *Diario La Ley,* núm. 9461, Sección Doctrina, 22 julio 2019.

– "La responsabilidad del vendedor de bienes de segunda mano por falta de conformidad", *Responsabilidad civil, seguro y tráfico: Cuaderno jurídico,* núm. 70, 2020.

– "La reforma de la Directiva 2019/771, de contratos de compraventa de bienes de consumo, contenida en la Propuesta de Directiva de 22 de marzo de 2023", *CESCO,* Publicaciones Jurídicas, 2 junio 2023.

– "Hacia una regulación europea sobre la reparación de bienes de consumo: La Propuesta de Directiva de 22 de marzo de 2023", *CESCO,* Publicaciones Jurídicas, 12 mayo 2023.

Martín Aresti, P.: *Las Garantías de los Productos de Consumo,* Thomson Reuters Aranzadi, Navarra, 2010.

Martínez Caballero, J.: "Directivas comunitarias (efectos)", *Eunomía. Revista en Cultura de la Legalidad,* núm. 20, 2021.

Martínez Calvo, J.: "Los datos personales como posible constraprestación en los contratos de de suministro de contenidos y servicios digitales ", *Revista InDret,* núm. 4, 2021.

Martínez Velencoso, L. M.: *La falta de conformidad en la compraventa de bienes. Análisis comparado de la Ley 23/2003, de 10 de julio, de Garantías en la Venta de Bienes de Consumo,* Barcelona, Bosch, 2007.

Massaguer, J.: *Comentario a la ley de competencia desleal,* Madrid, Civitas, 1999.

Maultzch, F.: "Der Entwurf für eine EU–Richlinie über den Online.Warenhadel und andere Formen des Fernabsatzes von Waren", *JuS,* núm. 2015.

Michel, A. y Van Gool, E.: "The New Consumer Sales Directive 2019/771 and Sustainable Consumption", *Journal of European Consumer and Market Law,* núm. 4, 2021.

Mckendrick, E.: *Contract Law. Text, Cases, and Materials,* 5ª ed., Oxford University Press, 2012.

Menéndez Mato, J. C.: *La oferta contractual,* Aranzadi, Pamplona, 1998.

Mesa Marrero, C.: "Comentario al art. 122–124", en AA.VV.: *Comentarios al Texto Refundido de la Ley de Consumidores y Usuarios* (dir. A. Cañizares Laso, coord. L. Zumaquero Gil), Tirant Lo Blanch, 2022.

Micklitz, H. y Reich, N.: "Crónica de una muerte anunciada": The Comission proposal for a directive on consumer rights", *Common Market Review*, núm. 46, 2009.

Milà Rafel, R.: "Intercambios digitales en Europa: las Propuestas de Directiva sobre compraventa en línea y suministro de contenidos digitales", *Revista CESCO de Derecho de Consumo*, núm. 17, 2016.

Miquel González, J. M.ª: "Comentario al art. 41", en AA.VV.: *La compraventa internacional de mercaderías. Comentario de la Convención de Viena*, Civitas, Cizur Menor, 1997.

Miranda Serrano, L.M. y Pagador López, J.: "La necesidad de establecer conexiones normativas entre el Derecho de la competencia desleal y el Derecho de contratos", *Diario La Ley*, núm. 8464, 2015.

Miranda Serrano, L.M.: "La protección del consumidor como ariete de la reforma del viejo Derecho Privado; en especial, en la fase previa a la contratación de bienes y servicios", en AA.VV.: *La protección de los consumidores en tiempos de cambio*, Iustel, Madrid, 2015.

Monfort Ferrero, Mª.J.: "La resolución de la venta de bienes de consumo", *Revista Boliviana de Derecho*, núm. 27, 2019.

Morais Carvalho, J.: "Contratos de compraventa de bienes (Directiva 2019/771) y Suministro de contenidos o servicios digitales (Directiva 2019/770). Ámbito de aplicación y grado de armonización", *Cuadernos de Derecho Trasnacional*, Vol. 12, núm. 1, 2020.

– "Introducción a las nuevas directivas sobre contratos de compraventa de bienes y contenidos o servicios digitales", en AA.VV.: *El derecho privado en el nuevo paradigma digital* (dirs. E. Arroyo Amayuelas y S. Cámara Lapuente), Marcial Pons, Madrid, 2020.

Moscoso Torres, P.J.: "El régimen legal de las garantías en la venta de bienes de consumo", en AA.VV.: *Hacia un Código del consumidor* (dir. A. Azparren Lucas), Madrid, 2006.

Morales Moreno, A.M.: "El alcance protector de las acciones edilicias", *Anuario de Derecho Civil*, Vol. 33, núm. 3, 1980.

– "El dolo como criterio de imputación de responsabilidad al vendedor por los defectos de la cosa", *Anuario de Derecho Civil*, Vol. 35, núm. 3, 1982.

– "Comentario al artículo 1.491 CC", en AA.VV.: *Comentario del Código Civil* (dir. R. Bercovitz Rodríguez–Cano), Tomo II, Madrid, 1991.

– "Declaraciones públicas y vinculación contractual (Reflexiones sobre una Propuesta de Directiva)", *Anuario de Derecho Civil,* Vol. 52, núm. 1, 1999.

– "Adaptación del Código Civil al Derecho Europeo: La compraventa", *Anuario de Derecho Civil,* Vol. 56, núm. 4, 2003.

– *La modernización del Derecho de obligaciones,* Thomson Civitas, Cizur Menor, 2006.

– "Comentario de los arts. 35 a 40", en AA.VV.: *La compraventa internacional de mercaderías. Comentario de la Convención de Viena* (dir. L. Díez–Picazo), Civitas, Madrid, 2006.

– "Tres modelos de vinculación del vendedor en las cualidades de las cosas", *Anuario de Derecho Civil,* Vol. 65, núm. 1, 2012.

Muerza Esparza, J.: "Protección 'de oficio' a los consumidores", *Actualidad Jurídica Aranzadi,* núm. 874, sección Tribuna, 2013.

Müller–Chen, M.: "Art. 50", en AA.VV.: *Commentary in the UN convention on The International Sales of Goods (CISG)* (ed. P. Schlechtriem and I. Schwenzer), 2ª ed., Oxford University Press, 2005.

Muñoz Rodrigo, G.: "El control de transparencia en las claúsulas suelo", *Revista Boliviana de Derecho,* núm. 25, 2018.

Navas Navarro, S.: *El incumplimiento no esencial de la obligación,* Reus, Madrid, 2004.

Naveira Zara, M.M.: *El resarcimiento del daño en la responsabilidad civil,* Edersa, Madrid, 2004.

O'Callaghan Muñoz, X.: "Nuevo concepto de la compraventa cuando el comprador es consumidor", en AA.VV.: *La Ley 23/2003, de Garantía de los Bienes de Consumo: Planteamiento de Presente y Perspectivas de Futuro* (coord. M. J. Reyes López), Thomson–Aranzadi, Cizur Menor, 2005.

Oliva Blázquez, F.: "Falta de conformidad en la compraventa internacional de mercaderías", *Revista de Derecho Patrimonial,* núm. 13, 2004.

– "Comentario a la Sentencia de 7 de julio de 2008", *Cuadernos Civitas de Jurisprudencia Civil,* núm. 80, Mayo–Agosto 2009.

Oliviero, F.: "La nuova disciplina dei c.d. rimedi 'secondari'", en AA.VV.: *La nuova disciplina della vendita mobiliare del codice del consumo* (a cura di G. De Cristofaro), Giapichelli, Torino, 2022.

Ordás Alonso, M.: "*Aliud pro alio", saneamiento por vicios ocultos y compraventa de productos de consumo,* Aranzadi, Cizur Menor, 2009.

Orduña Moreno, F.J. y Martínez Velencoso, L.M.: *La moderna configuración de la cláusula rebus sic stantibus. Desarrollo de la nueva doctrina jurisprudencial aplicable y derecho comparado,* Civitas, Madrid, 2017.

Ortí Vallejo, A.: "Los vicios en la compraventa y su diferencia con el 'aliud pro alio': jurisprudencia más reciente", *Aranzadi Civil,* 1996.

– *Los defectos de la cosa en la compraventa civil y mercantil: El nuevo régimen jurídico de las faltas de conformidad según la Directiva 1999/44/CE,* Comares, Granada, 2002.

– "La Directiva 1999/44/CE: un nuevo régimen para el saneamiento por vicios en la compraventa de consumo", *Revista del poder judicial,* núm. 66, 2002.

Pantaleón Prieto, F.: "Resolución por incumplimiento e indemnización", *Anuario de Derecho Civil,* Vol. 42, núm. 4, 1989.

– "El sistema de responsabilidad contractual (Materiales para un debate)", *Anuario de Derecho Civil,* Vol. 44, núm. 3, 1991.

– "Las nuevas bases de la responsabilidad contractual", *Anuario de Derecho Civil,* Vol. 46, núm. 4, 1993.

– "Comentario artículo 78", en AA.VV.: *La Compraventa Internacional de Mercaderías. Comentario de la Convención de Viena* (dir. y coord. L. Díez Picazo y Ponce de León), Civitas, Madrid, 1998.

Pastore, B.: "Fonti normative, legalità e legittimità: l'unità della ragionevolezza", *Queste Istittuzioni,* núm. 87 y 88, 1991.

Peña López, F.: "La adquisición de bienes y productos por el consumidor", *Reclamaciones de consumo (Derecho de consumo desde la perspectiva del consumidor)* (coord. J.M. Busto Lago), Thomson Reuters Aranzadi, Cizur Menor, 2005.

Pérez Velázquez, J.P.: *La indemnización de daños y perjuicios por incumplimiento del contrato en los principios de derecho contractual europeo,* BOE, 2016.

Pertíñez Vílchez, F.: "Daños causados por otros bienes y servicios", en AA.VV.: *La defensa de los consumidores y usuarios,* Iustel, Madrid, 2011

– "Información precontractual obligatoria, error, prácticas comerciales desleales", en AA.VV.: *Tratado de la compraventa. Homenaje a Rodrigo Bercovitz* (dir. Á. Carrasco Perera), Tomo I, Thomson Reuters Aranzadi, Cizur Menor, 2013.

Picatoste Bobillo, V.: "El significado de la gratuitad en el sistema de remedios por falta de conformidad de los bienes con el contrato", *Boletín del Ministerio de Justicia,* núm. 2146, Madrid, 2021.

Pino Abad, M.: "La relevancia negocial de la publicidad comercial: integración publicitaria del contrato celebrado con consumidores" en AA.VV.: *La defensa de los consumidores y usuarios* (dirs. M. Rebollo Puig y M. Izquierdo Carrasco), Iustel, Madrid, 2011.

Pinochet Olave, R.: "La conformidad en el derecho de consumo y su relación con la percepción de obsolescencia planificada en la telefonía móvil por parte de los consumidores", en AA.VV.: *Seguridad y conformidad en el Derecho de Consumo: refelxiones actuales* (ed. E. Isler Soto), Tirant lo Blanch, Valencia, 2021.

Piraino, F.: "La violazione della vendita di beni al consumatore per difetto di conformità: i presupposti della c.d. responabilità del venditore e la distribuzione degli oneri probatori", en AA.VV.: *La nuova disciplina della vendita mobiliare del codice del consumo* (a cura di G. De Cristofaro), Giapichelli, Torino, 2022.

Ragel Sánchez, L.F.: ¿En qué casos en inválida la venta de cosa ajena?, en AA.VV.: *Tratado de la Compraventa, Homenaje al Profesor Rodrigo Bercovitz* (coord. Á. Carrasco Perera), Thomson–Reuters Aranzadi, Cizur Menor, 1ª ed., 2013.

Represa Polo, M.P.: "Los derechos del consumidor ante el incumplimiento de la obligación de conformidad", en AA.VV.: *Garantía en la venta de bienes de consumo (Ley 23/2003, de 10 de julio)* (coord. S. Díaz Alabart), Edisofer, Madrid, 2006.

– "Los derechos del consumidor en la Ley 23/2003, de Garantías en la Venta de Bienes de Consumo", *Diario La Ley*, núm. 6466, 2006.

Renda, A.: "Prime annotazioni in merito alla inminente direttiva sulle garanzie contrattuali: una occasione mancata?", en AA.VV.: *Diritto dei consumi. Consumer Law*, 1997.

Reyes López, Mª. J.: "La Ley 23/2003, de Garantía de los Bienes de Consumo: Planteamiento de presente y perspectivas de futuro", en AA.VV.: *Las garantías del consumidor ante el mercado de bienes de consumo* (coord. Mª. J. Reyes López), *Revista Aranzadi de Derecho Patrimonial*, 2005.

– "De nuevo sobre el concepto de consumidor", en AA.VV.: *Estudios de Derecho Privado en Homenaje al Profesor Salvador Carrión Olmos* (dir. J.R. De Verda y Beamonte, coords. A. Carrión Vidal y G. Muñoz Rodrigo), Tirant lo Blanch, 2022.

Rodríguez Pineau, E.: "El ámbito de aplicación del Reglamento de Derecho Común Europeo de Ventas (CESL)", en AA.VV.: *Tratado de la Compraventa, Homenaje al Profesor Rodrigo Bercovitz* (coord. Á. Carrasco Perera), Thomson–Reuters Aranzadi, Cizur Menor, 1ª ed., 2013.

Rodríguez–Rosado, B.: *Resolución y sinalagma contractual,* Marcial Pons, Madrid, 2013.

– "La reserva de dominio: naturaleza y efectos sobre muebles e inmuebles", *Anuario de Derecho Civil,* Vol. 73, núm. 2, 2020.

Romano Martínez, P.: "Compra e venda e empreitada", en AA.VV.: *Comemorações dos 35 Anos do Código Civil e dos 25 Anos da Reforma de 1977,* Vol. 3, Almedina, Coimbra, 2007.

Rovira Jaén, F.J.: *El pacto resolutorio en la venta de bienes inmuebles (su razón histórica),* Civitas, Madrid, 1995.

Rubino, D.: "La compravendita", AA.VV.: *Trattato di Diritto Civile e Commerciale* (dirs. Cicu e Messsineo), 2ª ed., Giuffrè, Milano, 1971.

San Miguel Pradera, L. P.: *Resolución del contrato por incumplimiento y modalidades de su ejercicio,* Colegio de Registradores de la Propiedad y Mercantiles de España, Madrid, 2004.

Sánchez Calero, F.J.: "La obligación de saneamiento por vicios o gravámenes ocultos y la Ley de garantías en la Venta de Bienes de Consumo (Ley 23/2003, de 10 de julio)", en AA.VV.: *La compraventa: Ley de Garantías* (dir. J.P. Aguirre Zamorano), Cuadernos de Derecho Judicial, CGPJ, Madrid, 2006.

Sánchez Ruiz de Valdivia, I.: "La reforma del contrato de compraventa a través de la adopción de un concepto único y articulado de incumplimiento", en Ortí Vallejo, A. y Jiménez Horwitz, M.: *Estudios sobre el contrato de compraventa. Análisis de la transposición de la Directiva 2011/83/UE en los ordenamientos español y alemán* (coords. I. Sánchez Ruiz de Valdivia y A. Quesada Páez), Thomson Reuters Aranzadi, Cizur Menor, 2016.

Santos Morón, M. J.: "Formación precontractual, forma y prueba del contrato", en AA.VV.: *Curso sobre protección jurídica de los consumidores* (coord. G. A. Botana García y M. Ruiz Muñoz), McGraw–Hill, 1999.

Sanz Valentín, L. A.: "La Directiva 1999/44/CE del Parlamento Europeo y del Consejo, sobre determinados aspectos de la venta y las garantías de los bienes de consumo", *Actualidad Civil,* núm. 35, 1999.

Schulte–Nölke, H.: "EC Law on the Formation of Contract – from the Common Frame of Reference to the 'Blue Button'", *European Review of Contract Law,* núm. 3, 2007.

Schulze, R. y Staudenmayer, D.: "Digital revolution – Challenges for Contract Law", en AA.VV.: *Digital Revolution: Challenges for Contract Law in practice* (eds. R. Schulze y D. Staudenmayer), Nomos – Hart, Baden-Baden – Oxford, 2016.

Schmidt, J.: "art 1:1302: Reasonableness", en AA.VV.: *Comentaries on European Contract Laws* (dir. N. Jansen y R. Zimmermann), Oxford, 2018.

Serinet, Y.M.: "L'effet retoractif de la resolution pour inexécution en droit français", en AA.VV.: *Les sanctions de l'inexécution des obligations contractuelles. Étude de droti comparé* (sous la direction de Fontaine y Viney), Bruylant, LGDJ, Paris, 2001.

Simonini, G.F.: "Verso una nozione allargata di diffetto di conformità: sarà rilevante anche la 'durabilità del bene?", *Danno e Responsabilità*, núm. 4, 2019.

Soler Presas, A: *La valoración del daño en el contrato de compraventa*, Aranzadi Editorial, Navarra, 1998.

Sordino, M.C.: "Première transaction pénale en cas d'obsolescence logicielle constitutive de pratiques comerciales trompeuses", *Reveue de Science Criminelle et de Droit Pénal Comparé*, núm. 4, 2020.

Spindler, G.: "Contratos de suministro de contenidos digitales: ámbito de aplicación y visión general de la Propuesta de Directiva de 9.12–2015", *Revista InDret*, núm. 3, 2016.

Stariradeff, T.: "Auswirkungen des Richlinienentwurts auf den Online–Handel", *MMR*, núm. 11, 2016.

Staudenmayer, D.: "Comentario al art. 8 de la Directiva 770/2019", en AA.VV.: *EU Digital Law Article–by–Article Commentary* (dirs. R. Schulze y D. Staudenmayer), Baden–Baden, Nomos, 2020.

Stoll, J.: "Art. 74", en AA.VV.: *Kommentar zum Einheitlichen UN–Kaufrecht*, C. H. Beck, Múnich, 2013.

Tallon, D.: "Les dommages–intèrêts dans les Principes Unidroit relatifs aux contrats du comerse internacional", en AA. VV.: *Contratti Commerciali Internazionali e Principi Unidroit* (a cura di M. J. Bonell e di F. Bonelli), Giuffrè Editore, Milano, 1997.

Terryn, E.: "A Right to Repair? Towards Sustainable Remedies in Consumer Law", en AA.VV.: *Consumer Protection in a Circular Economy* (eds. B. Keirsbilčk and E. Terryn), Intersentia, Cambridge, 2019.

– "A Right to Repair? Towards Sustainable Remedies in Consumer Law", *European Review of Private Law*, Vol. 27, núm. 4, 2019.

Torrelles Torrea, E.: "Comentario art. 114 TRLGDCU", en AA.VV.: *Comentarios a las Normas de Protección de los Consumidores* (dir. S. Cámara Lapuente), Madrid, Colex, 2011.

– "Comentario art. 117 TRLGDCU", en AA.VV.: *Comentarios a las Normas de Protección de los Consumidores* (dir. S. Cámara Lapuente), Madrid, Colex, 2011.

– "Comentario art. 119 TRLGDCU", en: AA.VV.: *Comentarios a las Normas de Protección de los Consumidores. Texto refundido (RDL 1/2007) y otras leyes y reglamentos vigentes en España y en la Unión Europea,* Madrid, Colex, 2011.

– "Las expectativas del consumidor en los criterios de conformidad del TRLGDCU y CCCat", *Cuadernos de Derecho Transnacional,* Vol. 15, núm. 1, marzo 2023.

Torrubia Chalmeta, B.: "Mercado único digital y concepto de consumidor", *Revista de Internet, Derecho y Política,* núm. 22, 2016.

Twigg–Flesner, C.: *Consumer product guarantees,* Routlegde, London, 2003.

– "Conformity of Goods and Digital Content/Digital Services", en AA.VV.: *El derecho privado en el nuevo paradigma digital* (dirs. E. Arroyo Amayuelas y S. Cámara Lapuente), Marcial Pons, 1ª ed., 2020.

Valpuesta Gastaminza, E.: "La Propuesta de normativa común de compraventa europea (CESL), un paso más hacia la unificación del derecho de contratos en la Unión Europea, lastrado por la protección al consumidor", *Cuadernos de Derecho Transnacional,* Vol. 5, núm. 1, marzo 2013.

Vaquer Aloy, A.: "El principio de conformidad: ¿supraconcepto en el Derecho de obligaciones?", *Anuario de Derecho Civil,* Vol. 64, núm. 1, 2011.

Venturelli, A.: "I remedi esperibili dal consumatore: il risarcimento del danno e l'exceptio inadimpleti contractus", en AA.VV.: *La nuova disciplina della vendita mobiliare del codice del consumo* (a cura di G. De Cristofaro), Giapichelli, Torino, 2022.

Verdera Server, R. y Estruch Estruch, J.: "La Ley 23/2003, de 10 de julio, de garantías en la venta de bienes de consumo", en AA.VV.: *Derecho privado de consumo* (coord. M.J. Reyes López), Tirant lo Blanch, Valencia, 2000.

Verdera Server, R.: *El Cumplimiento forzoso de las obligaciones,* Publicaciones del Real Colegio de España, Bolonia, 1995.

Vérgez Sánchez, M.: *La protección del consumidor en la Ley de Garantías en la venta de bienes de consumo,* Thomson Reuters Aranzadi, Pamplona, 2004.

Viney, G.: "L'execution en nature contractuelle et la reparatión en nature du dommage contractuel", en AA.VV.: *Les sanctions de l'inexécution des obligations contractuelles. Étude de droti comparé* (sous la direction de Fontaine y Viney), Bruylant, LGDJ, Paris, 2001.

– "Quel domaine assigner à la loi de transposition de la directive européenne sur la vente?", *La Semaine Juridique*, núm. 36, 4 septembre 2002.

Von Caemmerer, E. y Schlectriem, P.: "Art. 79", en AA.VV.: *Kommentar zum Einheitlichen UN–Kaufrecht*, C. H. Beck, Munich, 2013.

Yzquierdo Tolsada, M.: *Sistema de Responsabilidad Civil. Contractual y Extracontractual*, Dykinson, Madrid, 2001.

Zagrebelsky, S.: "Introduzione", en Alexy, R.: *Concetto e validità del diritto* (traducción italiana de F. Fiore), Einaudi, Torino, 1997.

Zamir, E.: "Toward a General Concept of Conformity in the Performance of Contracts", *Lousiana Law Review*, núm. 51, 1991.

Zimmerman, R.: *El nuevo derecho alemán de las obligaciones*, Barcelona, Bosch, 2008.

Zoll, F.: "Commentary on the article 101", en AA.VV.: *Common European Sales Law* (dir. R. Schulze), Baden–Baden, Nomos, 2012.

– "Commentary on the article 102", en AA.VV.: *Common European Sales Law* (dir. R. Schulze), Baden–Baden, Nomos, 2012.

– "Commentary on the article 117", en AA.VV.: *Common European Sales Law* (dir. R. Schulze), Baden–Baden, Nomos, 2012.

Anexo jurisprudencial

JURISPRUDENCIA DEL TRIBUNAL DE JUSTICIA DE LA UNIÓN EUROPEA

STJCE 5 febrero 1963, C–26/62, *Caso Van Gend en Loos/Administratie der Belastingen*

STJCE 4 diciembre 1974, C–41/74, *Caso Van Duyn/Home Office*

STJCE 5 abril 1979, C–148/79, *Procedimiento penal contra Tullio Ratti*

STJCE 19 enero 1982, C–8/81, *Caso Úrsula Becker/Finanzamt Münster-Innenstadt*

STJCE 26 febrero 1986, C–152/84, *Caso Marshall Southampton/South West Hampshire Area Health Authority*

STJCE 20 septiembre 1988, C–190/87, *Caso Kreises Borken/Handelsonderneming Moormann BV*

STJCE 3 julio 1997, C-269/95, *Caso Menincasa/Dentalkit S.R.L. (Tol 4622849)*

STJCE 26 septiembre 2000, C–134/99, *Caso IGI–Investimenos Imobiliários SA/Fazenda Pública (Tol 105556)*

STJCE 20 enero 2005, C-464/01, *Caso Johan Gruber/Way Ba AG (Tol 4625934)*

STJUE 10 abril 2008, C-412/06, *Caso Annelore Hamilton/Volksbank Filder eG (Tol 1279301)*

STJUE 17 abril 2008, C–404/06, *Caso Quelle AG/Bundesverband der Verbraucherzentralen und Verbraucherverbände (Tol 9920557)*

STJUE 3 septiembre 2009, C-489/2007, Caso Pia Messner/Firma Stefan Krüger (Tol 2164127),

STJUE 16 junio 2011, C–65/09 y C–87/09, *Caso Weber GmbH/Jürgen Wittmer y Caso Ingrid Putz/Medianess Electronics GmbH (Tol 2192067)*

STJUE 3 octubre 2013, C–32/12, *Caso Soledad Duarte Hueros/Autociba S.A., Automóviles Citroën España S.A. (Tol 9916122)*

STJUE 4 junio 2015, C-497/13, *Caso Kroukje Faber/Autobedrift Hazet Ochten BV (Tol 5008418)*

STJUE 3 septiembre 2015, C-110/14, *Caso Ovidiu Horace/Volksbank Rumania S.A. (Tol 5408350)*

STJUE 9 noviembre 2016, C-149/15, *Caso Sabrina Wathelet/ Garage Bietheres & Fils SPR (Tol 5862690)*

STJUE 7 septiembre 2017, C–247/16, *Caso Schottelius/ Seifert (Tol 6327610)*

STJUE 25 enero 2018, C-498/16, *Caso Maximilian Schrems/Facebook Ireland Limited (Tol 6483457)*

STJUE 4 octubre 2018, C-105/17, Caso *Komisia za zashtita na potrebitelite/ Evelina Kamenova (Tol 6816378).*

STJUE 23 mayo 2019, C-52/18, *Caso Christian Fülla/Toolport GmbH (Tol 9909990)*

STJUE 3 octubre 2019, C-208/18, *Caso Petruchová/FIBO Group (Tol 7515375)*

STJUE 26 febrero 2020, C-630/19, *Caso PAGE International Lda/Autoridade Tributária e Aduaneria (Tol 7058708)*

STJUE 10 diciembre 2020, C-774/19, *Caso A.B. y B.B./Personal Exchange International Limited (Tol 8228420)*

JURISPRUDENCIA DEL TRIBUNAL CONSTITUCIONAL

STC 194/1991, de 17 de octubre *(Tol 80606)*

STC 132/2019, 13 noviembre *(Tol 7606723)*

JURISPRUDENCIA DEL TRIBUNAL SUPREMO

STS 30 noviembre 1973 *(Tol 4258051)*

STS 23 marzo 1982 *(Tol 1739232)*

STS 9 mayo 1984 *(Tol 1737904)*

STS 10 octubre 1990 *(Tol 1730100)*

STS 3 junio 1991 *(Tol 1726950)*

STS 12 julio 1991 *(Tol 1728797)*

STS 26 noviembre 1996 *(Tol 1658561)*

STS 12 junio 1998 *(Tol 7726394)*

STS 16 octubre 2000 *(Tol 72912)*
STS 31 octubre 2000 *(Tol 3418519)*
STS 24 noviembre 2000 *(Tol 4924344)*
STS 21 marzo 2001 *(Tol 4964752)*
STS 28 febrero 2002 *(Tol 155271)*
STS 6 febrero 2003 *(Tol 253543)*
STS 11 junio 2003 *(Tol 276114)*
STS 12 junio 2003 *(Tol 286091)*
STS 29 diciembre 2003 *(Tol 340975)*
STS 9 marzo 2005 *(Tol 603820)*
STS 15 diciembre 2005 *(Tol 795315)*
STS 2 marzo 2006 *(Tol 849962)*
STS 3 noviembre 2006 *(Tol 1042357)*
STS 6 noviembre 2006 *(Tol 1014488)*
STS 9 mayo 2008 *(Tol 1324484)*
STS 24 julio 2008 *(Tol 1353159)*
STS 9 octubre 2008 *(Tol 1389657)*
STS 20 noviembre 2008 *(Tol 1408458)*
STS 26 de marzo 2009 *(Tol 1514756)*
STS 23 junio *2009 (Tol 1567585)*
STS 5 marzo 2010 *(Tol 1798255)*
STS 5 septiembre 2012 *(Tol 276114)*
STS 26 febrero 2013 *(Tol 3239377)*
STS 9 mayo 2013 *(Tol 3671048)*
STS Pleno, 12 enero 2015 *(Tol 4712377)*
STS 14 diciembre 2015 *(Tol 5638420)*
STS 3 junio 2016 *(Tol 5745035)*
STS Pleno, 16 enero 2017 *(Tol 5935365)*
STS 5 abril 2017 (*Tol 6033775)*
STS (Sala 3ª), 16 septiembre 2017 *(Tol 6401570)*
STS 24 enero 2018 *(Tol 6492393)*
STS 5 marzo 2018 *(Tol 6531090)*
STS 4 octubre 2019 *(Tol 7531326)*

STS 3 junio 2019 (*Tol 7271498*)
STS 11 octubre 2022 (*Tol 9259540)*
STS 22 noviembre 2022 *(Tol 9305254)*
STS 31 enero 2023 (*Tol 9389413*)

JURISPRUDENCIA DE AUDIENCIAS PROVINCIALES

SAP Tarragona, 5 diciembre 1996 (*AC 1996, 2368*)
SAP Madrid, 22 enero 2000 *(Tol 245962)*
SAP Asturias, 22 febrero 2000 *(RJ 697, 2000)*
SAP Toledo, 16 marzo 2000 (*AC 2000, 959*)
SAP Córdoba, 20 marzo 2000 *(AC 2000, 910)*
SAP Alicante, 16 junio 2000 *(JUR 2000, 269528)*
SAP Baleares, 10 octubre 2000 *(RJ 638, 2000)*
SAP Valencia, 10 octubre 2000 *(Tol 246871*)
SAP La Coruña, 29 septiembre 2001 *(JUR 2001, 41595)*
SAP Gerona, 13 noviembre 2001 *(AC 2002, 549)*
SAP Córdoba, 18 febrero 2002 *(Tol 161267)*
SAP Barcelona, 21 marzo 2002 *(JUR 2002, 162835)*
SAP Málaga, 23 abril 2002 *(Tol 1189060)*
SAP León, 4 junio 2002 (*JUR 2002, 209832*)
SAP Teruel, 31 octubre 2002 *(Tol 264423)*
SAP Córdoba, 18 diciembre 2002 (*JUR 2003, 34445*)
SAP Segovia, 18 diciembre 2002 *(JUR 2003, 82657)*
SAP Almería, 29 enero 2003 *(RJ 34, 2003)*
SAP Málaga, 27 febrero 2003 *(JUR 2003, 135877)*
SAP Madrid, 16 febrero 2004 (*Tol 491865*)
SAP Almería, 12 mayo 2004 *(Tol 7666063)*
SAP Murcia, 2 julio 2004 *(Tol 498504*)
SAP Tarragona, 15 julio 2004 *(Tol 492073)*
SAP Málaga, 17 febrero 2005 *(Tol 1194633)*
SAP Asturias, 21 febrero 2005 *(Tol 650500)*
SAP A Coruña, 25 abril 2005 *(Tol 6087929)*

SAP Castellón, 6 mayo 2005 *(Tol 697174)*

SAP Barcelona, 23 mayo 2005 *(Tol 8124889)*

SAP Madrid, 27 mayo 2005 *(Tol 8099474)*

SAP Palma de Mallorca, 28 julio 2005 *(Tol 792744)*

SAP Zamora, 13 septiembre 2005 *(Tol 718563)*

SAP Madrid, 29 septiembre 2005 *(AC 2005, 2241)*

SAP Castellón, 28 noviembre 2005 *(Tol 855574)*

SAP Barcelona, 9 mayo 2006 *(Tol 1007151)*

SAP Madrid, 5 junio 2006 *(Tol 6286671)*

SAP Madrid, 18 octubre 2006 *(Tol 6232668)*

SAP Cuenca, 15 noviembre 2006 *(Tol 6261150)*

SAP Barcelona, 21 diciembre 2006 *(Tol 1112309)*

SAP Las Palmas, 5 octubre 2006 *(Tol 6275467)*

SAP Cuenca, 15 noviembre 2006 *(Tol 6261150)*

SAP Madrid, 28 noviembre 2006 (*Tol 6108906*)

SAP A Coruña, 25 enero 2007 *(Tol 7502425)*

SAP Zaragoza, 14 febrero 2007 *(Tol 1129717)*

SAP Guipúzcoa, 19 marzo 2007 *(Tol 1628601)*

SAP Coruña, 23 marzo 2007 *(Tol 7502542)*

SAP Madrid, 5 diciembre 2007 *(Tol 1278904)*

SAP Toledo, 19 febrero 2008 *(Tol 1634154)*

SAP Coruña, 25 marzo 2008 *(Tol 1964395)*

SAP La Coruña, 4 abril 2008 (*Tol 7212283*)

SAP Murcia, 29 abril 2008 *(Tol 1634154)*

SAP Huesca, 7 mayo 2008 *(Tol 1450035)*

SAP Las Palmas, 10 junio 2008 *(Tol 1375976)*

SAP Alicante, 18 diciembre 2008 *(Tol 7276781)*

SAP Castellón, 19 enero 2009 *(Tol 6888917)*

SAP Valencia, 20 enero 2009 *(Tol 1482980)*

SAP Murcia, 7 julio 2009 *(Tol 6758797)*

SAP Cantabria, 15 julio 2009 *(Tol 1589231)*

SAP Alicante, 18 diciembre 2009 *(Tol 1859189)*

SAP Albacete, 3 marzo 2010 *(Tol 1838939)*

SAP La Rioja, 3 marzo 2010 *(Tol 1837091)*
SAP Jaén, 8 julio 2010 *(JUR 2010, 369851)*
SAP Albacete, 3 diciembre 2010 *(Tol 2038790)*
SAP Madrid, 6 abril 2011 *(Tol 2119830)*
SAP Asturias, 29 junio 2011 *(Tol 2292983)*
SAP Granada, 27 enero 2012 *(Tol 2665994)*
SAP La Rioja, 22 mayo 2012 *(Tol 2584222)*
SAP Lérida, 31 julio 2012 *(Tol 2673585)*
SAP Cantabria, 26 septiembre 2012 *(Tol 2733959)*
SAP Asturias, 29 octubre 2012 *(Tol 2688330)*
SAP Rioja, 14 diciembre 2012 *(Tol 2721916)*
SAP Navarra, 27 diciembre 2012 *(Tol 3916306)*
SAP Barcelona, 28 diciembre 2012 *(Tol 3413757)*
SAP Madrid, 17 mayo 2013 *(Tol 3787864)*
SAP Santa Cruz de Tenerife, 26 mayo 2014 *(Tol 4499779)*
SAP Barcelona, 12 junio 2014 *(Tol 4502222)*
SAP Las Palmas, 19 enero 2016 *(Tol 5751841)*
SAP Jaén, 20 enero 2016 *(Tol 5668755)*
SAP Barcelona, 31 octubre 2016 *(Tol 5968444)*
SAP Vizcaya, 24 noviembre 2016 *(Tol 5938680)*
SAP Madrid, 15 septiembre 2017 *(Tol 6391268)*
SAP Sevilla, 2 julio 2018 *(Tol 6878989)*
SAP Valencia, 20 noviembre 2018 *(Tol 7040591)*
SAP Tarragona, 20 febrero 2019 *(Tol 7098952)*
SAP La Rioja, 5 abril 2019 *(Tol 7295157)*
SAP Navarra, 13 marzo 2021 *(Tol 8468251)*

JURISPRUDENCIA DE INSTANCIA

SJMer Madrid, 26 julio 2005 *(Tol 951674)*